北京石景山年鉴(2024)

BEIJING SHIJINGSHAN NIANJIAN

北京市石景山区人民政府 主办
北京市石景山区地方志办公室 编

中华书局

图书在版编目（CIP）数据

北京石景山年鉴. 2024/北京市石景山区地方志办公室编.—北京：中华书局，2025.1
ISBN 978-7-101-16990-4

Ⅰ.Z521.3

中国国家版本馆 CIP 数据核字第 2025V60L50 号

责任编辑：王瑞玲

北京石景山年鉴 2024
北京市石景山区地方志办公室编
*
中 华 书 局 出 版
（北京市丰台区太平桥西里 38 号　100073）
http://www.zhbc.com.cn
E-mail:zhbc@zhbc.com.cn
廊坊市金虹宇印务有限公司印刷
*
889×1194　1/16　28.75 印张　35 插页　1060 千字
2025 年 1 月第 1 版　　2025 年 1 月第 1 次印刷
印数：1300 册　　定价：260.00 元

ISBN 978-7-101-16990-4

地址

北京市石景山区
八角西街27号

电话

010-68883642

传真

010-68880579

邮编

100043

电子信箱

sjsqzb@126.com

《北京石景山年鉴》编纂委员会

《北京石景山年鉴》编辑部

主　　编　万　隆

副 主 编　迟志禹　王其志

执行主编　吴　琨

责任编辑　杨　旭

编　　辑　杨　旭　王　丽　宋正鑫

　　　　　韩连波　高　姗　王子琪

摄影人员　杜　雷　赵　昂　曹发来

编 纂 说 明

一、《北京石景山年鉴》是石景山区人民政府主办、区地方志办公室按年编纂、连续出版的大型综合性、权威性、资料性工具书。自2006年开始逐年编纂并公开出版，本卷为第19卷。

二、年鉴以马克思列宁主义、毛泽东思想、邓小平理论、“三个代表”重要思想、科学发展观和习近平新时代中国特色社会主义思想为指导，遵循实事求是原则，力求科学、客观、全面、系统记录石景山区经济和社会发展的基本情况，体现时代特征、地区特点、行业特色。旨在为社会各界了解、研究石景山区提供基本资料。

三、年鉴收录范围以地域为界，凡在石景山区境域之内的部门单位、各行各业，不论其性质、隶属关系和级别，均在收录之列。本卷以详记区属各系统、各单位情况为主，适当记述辖区内中央、市属单位情况，既突出主题又概括全貌。

四、年鉴所收录资料信息的主要形式为文字（文章和条目）、数据（表格）、图片，采用分级分类编纂法，以条目体为主，用规范的语体文直陈其事，文字力求言简意赅。按栏目、分目、次分目、条目四级结构层次编排。

五、本卷设置33个类目。分为：区情概览、特载、专文、大事记、中共石景山区委员会、石景山区人民代表大会、石景山区人民政府、政协石景山区委员会、纪检 监察、民主党派、人民团体、法治、军事、新首钢高端产业综合服务区与首钢集团、经济管理、金融、商贸 服务业、旅游、城市规划与建设、城市管理、应急管理、生态环境、科技、教育、文化、卫生健康、体育、社会事业、社会生活、人物 荣誉、街道、统计资料、附录。全书总计约106万字。

六、本卷记述时限为2023年1月1日至12月31日，本文中凡未注明年份的事物，均为2023年内所发生。各级负责人任职情况，一律以2023年12月31日在册统计为准。

七、本卷所用文章和条目，部分由区属各部门和驻区有关单位确定专人撰写或提供，并经撰稿单位主管领导审核。综合性统计资料由区统计局提供，业务部门的统计数字则由各主管部门提供。随文图片由各单位提供为主，编辑部提供为辅。

八、本卷卷首有“总目”和“分目”，卷尾有“索引”。索引采用主题分析法，按主题词首字汉语拼音字母顺序排列。“总目”采用中英文对照，便于涉外交流。

数字石景山

区域总面积 85.74 平方千米

常住人口 56.4 万人，户籍人口 39.3 万人

地区生产总值 1074.8 亿元

三次产业构成为 0:10.9:89.1

财政收入总计 180.7 亿元

财政支出总计 272 亿元

社会消费品零售总额 325.1 亿元

居民人均可支配收入 91354 元

居民人均消费支出 49699 元

全社会固定资产投资增速 4.6%

图书馆藏书 127.4 万册

文物保护单位 36 个

卫生技术人员 10034 人

医疗病床实有床位 5656 张

7 月 21 日，中共北京市石景山区第十三届委员会第六次全体会议召开

2 月 2 日，2023 年石景山区政府全体会议召开

11 月 30 日，石景山区“以案为鉴、以案促改”警示教育大会召开

1 月 4 日至 6 日，石景山区第十七届人民代表大会第三次会议召开

1月3日至5日，政协北京市石景山区第十一届委员会第二次会议召开

2023 年，首钢集团在前两届服贸会基础上提出打造服贸会首钢服务保障 3.0 版，让游客和展商体验更舒适、感受更温暖

1 月 10 日，石景山区企业家座谈会召开

6 月 18 日，京西商业新地标——京西大悦城开业

9月3日，石景山区举行重点项目签约仪式

项目签约仪式
COOPERATION SIGNING CEREMONY
北京怡置京西房地产开发有限公司
外文融创国际文化传播（北京）有限公司
铁建蓝海（北京）私募基金管理有限公司
航天开元科技有限公司
服务贸易交易会
ONAL FAIR FOR TRADE IN SERVICES

上年 12 月 31 日，2023 年第十三届京西消费节开幕

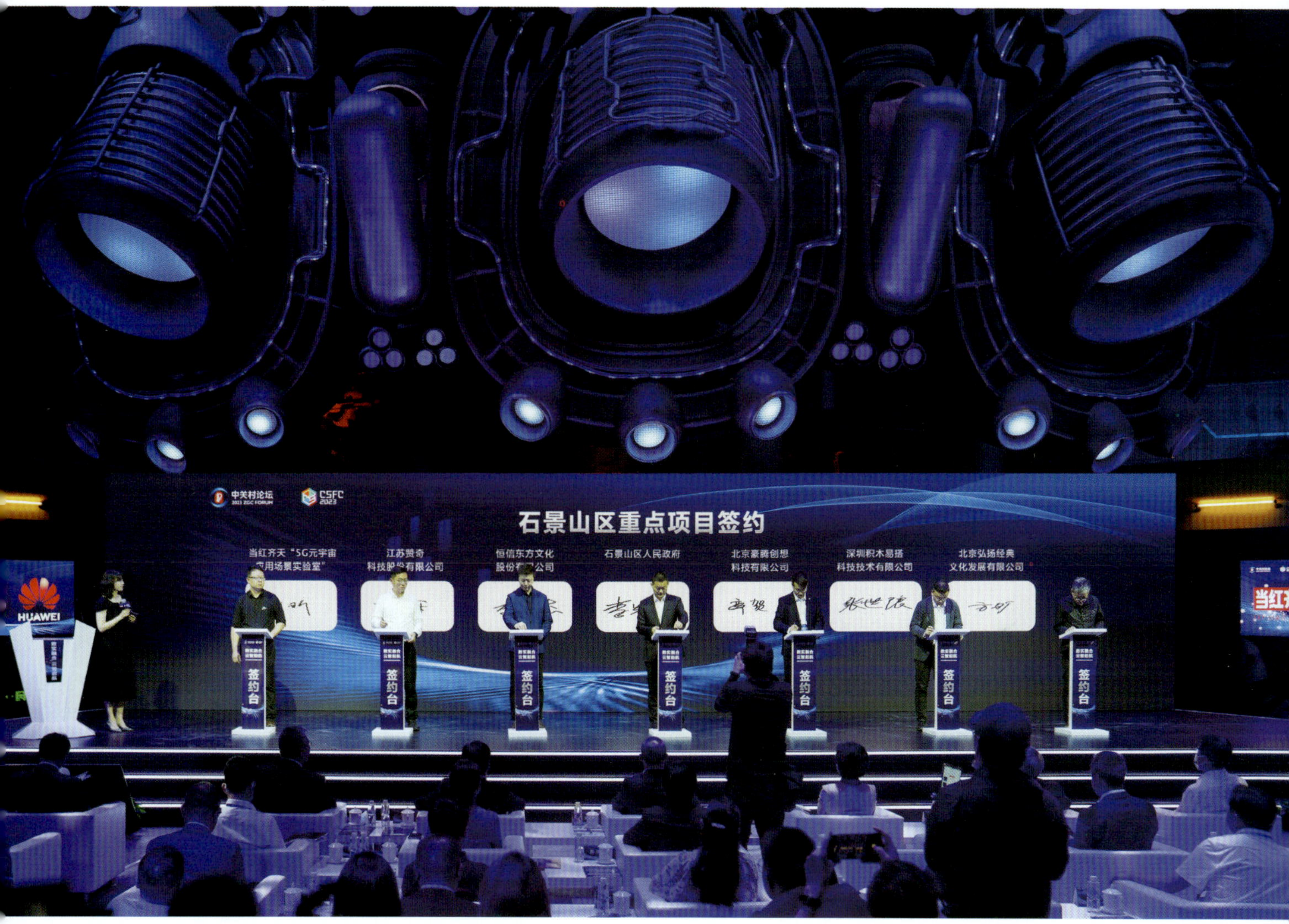

6月1日，石景山区举行科幻产业重点项目签约仪式

6 月 25 日，西山永定河文化节在首钢三高炉开幕

3 月 30 日，石景山区举办第十六届清明诗会活动

2 月 19 日，石景山区举行文旅体消费活动启动仪式

5 月 18 日，石景山区中国旅游日主题活动暨“慢享生活营”在首钢园区举行

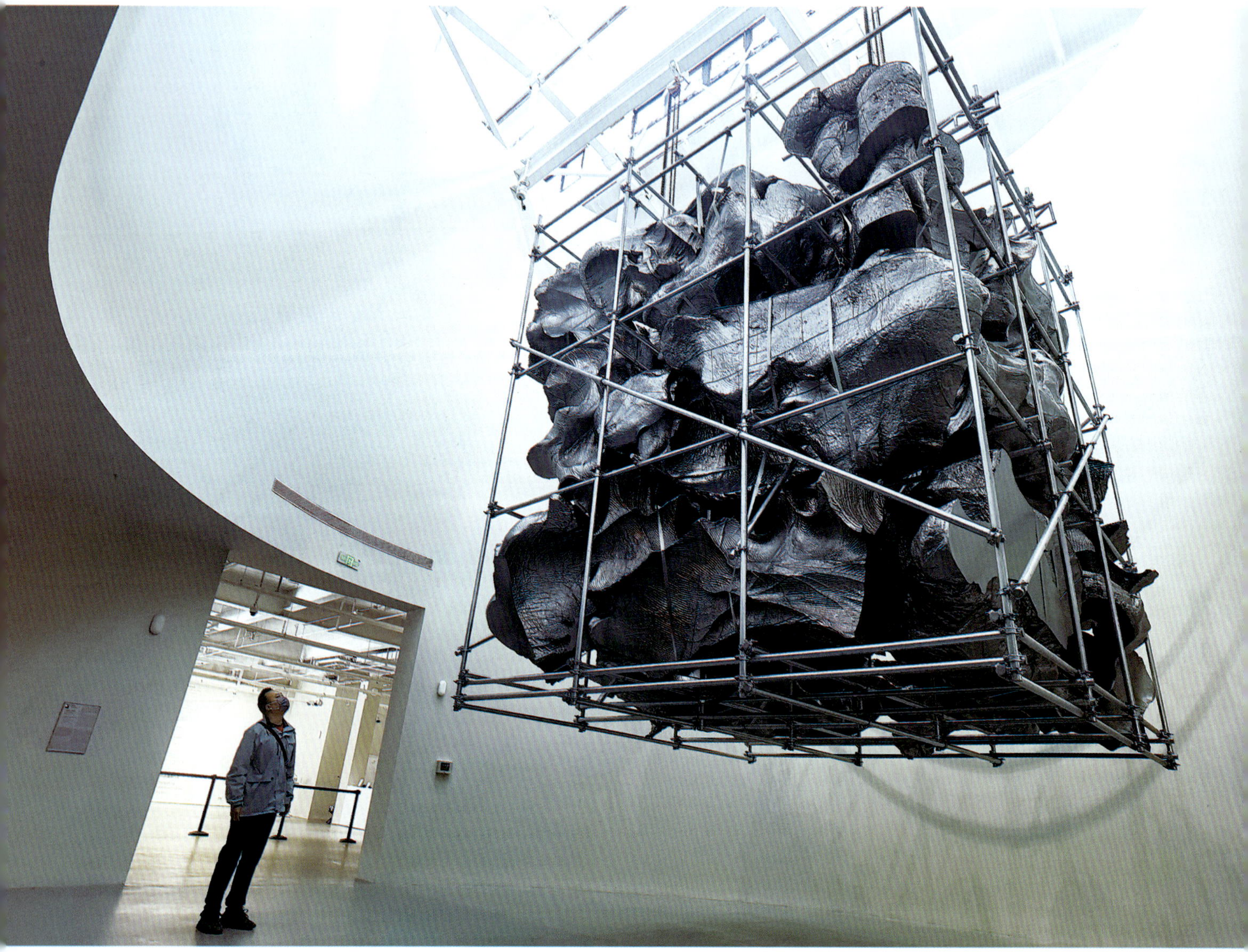

4 月，石景山区第一座民营美术馆——重美术馆开馆

5月18日起，法海寺壁画艺术馆启用常规门票制度

9月8日，石景山区在教师节前夕表彰获北京市教育系统“育人榜样（先锋）”

10 月 11 日，石景山区举行中小学生田径运动会开幕式

4 月 28 日，石景山区 2023 年庆祝“五一”国际劳动节表彰大会召开

6 月 16 日，石景山医院与北京博爱医院签约

4 月 22 日，2023 北京永定河马拉松在北京冬奥公园举行

5 月 26 日，石景山区 2023“魅力双奥城 精彩双奥区”徒步大会在北京冬奥公园举办

3月3日，石景山区残疾人联合会第八次代表大会召开

8 月 18 日，石景山区举办“景贤人才”大会

3 月 15 日，石景山区委生态文明建设委员会 2023 年全体会议召开

11 月 9 日，石景山区消防救援支队开展“119”消防宣传活动

2 月，石景山区政务服务中心和档案馆新建项目外立面完工

11 月，石景山区规划展览馆完成展陈筹建工作

6月，北京十一学校石景山实验中学新建工程全面竣工

9 月，北京大学首钢医院新门诊楼启用

6月，石景山区完成第一道绿化隔离地区还绿

7 月，石景山雕塑公园的荷花满塘盛开

北京市石景山区行政区划图

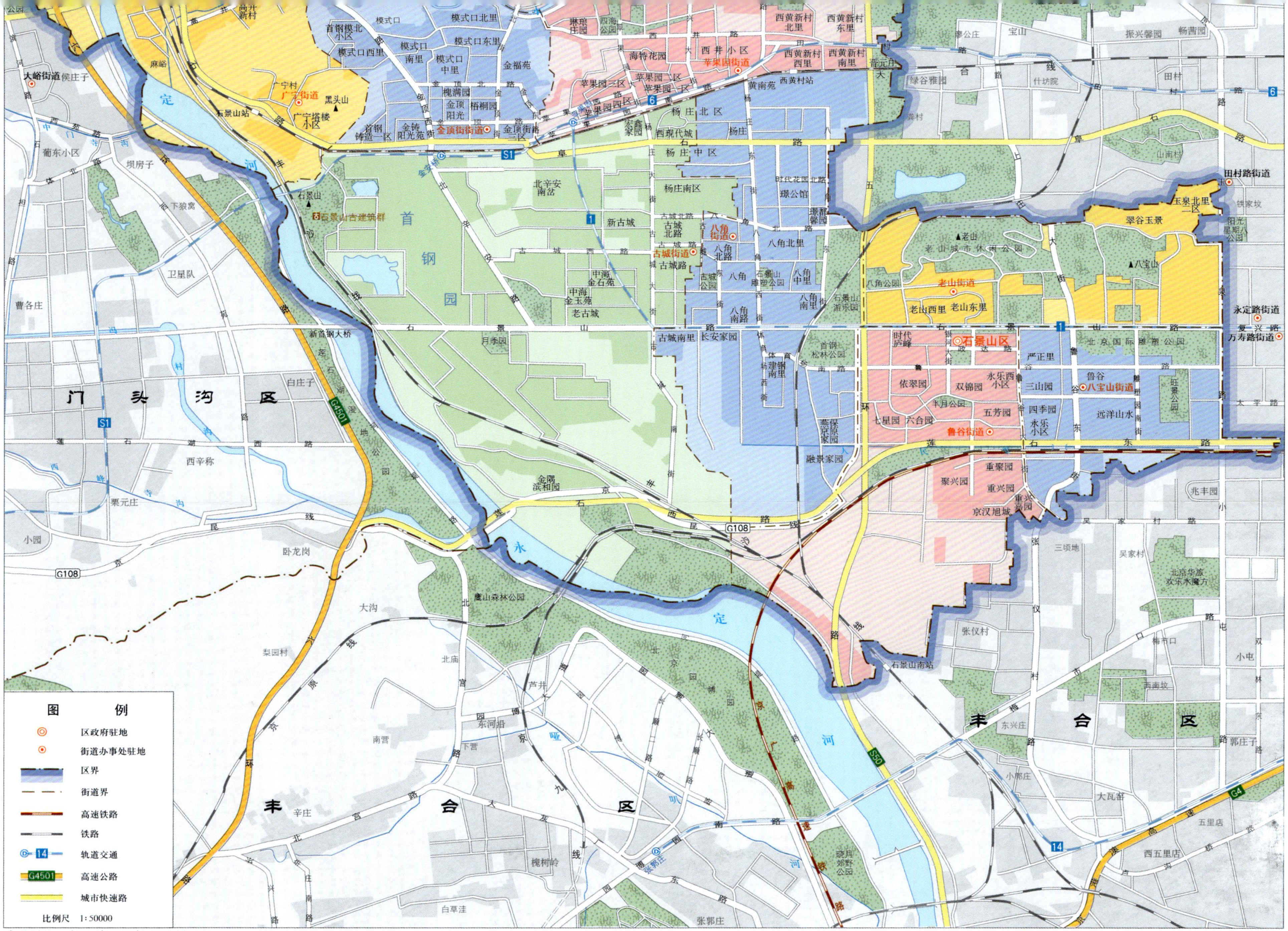

审图号：京S（2021）078号

资料截止日期：2020年

总　目

CONTENTS

目　录

区情概览

特　载

专　文

大事记

中共石景山区委员会

石景山区人民代表大会

石景山区人民政府

政协石景山区委员会

纪检　监察

民主党派

人民团体

法　　治

军　事

新首钢高端产业综合服务区与首钢集团

经济管理

金　融

城市规划与建设

城市管理

应急管理

生态环境

科　　技

教　育

文　　化

人物　荣誉

街　　道

统 计 资 料

附　　录

区情概览

基本地情

石景山区位于北京西部西山风景区南麓和永定河冲积扇上，因燕都第一仙山——石景山而得名。地理坐标为北纬39°53′~39°59′，东经116°07′~116°14′，东至玉泉路与海淀区毗连，南抵张仪村与丰台区接壤，北倚克勤峪与海淀区搭界，西濒永定河与门头沟区为邻。辖区东西宽约12.25千米，南北长约13千米，最东端距天安门14千米，总面积85.74平方千米。

石景山区地势北高南低，西北部山地是太行山余脉，约占全区面积的三分之一，40余座山峰比肩而立。西南部横亘着古老的永定河，蜿蜒曲折。中部和东南部是永定河冲积扇形成的夹带残丘的平原，为全区人民生产生活的主要地区。石景山地处属暖温带大陆性季风气候，全年平均气温14.1℃，较常年平均值（13.2℃）偏高。年总降水量786.6毫米，较常年降水量（565.9毫米）偏多4成。

石景山区自古就是京西历史文化重镇，既是西进京城的军事交通要塞，也是北京现代工业的发祥地，历史文化独特鲜明。境内名胜古迹众多，有近现代重要史迹及代表性建筑20余处，以“三山八刹十二景”著称的一代名园八大处、以明代壁画闻名于世的法海寺、石刻造像精美的田义墓、第四纪冰川遗迹陈列馆、八宝山革命公墓等均荟萃于此。

石景山区是北京市继东城、西城之后第三个没有农业户籍人口的城区，下辖八宝山街道、鲁谷街道、老山街道、八角街道、古城街道、苹果园街道、金顶街街道、广宁街道及五里坨街道9个街道，156个社区居委会。截至年底，全区常住人口为56.4万人。其中，常住外来人口15.6万人，占常住人口总数的27.7%；常住人口出生率6.2‰，死亡率10.34‰，人口自然增长率-4.14‰。

2023年是全面贯彻落实党的二十大精神的开局之年，是实施“十四五”规划承前启后的关键一年，是三年新冠疫情防控转段后经济恢复发展的一年。石景山区坚持以习近平新时代中国特色社会主义思想为指导，深入贯彻党的二十大和二十届二中全会精神，扎实开展学习贯彻习近平新时代中国特色社会主义思想主题教育，全面贯彻习近平总书记对北京一系列重要讲话精神，坚持以新时代首都发展为统领，立足“三区”定位，深入实施“两大战略”，统筹做好“四个融合”文章，各项事业都取得了新进展新成效，较好地完成了区十七届人大三次会议确定的目标任务。

重点任务

主题教育。全面学习宣传贯彻党的二十大精神，牢牢把握主题教育“学思想、强党性、重实践、建新功”的总要求，以首善标准推动政府系统主题教育走深走实。坚持把理论学习贯穿始终，与调查研究、推动发展、整改整治、建章立制一体推进、一体落实，深入践行“四下基层”工作制度，着力推动607个调研课题形成初步成果、228个整改整治问题全部完成，切实破解一批群众“急难愁盼”的问题和发展难题，让群众在主题教育之年有了更多获得感。

京津冀协同发展。深入贯彻习近平总书记关于深入推进京津冀协同发展、安全生产、防汛救灾、灾后恢复重建等一系列重要讲话批示指示精神，落实推动京津冀35项市级督查任务，实现1000余个事项“京津冀”通办服务延伸；高标准开展安全生产和火灾隐患排查整治行动，事故控制工作成效位居全市前列；全力做好“23·7”极端强降雨应急抢险处置，助力门头沟与房山5镇灾后重建，确保城市运行平稳和群众安居乐业。

经济发展

重点功能区建设。扩大长安金轴消费金融影响力，发行“点石成金”区域主题信用卡，“三卡+消金”实现税收54.8亿元。改革中关村石景山园管理机制，落实“一园一方案”，园区收入4400亿元，同比增长4.9%。打造新首钢科幻产业集聚区，举办2023中国科幻大会，落地科幻企业和机构184家，数量位居全市第一。实施银保园发展提升三年行动方案，31家机构落户中电科智能科技园，推动银保园向“金融+科技”高端产业综合示范区转型。建设工业互联网产业园，举办中国工业互联网大赛，成立首支工业互联网产业基金，先导区入驻率90%。发展虚拟现实产业园，华为（北京）虚拟现实创新中心开启运营，11家企业入选“2023中国VR50强”，3家企业技术解决方案入选国家级案例。揭牌通用人工智能大模型产业集聚区，智能算力中心落地，发布全球首个万字创作大模型“中文逍遥”。制定促进文化产业园区高质量发展若干措施，“重美术馆”开馆运营，郎园Park入选全国最受欢迎公共文化空间，石景山区获世界漫画大会“漫画城市”称号。

高精尖产业体系建设。制定“金融八条”支持举措，举办国际金融年度论坛、数字金融论坛，启动建设全市首个数字人民币综合性试验区，发行全国首个数字人民币“科幻硬钱包”，落地北交所服务基地，现代金融产业收入1300亿元。完成23项科技专项成果转化应用，国高新企业保有量超900家，技术合同成交额超160亿元，科技服务业收入270亿元。举办北京电竞创新发展大会、TGA腾讯电竞运动会冬季总决赛、动漫游戏产业发展论坛，建成咪咕数智竞技体验中心，数字创意产业收入260亿元，文化及相关产业进入千亿级产业集群。建成全市首家光场成像重大技术平台和超高清未来影像实验室，落地深空探测实验室、人工智能关键技术与应用评测实验室、5G元宇宙应用场景实验室，打造互联网3.0应用场景，首钢园区13个路段获批自动驾驶车辆测试道路，新一代信息技术产业实现收入超1000亿元。全区总部企业113家，2家企业获评北京市特色直播电商基地，商务服务业收入310亿元。

“五子”联动和“两区”建设。建设国际科技创新中心，建成全市首个知识产权公共服务平台，每万人发明专利拥有量205件，2家企业获得中国专利奖。新增入库项目461个、落地项目335个，2家企业入选国家文化出口重点企业。出台首个区级层面吸引国际组织落户便利化政策包，新设外资企业41家，同比增长52%。举办服贸会专展，签约重点项目55项，落地49项。筹建国际开放合作区，翔鹰大厦投入运营。建设全球数字经济标杆城市，举办通用人工智能算力论坛，推动数据（数字）资产进场交易，数字经济核心产业收入超1400亿元。建设国际消费中心城市，落实72项重点任务、11个重点项目，京西大悦城、远洋春秋里开业，举办京西消费节，发放消费券约2100万元，落地品牌首店67家，喜隆多等6个商圈获评“夜京城”特色消费场所。

优化营商环境。召开经济高质量发展大会，发布“石惠十条”，出台全面优化营商环境助力企业高质量发展实施方案，研究制定促进民营经济发展壮大具体举措，兑现政策支持资金13.14亿元。设立香港招商工作站，成立区国际商会、区健康产业协会、全球冰雪产业联盟，开展京外境外招商、展会招商、以商招商，新引入高精尖企业1800余家，同比增长90%左右；新增市场主体1.1万余家，同比增长25%左右。“十四五”规划中期评估总体良好，24项规划指标中5项指标提前完成，动态增补54个项目，总投资超310亿元，政府投资绩效评价连续两年居全市第一。石景山区第五次获得国务院老工业基地调整改造真抓实干成效明显表彰。

城市建设与管理

城市规划和更新。实施新版北京城市总体规划和分区规划，推进特钢等6个街区控规编制，获评国家首批、全市首个自然资源节约集约示范县（市）。与首钢集团开展区企高层对接7次，研究解决51项重难点问题，推进28项年度任务和60个重点项目，推动路网建设和水系连通，建成移交首钢东南区12条道路。推动冬奥遗产可持续利用，举办滑雪大跳台世界杯、全国大众冰雪季启动仪式、永定河马拉松等200余场重大活动和赛事，首钢园区入选北京微度假目的地。“首钢模式”获评中国改革2022年度地方全面深化改革典型案例。推进176个固定资产投资项目和33个重大项目。落实京西地区转型发展行动计划，推进年度57个重点项目落地，举办第二届京西地区发展论坛，签约投资项目15项，投资金额近200亿元。完成“京西八大厂”搬迁调整，推进巴威·北锅地块智能科技园区前期工作。建设产业载体资源管理系统，完成11处低效产业载体年度提升任务，北重科技文化产业园一期获批市级低效楼宇和老旧厂房改造典型示范项目。滚动实施109个老旧小区改造，加装电梯完工40部，2000年底前建成的符合条件老旧小区全部纳入改造计划，“先体检、后改造”等5项经验做法面向全国推广，石景山区获国务院2022年度城镇老旧小区改造、棚户区改造和发展保障性租赁住房工作真抓实干成效明显表彰。坚持西部地区全域更新理念，制定天泰山旅游综合开发概念规划设计方案，启动西部浅山区生态文化廊道整治提升工程，研究推动“山上四村”环境整治和有机更新，净德寺遗址公园开放，京西五里坨民俗陈列馆升级改造完工。完成76项“疏整促”任务，拆除违法建设1.4万平方米，改造提升6处公共空间，实施留白增绿1.77公顷，建设38个一刻钟便民生活圈。

城市基础设施建设。苹果园综合交通枢纽主体结构封顶，地铁1号线福寿岭站基本完工，M11号线模式口站开通试运营。建成田村路西段等6条道路，开工建设金安桥微中心人行过街天桥。基本完成北辛安、苹果园110千伏输变电工程，银河大街热力管线工程开工，金安桥雨水泵站投入使用。新建2处密闭式清洁站，提升49条背街小巷环境品质。完成8项道路疏堵工程，开工建设刘娘府公交场站，建成电动汽车充电场站208个，淘汰处置全部在账违规电动三四轮车。新增错时共享停车场8处、停车位459个，调色板花园、M11号线模式口站一体化地下停车库开工。推进智慧城市建设四大工程，打造城市数智中心，5G网络基本实现全覆盖。

生态建设。完善林长制，实施揭网见绿10.13公顷，改造开放2处全龄友好型公园，新增15处公园绿地，城市绿化覆盖率、人均公共绿地面积排名中心城区第一。深化“一微克”行动，$PM_{2.5}$年均浓度33微克每立方米。落实河长制，国控市控地表水考核断面稳定达标。落实建设用地土壤污染风险管控和修复名录制度，35家单位参与碳市场交易。

社会建设与社会治理

社会保障。实现再就业7819人，登记失业率3.71%。办好42件民生实事和68项济困工程，救助各类困难群众65.63万人（户）次。黄庄村棚改项目实现入住，建设筹集保障性住房2864套、竣工2666套，配租1500余套公租房，备案家庭总体保障率超过80%。

现代教育。十一学校石景山实验中学和金顶街小学建成开学，增加中小学学位2940个。首钢东南区配套学校和衙门口配套小学项目获批建设。推动学前普及普惠发展，普惠率89%，公办率56%。新开办5所公办普惠园，增加学位1320个。支持鼓励托育服务发展，全区幼儿园托班学位740个。加强家庭教育，银杏家庭成长中心投入使用。

文化建设。举办北京文化论坛配套活动和西山永定河文化节。实施14项文保工程，修缮石景山古建群，睿·国际创忆馆入选全国十佳文化遗产旅游案例，首钢工业遗产活化利用项目获首批国家级文物事业高质量发展十佳案例。模式口历史文化街区8个重点院落完成修缮，入选北京市旅游休闲街区、北京市商业步行街高质量发展项目。法海寺壁画艺术馆开馆运营，获北京城市更新最佳实践项目，壁画艺术数字展获评全国文旅数字化创新示范优秀案例。建成全市首个文博元宇宙开放平台，全国首家数字藏品类博物馆在瞭仓挂牌。开展中国环境舞蹈展演等文化活动1.2万余场，原创话剧《模式口》获首届全国电力文学奖。

卫生健康。推进五里坨医院建设，整形外科医院改扩建二期项目主体结构完工，首钢医院新门急诊大楼开诊。成立区疾控局，开展国家紧密型城市医疗集团试点，医联体综合评价连续两年排名全市第一，通过国家卫生区复审。长护险参保42.8万人，区医保局获评全国医疗保障系统先进集体。

文明城区创建。全国文明城区创建攻坚冲刺，持续开展“八大周边”专项整治行动，高标准完成28类652个实地点位达标验收，居民知晓度、支持度、满意度稳步提升。加强社区规范化建设，实施“头雁培育”工程和优才计划，培育“红纽扣”等老街坊品牌，认定“品质社区”68个，“以‘品质社区’点亮品质之城”获评全国城乡社区高质量发展典型案例。坚持党建引领楼宇治理，“三驾马车”模式获评中国改革2023年度地方全面深化改革典型案例。

社会治理。抓实接诉即办工作，推进“热线+网格”加速融合，强化主动治理，办理群众诉求19.03万件。抓好两件“关键小事”，新建居住小区生活垃圾分类驿站90处，完成10个物管会向业委会转化，开展物业考核评价工作。

平安建设。打击各类违法犯罪活动，区公安分局获评全国“昆仑行动”先进集体。通过全国市域社会治理现代化试点验收，“石时解纷”评为国家级优秀创新经验，“可信消费”预防化解预付式消费纠纷工作法获评全国新时代“枫桥式工作法”先进典型。开展安全生产和火灾隐患排查整治行动，事故控制工作成效位居全市前列，完成市委市政府安全生产督察反馈问题整改。做好“23·7”极端强降雨应急抢险处置，助力门头沟与房山两区5个乡镇灾后重建。

政府自身建设

自觉接受区人大及其常委会的法律监督和工作监督、区政协的民主监督，办复人大建议121件、政协提案238件，办成率64.5%。召开区政府常务会议47次，集体研究重大问题356个。开展32个审计项目。统筹市区资金1.2亿元，实施55个支援协作项目。研究制定区属国资国企改革重组方案，提升平台公司运营管理水平。军地互办实事58项，高标准完成新一届全国双拥模范城考评验收。推进“景贤人才”创业小镇建设，认定“景贤人才”42人。创建全国法治政府建设示范区，开展“八五”普法，深化行政复议体制改革，审理行政复议案件383件，办理行政应诉案件116件，以高质量法治保障高质量发展。

特　载

在区委十三届七次全会上的工作报告

区委书记　常　卫

（2023 年 12 月 22 日）

第一部分　关于今年工作总结

今年是全面贯彻落实党的二十大精神的开局之年，是实施"十四五"规划承前启后的关键一年，是三年新冠疫情防控转段后经济恢复发展的一年。一年来，在市委的坚强领导下，区委常委会坚持以习近平新时代中国特色社会主义思想为指导，全面贯彻党的二十大和二十届二中全会精神，深入贯彻习近平总书记对北京重要讲话精神，以首善标准扎实开展学习贯彻习近平新时代中国特色社会主义思想主题教育，认真落实市委全会精神和对石景山的工作要求，先后召开了 36 次区委常委会会议，坚持以新时代首都发展为统领，深入实施"两大战略"，统筹做好"四个融合"文章，不断将全面从严治党引向深入，实现了经济运行企稳向好、民生福祉持续改善、社会大局安定有序，各项事业取得新进展新成效。今年以来，区委常委会重点抓了以下工作：

一是深入学习宣传贯彻党的二十大精神，扎实开展主题教育。坚持把学习宣传贯彻党的二十大精神作为首要政治任务，突出抓好学习教育培训，组织各级、各领域宣讲 5000 余场次，实现处级干部和全体党员培训全覆盖，聚焦经济建设这一中心工作和高质量发展这一首要任务，把党的二十大提出的战略部署转化为实实在在的工作措施，以实干实绩推动党的二十大精神在石景山形成更多生动实践。坚决扛起主题教育主体责任，牢牢把握"学思想、强党性、重实践、建新功"的总要求，围绕以学铸魂、以学增智、以学正风、以学促干，在整体谋划、分类指导上下功夫、出实招，确保主题教育各项工作落实到位。开展主题教育先学先行活动，积极营造氛围、预热升温。坚持把理论学习贯穿主题教育始终，以读书班开局领学，定期集中学习、专题研讨，严格落实"第一议题"制度，带动各级领导干部深学细悟，形成了理论大学习、思想大武装的浓厚氛围。大兴调查研究，深入践行"四下基层"工作制度，明确"四到四问四提升"工作要求，区委常委会确定 5 个调研课题，统筹推动全区 647 个调研课题形成初步成果。注重调研成果运用，围绕事关全区发展的 15 个重点方面内容集中发力，破解了一批群众急难愁盼问题和经济社会发展难题。坚持"干"字当头、"实"字落地，锚定巴威·北锅老厂区有机更新、中关村石景山园改革提升等 5 项重点任务攻坚突破，推动区域各项事业高质量发展。加强问题整改，系统梳理分析出区处两级问题 1841 个，解决率超过 80%，让群众在主题教育之年有了更多获得感。

二是认真落实中央决策部署和市委工作要求，高标准推动各项工作在石景山落地见效。认真贯彻习近平总书记在深入推进京津冀协同发展座谈会上的重要讲话精神和市委十三届三次全会精神，深入推进京津冀协同发展，全面完成疏解整治促提升专项行动年度任务。深入学习贯彻习近平总书记关于安全生产的重要指示批示精神，深刻汲取"4·18"火灾事故教训，高标准抓好安全生产和火灾隐患大排查大整治各项工作，事故控制工作成效位居全市前列。深入贯彻习近平总书记关于防汛救灾、灾后恢复重建等重要指示精神，统筹做好区内防灾救灾减灾、结对帮扶门头沟区和房山区灾后重建等各项工作。全面贯彻落实尹力书记到我区调研指示要求，围绕深入做好城园融合、产业融合、山水文化融合、治理力量融合"四篇文章"，加强工作研究谋划，切实把调研指示要求转化为推动工作的思路举措和具体行动。认真做好市安全生产专项督察、生态环保督察反馈意见整改，基本完成市委巡视整改任务。

三是坚持稳中求进工作总基调，统筹做好经济社会恢复发展工作。抓实抓细新冠病毒感染"乙类乙管"各项措施，平稳度过疫情高峰，高标准搭建公共卫生应急管理平台，全力筑牢人民健康屏障。积极推动经济社会恢复正常秩序，召开推进经济高质量发展大会，出台实施推动高质量发展取得新突破的行动方案，发布"石惠十条"等政策措施，进一步提振企业信心、激发市场活力，全力稳住经济大盘。持续优化营商环境，完成 6.0 版任务，深化"服务包""服务管家"制度，建成全市首家知识产权公共服务平台，不断提高企业服务水平。聚力招优引强，大力开展京外招商、境外招商、展会招商活动，1 至 11 月，新引入高精尖企业 1749 家、同比增长 114.3%，新增市场主体 10370 家、同比增长 25.9%。强化经济运行调度，推动市、区重大项目全部开工建设，年度政府投资绩效评价连续两年排名全市第一。1至11月，全区高精尖产业实现收入2792.5亿元、同比增长5.9%，数字经济核心产业预计全年收入超过1400亿元。预计全年GDP完成1070亿元、同比增长6%左右；固定资产投资完成460亿元以上、同比增长4.5%；一般公共预算地方级收入完成171.2亿元、同比增长10.3%，一般公共预算区级收入完成80.2亿元、同比增长8.7%，区级收入中税收占比达到95%；居民人均可支配收入达到91344元、同比增长5%左右，全区经济实现了质的有效提升和量的合理增长。

在抓好重点工作的同时，区委常委会统筹推进全区各方面工作。

*一是城市更新行动全面提速。*实施十大领域70项城市更新项目，成功举办首届石景山区城市更新论坛。持续打造新时代首都城市复兴新地标，强化市区企合作、部门联动，聚焦“四个复兴”，有序推进28项年度任务和怡和、国际人才社区等60个重点项目，加快东南区土地入市，推动路网建设和水系连通，园区城市功能持续提升。加快培育“科技+”“体育+”新业态，累计引入优质企业279家，SoReal元宇宙乐园入选全国第一批“5G+智慧旅游”应用试点项目，首钢园主导产业体系初步形成。深入推进冬奥遗产可持续利用，成功举办服贸会专展、滑雪大跳台世界杯、首届永定河马拉松、冬博会等重要活动，首钢园被授予第二批北京微度假目的地。积极推动巴威·北锅、北重等“京西八大厂”老旧厂房有机更新，北重科技文化产业园一期获批市级低效楼宇和老旧厂房改造典型示范项目。加快老旧小区改造进度，实施109个老旧小区、568万平方米改造项目，新开工老楼加装电梯72部，“十四五”时期符合条件老旧小区全部纳入改造计划，“先体检、后改造”工作机制等5方面经验做法面向全国推广。有序开展西黄村、北辛安、黄庄村等棚改项目。加快重大基础设施建设，实施176个固定资产投资项目和33个重大项目，基本完成首钢东南区四街等道路建设，加紧推动苹果园综合交通枢纽、地铁1号线福寿岭站等轨道交通项目，M11线模式口站开通试运营，城市承载能力进一步增强。城市更新“首钢模式”获评中国改革2022年度地方全面深化改革典型案例，西部全域型城市更新等两个项目分别获评2023年北京城市更新优秀案例、北京城市更新最佳实践。我区获国务院2022年度城镇老旧小区改造、棚户区改造和发展保障性租赁住房工作真抓实干成效明显表彰。

*二是产业转型动能加快转换。*全面落实京西行动计划，协同推进年度20项重点任务、57项重点项目和37项重要活动清单落地见效，成功举办第二届京西地区发展论坛。持续优化重点产业功能区，不断扩大“长安金轴”影响力，落地北交所服务基地，成功举办国际金融年度论坛、数字金融论坛，引入中铁建资本等一批现代金融机构，现代金融业实现收入1300亿元、税收95亿元，同比分别增长6.6%和6%。完善中关村石景山园产业生态，率先落实“一园一方案”，启动园区改革提升三年行动计划，预计全年实现收入4400亿元、同比增长4.9%。打造科幻产业集聚区，成功举办2023中国科幻大会，累计引导184家科幻企业和机构落地，中关村科幻产业创新中心获评北京市引领型标杆孵化器。推动银行保险产业园“金融+科技”融合发展，建成中电科智能科技园，集聚法人单位31家，预计实现税收10亿元、同比增长52%。加快建设工业互联网产业园，成立区域首支工业互联网产业基金，先导区入驻率达到90%。促进虚拟现实产业园创新发展，华为（北京）虚拟现实创新中心建成投用，11家企业入选“2023中国VR50强”。启动通用人工智能大模型产业集聚区建设，举办通用人工智能算力论坛，引入人工智能关键技术与应用评测实验室，集聚重点企业30家。加快文创园建设步伐，举办北京电竞创新发展大会，落地TGA腾讯电竞运动会冬季总决赛，郎园Park获评全国最受欢迎公共文化空间，文化及相关产业迈入千亿级产业集群。推动“五子”联动融入新发展格局，加快建设国际科技创新中心，引入北航虚拟现实技术与系统全国重点实验室，建成超高清未来影像实验室和全市首家光场成像重大技术平台，国高新企业保有量超过900家。聚力“两区”建设扩面增效，扎实做好国际开放合作区筹建，建成投用翔鹰大厦，新增入库项目461项、落地335项。持续放大服贸会溢出效应，签约重点项目55项、落地49项。提升数字经济发展能级，累计建成5G基站612座，落地智能算力中心。不断完善“一核三圈多点”的国际消费空间布局，京西大悦城盛大开业，打造6个市级“夜京城”特色消费场所。第五次获国务院老工业基地调整改造真抓实干成效明显表彰。

*三是西山永定河文化带建设亮点纷呈。*深入实施西山永定河文化带保护发展规划，成功举办北京文化论坛配套活动、第三届北京西山永定河文化节。加快模式口历史文化街区更新步伐，完成8个重点院落改造，实施街区公共空间改造提升，街区面貌不断刷新、业态不断丰富，被授予第二批北京市旅游休闲街区、北京市商业步行街高质量发展项目。加强首钢工业遗存保护利用，提升冬奥公园运营管理水平，推进工业遗址公园建设和石景山古建群修缮等14项文物保护工程，RE睿·国际创忆馆入选全国十佳文化遗产旅游案例，首钢工业遗产活化利用项目获首批国家级文物事业高质量发展十佳案例。法海寺壁画艺术馆开馆运营，壁画艺术数字展获评全国文化和旅游数字化创新示范优秀案例。实施八大处公园园内景观提升工程，开展园区业态整治行动，游园体验不断优化。全力打好全国文明城区创建收官战，顺利完成2022年度中央测评迎检保障。高质量完成国家公共文化服务体系示范区创新发展复核迎检，上线全市首个文博元宇宙开放平台，建成石刻博物馆和全国首家数字藏品类博物馆，瞭仓书房获评2022年最美乡村公共文化空间，“创新‘文化+’智慧社区管

理系统助力构建社区治理新模式”入选全国基层公共文化服务高质量发展典型案例。

*四是生态环境质量持续改善。*强化大气污染协同治理，深化“一微克”行动，截至目前$PM_{2.5}$累计浓度33微克/立方米。深化水环境治理，严格落实河长制，国控市控地表水考核断面稳定达标。扎实开展土壤风险源头治理，严格建设用地风险防控。巩固国家森林城市创建成果，深化林长制工作，不断扩大绿色空间和生态容量，改造开放2处全龄友好型公园，新增15处公园绿地，西山绿道（石景山段）项目建设进度过半，城市绿化覆盖率、人均公共绿地面积均为中心城区第1，公园绿地500米服务半径覆盖率居全市前列，获评国家首批、本市首个自然资源节约集约示范县（市）。

*五是基层治理水平稳步提升。*巩固拓展全国城市基层党建示范区建设成果，规范街道、社区党建工作协调委员会运行，落实资源、需求、项目“三个清单”制度，擦亮“石景山老街坊”等群众治理品牌，多元共治的基层治理体系日益完善。深入推进“品质社区”建设，认真抓好两件“关键小事”，派驻第二批社区“第一书记”，实施社区书记“头雁培育”工程和优才计划，“以‘品质社区’点亮品质之城”被评为2023全国城乡社区高质量发展典型案例。持续强化接诉即办工作调度，推动“热线”与“网格”加速融合，办理群众诉求19.03万件，群众满意度不断提高。开展新一轮背街小巷环境精细化治理，完成49个背街小巷环境整治提升项目，推动违规电动三四轮车综合治理，城市环境风貌持续优化。着力推进“城市大脑”建设，完善区街数智中心布局，丰富智慧城市建设场景，城市运行“一网统管”体系初见雏形。加快建设韧性城市、海绵城市，建成金安桥雨水泵站，强化水电气热等市政基础设施和应急物资设备管理维护，有力应对“23·7”极端强降雨，城市公共安全水平不断提高。圆满完成全国两会、第三届“一带一路”国际合作高峰论坛等重大活动服务保障任务，妥善应对经济领域风险隐患，切实维护首都安全稳定。推进平安石景山建设，完成市域社会治理现代化试点验收，“石时解纷”获评全国市域社会治理现代化试点优秀创新经验，“可信消费”预防化解预付式消费纠纷工作法获评全国新时代“枫桥式工作法”先进典型。

*六是民生保障坚实有力。*紧扣“七有”“五性”办好42项重要民生实事和68项济困工程。多措并举做好稳就业工作，城镇登记失业率3.81%。不断提升住房保障水平，建设筹集保障性住房2864套，竣工2666套，公租房备案家庭总体保障率提升至75%。持续优化教育资源布局，建成投用十一学校石景山实验中学和金顶街小学，加快建设北大附中石景山学校（新址），扎实推进首钢东南区配套学校和衙门口配套小学等项目，公办园在园幼儿占比达到56%。扩大养老服务基本供给，深化长期护理保险制度试点，加快实施北辛安、衙门口养老服务中心等项目，建成投用3个养老服务驿站，养老助餐服务实现全覆盖，2个社区获评全国示范性老年友好型社区。深入开展康复辅助器具产业国家综合创新试点。推进健康石景山建设，挂牌成立区疾控局，建成首钢医院新门急诊大楼，开工建设整形外科医院改扩建二期工程。深化医药卫生体制改革，成功入选国家紧密型城市医疗集团试点城市（区），顺利通过国家卫生区复审。完善群众体育公共服务体系，开展“全民健身示范街道”创建，成功举办金秋体育盛会。继续保持区储备成品粮规模。持续做好支援协作，55项市、区两级支援协作项目全部开工，助力结对地区乡村振兴。

*七是民主法治建设不断加强。*充分发挥区委总揽全局、协调各方作用，坚持和完善党委决策、政府落实、人大和政协监督的工作机制，支持人大、政协依法依章程履职。人大及其常委会围绕“四个机关”定位，认真履行法定职责，听取审议专项工作报告27项，视察7次，作出决议决定7项、审议意见书9件，任免国家机关工作人员38人次。人民政协发挥专门协商机构作用，认真组织实施协商年度工作计划，围绕深入实施城市更新和产业转型发展战略、加快推进西部地区城市更新等重点工作深入协商议政，聚焦城市有机更新和社会基层治理等领域有效开展民主监督。坚持爱国统一战线发展的正确方向，不断完善大统战工作格局，高质量完成政党协商计划，成功举办侨梦苑北京论坛，支持举办九三京西发展座谈会、北京西山永定河发展论坛，统筹做好港澳台侨海外统战工作，持续巩固团结、奋进、开拓、活跃的良好局面。全面加强法治政府建设，开展法治政府建设责任落实督察，加强行政执法规范与效能建设，深入推进“八五”普法，全国法治政府建设示范区创建工作通过市级评审。推进国防后备力量建设和双拥工作，推动军民融合发展，高标准完成新一届全国双拥模范城考评验收。全面做好群团、党校、老干部等各项工作。

*八是全面从严治党向纵深推进。*坚持以党的政治建设为统领，落实“看北京首先要从政治上看”要求，以区委名义向市委请示报告50件次。层层压实管党治党责任，今年以来，区委常委会会议研究党建议题106个，占比53.3%。坚持不懈用党的创新理论凝心铸魂，始终把学习贯彻习近平新时代中国特色社会主义思想作为头等大事，开展区级理论学习中心组学习15次，切实将党的创新理论转化为坚定理想、锤炼党性和指导实践、推动工作的强大力量。完善新时代文明实践中心三级服务组织，压实意识形态工作责任制。深入学习贯彻习近平总书记关于党的建设的重要思想和对组织工作的重要指示精神，持续推进“品质先锋”工程，加强党对新兴领域的全面领导，启动两新组织党建工作三年行动计划，实施新就业群体“聚蜂行动”，“三驾马车”新模式构建楼宇社区治理新格局获评中国改革2023年度地方全面深化改革典型案例。走好新时代党的组织路线，贯彻落实全国党政领导班子建设规划纲要和北京市措施，加强领导班子和干部队伍建设，推进

"千帆计划"落地落实，提升领导干部治理能力。深入实施"景贤计划"，开展"招千贤、纳万才"行动，加快建设高水平科技人才队伍，全力打造京西人才高地。做深做实政治监督，完成两轮区委巡察，深化派驻机构改革，扎实开展纪检监察干部队伍教育整顿。持之以恒正风肃纪反腐，今年以来，共受理信访举报295件次，处置问题线索177件，立案62件，给予党纪政务处分46人，移送司法机关10人。

区委常委会高度重视自身建设。严格执行市委关于维护党中央集中统一领导的规定和区委实施意见，深刻领悟"两个确立"的决定性意义，增强"四个意识"、坚定"四个自信"、做到"两个维护"，为全区作出表率。带头履行管党治党政治责任，切实加强对分管联系部门党委（党组）抓党建工作及问题整改的指导督促。贯彻落实民主集中制，认真执行领导班子议事决策规则，进一步加强和规范党内政治生活。大兴调查研究之风，坚持完善分类调研指导、重大事项协调推进、月度工作点评、现场工作督导等工作方式，切实发挥好把方向、管大局、作决策、保落实的重要作用，统筹推进各领域工作实现新提升。

这些成绩的取得，是市委坚强领导的结果，是全区各级党组织、广大党员干部和全区人民共同奋斗的结果，是驻区单位和社会各界大力支持的结果。面对急难险重任务，广大党员干部特别是基层一线干部冲锋在前、担当作为，充分展现了讲政治、能扛活、有情怀的鲜明特质。在此，我代表区委常委会，向同志们表示衷心感谢！

与此同时，区委常委会也清醒认识到，工作中还存在一些挑战和不足：经济回稳向好的基础仍不牢固，经济发展的内生动力仍然不足，重点行业发展还不均衡，消费潜力需要激发，经济实力、产业活力和综合竞争力有待进一步提升；城市更新力度需要进一步加大，"京西八大厂"更新改造任务还很繁重，老旧小区改造进度还需加快，现有城中村、棚户区、平房院、边角地更新改造都是难啃的"硬骨头"，面临不少政策瓶颈和很大资金压力；基层治理成效与基层所需、群众所盼还有差距，城市治理的科学化、精细化、智能化程度还不高，"四老四少"方面问题仍有待破解，"七有""五性"存在短板弱项，接诉即办工作水平亟待提高；全面从严治党存在薄弱环节，对干部日常监督管理还有漏洞，干部作风和能力建设需要进一步加强，等等。对这些问题，我们要在今后的工作中持续推动解决。

第二部分　关于明年工作安排

明年是中华人民共和国成立75周年，是实施"十四五"规划的关键一年，也是京津冀协同发展战略实施10周年，做好各项工作意义重大。最近，中央召开了经济工作会议，习近平总书记发表重要讲话，全面总结了今年以来的经济工作，深刻阐释了新时代做好经济工作的规律性认识，深入分析了当前形势，明确提出了明年工作的总体要求、政策取向和重点任务，是习近平经济思想的进一步丰富和发展，为我们做好明年和今后一个时期经济工作提供了根本遵循。本周，市委召开了十三届四次全会，总结了今年主要工作，部署了明年各项任务，尹力书记作了重要讲话，强调抓好明年工作，要更加注重服务大局、主动作为，更加注重稳中求进、系统施策，更加注重以进促稳、提质增效，更加注重先立后破、改革创新，更加注重底线思维、防范风险，为我们做好明年各项工作提供了行动指南。

当前，世界百年变局全方位、深层次加速演进，我国发展的外部环境复杂性、严峻性、不确定性上升。更要看到，我国经济回升向好、长期向好的基本趋势没有变，支撑高质量发展的要素条件不断集聚增多，要增强信心和底气。从北京情况看，科技人才优势保持领先，市场活力持续增强，重点产业支撑稳固，各项政策红利逐步释放，总体向好的态势将不断巩固和增强，有基础有能力实现更好发展。从我区情况看，尹力书记到我区调研，要求我们做好城园融合、产业融合、山水文化融合、治理力量融合"四篇文章"，这为我们做好全区工作指明了方向。今年以来，我区经济摆脱疫情影响、顶住下行压力，经济运行稳中有进、整体向好，经济总量不断扩大，发展质量持续优化，新兴产业日益壮大。全区经济社会稳定向好的发展态势、多重利好对冲困难带来的发展机遇，进一步坚定了我们做好工作的信心。立足"三区"功能定位和区域发展阶段性特征，我区当前和今后一个时期仍然处在融入首都发展新格局的战略机遇期、转型发展的攻坚期和城市复兴的关键期，这是我们谋划推动工作的基本站位和出发点。我们要把全区工作放在"两个大局"和首都发展全局下来思考把握，立足区情实际来谋划推动，善于发现、把握和用好机遇，直面存在的问题、短板和挑战，找准新形势下做好工作的切入点、结合点和着力点，抓住主要矛盾，突破瓶颈制约，注重前瞻布局，把握和处理好速度与质量、宏观数据与微观感受、发展经济与改善民生、发展与安全的关系，以自身发展的确定性应对外部环境的不确定性，牢牢掌握工作主动权，确保年年都有新突破，一年迈上一个新台阶。

明年工作总体要求是：坚持以习近平新时代中国特色社会主义思想为指导，全面贯彻落实党的二十大和二十届二中全会精神，认真贯彻中央经济工作会议精神，深入贯彻习近平总书记对北京重要讲话精神，认真贯彻落实市委十三届四次全会工作部署和市委对石景山的工作要求，坚持稳中求进工作总基调，完整、准确、全面贯彻新发展理念，坚持以新时代首都发展为统领，积极服务和融入首都发展新格局，着力推动高质量发展，全面深化改革开放，坚持立足"三区"定位，深入实施"两大战略"，统筹做好"四个融合"文章，推动全面从严治党向纵深发展，全力打造新时代首都城市复兴新地标，高水平建设好首都城市西大门，为北京率先基本实现社会主义现代化作出贡献。

围绕高质量发展这个主题，按照“稳中求进、以进促稳、先立后破”的要求，着眼于实现质的有效提升和量的合理增长，综合考虑外部发展环境和我区经济增长基础条件，紧密衔接“十四五”规划和现代化建设目标，明年经济社会发展主要指标初步安排是：地区生产总值同比增长5.5%左右，一般公共预算收入同比增长4%，市场总消费同比增长4%左右，社会消费品零售额同比增长3%左右，居民人均可支配收入增长与经济增长基本同步，固定资产投资保持稳定增长，工作中努力争取更好结果。

明年要重点做好以下各项工作：

第一，旗帜鲜明讲政治，不折不扣贯彻落实中央决策部署和市委工作要求，确保全区各项事业始终沿着正确方向前进

坚持把党的政治建设摆在首位，深入学习贯彻党的二十大精神和习近平总书记对北京重要讲话精神，加强“四个中心”功能建设、提高“四个服务”水平，更好服务党和国家工作大局。认真落实市委关于深化学习贯彻习近平新时代中国特色社会主义思想常态化制度建设的意见，深刻领悟真理力量，加强理论学习和教育培训，推进宣传宣讲，深化研究阐释，加强理论研究阵地建设，努力形成更多生动实践。不断巩固深化主题教育成果，统筹推进理论学习、调查研究、推动发展、检视整改，扎实做好主题教育“后半篇文章”，切实将主题教育成果转化为奋发有为的精神状态和真抓实干的实际行动。认真学习领会中央经济工作会议精神，切实把思想认识统一到党中央关于经济工作的重大决策部署上来，增强使命担当，坚定战略自信，积极奋发有为，在转方式、调结构、提质量、增效益上积极进取，不断提升高质量发展水平。全面贯彻落实市委十三届四次全会精神，聚焦全市中心工作和重点任务，切实扛起石景山区的使命担当，精准把握自身工作的切入点、结合点、着力点，以时不我待、只争朝夕的精神状态加快发展，在服务和融入首都发展新格局中担起重任，努力取得更好成绩。

第二，深入实施城市更新行动，做好城园融合文章，着力打造“复兴之城”

坚持把城市更新作为全区城市工作的战略重点，贯彻落实新版北京城市总体规划和分区规划，紧抓中央推进保障性住房、城中村改造和“平急两用”公共基础设施“三大工程”政策机遇，以新首钢为龙头，统筹推进老旧厂房、老旧小区、老旧平房区和低效楼宇更新改造，带动“京西八大厂”和石景山区整体复兴。

全力打造新时代首都城市复兴新地标。加强与首钢集团密切协作，加快首钢园北区规划建设，完善东南区配套设施，高标准建设服贸会首钢园永久会场，加紧建设怡和、国际人才社区等重大项目。围绕“科技+”“体育+”产业，引育集聚一批标杆项目、领军企业、技术平台，系统推进一批重大产业项目及应用场景落地。着力发展会展经济，办好服贸会专展等重大活动，落地一批国家级品牌展会，进一步放大溢出效应，打造特色会展目的地。促进文商旅深度融合，提升“吃住行游购娱”全要素水平，打造集休闲度假、旅游消费、潮流消费等功能于一体的国际交往新空间。加快首钢园与全区融合发展，全面规范首钢园北区管理服务，实施东南区城市公共空间改造提升，推进首钢水系与永定河流域连通，推动“厂区”“园区”向“社区”“街区”转变。

加快老旧区域更新改造。充分借鉴新首钢复兴经验，有序推动巴威·北锅城市更新项目、“双园融合”项目和特钢地区转型发展，积极导入航空航天、金融科技、虚拟现实等科技型龙头企业，抓紧推动航天科工智能科技园等重大项目落地，让老厂区焕发新活力。实施楼宇经济三年行动计划，推进产业载体地图二期建设，招引优质企业和项目，提升商务楼宇入驻率。推广“首开经验”“鲁谷模式”，统筹推进100个老旧小区改造，确保“五年任务、四年完成”。实施老旧小区市政管线消隐改造，加大老楼加梯工作力度。有序实施黄庄村、衙门口等棚户区改造项目，稳妥做好土地上市工作和配套建设。加快推动城中村、平房区和危旧楼改造提升，实施麻峪村环境整治提升等重点项目，探索金顶山村等剩余平房区改造路径，持续改善群众生活条件。

深化冬奥遗产可持续利用。盘活滑雪大跳台、“四块冰”冬训基地、冬奥组委办公区等场馆设施，积极申办举办国际冰雪赛事，承接首发首秀首展等商业活动，打造更多市民文化娱乐消费场景。借势冬博会等重大展会，发挥全球冰雪产业联盟桥梁纽带作用，加强与国际体育赛事、企业、行业商协会对接，吸引更多冰雪体育产业企业集聚，打造以冰雪为特色的城市时尚新兴体育基地。加快冬奥公园修复，提升运维管理水平，打造冰雪、户外、慢跑精品目的地。开展“快乐冰雪季”“冰雪嘉年华”等活动，巩固拓展“带动三亿人参与冰雪运动”全国示范区建设成果。

不断提高城市基础设施建设水平。充分发挥规划引领作用，推动特钢等6个街区控规编制及报批，实现规划展览馆开馆运营。加强与中交集团战略合作，进一步完善西部地区基础设施和配套服务，激发西部地区发展活力。发挥重大项目牵引作用，实施197个重点项目，持续提升城市承载力。完成地铁1号线福寿岭站改造，开工建设地铁1号线支线（石景山段）、北京市郊铁路城市副中心线整体提升工程（西段）等轨道交通项目。谋划推动石门路改扩建工程，完成西黄村路等道路建设，完善衙门口、北辛安、五里坨等重点区域路网。完成五里坨污水处理厂升级改扩建工程，推动苹果园、北辛安变电站和鲁谷北重供热厂供热调峰工程建成投用。

全面推进韧性安全城市建设。坚持将“平急两用”与城市更新统筹推进，更好统筹疫情防控、防灾减灾和经济社会发展，提升防范风险能力和水平。坚持系统谋划，做好各类规划有机衔接，围绕“平时”场景应用和“急时”

需求保障，健全设施平急转换机制，切实提升平急转换能力和应急保障水平。科学布局场景配置，聚焦重大疫情应对、洪涝灾害处置、水毁设施修复等6个方面，加快实施万商集团应急保障用房改造、永定河石景山段行蓄洪区建设、供水管网消隐改造等一批“平急两用”公共基础设施建设项目。加强应急信息化体系建设，高标准搭建应急管理信息化平台，强化与智慧医疗、智慧城管、智慧文旅等信息化系统的数据融通，构建“大应急”管理格局。立足区情实际，建立健全应急救援和应急物资储备体系，完善隐患排查整改工作机制，着力提升城市安全水平。帮扶门头沟、房山两区加快灾后恢复重建，切实保障当地群众生产生活。

第三，大力推动产业转型升级，做好产业融合文章，着力打造“活力之城”

坚持把推动产业转型作为全区经济工作的战略支撑，着眼于解决发展不平衡不充分问题，用好冬奥会、服贸会、新地标三张“金名片”，坚持在螺蛳壳里做道场，以科技创新引领现代化产业体系建设，推动重点产业功能区、高精尖产业和“五子”联动融合发展，增强区域创新能力、发展活力、经济实力和综合竞争力。

加快建设京西产业转型升级示范区。持续落实京西行动计划，抓好重点任务、重大项目、重要活动“三张清单”监测调度，推动各项任务落实落地。科学梳理高精尖产业体系，加快构建支柱产业、特色产业和未来产业梯次发展的高精尖产业格局，提高金融服务经济社会发展质效，提升信息、科技等现代服务业能级，推动高精尖产业量级稳步增长。开辟未来产业新赛道，瞄准未来信息、未来健康、未来制造、未来空间等4大领域布局引育项目，广泛应用数智技术、绿色技术，搭建应用场景，培育技术成果，赋能产业升级，加快形成新质生产力。推动中关村石景山园扩围增效，实施园区改革提升三年行动计划，加快推进中关村新一轮先行先试改革举措在石景山园落地实施并形成实效，促进园区综合效益持续提升，力争收入突破4600亿元。推动银行保险产业园与中电科智能科技园“金融＋科技”融合发展，落实发展提升三年行动方案，建设北交所上市服务平台，举办数字金融论坛，梳理提升周边配套环境，提高吸引金融、科技创新链、产业链企业聚集的能力。提升科幻产业集聚区发展能级，办好2024中国科幻大会，出台科幻产业发展三年行动计划，完善科幻产业创新生态，打造科幻产业重点项目集群。建成投用工业互联网产业园一期，加快二期项目建设，推动东土科技等行业领军企业入驻，提升园区专业化、国际化运营服务水平。深化中关村虚拟现实产业园与北重科技文化产业园双园融合发展，瞄准国际一流提升规划建设水平，搭建市域产教联合体，积极引进艾迪普等VR50强企业。推进通用人工智能大模型产业集聚区建设，落地北京国际大数据交易所数据（数字）资产流通创新中心、百度智能云千帆大模型产业（北京）创新基地，打造通用人工智能大模型技术研发、创新应用和产业集群，抢占人工智能战略制高点。推动文创园高端特色发展，落实好文化产业园区认定政策，筹划京西电竞节，打响石景山“电竞之城”品牌。

坚持“五子”联动服务和融入首都发展新格局。加快国际科技创新中心建设，推动国家重点实验室等高水平创新基地与平台加快布局。制定支持孵化器高质量发展促进措施，推动科技孵化器扩容提质，打造行业标杆应用场景。用好“揭榜挂帅”制度，加速行业关键技术攻关。加快“两区”建设，落实国家服务业扩大开放综合示范区2.0方案，加速国际开放合作区筹建，围绕绿色低碳、数字经济等领域积极拓展国际合作，提高实际利用外资水平。发挥国际会展平台、国际人才交流平台作用，深化与相关领域头部企业战略合作，吸引更多优质企业集聚。加快全球数字经济标杆城市建设，建成智能算力中心，提升互联网3.0创新供给与配套能力，丰富数字经济应用场景，打造数字人民币综合性试验区。推动数字经济与实体经济深度融合，加快传统产业数字化智能化转型，围绕研发服务落地配套数字化工厂，不断扩大数字经济占比。推进国际消费中心城市建设，持续优化“一核三圈多点”国际消费空间布局，促进汽车、家居等传统消费智能化绿色化升级，发展体育赛事、国货潮品等新兴消费，扩大教育、医疗、康养等服务消费，打造一批有影响力的消费品牌，办好“不落幕的京西消费节”，培育城市“烟火气”，不断激发消费活力，更好满足群众多样化需求。深入推进京津冀协同发展，持续开展疏解整治促提升专项行动，全面落实公共服务共建共享、生态环境联防联控等重点任务。加强与门头沟区、密云区协作，办好京西地区发展论坛。接续推动东西部协作和支援合作，实现巩固拓展脱贫攻坚成果同乡村振兴有效衔接。

全面优化营商环境。落实打造“北京服务”实施意见，持续深化“放管服”改革，深化“一业一证”“一件事”集成服务改革，推动政务服务中心新址运行。完善“服务包”“服务管家”，搭建政企互动平台，精准对接企业需求。坚定不移落实“两个毫不动摇”，持续优化民营经济发展环境，促进中小企业专精特新发展，充分激发各类经营主体的内生动力和创新活力。加大招优引强力度，加强与中电科、中铁建等央企战略合作，争取更多符合区域定位的产业项目和独角兽、专精特新等高成长企业落户。发挥海外招商平台作用，链接全球创新资源，采取产业链招商、平台招商等方式，开展“走出去”招商、中介招商等活动，构建大招商格局。统筹推进深层次改革和高水平开放，推动国企改革走深走实，壮大集体经济，不断解放和发展社会生产力、激发和增强社会活力。做好第五次全国经济普查工作。

第四，高标准推进西山永定河文化带建设，做好山水文化融合文章，着力打造“美丽之城”

坚持把西山永定河文化带建设作为服务全国文化中心

建设的重要抓手，学习贯彻好习近平文化思想和生态文明思想，深入推进生态文明建设，加强文物保护与街区整治，推动自然山水、古道村落、工业遗址、红色印记、文化创意等特色资源融合发展，展现“一半山水一半城”的美丽姿态。

坚决打好污染防治攻坚战。践行“绿水青山就是金山银山”理念，开展好首次国有自然资源资产清查，加快推进国家生态文明建设示范区和“两山”实践创新基地创建。以更高标准打好蓝天、碧水、净土保卫战，深化“一微克”行动，强化施工、道路、裸地“三尘共治”，推动空气质量持续改善。严格落实河长制，加强全区河湖巡查，保持各类断面水质考核稳定达标。强化土壤污染风险管控，开展重点监管企业源头管控和未利用地保护。推动绿色低碳循环发展，积极稳妥推进碳达峰碳中和，促进减污降碳协同增效。

持续扩大绿色生态空间。推进花园城市建设，加快西山绿道（石景山段）等重点绿化工程进度，抓好小微绿地、“留白增绿”、全龄友好型公园改造及林荫路等项目建设，打造精品街区，为广大市民提供更多更优质的绿色休闲空间。提高林长制工作质效，完善绿地建管标准，积极开展园林资源动态监控及公共绿地树木、地被补植补种工作，不断提升城市绿地管护水平。加强古树名木保护，推动全区绿化资源保护管理持续向好。

加强文物保护与街区整治。高水平举办北京文化论坛配套活动、北京西山永定河文化节，做好第四次全国文物普查，深入挖掘文物资源价值，讲好石景山文物故事。持续推进模式口历史文化街区改造提升，统筹做好文保利用、院落改造、空间整治、业态导入，进一步完善配套服务设施，加强法海寺周边等公共空间提升，打造模式口博物馆集聚区。以创建国家5A级旅游景区为目标，升级八大处公园业态设施和园内景观，建设智慧人文景区。加强新首钢工业遗产保护传承与利用，打造更多开放空间、文化消费场所和特色旅游线路，加快推进工业博物馆前期工作，努力打造“博物馆之城”。持续开展石景山古建群保护修缮，打造石景山书院，力争年内对外开放。构建数据监测平台，打造石景山智慧文旅。深入挖掘浅山区生态文化旅游资源，研究天泰山旅游综合开发项目，实施生态文化廊道工程，推动“山上四村”等浅山区村落整治提升和文旅产业融合发展，打造高品质石景山文旅品牌。

推动国家公共文化服务体系示范区创新发展。建立三级公共文化设施常态化过程管理指标体系，做好市级效能评估迎检工作。推动京津冀公共文化服务交流和协同发展，加快推进区艺术中心项目，不断拓展新型公共文化空间。打造高品质文化活动品牌，持续举办国家级院团惠民演出季、“古城之春”艺术节等区域高品质文化活动，推动基层群众文艺事业不断繁荣发展。开展特色非遗进校园、进社区，举办非遗文化展览、市集活动，助力非遗文化活态传承。

第五，强化党建引领基层治理，做好治理力量融合文章，着力打造“品质之城”

坚持把党建引领作为提升基层社会治理能力的根本路径，全面践行人民城市理念，把全过程人民民主融入城市治理现代化，在精治共治法治上下足“绣花功夫”，加强城市精细化治理，加快城市数字化转型，打造宜居、韧性、智慧城市，全面提升城市品质。

夯实基层治理基础。坚持和加强党对基层治理的全面领导，推动各级党建工作协调委员会加强议事协商，用好“石景山老街坊”等群众力量，构建人人参与、人人负责、人人奉献、人人共享的城市治理共同体。持续推进“品质社区”建设，继续抓好两件“关键小事”，深化物业管理体制改革，不断扩大全国社区治理和服务创新实验区创建成果。深化接诉即办改革，探索推进“智网实格”建设，加强主动治理、未诉先办，认真解决涉及群众切身利益的问题。常态长效深化文明城区创建，持续开展“擦亮城市西大门”系列活动，不断提升区域文明程度。

加强城市精细化智能化治理。有序推进新一轮57个背街小巷精治工程，打造20条“门前三包”示范街，加快实施新首钢大桥桥下空间等城市公共空间改造提升项目，让城市更加有“里”有“面”。不断完善交通综合治理体系，建设静态交通智慧管理平台，加快调色板花园地下停车库、金安桥微中心人行过街天桥等项目进度，建成刘娘府公交场站，改善居民出行环境。加强智慧城市、数字政府建设，建好“城市大脑”，搭建城市地下管网信息化管理平台，强化数据共享，深化数字赋能，在城市管理、经济运行、基层治理等领域开辟更多应用场景，形成更多数字治理示范。

切实保障和改善民生。紧扣群众“七有”要求和“五性”需求补短板、强弱项，实施44项民生实事和62项济困工程，办好群众可感可及的实事，兜住、兜准、兜牢民生底线。更加突出就业优先导向，健全就业促进机制，确保重点群体就业稳定，逐步提高居民收入水平，调查失业率控制在5%左右。织密扎牢社会保障网，健全分层分类的社会救助体系，推动儿童福利院投入使用，争创全国无障碍建设示范城市。加大住房保障力度，建成五里坨集体租赁住房等项目，多措并举提升公租房总体保障率。不断扩大优质教育资源供给，建成投用北大附中石景山学校（新址），加快建设衙门口配套中小学、首钢东南区配套学校、北京市第九中学分校新建综合楼等工程，抓紧做好国际学校建设前期工作，推动存量教育资源整合提升。积极引进培育名师名校长，落实“双减”要求，创建国家义务教育优质均衡区。稳步推进中小学通学公交试点。积极应对少子化、老龄化，更加关注解决“小小孩”“老老人”问题。建设普惠托育服务体系，持续提升公办园在园幼儿占比。扩大多层次养老服务供给，布局街道区域养老服务中心，加快社区养老服务驿站和养老助餐点位建设，深化康复辅助器具产业国家综合创新试点，推进长期护理保险制度试点，创新医养康养结合服务模式，加强失能失智老人照护服务支持，建设老年友好型城区。加快建设健康石景山，开展国家紧密型城市医疗集团建设试点，扩大“信用+医疗”服务范围。深化医药卫生体制改革，促进医保、医疗、医药三医联动。完善公共卫生体系，加快推进五里坨精神卫生专科医院等项目，建设五里坨、苹果园、衙门口等社区卫生服务中心，全力推动西部医院、朝阳医院（石景山院区）公卫应急暨妇儿中心、玉泉医院教学综合楼（三期）项目建设，进一步提升石景山医院医疗服务水平。完善公共卫生应急管理体系，推进疾控体系改革，持续提升紧急医疗救治能力和院前救治能力。完善全民健身公共服务体系，建设首钢东南区体育公园，实现“全民健身示范街道”创建工作全覆盖。深化全国“一刻钟便民生活圈”试点，探索打造“生活+社区”便民服务综合体。

高水平统筹发展和安全。始终把政治安全摆在首位，增强风险预判和处置能力，严防各领域安全风险向政治领域传导。严格落实意识形态工作责任制，守好首都意识形态阵地。完善重大活动保障机制，打造大型活动安全监管首钢模式。强化社会治安整体防控，推进扫黑除恶常态化，深入开展“平安校园”“平安医院”“平安社区”创建工作，打造更高水平的平安石景山。坚持和发展新时代“枫桥经验”，深化“可信消费”预防化解预付式消费纠纷工作法，建立健全矛盾纠纷多元化解“一体化”机制，筑牢社会和谐稳定的基础。严格落实安全生产责任制，坚决防范和遏制重特大安全事故发生。强化食品药品安全监管，创建国家食品安全示范城市。统筹化解中小金融机构等重点领域风险，促进房地产市场平稳健康发展，严厉打击非法金融活动，守住不发生系统性风险的底线。压实粮食安全责任。持续提升城市安全运行水平，强化城市运行保障，加强城市“生命线”巡查维护，确保水电气热供应安全平稳畅通。

第六，深入落实新时代党的建设总要求，坚决扛起管党治党政治责任，以高质量党建引领推动全区高质量发展

坚持把全面从严治党作为新时代党的建设的鲜明主题，不断健全全面从严治党体系，全面推进党的政治建设、思想建设、组织建设、作风建设、纪律建设，把制度建设贯穿其中，把全面从严治党主体责任一贯到底，把党的领导体现到全区工作全过程和各方面，为推动各项事业发展提供坚强政治保证。

坚持以党的政治建设为统领。落实“看北京首先要从政治上看”要求，坚持和捍卫“两个确立”，增强“四个意识”、坚定“四个自信”、做到“两个维护”。始终把政治纪律和政治规矩挺在前面，不折不扣贯彻落实中央决策部署和市委工作要求，坚决防止“七个有之”。严格执行重大事项请示报告制度。严格执行新形势下党内政治生活若干准则，发展积极健康的党内政治文化，推进政治监督具体化、精准化、常态化。认真抓好市安全生产专项督察、生态环保督察反馈意见整改。

持续强化思想理论武装。坚持不懈用习近平新时代中国特色社会主义思想凝心铸魂，完善学习贯彻习近平新时代中国特色社会主义思想常态化制度，推进党委（党组）理论学习中心组学习制度化规范化。落实党的创新理论学习教育计划，增强理论教育培训的时代性、针对性和实效性，教育引导党员干部坚定理想信念、强化政治担当，全面提振党员干部干事创业的精气神。建立“大理论”宣传宣教格局，持续完善区、街（单位、部门）、社区三级宣讲矩阵，壮大理论宣讲队伍，推动党的创新理论成果走进基层群众。推动新时代文明实践中心建设和阵地融合。完善融媒体中心运营机制，持续提升全媒体宣传效能，提高石景山品牌知名度和影响力。

贯彻落实新时代党的组织路线。坚持大抓基层鲜明导向，持续深化全国城市基层党建示范区建设，深入实施“品质先锋”工程，启动“品质楼宇”建设，提高机关、学校、医院、国有企业等领域党组织建设质量，不断增强基层党组织的政治功能和组织功能。深入实施两新组织党建工作三年行动计划，持续巩固“两个覆盖”攻坚成果，深化新就业群体“聚蜂行动”，进一步增强党在新兴领域的号召力、影响力和凝聚力。全面落实市委关于深入推进全面从严治党提升党员干部干事创业精气神的若干措施，坚持严管与厚爱相结合，细化落实“三个区分开来”，加大正向激励力度，突出实干实效的鲜明导向，引导践行正确政绩观，推动形成干事创业的良好氛围。坚持党管干部原则，坚持新时代好干部标准，切实把领导班子配优建强，把干部队伍管好用好。加强干部专业训练和实践锻炼，推动领导干部治理能力提升三年行动计划圆满收官，锻造忠诚干净担当的高素质干部队伍。持续推进“千帆计划”，加强优秀年轻干部培养选拔。深入实施“景贤计划”，落实“招千贤、纳万才”行动方案，办好创新创业大赛和“景贤人才”大会，用好“景贤创业小镇”和“景贤未来人才”社会实践基地，加强区域高质量发展所需的高层次和急需紧缺人才引进，持续完善一体化人才服务链，营造近悦远来的人才生态。稳步推进机构改革任务落实，提高效率效能。

坚持以严的基调强化正风肃纪反腐。提高抓作风建设的恒心和韧劲，锲而不舍落实中央八项规定及其实施细则精神，把纠治形式主义、官僚主义摆在更加突出位置，坚决整治落实不力、任性用权、漠视侵害群众利益等方面的突出问题，坚持为基层减负。对享乐奢靡歪风紧盯不放，严防反弹回潮。着力完善党内监督体系，扎实开展区委巡察，完善同级监督制度机制，增强对“一把手”和领导班子监督实效，通过管住“关键少数”带动“绝大多数”。加强纪检监察专责监督与其他监督贯通协同，提升监督效能。坚持严的基调、严的措施、严的氛围不动摇，坚持“三不腐”一体推进，聚焦权力集中、资金量大、工程项目多的重点领域、重点环节、重点岗位，坚持受贿行贿一

起查，在不敢腐上持续加压。深化以案为鉴、以案促改、以案促治，加强新时代廉洁文化建设，以彻底自我革命精神打好反腐败斗争攻坚战持久战。

全面加强党对各领域工作的领导。充分发挥区委总揽全局、协调各方作用，支持人大、政府、政协、纪委监委、法检“两院”履行职能。加强和改进新时代人大工作，支持人大及其常委会围绕大局依法履职，不断发展全过程人民民主。发挥好人民政协专门协商机构作用，提高政治协商、民主监督、参政议政水平，更好凝聚发展共识。巩固和发展最广泛的爱国统一战线，推进新型政党制度建设和多党合作事业，维护民族团结和宗教和谐，做好港澳台侨海外统战工作，完善大统战工作格局。加强对工青妇等群团组织的领导。强化党管武装工作，巩固发展军政军民团结。坚持执法司法守法普法协调推进，提高依法行政水平，推动法治石景山、法治政府、法治社会一体建设，全力打造全国法治政府建设示范区。

政府工作报告

在北京市石景山区第十七届人民代表大会第四次会议上

区长　李　新

（2024 年 1 月 10 日）

各位代表：

现在，我代表石景山区人民政府向大会报告工作，请予审议，并请各位政协委员提出意见。

一、2023 年工作回顾

过去一年，是全面贯彻落实党的二十大精神的开局之年，是实施"十四五"规划承前启后的关键一年，是三年新冠疫情防控转段后经济恢复发展的一年。在市委市政府的坚强领导下，在区委的直接领导下，在区人大及其常委会监督支持下，我们坚持以习近平新时代中国特色社会主义思想为指导，深入贯彻党的二十大和二十届二中全会精神，扎实开展学习贯彻习近平新时代中国特色社会主义思想主题教育，全面贯彻习近平总书记对北京一系列重要讲话精神，坚持以新时代首都发展为统领，立足"三区"定位，深入实施"两大战略"，统筹做好"四个融合"文章，各项事业都取得了新进展新成效，较好地完成了区十七届人大三次会议确定的目标任务。

我们全面学习宣传贯彻党的二十大精神，牢牢把握主题教育"学思想、强党性、重实践、建新功"的总要求，以首善标准推动政府系统主题教育走深走实。坚持把理论学习贯穿始终，与调查研究、推动发展、整改整治、建章立制一体推进、一体落实，深入践行"四下基层"工作制度，着力推动 607 个调研课题形成初步成果、228 个整改整治问题全部完成，切实破解一批群众"急难愁盼"问题和发展难题，让群众在主题教育之年有了更多获得感。

我们坚持把党的政治建设摆在首位，认真落实中央决策部署和市委市政府工作要求，高标准推动各项工作在石景山落地见效。深入贯彻习近平总书记关于深入推进京津冀协同发展、安全生产、防汛救灾、灾后恢复重建等一系列重要讲话批示指示精神，落实推动京津冀 35 项市级督查任务，实现 1000 余个事项"京津冀"通办服务延伸；高标准开展安全生产和火灾隐患排查整治行动，事故控制工作成效位居全市前列；全力做好"23·7"极端强降雨应急抢险处置，助力门头沟与房山 5 镇灾后重建，确保城市运行平稳和群众安居乐业。全面落实尹力书记、殷勇市长到我区调研指示精神，围绕"四个融合"加强工作研究谋划，专项督查督办 4 方面 15 项任务，加快推进区域转型发展。完成市委市政府安全生产督察反馈问题整改，推进第二轮中央、北京市生态环保督察反馈问题整改工作。

我们坚持稳中求进工作总基调，多举措推动扩投资稳增长，统筹做好经济社会发展各项工作。抓实抓细新冠病毒感染"乙类乙管"各项措施，高标准搭建公共卫生应急管理平台，平稳度过疫情高峰。召开经济高质量发展大会，发布"石惠十条"，出台全面优化营商环境助力企业高质量发展实施方案，研究制定促进民营经济发展壮大具体举措，兑现政策支持资金 13.14 亿元，进一步提振企业信心、激发市场活力。聚力招优引强，设立香港招商工作站，成立区国际商会、区健康产业协会、全球冰雪产业联盟，大力开展京外境外招商、展会招商、以商招商，新引入高精尖企业 1800 余家、同比增长 90%左右，新增市场主体 1.1 万余家、同比增长 25%左右。"十四五"规划中期评估总体良好，24 项规划指标中 5 项指标提前完成，动态增补 54 个项目，总投资超过 310 亿元，政府投资绩效评价连续两年居全市第一。我区第五次获得国务院老工业基地调整改造真抓实干成效明显表彰。

初步预计，全区地区生产总值完成 1074.8 亿元、同比增长 7%；一般公共预算收入完成 80.2 亿元、同比增长 8.7%；固定资产投资完成 460 亿元、同比增长 4.5%；居民人均可支配收入达到 91344 元、同比增长 5%左右；万元地区生产总值能耗降幅达到 2%，全区经济实现了质的有效提升和量的合理增长。

一年来，主要做了以下工作。

（一）聚焦产业转型增进效力，区域经济发展水平迈上新台阶。重点功能区提质增效。扩大"长安金轴"消费金融影响力，发行"点石成金"区域主题信用卡，"三卡+消金"实现税收 54.8 亿元。改革提升中关村石景山园管理体制机制，在全市率先落实"一园一方案"，园区实现收入 4400 亿元、同比增长 4.9%。打造新首钢科幻产业集聚区，成功举办 2023 中国科幻大会，落地科幻企业和机构184家，数量位居全市第一。实施银保园发展提升三年行动方案，651地块基本建成，31家机构落户中电科智能科技园，推动银保园向“金融+科技”高端产业综合示范区转型。工业互联网产业园加快建设，举办中国工业互联网大赛，成立首支工业互联网产业基金，034地块主体结构封顶，先导区入驻率达到90%。虚拟现实产业园提质发展，华为（北京）虚拟现实创新中心开启运营，11家企业入选“2023中国VR50强”，3家企业技术解决方案入选国家级案例。通用人工智能大模型产业集聚区揭牌，智能算力中心落地，发布全球首个万字创作大模型“中文逍遥”。制定促进文化产业园区高质量发展若干措施，“重美术馆”开馆运营，郎园Park入选全国最受欢迎公共文化空间，我区荣获世界漫画大会“漫画城市”称号。高精尖产业体系更加健全。制定“金融八条”支持举措，成功举办国际金融年度论坛、数字金融论坛，启动建设全市首个数字人民币综合性试验区，发行全国首个数字人民币“科幻硬钱包”，落地北交所服务基地，现代金融产业实现收入1300亿元。完成23项科技专项成果转化应用，国高新企业保有量超过900家，技术合同成交额突破160亿元，科技服务业实现收入270亿元。举办北京电竞创新发展大会、TGA腾讯电竞运动会冬季总决赛、动漫游戏产业发展论坛，建成咪咕数智竞技体验中心，数字创意产业实现收入260亿元，文化及相关产业迈入千亿级产业集群。建成全市首家光场成像重大技术平台和超高清未来影像实验室，落地深空探测实验室、人工智能关键技术与应用评测实验室、5G元宇宙应用场景实验室，打造互联网3.0应用场景，首钢园13个路段获批自动驾驶车辆测试道路，新一代信息技术产业实现收入超过1000亿元。全区总部企业达到113家，2家企业获评北京市特色直播电商基地，商务服务业实现收入310亿元。“五子”联动统筹推进。加快国际科技创新中心建设，建成全市首个知识产权公共服务平台，每万人发明专利拥有量达到205件，2家企业获得中国专利奖。深化“两区”建设，新增入库项目461个、落地项目335个，2家企业入选国家文化出口重点企业。出台首个区级层面吸引国际组织落户便利化政策包，新设外资企业41家、同比增长52%。成功举办服贸会专展，签约重点项目55项、落地49项。扎实做好国际开放合作区筹建，翔鹰大厦投入运营。加强全球数字经济标杆城市建设，举办通用人工智能算力论坛，加快推动数据（数字）资产进场交易，数字经济核心产业收入预计超过1400亿元。推动国际消费中心城市建设，落实72项重点任务、11个重点项目，京西大悦城、远洋春秋里开业，举办京西消费节，发放消费券约2100万元，落地品牌首店67家，喜隆多等6个商圈获评“夜京城”特色消费场所。

（二）聚焦城市更新激发动力，区域承载能力持续提高。规划引领不断强化。深入实施新版北京城市总体规划和分区规划，全面推进特钢等6个街区控规编制，获评国家首批、本市首个自然资源节约集约示范县（市）。城园融合步伐加快。与首钢集团开展区企高层对接7次，研究解决51项重难点问题，有序推进28项年度任务和60个重点项目，推动路网建设和水系连通，建成移交首钢东南区12条道路。推动冬奥遗产可持续利用，举办滑雪大跳台世界杯、全国大众冰雪季启动仪式、永定河马拉松等200余场重大活动和赛事，首钢园入选北京微度假目的地。“首钢模式”获评中国改革2022年度地方全面深化改革典型案例。城市更新稳步实施。有序推进176个固定资产投资项目和33个重大项目。全面落实京西地区转型发展行动计划，推进年度57个重点项目落地见效，成功举办第二届京西地区发展论坛，签约投资项目15项，投资金额近200亿元。完成“京西八大厂”搬迁调整，推进巴威·北锅地块智能科技园区前期工作。建设产业载体资源管理系统，完成11处低效产业载体年度提升任务，北重科技文化产业园一期获批市级低效楼宇和老旧厂房改造典型示范项目。滚动实施109个老旧小区改造，加装电梯完工40部，2000年底前建成的符合条件老旧小区全部纳入改造计划，“先体检、后改造”等5项经验做法面向全国推广，我区获国务院2022年度城镇老旧小区改造、棚户区改造和发展保障性租赁住房工作真抓实干成效明显表彰。坚持西部地区全域更新理念，制定天泰山旅游综合开发概念规划设计方案，启动西部浅山区生态文化廊道整治提升工程，研究推动“山上四村”环境整治和有机更新，西山绿道（石景山段）项目建设过半，净德寺遗址公园开放，京西五里坨民俗陈列馆升级改造完工。完成76项“疏整促”任务，拆除违法建设1.4万平方米，改造提升6处公共空间，实施留白增绿1.77公顷，建设38个一刻钟便民生活圈，城市服务供给能力不断提升。城市基础设施持续完善。苹果园综合交通枢纽主体结构封顶，地铁1号线福寿岭站基本完工，M11线模式口站开通试运营。建成田村路西段等6条道路，开工建设金安桥微中心人行过街天桥。基本完成北辛安、苹果园110kV输变电工程，银河大街热力管线工程开工，金安桥雨水泵站投入使用。城市精细化治理水平不断提高。新建2处密闭式清洁站，提升49条背街小巷环境品质。完成8项道路疏堵工程，开工建设刘娘府公交场站，建成电动汽车充电场站208个，淘汰处置全部在账违规电动三四轮车。新增错时共享停车场8处、停车位459个，调色板花园、M11线模式口站一体化地下停车库开工。推进智慧城市建设四大工程，打造城市数智中心，5G网络基本实现全覆盖。

（三）聚焦山水文化融城挖掘潜力，“一半山水一半城”的美丽姿态进一步彰显。西山永定河文化带建设深入推进。成功举办北京文化论坛配套活动和西山永定河文化节。实施14项文保工程，修缮石景山古建群，RE睿·国际创忆馆入选全国十佳文化遗产旅游案例，首钢工业遗产活化利用项目获首批国家级文物事业高质量发展十佳案例。模式口历史文化街区8个重点院落完成修缮，街区面貌不断提升、业态不断丰富，入选北京市旅游休闲街区、北京市商业步行街高质量发展项目。法海寺壁画艺术馆开馆运营，荣获北京城市更新最佳实践项目，壁画艺术数字展获评全国文旅数字化创新示范优秀案例。完成八大处公园园内景观和业态提升，成功举办西山八大处文化节等品牌活动。建成全市首个文博元宇宙开放平台，全国首家数字藏品类博物馆在瞭仓挂牌，瞭仓书房获评全国最美乡村公共文化空间，区图书馆获评国家一级馆。开展中国环境舞蹈展演等文化活动1.2万余场，原创话剧《模式口》荣获首届全国电力文学奖，创新“文化+”智慧社区管理系统助力构建社区治理新模式获评全国基层公共文化 服务高质量发展典型案例，国家公共文化服务体系示范区复评优秀。生态环境持续改善。完善林长制，实施揭网见绿10.13公顷，改造开放2处全龄友好型公园，新增15处公园绿地，城市绿化覆盖率、人均公共绿地面积排名中心城区第一。深化“一微克”行动，$PM_{2.5}$年均浓度33微克/立方米。严格落实河长制，国控市控地表水考核断面稳定达标。落实建设用地土壤污染风险管控和修复名录制度，35家单位参与碳市场交易。全国文明城区创建攻坚冲刺。坚持高位统筹、全域创建、标准化管理、常态化推进，持续开展“八大周边”专项整治行动，高标准完成28类652个实地点位达标验收，居民知晓度、支持度、满意度稳步提升。

（四）聚焦民生福祉构筑合力，群众幸福感获得感大幅提升。社会治理水平不断提高。抓实接诉即办工作，推进“热线+网格”加速融合，强化主动治理，办理群众诉求19.03万件。加强社区规范化建设，实施“头雁培育”工程和优才计划，培育“红纽扣”等老街坊品牌，认定“品质社区”68个，“以‘品质社区’点亮品质之城”获评全国城乡社区高质量发展典型案例。抓好两件“关键小事”，新建居住小区生活垃圾分类驿站90处，完成10个物管会向业委会转化，开展物业考核评价工作。坚持党建引领楼宇治理，“三驾马车”模式获评中国改革2023年度地方全面深化改革典型案例。社会保障坚实有力。办好42件民生实事和68项济困工程，救助各类困难群众65.63万人（户）次。实现再就业7819人，登记失业率为3.71%。落实优生优育服务政策，新增托育机构13家、托位570个。黄庄村棚改项目实现入住，建设筹集保障性住房2864套、竣工2666套，配租1500余套公租房，备案家庭总体保障率超过80%。社会事业持续进步。扩充优质教育资源，十一学校石景山实验中学和金顶街小学建成招生，扩增5所普惠性幼儿园、1380个学位，公办园在园幼儿占比达到56%。新建3个养老服务驿站、200张家庭照护床位，新增13个养老助餐点，提供助餐服务近4.5万人次，2个社区获评全国示范性老年友好型社区。加强家庭教育工作，银杏家庭成长中心投入使用。推进五里坨医院建设，整形外科医院改扩建二期项目主体结构完工，首钢医院新门急诊大楼开诊。成立区疾控局，开展国家紧密型城市医疗集团试点，医联体综合评价连续两年排名全市第一，顺利通过国家卫生区复审。长护险参保人数达42.8万人，区医保局获评全国医疗保障系统先进集体。举办金秋体育盛会等全民健身活动26场，新增体育场地面积25万平方米，创建2个全民健身示范街道。平安石景山建设不断巩固。严厉打击各类违 法犯罪活动，区公安分局获评全国“昆仑行动”先进集体。通过 全国市域社会治理现代化试点验收，“石时解纷”被评为国家级优秀创新经验，“可信消费”预防化解预付式消费纠纷工作法获评全国新时代“枫桥式工作法”先进典型。持续做好粮食储备和流通管理，全力推进国家食品安全示范城市创建。

（五）聚焦依法行政强化能力，政府自身建设取得积极成效。自觉接受区人大及其常委会的法律监督和工作监督、区政协的民主监督，办复人大建议121件、政协提案238件，办成率64.5%。召开区政府常务会议47次，集体研究重大问题356个。开展32个审计项目。统筹市区资金1.2亿元，实施55个支援协作项目。研究制定区属国资国企改革重组方案，提升平台公司运营管理水平。军地互办实事58项，高标准完成新一届全国双拥模范城考评验收。推进“景贤人才”创业小镇建设，认定“景贤人才”42人。创建全国法治政府建设示范区，开展“八五”普法，深化行政复议体制改革，审理行政复议案件383件，办理行政应诉案件116件，以高质量法治保障高质量发展。

各位代表，成绩的取得，是区委带领全区人民团结拼搏、艰苦奋斗的结果。在此，我代表区人民政府，向各位人大代表、政协委员，向辛勤工作在各条战线上的劳动者，向关心支持参与石景山区发展的同志们、朋友们，致以崇高的敬意和衷心的感谢！

我们也清醒地看到发展中还存在一些短板和问题：经济回稳向好的基础仍不牢固，企业生产经营困难较多，居民消费和民间投资的信心不足，高精尖产业体系还有待进一步优化；城市更新力度需要不断加大，“京西八大厂”和老旧小区改造更新进度还需加快，平房区、城中村改造提升任务还很艰巨，城市治理精细化、智慧化水平还有待提升；民生保障还需要下更大力气，托育、医疗、养老、文体休闲等公共服务供给与群众期待相比还有差距，接诉即办工作水平亟待提高；政府系统干部队伍素质和作风尚不能完全适应新形势新任务需要，政府服务效能、基层治理水平和极端情况下城市应急保障能力还需要进一步提升。我们将尽心竭力加以解决，决不辜负全区人民的厚望。

二、2024年主要任务

今年是新中国成立75周年，是实施“十四五”规划的关键一年，也是京津冀协同发展战略实施10周年，做好各项工作意义重大。政府工作的总体思路是：坚持以习近平新时代中国特色 社会主义思想为指导，全面贯彻落实党的二十大和二十届二中全会精神，认真贯彻中央经济工作会议精神，深入贯彻习近平总书记对北京重要讲话精神，认真贯彻落实市委十三届四次全会工作部署和市委市政府对石景山的工作要求，坚持稳中求进工作总基调，完整、准确、全面贯彻新发展理念，坚持以新时代首都发展为统领，积极服务和融入首都发展新格局，着力推动高质量发展，全面深化改革开放，坚持立足“三区”定位，深入实施“两大战略”，统筹做好“四个融合”文章，切实增强经济活力、防范化解风险、改善社会预期，巩固和增强经济回升向好态势，增进民生福祉，保持社会稳定，推动全面从严治党向纵深发展，全力打造新时代首都城市复兴新地标，高水平建设好首都城市西大门，为北京率先基本实现社会主义现代化作出石景山贡献。

围绕高质量发展这个主题，按照“稳中求进、以进促稳、先立后破”的要求，综合考虑外部发展环境和我区经济增长基础条件，紧密衔接“十四五”规划和现代化建设目标，今年经济社会发展主要指标初步安排是：地区生产总值同比增长5.5%左右，一般公共预算收入同比增长4%，市场总消费同比增长4%左右，调查失业率控制在5%左右，固定资产投资保持稳定增长，居民人均可支配收入增长与经济增长基本同步，万元地区生产总值能耗和$PM_{2.5}$年均浓度指标达到北京市要求。

围绕实现全年目标任务，重点做好以下四方面工作：

（一）围绕城园融合深入实施城市更新，着力打造“复兴之城”

坚持规划引领城市工作。深入实施新版北京城市总体规划和分区规划，完成特钢、巴威·北锅等6个街区控规编制批复和区级国土空间生态修复规划。清查国有自然资源资产，开展城市体检，引导责任规划师参与基层治理，推动规划展览馆开馆运行。提前谋划“十五五”规划编制。

全力打造新时代首都城市复兴新地标。深化与首钢集团高层 对接，加快北区和东南区重点项目建设，完成服贸会场馆4.0改造。整治提升石景山登山步道和绿化景观，持续开展石景山古建群整体修缮，加快文化复兴。聚焦元宇宙、科幻、人工智能等新技术新业态新场景，加大重点企业引育力度，推动“科技+”产业集聚，加快产业复兴。坚持绿色低碳转型，推动水系连通和水环境改善，加快生态复兴。推进首钢国际人才社区035、036地块建设，开展国际学校前期工作，吸引知名国际组织落户，举办高端论坛、展会和品牌体育赛事等活动，建立首钢园大型活动综 合管理服务体系，加快活力复兴。

持续推进城市更新。紧抓中央和北京市建设领域“三大工程”政策机遇，深入实施68个城市更新项目。充分借鉴首钢搬迁改造经验，探索老旧厂房城市更新路径，推进工业博物馆前期研究，促进“京西八大厂”整体复兴。持续推广“首开经验”“鲁谷模式”，老楼加装电梯开工100部、完工40部，滚动推进100个老旧小区改造，完成30个老旧小区综合整治工程，确保符合条件的老旧小区改造“五年任务、四年完成”。加快推动城中村、平房区和危旧楼改造提升，稳妥做好棚户区改造项目土地上市和配套设施建设。出台楼宇经济行动计划，推进产业载体地图二期建 设。纵深推进“疏整促”专项行动，统筹用好腾退空间和地下空间资源增补公共服务设施。

加快西部地区高质量转型发展。制定新一轮广宁、五里坨等西部地区发展建设两年行动计划，充分发挥中交集团平台作用，开展“山上四村”环境整治，加快西部地区城市更新。实施高井沟小流域综合治理工程，建成西山绿道（石景山段）。推进五里坨一街及6条城市支路建设，开展西部地区轨道交通前期研究。建成投用五里坨便民服务中心，加快推进西部医院项目，广宁、五里坨派出所实现开工。推进天泰山旅游综合开发，推动浅山区文旅产业发展。办好京西地区发展论坛，推动一批投资项目签约落地，持续赋能西部地区发展。

不断提升中心城区承载力。发挥重大项目牵引作用，实施197个重点项目。推进衙门口东路等30条市政道路和八角游乐园站地下通道建设，1号线支线工程（石景山段）、市郊铁路城市副中心线整体提升工程实现开工。完成3项道路疏堵工程，建设刘娘府等3处公交场站，试点开通通学公交线路，调色板花园、M11线模式口站一体化地下停车库主体结构完工。统筹建设地下管网台账和信息化管理平台，实施老旧小区市政管线和供水管网消隐改造，五里坨污水处理厂升级改扩建工程、鲁谷北重供热厂供热调峰工程完工，苹果园、北辛安变电站建成投用。

全面推进韧性安全智慧城市建设。坚持将“平急两用”与城市更新统筹推进，积极争取中央特别国债，实施永定河左堤燕山水泥厂段加固工程等国债项目。建立健全应急救援和应急物资储备体系，高标准搭建应急管理信息化平台，加快万商集团应急保障用房、安全小屋等一批“平急两用”公共基础设施建设运营，着力提升城市安全水平。实施金安桥雨水泵站配套退水管线工程，开展西黄村桥、莲芳桥积水点治理，建设海绵城市。持续完善智慧城市“4+4”体系，加快建设城市大脑，在城市管理、基层治理、应急指挥等领域开辟更多应用场景，提升城市数字治理水平。

（二）围绕产业融合大力推动产业转型升级，着力打造“活力之城”

加快建设京西产业转型升级示范区。落实优化高精尖产业五年行动计划，科学梳理高精尖产业体系，加快构建支柱产业、特色产业和未来产业梯次发展的高精尖产业格局，持续提升产业发展能级。前瞻布局未来产业，锚定未来信息、未来制造、未来健康、未来空间4大领域，编制未来产业发展规划，广泛应用数智技术、绿色技术赋能产业升级，加快形成新质生产力。落实中关村石景山园改革提升方案，制定园区创新发展综合评价、空间优化调整等配套工作方案，中关村石景山园实现收入突破4600亿元。

推动银行保险产业园暨中电科智能科技园“金融+科技”融合发展，开工建设650地块，优化园区商业配套，完善园区服务体系，举办数字金融论坛，推动数字人民币综合性试验区“1+3+N”全域试点，增强金融服务实体经济能力，现代金融产业力争实现收入1380亿元。高标准建设科幻产业集聚区，制定促进科幻产业发展行动计划，办好2024中国科幻大会，构建科幻全产业链，聚集企业突破200家。建成投用工业互联网产业园一期，加快二期项目建设，出台支持工业互联网产业发展专项政策，提升园区专业化、国际化运营服务水平。编制虚拟现实产业园与北重科技文化产业园“双园融合”产业规划，出台支持虚拟现实产业发展专项政策，组建产教联合体。推进通用人工智能大模型产业集聚区建设，建成智能算力中心，实现集聚区一期开园，打造通用人工智能大模型技术研发、创新应用和产业集群，人工智能产业实现收入850亿元。推动文创园高端特色发展，构建三级文化产业园区培育体系，举办北京文创大赛，探索建立石景山游戏产业联盟，筹划京西电竞节，打响石景山“电竞之城”品牌。

强化“五子”联动。加快国际科技创新中心建设，“揭榜挂帅”推进关键核心技术攻关，加大独角兽、专精特新、国高新等企业引育力度，推动科技孵化器扩容提质，吸引国家级重点实验室落户，建成知识产权保护石景山分中心。加快“两区”建设，落实国家服务业扩大开放综合示范区2.0方案，依托服贸会、冬博会等国际性展会集聚优势资源，持续扩大会展业溢出效应，推动国际开放合作区建设，发挥侨梦苑、国际会客厅、香港招商工作站等平台作用，提高利用外资水平。加快全球数字经济标杆城市建设，运营数据（数字）资产流通创新中心，丰富数字经济应用场景，推动数字经济与实体经济深度融合。加快国际消费中心城市建设，持续提升“一核三圈多点”的消费能级，推进国家电子商务示范基地建设，完善16个一刻钟便民生活圈，实现理想汽车交付中心开业运营。促进汽车、家居等传统消费智能化绿色化升级，发展体育赛事、国货潮品等新兴消费，扩大教育、医疗、康养等服务消费，举办京西消费节，打造融合消费场景。加快京津冀协同发展，提升区域协同创新和产业协作水平，做好支援协作工作，助力门头沟、房山灾后重建和经济发展。

营造一流营商环境。落实打造“北京服务”实施意见，持续深化“放管服”改革，推进“一业一证”“一件事”集成服务改革，政务服务中心新址投入使用。制定新一轮招商引资行动计划，围绕高精尖产业深挖央企资源，持续开展京外境外招商，力争引入高精尖企业2000家。完善“服务包”“服务管家”制度，发挥贸促会石景山支会、国际商会、健康产业协会职能作用，做好企业服务，推进稳企、招商、服务一体化，持续推进街道稳企招商服务工作。推动区属国企改革重组方案落地，提高国有企业治理水平和核心竞争力。持续完善集体经济运营管理机制，壮大集体经济。搭建政企互动平台，依法保护民营企业产权和企业家权益，促进民营经济发展。实施第四批“景贤计划”人才申报认定，办好创新创业大赛和“景贤人才”大会，进一步优化人才引育用留生态环境。开展好第五次全国经济普查。

（三）围绕山水文化融合加快推进西山永定河文化带建设，着力打造“美丽之城”

推进西山永定河文化带建设。高水平办好北京文化论坛配套活动和西山永定河文化节，持续提升文化节影响力。统筹做好模式口历史文化街区文物保护、院落改造、空间整治、业态导入，加快重点院落搬迁腾退和更新改造，完善配套服务设施，筹建北京壁画研究院，打造模式口博物馆集聚区。有序推进八大处公园香界寺藏经楼院等修缮工程，实施公园索滑道改造和周边环境整治项目，推进经营类点位腾退，建设智慧人文景区。做好第四次全国文物普查，大力挖掘文物资源价值，讲好石景山故事。

深化工业遗存和冬奥遗产可持续利用。探索“老工业遗址+冬奥遗产+文体产业”模式，盘活冬奥场馆设施，充分利用工业遗产资源打造更多开放空间、文化消费场所和特色旅游线路。发挥全球冰雪产业联盟桥梁纽带作用，加强与国际体育赛事、企业、行业商协会对接，推动冰雪体育产业集聚，打造以冰雪为特色的城市时尚新兴体育基地。加快冬奥公园修复，提升运维管理水平，打造户外、骑行、慢跑精品目的地。开展“快乐冰雪季”“冰雪嘉年华”等活动，巩固带动三亿人参与冰雪运动示范区建设成果。

丰富公共文化服务供给。推动国家公共文化服务体系示范区创新发展，完善区公共文化服务效能大数据平台及“石景山文E”功能，加快区艺术中心、雕塑园小剧场集群前期研究，鼓励社会力量参与新型公共文化空间建设。开展非遗活态传承活动，建设非遗资源数据库，推动公共文化数字化项目提质升级。坚持全民参与，充分发挥以文聚人、以文化人助力基层治理的作用，办好“古城之春”艺术节等品牌活动，开展文化活动不少于1500场。

加强文商旅体品牌打造。依托文旅资源和重点商圈，深入挖掘首钢园、模式口、法海寺等文化IP，持续提升“氧气石景山”“博物石景山”等品牌影响力，进一步释放文旅消费潜力。制定促进文商旅体融合相关政策，优化东部商务休闲娱乐、中部文商旅体融合、西部历史文化及康养休闲的产业布局，打造一批高水平特色品牌项目。坚持科技赋能，谋划建设文旅体智慧化平台，运用数字科技打造沉浸式体验新空间，助推产业特色化、智慧化发展。

不断改善生态质量。发挥林长制作用，深入推进花园城市建设建成2个全龄友好型公园，实施4处林荫路改造提升和10处小微绿地建设，完成揭网见绿13公顷，加强古树名木保护，持续拓展绿色生态空间。深入落实河长制，构建水生态监测体系，推进智慧水务建设，促进水城共生共荣。深化“一微克”行动，开展大气污染专项治理，提升大气污染精细化管控水平。实施土壤污染治理，保障建设用地土壤安全利用。积极稳妥推进碳达峰碳中和，试点建设零碳公园，争创“两山”实践创新基地和国家生态文明建设示范区。

(四)围绕治理力量融合不断增进民生福祉，着力打造“品质之城”

筑牢基层治理基础。深化接诉即办改革，探索建设“智网实 格”，强化“每月一题”和主动治理事项清单化管理，提高“七有”“五性”工单办理质量。加强“品质社区”建设，完善区－街－社区三级议事协商体系，擦亮“老街坊”治理品牌，实施第五批优才计划，实现全区街道社会工作服务中心全覆盖。以“品质楼宇”建设为抓手，完善“三驾马车”楼宇治理新格局。实施57个背街小巷精治工程，打造20条“门前三包”示范街，开展9个街道综合行政执法队规范化建设。加强非居民厨余垃圾、大件垃圾管理，推进可回收体系建设。完成新一轮物管会、业委会组建工作，提升物业管理水平。常态长效深化文明城区创建，不断提升区域文明程度。

完善社会保障体系。紧扣“七有”“五性”，实施44件民生实事和67项济困工程。落实落细就业优先政策，做好高校毕业生等重点群体就业帮扶，实现就业困难人员就业3000人。推动儿童福利院投入使用，争创全国无障碍建设示范城市。建设普惠托育服务体系，新增托位600个。深化医康养结合，推进康复辅助器具产业国家综合创新试点和长护险试点，推广“养防救”智慧养老安全应急服务，布局街道区域养老服务中心，建成2家社区养老服务驿站、100张家庭照护床位、9个养老助餐点位，建设福寿岭休养中心，创建2个全国示范性老年友好型社区。建成474套保障性住房。

促进教育高质量发展。建成投用北大附中石景山学校(新址)，加快建设衙门口配套小学、首钢东南区配套学校、北京市第九中学分校新建综合楼工程，新增2所配套幼儿园、540个学位，不断扩大优质教育资源供给。持续深化中小学校党组织领导 的校长负责制改革，进一步提高干部教师交流轮岗比例，加大名校长、名师培育和引进力度，积极创建国家义务教育优质均衡区。提升特殊教育、职业教育办学质量，促进各级各类教育全面协调发展。

提高医疗健康保障水平。建成五里坨卫生服务中心、整形外科医院改扩建二期项目，完成五里坨医院、苹果园卫生服务中心主体结构施工，加快推进石景山医院门急诊楼改造、玉泉医院综合楼三期建设和朝阳医院公卫应急暨妇儿中心项目。完善公共卫生应急管理体系，提升紧急医疗救治和院前医疗急救能力，加强儿科服务体系建设，强化传染病综合防控。优化“信用＋医疗”服务流程，医保移动支付服务覆盖辖区二级以上定点医疗机构，提 高各级医疗机构卫生服务能力。持续推进区级重点学科及重点扶 持专科建设，培养高水平医药卫生人才，打造“名中医传承工作 室”。强化“九不准”要求，加强医德医风建设。加快首钢东南区 体育公园建设，提升人均体育场地面积，实现全民健身示范街道 创建工作全覆盖。

切实维护安全稳定。加强社会治安整体防控，推进扫黑除恶常态化。建立健全矛盾纠纷多元化解“一体化”机制，深化“可信消费”预防化解预付式消费纠纷工作法，开展信访问题源头治理三年攻坚行动，提升信访工作法治化水平。严厉打击非法金融活动，促进房地产市场平稳健康发展，守住不发生系统性风险的底线。压实粮食安全责任，强化粮食流通市场监管。狠抓安全生产和消防安全主体责任落实，建成投用八宝山街道小型消防站，加强重点领域综合监管，坚决防范遏制重特大事故发生，打造更高水平的“平安石景山”。

三、努力提升政府治理效能和服务水平

强化政治引领。牢记“看北京首先要从政治上看”的要求，坚持和捍卫“两个确立”，切实增强“四个意识”、坚定“四个自信”、做到“两个维护”，扎实推动习近平总书记重要讲话重要指示精神、中央及市委市政府决策部署和区委工作要求落地落实。不断巩固深化主题教育成果，切实把学习成效转化为坚定信念、造福人民、促进发展的生动实践。

加强依法行政。自觉接受区人大及其常委会的法律监督和工作监督、区政协的民主监督，认真办理人大建议、政协提案。支持区监委、法院、检察院开展工作，认真听取各民主党派、工商联、无党派人士的意见，做好国防动员、双拥、民族、宗教、外事、侨务、对台等工作，支持工会、共青团、妇联发挥作用。深入推进依法治区，加强行政执法监督，推进严格规范公正文明执法，全面落实行政规范性文件合法性审核、备案审查机制，做好政务公开和信息公开，高质量完成“八五”普法年度考核指标任务，全力争创全国法治政府建设示范区。

改进工作作风。加强廉政风险防控，持续深化纠治“四风”，力戒形式主义、官僚主义。落实审计监督全覆盖，举一反三推进中央、市委巡视反馈问题整改，深化整改成果运用。坚持政府过“紧日子”，推进预算绩效管理提质增效。强化政府督查和绩效考评，规范各类检查考核，切实为基层减负。努力适应新形势对政府工作提出的新要求，推进数字政府建设，积极建设学习型、创新型、实干型政府。坚持群众路线，用心用情用力解决群众“急难愁盼”问题，全心全意为人民服务。

各位代表，征程万里风正劲，奋楫扬帆再出发。让我们更加紧密团结在以习近平同志为核心的党中央周围，在市委市政府的坚强领导下，在区委的直接领导下，同心协力、开拓进取，为全力打造新时代首都城市复兴新地标、高水平建设好首都城市西大门，为北京率先基本实现社会主义现代化而不懈奋斗！

专文

石景山区2023年国民经济和社会发展统计公报

2023年是全面贯彻党的二十大精神的开局之年，是三年新冠疫情防控转段后经济恢复发展的一年。面对内外部各种风险挑战，在以习近平同志为核心的党中央坚强领导下，石景山区坚持以习近平新时代中国特色社会主义思想为指导，全面贯彻党的二十大和二十届二中全会精神，认真贯彻落实党中央决策部署和市委市政府工作要求，坚持稳中求进工作总基调，完整、准确、全面贯彻新发展理念，深化“五子”联动服务和融入新发展格局，着力提信心、强创新、优功能、促协同、抓治理、惠民生，全区经济整体回升向好，社会民生保障有力，高质量发展扎实推进。

一、综合

经济增长：初步核算，全年实现地区生产总值1074.8亿元，按不变价格计算，比上年增长7%。其中，第二产业增加值117亿元，下降10.6%；第三产业增加值957.8亿元，增长9.7%。产业构成（第二产业、第三产业构成比）为10.9∶89.1。按常住人口56.4万人计算，全区人均地区生产总值为19.1万元。

表1　2023年地区生产总值　单位：亿元、%

指　　标	2023年	比上年增长	比重
地区生产总值	1074.8	7.0	100.0
按产业分			
第二产业	117.0	-10.6	10.9
第三产业	957.8	9.7	89.1
按行业分			
工业	32.0	-26.6	3.0
建筑业	83.0	-2.1	7.7
批发和零售业	41.7	-15.8	3.9
交通运输、仓储和邮政业	4.2	6.7	0.4
住宿和餐饮业	7.7	19.2	0.7
信息传输、软件和信息技术服务业	382.2	25.5	35.6
金融业	205.7	6.3	19.1
房地产业	56.9	-7.0	5.3
租赁与商务服务业	34.0	-8.1	3.2
科学研究和技术服务业	73.6	8.9	6.8
水利、环境和公共设施管理业	5.2	-6.0	0.5
居民服务、修理和其他服务业	13.5	3.9	1.3
教育	47.1	0.2	4.4
卫生和社会工作	35.0	6.0	3.3
文化、体育和娱乐业	17.1	-0.6	1.6
公共管理、社会保障和社会组织	35.9	0.5	3.3

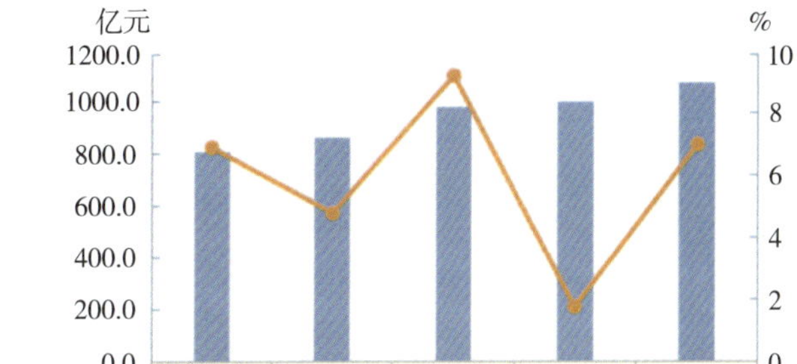

	2019年	2020年	2021年	2022年	2023年
地区生产总值	808.0	862.6	980.4	1000.0	1074.8
比去年增长	6.9	4.8	9.2	1.8	7.0

图 1　2019—2023 年地区生产总值及增长速度

人口与就业：年末全区常住人口 56.4 万人，比上年末增加 0.1 万人。其中，常住外来人口 15.6 万人，占常住人口的比重为 27.7%。常住人口出生率为 6.20‰，死亡率为 10.34‰，自然增长率为 -4.14‰。年末城镇登记失业率为 3.7%，比上年末上升 0.3 个百分点；城镇登记失业人员就业率为 67.2%，比上年末上升 1.1 个百分点。

二、工业和建筑业

工业：全年实现工业增加值 32 亿元，按不变价格计算，比上年下降 26.6%。规模以上工业总产值实现 186.4 亿元，比上年下降 25.4%。从主要行业来看，电力、热力生产和供应业比上年增长 0.5%，通用设备制造业比上年增长 26.3%。规模以上工业实现销售产值 185.9 亿元，比上年下降 26.2%。其中，实现出口交货值 1.7 亿元，比上年下降 55.4%。

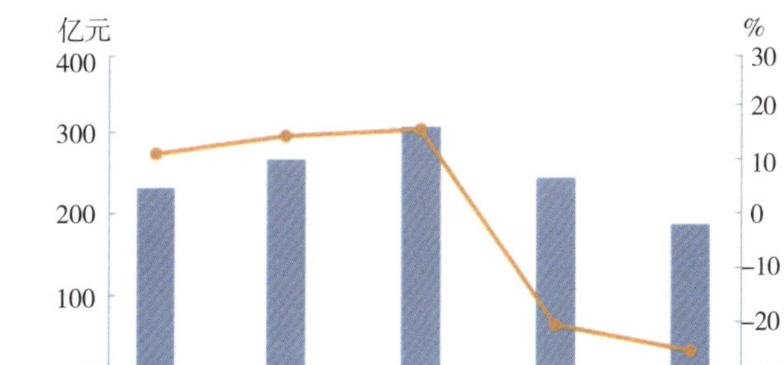

	2019年	2020年	2021年	2022年	2023年
工业总产	232.1	265.4	306.4	243.5	186.4
值增速	11.1	14.3	15.4	-20.5	-25.4

图 2　2019—2023 年规模以上工业总产值及增速

建筑业：全年实现建筑业增加值 83 亿元，按不变价格计算，比上年下降 2.1%。全年具有资质等级的总承包和专业承包建筑业企业完成建筑业总产值 846.1 亿元，比上年下降 0.7%。其中，在本市（京内）完成 112.5 亿元，下降 15.6%；在外省完成 733.5 亿元，增长 2.1%。本年新签订合同额 986.6 亿元，增长 7.1%。

三、第三产业

全年实现第三产业增加值 867.7 亿元，按不变价格计算，全年实现第三产业增加值 957.8 亿元，按不变价格计算，比上年增长 9.7%。1—12 月，第三产业实现收入 4844.9 亿元，比上年下降 2.6%，利润总额 844.3 亿元，比上年增长 4.1%。

其中，信息传输、软件和信息技术服务业实现收入合计 1272.2 亿元，比上年增长 24.6%；金融业实现收入合计 1233.2 亿元，比上年增长 2.5%；科学研究和技术服务业实现收入合计 235.4 亿元，比上年增长 1.9%；租赁与商务服务业实现收入合计 201.9 亿元，比上年下降 18.6%。

四、财政金融

全区完成一般公共预算收入 80.2 亿元，比上年增长 8.7%。其中，增值税 34.2 亿元，比上年增长 76.1%；企业所得税 18.5 亿元，比上年下降 17.9%；个人所得税 4.3 亿元，比上年下降 2.4%。一般公共预算支出完成 164.5 亿元，比上年增长 35.6%。

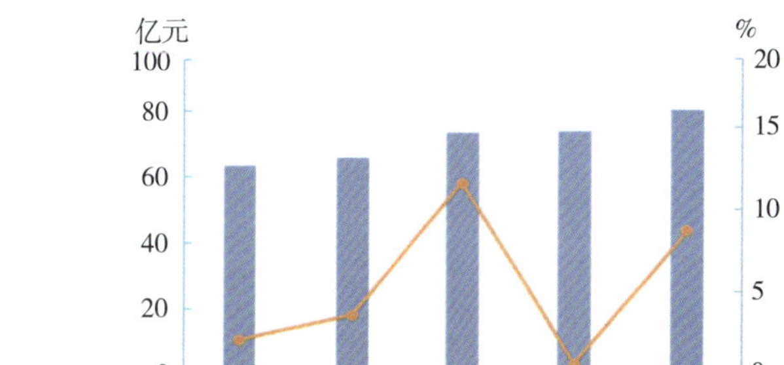

	2019年	2020年	2021年	2022年	2023年
一般公共预算	63.4	65.7	73.3	73.8	80.2
收入增速	2.1	3.6	11.6	0.6	8.7

图 3　2019—2023 年一般公共预算收入情况

年末全区中资银行人民币存款余额 3172.6 亿元，比年初增加 317.2 亿元。其中，单位存款 909.9 亿元，比年初减少 169.2 亿元；个人存款 1688.4 亿元，比年初增加 201.5 亿元。年末全区中资银行人民币贷款余额 1649.9 亿元，比年初增加 170.2 亿元。其中，境内短期贷款 433.7 亿元，比年初减少 103.8 亿元；境内中长期贷款 1212.9 亿元，比年初增加 276.6 亿元。

五、固定资产投资和房地产开发

固定资产投资：全年固定资产投资比上年增长 4.6%。其中，建安投资下降 4.7%，民间投资增长 23.9%。分产业看，第二产业投资增长 5.7%；第三产业投资增长 4.5%。

表 2　　2023年中资银行人民币存贷款余额情况　　单位:亿元

指　　标	12月末余额	比年初增减额
期末银行存款余额	3172.6	317.2
单位存款	909.9	-169.2
个人存款	1688.4	201.5
#储蓄存款	1330.6	165.4
其他存款	574.3	284.9
期末银行贷款余额	1649.9	170.2
境内贷款	1648.9	170.2
#境内短期贷款	433.7	-103.8
#境内中长期贷款	1212.9	276.6
境外贷款	1.0	0.0

房地产开发：全年房地产开发投资比上年增长12.1%。其中，商品房销售面积比上年下降11.4%。年末全区房屋施工面积比上年末增长9.3%；全年房屋竣工面积下降38.7%。

表 3　　投资领域情况　　单位:%

指　　标	累计增幅
固定资产投资（不含农户）	4.6
#建安投资	-4.7
#民间投资	23.9
按三次产业划分	
第二产业	5.7
第三产业	4.5
#房地产开发投资	12.1
房屋施工面积	9.3
房屋竣工面积	-38.7
商品房销售面积	-11.4
商品房销售额	0.6

六、市场消费

全年实现社会消费品零售总额325.1亿元，比上年下降17.3%。从主要行业看，限额以上超级市场零售业实现零售额45.2亿元，比上年下降6.5%；限额以上汽车新车零售业实现零售额66.3亿元，比上年增长9.8%；限额以上计算机、软件及辅助设备零售业实现零售额15.6亿元，比上年下降35.5%。

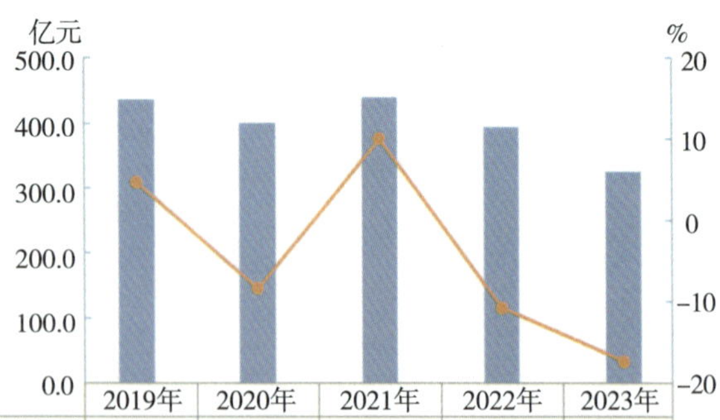

	2019年	2020年	2021年	2022年	2023年
社会消费品零	435.7	399.5	439.9	393.0	325.1
售总额增速	4.7	-8.3	10.1	-10.7	-17.3

图4　2019—2023年社会消费品零售总额情况

七、对外经济

全年进出口总额65.9亿元，比上年下降21.1%。其中，出口额40.3亿元，增长11.8%；进口额25.6亿元，下降46.1%。全年实际利用外商直接投资1.2亿美元，比上年下降63.4%。

八、人民生活和社会保障

人民生活：全年全区居民人均可支配收入为91354元，比上年增长5%。其中，居民人均工资性收入58321

元，增长 7.2%；人均财产净收入 10370 元，增长 10.3%；人均转移净收入 22370 元，下降 3.6%。全区居民人均消费支出为 49699 元，比上年增长 10.8%。

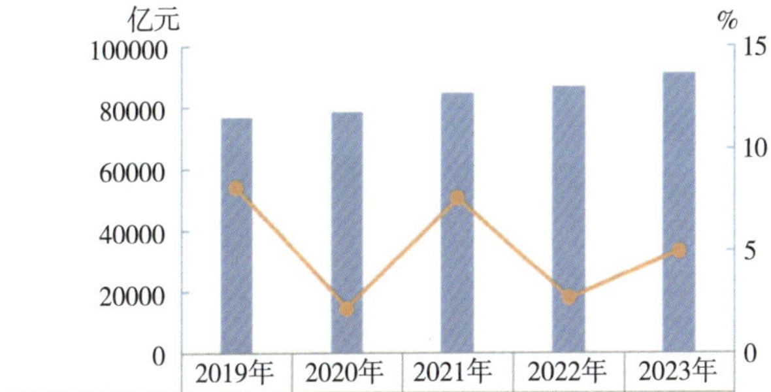

	2019年	2020年	2021年	2022年	2023年
居民人均可支	76990	78656	84666	86994	91354
配收入增速	8.1	2.2	7.6	2.7	5.0

图 5　2019—2023 年居民人均可支配收入情况

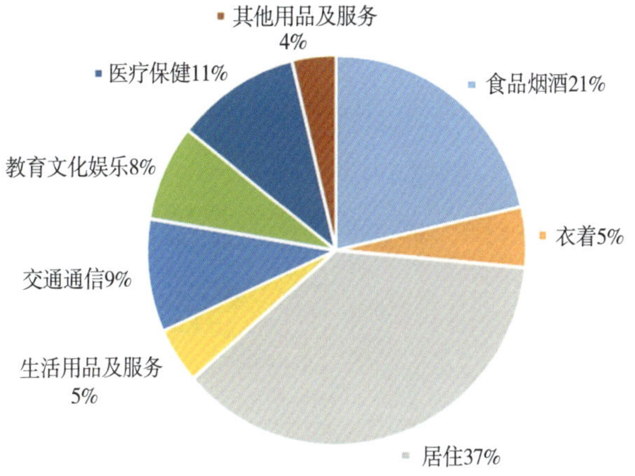

图 6　2023 年居民人均消费支出构成

社会保障：年末参加企业职工基本养老、失业、工伤保险的人数分别为 50.4 万人、34.7 万人、34.5 万人，分别比上年末增长 1.8%、1.8%、－4.2%。年末参加城乡居民养老保障的人数为 0.6 万人，比上年下降 4.5%。

九、教育、科技、文化旅游和卫生

教育：2023 年全年普通高中招生 1812 人，在校生 4987 人，毕业生 1394 人。普通初中招生 3185 人，在校生 9173 人，毕业生 2768 人。普通小学招生 5568 人，在校生 27562 人，毕业生 3506 人。幼儿园入园幼儿 4832 人，在园幼儿 14876 人。各类中等职业教育招生 653 人，在校生 2272 人，毕业生 416 人。特殊教育招生 16 人，在校生 91 人，毕业生 11 人。

科技：全年专利授权量 5586 件，比上年增长 3.8%。其中，发明专利授权量 2935 件，比上年增长 32.6%。年末拥有有效发明专利 11847 件，比上年增长 32.6%；PCT 国际专利申请量 610 件，比上年下降 14.3%。全年共签订各类技术合同 2728 项，增长 53.9%；技术合同成交总额 182.6 亿元，下降 12.1%。

文化：年末共有公共图书馆 1 个，总藏量 127.4 万册；群众艺术馆、文化馆 1 个；博物馆 8 个，其中免费开放 2 个。

旅游：全年接待旅游总人数 856.6 万人次，比上年增长 41.4%；实现旅游总收入 98.2 亿元，增长 82.9%。

卫生：年末共有医疗卫生机构 237 个，比上年末增加 10 个。其中，医院 24 个。医疗机构共有实有床位 5656 张，比上年末增加 102 张。其中，医院床位 5396 张。卫生技术人员为 10034 人。其中，执业（助理）医师 3882 人，注册护士 4545 人。医疗机构总诊疗人次为 845.8 万人次，增长 15.7%。

十、环境

环境：全区细颗粒物（$PM_{2.5}$）和可吸入颗粒物（PM_{10}）年均浓度值分别为 33 微克/立方米和 65 微克/立方米，分别上升 10% 和 16.1%。二氧化氮（NO_2）年均浓度值为 30 微克/立方米，上升 11.1%。二氧化硫（SO_2）年均浓度值为 3 微克/立方米，与去年持平。

公报注释：

1.2023 年数据均为初步统计数。部分数据合计数或相对数由于计量单位取舍不同而产生的计算误差，均未作机械调整。

2. 三次产业划分依据国家统计局 2018 年修订的执行《三次产业划分规定》（国统字〔2018〕74 号），行业划分执行《国民经济行业分类》（GB/T4754－2017）。

3. 规模以上工业企业是指年主营业务收入 2000 万元及以上的全部工业法人企业。

4. 限额以上批发和零售业单位是指年主营业务收入 2000 万元及以上的批发业、500 万元及以上的零售业单位（包括法人单位、产业活动单位和个体经营户）。

5. 限额以上住宿和餐饮业单位是指年主营业务收入 200 万元及以上的住宿业、年主营业务收入 200 万元及以上的餐饮业单位（包括法人单位、产业活动单位和个体经营户）。

6. 规模以上服务业企业法人单位：①辖区内年营业收入 2000 万元及以上服务业法人单位。包括：交通运输、仓储和邮政业，信息传输、软件和信息技术服务业，水利、环境和公共设施管理业、卫生。②辖区内年营业收入1000万元及以上服务业法人单位。包括：租赁和商务服务业，科学研究和技术服务业，教育，以及物业管理、房地产中介服务、房地产租赁经营和其他房地产业。③辖区内年营业收入500万元及以上服务业法人单位。包括居民服务、修理和其他服务业，文化、体育和娱乐业，社会工作。

7.规模以上事业单位、民间非营利组织服务业法人单位：①辖区内年营业收入1000万元及以上服务业法人单位。包括：交通运输、仓储和邮政业，信息传输、软件和信息技术服务业，租赁和商务服务业，科学研究和技术服务业，水利、环境和公共设施管理业、居民服务、修理和其他服务业，文化、体育和娱乐业，公共管理、社会保障和社会组织，以及社会工作、物业管理、房地产中介服务、房地产租赁经营和其他房地产业；②辖区内年营业收入2000万元及以上的卫生行业法人单位。

8.工伤保险人数由于全市系统更新，2022年同期数据有所调整。

9.中等职业教育统计范围包括北京市黄庄职业高中、北京市古城旅游职业学校和北京工业职业技术学院附设中职班，不包括技工学校。

资料来源：

本公报中财政数据来自石景山区财政局；进出口数据、实际利用外资数据来自石景山区商务局；社会保障数据及城镇新增就业数据来自石景山区人力资源和社会保障局；卫生数据来自石景山区卫生健康委；教育数据来自石景山区教委；技术合同数据来自石景山区科委；专利数据来自石景山区市场监管局；公共图书馆、文化馆、旅游数据来自石景山区文化和旅游局；空气质量数据来自石景山区生态环境局；存贷款数据来自中国人民银行营业管理部；其他数据来自石景山区统计局、石景山区经济社会调查队。

大事记

1月

3日至5日 政协北京市石景山区第十一届委员会第二次会议召开。会议作政协北京市石景山区第十一届委员会第二次会议期间提案审查情况报告,通过政协北京市石景山区第十一届委员会第二次会议政治决议。

4日至6日 石景山区第十七届人民代表大会第三次会议召开。大会以举手表决的方式通过《区人民代表大会议事规则》,通过关于石景山区人民政府工作报告的决议、关于石景山区2022年国民经济和社会发展计划执行情况与2023年国民经济和社会发展计划的决议、关于石景山区2022年预算执行情况和2023年预算的决议等5项决议。

10日 石景山区召开企业家座谈会。

20日 石景山区召开全区领导干部会议。会议传达市两会精神、部署春节期间疫情防控、安全生产、城市运行、市场供应、文化旅游等工作。

2月

2日 石景山区2023年区政府全体会召开。会议深入贯彻党的二十大和中央经济工作会议精神,认真落实市委市政府工作部署,全面落实区委全会和区"两会"工作要求。

10日 石景山区政府与北京证券交易所、全国股转公司战略合作签约仪式暨"全国股转系统 北京证券交易所 石景山服务基地"揭牌仪式在中关村石景山园党群服务中心举行。

15日 石景山区党建工作会议召开。会议部署2023年落实全面从严治党主体责任、政法、统战、宣传思想文化、组织和社会建设、党委系统办公室、调研和改革工作。

23日 国家森林城市石景山区揭牌,石景山区再添国家级金名片。

28日 石景山区推进经济高质量发展大会召开。

同日 第十三届京西消费节——"春日焕彩季"启动仪式在今鼎时代广场举行。

3月

8日 副市长于英杰调研石景山区科技创新和中关村石景山园体制机制改革工作情况。

21日至25日 李新带队赴新加坡精准招商。

26日至28日 李新带队赴香港地区开展招商引资活动。

29日 石景山区政府与商务部服贸司联合开展"追寻铁色记忆、传承冬奥精神、共谋文化发展"联学共建活动。

30日 石景山区和首钢集团2023年第一次区企高层对接会召开。

4月

12日 石景山区召开2023年政府统计工作会议暨第五次全国经济普查动员部署会。

13日 2023第十届世界雷达博览会在石景山区举办。李新参加开幕式并致辞。

15日至16日 "AI汽车生活节"在首钢园区举办。

18日 市委书记尹力围绕"深入学习贯彻习近平新时代中国特色社会主义思想,推动首都高质量发展"到石景山区调研。

同日 石景山区文化馆曲艺团成立仪式暨专场演出在区文化中心剧场举行。

同日 2023工业互联网平台赋能深度行暨第四届中国工业互联网大赛北京赛站颁奖典礼在石景山区举办。

19日 石景山区安全生产工作部署会召开。

22日 2023北京永定河马拉松赛在北京冬奥公园正式开跑。近3000名参赛者参与活动。

23日 市委常委、教育工委书记游钧到石景山区检查安全生产工作。

25日 北京市中医管理局局长屠志涛带队来石景山区调研中医药工作并开展座谈交流。

26日至28日 中国国际金融展在北京石景山区首钢会展中心举行

27日 北京市知识产权质押融资工作推进大会在北京·银行保险产业园召开。李新参加活动。

同日 "XRMID 2023虚拟现实及元宇宙创新产业发展峰会"在北京银保建国国际会议中心举办。

28日 石景山区"劳动创造美 奋进新征程"2023年庆祝"五一"国际劳动节表彰大会召开。

是月 北京市文物局首批评定落地的"类博物馆"——暸仓数字藏品博物馆正式挂牌,这也是全国首家数字藏品类博物馆。

是月 在第二批全国法治政府建设示范创建活动中,北京市三区、四个项目被命名为全国法治政府建设示范地区和示范项目,石景山区的预付式消费监管创新的"石景山模式"名列其中。

5月

4日 石景山区青年联合会第六届委员会第一次全体会议召开。

6日 国家开发银行调研模式口历史文化街区。

18日 李新与新加坡中华总商会会长高泉庆调研首钢东南区国际开放合作区项目。就深化务实交流合作开展座谈。

22日 新加坡驻华大使馆政务参赞林家毅访问石景山区。

24日 台湾高雄里长参访团一行18人到访石景山区,开启为期5天的交流参访。

30日 2023中国科幻大会开幕式在石景山首钢园区举行。

同日 2023北京科幻嘉年华启动仪式在首钢园区举行。

同日 2023北京科幻电影之夜在石景山区举办。市委宣传部副部长、市电影局局长霍志静,区领导李新等参加活动。

31日 "二十大精神耀童心 逐梦飞翔向未来——2023年石景山区庆祝'六一'国际儿童节主题教育活动"在石景山区青少年活动中心举行。

是月 石景山区科学技术馆获由北京市科学技术委员会、中关村科技园区管理委员会、北京市科学技术协会联合授予的“2023 年—2025 年北京市科普基地”称号。

6 月

1 日 区长李新与华为中国区政企副总裁宋保民代表双方签署《深化战略合作框架协议》，合力落实《北京市推动石景山区新首钢园互联网 3.0 应用场景建设 2022—2025 年工作方案》。

同日 石景山区政府与当红齐天集团、豪腾创想、恒信东方、积木易搭、赞奇股份、弘扬经典文化等 6 家企业签署战略合作协议；首钢集团与浪潮新世纪、海仿科技、蓝博天启、曝光云文化、京东星宇电竞、傲雪睿视等 6 家企业签署战略协议。

同日 以“数实融合 云智起航”为主题的“2023 中国科幻大会元宇宙产业峰会”在首钢一高炉·SoReal 元宇宙乐园 33CLUB 电竞综合大厅举办。

5 日 李新带队赴市委外办市政府外办开展交流座谈。

13 日 第二届京西地区发展论坛在首钢园区举办。

同日 石景山区委党校举行建校 50 周年庆祝会。

16 日 石景山区在首钢三高炉南广场举办“人人讲安全 个个会应急”全国第 23 个安全生产月宣传咨询日活动。

18 日 市级国际消费中心城市重点项目——京西大悦城正式营业。开业当日 200 余家品牌、60 余家京西首店亮相。

同日 由中国银联参与，光大银行、华夏银行、邮储银行及北京银行 4 家信用卡总部同时发行的石景山区“点石成金”主题信用卡在 2023 全球数字经济大会——“北京数字经济体验周”启动仪式上亮相。该卡是全国首张多家银行信用卡总部联合发行的主题信用卡。

25 日 “山河永定，古都新韵”2023 西山永定河文化节开幕。

28 日 北京市石景山区国际商会成立大会在万商花园酒店举办。李新参加活动并致辞。

同日 石景山区以“凝心铸魂跟党走 实干担当建新功”为主题，召开庆祝中国共产党成立 102 周年座谈会。

29 日 “舞起来！2023 年全国广场舞大会”启动仪式在石景山区举办。

是月 石景山区瞭仓书房在文旅部全国公共文化发展中心 2022 年乡村公共文化空间设计展示活动中获最美乡村公共文化空间（创新案例类）。

是月 国家卫生健康委、国家发展改革委、财政部、人力资源和社会保障部、国家中医药局和国家疾控局等 6 个部门联合印发通知，公布全国 81 个紧密型城市医疗集团建设试点城市，石景山区成功入选。

7 月

13 日 李新陪同中国香港（地区）商会一行到区考察调研。

21 日 中共北京市石景山区第十三届委员会第六次全体会议召开。全会学习贯彻党的二十大和二十届二中全会精神，落实全市半年工作会部署安排，总结上半年工作，研究部署下半年任务。常卫代表区委常委会作工作报告并讲话。

22 日 石景山区输送运动员程文涛与搭档石浩玙在 2023 年世界游泳锦标赛花样游泳混双自由自选决赛中夺得冠军，这是中国队该项目的首枚世锦赛金牌。

25 日 李新与新加坡驻华大使馆商务参赞、新加坡企业发展局中国司司长叶青文开展调研座谈。

同日 石景山区“八一”军政座谈会召开。

29 日至 8 月 1 日 石景山区遭遇极端强降雨天气过程，全区启动防汛红色（一级）预警响应，区委区政府主要领导在区防汛指挥部坐镇指挥，全区各防汛部门协同配合，落实防汛工作措施。

8 月

6 日 石景山区领导干部大会召开。会议传达学习全市领导干部会议精神，就石景山区汛后恢复和相关工作进行部署。

7 日 石景山区代表团赴门头沟区开展对口支援工作。

8 日 石景山区科学技术协会第九次代表大会开幕。

17 日 石景山区召开第六届中国医师节庆祝大会。

25 日 中国医学科学院整形外科医院与莫旗人民医院签订合作协议。区领导李新参加活动。

27 日 第五届北京西山永定河发展论坛举办。

29 日 石景山区组织工作会议召开。常卫主持会议。

9 月

1 日 北京市十一学校石景山实验中学完工投用，可提供中学学位 1980 个。

同日 石景山区金顶街小学完工投用，可提供小学学位 960 个。

同日 石景山区民营企业家座谈会召开。

3 日 2023 石景山国际开放合作论坛和投洽会在首钢园区举办。市委常委、常务副市长夏林茂，商务部服务贸易和商贸服务业司司长王东堂，区领导常卫出席论坛并致辞。

5 日 石景山区举办“侨向未来·青创世界”2023 侨梦苑北京论坛。线下 200 余名嘉宾与线上近万名海外嘉宾共同参与，同时设立 14 个海外分会场。

7 日 区政府印发《中关村科技园区石景山园改革提升工作方案》，系全市首个印发“一园一方案”的区域。

9 日 市委副书记、市长殷勇围绕推动高质量发展到石景山区调研。

12 日 市文旅局、世界旅游城市联合会到石景山区调研。

15 日 2023 国际冬季运动（北京）博览会在首钢园区开幕。在开幕式暨主论坛活动上,国际奥委会主席托马斯·巴赫视频致辞;区委书记常卫,国际奥委会执委会委员、冬季奥林匹克国际单项体育联合会协会主席、世界体育大会主席、国际雪车联合会主席伊沃·费里亚尼现场致辞。

同日 石景山区学习贯彻习近平新时代中国特色社会主义思想主题教育部署会召开。

17日至24日 常卫带队赴意大利、德国开展招商合作活动。

18日 中共中央政治局常委、中央书记处书记蔡奇参加全国科普日首钢园区主场活动。

27日 石景山区档案馆新馆建设项目竣工并完成各项验收。

10月

7日 中关村石景山园北京当红齐天国际文化科技发展集团有限公司的"5G XR文化娱乐体验中心繁星计划"项目、达瓦未来(北京)影像科技有限公司参与的"虚拟拍摄系统内容制作全流程解决方案"项目、燧光科技(北京)有限公司参与的"幼儿师范虚拟仿真培训中心建设应用"项目所属3家企业在《工业和信息化部办公厅 教育部办公厅 文化和旅游部办公厅 国家广播电视总局办公厅 国家体育总局办公厅关于征集虚拟现实先锋应用案例的通知》上荣登全国技术解决方案榜。

8日 北京市双拥模范城创建检查考评组到石景山区考评验收创建新一届全国双拥模范城工作。

10日 首届石景山区城市更新论坛在中交天泰山·自然营地举办。

13日 "中文逍遥"大模型发布会暨中文在线集团与石景山区战略合作签约仪式在首钢园区举行。

15日 北京大学首钢医院新门急诊大楼正式开诊。

19日 第三届"一带一路"国际合作高峰论坛外宾、黑山前总统武亚诺维奇一行访问石景山。

同日 中关村科技园区石景山园11家企业跻身"2023中国VR50强"榜单,区内中国VR50强企业数量累计16家。

31日 石景山区在首钢工学院举办2023年消防"自防自救力量"比武竞赛。

11月

1日 "新高度 新地标·翔鹰大厦交付仪式"在石景山区翔鹰大厦举办。由新加坡金鹰集团与华润集团联手打造的翔鹰大厦位于首钢东南区项目核心位置,由22栋总面积近50万平方米的甲级写字楼组成,是长安街延长线上统一规划建设、统一经营管理的规模最大、硬件品质最高的甲级写字楼集群。

7日 通用人工智能大模型产业发展论坛暨石景山区通用人工智能大模型产业集聚区揭牌仪式在石景山区举行。

同日 国际漫画家大会委员会授予石景山区"漫画城市"称号。同时授予的还有韩国富川市、日本北九州市、中国香港和河南安阳共5个城市。

29日 慈善寺古香道文化陈列馆申报为区属博物馆。

30日 石景山区"以案为鉴、以案促改"警示教育大会召开。与会者集体观看警示教育片《腐败之筏的沉没》。

30日至12月2日 2023—2024赛季国际雪联单板及自由式滑雪大跳台世界杯在首钢滑雪大跳台举办。

12月

1日 石景山区召开以"领航新生态'石'现新发展"为主题的"专精特新"政策兑现发布会。

9日 2023中关村论坛系列活动——国际计算成像大会(CITA2023)在石景山区银保国际会议中心举办。

12日 "精准润泽实体经济 助力金融强国建设"2023石景山区金融政策发布会在北京·银行保险产业园召开。

15日 石景山区政府与首钢基金举行"区企战略合作签约暨园区企业交流"活动。区领导李新,首钢集团副总经理、首钢基金副董事长赵天旸参加活动。

21日 启航·2023金融强国论坛"燕梳茶会"活动在北京·银行保险产业园举办。全国社保基金理事会原副理事长王忠民、北京银行董事长霍学文、金融界董事长张斌致辞。区领导常卫、李新出席活动。

22日 中共北京市石景山区第十三届委员会第七次全体会议召开。全会学习贯彻党的二十大和二十届二中全会精神,贯彻中央经济工作会议精神,落实市委十三届四次全会工作部署,总结2023年工作,研究部署2024年各项任务。常卫代表区委常委会作工作报告并讲话。

同日 启航·2023金融强国论坛在北京·银行保险产业园举办。李新参加活动。

23日 2023中关村论坛系列活动——中国元宇宙大会在首钢园区冰壶馆举办。

26日 共青团北京市石景山区第十四次代表大会召开。团市委书记郑晓博,区领导常卫、李新、李文起、田利跃、张利军、王其志,市委主题教育第四巡回督导组温宇、童辉出席会议。

31日 2024北京新年倒计时活动在首钢园区举行。市委副书记、市长殷勇,市委常委、宣传部部长莫高义,副市长司马红,市政府秘书长、市政府办公厅主任穆鹏,区领导常卫、李新、刘海涛、李先侠、尹圆,首钢集团领导赵民革、梁捷出席活动。

年内 "首钢模式"获评中国改革2022年度地方全面深化改革典型案例。

年内 石景山区第五次获得国务院老工业基地调整改造真抓实干成效明显表彰。

中共石景山区委员会

综　述

【概况】 2023年,中共北京市石景山区委员会(简称区委)坚持以习近平新时代中国特色社会主义思想为指导,贯彻党的二十大和二十届二中全会精神,贯彻习近平总书记对北京重要讲话精神,开展学习贯彻习近平新时代中国特色社会主义思想主题教育,落实市委全会精神和对石景山的工作要求,先后召开2次区委全会和38次区委常委会会议,坚持以新时代首都发展为统领,实施城市更新和产业转型“两大战略”,做好城园融合、产业融合、山水文化融合、治理力量融合“四篇文章”,将全面从严治党引向深入,实现经济运行企稳向好、民生福祉持续改善、社会大局安定有序,各项事业取得新进展新成效。

(王　欢　苏劲松　刘凯杰　闫雅倩)

【市委领导到区调研】 4月18日上午,市委书记尹力围绕“深入学习贯彻习近平新时代中国特色社会主义思想,推动首都高质量发展”到石景山区调研。尹力强调,石景山区是首都减量发展条件下转型的缩影,要坚持以习近平新时代中国特色社会主义思想为指导,深入贯彻落实党的二十大精神,完整、准确、全面贯彻新发展理念,打造新时代首都城市复兴新地标,高水平建设好首都城市西大门。在新首钢高端产业综合服务区,尹力到首钢3号高炉,查看改造利用现状,走进文创店、艺术书店,了解特色商品销售情况,称赞昔日钢厂转型发展积淀的物质和精神财富,要求做好工业遗存保护,开发更多具有首钢特色的文创产品,加强冬奥遗产保护利用,做好后冬奥文章。在模式口历史文化街区,尹力步行查看街区改造现状,走进古道斯存民俗陈列馆了解“一院一方案”保护性修缮情况,叮嘱加强街区整体保护更新,打理街区环境,打磨历史院落。在全国重点文物保护单位法海寺及法海寺壁画艺术馆,尹力询问壁画复原技术,要求加强文物研究保护力度,运用数字技术更好实现活化利用。在中国电科(北京)智能科技园,尹力查看创新成果展示,了解在京业务布局,强调要瞄准国家需求和社会发展需要,加强科研攻关,丰富应用场景,有关部门和属地要完善配套服务,为园区发展营造良好环境。尹力在调研中强调,石景山区抓住服务保障冬奥会筹办和打造新时代首都城市复兴新地标两大机遇,经济社会实现较快发展。要主动融入首都新发展格局,重点做好“四个融合”文章。推动城园融合,带动区域整体复兴。加快产业融合,建设好国家级产业转型发展示范区。促进山水文化融合,提高文化资源保护利用水平。实现治理力量融合,引导市场主体参与老旧小区改造等民生项目。尹力还强调,全市深入开展学习贯彻习近平新时代中国特色社会主义思想主题教育,石景山等各区要认识开展主题教育的意义,把握“学思想、强党性、重实践、建新功”的总要求,把习近平新时代中国特色社会主义思想转化为坚定理想、锤炼党性和指导实践、推动工作的力量,在以学铸魂、以学增志、以学正风、以学促干方面取得实效。同月23日,市委常委、教育工委书记游钧到石景山区检查安全生产工作。游钧到北大附中石景山学校(新址)项目,实地察看项目工程建设情况,逐一检查施工工地安全生产工作落实情况。游钧强调,安全生产关乎人民群众生命财产安全,安全责任重于泰山,要深刻汲取“4·18”火灾事故教训,务必保持警钟长鸣,时刻绷紧安全生产这根弦,压实安全生产责任制,树牢安全发展理念,开展安全生产和火灾隐患大排查大整治工作,对医院、养老机构、学校等重点领域的风险点深挖细排,守住安全生产的底线红线。在法海寺壁画艺术馆,游钧检查艺术馆安全生产工作落实情况,并强调,要加强场馆安全管理,做好日常巡视检查,将隐患消灭在萌芽状态。9月9日,市委副书记、市长殷勇围绕推动高质量发展到石景山区调研。殷勇了解石景山智能科技园创新平台、产业生态等情况,察看科技创新成果和应用展示,并强调,石景山区要深入贯彻党中央、国务院部署和市委、市政府要求,聚焦科技创新和数字经济,加速蓄势聚力培育增长新动能,深入实施城市更新,推进区域整体复兴,深化京西地区转型发展,高水平建设首都城市西大门。

(王　欢　苏劲松　刘凯杰　闫雅倩)

重要会议与活动

【概况】 区委重要会议包括党的代表大会及由此选举产生的区委全体委员会,以及全会选举产生的常务委员会所召开的会议,还包括党建工作会、领导干部会议、月度工作点评会等。会议作出的安排部署,为贯彻落实中央决策部署和市委工作要求、统筹推动全区各方面工作、高水平建设好首都城市西大门提供坚强保证。年内,区委坚持以习近平新时代中国特色社会主义思想为指导,贯彻党的二十大和二十届二中全会精神,贯彻习近平总书记对北京重要讲话精神,开展学习贯彻习近平新时代中国特色社会主义思想主题教育,落实市委全会精神和对石景山的工作要求,坚持以新时代首都发展为统领,各项事业取得新进展新成效。

(王　欢　苏劲松　刘凯杰　闫雅倩)

【检查部署安全生产】 1月20日,区委书记常卫到物美超市(太阳岛店)、区森林消防综合救援支队驻地,检查春节期间安全生产和市场供应工作。4月19日,常卫主持召开全区安全生产工作部署会,强调要迅速落实市委市政府工作部署要求,深刻汲取教训、立即行动起来,开展安全隐患排查专项整治行动,防范遏制重大事故发生,保障人民群众生命和财产安全,维护社会大局稳定。同月21日,常卫到北京联科中医肾病医院、石景山区民族养老院(西区)和石景山医院,检查重点场所安全生产工作落实情况。同月25日,常卫检查重点场所“五一”假期服务保障及安全生产工作落实情况。在八大处公园,实地检查公园景区假期服务保障和安全生产工作落实情况;在六工汇购物广场,实地检查商业综合体假期服务保障及安全生产工作落实情况；在银河商务区L地块建设项目，实地检查建筑工地安全生产工作落实情况。同月27日，常卫主持召开全区安全生产工作会议，对全区安全生产和火灾隐患大排查大整治工作和“五一”假期安全防范和假日相关工作进行部署。区委副书记、区长李新，区政协主席田利跃，区委副书记、政法委书记刘海涛等区四套班子领导出席会议。6月29日，常卫先后到八角中里社区和八角南路，督导检查文明城区创建和燃气领域安全生产工作。7月10日至11日，常卫带队赴首钢矿山迁安矿区检查调研安全生产和民生保障工作开展情况。在首钢矿业公司迁安矿区，常卫先后检查杏山铁矿、大石河铁矿孟家冲尾矿库，实地察看铲运机地表远程操控室主控室，自动化、智能化建设情况和生产流程，观看矿业公司宣传片，随后组织召开座谈会，会议由矿业公司汇报防汛、安全生产、民政、社保等工作开展情况，区相关职能部门分别汇报迁安矿区监管服务工作开展情况并组织工作讨论。9月30日，常卫视频调度全区中秋、国庆假期安全生产和城市运行保障工作，并代表区委、区政府向坚守在工作岗位的干部职工致以节日问候。12月27日，常卫带队到石景山功碑阁、首钢一高炉南广场和首钢怡和项目检查元旦假期安全生产、空气污染应对和重大活动保障工作落实情况，强调全区相关部门要统筹做好元旦假期安全生产、文化旅游、环境保障等各领域服务保障工作，丰富市场供给，满足群众需求，激发假期消费活力，确保市民群众度过欢乐祥和的假期。同月30日，常卫主持召开全区元旦期间安全生产和城市运行保障工作调度会。

（王　欢　苏劲松　刘凯杰　闫雅倩）

【召开接诉即办会议】 1月31日，2023年深化12345市民服务热线接诉即办工作领导小组会召开。会议听取领导小组及专班成员调整相关工作、2022年接诉即办工作情况及2023年工作计划的汇报。9个街道和相关部委办局剖析自身存在的问题及工作难点，主动认领、对号入座、落实整改。3月7日，区接诉即办工作领导小组调度会召开。会议听取石景山区接诉即办工作进展情况，研究讨论区人力社保局、鲁谷街道、古城街道接诉即办工作办理中存在的难点问题。11月20日，区接诉即办调度会召开。会上，区城管指挥中心汇报全区整体接诉即办工作情况，鲁谷街道、古城街道、广宁街道、区园林绿化局等单位汇报各自领域的接诉即办工作情况。全年，石景山区共受理群众诉求19.03万件，响应率99.48%、解决率93.54%、满意率94.56%。

（王　欢　苏劲松　刘凯杰　闫雅倩）

【建设西山永定河文化带】 2月5日，常卫到模式口历史文化街区检查指导元宵节服务保障工作。3月21日，常卫调研模式口历史文化街区修缮改造及环境整治工作，实地察看万泉寺遗址公共空间改造提升项目现场及工作开展情况，并在模式口项目指挥部主持召开现场推进会。6月21日，常卫带队检查2023北京西山永定河文化节开幕式筹备情况。市文物局局长陈名杰、市委宣传部副部长霍志静参加检查。同月25日，“山河永定，古都新韵”2023北京西山永定河文化节在石景山区首钢园区开幕。文化节期间，举办专题展演、文化互动、文艺作品、文化消费、文旅融合5大类10余项活动，举办“山河永定”文化艺术作品展，围绕西山永定河文化主题甄选民间手工艺品、非遗、影视音乐、书籍绘画、IP文创衍生品等100余件不同艺术门类中的优秀作品进行集中展示。11月20日，常卫带队围绕“深入学习贯彻习近平新时代中国特色社会主义思想提升永定河流域治理水平”检查永定河石景山段整治工作。常卫先后到漫水桥、庞村险工段、石卢灌渠和麻峪村，实地检查永定河清淤治理工作开展情况，听取灾后修复提升工作情况汇报，并对相关工作提出要求。

（王　欢　苏劲松　刘凯杰　闫雅倩）

【召开党建工作会议】 2月15日，党建工作会议召开。会议部署石景山区2023年落实全面从严治党主体责任、政法、统战、宣传思想文化、组织和社会建设、党委系统办公室、调研和改革工作，动员全区各级党组织和党员干部坚定信心、锐意进取，踔厉奋发、勇毅前行，推进全区高质量发展，确保全年工作取得新进步、展现新气象。常卫主持会议并讲话，区四套班子领导出席会议。

（王　欢　苏劲松　刘凯杰　闫雅倩）

【召开经济运行调度会议】 2月24日，深化疏整促和促进生态文明与城市环境建设推动高质量发展动员大会召开。会议贯彻落实全市动员大会部署要求，对全区相关工作进行动员部署。同月28日，区推进经济高质量发展大会召开，表彰2022年度经济发展突出贡献奖的企业，颁发人才“景贤卡”，集中签约项目30个，涉及金额近200亿元。全年召开区重大投资项目建设工作领导小组会议4次、区产业发展领导小组会议5次，调度投资和重大项目建设及产业发展。围绕一季度“开门红”和财源建设、园区管理体制改革提升、国资系统改革重组、年度固投重点项目和计划安排、服贸会、养老助餐、便民设施、“平急两用”设施建设等工作，分别召开区委书记专题会进行调度推进。

（王　欢　苏劲松　刘凯杰　闫雅倩）

【服务保障重大活动】 2月25日，常卫带队检查服务保障2023年全国“两会”工作并调研重点园区规划建设情况。5月29日，常卫带队检查2023中国科幻大会筹备情况，先后到首钢园区金安桥2号楼、1号高炉南广场、服贸会11号馆，实地察看科幻产业新技术新产品展布展情况、开幕式现场服务保障工作开展情况和潮幻奇遇季布展准备情况。8月30日上午，常卫带队检查服贸会服务保障工作情况，先后到服贸会南登录厅、2号馆、6号馆、9号馆和六工汇总指挥部，实地检查服贸会安检查验、交通组织、环境保障等工作准备情况和“京西福地山水文化融城”文旅服务专题展、北京数智体育公开赛、“京西数字金融新增长极”金融服务专题展等筹备情况。2023年服贸会首钢园区会场于9月2日开幕、9月6日闭幕，共设9个专题展，国际开放合作区正式发布亮相,通用人工智能大模型产业集聚区研发和创新应用的合作项目、数字人民币综合性试验区—科幻应用场景合作项目等重点项目集中签约,共收集160个重点项目,涉及资金约348亿元,提升区域开放能级。9月11日,常卫检查北京文化论坛服务保障工作开展情况,先后到滑雪大跳台南门和晚会场地,检查相关工作开展情况。11月23日,常卫主持召开2023—2024赛季国际雪联单板及自由式滑雪大跳台世界杯工作调度会。会议听取2023—2024赛季国际雪联单板及自由式滑雪大跳台世界杯石景山区办赛及属地保障工作的汇报,并就相关工作作部署。

(王　欢　苏劲松　刘凯杰　闫雅倩)

【召开平安石景山建设会议】 3月1日,区委平安石景山建设领导小组召开2023年第一次全体(扩大)会议,传达全国市域社会治理现代化试点验收工作部署会和市委平安北京建设领导小组2023年全体(扩大)会议精神,审议通过《区委平安石景山建设领导小组领导成员调整情况》《2022年平安石景山建设工作情况》《2023年平安石景山建设工作要点》,并部署全区市域社会治理现代化试点验收迎检工作。常卫主持会议并讲话。

(王　欢　苏劲松　刘凯杰　闫雅倩)

【创建全国文明城区】 3月4日,区四套班子领导围绕"擦亮城市西大门,文明扮靓石景山"开展创城专项检查活动。常卫先后到万达商圈、模式口中里社区和模式口南里菜市场,实地检查商业综合体、农贸市场及社区的宣传布设、环境卫生、基础设施、停车秩序、电动自行车牌照、市民文明行为管理教育及社区新时代文明实践站等情况。同月7日,精神文明建设工作暨背街小巷环境精细化治理动员部署大会召开。市委宣传部副部长、首都文明办主任滕盛萍,区委书记常卫出席会议并讲话。会议传达首都精神文明建设工作暨背街小巷环境精细化治理动员部署大会精神,宣读相关表彰决定,总结石景山区2022年精神文明建设工作,部署2023年精神文明建设、全国文明城区创建和背街小巷环境精细化治理工作任务。相关部门、街道、社区和物业企业代表作发言。区四套班子领导参加会议。11月28日,常卫到八角北路社区"双报到"并检查创城和垃圾分类工作,实地察看社区绿化、楼内环境秩序、新时代文明实践站建设、宣传布设等创城工作开展情况,并检查垃圾分类工作开展情况。

(王　欢　苏劲松　刘凯杰　闫雅倩)

【召开双拥共建会议】 4月11日,区双拥工作领导小组2023年第一次会议和创建新一轮全国双拥模范城动员部署会召开。会议审议区双拥工作领导小组2023年工作要点,部署拥军支前工作和创建新一轮全国双拥模范城迎检工作。区委书记、区委退役军人事务工作领导小组和区双拥工作领导小组组长常卫主持会议,市退役军人事务局党组成员、副局长贺军,中部战区、陆军机关、北京军区善后办等驻区部队相关领导,区委副书记、区长李新参加会议。7月20日,十三届区委第二次议军会议召开。会议听取全区国防动员和后备力量建设调研、"八一"期间双拥活动安排等情况汇报。常卫主持会议,李新、田利跃、刘海涛等区领导参加会议。同月25日,召开"八一"军政座谈会。会上,军地领导齐聚一堂,同庆建军佳节,共商军地发展大计。李新、田利跃、张利军、王运洪、高洪雁等区领导参加活动。9月12日,创建新一届全国双拥模范城考评验收工作动员部署会议召开。会议传达北京市创建新一届全国双拥模范城考评验收动员部署会精神,部署迎接全国双拥模范城创建考评工作。王运洪、王其志、宁慧娟、宋世媛等区领导参加会议。

(王　欢　苏劲松　刘凯杰　闫雅倩)

【开展支援协作】 5月11日,山西省长治市黎城县委书记牛晨霞率黎城代表团到石景山区开展对口合作并举行座谈会。常卫主持会议并讲话,区委副书记、区长李新,黎城县委副书记、县长李颖南分别介绍两地经济社会发展情况。8月7日,石景山区党政代表团赴门头沟区开展对口支援工作。石景山区领导常卫、李新,门头沟区领导喻华锋、刘贵明参加活动。石景山区领导一行先后到门头沟区雁翅镇、潭柘寺镇,察看对口支援两镇防汛抢险救灾、基础设施受灾及清理修复情况,向两镇赠送慰问金,并进行座谈。9月26日,市支援合作工作领导小组青海玉树指挥部到石景山区开展对口支援对接工作。常卫参加座谈,李新在座谈前与指挥部人员进行会面。

(王　欢　苏劲松　刘凯杰　闫雅倩)

【防汛救灾和灾后恢复重建】 8月6日,全区领导干部会议召开,传达学习全市领导干部会议精神,部署石景山区汛后恢复和相关工作。10月24日,区领导围绕主题教育赴房山区对接支援重建工作,实地察看周口店镇良各庄村安家园片区农宅、基础设施因灾受损和群众修缮、重建受损房屋情况,了解受灾群众生产生活秩序恢复及宅基地异地选址情况。石景山区领导常卫、李新、刘海涛,房山区领导邹劲松、阳波、暴剑参加活动。同日,常卫带队到门头沟区开展结对帮扶调研活动。两区领导先后到雁翅镇苇子水村、田庄村和潭柘寺镇贾沟村,实地检查灾后恢复重建进展和古村落保护情况,现场观看非遗项目——蹦蹦戏展示,调研文旅产业发展情况,并结合主题教育,到京西山区中共第一党支部纪念馆参观学习。门头沟区委书记喻华锋,区委副书记、政法委书记王建华一同调研。市委第四巡回督导组组长陈杰、副组长温育梁参加。11月13日,区委常委(扩大)会议召开,传达学习习近平总书记在北京、河北考察灾后恢复重建工作时的重要讲话精神和市委常委会扩大会议精神,并就贯彻落实工作作出安排部署。

(王　欢　苏劲松　刘凯杰　闫雅倩)

【开展主题教育】 9月15日,学习贯彻习近平新时代中国特色社会主义思想主题教育部署会召开。常卫主持会议并讲话。市委第四巡回督导组组长陈杰到会指导并讲话。10月17日,围绕"深入学习贯彻习近平新时代中国特色社会主义思想,强化党建引领基层治理",常卫到八宝山街道接访并检查指导基层单位主题教育开展情况。同月20日，区级领导班子主题教育读书班开展集中交流研讨。与会领导围绕“深刻把握‘六个必须坚持’，坚持好、运用好贯穿习近平新时代中国特色社会主义思想的立场观点方法”主题进行交流研讨。11月1日，区级领导班子到区规划展览馆开展学习贯彻习近平新时代中国特色社会主义思想主题教育主题党日活动，察看整体建设布局、展览展品设置等情况，了解在历版北京城市总体规划引领下石景山区的发展变迁，听取石景山区在城市更新、产业转型、山水文化融合等方面取得成就和未来展望的介绍。同月8日，学习贯彻习近平新时代中国特色社会主义思想主题教育工作推进会召开。会议传达中央主题教育领导小组第6次会议精神、中央和市委主题教育工作推进会精神。7个主题教育单位和1个区委主题教育办联络小组作交流发言。市委第四巡回督导组组长陈杰到会指导并讲话。同月15日，区级领导班子主题教育读书班暨区委理论学习中心组开展集中交流研讨，与会领导围绕“认真学习习近平总书记关于基层治理的重要论述，进一步提高首都基层治理能力水平”主题，结合学习贯彻习近平总书记在北京河北考察灾后恢复重建工作时的重要讲话精神，开展交流研讨。同月28日，常卫参加八角街道理论学习中心组主题教育交流研讨会并指导主题教育开展情况。会上，八角街道班子成员围绕“全面贯彻习近平新时代中国特色社会主义思想 认真学习习近平总书记关于基层治理的重要论述”进行研讨发言。12月26日，区级领导班子主题教育调研成果交流会召开。会上，区级领导班子成员围绕区委常委会集体调研选题、个人领题调研选题依次发言，既讲调研中了解到的情况和问题，又讲调研后形成的工作思路及对策措施，交流心得体会。

（王　欢　苏劲松　刘凯杰　闫雅倩）

【召开“以案为鉴、以案促改”大会】 11月30日，“以案为鉴、以案促改”警示教育大会召开。与会者集体观看警示教育片《腐败之筏的沉没》。市委主题教育第四巡回督导组有关领导，区四套班子领导，全区各单位、各区管企业主要负责同志在主会场出席会议。全区各单位正科职以上干部、各社区书记主任等在分会场参加会议。

（王　欢　苏劲松　刘凯杰　闫雅倩）

【召开区委十三届全体会议】 全年召开2次。7月21日，区委十三届六次全体会议召开，区委常委会主持会议。全会学习贯彻党的二十大和二十届二中全会精神，落实全市半年工作会部署安排，总结上半年工作，研究部署下半年任务。常卫代表区委常委会作工作报告并讲话。区四套班子领导，区委委员，区委候补委员，区纪委委员，区监委委员，各单位及街道党政正职，部分市、区党代会代表参加会议。12月22日，区委十三届七次全体会议召开，区委常委会主持会议。全会学习贯彻党的二十大和二十届二中全会精神，贯彻中央经济工作会议精神，落实市委十三届四次全会工作部署，总结2023年工作，研究部署2024年各项任务。常卫代表区委常委会作工作报告并讲话。市委主题教育第四巡回督导组组长陈杰到会指导，区四套班子领导，区委委员，区委候补委员，区纪委委员，区监委委员，各单位及街道党政正职，部分市、区党代会代表参加会议。

（王　欢　苏劲松　刘凯杰　闫雅倩）

【召开街道部门党(工)委、党组书记月度工作点评会】 全年召开10次。1月31日，鲁谷街道、区发展改革委、区住建委、区卫生健康委党(工)委、党组书记依次发言，金顶街街道模式口西里南区社区党委书记作为接诉即办工作优秀社区代表交流发言，常卫作集中点评。会议通报1月份接诉即办情况，盘点2022年接诉即办工作情况。3月2日，五里坨街道、园区管委会、区金融办、区商务局党(工)委、党组书记依次发言，鲁谷街道双锦园社区党委书记作为接诉即办工作排名靠前的社区代表作交流发言。会议通报2月份接诉即办情况并对“每月一题”工作进行部署，通报全国文明城区创建工作情况。4月6日，金顶街街道、区国资委、区西建办、区经济和信息化局党(工)委、党组书记依次发言，八宝山街道玉泉西里中社区党委书记作交流发言。5月4日，古城街道、区城市管理委、区科委、区文化和旅游局党(工)委、党组书记依次发言，广宁街道高井路社区党委书记作交流发言。会议通报4月份接诉即办情况、全国文明城区创建工作、大气污染防治和一季度“品质社区”建设情况。6月5日，八角街道、区财政局、区统计局、区投促中心党(工)委、党组书记依次发言，老山街道东里北社区党委书记作交流发言。会议通报5月份接诉即办情况、大气污染防治、全国文明城区创建工作情况。同月30日，广宁街道、区教育工委、区人力社保局、区体育局党(工)委、党组书记依次发言，古城街道水泥厂社区党委书记作交流发言。会议通报6月份接诉即办情况、违规电动三四轮车综合治理、大气污染防治、全国文明城区创建工作情况。8月31日，老山街道、区市场监管局、市规自委石景山分局、区集监办党(工)委、党组书记依次发言，八角街道景阳东街第二社区党委书记作交流发言。会议点评违规电动三四轮车综合治理、第二季度“品质社区”建设、大气污染防治、全国文明城区创建工作情况。10月7日，苹果园街道、区委社会工委区民政局、区应急局、区政务服务局党(工)委、党组书记依次发言，苹果园街道苹三社区党委书记作交流发言。会议通报9月份接诉即办工作情况，点评违规电动三四轮车综合治理、上半年“七有”“五性”、9月份大气污染防治、全国文明城区创建工作情况。11月6日，八宝山街道、区城管指挥中心、区信访办、区医保局党(工)委、党组书记依次发言，五里坨街道东街社区党委书记作交流发言。会议通报10月份接诉即办工作情况，点评违规电动三四轮车综合治理、三季度“品质社区”建设、10月份大气污染防治、全国文明城区创建工作情况。12月8日，鲁谷街道、区国动办、区园林绿化局、区审计局、区司法局党(工)委、党组书记依次发言，八角街道古城南路社区党委书记作交流发言,常卫作集中点评。会议通报11月份接诉即办情况,盘点总结2023年接诉即办工作,点评违规电动三四轮车综合治理、11月份大气污染防治、全国文明城区创建工作情况。

(王　欢　苏劲松　刘凯杰　闫雅倩)

【召开常委(扩大)会议】　全年召开7次。4月19日,传达市委书记尹力到石景山区调研重要指示精神。5月14日,传达学习习近平总书记在河北考察并主持召开深入推进京津冀协同发展座谈会时的重要讲话精神,贯彻落实北京市委常委会扩大会议精神。6月19日,传达学习市委十三届三次全会精神。9月12日,宣布市委决定。10月26日,传达中央对北京丰台长峰医院"4·18"重大火灾事故调查处理决定和市委常委会扩大会议精神。11月13日,传达学习习近平总书记在北京、河北考察灾后恢复重建工作时的重要讲话精神和市委常委会扩大会议精神。12月20日,传达学习贯彻市委十三届四次全会精神。

(王　欢　苏劲松　刘凯杰　闫雅倩)

【召开全区领导干部会议】　全年召开2次。1月20日,传达市两会精神、部署春节期间疫情防控、安全生产、城市运行、市场供应、文化旅游等工作。常卫主持会议并讲话。会议要求,做好春节期间各项服务保障工作,确保水电气热路油等"城市生命线"安全稳定运行,抓好节日期间市场供应,确保数量充足、品种丰富,开展送温暖活动和专项救助,做好接诉即办工作,推进复工复产,抓好投资拉动、产业驱动、消费带动、服务推动,为一季度"开门红"创造条件。8月6日,传达学习全市领导干部会议精神,就石景山区汛后恢复和相关工作进行部署。常卫主持会议并讲话。会议要求,贯彻全市领导干部会议精神,把思想和行动统一到市委市政府关于防汛救灾工作的决策部署上来,抓好石景山区汛后恢复各项工作,提升防灾减灾能力,加强组织领导,确保汛后恢复和支援重建工作落实。

(王　欢　苏劲松　刘凯杰　闫雅倩)

【学习宣传贯彻党的二十大精神】　年内,石景山区把学习宣传贯彻党的二十大精神作为首要政治任务,抓好学习教育培训,组织各级、各领域宣讲5000余场次,实现处级干部和全体党员培训全覆盖,开展区级理论学习中心组学习15场,常委会集体学习39次,聚焦经济建设工作和高质量发展任务,把党的二十大提出的战略部署转化为工作措施,推动党的二十大精神在石景山区形成更多生动实践。

(王　欢　苏劲松　刘凯杰　闫雅倩)

【保障和改善民生】　年内,石景山区累计实施42项重要民生实事和68项济困工程。救助各类困难群众65.63万人(户)次。实现再就业7819人,登记失业率为3.71%。落实优生优育服务政策,新增托育机构13家、托位570个。黄庄村棚改项目实现入住,建设筹集保障性住房2864套、竣工2666套,配租1500余套公租房。十一学校石景山实验中学和金顶街小学建成招生,扩增5所普惠性幼儿园、1380个学位,公办园在园幼儿占比56%。新建3个养老服务驿站、200张家庭照护床位,新增13个养老助餐点,提供助餐服务近4.5万人次,金顶街三区社区、老山东里北社区获评全国示范性老年友好型社区。推进五里坨医院建设,整形外科医院改扩建二期项目主体结构完工,首钢医院新门急诊大楼开诊。举办金秋体育盛会等全民健身活动26场,新增体育场地面积25万平方米,创建2个全民健身示范街道。

(王　欢　苏劲松　刘凯杰　闫雅倩)

【开展专题调研检查】　年内,区委主要领导围绕主题教育牵头课题、经济运行、民生保障、安全生产和防汛、接诉即办、服贸会专展等重大活动服务保障、重点工程和重大项目建设、全国文明城区创建、西山永定河文化带建设等全区中心工作和重点任务开展专题调研检查83次。

(戚金章　宋李振　武　昊)

【召开常委会会议】　年内,区委常委会坚持以习近平新时代中国特色社会主义思想为指导,贯彻党中央决策部署和市委工作要求,落实"第一议题"制度,加强统筹谋划,召开区委常委会38次,安排常规议题207个、传达学习类议题39个。

表4　区委常委会会议一览表

上会日期	单　位	议　题　题　目
1月9日 2023年第1次 (十三届47次)	区委组织部	关于我区选举产生的市十六届人大代表辞职和市委推荐代表候选人情况的汇报
1月11日 2023年第2次 (十三届48次)	区委宣传部	传达学习2023年首都意识形态领域风险分析,汇报《石景山区2022年意识形态工作情况的报告》
	区卫健委	关于《石景山区2022年计划生育工作情况的报告》的汇报
	区生态环境局	关于《石景山区2022年生态环境保护工作完成情况及2023年工作计划报告》的汇报
	区应急局	关于《石景山区2022年安全生产工作完成情况及2023年主要工作安排的报告》的汇报
	区委组织部	关于开展区、处级领导班子和领导干部2022年度考核工作的汇报
	区委组织部	关于《2022年度干部选拔任用工作情况报告》的汇报

续表

上会日期	单　位	议　题　题　目
1月19日 2023年第3次 （十三届49次）	区纪委	传达学习中央纪委全会、市纪委全会精神
	区委办公室	关于《区委全会报告2023年主要工作任务分解》的汇报
	区委区政府研究室	关于《领导班子对照检查材料》的汇报
	区委组织部	关于健全完善党建引领楼宇治理工作机制意见的汇报
	区委组织部	关于《石景山区落实〈北京市领导干部治理能力提升三年行动计划（2022—2024年）〉的工作方案》的汇报
	区委组织部	关于《2022年石景山区党员干部直接联系群众工作情况报告》的汇报
	区委办公室	关于2023年落实全面从严治党主体责任任务安排的汇报
2月1日 2023年第4次 （十三届50次）	区委宣传部	传达学习全国、全市宣传部长会议精神及我区贯彻落实意见的汇报
	区委政法委	传达学习习近平总书记重要指示和中央、市委政法工作会议精神及我区贯彻落实意见的汇报
	区纪委	关于区纪委十三届三次全会筹备工作及《工作报告（审议稿）》和《决议（草案）》的汇报
	区委区政府研究室	关于石景山区2023年调研工作计划和课题安排的汇报
	公安分局	关于2022年反恐怖工作总结及2023年重点工作任务的汇报
	区园林绿化局	关于石景山区2022年园林绿化工作完成情况和2023年工作及资金计划的汇报
	区城市管理委	关于2023年城市道路、轨道交通建设计划及资金的汇报
	区国资委	关于申请拨付信安大厦装修改造工程决算资金的汇报
2月8日 2023年第5次 （十三届51次）	区委组织部	传达学习全国、全市组织部长会议精神及我区贯彻落实意见的汇报
	区委办公室	关于中共北京市石景山区委2023年党建工作会安排意见的汇报
	区委办公室	关于区委2022年党务公开工作情况和《石景山区委2023年党务公开目录》的汇报
	区委统战部	关于《关于以铸牢中华民族共同体意识为主线推进新时代石景山区民族工作高质量发展的实施方案》《关于坚持我国宗教中国化方向做好新时代石景山区宗教工作的实施方案》的汇报
	区司法局	关于《北京市石景山区人民政府2022年法治政府建设年度情况报告》的汇报
2月14日 2023年第6次 （十三届52次）	区委办公室	传达学习习近平总书记在学习贯彻党的二十大精神研讨班开班式上的重要讲话精神
	区委统战部	传达学习全国、全市统战部长会议和市委统战工作领导小组会议精神及我区贯彻落实意见的汇报
	区委宣传部	通报2月涉市意识形态领域风险分析
	区委办公室	关于《区委常委会2023年工作要点》和《区委常委会2023年议题计划》的汇报
	区政协办公室	关于《石景山区政协2023年协商工作计划》的汇报
	区发展改革委	关于《石景山区2023年“疏解整治促提升”专项行动工作方案》的汇报
2月22日 2023年第7次 （十三届53次）	区委办公室	传达学习中共中央政治局常务委员会会议精神
	区委统战部	关于《石景山区2023年政党协商计划》的汇报
	区应急局	关于《石景山区落实市委市政府安全生产第五督察组督察反馈意见整改报告》的汇报
	区应急局	关于北京市安全生产先进单位和先进个人评选推荐建议的汇报
	区残联	关于石景山区残联第八次代表大会筹备工作情况的汇报
	区委组织部	干部任免
3月1日 2023年第8次 （十三届54次）	区应急局	传达学习习近平总书记关于安全生产工作重要指示精神
	区委宣传部	传达学习习近平总书记关于深入开展学雷锋活动重要指示精神，汇报我区贯彻落实情况
	区人大办公室	关于召开区第十七届人大常委会第十一次会议的汇报

续表

上会日期	单 位	议 题 题 目
3月1日 2023年第8次 (十三届54次)	区总工会	关于推荐2023年全国五一劳动奖和全国工人先锋号工作情况的汇报
	区委办公室	关于十三届市委第一轮巡视建议办理进展情况报告的汇报
	区委巡察办	关于石景山区委2022年巡察工作情况和2023年工作计划的汇报
	区审计局	关于《石景山区委、区政府关于区主要领导经济责任审计的整改结果报告》的汇报
3月15日 2023年第9次 (十三届55次)	区委办公室	传达学习全国两会和全市领导干部会议精神
	区委宣传部	通报3月涉市意识形态领域风险分析
	区纪委	关于《关于开展全区纪检监察干部队伍教育整顿的实施方案》的汇报
	区委政法委	关于申请全国市域社会治理现代化试点创建市级验收的汇报
	区委宣传部	关于《石景山区2023年未成年人思想道德建设重点工作》的汇报
	区总工会	关于推荐2023年首都劳动奖状、奖章、工人先锋号工作情况的汇报
	区教委	关于北京市十一学校石景山学校项目有关资金的汇报
	市规自委石景山分局	关于石景山区2023年土地储备项目资金预算的汇报
3月22日 2023年第10次 (十三届56次)	区委党校 (区行政学院)	传达学习习近平总书记在中央党校建校九十周年庆祝大会暨二〇二三年春季学期开学典礼上的重要讲话精神及我区贯彻落实意见的汇报
	区城管指挥中心	关于我区接诉即办工作情况的汇报
	区信访办	关于我区信访工作情况的汇报
	区委老干部局	关于我区老干部工作情况的汇报
	区住建委	关于苹果园街道六一小学教工楼等3个老旧小区综合整治项目有关工作的汇报
	区委组织部	干部任免
4月6日 2023年第11次 (十三届57次)	区委办公室	传达学习习近平总书记关于全面从严治党的重要论述及2023年落实全面从严治党主体责任相关工作安排的汇报
	区防控办	关于《石景山区疫情防控工作情况总结》的汇报
	区委办公室	关于2022年向市委书面请示报告、区委文件审核以及党内规范性文件备案审查工作情况的汇报
	区委宣传部	关于《石景山区2023年区处两级理论学习中心组学习计划》的汇报
	区委组织部	关于全市基层党建述职会反馈意见及整改方案和全区基层党建述职会后相关工作意见的汇报
	区委组织部	关于2022年度区属单位考核结果评价运用和处级领导班子考核工作情况的汇报
4月12日 2023年第12次 (十三届58次)	区委组织部	传达学习习近平总书记关于主题教育系列重要讲话精神和相关文件精神以及北京市主题教育工作会议精神
	区委办公室	关于对石景山区2022年全面从严治党(党建)工作考核结果暨政治生态分析研判问题清单的反馈意见的通报及我区整改方案的汇报
	区委组织部	关于《2023年石景山区干部教育培训计划》的汇报
	区卫健委	关于申请拨付2022年6—12月新冠病毒核酸检测费用的汇报
	区委组织部	干部任免
4月20日 2023年第13次 (十三届59次)	区委组织部	通报2022年度区级领导班子和领导干部考核情况
	区纪委	关于《关于一体推进2022年石景山区全面从严治党(党建)工作考核和政治生态分析研判工作的情况报告》的汇报
	区委组织部	关于《关于进一步深化石景山区纪委区监委派驻机构改革的实施方案》的汇报
	区红十字会	关于石景山区红十字会第八次会员代表大会筹备工作情况的汇报
	区青联	关于北京市石景山区青年联合会第六届委员会换届有关工作情况的汇报

续表

上会日期	单　位	议　题　题　目
5月5日 2023年第14次 （十三届60次）	区委区政府研究室	传达学习习近平总书记关于调查研究的重要论述及《在全区大兴调查研究的实施方案》《区委常委会进一步加强调查研究工作的实施意见》的汇报
	区发展改革委	传达中共中央政治局会议精神及2023年一季度石景山区经济社会发展形势分析的汇报
	区城管指挥中心	关于我区接诉即办工作情况的汇报
	区城市管理委	关于2022年石景山区第一批老旧小区管线统筹改造项目有关工作及资金的汇报
	区纪委	关于《石景山区加强新时代廉洁文化建设的工作措施》的汇报
	区人大办公室	关于召开石景山区第十七届人大常委会第十二次会议的汇报
5月12日 2023年第15次 （十三届61次）	区委宣传部	通报5月涉市意识形态领域风险分析
	区生态环境局	关于2023年第一笔污染防治专项转移支付资金分配方案的汇报
	区委教育工委	关于2023年教育领域中央及市级一般性转移支付资金及有关项目的汇报
	区委教育工委	关于北京市十一学校石景山学校等四项工程土地开发建设补偿资金的汇报
	区文旅局	关于拨付2023年文化领域转移支付资金的汇报
	区委组织部	干部任免
6月15日 2023年第16次 （十三届62次）	区委办公室	传达学习习近平总书记在中共中央政治局第五次集体学习时的重要讲话精神
	区委办公室	传达学习习近平总书记在文化传承发展座谈会上的重要讲话精神
	区委组织部	关于《关于在全区开展学习贯彻习近平新时代中国特色社会主义思想主题教育先学先行活动的通知》的汇报
	区委组织部	关于组织开展2023年领导干部报告个人有关事项工作的汇报
	区财政局	关于申请发行2023年政府专项债券的汇报
	区住建委	关于古城街道天翔社区等25个老旧小区综合整治项目资金的汇报
	区城市管理委	关于M11号线模式口站一体化地下停车库项目有关工作及资金的汇报
	区城市管理委	关于调色板花园地下停车库项目新建设运营模式初步实施方案及相关工作情况的汇报
	区纪委	关于相关情况的汇报
6月28日 2023年第17次 （十三届63次）	区应急局	传达学习习近平总书记对宁夏银川市兴庆区富洋烧烤店燃气爆炸事故作出的重要指示精神和全国、全市安全生产紧急会议精神
	区应急局	关于《北京市石景山区安全生产工作职责分工规定》的汇报
	区委宣传部	通报6月涉市意识形态领域风险分析
	区委办公室	关于《中共北京市石景山区委关于十二届市委第十一轮巡视反馈意见2023年上半年整改落实进展情况的报告》的汇报
	区纪委	关于《2023年石景山区全面从严治党责任考核方案》的汇报
	区纪委	关于《石景山区第二十九届党风廉政建设宣传教育月活动计划》的汇报
	区教委	关于北京市第九中学分校新建综合楼工程有关工作及资金的汇报
	区城市管理委	关于生活垃圾相关工作经费的汇报
	区国资委	关于模式口历史文化街区修缮改造与环境整治项目拟向国家开发银行北京市分行申请融资的汇报
	区委组织部	干部任免
7月6日 2023年第18次 （十三届64次）	区委办公室	传达学习习近平总书记在中共中央政治局第六次集体学习上的重要讲话精神
	区应急局	传达学习习近平总书记对防汛救灾工作作出的重要指示精神
	区发展改革委	关于《关于贯彻落实〈中共北京市委关于贯彻落实习近平总书记在深入推进京津冀协同发展座谈会上重要讲话精神的意见〉的实施方案》的汇报

续表

上会日期	单　位	议　题　题　目
7月6日 2023年第18次 （十三届64次）	区人大办公室	关于召开石景山区第十七届人大常委会第十三次会议的汇报
	区财政局	关于《关于2022年决算草案情况的报告》的汇报
	区审计局	关于2022年度预算执行、决算草案和其他财政收支审计工作情况的汇报
	公安分局	关于2023年中央及市对区政法一般性转移支付资金使用方案的汇报
	园区管委会	关于兑现2022年度企业政策支持资金有关情况的汇报
	区住建委	关于购买衙门口棚改项目713地块公建用于物业返还有关工作的汇报
7月12日 2023年第19次 （十三届65次）	团区委	传达学习习近平总书记在同团中央新一届领导班子成员集体谈话时的重要讲话精神
	区委组织部	传达学习习近平总书记对党的建设和组织工作重要指示精神、全国组织工作会议精神，汇报我区贯彻落实意见
	区委办公室	关于区委十三届六次全会安排意见的请示
	区发展改革委	关于2023年上半年国民经济和社会发展计划执行情况报告、预算执行情况报告的汇报
	区国资委	关于模式口历史文化街区修缮改造与环境整治项目增加注册资本金的汇报
	区城市管理委	关于衙门口十号路雨污水下游工程建设资金的汇报
	区检察院	关于《关于加强新时代检察机关法律监督工作的若干措施》的汇报
	区科协	关于石景山区科学技术协会第九次代表大会筹备工作情况的汇报
	区委组织部	干部任免
7月20日 2023年第20次 （十三届66次）	区委网信办	传达学习习近平总书记对网络安全和信息化工作作出的重要指示精神
	区委宣传部	通报7月涉市意识形态领域风险分析和关于石景山区2023年上半年意识形态工作情况的汇报
	区委区政府研究室	关于在区委十三届六次全会上的《工作报告（审议稿）》和《决议（草案）》的汇报
	区纪委	关于给予郑某党纪政务处分有关情况的汇报
	区委组织部	干部任免
7月21日 2023年第21次 （十三届67次）	区委办公室	听取区委十三届六次全会各组讨论情况
8月2日 2023年第22次 （十三届68次）	区委办公室	传达学习中共中央政治局会议精神
	区应急局	传达学习习近平总书记、尹力书记对防汛救灾工作作出的重要指示批示精神
	区委办公室	关于调整区委常委分工情况的汇报
	区人大办公室	关于区人大常委会党组2023年上半年主要工作完成情况和下半年重点工作安排的汇报
	区政府办公室	关于区政府党组2023年上半年主要工作完成情况和下半年重点工作安排的汇报
	区政协办公室	关于区政协党组2023年上半年主要工作完成情况和下半年重点工作安排的汇报
	区金融办	关于《石景山区2023年防范处置非法集资暨防范化解金融风险工作方案》的汇报
	区城市管理委	关于2022年石景山区第二批老旧小区管线统筹改造项目有关工作及资金的汇报
8月9日 2023年第23次 （十三届69次）	区生态环境局	传达学习习近平总书记在全国生态环境保护大会上的重要讲话精神
	区委宣传部	传达学习8月涉市意识形态领域风险分析通报
	区发展改革委	关于《贯彻落实〈深入打造新时代首都城市复兴新地标 加快推动京西地区转型发展行动计划（2022—2025年）〉2023年工作方案》的汇报
	区卫健委	关于《加强石景山区公共卫生应急管理体系建设三年行动计划（2023—2025年）》的汇报
	区委宣传部	关于石景山区2023年上半年“扫黄打非”工作总结及下半年重点工作任务的汇报
	区反恐办	关于2023年上半年反恐怖工作总结及下半年重点工作任务的汇报
	区委巡察办	关于十三届区委第三轮巡察工作情况的汇报
	区委组织部	关于2022年度区管干部考核等次和奖励情况的汇报

续表

上会日期	单　位	议　题　题　目
8月16日 2023年第24次 （十三届70次）	区生态环境局	传达学习习近平总书记在首个生态环境日之际作出的重要指示精神
	区信访办	传达中央关于“浦江经验”有关文件要求及会议精神、汇报《石景山区学习运用“浦江经验”实施方案》
	区发展改革委	关于石景山区结对帮扶门头沟雁翅镇、潭柘寺镇灾后重建有关工作情况的汇报
	区创城办	关于2023年上半年创城工作完成情况及下半年计划安排的汇报
	区市场监管局	关于《石景山区创建国家食品安全示范城市工作方案》的汇报
	区应急局	关于2023年上半年安全生产工作完成情况及下半年重点工作安排的汇报
	区消防救援支队	关于2023年上半年消防安全形势分析及下半年重点工作安排的汇报
8月30日 2023年第25次 （十三届71次）	区委办公室	传达学习中央政治局常委会会议精神
	区人大办公室	关于召开石景山区第十七届人大常委会第十四次会议的汇报
	区发展改革委	关于《〈石景山区“十四五”时期国民经济和社会发展规划和二〇三五年远景目标纲要〉实施情况中期评估报告》的汇报
	区财政局	关于《2022年度国有资产管理情况的综合报告》的汇报
	区委组织部	干部任免
9月13日 2023年第26次 （十三届72次）	区委组织部	传达中央、北京市学习贯彻习近平新时代中国特色社会主义思想主题教育第一批总结暨第二批部署会议精神以及石景山区开展主题教育有关工作情况的汇报
	区生态环境局	传达全市生态环境保护大会精神以及2023年上半年生态文明建设工作进展和下半年工作安排的汇报
	区发展改革委	关于《关于进一步推动石景山区高质量发展取得新突破的行动方案（2023—2025年）》的汇报
	区财政局	关于石景山区2023年新增地方政府债务限额及预算调整方案的汇报
	区住建委	关于北辛安棚户区改造B区土地开发项目成本有关工作的汇报
	区委巡察办	关于《十三届石景山区委巡察工作规划》修订情况的汇报
	区委宣传部	通报9月涉市意识形态领域风险分析
	区委宣传部	关于拟向首都文明办推荐“第九届首都道德模范”候选人的汇报
10月11日 2023年第27次 （十三届73次）	区委办公室	传达学习习近平总书记在中共中央政治局第八次集体学习上的重要讲话精神
	区委办公室	传达学习习近平总书记对新时代办公厅工作作出的重要指示以及全国党委和政府秘书长会议精神
	区委宣传部	传达学习习近平总书记对宣传思想文化工作作出重要指示精神、全国宣传思想文化工作会议精神及我区贯彻落实意见的汇报
	区委宣传部	关于10月涉市意识形态领域风险分析的通报
	区城市管理委	关于拟建首钢北区等3处独立占地生活垃圾密闭式清洁站项目资金的汇报
	区委组织部	干部任免
10月18日 2023年第28次 （十三届74次）	区委组织部	传达学习中共中央政治局会议精神和《干部教育培训工作条例》《全国干部教育培训规划（2023—2027年）》精神
	区住建委	关于广宁村棚改项目和冬奥赛场周边（广宁村）环境整治工程2023年资金需求有关工作的汇报
	区住建委	关于黄庄村棚改项目2023年资金需求有关工作的汇报
	区委组织部	干部任免
10月31日 2023年第29次 （十三届75次）	区委办公室	传达学习习近平总书记在中共中央政治局第九次集体学习时的重要讲话精神
	区妇联	传达学习习近平总书记对妇女儿童工作作出的重要指示精神和同全国妇联新一届领导班子成员集体谈话时的重要讲话精神

续表

上会日期	单　位	议　题　题　目
10月31日 2023年第29次 (十三届75次)	区总工会	传达学习习近平总书记同中华全国总工会新一届领导班子成员集体谈话时的重要讲话精神
	区人大办公室	关于召开区第十七届人民代表大会第四次会议和区第十七届人大常委会第十五次会议的汇报
	区政协办公室	关于召开政协石景山区第十一届委员会第三次会议的汇报
	区司法局	关于《区委法律顾问工作制度》的汇报
	区委组织部	干部任免
11月15日 2023年第30次 (十三届76次)	区委政法委	传达学习纪念毛泽东同志批示学习推广"枫桥经验"60周年暨习近平总书记指示坚持发展"枫桥经验"20周年大会精神及我区贯彻落实意见的汇报
	区金融办	传达学习中央金融工作会议精神及我区贯彻落实意见的汇报
	区委宣传部	传达学习全市宣传思想文化工作会议精神、11月涉市意识形态领域风险分析通报及《石景山区思想政治工作情况报告》的汇报
	区发展改革委	关于2023年1—3季度石景山区经济社会发展形势分析的汇报
	区商务局	关于《2023年度石景山区落实耕地保护和粮食安全责任制考核自查情况的报告》的汇报
	区市场监管局	关于《石景山区2023年食品药品安全工作报告》的汇报
11月15日 2023年第31次 (十三届77次)	区委组织部	干部任免
11月23日 2023年第32次 (十三届78次)	区应急局	传达学习习近平总书记对山西吕梁市永聚煤矿一办公楼火灾事故作出重要指示精神
	区委巡察办	关于十三届区委第四轮巡察工作情况的汇报
	区直机关工委	关于2023年区直机关系统党建工作情况的汇报
	区委教工委	关于2023年全区中小学校和民办学校党建工作情况的汇报
	区国资委	关于2023年国有企业党建工作情况的汇报
	区卫健委	关于2023年卫生健康党建工作情况的汇报
	区总工会	关于区总工会2023年工作总结及2024年重点工作任务的汇报
	团区委	关于团区委2023年工作总结及2024年重点工作任务的汇报
	区妇联	关于区妇联2023年工作总结及2024年重点工作任务的汇报
	区委组织部	干部任免
11月29日 2023年第33次 (十三届79次)	区委办公室	传达学习中央政治局会议精神
	区纪委	关于石景山区"以案为鉴、以案促改"警示教育大会筹备情况的汇报
	区委组织部	关于2023年全区两新组织党建工作情况的汇报
	区退役军人局	关于《石景山区2023年转业军官安置方案》的汇报
	区城市管理委	关于《石景山区2023年度河长制工作推进落实情况的报告》的汇报
	区发展改革委	关于2024年固定资产投资重点建设项目和投资计划安排有关工作的汇报
	市规自委石景山分局	关于启动第二水泥管厂项目腾退工作及资金的汇报
	市规自委石景山分局	关于苹果园交通枢纽商务区土地一级开发项目(北区)有关工作及资金的汇报
	区委组织部	干部任免
12月8日 2023年第34次 (十三届80次)	区人大办公室	传达学习习近平总书记在第十个国家宪法日之际作出的重要指示精神
	区委统战部	传达学习第九届首都民族团结进步表彰大会精神
	区金融办	传达学习北京市金融工作会议精神及我区贯彻落实意见的汇报
	区人大办公室	关于《北京市石景山区人民代表大会常务委员会工作报告》、召开区第十七届人民代表大会第四次会议、区第十七届人大常委会第十六次会议有关事项的汇报

续表

上会日期	单　位	议　题　题　目
12月8日 2023年第34次 （十三届80次）	区政协办公室	关于《中国人民政治协商会议北京市石景山区第十一届委员会常务委员会工作报告》的汇报
	区法院	关于《北京市石景山区人民法院工作报告》的汇报
	区检察院	关于《北京市石景山区人民检察院工作报告》的汇报
	区发展改革委	关于石景山区2024年拟办重要民生实事有关工作的汇报
	区委组织部	关于对十一届区政协委员调整工作情况的汇报
12月15日 2023年第35次 （十三届81次）	区委办公室	传达学习中央经济工作会议和市委常委会扩大会议精神
	区委办公室	传达学习北京市深化国家服务业扩大开放综合示范区建设工作部署大会精神
	区委宣传部	通报12月涉市意识形态领域风险分析
	规自分局	关于《石景山区2023年城乡规划实施和土地资源管理情况报告》的汇报
	区委办公室	关于2023年度区委党内规范性文件实施情况评估工作的汇报
	团区委	关于共青团石景山区第十四次代表大会筹备工作的汇报
	区委组织部	干部任免
12月20日 2023年第36次 （十三届82次）	区委办公室	传达学习习近平总书记对低温雨雪冰冻灾害防范应对工作作出重要指示和对甘肃临夏州积石山县6.2级地震作出重要指示精神
	区委办公室	关于区委十三届七次全会安排意见和《区委常委会工作报告》《决议（草案）》的汇报
	区委区政府研究室、区发展改革委、区住建委、区重大办	关于《政府工作报告》《北京市石景山区2023年国民经济和社会发展计划执行情况与2024年国民经济和社会发展计划（草案）报告》《北京市石景山区2023年预算执行情况和2024年预算草案》和《2023年重大项目完成情况及2024年工作安排》的汇报
	区委办公室	关于《区委关于十二届市委第十一轮巡视反馈意见2023年整改落实进展情况的报告》的汇报
	区委组织部	关于《2023年区委常委会抓党建工作报告》起草情况的汇报
	区委组织部	关于区“两会”选举和表决有关事项的汇报
12月22日 2023年第37次 （十三届83次）	区委办公室	听取各组讨论情况
12月27日 2023年第38次 （十三届84次）	区委组织部	传达学习习近平总书记在中央政治局专题民主生活会上的重要讲话精神
	区委政法委	关于2023年政治安全工作情况和2024年重点任务的汇报
	区委统战部	关于《中共北京市石景山区委关于2023年统战工作情况的报告》的汇报
	区民政局	关于2023年“济困工程”实施情况及2024年工作安排的汇报
	区发展改革委	关于《石景山区落实〈北京市碳达峰实施方案〉有关情况的报告》的汇报
	园区管委会	关于兑现2022年度园区重点企业奖励资金的汇报
	园区管委会	关于给予“百度智能云千帆大模型产业（北京）创新基地”支持政策的汇报
	区国资委	关于北京保险产业园投资控股有限责任公司参与竞拍1605-650地块有关工作的汇报

（孙冠军　熊倚熙　王　涵）

组织工作

【概况】 2023年，中共北京市石景山区委组织部（简称区委组织部）落实中央市委决策部署和区委工作要求，推动党的科学理论入脑入心，深化党的政治建设，巩固基层党组织建设，提升干部人才队伍建设，各方面工作取得新进展，为建设好首都城市西大门提供组织保证。

（陆晨方）

【区委两新工委（扩大）会议召开】 1月10日，区委非公有制经济组织和社会组织工作委员会（扩大）会议召开，会议宣读区委两新工委委员任命，审议通过《区委两新工委基本制度》，部署《石景山区非公有制经济组织和社会组织党建工作三年行动计划（2023—2025年）》。会议指出要压实党建责任，加强对两新组织党建工作的组织领导,推进两新组织党建工作。《行动计划》明确5个工作目标15项主要任务,通过三年集中攻坚,实现两新组织党建工作机制更加优化,组织建设更加强化,作用发挥更加充分,治理效能更加凸显,综合保障更加完善。3月10日,区委非公有制经济组织和社会组织工作委员会第二次(扩大)会议暨党建引领楼宇治理工作推进会召开。会议传达2023年全市组织部长会议精神和市委两新工委2023年第一次(扩大)会议暨2022年度工委委员述职会议精神,鲁谷街道、八角街道、区委园区工委、区委网信办、区住建委5家单位进行交流发言,会议部署2023年全区两新组织党建重点任务、党建引领楼宇治理工作、两新组织"两个覆盖"集中攻坚行动。

(左泽东 于文华 刘懿锌)

【党建述职评议会召开】 2月3日,区委召开2023年度党(工)委(党组)书记抓基层党建述职评议会。常卫主持会议并讲话,区委常委和区委党建工作领导小组成员、相关党(工)委(党组)书记以及部分"两代表一委员"、基层党组织书记代表共150余人现场参加会议。会上,传达全市2023年度区委书记、系统党(工)委书记抓基层党建述职评议会精神,播放2023年石景山区基层党建述职调研专题片,17位党(工)委(党组)书记进行现场述职,其他党(工)委书记提交书面述职报告。每位书记述职后,常卫对书记现场述职情况逐一点评,肯定成绩的同时,重点指出不足和问题,并对下一步工作提出要求。各位书记对问题主动认领、照单全收进行表态。与会人员对各党(工)委(党组)书记抓基层党建工作进行考核测评。

(邢 娟)

【区委常委会召开民主生活会】 2月6日,石景山区委常委会召开2022年度民主生活会。会议围绕"全面贯彻习近平新时代中国特色社会主义思想,深刻领悟'两个确立'的决定性意义,增强'四个意识'、坚定'四个自信'、做到'两个维护',团结带领党员干部群众以奋发有为的精神贯彻落实党的二十大作出的重大决策部署"主题,立足全区主动融入首都发展新格局,深入实施"两大战略"、推进"三区建设"区情实际,聚焦实际问题,深入查摆剖析,开展批评和自我批评,明确努力方向和改进措施。常卫主持会议并作总结讲话,李新参加会议,李文起、田利跃列席会议,市纪委、市委组织部、市委第一督导组有关同志到会指导。前期区委常委会专题研究制订工作方案,做好各项准备工作。会前区委常委会学习习近平新时代中国特色社会主义思想和党的二十大精神,联系党的百年奋斗历程,通过召开座谈会、面对面交流等方式,征求意见建议。区委常委开展谈心谈话,结合本职工作查摆问题,撰写发言材料。会上通报党史学习教育专题民主生活会和民主生活会征求意见情况。常卫代表区委常委会进行对照检查,检视剖析、分析原因、提出改进措施。常卫带头作个人对照检查,开展批评和自我批评。其他常委同志逐一作个人对照检查和自我批评,并相互开展批评。2月7日至10日,全区81家处级单位2022年度民主生活会全部召开。

(邢 娟)

【修订党建引领服务群众经费管理办法】 2月14日,区委组织部印发《石景山区社区党建引领服务群众经费管理办法(试行)》,新管理办法坚持将社区经费统筹打包下拨的做法,将社区党建引领服务群众经费标准由每年每社区50万元调整为70万元,加大基层基础保障力度,提升社区党组织服务水平。明确各街道党工委加强对经费使用全程跟踪监督,每年对社区使用经费情况开展重点抽查,强化监管实效,实现社区5年两轮全覆盖。

(邢 娟)

【举办入党积极分子示范培训班】 4月19日至21日,石景山区举办2023年入党积极分子示范培训班,采取"线上+线下"相结合的方式开展,共设立教学点23个,全区563名入党积极分子参加培训。培训以习近平新时代中国特色社会主义思想为指导,以学习贯彻党的二十大精神为主线,邀请中国人民大学、中央党校、市委党校等专家教授和区委宣传部、区委办等领导干部进行授课,内容涵盖党的二十大精神和《党章》解读、习近平新时代中国特色社会主义思想、党史教育、端正入党动机坚定理想信念、石景山区情介绍等。同时,组织参训学员就"如何让成为一名合格的共产党员"进行交流研讨。

(张 羽 代旌航)

【参加全市第一批主题教育巡回指导】 4月至9月,区委组织部抽调到市委第十一巡回指导组,在完成对9家市属委办局常规指导任务的同时,探索分类施策、并行推进的同题共答机制,得到联系指导单位好评,1家包联单位成为组里标杆,3家包联单位整改整治问题数量和完成质量均超全市平均水平。为辖区第二批主题教育开展分享市级先进经验。

(马 廷)

【举办两新党组织书记示范培训班】 5月10日至12日,2023年两新党组织书记示范培训班举办,全区70名两新党组织书记代表和两新工委成员单位相关科室负责人参加培训。培训紧扣全区两新党建工作实际,围绕贯彻落实党的二十大精神,邀请市委党校教授学者就非公企业党建的创新与发展开展专题讲座,微博党委书记作两新党建工作经验分享,区发展改革委、区委组织部领导干部开展区情介绍、两新重点工作解析和党务基础实务知识讲解,组织学员围绕"如何做好两新党建工作"进行分组研讨,到美团望京骑手党群服务中心、美团综合指挥中心、北京商务中心区党群服务中心(白领驿站)进行现场教学参观。

(张 羽 代旌航)

【党建引领基层治理专题培训班举办】 5月21日至27日,石景山区2023年党建引领基层治理专题培训班(第一期)在上海复旦大学管理学院干部培训中心(中组部全国干部教育培训复旦大学基地)举办,全区各街道工委副书记、分管社区工作的副主任和优秀社区党组织书记代表,共54人参加培训。以不断强化党建引领、提升学员综合能力为目标，邀请上海市党政领导干部、专家学者、基层党组织书记等开展专题授课和经验交流，围绕“四治”协同、超大城市社会治理实践与创新、城市精细化治理等展开讲述，教学突出党建引领，注重学用结合。10月22日至28日，石景山区2023年党建引领基层治理专题培训班（第二期）在中组部全国干部教育培训基地（四川大学）举办，全区各街道工委副书记、社区党组织书记和楼宇党组织书记代表共72人参加培训。培训围绕“新时代党建引领基层治理的成都实践”“社区品牌建设逻辑与创新”“城乡基层治理体系和治理能力现代化”等主题，邀请四川大学专家学者、成都市党政领导干部、成都市优秀基层党组织书记代表等进行专题讲解，课程紧扣党建引领基层治理主线，聚焦社区发展治理等学员关注的问题，内容详实、涉及面广，教学效果好。

（张　羽　代旌航）

【召开派驻社区“第一书记”工作会议】 5月29日，石景山区召开2023年派驻社区“第一书记”工作会议。会上，组织观看石景山区社区“第一书记”工作专题片，总结第一批派驻工作，部署第二批派驻工作，对21名最美社区“第一书记”进行表彰，3名“最美”社区“第一书记”、街道工委和派出单位代表作交流发言。区委常委、组织部部长张利军出席会议并讲话。市委社会工委市民政局社区党建工作处、市委组织部组织一处有关人员出席会议。部分社区“第一书记”派出单位领导，各街道工委副书记、党群工作办公室负责人，第一批、第二批社区“第一书记”和部分社区党组织书记参加会议。全区派驻社区“第一书记”相关做法入选市委改革办“微改革、微创新”典型案例，并得到中央第一巡回指导组肯定。

（邢　娟）

【召开“七一”座谈会】 6月28日，石景山区以“凝心铸魂跟党走　实干担当建新功”为主题，召开庆祝中国共产党成立102周年座谈会。会上，区领导为1个市级党员现场教学点和6个区级党员现场教学点授牌，为9名老党员代表颁发“光荣在党50年”纪念章，邀请各行业各领域优秀党员代表交流先进典型经验。

（张　羽　代旌航）

【开展“23·7”极端强降雨汛后行动】 8月3日，区委组织部下发通知组织开展汛后“环境大清理　卫生大扫除”“双报到”专项行动，全区297个党组织、3321名党员和2287名“老街坊”志愿者投身社区，开展环境卫生清洁、安全隐患消除、健康知识宣传等工作，彰显基层党组织战斗堡垒作用和党员先锋模范作用，相关报道在“北京日报”APP平台宣传。

（邢　娟）

【召开区委主题教育领导小组会议】 9月14日，区委学习贯彻习近平新时代中国特色社会主义思想主题教育领导小组召开第一次会议。会议审议通过《石景山区委学习贯彻习近平新时代中国特色社会主义思想主题教育领导小组工作规则》《石景山区委学习贯彻习近平新时代中国特色社会主义思想主题教育领导小组办公室工作规则》及《石景山区委主题教育领导小组办公室内设机构组长、副组长建议名单》《关于印发〈关于社区党组织开展主题教育的指导意见〉等五个文件的通知》。常卫主持会议并讲话。同月15日，石景山区委召开学习贯彻习近平新时代中国特色社会主义思想主题教育部署会。区委书记、区委学习贯彻习近平新时代中国特色社会主义思想主题教育领导小组组长常卫作动员部署，市委第四巡回督导组组长陈杰讲话，市委第四巡回督导组副组长温育梁和市委第四巡回督导组成员、全体区领导出席会议。区委副书记、区长李新主持会议。同月27日，区委学习贯彻习近平新时代中国特色社会主义思想主题教育领导小组召开第二次会议。会议听取全区主题教育工作进展情况及下一步工作建议的汇报，审议通过《石景山区级领导班子主题教育调查研究工作方案》。10月16日，区委学习贯彻习近平新时代中国特色社会主义思想主题教育领导小组召开第三次会议。会议传达学习全市第二批主题教育整改整治工作部署会议精神，审议整改整治区级问题清单及专项整治建议。同月26日，石景山区委学习贯彻习近平新时代中国特色社会主义思想主题教育领导小组第四次会议召开。会议审议石景山区主题教育区级专项整治方案，听取关于区委常委会选取正反面典型案例的汇报。

（邢　娟）

【召开区委主题教育领导小组办公室会议】 9月14日，区委学习贯彻习近平新时代中国特色社会主义思想主题教育领导小组办公室召开第一次会议。会议宣布领导小组办公室人员名单和领导小组办公室临时党委成员名单，书面审议领导小组办公室工作制度流程，审议领导小组办公室联络组工作规则和联络小组组长、副组长名单。12月14日，区委学习贯彻习近平新时代中国特色社会主义思想主题教育领导小组办公室召开第二次会议，会议传达学习市委第二批主题教育工作调度会会议精神、游钧部长下沉石景山区指导主题教育调研工作时的讲话精神以及中央第一巡回指导组副组长张季参加八宝山街道主题教育交流研讨会时的讲话精神，区委主题教育领导小组办公室各工作组汇报本组工作开展情况。

（邢　娟）

【召开区委两新工委会议】 9月18日，全区两新组织深入开展学习贯彻习近平新时代中国特色社会主义思想主题教育部署会暨区委两新工委2023年第三次（扩大）会议召开，审议通过《关于在全区两新组织深入开展学习贯彻习近平新时代中国特色社会主义思想主题教育的实施方案》，调整区委两新工委组成人员。11月14日，两新组织主题教育工作推进会暨区委两新工委2023年第四次（扩大）会议召开，会议传达中央、市委、区委主题教育工作推进会精神、市委两新工委2023年第三次（扩大）会议精神，通报获评市级荣誉的单位和个人。苹果园街道党工委、区文学艺术界党委、北京创业公社产业运营管理股份有限公司党支部、北京绿舟应急救援促进中心党支部、今鼎大厦商务楼宇党总支5家单位代表进行交流发言。

(陈 山 于文华 商婵娟)

【举办主题教育基层党组织书记培训班】 9月21日至22日,石景山区举办学习贯彻习近平新时代中国特色社会主义思想主题教育基层党组织书记专题培训班。培训采用"线上+线下"相结合的方式开展,全区共设置培训课堂150余个,各级各类基层党组织书记共2000余人参加。培训着眼于基层党组织的真实所需,围绕"学思想、强党性、重实践、建新功"总要求,围绕"学习贯彻习近平新时代中国特色社会主义思想、党的二十大精神、党章解读、学习领会习近平总书记对北京重要讲话精神"等方面设置课程,并针对基层党组织如何开展好主题教育进行专题辅导。围绕"充分发挥党支部职责,高质量开展主题教育"和"充分发挥党支部战斗堡垒作用,推动各项事业高质量发展"主题,采取"书记讲给书记听"的方式开展2次交流研讨。

(张 羽 代旌航)

【区级领导班子开展主题教育主题党日活动】 11月1日,区级领导班子到石景山区规划展览馆开展学习贯彻习近平新时代中国特色社会主义思想主题教育主题党日活动。在石景山区规划展览馆,察看整体建设布局、展览展品设置等情况,了解在历版北京城市总体规划引领下石景山区的发展变迁,听取石景山区在城市更新、产业转型、山水文化融合等方面取得成就和未来展望的介绍。区四套班子领导,市委第四巡回督导组组长陈杰,副组长温育梁和市委第四巡回督导组成员参加活动。

(邢 娟)

【举办新任基层党组织书记示范培训班】 11月28日至30日,石景山区举办新任基层党组织书记区级示范培训班。培训为期3天,采取"线上+线下"相结合的方式开展,来自全区20个直属党工委的参训学员共448人参加。培训以深入学习贯彻习近平新时代中国特色社会主义思想为主线,突出"党建理论+党务实操"两大主题,邀请来自中央团校、市委党校、区委宣讲团的专家学者围绕习近平新时代中国特色社会主义思想的世界观和方法论、习近平总书记对北京重要讲话精神、党章和党内监督条例等内容开展授课,推动基层干部学深悟透新思想新理论,各基层党委委员、各级党组织党务骨干同时在线听课,"现场"掌握政策,邀请区委区政府研究室相关科室负责人讲解区情,帮助基层党组织书记和党务干部理解区委的各项工作要求。

(张 羽 代旌航)

【举办新党员区级示范培训班】 12月6日至9日,石景山区举办2023年新党员区级示范培训班,由区委组织部主办、区委党校承办,采取"线上+线下"相结合的方式开展,全区20个党工委、区委直属党委的新党员参加培训,旨在引导新党员坚定理想信念、树牢党员意识,时刻铭记入党初心,提升理论水平和能力素养,用党章党规对标个人言行。

(张 羽 代旌航)

【实施"品质先锋"工程】 年内,石景山区建立"品质先锋"工程"一月一典型"现场交流推进机制,制定"一月一典型"主题清单,每月聚焦一项党建重难点工作,选取一个先进典型街道讲经验。通过现场实地观摩、圆桌论坛交流、党建专家点评、大事记汇编等方式,展示党建成果,搭建特色展示、互学互鉴平台,打造"一系统一亮点、一街道一品牌、一社区一特色"党建品牌矩阵。共举办"一月一典型"现场交流推进会7期。石景山区督促指导街道社区、机关、国企、公立医院等6个领域分别制定"品质先锋"工程实施方案,各党(工)委、党组分别制定行动计划,"1+6+N"制度体系搭建完成。建立考核评估机制,将"品质先锋"工程实施效果纳入全区基层党建述职评议考核内容,与干部评优评先、选拔任用双挂钩,发挥激励引导作用,确保"品质先锋"工程落实成效。受邀参加人民网主办的新时代基层党建创新研讨行活动并作交流发言,相关经验做法被共产党员网推送,在《党建研究》《中国组织人事报》《北京支部生活》等刊发"品质先锋"工程相关专题文章。

(邢 娟)

【收尾疫情防控管理工作】 年内,区社区防控组、区检疫检测组落实新冠病毒感染"乙类乙管"各项措施,平稳度过疫情高峰,统筹317支社区包保团队严格落实"六个到位"要求,指导各街道做好重点人群健康管理服务保障工作,协调各街道有序撤除核酸检测采样亭。制定《区社区防控组、检疫检测组联组专班管理暂行规定》,实行专班化运行。按照全市工作部署,及时关停涉疫信息系统,封存销毁敏感数据信息。梳理数据组3年工作成果,撰写经验总结材料,向区委推荐报送抗疫期间1项工作创新举措和2名表现突出个人。

(邢 娟 马 廷)

【发挥特色党群阵地作用】 年内,区委组织部注重发挥典型示范带动作用,打造特色党群服务中心,实施全过程指导培育,形成广宁街道党群服务中心"党群一条街"等一批特色党群服务项目。严格推荐程序,坚持优中选优,加强工作指导,中关村石景山园党群服务中心、鲁谷街道党群服务中心获评首批"北京市党群服务中心示范点"。聚焦银河商圈等区域,建成全区首个商务楼宇党群服务中心,依托社区服务站建设社区党群服务中心,优化调整楼宇工作站布局,健全全区"1+10+153(64)"的"区—街—社区(楼宇)"三级党群服务阵地体系。提升党群服务阵地工作质效,聚焦完善党建、教育、商务、政务、生活服务等功能,加强指导督促,延长运营时间,探索"微利可持续"模式,引入法律援助等便民服务。挖掘整合优势资源,健全落实"三张清单",做好服务党建工作、服务基层治理、服务两新组织等工作,全区各党群服务阵地在重点节日、重要节点,累计举办致敬师者、情暖重阳等"党群阵地@你"主题活动1200余场次。

(于文华 赵 迪)

【推进各领域党建提质增效】 年内,

区委组织部指导建立区直机关系统党组织换届选举、党员转正等工作提醒督促制度，推动64个机关党组织与街道、社区党组织开展党建联建共建，参与社区基层治理。指导推动区属国有企业修订完善《"三重一大"决策原则》，完成党建入章。深化"品质国企·红色先锋"党建品牌，逐步形成"1+N"国企党建品牌矩阵。指导推进中小学校党组织领导的校长负责制改革，打造"红帆"党建品牌，推动公立学校与民办教育机构结对共建，2所公立学校党组织获评"北京市中小学校先进党组织"。指导完善公立医院指导委员会工作机制，创新成立区公立医院党建协调委员会，推动实施"卫生健康守护先锋"工程。在全市率先通过国家卫生区复审，建成公共卫生应急管理信息平台，以党建引领卫生健康事业发展。

（于文华　赵　迪）

【提升全区党支部标准化建设水平】 年内，区委组织部开展全区党支部全面体检。组织各基层党组织对照党支部标准化规范化建设5个方面26个常见问题开展体检。按照"四强"建设标准，打造33个区级特色党支部，发挥典型示范作用，带动全区党支部建设质量整体提升。组织全区基层党组织书记和党务工作者参加"党支部云课堂"线上培训12期，提升抓党建能力水平。分系统、分领域指导各单位结合工作实际，研究制定工作举措，推动党建和业务工作融合。

（于文华　赵　迪）

【承担全区第二批主题教育任务】 年内，区委组织部做好市委第四巡回督导组的驻地保障和与区主题办的对接联络，累计请示沟通口径145个，校审报送全区主题教育材料126批次，保障督导组参加全区重要会议活动105次、"四不两直"调研检查20次。传达督导工作要求、汇报辖区工作进展，同步挖掘报送一批调研走访单位特色亮点工作，整理反馈一批"四不两直"检查现场发现问题，协助各单位举一反三自查整改，相关工作得到督导组肯定，为全区主题教育开展贡献力量。

（马　廷）

【党员队伍情况】 截至2023年底，全区共有各级党组织2317个，其中党委192个、总支57个、支部2068个。从基层组织覆盖领域来看，机关党组织340个，事业单位党组织244个，企业党组织546个，社区党组织1117个。全区党员总数65605名，其中预备党员491名，女党员27429名，少数民族党员2148名。全区60岁以上党员36871名，占全区党员总数的56.2%，全区35岁以下年轻党员5228名，占全区党员总数的7.97%；研究生以上学历党员5791人，占全区党员总数的8.82%，大学本、专科学历党员33262名，占全区党员总数的50.70%，高中及中专学历党员15874名，占全区党员总数的24.2%，初中及以下学历党员10678名，占全区党员总数的16.28%；从职业结构上看，公有制单位在职党员9928名，占全区党员总数的15.13%，非公有制单位在职党员4335名，占全区党员总数的6.60%，离退休党员43772名，占全区党员总数的65.72%，其他类型党员7570名，占全区党员总数的11.54%。

（张　羽　代旌航）

【发展党员】 年内，区委组织部建立入党积极分子摸底台账。年初对各工委、区委直属党委入党积极分子培养考察情况进行摸底，分级分类建立入党积极分子实名制台账，为完成全年的发展党员工作打下基础。调控全年发展党员指标，根据前期入党积极分子台账，提前对拟发展对象进行遴选和酝酿，对发展指标进行有针对性的分配，按月对全区发展党员工作进行调度。严格发展党员联审机制，将发展党员工作纳入联审机制，由区委组织部牵头协调各部门，依托联审机制，对发展对象进行联审，推进全区发展党员工作。对全区581名发展对象进行联审。全年发展党员455人。

（张　羽　代旌航）

【党内帮扶】 年内，区委组织部根据中央、市委和区委要求，按照党内帮扶工作计划，制发《关于做好2023年元旦春节期间党内帮扶慰问工作的通知》《关于做好2023年"七一"期间党内帮扶慰问工作的通知》，区委常委、人大常委会主任、政协主席和各处级班子成员全年共走访慰问困难党员1192人，划拨帮扶资金397.6余万元。

（张　羽　代旌航）

【颁发"光荣在党50年"纪念章】 年内，区委组织部根据中央和市委要求，制定《关于做好"光荣在党50年"纪念章颁发工作的方案》并印发全区，明确拟颁发对象的资格条件，对全区符合党龄要求的拟颁发纪念章对象进行联审；指导各单位开展档案核查工作，重点核实老党员入党时间、转正时间以及有无负面信息等情况，对于区管干部统一由区委组织部协调核查档案，确保人选符合中央、市委要求。"七一"前夕为709名老党员颁发纪念章，做到应发尽发，不漏一人。

（张　羽　代旌航）

【夯实两新组织党建工作基础】 年内，区委组织部制定2023年全区两新组织党建工作要点和重点项目，梳理11项工作要点和20个重点项目，"清单式管理、项目化推进"两新组织党建工作。印发《关于非公有制经济组织和社会组织党的组织和工作覆盖集中攻坚行动实施方案》。《方案》聚焦《石景山区非公有制经济组织和社会组织党建工作三年行动计划（2023—2025年）》工作目标、任务及要求，确定6项措施夯实两新组织党建工作基础。梳理两新组织党建工作台账，聚焦纳税排名靠前、服务包企业、独角兽企业、专精特新企业等非公有制经济组织和从业人员30人以上的社会组织，6月底前，实现全区非公有制经济组织党组织覆盖率不低于90%，社会组织党组织覆盖率不低于80%。

（左泽东　刘懿铎）

【深化党建引领行业治理】 年内，区委组织部压实行业部门"管行业管党建""抓领域抓人群"工作责任。成立区文学艺术界党委，加强党对文艺工作的全面领导。互联网行业党委召开2023年区互联网行业党委全体会议，审议通过《石景山区互联网行业党委工作规则》（试行），明确下一步重点工作，以行业党建助力赋能企业发展。

对党建引领律师行业高质量发展组织专项调研,总结经验、挖掘亮点,培育党建特色品牌。召开区社会办医院党建工作推进会,部署党建引领行业治理有关工作。

(陈　山　赵　迪)

【在两新组织中开展主题教育】　年内,区委两新工委成员单位和各街道党工委结合工作实际,指导推动两新组织、新就业群体及楼宇党组织在理论学习、调查研究、推动发展、检视整改、建章立制等方面开展主题教育。区委两新工委围绕主题教育新闻宣传报道网络舆情、把握主题教育核心重点规定动作、防范和制止借主题教育搞不当营商行为等方面作出工作提示4次,开展走访调研13次,发现问题13个,解决问题11个。两新组织开展主题教育实践活动1780次,与社区党组织、楼宇党组织等结对共建123对,参与基层治理157次。

(陈　山　刘懿锌)

【培育两新组织党建品牌】　年内,区委组织部挖掘亮点,培育典型,区委两新工委"聚蜂行动"、区律师行业党总支"一支部一街道一堡垒"、北京创业公社产业运营管理股份有限公司党支部"双创＋三心"党建品牌获评2023年全市"党建强、发展强"两新组织党建品牌项目。在线途游(北京)科技有限公司党支部、北京创业公社产业运营管理股份有限公司党支部、北京绿舟应急救援促进中心党支部获评市级奖励经费支持。

(陈　山　辛明洋)

【党建引领楼宇治理实现突破】　年内,区委组织部印发实施《关于健全党建引领楼宇治理工作机制的意见》,推行楼宇党组织、楼宇委员会、楼宇工作站"三驾马车"运行模式,组织召开工作推进会5次,推进党建引领楼宇治理工作落地见效。建成73个楼宇党组织、84个楼宇委员会、64个楼宇工作站,实现"三驾马车"对全区278座商务楼宇全覆盖。配齐260名专职楼宇社工,1300万专项经费保障到位。落实"三张清单"制度,梳理收集需求清单757个,整合资源清单407个,形成项目清单772个,组织"吹哨报到"、议事协调会议540余次,累计吸附解决"未诉先办"诉求1146件,"接诉即办"月均诉求量下降幅度超50%。楼宇经济稳步增长,2023年楼宇入驻企业实现总税收约261.5亿元,同比增长约8.6%,实现区级税收约64.6亿元,同比增长约9.7%。楼宇企业发展势头良好,新增上市企业1家、新三板挂牌企业4家,9家企业获评小巨人企业,99家企业获评北京市"专精特新"中小企业,371家企业申请国家高新技术企业。"'三驾马车'新模式构建楼宇社区治理新格局"入选中国改革2023年度地方全面深化改革典型案例,《执政党建设研究》《北京日报》《中国青年报》《北京商报》及北京电视台等媒体平台相继报道经验做法。

(陈　山　辛明洋)

【党建引领新就业群体融入基层治理格局】　年内,区委组织部以"聚蜂行动"为牵引,以组织稳固和服务凝聚为主线,推动新就业群体融入城市基层治理格局。定期开展新就业群体摸排,更新动态台账,成立党支部6个,选拔38名党建指导员,确保新就业群体党的工作全覆盖和流动党员组织全覆盖。搭建138个"暖蜂驿站",梳理32类93项资源清单,为新就业群体提供党员教育和服务保障。设立"务工人员之家",就地就近提供就业指导、技能提升、权益保障、关心关爱等服务。常态化开展暖心服务,累计开展"暖蜂义剪"、心理咨询、技能知识培训等各类活动120余场,服务新就业群体2600余人次,建成2500余个换电仓。政府部门和快递企业共建"聚蜂联盟"议事协商机构,构建"党员—党支部—属地街道党工委"诉求表达机制,通过党组织收集新就业群体在权益维护、子女教育等方面诉求,解决新就业群体各类诉求190余件。协同职能部门畅通维权渠道,处理12351职工热线诉求派单18件,接待来电来访咨询320余人次,为22名新就业群体提供法律援助和调节服务。升级"聚蜂行动"微信应用小程序2.0版本,设置"暖蜂报到""暖心政策""暖蜂驿站""暖蜂活动""随手拍""积分兑换"六大模块,实现报到注册、地图导航、活动参与、隐患直报、意见反馈等功能。推行积分激励驱动,引导发挥新就业群体优势参与社会治理、疫情防控、垃圾分类、环境整治、公益服务、应急处置等工作,累计注册用户3000余人次。总结"聚蜂行动"典型经验做法,参与市委党校案例征集,开展第二届北京市"最美快递员"评选推荐工作,1名快递员获提名奖。《非公有制企业党建》《前线》杂志报道相关优秀案例。

(商婵娟　刘懿锌)

【新时代党的创新理论武装工作】　年内,区委组织部以主题教育为引领,实施"习近平新时代中国特色社会主义思想教育培训计划",在党校主体班次中开设专门教学单元,开展理论读书班、周末大讲堂,举办年轻干部政治理论专题班。落实重大政治理论轮训机制,分5期组织627名区管干部参加党的二十大精神集中轮训,实现处级干部全覆盖。利用北京干部网络学院,扩大培训辐射范围,全年3271名干部完成在线学习任务,完成率100%。

(仲建维　刘　瑜)

【干部履职能力培训】　年内,区委组织部聚焦中心城区功能定位,围绕深入实施领导干部治理能力提升三年行动计划工作方案,针对性制定年度干部教育培训计划,并首次提请区委常委会会议审定。坚持按需施训,联合北京大学、清华大学等高校和相关职能部门开展城市更新、产业转型、接诉即办等专题班13期,提升各领域干部治理能力。推动干部培训"走出去"学经验,组织前往苏州、深圳开展科技创新、经济高质量发展专题培训,学习苏州经济发展模式、工业园区建设等先进经验,赴深圳观摩华为、比亚迪、阿里云等标杆企业,拓宽思路视野、提升能力本领。

(仲建维　刘　瑜)

【创新干部教育培训方式方法】　年内,区委组织部探索以讲促学"互动训",围绕落实"千帆计划",首次开展"年轻干部上讲台"系列活动,搭建5期理论和业务"主讲"舞台,通过分享学习心得、交流工作经验、汇报实践收获，实现以讲促学强思考、以讲督学提能力。坚持打破层级“贯通训”，围绕“接诉即办”等重点难点问题开展“贯通式”专题讲座、现场教学，促进学学相长。推动灵活学习“线上训”，利用中国人民大学“汇贤学堂石景山频道”，常态化推送优质课程，专题举办贯彻新发展理念构建新发展格局系列讲座，缓解工学矛盾。

（仲建维　刘　瑜）

【领导干部个人有关事项报告】　年内，区委组织部在中央印发新修订的《领导干部报告个人有关事项规定》后，及时在全区填报干部范围内进行宣传讲解。6月至7月，组织开展年度集中填报工作，对全区填报对象和90家区属单位实现培训工作“两个全覆盖”。随机抽查工作做到对区属街道全覆盖。

（冯　瑞　苏宇明　梁晓凯）

【选人用人“一报告两评议”】　年内，区委组织部第一季度对全区90家区属单位，全覆盖开展2022年度选人用人工作“一报告两评议”。累计组织2929人参与民主评议工作，对其中57家单位的262名科级干部开展新提拔干部民主评议。从评议结果来看，选人用人工作总体评价、加强干部全方位管理和经常性监督的全区平均好评率保持在高位。

（冯　瑞　梁晓凯）

【选人用人工作检查】　年内，区委组织部深化选人用人专项检查，查找问题漏洞，提升选人用人工作水平。明确线索收集、进驻检查、情况汇报等10项工作流程的责任主体和具体要求，确保任务到点。按照以老带新、选优配强工作原则，组建专项检查组，通过“看、听、谈、访、析、研”多渠道多角度对被检查单位扫描体检。建立全程跟踪、从严把关、及时问效工作机制，确保整改到位。共分2批次对17家区属单位开展专项检查，建立问题清单，紧盯整改措施，确保整改进度，推动以巡促改，以巡促治。

（冯　瑞　苏宇明）

【审计监督】　年内，区委组织部优化审计监督工作机制。通过审计工作联席会议明确经责审计全覆盖、问题线索移交、“巡审同步”工作要求，优化审计结果反馈、审计整改监督工作机制。全年共对9家单位的12名“一把手”开展经济责任审计工作，及时督促指导5家单位开展离任经济事项交接。

（冯　瑞）

【日常信访办理】　年内，区委组织部加大信访举报工作办理力度。按照《信访工作条例》规定，优化完善信访举报受理查核工作，加大对选人用人等涉组涉干信访事项的调查核实力度，会同区纪委监委到信访量较大单位开展调研。对涉及区属单位管理干部选拔任用的信访举报，均直接查核、直接办理。

（苏宇明）

【联合审查工作】　年内，区委组织部运用职能部门监督资源，完善联合审查工作细节，加强对各类重要人选的审查监督，把好人选关口，全年共对拟提拔进一步使用人选、群团换届人选、推荐评优评先人选等1724人次进行联合审查。

（冯　瑞　梁晓凯）

【公务员招录】　年内，区委组织部按程序完成2023年度考试录用公务员笔试、资格审查、面试、体检、考察、报到等工作。新录用公务员93人，其中定向招录退役大学生士兵4人，定向招录残疾人1人。完成2023年度定向选调优秀应届毕业生笔试、资格审查、面试、体检、考察等工作，新录用定向选调生15人，其中区级机关及所属参公单位8人、街道7人。

（章　振）

【科级及以下公务员交流任职】　年内，区委组织部部署科级及以下公务员交流任职工作，按程序依次完成上报拟交流岗位、推荐拟交流人选、资格审核、确定交流人选、考察、转任等工作，9名科级及以下公务员完成交流任职。

（章　振）

【健全人才工作机制】　年内，区委组织部制定《石景山区“十四五”时期人才发展规划任务分解表》，明确各成员单位职能分工，及时跟进督促“十四五”时期人才发展规划年度任务落实。科学评估人才发展任务实施情况，完成《石景山区“十四五”时期人才发展规划中期评估报告》。推动开展“深入学习贯彻习近平新时代中国特色社会主义思想　推进高水平人才高地建设”调研。完善“1+1+N”人才政策体系，制定发布《石景山区“招千贤　纳万才”行动方案》《石景山区关键核心技术攻关项目“揭榜挂帅”实施办法》。推动完善《北京市支持科幻产业人才引进若干措施（试行）》，加强对重点产业人才创新创业的政策扶持。制定《石景山区“景贤人才”年度贡献评价管理办法》，建立有利于人才发挥自身特长与作用的评价体系。

（沈　娟　刘　远）

【“景贤人才”评选认定】　年内，全区共认定“景贤人才”42人，其中顶尖人才2人，领军人才32人，青年拔尖人才8人，并授予王晋康和刘慈欣“荣誉景贤人才”称号。加大科幻人才引聚力度，依托“景贤计划”和科幻人才引进等渠道，做好沈腾等30名科幻人才引进工作，集聚科幻人才。组织召开石景山区科幻产业人才座谈会，了解科幻人才诉求，推动刘慈欣科幻作家工作室落户石景山，为推动科幻产业集聚区建设提供人才保障和智力支撑。

（曾　磊　汲赛朋）

【“招千贤　纳万才”行动】　年内，区委组织部发布“招千贤　纳万才”2024千名人才招聘活动公告，利用首都高校人才资源集聚优势，重点辐射清华大学、北京大学、中国人民大学等17所“高校京西发展联盟”成员高校，推介辖区人才工作情况、公务员招录、事业单位招聘等政策，举办10场“招千贤　纳万才”石景山区校园招聘活动，近40家驻区企事业单位参与，提供130余个岗位，招聘约1200人，打造石景山人才工作品牌，搭建政校企三方交流协作的平台。

（李　季　任若诗）

【2023“景贤人才”大会】　年内，区委组织部以“景贤礼士　近悦远来——打造高水平人才高地　引领区域高质量

发展”为主题,邀请“景贤人才”、重点企业代表、创业界、投资界专业人士以及王晋康和刘慈欣参加,举办“景贤人才”认定仪式,发布“招千贤 纳万才”行动和“揭榜挂帅”首期榜单,启动2023“北京·景贤杯”创新创业大赛,开展大赛优质项目路演和北交所上市政策解读闭门交流会等活动,打造“一会一赛”品牌。

(沈 娟 刘 远)

【“北京·景贤杯”创新创业大赛】 年内,区委组织部推进2023“北京·景贤杯”创新创业大赛,通过“以赛引才”吸引海内外优秀人才。连续与中关村国际前沿科技创新大赛展开合作,承办互联网3.0(包括虚拟现实与元宇宙)领域赛,承接中关村技术创新溢出效应,吸引青年创新创业人才,推动其在石景山区落地发展。大赛共有500余个海内外优质项目在线申报,75个项目进入复赛,在北京、南京、深圳3座城市参与角逐,其中12个优质项目晋级决赛。参加HICOOL全球创业者峰会和北京首届高水平人才高地建设论坛,围绕以“景贤计划”为核心的多个主题,通过视频、展板、宣传册等形式,展示辖区人才工作亮点成果,推介辖区人才政策。

(刘 远 李 季)

【打造“景贤小镇”】 年内,区委组织部对接高端人才事业平台,发挥聚才引才作用,“景贤小镇”中海大厦、首钢园试点建成并投入运营,两个试点共有49家创业团队加入,其中包含国高新企业15家、专精特新企业7家、博士后工作站1个,国家级小巨人1家,入驻企业总人数400余人,其中博士、留学人员、高级工程师及以上职称人员30余人。“景贤人才”所在的枭龙科技、达尔文细胞等企业先后承担多个北京市级重大专项和高精尖平台项目,完成多个市级和国家级科研课题申报。

(沈 娟 王建策)

【“景贤学院”研修班】 年内,区委组织部与中国科学院大学开展合作,坚持“精准培养、按需施教、学以致用”的办学理念,举办“景贤学院”战略科技人才培训班暨第一期高层次人才国情研修班和企业管理人才培训班暨第二期高层次人才国情研修班,课程围绕党的二十大精神、新一代信息技术、企业管理等领域展开培训,突出人才政治引领,提升人才专业技能、管理能力、心理素质等综合素养,引导人才结合区情区况建言献策,为区域发展助力,发挥人才最大效能。

(王建策 于佳平)

【142名学生申报辖区实践岗位】 年内,区委组织部依托高校京西发展联盟,拓展合作范围,与清华大学、北京大学、中国科学院大学等6所高校合作开展2023年社会实践活动。据统计,在暑期和春季、秋季学期社会实践中,共有142名学生申报辖区实践岗位,年度实习生招募人数创实践基地成立以来新高。为高校毕业生到石景山区创业发展搭建优质平台,扩容青年人才储备。

(王建策 于佳平)

【人才服务】 年内,区委组织部落实党委联系专家人才制度,春节期间开展人才走访慰问活动,共走访企事业单位112家,走访人才184余人次。统筹辖区资源,聚焦人才核心关注点,提升“景贤卡”含金量,为“景贤人才”提供高端综合服务保障,送出“景贤”特色生日蛋糕106份,购买健康保险222人次,为7名顶尖人才和2名“荣誉景贤人才”购买高端医疗保障服务,快速就医绿色通道21人次,为“景贤人才”协调办理子女入学入园4人次,为国防科工子女协调办理入学入园42人次,增强人才归属感和认同感。建设国际人才一站式服务平台,落地“两证联办”服务,实现“一窗受理,同时取证”,外国人来华工作许可业务面向A类、B类和C类外籍人才全覆盖,累计为40余个国家外籍人才办结业务429笔,涉及聘用外国人企业60余家。

(孙晓霞 王建策)

【人才引进申报】 年内,区委组织部立足区域发展需要,定期开展人才引进申报工作,共计报送人才引进需求202人(含留学61人),需求通过184人(含留学60人),其中聚焦重点“卡脖子”领域引进28人,科幻专项引进7人,夯实人才储备。

(曾 磊 汲赛朋)

【人才评选推荐】 年内,区委组织部做好2023年中国工程院院士增选有效候选人材料公示工作,在辖区候选人学术成果涉及的主要单位公示2名增选有效候选人提名材料。按照市人才工作局要求,组织推荐人才参与申报“北京市享受政府特殊津贴人员”“北京学者”等人才计划评选,其中首都医科大学附属北京朝阳医院臧磊进入2023年北京市享受政府特殊津贴人员名单,北京盛世顺景文化传媒公司张春景获2023年首都劳动奖章,枭龙科技公司史小刚获第27届中国青年五四奖章。

(王嘉祺 任若诗)

【人才工作宣传】 年内,区委组织部运营“石景山人才”微信公众号、视频号、“景贤计划”抖音号、“石景山人才网”等信息化平台。微信公众号全年共发布315条图文、视频信息,总阅读量4.1万人次,阅读人数3.2万人;截至年底,总订阅人数3733人。专题策划石景山区人才相关政策培训会等系列报道,依托区级宣传媒体矩阵,推出“景贤人才”风采展示专访宣传片,累计播出15期,讲好人才故事,提升“景贤计划”影响力。

(沈 娟 王嘉祺)

【政策宣讲】 年内,区委组织部定期组织线上和线下人才和产业政策培训会,召开民营企业人才引进政策对接会,讲解人才引进政策,回应企业需求,加大政策宣传力度。深入北京元宇科幻未来技术研究院解读人才引进办理流程,对接八角街道党群服务中心、老山街道,为八角街道、郎园Park楼宇重点企业讲解“景贤计划”、人才引进等相关政策。举办石景山区人才政策培训会和外国人来华工作政策培训会,覆盖全区160余家重点企业,扩大人才、产业政策知晓度和覆盖面。

(沈 娟 汲赛朋)

【区委党的建设工作领导小组】 年内,区委组织部印发区委党的建设工作领导小组2023年工作要点,明确8

个方面30项具体任务。召开领导小组全体会议3次，审议党建议题16项。4月12日，区委党的建设工作领导小组召开2023年第一次全体会议。常卫主持并讲话，刘海涛和区委党的建设工作领导小组成员参加会议，各街道党工委负责人员列席会议。会议学习习近平总书记文章和关于深入开展学习贯彻习近平新时代中国特色社会主义思想主题教育的重要讲话精神，传达市委党的建设工作领导小组会议精神，审议通过领导小组2022年全年工作落实情况、2023年工作要点起草情况和领导小组会议2023年议题计划。会议听取并原则同意区人大常委会党组关于2023年党建工作要点的汇报、区政府党组关于2023年党建工作要点的汇报、区政协党组关于2023年党建工作要点的汇报。7月14日，区委党的建设工作领导小组召开2023年第二次全体会议，常卫主持会议并讲话，刘海涛和区委党的建设工作领导小组成员参加会议，各街道党工委负责人员列席会议。会议学习习近平总书记文章、习近平总书记对党的建设和组织工作的重要指示和全国组织工作会议精神，听取并原则同意区委办公室关于《2023年上半年落实全面从严治党主体责任和政治生态分析研判情况的报告》的汇报、区委政法委关于深化政法党建"红色立方"品牌建设工作情况的汇报、区直机关工委关于加强机关党建与业务工作深度融合工作情况的汇报、区委社会工委关于开展社会组织党组织覆盖集中攻坚行动情况的汇报。10月8日，区委党的建设工作领导小组召开2023年第三次全体会议，常卫主持会议并讲话，区委党的建设工作领导小组成员参加会议，市委第四巡回督导组、各街道党工委负责人员列席会议。会议决定增补区委两新工委为区委党的建设工作领导小组成员单位。会议学习习近平总书记文章，听取区委组织部关于党建引领楼宇治理工作情况的汇报、区委园区工委关于楼宇治理和楼宇经济有关工作情况的汇报、老山街道党工委关于党建引领新经济组织健康有序发展工作情况的汇报、八角街道党工委关于党建引领楼宇治理系统推进"品质楼宇"建设工作情况的汇报、古城街道党工委关于京西商务中心楼宇治理工作情况的汇报、区委教育工委关于中小学校开展党组织领导的校长负责制改革工作情况的汇报、区政府集体资产监管办党组关于推进落实在集体经济组织公司治理结构中加强党的领导工作情况的汇报。会前，常卫到石景山万达广场步行街商务楼宇党群服务角、党群服务驿站、鲁谷街道商务楼宇党群服务中心实地调研。年内，督促各成员单位、工委、区委直属党委落实抓党建工作"三个责任清单"，围绕"以高质量党建引领高质量发展"开展"书记谈党建"主题宣传。

（吴　彬　宗赫男）

【区域化党建】 年内，区委组织部构建共驻共建共享的区域化党建格局，打造具有区域特色的城市治理共同体。制定并印发《石景山区街道（社区）党建工作协调委员会工作规则指引（试行）》，实施"两规则、一办法、一方案"（街道党建工作委员会工作规则、社区党建工作委员会工作规则、"三个清单"工作制度实施办法、基层党组织联建共建实施方案）。完善街道社区党建工作协调委员会运行机制，全面推行区、街道党员领导干部担任下一级党建工作协调委员会主任。跨区域、跨层级融合989家成员单位定期开展议事协商，召开会议588次，研究议题768个。落实"三个清单"工作制度，建立资源清单967项、需求清单756项，对接项目清单744项。推动机关企事业单位与社区党组织签订382项联建共建协议，通过"理论联学、活动联办、队伍联抓、难题联解"开展活动600余场次。

（吴　彬　宗赫男）

【评审表彰党建研究会课题成果】 年内，区委组织部征集"学习宣传贯彻党的二十大精神　高水平建设首都城市西大门"主题征文675篇，评选优秀作品28篇、优秀组织奖3个。表彰辖区4项市党的建设研究会2022年度优秀调研课题成果和28项区党的建设研究会2022年度优秀调研课题成果。指导会员单位围绕25个研究方向，申报73项区级课题，组织开展77项课题成果评审工作。编印《石景山区党建课题研究成果选编（2022）》，收录优秀课题成果27篇。

（吴　彬　宗赫男）

【助力主题教育开展】 年内，区委组织部参加主题教育办公室综合组、联络组有关工作。做好市委主题教育第四巡回督导组的服务保障，累计协助督导组接收中央、市级文件135件，开展外出调研、抽查检查等相关服务保障40余次；发布联络组工作提示40余次，服务保障13次周例会（座谈会），梳理会议相关材料160余份，同步做好11个联络小组的日常保障工作，累计开展服务150余次。

（孔星亮　贠立艳　刘子葳）

【推动巡视整改任务落地见效】 年内，区委组织部推动"一呼百应—志愿服务"板块有机整合并入区街道大脑平台，完成"志愿服务"板块功能研发和测试任务。6月中旬，"志愿服务"板块在区街道大脑信息平台上线使用，推动完成巡视整改任务。

（孔星亮　贠立艳　梁新昊　刘子葳）

【推进远程教育】 年内，区委组织部精选12部（系列）优秀电教片参加全市党员教育片观摩交流活动，区委组织部获"优秀组织奖"，《社区书记斌子的一天》等4部作品获评"最佳剪辑奖"、优秀作品"二等奖""三等奖"；大型纪录片《石景山》系列被共产党员网全国资源库选用播出；指导各街道社区远教站点开展督学促学，全区全年分配站点有效学时累计达15.81万小时，全市排名第一。

（孔星亮　贠立艳　梁新昊　刘子葳）

【日常数据管理和系统维护】 年内，区委组织部做好"党员E先锋"系统、北京党员教育网区级管理员工作，解决基层反馈问题102个；支撑保障做好全区门户网站四套班子领导信息的政务公开、北京组工网和北京市综合办公平台上机关干部的信息维护，更新维护信息134条。

（孔星亮　贠立艳　梁新昊　刘子葳）

【信息工作】 年内,区委组织部编发《石景山组工信息》正刊12期、业务通讯4期,被《中国组织人事报》采稿8篇,《北京日报》采稿5篇,市委组织部《北京组工通讯》采稿4篇、《组工动态》采稿19篇、组工外网采稿179篇,在服务领导决策、展现全区工作成效、促进工作创新上发挥积极作用。编发《石景山区学习贯彻习近平新时代中国特色社会主义思想主题教育简报》22期,被市委主题教育简报组采用12条,反映全区主题教育工作成效。

(李佳钰　韩旭耀　张鸣源)

【网络宣传】 年内,“石景山组工”微信公众号推送图文706条,浏览量30.6万人次;择优报送影响力文章共246篇,其中被中组部点名表扬1篇,市委组织部点名表扬51篇。加强组织部门重大宣传舆情风险排查,防范组工舆论风险,为全区组织工作各项任务改革创新、质量提升营造良好舆论氛围。

(李佳钰　韩旭耀　占苏晨)

宣传工作

【概况】 2023年,中共北京市石景山区委宣传部(简称区委宣传部)坚持以习近平新时代中国特色社会主义思想为指导,学习宣传贯彻党的二十大精神和全国宣传思想文化工作会议精神,开展学习贯彻习近平新时代中国特色社会主义思想主题教育,树立“守正创新、追求卓越、培育品牌”的目标追求,承担起举旗帜、聚民心、育新人、兴文化、展形象的使命任务,完成全年各项工作任务。

(王文静)

【“最美读书声”活动】 10月起,区委宣传部开展学习贯彻习近平新时代中国特色社会主义思想主题教育“最美读书声”活动,以“朗读原著,精进理论”为主旨,由区委宣传部牵头,将全区各单位按不同的工作职能分组归类,每一组都选择相关的若干篇习近平总书记的原文,由播音员虹云在现场带领基层党员诵读,并制作完成10集音频节目,12月起向“学习强国”平台推送。

(游京蓉)

【第二批主题教育】 年内,区委宣传部根据区委《关于在全区开展学习贯彻习近平新时代中国特色社会主义思想主题教育先学先行活动的通知》要求,为区委理论学习中心组学习成员配发《习近平强军思想》等书籍,围绕习近平总书记关于北京工作的重要论述等开展专题学习。对接区委组织部,起草完善《区级领导班子主题教育读书班工作方案》,9月中下旬完成5天的集中学习,区级领导班子开局领学成效显著。每月组织区领导班子集中学习和交流研讨,确保学有所得、学有所获。印发《关于处级领导班子主题教育读书班的工作提示》,为全区抓好主题教育理论学习提供指导。

(周　丰)

【组织理论学习中心组学习】 年内,区委宣传部制定印发《石景山区2023年区处两级理论学习中心组学习计划》,细化年度任务安排。组织区级中心组学习,开展区委理论学习中心组集中学习讨论、理论宣讲、专题辅导报告等。全年组织区级中心组学习15次,其中集体研讨7次。购买配发学习纲要等党的创新理论最新著作20余册。收集整理习近平总书记重要论述及相关社论文章,印制12期《石景山区委理论学习中心组学习资料》和统战工作、习近平强军思想等3期专刊,供区领导班子学习使用。督导全区处级中心组学习,按季度印发理论工作提示,跟踪各单位学习情况。将巡听旁听列入年度计划,不定期对下级党委(党组)开展巡听旁听。实现年度内处级单位巡听旁听全覆盖。

(周　丰)

【拓展使用理论学习平台】 年内,区委宣传部深化学习平台应用场景,丰富理论学习形式内容。印发《关于转发〈中共北京市委宣传部关于深入学习宣传贯彻党的二十大精神进一步做好“学习强国”北京学习平台建设管理工作的通知〉的通知》,提升各级党员干部“比学赶超”的学习态势。开展“学习强国”学习平台“温暖我的瞬间”主题征文活动,征稿50余篇。结合文明培育,到鲁谷街道七星园北社区开展“学习强国”学习使用专题推介会1场次。结合推动党史学习教育常态化长效化,推进石景山区党史主题公园发挥作用,石景山区党史主题公园被确认为区级党员教育培训现场教学点。

(周　丰)

【理论宣传普及】 年内,区委宣传部起草《石景山区关于实施推进习近平新时代中国特色社会主义思想“铸魂工程”的工作方案》,明确理论宣传普及工作。结合做好党的二十大精神宣讲工作要求,印发《关于做好习近平新时代中国特色社会主义思想进企业、进机关、进校园、进社区、进网站工作的通知》,以144场区级重点活动带动全区开展学习宣传。联合清华大学、首都师范大学,组织120名硕士、博士,在首钢园区瞭仓艺术馆开展“信仰行”首都高校力量参与理论研究宣传机制理论宣讲、马克思主义经典著作读书分享会及参观实践活动。承办市级“艺宣讲”示范活动等活动,引导高校师生深入基层,实地感受党的创新理论在京西大地的实践。与广宁街道联合开展“凝心聚力,温暖启程”——石景山区开展“理论+百姓+文艺”理论宣讲实践活动,活动被北京电视台“北京新闻”、“学习强国”APP、《北京日报》等媒体刊载。协助区城市管理委开展学习贯彻习近平生态文明思想,垃圾分类我先行户外宣讲;督导区商务局、区应急局、区投促中心等围绕习近平总书记关于安全生产重要论述,深入下属单位、第三方公司、企业饭店等开展特色宣讲。

(周　丰)

【强化理论宣讲队伍】 年内,区委宣传部打造理论宣讲“点单派单”新模式,加强与驻区高校协同联动,与北方工业大学党委宣传部签订战略框架合作协议,在理论宣讲、课题研究、意识形态建设等方面加强合作,建立由20位马克思主义学院专家和6位退休老干部组成的理论宣讲专家库,编写《石景山区理论宣讲精品库手册》,在全区开展示范性理论宣讲80场次,解决制约理论宣讲发展的专家资源不足问题。

（周　丰）

【打造读书会品牌】 年内，由区委宣传部设计主题，打造“石景山区习近平新时代中国特色社会主义思想读书会”品牌。全区各单位结合自身需求承办活动，以高校青年、两新组织从业者为重点群体，定期组织青年学生、两新企业负责人及青年参加活动，以专家领读、青年（学生）共读的方式，推进习近平总书记思想传播到青年及两新组织中去。

（周　丰）

【优秀思想政治工作案例宣传】 年内，区委宣传部完成第十六届北京市思想政治工作优秀单位、优秀思想政治工作者推荐宣传工作。利用区属媒体，报道评选表彰成果及优秀思想政治工作单位和工作者的先进事迹，发挥榜样模范的示范引领作用。模式口西里南区社区思想政治工作先进事迹被《思想政治工作》杂志2023年第8期刊载。向全区征集18个优秀思想政治工作典型案例，形成《石景山工作》“优秀思想政治工作案例”专刊，为全区基层思想政治工作提供参考借鉴。

（周　丰）

【落实意识形态制度】 年内，区委宣传部起草石景山区2022年意识形态工作工作总结和2023年工作思路。经区委常委会专题研究审议通过后，以区委名义向市委报送。落实常委会按月传达通报涉市意识形态风险情况工作。开展年度意识形态专项督查工作，每半年督导各处级单位党委（党组）按要求落实专题研究和报告意识形态工作。区委宣传部按照北京市反腐倡廉领导小组办公室关于印发《关于落实〈2023年北京市全面从严治党责任考核方案〉的工作措施》的通知要求，把意识形态工作纳入年度全区全面从严治党（党建）工作考核督查考核范围，印发《关于全面从严治党考核涉意识形态工作任务清单》，明确细化任务落实。与区纪委区监委联合印制《意识形态监督工作协同联动工作办法》，加强意识形态工作监督。加强对各类意识形态阵地管理，加强对重点区域、重点单位、重点空间等的日常巡查。制定《石景山区委宣传部关于完善各类图文影像资料涉意识形态内容审核把关的管理办法》，规范和改进各类意识形态阵地涉及的图文影像资料等意识形态把关。印发《关于加强2023年服贸会期间意识形态管理的通知》，督促指导相关单位抓好贯彻落实并现场进行意识形态工作检查。围绕意识形态领域的主要风险点，按季度组织召开意识形态工作会商研判工作联席会议。吸纳北方工业大学为辖区意识形态工作联席会成员，健全石景山区意识形态工作联席会议制度。

（周　丰）

【组织区级百姓宣讲团全区巡讲】 年内，区委宣传部组建关于开展石景山区学习贯彻习近平新时代中国特色社会主义思想——“强国复兴有我”百姓宣讲团，走进机关，企业，学校，新时代文明实践中心、所、站，讲述党员干部带领人民群众为祖国复兴奋斗拼搏的故事，并引导人们以实际行动践行道德基本规范。全区巡讲95场，直接受众3万人。依托新时代文明实践中心、所、站、基地开展轻骑兵宣讲近200场；在“北京石景山”微信公众号开设“百姓宣讲轻骑兵”专栏，每周一期，共发布37期；组建“雷锋精神代代传”特色百姓宣讲团，赴河北省迁安市开展专场宣讲及座谈活动。

（游京蓉）

【全民国防教育活动】 年内，区委宣传部开展全民国防教育活动，组织石景山区领导“军事日”活动。开展“青春筑梦国防，强国复兴有我”石景山区全民国防教育主题活动暨2024年高校春季征兵宣传启动仪式。举办全民国防教育进校园活动。制作完成全年活动总结宣传片。组队参加“第一届北京市全民国防知识技能大赛”，并获团体“二等奖”。

（游京蓉）

【“我们的节日”文化活动】 年内，区委宣传部开展“我们的节日”7大主题活动，在春节、元宵节、清明节、端午节、七夕节、中秋节、重阳节期间共开展271项，591场“线上＋线下”文化活动，惠及群众近20万人。

（游京蓉）

【新时代文明实践所文化活动】 年内，区委宣传部在新时代文明实践所、站、基地开展新时代文明实践建设示范活动178场，探索实践、先行先试，采用优秀案例，吸收经验，通过线上线下活动相结合的方式开展文化活动，中央电视台、《人民日报》、“学习强国”等媒体对活动进行报道，并采编发行优秀图文案例1册及新闻报导1册。

（游京蓉）

【贯彻落实党的二十大精神宣传】 年内，区委宣传部制定下发《石景山区开展贯彻落实党的二十大精神主题系列采访和发布活动方案》《石景山区关于进一步加强和规范宣传片制作管理的通知》《石景山区突发公共事件新闻发布应急预案（2023年修订）》等，为宣传党的二十大精神，宣传辖区转型发展成就，强化辖区突发公共事件新闻发布工作做好保障。做好“一把手”谈贯彻落实党的二十大精神系列新闻发布会工作，制定《石景山区“一把手”谈贯彻落实党的二十大精神系列新闻发布会工作方案》《石景山区“一把手”谈贯彻落实党的二十大精神系列新闻发布会宣传工作方案》《石景山区开展贯彻落实党的二十大精神主题系列采访和发布活动方案》，发布会围绕“深入实施‘两大战略’，统筹做好‘四篇文章’，高水平建设好首都城市西大门”主题，介绍辖区学习贯彻落实党的二十大精神，统筹做好城园融合、产业融合、山水文化融合、治理力量融合“四篇文章”，打造“复兴之城”“活力之城”“美丽之城”“品质之城”的具体实践和阶段性成果，发布会当日共20余家中央、市属媒体参加，在《北京日报》2版、《北京晚报》3版刊发重磅报道各1条，北京电视台刊播电视新闻1条，各大主流媒体发稿60余篇。以“党建引领基层治理，推动模式口历史街区更新改造”为选题，成为北京市唯一入选中宣部《新时代 新伟业 新征程》主题宣传的推荐内容，吸引中央、市属媒体进行报道，在《工人日报》《中国法治报》《经济日报》等媒体刊发头版。1月10

日，在央视新闻联播播发时长三分半钟的“北京石景山：打造百姓满意的幸福街区”新闻。

（程默涵）

【主题教育宣传】 年内，区委宣传部下发《关于做好石景山区主题教育新闻宣传工作的通知》，开展多次集体采访，以“石景山区通用人工智能大模型产业集聚区揭牌”为主题，组织中央、市属媒体来到活动现场采访，宣传辖区深化拓展主题教育成效，抢抓产业发展机遇，打造通用人工智能大模型产业集聚区。开展京张体育文化旅游带第二次联合集体采访，组织新华社、中新社、《北京日报》等20余家中央、市属、河北媒体及网络大V实地探访首钢园滑雪大跳台、三高炉、科幻中心等特色点位，宣传“双奥之区”为区域转型发展注入动力，展示新首钢成为新时代首都城市复兴新地标，刊发相关新闻近30篇。配合做好“第一书记”“品质社区”集体采访，介绍辖区坚持把群众需求作为社区建设的重中之重，把居民满意作为检验“品质社区”建设成效的首要标准。对标全市宣传节奏，围绕主题教育各阶段工作重点开展新闻宣传，全区范围收集落地成果、经验做法、典型事迹，在中央市属媒体刊发《石景山儿科诊疗服务医疗机构增至21家，覆盖9个街道》等报道。根据辖区开展学习贯彻习近平新时代中国特色社会主义思想主题教育工作安排，完成《典型案例——关于内外宣联动的汇报》，从完善机制体制、精心策划选题、创新宣传形式、加强队伍建设4个方面，介绍辖区内外宣联动成效，打造全方位宣传矩阵，扩大宣传覆盖面，提升辖区宣传影响力。

（程默涵）

【冬奥一周年宣传】 年内，区委宣传部统筹区西建办、区体育局、区文旅局、广宁街道等十余家单位挖掘工作特色亮点，梳理宣传素材，形成新闻通稿《冬奥“红利”持续释放 “双奥”石景山区迎来城市复兴》，在《人民日报》、《北京日报》、北京电视台多家中央、市属媒体推出主题报道，营造“冬奥一周年”宣传氛围。制作创意短视频“冬奥一周年，石景山冰雪热潮依旧‘火热’”，回顾夺金时刻，展现一年以来，石景山区借势冬奥加速转型发展的成果，在央视客户端、北京城市电视、区融媒体中心三级平台联合推出。

（程默涵）

【服贸会宣传】 年内，区委宣传部制定下发《石景山区2023中国国际服务贸易交易会宣传工作方案》和《2023年中国国际服务贸易交易会石景山区宣传工作清单》，通过组建工作专班、组织召开会议、统筹宣传资源等一系列举措，借势服贸会，扩大辖区影响力。在服贸会期间，组织、参与4次新闻发布和集体采访活动，发布原创稿件近10篇，累计参与报道媒体600余家，在《北京日报》推出专版《石景山区精彩亮相服贸会》。做好国际开放合作论坛、侨梦苑论坛两场论坛直播，覆盖“新华社现场云”“百度”“微博”“今日头条”等30个直播平台，超700万人次观看。与“抖音”平台合作，建立“抖音”及“今日头条”双平台的区域形象传播阵地。策划推出《打卡美好石光》城市品牌热点内容，邀请抖音达人打卡石景山、参加服贸会活动，创作优质短视频，助力辖区服贸会相关活动和话题宣传。在中央和市级媒体共发布涉及石景山区、首钢园区的2023服贸会新闻稿数量近5000条；国外发布超300家媒体，包括雅虎金融网、Market Watch等；在区自有平台和商业平台号上累计播发原创稿件、视频1000余条次，阅读量300多万；抖音和头条相关话题播放量、阅读量5338.5万。

（程默涵）

【科幻大会宣传】 年内，区委宣传部推动央市区三级宣传联动，促进中央广播电视总台北京总站、北京电视台与石景山区合作，在首钢园科幻产业集聚区——中关村科幻产业创新中心挂牌成立“中央广播电视总台北京总站科幻前沿技术实践基地”，协同开展在技术展示和影视技术制作方面的实践合作，形成良性互动。扩大科幻大会宣传，通过组织新闻发布会、集体采访、领导专访、现场直播、视频和通稿投放等，策划活动现场、技术突破、企业发展、产品成果等板块亮点，开展主题和专题宣传，在《人民日报》、新华社、《北京日报》等中央、市属媒体及其所属新媒体平台，播发刊发各类稿件5000余篇（含各类转发），首发新闻600余条，其中央视播发新闻14条，《新闻联播》1条，电视直播连线1条；新媒体新闻16条，新媒体直播2场，新闻连续3天入选央视优质稿件。“收官之战”微博置顶热搜，直播话题讨论量1小时突破1000万，观看量超450万。北京电视台播发新闻7条。《北京日报》《北京晚报》专版各1个。邀请参加大会的媒体近100家，接待媒体总数千余人次。聚焦国际传播，做强海外社交平台矩阵宣传。邀请组织10余名中外记者前往石景山首钢园区，通过直播、Vlog及图视文等形式，将首钢园区融工业风与科幻为一体的时尚酷炫介绍给海外受众，在海外社交平台进行展示和报道。

（程默涵）

【经济高质量发展大会宣传】 年内，区委宣传部制定《2023年石景山区推进经济高质量发展大会宣传工作清单》暨执行手册，围绕政策吹风、重大项目、重点企业、特色园区等内容，挖掘报道线索、撰写新闻通稿、拟定采访备参、邀请采访对象、开设专题专栏、推出系列报道、进行现场直播、做好媒体服务，现场接待《人民日报》、新华社、央视等中央、市属媒体近20家，在央视《朝闻天下》播发新闻1条，刊发新闻报道30余篇，《北京日报》专版1个，时政要闻1个，创意短视频1条。

（程默涵）

【防汛应对宣传】 年内，区委宣传部成立防汛应急小分队，启动新闻一级应急响应，发生突发事件后，及时发声进行正面引导。下发《石景山区新闻宣传报道提示》，转发市委市政府权威信息，对区委区政府重要会议、重点工作及时报道，对各街道、各委办局工作举措开展新闻统筹，围绕灾后重建、守望相助、民生保障、汛后“环境大清理，卫生大扫除”、“双报到”暨爱国卫生专项行动等选题，挖掘基层干部感人事迹，以“拖鞋书记走家串户忙转移”“超

48小时奋战晕倒在防汛一线”“5600余名党员干部群众开展汛后清理工作”等，通过电视新闻、新闻稿件、短视频、专题栏目等形式开展正面宣传。配合《向前一步》栏目组防汛特别节目录制，对辖区提前部署、迅速行动、有力保障开展宣传。在中央及市区媒体发布、推送、刊播防汛新闻300余条。

（程默涵）

【北京文化论坛宣传保障】 年内，区委宣传部制定下发《2023北京文化论坛石景山区宣传报道工作方案》和《2023北京文化论坛石景山区宣传工作清单》，组织《人民日报》、中新社、《北京日报》等20余家新闻媒体前往首钢园区进行集体采访，对辖区文化发展定位、特色、未来发展进行探访，在中央、市属媒体刊发报道40余篇，其中《光明日报》4版、《北京日报》头版、《北京晚报》2版推出报道，北京电视台刊播电视新闻1条。参与《焦点访谈》节目录制，通过宣传介绍全国首个科幻产业集聚区中关村科幻产业创新中心，宣传展现辖区文化发展成果。配合北京广播电视台《聚焦全国文化中心建设成就系列短片》拍摄，协助栏目组以多种形式呈现石景山的历史景观、城市风貌和现代发展。与北京电视台合作制作推出《藏在皇家寺庙里的博物馆》短视频，在《人民日报》、《北京日报》、北京电视台文艺频道视频号等平台推出，通过讲述介绍燕京八绝博物馆，宣传展示石景山文化荟萃。做好北京文化论坛石景山线现场观摩活动、三线论坛嘉宾晚餐及文艺演出保障工作，共接待200名参观嘉宾和700名晚餐嘉宾。

（程默涵　游京蓉）

【“扫黄打非”进基层】 年内，区委宣传部制定下发《2023年石景山区“扫黄打非”行动方案》《石景山区“扫黄打非”进基层示范点创建工作方案》。将“扫黄打非”工作作为加强意识形态建设的重要内容纳入全区宣传思想工作年度要点和意识形态年度考核。在市“扫黄打非”进基层示范点创建工作中实现突破，全区共有4家“扫黄打非”基层工作站获评北京市“扫黄打非”进基层示范点荣誉，其中鲁谷街道被评为全国“扫黄打非”进基层示范点。区扫黄办与区法院、区检察院、区教委、各街道等沟通联动，开展国家安全日“扫黄打非”进基层、石景山区“护苗”进校园、“绿书签”世界读书与版权日、预防未成年人网络沉迷等主题宣传活动11场，并在央视、人民网、“学习强国”平台、“北京日报”APP等市级以上媒体刊发相关报道20余篇。

（程默涵）

【软件正版化工作水平提升】 年内，区委宣传部制定印发《石景山区2023年软件正版化工作实施方案》《石景山区正版软件使用管理办法(试行)》，通过组织召开工作部署会、培训会及检查督查等方式，推进正版化工作规范化、制度化、常态化，提升全区软件正版化工作水平。石景山区在2022年全市软件正版化工作考核中取得第四名的成绩。

（程默涵）

【新闻出版审批】 年内，区委宣传部依法开展行政审批工作，共受理出版物零售单位设立、变更、注销、备案等事项139项。将安全生产承诺纳入企业年度自查报告，发放《关于进一步加强出版物经营单位安全生产工作的通知》，从主体责任、隐患排查、教育培训等方面督促企业强化安全生产工作。组织出版物发行单位年度核验工作培训会，指导企业快速、准确填报核验信息，全区28家印刷企业、236家出版物发行单位通过2023年年度核验。

（程默涵）

精神文明建设

【概况】 2023年，石景山区精神文明建设工作以习近平新时代中国特色社会主义思想为指导，紧密围绕学习宣传贯彻党的二十大精神这条主线，在培育践行社会主义核心价值观、公民道德建设、精神文明创建等工作中创优争先，促进全区人民在理想信念、价值理念、道德观念上紧紧团结在一起，为高水平建设好首都城市西大门提供思想保证、精神动力、道德滋养和文化条件。

（刘　彪）

【榜样模范选树宣传】 年内，区委宣传部组织开展“身边好人”、“2023北京榜样”、第九届首都道德模范选树推荐活动，全年共向首都文明办推荐各类候选人66名。市公安局石景山分局刑侦支队中队长邢运伟获“2023北京榜样”提名人物、民政局救助管理站副站长严上海登“2023北京榜样”十月“每周人物榜”。深化“学榜样 我行动”主题活动，每月通过电视节目、宣讲报告、文学作品、网络短视频、主题展览等方式宣传榜样模范先进事迹，先后在石景山文明网发表原创文学作品10篇。组织开展“文明同行 感谢有你”礼遇道德模范、关爱文明家庭主题活动，礼遇关爱超300人次。北京电视台新闻频道、“学习强国”、《人民日报》、《北京日报》、新华网、《北京青年报》等客户端报道系列活动。

（刘　彪）

【文明教育实践行动】 年内，区委宣传部开展“反对浪费 崇尚节约”文明行动，召开专项工作协调会，对集中整治外卖点餐浪费问题、开展主题宣传做出统一安排和部署。下发“光盘行动”主题海报、折页、桌牌等6126张，餐具及饭盒336套。“世界粮食日”前夕，承办北京市“汇聚文明光芒 崇尚节约爱粮”主题对话论坛。组织开展石景山区“节约粮食 光盘行动”先进典型推荐工作，北京市石景山区古城第二小学获2023年首都“优秀光盘族”荣誉称号。开展“文明健康 绿色环保”主题宣传，启动2023年“优秀环保公益组织”“绿色生活好市民”征集推荐工作，向首都文明办报送优秀环保公益组织22个，绿色生活好市民50位。向各单位、社区、商务楼宇、中小学校等下发“空调调高一度”主题宣传海报6000张。组织开展“我认领 我服务”路口文明引导活动。全国文明单位带头，首都文明单位标兵及驻区大型企业共40余家单位完成认领工作，每月至少开展两次路口值守志愿服务活动。完成首都第六届“礼让斑马线”广场舞巡演承办活动，石景山区获“优秀组织奖”，八角街道时代花园社区舞蹈队获二等奖，金顶街街道金萨阳光舞蹈队、苹果园街道八大处社区白茶舞蹈队获三等奖。在第四届“文明养犬在行动”主题宣传活动中，向首都文明办推荐“文明养犬家庭”26户、“文明养犬示范社区”10个、“文明养犬优秀宣传员”14名、“文明养犬优秀宣传团体”7个。开展“文明祭扫”专项引导行动，在清明节、中元节、寒衣节等传统节日，制发“理性追思 文明祭扫”工作通知，开展线上、线下多渠道宣传，组织文明引导员和志愿者在主要路口开展文明祭扫劝导行动。印发《关于石景山区2023年在党员干部、市民群众、公众人物、青少年、各行业单位中开展规范守则教育实践活动的通知》，组织开展规范守则教育，引导市民群众自觉遵守文明礼仪，争做文明市民。

(刘　彪)

【文明城区创建】　年内，区委宣传部召开2023年创城网申工作重点指标任务部署会，制订《重点指标任务操作手册》，对各项指标进行逐一解释指导，确保各项任务完成。开展文明街巷复查工作，启动2023年度首都文明街巷、文明商户评选推荐及2023年共筑诚信企业推荐等专项工作，助力文明城区创建。在2022年度“共筑诚信企业”评选中，辖区北京太平机电设备安装有限责任公司获评“北京市诚信品牌企业”，中铁二十二局集团有限公司等7家企业获评“北京市共铸诚信企业”。“嘉年华广场西侧路”等9条街巷获评“2022年度首都文明街巷”，“北京沃尔玛百货有限公司”等8家商户获评“2022年度首都文明商户”，汪承炳等9人获评“2022年度优秀街巷长”，刘梅英等15人获评“2022年度优秀小巷管家”，王国仲等15人获评“2022年度优秀网格员”。

(刘　彪)

【文明单位、家庭、校园评选表彰】　年内，区委宣传部成立组织机构，印发《石景山区关于开展2021—2023年度首都文明单位、文明家庭、文明校园评选推荐表彰工作的通知》，经过申报评选、资格审查、报会审议、公示上报、市级推荐、信息核对等环节，共推荐206家单位为首都文明单位，其中新晋的29家单位中，基层单位和社会单位占93.10%。13户家庭为首都文明家庭，较上届增加5家。16所校园为首都文明校园，较上届增加4家。命名90家单位为首都文明单位提名单位，新晋45家单位中，基层单位和社会单位占93.33%。30户家庭为首都文明家庭提名家庭，较上届增加14家。24所校园为首都文明校园提名校园，文明校园创建实现全区所有中小学校园100%覆盖。

(刘　彪)

【提升文明实践工作质效】　年内，区委宣传部印发《石景山区2023年新时代文明实践中心建设工作方案》，北京第一通电村、区文化中心、区图书馆获评“2023年市级文明实践基地”。鲁谷街道“城市主理人基层治理新模式”和广宁街道“弘扬北京冬奥精神、打造和谐家园共同体”获评“2022年度北京市新时代文明实践创新案例”。开展新时代文明实践积分制工作，制发《石景山区新时代文明实践积分制实施办法(试行)》，实现阵地全覆盖。推动新时代文明实践结对共建，与560余家党政机关和企事业单位签订共建协议。向市委宣传部报送6处新时代文明实践优质点位导览材料。加强新时代文明实践信息化建设，投入99万建设升级掌上服务系统，全年累计发布活动预告、活动新闻、点单派单信息近2万篇。

(刘　彪)

【深化学雷锋志愿服务】　年内，区委宣传部组织开展全国学雷锋志愿服务“四个100”先进典型评选推荐，石景山区老山街道京源路社区获“最佳志愿服务社区”荣誉称号。组织开展首都学雷锋志愿服务“五个100”先进典型评选推荐，张淑玲等3人获评“首都最美志愿者”；“首都职工志愿石景山区服务总队”等3个组织获评“最佳志愿服务组织”；石景山区“银龄卫士”为老志愿服务项目获评“最佳志愿服务项目”；石景山区五里坨街道南宫社区等3个社区获评“最美志愿服务社区”；老古城西社区“安凤云家庭”等6户家庭获评“最美志愿服务家庭”。区委宣传部牵头，每月一次开展区级志愿服务经验交流展示。联合团区委、区科委与门头沟团区委、区投促中心、各街镇等部门举办座谈会，提升服务水平。

(刘　彪)

【未成年人思想道德教育活动】　年内，区委宣传部印发《石景山区未成年人思想道德建设工作联席会议制度》，开展未成年人思想道德教育检查考评及文明校园年度测评，协调指导12所全国文明校园及首都文明校园测评复查。开展“扣好人生第一粒扣子”主题教育系列活动。开展“中华美德少年行”故事征集巡演，组织美德少年参加传统艺术学习体验。向首都文明办上报优秀童谣作品10个。征集推荐2023年未成年人思想道德建设创新案例5个，其中石景山区师范学校附属小学创新案例“传统文化润心德”获评“2023年首都未成年人思想道德建设创新案例”。朱玉哲、吴邦君、辛梦涵在首都文明办、北京日报社主办的开卷筑梦——2023“最美读书声”首都中小学生朗读比赛活动中分获二等奖、三等奖和优秀奖。组织开展“新时代好少年”推荐学习宣传活动，景山学校远洋分校高一年级学生苗新悦获评全国“新时代好少年”，北京仅2人登榜。

(刘　彪)

统一战线

【概况】　2023年，中共北京市石景山区委统一战线工作部(简称区委统战部)坚持以习近平新时代中国特色社会主义思想为指导，学习贯彻党的二十大精神，贯彻落实习近平总书记关于做好新时代党的统一战线工作的重要思想和中央统战工作会议精神，落实党中央决策部署和市委区委要求，为推动新时代首都高质量发展贡献智慧和力量。

(盛瀚然)

【京港澳台青年交流体验活动】　5月13日，区委统战部、区台办、区青联联合举办“国潮正青春 筑梦石景山”京港澳台青年沉浸式交流体验活动。驻区港澳台青年代表、区青联委员以及港澳台青年学子等40余人参加活动。活动突出石景山人文特色，场景式感受中华历史文化底蕴和石景山民俗风情。通过“沉浸式穿越体验+寻宝互动”模式，采用线上与线下融合的数字化团建新玩法，让来自港澳台同胞与大陆青年共同穿越回中国古代，与历史人物开启对话和互动，在沉浸式体验中感受中华文明历史，在游戏中加深彼此间情感和友谊。

（盛瀚然）

【侨梦苑北京论坛举办】 9月5日，区委统战部举办“侨向未来·青创世界”2023侨梦苑北京论坛。线下200余名嘉宾与线上近万名海外嘉宾共同参与，同时设立14个海外分会场。论坛设置领导致辞、主题演讲、文化展示、圆桌论坛、项目签约、推广发布、商务雅集环节。成立北京侨海创业投资发展服务中心，发布侨海青年北京创新创业服务包，助力侨界人才在京创新创业。举行重点侨资项目签约仪式，签约12个项目。推荐首批创新创业合作项目，海内外20家商协会代表共同发布侨海青年北京创新创业协同发展倡议。对“以文铸魂 同心圆梦”——全球华侨华人“石景山”词牌词作征集活动成果进行全面展示。

（路 卿）

【京港台基层社区中秋联谊】 9月21日，石景山区组织在京参访的台湾基层交流团同胞、香港公屋居民关爱会、香港粉岭地区居民、驻区港澳台同胞以及社区居民开展“同心圆梦 情满家园”京港台基层社区中秋联谊活动。活动采用“线下+线上”的形式，做月饼、画兔爷、拉家常。交流中，京港台社区居民朋友互赠祝福，线上线下充满节日氛围。

（盛瀚然）

【统战领域宣传调研】 年内，区委统战部加强对全区统战各领域重点工作的宣传报道，在“同心·拾景”微信公众号发布信息400余条，在中央、市区主流媒体宣传报道侨梦苑北京论坛、京台青少年羽毛球交流赛、华人华侨“石景山”词作大赛等活动。加强调研工作，统战部机关干部完成重点调研课题2篇，组织各民主党派、无党派人士完成调研课题56篇。与区社会主义学院建立联合调研机制，共同选题《新时代基层统战工作融入基层社会治理研究——以北京市石景山区为例》，获得北京社会主义学院年度招标课题立项。

（杨海锋）

【健全完善大统战工作格局】 年内，区委统战部召开区委统战工作领导小组会议，审议统战工作要点等议题。落实基层党组织向区委报告统战工作制度，统战工作领导小组成员单位、各街道党工委进行书面述职。压实各级党委统战工作主体责任，指导全区各街道和成员单位完善统战工作领导小组运行机制，统战工作领导小组成员单位扩展至31家。

（杨 雯）

【主题教育学习活动】 年内，区委统战部以学习宣传贯彻党的二十大精神为主线，支持各民主党派、无党派人士开展“凝心铸魂强根基·团结奋进新征程”主题教育活动，引导各民主党派、无党派人士学习宣传贯彻党的二十大和二十届二中全会精神。通过召开党派团体主要负责同志专题学习会、党外人士新春谈心会等向党外人士传达习近平总书记在党外人士座谈会上的重要讲话精神、市委十三届四次全会精神和区委十三届七次全会精神，支持各民主党派、无党派人士开展系统学习，筑牢共同思想政治基础。

（王 佳）

【协助民主党派参政议政】 年内，区委统战部开展政党协商，征集各党派、工商联和无党派人士协商议题建议，协助区委制定实施《石景山区2023年政党协商计划》，引导党外人士围绕实施“两大战略”打造“品质之城”、推进西山永定河文化带建设、建立多层次医疗保障体系、完善普惠性养老服务等工作协商议政。在全区统一战线开展“我为深入实施城市更新和产业转型发展战略献一策”主题建言活动，累计收到党外人士报送的各类建言信息490篇，采编报送161篇，多篇获各级采用，其中3篇获市领导批示，为相关工作科学开展提供参考。引导民主党派围绕首钢园区地下综合管廊建设运营、“夜经济”发展、小区“适老化”改造、“长护险”试点、推广冰雪运动等内容开展实地调研、议政研讨，形成调研报告，多项调研成果实现向政协大会发言、党派政协提案、协商会发言等转化。围绕“优化营商环境”“促进京津冀协同发展”等主题，开展专题议政建言活动。支持民建区工委举办北京西山永定河发展论坛、九三学社区工委举办九三京西发展座谈会。

（吕 凯）

【中国特色社会主义参政党建设】 年内，区委统战部推动关于加强参政党

9月21日，“同心圆梦 情满家园”京港台基层社区中秋联谊活动举行

（区委统战部供图）

建设"三个文件"和"五个纪要"精神的贯彻落实，落实市委参政党建设若干措施要求，推进"五大建设"。支持各党派调整完善组织架构，保持界别特色，协助党派做好新成员发展工作。组织"同行中轴线·同心新征程"纪念中共中央发布"五一口号"75周年主题活动，团结凝聚统一战线各界人士听党话、感党恩、跟党走，弘扬中华传统文化，助力北京"中轴线"文化遗产保护，助推北京历史文脉的传承保护和可持续发展。开展党外人士密集单位走访活动，到首钢集团、中国科学院大学、北方工业大学、整形外科医院、首钢工学院和北京工业职业技术学院调研走访交流，围绕加强党派组织间合作交流、助力区域高质量发展、科普进社区等方面进行探讨。区委统战部领导带队走访民主党派区工委，开展"我为各党派办实事"活动，征集党派区工委领导班子成员及工作人员意见建议。为民主党派开展调查研究提供支持，畅通民主党派与职能部门沟通联系渠道。

（吕 凯）

【推进党外代表人士队伍建设】 年内，区委统战部在区委领导下做好区政协委员的届中调整，补选区政协副主席、常委。完成无党派人士政治面貌认定工作，共认定无党派人士101人。对全区党外处级干部、法检两院党外干部、人大政协专委会主任(副主任)、优秀年轻科级干部等情况进行摸底，梳理分析辖区党外干部队伍总体情况，形成《关于加强新时代党外干部队伍建设的思考与实践》调研报告。举办统战系统2023年建言信息骨干培训班，组织无党派人士参加2023年全市无党派人士中青年骨干春笋班。做好新一届北京市中华职业教育社社员人选推荐工作，研究推荐辖区个人社员候选人8名，团体社员候选单位1家。

（王 佳）

【落实结对工作制度机制】 年内，区委统战部落实联谊交友列名、走访联系、看望慰问、党外人士谈心等机制。按照《石景山区中共党员区级领导与党外代表人士联谊交友列名制度》有关要求，完成区级党员领导干部与党外代表人士联谊交友名单调整等工作，配合做好党员区领导与结对联系对象的联谊交友活动相关工作。完成春节前走访慰问各党派、无党派代表人士工作。推进"9对9"结对联系机制，支持各党派与街道结合实际开展结对联系工作。支持民革区工委到八宝山街道开展爱心帮扶和法律知识进社区活动、致公党区工委顶尖医疗专家赴老山街道开展义诊咨询、农工党区工委与河北省迁安市对接开展义诊等活动，促进优质医疗资源共享。"23·7"暴雨洪水灾害发生后，各民主党派区工委为门头沟区、房山区等受灾地区募集救灾善款83.18万元、募集救灾物资价值22.98万元。截至年底，民主党派、工商联结合自身优势特点，开展义务咨询、扶残助学、结对帮扶等社会服务活动近20场次，受益群众千余人次。

（王 佳）

【落实基层统战三年行动计划】 年内，区委统战部制定《石景山区新时代基层统战同心固根三年行动计划(2023—2025年)》，安排"集中攻坚、示范引领、提质增效"三年步骤，实施"指南针""同心田""英才荟""心港湾""万花筒""新街坊"六大工程。细化分解任务，制定2023年基层统战集中攻坚十大任务。采取"网上+网下"，制作三年行动计划宣传片、编印"1+5+1"系列指导手册、图解统战工作条例、石景山统战地图。利用街道园区党群服务中心、工作站，实现街道、园区、重点楼宇统战工作站全覆盖。培育金顶街统战微型博物馆、金苹果文化小院基层民主协商同心会客厅6个基层统战实践创新基地。将5处同心会客厅、7处新阶层统战工作基地、39个统战工作站，组合设计10条统战打卡线路，打造"有形、有质、有声、有色"特色统战品牌。完善"9对9"结对共建机制，推进统战社团资源与街道社区需求精准对接。引导街道商会、新联会双会互促，帮助民生类小微企业互补互助。引导统战成员为"23·7"门头沟区、房山区受灾地区捐款捐物460万元。推动区新联会与内蒙古自治区赤峰市宁城县签订合作协议，深化劳务培训、文化交流，向2所蒙古族小学捐助价值3万元校服。推进建设鲁谷"城市主理人·同心荟"治理网格示范点，引导统战成员开展法律咨询、养老助残、政策宣传等活动30余场。承办市委统战部"第三季度区委统战部交流活动"，促进基层统战工作互学互鉴。

（路 卿）

【民营经济领域统战工作】 年内，区委统战部举办党的二十大精神宣讲报告会、习近平新时代中国特色社会主义思想专题宣讲会，推进民营经济人士理想信念教育，增强民营企业家"四个认同"。区委区政府主要领导主持召开2场石景山区企业家座谈会，协调相关部门推动解决企业诉求。组织开展法律进商会、"石惠十条"政策宣讲会、助力民营经济发展"春雨润苗"专题讲座等，为民营企业提供金融、法律、人才、政策等服务，提振企业发展信心。做好民营经济代表人士政治安排，2名民营经济人士获"第六届北京市优秀中国特色社会主义事业建设者"称号。辖区民营企业入选北京民营企业百强"1+4"榜单16家。

（杨 雯）

【在区港澳台企业摸排】 年内，区委统战部开展涉港澳台资企业摸排工作。通过实地走访、电话访问、微信等形式，收集和整理在区港澳台资企业基础信息。联合区市场监管局对企业进行建档摸排，确保信息采集数据真实、准确、完整。将基础信息数据分类汇总，建立石景山区港澳台资企业基础信息数据台账，及时发现有较高素质的人物和代表性的企业，为开展服务工作提供数据支撑。

（盛瀚然）

【侨海外统战工作】 年内，区委统战部加强侨海外交流互动，接待北欧致公协会、泰国闽商商会和米兰文成同乡会等来区参访交流，增进海外侨胞对祖(籍)国的了解和认同，鼓励对外讲好石景山故事和北京故事。接待天津市武清区、江西省南昌市和四川省广安市等地统战部参访北京侨梦苑，交流建设经验。加强留学人员队伍建设，引导留学人员学习国情市情区情。承接“2023海外名校博士北京行”等主题活动，团结凝聚留学人员。开展侨法宣传，增强全社会依法护侨意识，营造知侨爱侨氛围。关注侨界民生，做好困侨帮扶，为区内困侨寄送暖巢防疫健康包。做好政策咨询和涉侨业务办理，依法开具批准书、证明信等7份。

（路　卿）

【新的社会阶层人士统战工作】 年内，区委统战部召开新的社会阶层人士统战工作联席会，加强统筹谋划。成立“金苹果文化书院”和“新联读书会”等平台载体，组织引导新阶层人士学习贯彻习近平新时代中国特色社会主义思想和党的二十大精神，强化新的社会阶层人士思想政治引领。分级分类建立健全区、街、行业新阶层代表人士信息库，加强新阶层代表人士队伍的动态管理、跟踪服务。发挥新阶层“同心坊”品牌牵引作用，引导新阶层人士参政议政、建言献策，支持引导区新联会与宁城县新联会签订合作协议，围绕助学、产业、就业、文化等方面开展定点帮扶，助力乡村振兴。

（杨　雯）

【为统战对象办实事】 年内，区委统战部巩固“我为群众办实事”实践活动成果，为统战服务对象办成十余件实事，包括向各党派配发新型国产办公电脑、为少数民族困难群众发放救助金等。坚持“温馨周谈、亲清月访、同心季商、聚力年论”工作法，通过党外人士谈心会、“一对一”谈话、走访慰问等形式，联系党外人士百余人次，密切与统战各界人士的联系。

（安丹阳）

港澳台事务

【概况】 2023年，中共北京市石景山区委台湾工作办公室、北京市石景山区人民政府台湾事务办公室（简称区台办）在区委区政府的领导和市台办的指导下，贯彻党的二十大精神和习近平新时代中国特色社会主义思想，贯彻中央对台工作决策部署，落实市委对台工作要求，以服务中央对台工作大局、服务区域社会发展为目标做好对台工作。

（盛瀚然）

【走访慰问驻区台胞台企】 春节前夕，区台办通过多种形式，对驻区台胞台企开展“新春送福 情暖台胞”走访慰问活动，区台办与台青、台商代表交谈，了解台胞生活事业情况，并鼓励台胞台企坚定信心。区台办表示，在新的一年里努力协调解决台胞台企的需求和困难，提升台胞台企获得感、幸福感。

（盛瀚然）

【京台社区交流生活垃圾治理】 3月21日，“垃圾科学分类 两岸社区同行”2023年京台社区生活垃圾治理交流会运用视频连线的方式，在北京市石景山区文化中心和台湾省高雄市前金区联合举办。京台两地城市管理负责人、专家学者、社区民众等200余位嘉宾聚焦生活垃圾分类、志愿服务、宣传引导、低碳环保等方面进行探讨和互学互鉴，深化两地社区基层民众交流，提升生活垃圾治理和城市精细化管理水平。

（盛瀚然）

【京台师生同上一堂课】 3月31日，第三届两岸中学生线上交流活动在北京市京源学校举行。北京市京源学校和台北市私立静心中学师生共赏国粹，两校师生通过视频连线开展同上一堂课活动。课堂上，台北市私立静心中学同学们展示自编自导的历史短剧《人未还》《一晌贪欢》。北京市京源学校金帆京剧团同学们表演《大登殿》精彩选段。活动增进彼此之间友谊，促进两岸青少年的心灵契合。

（盛瀚然）

【台湾高雄里长参访石景山】 5月24日，台湾高雄里长参访团一行18人到访石景山区，开启为期5天的交流参访。交流活动主要围绕基层治理、社区文化和健康养老展开，包括3次社区交流、2项传统文化体验、1场社区健康养老交流现场会，同时还安排参加2023京台美丽乡村论坛，参观故宫博物院、长城文化带等历史名胜古迹，让台湾同胞体验北京的人文环境、社会发展及历史文化渊源，感受祖国大陆发展和变化。参访交流中，高雄同胞们与石景山区居民互动交流，现场气氛热烈亲切。

（盛瀚然）

【两岸传统文化学生文艺营开营】 7月16日，由北京市京源学校、台北私立静心中学、济南汇才学校、天津英华实验学校共同举办为期5天的第五届海峡两岸中华传统文化学生文艺营正式开营。两岸师生携手同行，游览故宫、圆明园、首钢园区、孔庙国子监、八大处公园、法海寺遗迹等。两岸学生在交流与交往中，拉近彼此距离，增进两岸青少年情感。

（盛瀚然）

【两岸青年羽毛球交流赛举办】 7月16日，以“绽放青春 羽梦同行”为主题的两岸青少年羽毛球交流赛在石景山区泰然体育健身中心举行。暑期来京研学的台湾青少年、在京台湾青年代表、区青少年代表约100人参加交流活动。交流赛作为2023年两岸青年峰会系列活动之一，旨在为两岸青少年搭建交流交往的桥梁，两岸青少年以球会友、以赛传情，在羽毛球交流赛中增强体质、拉近距离、赛出友谊。

（盛瀚然）

【2023京台青年环骑大北京】 7月20日，“2023京台青年环骑大北京”活动骑行团抵达石景山，30余名京台青年齐聚首钢园区，体验石景山双奥之区的冰雪魅力，感受首钢园区百年工业遗址历史和现状。骑行团由门头沟区进入石景山境内到达首钢园区。京台青年同胞一同踏入冷却塔，感受工业遗址的历史气息；登上首钢滑雪大跳台，远眺新首钢大桥、冬季奥林匹克公园，俯瞰首钢园全貌。两位台湾青年队员在冷却塔和大跳台即兴跳起街舞，致敬冬奥的运动健儿们。石景山站骑行活动让两岸青年感受石景山区实施城市更新和产业转型发展新格局，体验北京高质量发展的新机遇。

（盛瀚然）

【与驻区台胞台属联谊活动】 12月

21日，以冬至为契机，由石景山区台办、五里坨街道主办的“共叙冬至情 同谱团圆曲”石景山区居民与驻区台胞台属联谊活动在五里坨街道隆恩颐园社区举行，驻区台胞台属与社区居民共40余人参加活动。活动中，社区居民和驻区台胞代表分别分享北京和台湾两地的冬至传统习俗，通过搓汤圆、包饺子、画兔爷等传统民俗活动，发掘中华传统节气身后文化内涵，激发两岸同胞的文化认同，增进“两岸一家亲”的同胞亲情。

（盛瀚然）

【“我为台胞办实事”专项服务】 年内，区台办实地走访台资企业、台胞、台属，为驻区台胞解决子女入园、医疗等实事难事20余次，办理企业赴台申请5余次。发挥区委对台工作领导小组作用，加强与区教委的联动联调，解决驻区台胞子女入园需求，在全市16区中率先公布辖区内面向台胞子女招生的普惠性幼儿园共47所，为驻区台胞办实事、做好事、解难事。

（盛瀚然）

【落实惠台措施】 年内，区台办落实中央“31条”“26条”及北京市“55条”“26条”系列惠台措施，做好台企发展政策性指导和服务，结合“我为台胞办实事”活动，开展走访问需送政策活动，完善投资服务、座谈联系、走访慰问机制。全年协调解答和办理就业、投资等实事6件。落实《台湾同胞投资保护法》，维护和保障台商台企的合法权益，做好涉台矛盾纠纷和突发事件处理。

（盛瀚然）

全面深化改革

【概况】 2023年，区委全面深化改革委员会(简称区委深改委)落实中央改革决策部署和市委改革工作要求，以新时代首都发展为统领，围绕实施“两大战略”、做好“四个融合”文章，推出改革举措，形成改革成果，为全区经济社会高质量发展提供支撑，多项改革经验做法被《北京改革情况交流》刊载推广、入选全市“微改革、微创新”典型案例。全年召开深改委会议3次，审议议题10项，通过改革方案和文件6个，完成42项年度重点改革任务。

（白 洋）

【城市更新改革】 年内，区委深改委实施北京城市总体规划和分区规划，编制完成巴威·北锅、北重西厂更新改造规划综合实施方案和一绿地区规划综合实施方案，优化城市空间布局。深化城市更新“首钢模式”，健全新首钢地区和西部地区开发建设协调机制，加强城园融合，首钢老工业区(北区)更新项目入选住建部首批城市更新典型案例，城市更新“首钢模式”改革案例入编《中国改革年鉴》。加快“京西八大厂”老旧厂房保护性利用和创新性改造，推动北重科技文化产业园与虚拟现实产业园双园融合发展，北重科技文化产业园一期获评市级低效楼宇和老旧厂房改造典型示范项目。印发后冬奥时期冬奥社区发展三年行动计划，举办服贸会专展、中国科幻大会、滑雪大跳台世界杯等活动，提高冬奥遗产可持续利用水平。建立完善“三驾马车”楼宇治理新模式，研究编制楼宇经济行动计划，激发楼宇载体活力，“三驾马车”新模式构建楼宇治理新格局改革案例获评中国改革2023年度地方全面深化改革典型案例。深化“首开经验”“鲁谷模式”，健全老旧小区投建管一体长效机制，符合条件的老旧小区全部纳入改造计划，“先体检、后改造”工作机制等5项经验做法面向全国推广，石景山区获国务院2022年度城镇老旧小区改造、棚户区改造和发展保障性租赁住房工作真抓实干成效明显表彰。加快“城市大脑”建设，完善区街数智中心布局，推进三级治理网格建设，丰富智慧城市建设场景，城市运行“一网统管”体系初见雏形。

（白 洋）

【产业转型改革】 年内，区委深改委服务国际科技创新中心建设。加强基础研究和关键核心技术攻关，出台促进科技孵化器高质量发展、加快应用场景建设工作方案，落地深空探测实验室、人工智能关键技术与应用测评实验室等新型研发机构，建成超高清未来影像实验室和全市首家光场成像重大技术平台。优化创新创业生态，出台促进高新技术企业高质量发展工作方案，发布关键核心技术攻关“揭榜挂帅”项目榜单，完善“类研究院＋孵化器＋加速器＋产业集群”科技服务链条。加快科技园区建设，在全市率先出台园区改革提升方案，印发实施三年行动计划，推动中关村工业互联网产业园、中关村虚拟现实产业园等特色产业园区创新发展，中关村石景山园连续两年获得国家发展改革委“真抓实干成效明显产业转型升级示范园区”通报表扬。推进“两区”建设，筹建国际开放合作区，出台全市首个区级支持国际组织落户措施，利用服贸会等大型展会外溢效应加快构建转化招商机制。深化“两区”重点园区“三个一批＋四个一套”改革，推动银保园由单一型金融功能区向“金融＋科技”高端产业综合示范区转型。加强“两区”制度创新研究，上市公司破产重整新模式获评新一批全市“两区”建设创新实践案例，累计4项改革创新实践案例在全市复制推广。加快发展数字经济，启动人工智能大模型产业集聚区建设，落地智能算力中心，揭牌北京国际大数据交易所数据(数字)资产流通创新中心，数字经济增加值占GDP比重超51%。激发消费活力，出台商圈高质量发展工作方案，发展首店经济、夜间经济，创新冰雪体育、国际展会、科幻体验等消费场景，开展一刻钟便民生活圈试点，打造6个市级“夜京城”特色消费场所。召开推进经济高质量发展大会，出台推动高质量发展取得新突破行动方案，发布“石惠十条”等政策措施，完成优化营商环境6.0版任务，建成全市首家知识产权公共服务平台，推出40个“一业一证”场景。

（白 洋）

【文商旅体改革】 年内，区委深改委实施西山永定河文化带保护发展规划，以文物保护为核心推动模式口历史文化街区院落更新，模式口历史文化街区保护更新项目入选住建部首批城市更新典型案例。运用数字化技术手段加强首钢工业遗存保护利用，建成全国首家数字藏品类博物馆，上线全市首个以首都文博文物为主题的元宇宙平台，RE 睿·国际创忆馆入选全国十佳文化遗产旅游案例，首钢工业遗产活化利用项目获评首批国家级文物事业高质量发展十佳案例。培育文旅新业态新模式，丰富文商旅体消费供给，SoReal 元宇宙乐园入选国家首批“5G+智慧旅游”应用试点项目，首钢园区入选北京微度假目的地，模式口历史文化街区被授予北京市旅游休闲街区、北京市商业步行街高质量发展项目，石景山区获世界漫画大会“漫画城市”称号。实施文化企业“归巢计划”，培育电竞等数字创意产业，推动潮流电竞文化与石景山特色文化资源相结合。深化媒体融合发展，推行“首席制”“项目小组”“工作室”等制度，探索全媒体人才培育机制，成立 9 家街道联络站，推动报道触角延伸至基层，完善全平台全矩阵新闻推送机制，“内外宣联动、区街社融通”宣传矩阵基本形成。

（白　洋）

【基层治理改革】　年内，区委深改委健全党建引领基层治理体系，完善街道社区党建工作协调委员会制度规范，派驻第二批社区“第一书记”，丰富石景山“老街坊”等群众治理品牌内涵，推进“品质社区”建设，以“品质社区”点亮品质之城获评 2023 全国城乡社区高质量发展典型案例。坚持党建引领深化物业管理改革，物业管理覆盖率、业委会（物管会）组建率和党组织覆盖率均达到 100%，出台住宅物业服务项目考核评价工作方案，建立物业服务“红黑榜”机制，治理物业领域突出问题。推进社区服务改革，实施优才计划，推广“综合窗口”“全能社工”模式，优化社工队伍梯次结构。深化接诉即办改革，建立接诉即办数据监测机制，完善专班推进工作机制，接诉即办向主动治理、未诉先办深化。

（白　洋）

【养老服务改革】　年内，区委深改委深化长期护理保险制度试点，强化经办监管和服务人员队伍建设，长护险参保人数 42.8 万人。扩大养老服务基本供给，建成投用 3 个养老服务驿站，养老助餐服务实现全覆盖，2 个社区获评全国示范性老年友好社区。开展康复辅助器具产业国家综合创新试点，产业发展聚合态势初步形成。

（白　洋）

【教育综合改革】　年内，区委深改委推进中小学校党组织领导的校长负责制改革，完善议事制度和决策程序，加强党对教育工作的全面领导。深化课堂教学改革实践，开展“双师课堂”项目，做好校内“双减”后半篇文章。开展干部教师交流轮岗，试点教师职称制度改革，提高干部教师管理水平。出台“十四五”时期学前教育发展提升行动计划，优化普惠性幼儿园扶持政策，扩充普惠性学前学位供给，普惠性幼儿园覆盖率 89%。

（白　洋）

【医药卫生体制改革】　年内，区委深改委深化医保支付方式改革，优化定点医药机构区域配置和就医购药流程，全区 15 家定点零售药店实现脱卡验收、7 家三级医院实现医保移动支付，110 家定点医药机构实现异地费用直接结算，基本医保、大病保险、医疗救助实现“一站式”即时结算。深化医保基金监管体制改革，开展医保基金全覆盖审计检查。完善公共卫生服务体系，印发加强公共卫生应急管理体系建设三年行动计划，搭建公共卫生应急管理平台，通过国家卫生区复审。推进区域医联体建设，完善纵向医联体布局，健全双向转诊服务体系，区医联体综合评价连续两年排名全市第一，入选国家紧密型城市医疗集团建设试点。

（白　洋）

【党建领域改革】　年内，区委深改委加强基层党建阵地建设，实施“品质先锋”工程，出台两新组织党建工作三年行动计划，开展新就业群体“聚蜂行动”，提升基层党组织政治功能和组织功能。深化干部队伍素质提升工程，实施“千帆计划”，完善年轻干部培养选拔常态化工作机制，激发干部队伍干事创业的积极性和创造力。实施“景贤计划”，开展“招千贤、纳万才”行动，举办年度“景贤杯”创新创业大赛，出台“景贤人才”年度贡献评价管理办法，健全人才发展体制机制。

（白　洋）

【纪检监察体制改革】　年内，区委深改委深化派驻机构改革，调整派驻模式、机构名称和监督范围，增强派驻监督全覆盖的有效性。促进各类监督贯通协调，健全纪检监察监督与党的工作部门职能监督衔接配合机制，完善纪检监察监督、巡察监督与其他各类监督贯通协调制度机制，探索“巡审联动”“巡财结合”模式，提升监督质效。

（白　洋）

【民主政治领域改革】　年内，区委深改委加强人大组织制度和工作制度建设，修订完善人民代表大会常务委员会议事规则。推进预算审查监督重点向支出预算和政策拓展改革。完善政协民主监督机制，推动民主监督与对口协商、凝聚共识、提案办理、社情民意等工作结合。印发基层统战同心固根三年行动计划，实施“六大工程”，培育 6 个基层统战实践创新基地，发挥基层统战作用。

（白　洋）

【法治建设领域改革】　年内，区委深改委创建“全国市域社会治理现代化试点合格城市”，“石时解纷”获评全国市域社会治理现代化试点优秀创新经验，“可信消费”预防化解预付式消费纠纷工作法获评全国新时代“枫桥式工作法”先进典型。开展首钢园区整体性社会治安防控体系专项研究，探索打造园区治安整体防控新模式。加强诉源治理，健全“法院+街道（社区）”诉调对接机制，优化基层法院审级职能，实现纠纷实质性化解。深化司法改革，推动检察系统大要案办理指挥中心数字化建设，推动新时代检察工作与数字化改革融合。

（白　洋）

决策研究

【概况】　2023 年，中共北京市石景山区委石景山区人民政府研究室（简称区委区政府研究室)聚焦区委区政府中心任务，推进全区调查研究工作，完成区委全会报告、政府工作报告等区委区政府会议文稿。制定《关于在全区大兴调查研究的实施方案》，全区共完成调研报告 652 篇，其中北京市重点关注调研课题 2 篇，区领导牵头的重点协作课题 24 篇、集体课题 10 篇，编印 2022 年度《石景山区优秀调研报告文集》，编发《决策参考》37 期。

(王珅珅)

【区重点协作调研课题】 年内，区委区政府研究室制定《石景山区 2023 年调研工作计划》，推进 24 个重点协作调研课题：关于石景山区加快推进中国式现代化的实施路径研究、关于发挥新首钢极核作用加快石景山国际消费中心城市建设研究、关于推进我区文旅融合赋能区域高质量发展的研究、提高商务楼宇物业服务水平提升营商环境品质促进我区高质量发展的调研报告、关于石景山区党建引领基层治理共同体建设的研究、以文化产业园建设为抓手大力推进全国文化中心建设、关于推动纪检监察监督巡察监督与审计监督财会监督统计监督贯通协调的研究、关于建立健全党建引领楼宇治理“三驾马车”机制的实践与思考、关于做好我区民营经济统战工作助力优化营商环境激发民营企业市场活力的调研和思考、关于协同落实产业转型和城市更新战略的调研报告、关于石景山区人才住房支持情况的调研报告、关于提升城市“建”“管”能力和水平的思考、关于深化我区代表家站建设的调研与思考、关于深化品质社区建设的调研报告、关于推进石景山区生态环境质量持续改善的调研报告、关于石景山区数字经济发展情况的调研报告、以“情报、指挥、行动”一体化实战运行为牵引扎实推动“分局主战、派出所主防”警务改革落地见效的探索与实践、关于健全石景山区多层次医疗保障体系的问题与对策、持续深化“两区”建设扩大利用优质外资的发展路径、石景山区文旅产业分析及研究的调研报告、提升商务楼宇综合效能的调研与思考、关于模式口历史文化街区保护与活化利用的调研报告、关于进一步深化我区合作化办学的调研报告、关于深入实施城市更新战略加强城市基础设施建设促进西部地区高质量发展的调研报告。

(王珅珅)

【常卫主持的重点调研课题】 常卫主持的《关于石景山区加快推进中国式现代化的实施路径研究》课题是北京市重点关注调研课题，由区委区政府研究室牵头实施，形成近 2 万字的研究成果。该课题通过理解国家、北京和石景山推进中国式现代化的内涵、要求和意义，分析石景山区推进中国式现代化的历史方位、现实基础和机遇挑战，研究提出石景山区加快推进中国式现代化的总体思路和六个方面重点任务，主要是围绕“四个中心”建设，全面提升“四个服务”能力水平，着力打造“首善之区”；聚焦产业转型升级，提升产业体系现代化水平，着力打造“活力之城”；实施城市更新行动，做好城园融合文章，着力打造“复兴之城”；强化山水文化融城，高标准建设“秀水石景山”，着力打造“美丽之城”；改善基层治理和公共服务，全面提升城市温度，着力打造“品质之城”；持之以恒推进全面从严治党，深化党的自我革命，以高质量党建引领保障高质量发展，并从加强实施保障和建设指标体系等方面提出对策建议。

(王珅珅)

【李新主持的重点调研课题】 李新主持的《关于发挥新首钢极核作用、加快石景山国际消费中心城市建设研究》课题是北京市重点关注调研课题，由区委区政府研究室牵头实施，形成近 3 万字的研究成果。课题在分析研判新时期北京国际消费中心城市建设面临形势、石景山国际消费中心城市建设基础条件及新首钢极核价值的基础上，研究提出以新首钢带动国际消费中心城市建设的总体思路和实现路径，围绕“聚焦一个目标、坚持双轮驱动、挖掘三大效应、突出四个关键”，从突出国际视野，谋划推动新首钢城市消费中心建设；加强空间统筹，打造“首钢×阜石路”国际消费体验区；擦亮双奥名片，打响国际冰雪体育消费特色品牌；挖掘展会流量，提升会展商务消费倍增带动效应；推动资源整合，引领京西文旅消费格局扩容升级等 5 个方面提出对策建议。

(王珅珅)

【优秀调研文集编辑印发】 年内，区委区政府研究室完成 2022 年度《石景山区优秀调研报告文集》编辑、印发工作。《石景山区优秀调研报告文集》收录部分区委区政府重要文件、区领导主持的区重点协作调研课题 25 篇以及优秀调研报告 60 篇。

(王珅珅)

【刊发 37 期《决策参考》】 全年，区委区政府研究室共刊发 37 期《决策参考》，向区领导提供国内经济与社会发展方面最新动态、典型经验做法以及区内各单位完成的具有探索性和有一定参考价值的调研成果，为区领导决策提供前瞻服务。

(王珅珅)

机构编制管理

【概况】 2023 年，中共北京市石景山区委机构编制委员会办公室(简称区委编办)落实党中央决策部署和市委、区委工作要求，以坚持和加强党的全面领导为统领，以推进辖区治理体系和治理能力现代化为导向，完善党政机构职能体系，优化机构编制资源配置，推动机构编制工作高质量发展。

(靳献乐)

【重点领域体制机制改革】 年内，区委编办贯彻中央关于纪检监察机关派驻机构改革有关精神和部署要求，完成联合派驻纪检监察组更名调整，促进派驻模式由联合派驻向综合派驻转变，提升派驻质效。推进疾控体系改革，为区卫生健康委加挂区疾病预防控制局牌子。推进应急领域行政执法体制改革，在完成区应急管理综合执法大队机构名称、机构规格等事项调整的基础上，研究区应急管理综合执法大队职责机构编制事项，科学设置内设机构，完善执法体系，助力提升执法能力。

（靳献乐）

【事业单位改革后续工作】 年内，区委编办为区儿童福利院加挂区未成年人救助保护中心牌子，为八大处公园管理处优化调整内设机构，为区投资促进服务中心充实推进贸易投资促进等相关工作力量。根据工作实际，核减区园林绿化局、环境卫生服务中心所属作业队存量事业编制，用于保障民生等领域发展。

（靳献乐）

【基层管理体制创新】 年内，区委编办参照市委编委印发的《关于调整〈北京市街道党工委和办事处职责规定〉部分事项的通知》，对9个街道党工委和办事处“三定”规定部分职责事项进行调整。配合市委编办做好行政执法权下放街道评估工作，向各街道、区司法局、区城管执法局书面征集11份调研材料、80余条意见建议，对9个街道开展实地走访，通过查阅台账、与相关人员座谈、群众认可度调查等方式，了解行政执法权下放街道工作情况，查找短板不足，提出意见建议，助力完善基层管理体制机制，形成有关材料反馈市委编办，并形成《关于行政执法职权下放街道情况的调研与思考》调研报告。落实优秀社区党组织书记和优秀社区工作者使用周转事业编制管理办法，为街道下达3名行政编制及42名事业编制，专用于招录优秀社区党组织书记、社区工作者，推动编制资源向基层倾斜，为基层履职提供保障。

（靳献乐）

【经济社会发展服务保障】 年内，区委编办主动服务全区经济社会发展，促进开发区体制机制创新，适应区域经济社会发展需要，调整中关村科技园区石景山园综合服务中心机构规格，并完成“三定”规定制定工作，提升中关村科技园区石景山园发展质量和效益。

（靳献乐）

【民生领域服务保障】 年内，区委编办聚焦“办好人民满意的教育”要求，调整北京大学附属中学石景山学校办学类型，成立金顶街小学，推动区域义务教育优质均衡发展。创新设立教育系统事业编制“周转池”，为建设一线教师人才队伍提供支撑。聚焦12345市民热线反映的高频共性难点问题，配合市委编办完成《接诉即办“每月一题”专项清单（四）》区属相关部门及9个街道的意见征求，推进接诉即办向主动治理、未诉先办深化。聚焦强化基层医疗卫生队伍建设，落实社区卫生服务机构人员配备标准，做好政府举办基层社区卫生服务中心事业编制测算工作。为区消防救援支队核增政府专职消防员额度，推动新建小型消防站尽快投入执勤备防。

（靳献乐）

【权力清单动态管理】 年内，区委编办围绕完善职责明确、依法行政的政府治理体系发力，坚持做好权力清单动态管理、规范权力运行，根据市委编办发文调整区级权力清单情况，筛选涉及区级部门及街道的权力清单事项，征求意见后，动态调整政府部门权力清单3次，构建边界清晰、分工合理、权责一致、运转高效、依法保障的政府职能体系。

（靳献乐）

【机构编制监督检查】 年内，区委编办加强机构编制监督检查，在十三届区委第三、四轮巡察选人用人专项检查中，通过提供机构编制资料、为检查组专门培训、直接参与检查、核实问题线索等措施，对14家单位进行机构编制监督检查。强化预防教育，利用全区科级干部培训班平台，宣讲《中国共产党机构编制工作条例》，扩大《条例》的知晓度和影响力。实地走访9个街道开展2021年街道行政管理体制改革评估问题整改情况“回头看”。组织开展机构编制违规违纪典型案件自查自纠工作，严肃机构编制纪律。带头执行《中国共产党重大事项请示报告条例》和机构编制重大事项报告制度，督促指导各部门按时上报机构编制重大事项，严格审核把关，强化机构编制纪律。

（靳献乐）

【机构编制实名制管理】 年内，区委编办推进用编管理工作，组织区属各部门科学编制年度用编计划，健全完善区委组织部、区委编办、区人力社保局、区财政局“四部门”协作审核机制，优化用编计划备案程序，提高管理精度，提升编制资源使用效益。9月，根据市委编办工作部署，启动年度用编计划在线报送审批工作，并组织区属77个部门开展系统培训，加强机构编制信息化建设，为用编管理工作提供全流程数据化支持，提升工作质效，减轻基层单位负担。做好实名制数据填报、统计分析工作，协助区财政局组织开展编外用工统计。

（靳献乐）

【事业单位法人登记管理】 年内，区委编办为16家区属单位办理统一社会信用代码赋码及换证工作；完成办理事业单位法人设立、变更、注销登记79家，办理电子证照31家，完成260余家事业单位2022年度报告公示工作，完成率100%。提供业务指导、解答咨询、远程协助等服务300余次。为提高辖区事业单位登记管理工作水平，组织全区260家事业单位开展法人登记业务培训工作。

（靳献乐）

老干部工作

【概况】 截至2023年底，归属中共北京市石景山区委老干部局（简称区委老干部局）服务管理的离退休干部951人，其中离休干部45人（含易地安置离休干部3人），平均年龄94岁；退休干部906人（含代管退休干部34人），平均年龄71岁。按离休干部参加革命时期划分：抗日战争时期11人、解放战争时期34人。按离退休干部所在单位性质划分：党政机关820人、事业单位92人、企业单位39人。全年去世离退休干部36人。

（徐永平　李悦悦）

【老干部文体活动】 春节期间，区委老干部局举办线上“贺新春‘云’团圆”老干部新春团拜会，各文体团队和自管组织为全区离退休干部送上节日祝福。2月3日，举办“京西晚霞元宵日，夕阳正红幸福年”—离退休干部猜灯谜游园会主题活动,老干部们共赏文艺盛宴,品元宵,猜灯谜。“三八节”前夕,先后举办“展巾帼风采 庆三八佳节”离退休女干部第二届读书汇活动、“巾帼心向党 奋进新征程”离退休女干部庆“三八”巧手绘新篇活动。4月13日,石景山区老干部欣苑艺术团举行揭牌仪式,市老干部活动中心、区老干部大学八大处军营分校、区委宣传部、区文旅局、区文联等部门相关领导出席活动。6月21日,举办“浓情端午 品味文化”离退休干部迎端午活动,老干部们包粽子、做香囊,互送祝福。七一前夕,开展“京西晚霞红 颂歌献给党”庆七一主题活动,25名诗社老干部用朗诵表达不忘初心、永远跟党走的情怀。9月5日,石景山区举办大型音乐史诗“山河颂”暨离退休干部学习贯彻习近平新时代中国特色社会主义思想主题教育讲演活动,市委组织部副部长、老干部局局长张彤军,区领导李新、刘海涛、张利军等出席活动,300余名老同志用“宣讲+演出”形式讲述习近平新时代中国特色社会主义思想在石景山区的实践。10月13日,由中国老年书画研究会、区委老干部局、区文联主办,区老年书画研究会承办的“夕阳正红——京津冀老年书画作品交流展”在区文化中心美术馆开幕。中国老年书画研究会书记王吉、副会长张玉田、赵海明,市委老干部局副局长栗晋春,区委常委、组织部部长张利军,区政协原主席张俊山,河北省委宣传部原副部长、省老年书画研究会副会长相金科出席活动。来自京津冀老年书画界的150余人参加展览开幕式。重阳节期间,组织开展离退休干部文体自赛活动、“十佳健康”老人评选、“做健康老人、享快乐生活”重阳活动,弘扬孝亲敬老的传统文化。

(杜 群)

【召开老干部工作会议】 2月24日,石景山区召开老干部工作领导小组会,刘海涛出席会议并讲话。会议传达全国老干部局长会议和北京市老干部工作会议精神,总结2022年全区老干部工作,谋划2023年老干部工作重点任务,确定2023年拟为老干部解决的几项问题、全区老干部工作会议筹备情况以及印发《关于加强新时代离退休干部党的建设工作的实施方案》。3月7日,石景山区召开老干部工作会,刘海涛就做好2023年全区老干部工作提出具体要求。同月23日,常卫主持召开区委常委会会议,传达学习全国老干部局长会议、全市老干部工作会议精神,听取辖区老干部工作相关情况的汇报。4月4日,石景山区召开关心下一代工作委员会工作会议,传达全国关工委工作会议精神和北京市关工委工作会议精神,总结2022年区关工委工作情况,部署2023年重点工作。北京市关工委常务副主任李昭玲,区委常委、组织部部长张利军出席会议并讲话。

(李悦悦)

9月5日,石景山区举办大型音乐史诗“山河颂”暨离退休干部学习贯彻习近平新时代中国特色社会主义思想主题教育讲演活动 (区委老干部局供图)

【走访慰问离退休干部】 年内,区委老干部局落实离退休干部走访慰问、住院探视、去世吊唁等制度。元旦、春节期间走访慰问全区离退休干部900余人,“七一”前夕进行入户走访全区所有离休干部、80岁以上退休干部、八大处军营分校老干部、新退休干部330余人。全年共看望生病住院、生活发生重大变故的离退休干部300余人次,送别离退休干部36人。

(李悦悦)

【组织老干部理论学习】 年内,区委老干部局通过“红色大讲堂”、主题党课、专题培训等形式组织全区离退休干部学习贯彻习近平新时代中国特色社会主义思想、党的二十大精神。全年组织老干部参与中组部老干部局线上专题报告会5场次。组织开展学习贯彻党的二十大精神主题培训班,将学习班课程化整为零扩大学习覆盖面,融入“红色大讲堂”。邀请区老干部宣讲团成员、外交学院教授围绕党的二十大报告、党的二十大精神、党的二十大后的国际形势、如何进一步学习贯彻习近平新时代中国特色社会主义思想进行理论讲解,加深老党员对党创新理论的认识理解。

(荀 航)

【老干部思想建设】 年内,区委老干部局落实政治待遇,为全区离退休干部订阅《石景山报》《中老年保健》。组织全区离退休干部订阅中组部“离退休干部工作”微信公众号、北京市委老干部局“北京老干部”微信公众号。组织开展“话传统、谈复兴、聚力量”主题调研,邀请局级退休干部、红色带头人、在社区担任支部书记的离退休干部分级分类开展集体座谈、个别访谈,听取老同志心声感言。举办离退休干部党支部书记示范培训班、开展2023年局处级退休干部主题培训班、专题研讨会、“银发书香”读书会、组织老同志观看学习辅导视频,教育引导离退休干部把握党的二十大提出的一系列重要思想、重要观点、重大战略、重大举措,将学习成效为“增添正能量 共筑中国梦”主题活动助力。

（荀　航）

【老干部党组织建设】 年内，区委老干部局围绕庆祝建党 102 周年，以党支部联合、主题座谈等形式开展主题党日活动。为党总支全体党员、老干部宣讲团、建言献策直通车成员配发上百份主题教育学习书籍。组织符合条件的老同志参加市委老干部局“光荣在党 50 年”主题研讨班，增强老党员的荣誉感、归属感。入户走访离退休干部党员 300 余人、慰问发挥作用突出老党员 50 人。发挥离退休干部党员担任社区党建监督员、非公党建指导员、“特约书记助理”参与基层治理的优势作用。推进党建引领老干部工作向基层延伸，与党群活动中心推进老党员之家、老干部大学社区课堂、“五老”工作室建设，推动老干部工作重心下移、力量下沉。

（丁　玲）

【“六好”党支部示范创建】 年内，区委老干部局开展“六好”党支部示范创建，召开专题座谈会、交流研讨会，组织各离退休干部党支部书记学习“六好”离退休干部党支部示范创建实施方案、工作要求和标准体系。根据离退休干部党支部实际状况，在人大离退休干部党支部和政协离退休干部党支部中开展示范创建工作。其余党支部以“六好”党支部示范创建指标为牵引，通过送学上门、线上报告会、群内资料转发等形式组织党员开展线上、居家学习，确保离退休党员干部离岗不离党、永葆政治本色。

（丁　玲）

【理论宣讲与老干部宣传工作】 年内，区老干部理论宣讲团进校园、进企业、进机关、进社区、进军营、进网站开展宣讲，探索把理论学习、理论宣讲与不同实践应用场景相结合，开展理论宣讲 165 场次，覆盖 7000 余人。区老干部建言献策直通车既关注首都发展、政策制定等层面，也关注百姓的所思所想，建言献策 32 条。老干部听证员队、网络监督员队举办授旗仪式，为区检察听证工作及加强网络社会综合治理贡献力量。老干部法律服务队参与法院陪审，开展普法宣传。1 月，石景山区老干部发挥作用品牌“京西晚霞”被《新京报》评选授予第十六届感动社区楷模奖。北京电视台《晚晴》系列节目先后报道区政协原副主席陈国华坚定信仰初心不改的先进事迹，区老干部理论宣讲团团长曹荣恒及副团长付生柱入选市老干部理论宣讲团开展宣讲的活动纪实，区老干部门球队通过体育活动践行对生活热爱的团队风采。区总工会原主席李桂珍凭借多年的无私奉献，获“2023 年北京市生活垃圾分类达人”荣誉称号。中央广播电视总台《老年之声》“七夕”特别节目邀请区政协原副主席曹荣恒分享夫妻之间 50 多年的爱情故事。以“石景山老干部”微信公众号、石景山老干部《欣苑》报、石景山区融媒体平台为主要宣传载体，开展老干部发挥作用做表率方面的宣传工作；活动成果同时被京报网、《北京青年报》线上平台等媒体报道。

（荀　航　任德宝）

【开展关心下一代工作】 年内，石景山区关工委加强成员单位协同联动，发挥“五老”优势作用，推进“区、街道、社区”三级关工委组织体系建设，全区 9 个街道全部完成关工委领导班子的调整优化，在所有社区实现关工小组全覆盖，在各街道党群服务中心建成 9 个“五老”工作室，鲁谷街道建成全区首家楼宇“五老”工作室。聘请《长大后我就成了你》词作者宋青松为“五老”志愿者形象大使，与京源学校举办宋青松新校园歌曲演唱会。深化“传承红色基因”品牌工程，线上推出 7 期“红色基因永传承之‘五老’线上讲述战争故事”教育课程。“五老”宣讲团走进校园宣讲 8 场，线下组织区情党史教育活动 1 次，开展“长征组歌”进校园活动 3 次。弘扬中华优秀传统文化，开展“二十四节气进校园”主题活动，组织“五老”进校园普及二十四节气知识 2 次，捐赠传统文化书籍 100 余套、书法作品 25 幅，累计覆盖 600 余名未成年人。开展“庆‘七一’颂党恩”书画笔会活动 1 次，老少同台书写绘画。加强法治宣传教育，联合区法院开展“法院开放日”活动 1 次，线上推出 4 期“石小关普法”专题青少年普法宣传教育。助力双减，鲁谷街道五芳园健身苑建成并投入使用。加强关心关爱未成年人宣传，设计定制 7 万份宣传品，在全区 9 个街道进行入门入户宣传。常态开展志愿服务，各基层关工组织开展传承中华优秀传统文化主题活动 84 场，累计覆盖 1700 余名未成年人。开展“关爱明天 普法先行”等青少年法律教育活动 130 余场、上下学期间交通疏导活动 18 次，开展“向雷锋同志学习”题词 60 周年主题志愿活动，累计覆盖 5 万余名未成年人。9 月 6 日，市关工委主任梁伟，常务副主任李昭玲，副主任武高山、赵小卫，市关工委秘书长、市委老干部局一级巡视员刘向东到石景山区调研考察，对石景山区关心下一代工作给予肯定。

（任德宝　李悦悦）

【为离退休干部办实事】 年内，区委老干部局巩固完善离休干部“三个机制”，保障“两费”和生活补贴按时足额发放。为离休干部每人每年发放 800 元健康疗养补助和 120 元小帮手服务费，及时调整去世离休干部无工作配偶生活困难补助费标准，核准并发放企业处级退休干部困难补助约 8 万元。分级分类组织 800 余位离退休干部进行健康体检，以每人 400 元标准落实“四就近”经费保障，向全区 70 余位患重大疾病和生活困难老同志发放帮扶资金 30 余万元，协调石景山医院增设干保科外科门诊，为 25 位有改造意愿的离休干部进行家庭适老化改造帮扶。

（李悦悦）

区直机关党建

【概况】 截至 2023 年底，中共北京市石景山区委区直属机关工作委员会（简称区直机关工委）辖有区直机关基层党组织 64 个，其中党委 13 个，党总支 11 个，党支部 40 个，党员 3620 人；机关工会 65 个，会员 4695 人；团组织 19 个，团员 266 人。年内，区直机关工委以党的政治建设为统领，落实全面从严治党政治责任，以提升党的组织力为重点，增强基层党组织政治功能和组织功能，推进基层党建各项重点任务，加强机关党建与业务工作深度融合，提高机关党建工作质量。

（孙　磊）

【助力创建全国文明城区】　年内，区直机关工委向系统各党组织下发创建全国文明城区应知应会问卷调查的工作通知，指导督促各级党组织确保每名党员干部熟练掌握相关内容。对区直机关各单位落实“包片包点责任”情况开展专项工作监督，累计督查133个点位。动员组织1337名居住在石景山区的干部回社区参与创城问卷调查工作。

（孙　磊）

【机关党组织思想政治建设】　年内，区直机关工委指导督促15个区直机关党组织总结学习领会党的二十大精神经验做法，分享落实举措，进行宣传推介。举办区直机关系统党的二十大精神宣讲报告会、2023年石景山区直机关党组织书记示范培训班，根据区直机关系统党建工作实际，围绕习近平新时代中国特色社会主义思想、党的二十大精神、机关党建基础业务知识、如何加强机关党的政治建设等内容开展教育培训。举行“踔厉奋发担使命　凝心铸魂向复兴”2023年“十一”国庆节区直机关升旗仪式。倡导机关党员干部共同奋斗，建设政治机关和模范机关。

（孙　磊）

【党支部标准化规范化建设】　年内，区直机关工委深化党支部标准化规范化建设。指导65家区直机关单位的223个基层党支部完成组织生活会，建立问题整改清单370份。严格按照按期换届、届中调整等工作要求，规范提醒、报批等程序，研究审议7个基层党组织换届选举、11个党组织提请任命书记副书记、2个党组织补选委员的事项，5个党组织调整组织设置及更名。重新核定2023年党费，做好区直机关党费收缴使用管理工作。共接收预备党员59名，预备党员转正60余名，组织入党积极分子培训。

（孙　磊）

【开展帮扶慰问工作】　年内，区直机关工委举行“献爱心作表率　办实事解民忧”主题“共产党员献爱心”集中捐献活动，区四套班子领导参加活动并带头捐款，现场共募集机关党员干部捐款8万余元。开展关心关爱工作，春节、“七一”慰问困难党员干部28人次，累积发放慰问金13.1万元。

（孙　磊）

【落实“品质先锋”工程】　年内，区直机关工委制定并印发《石景山区直机关系统关于贯彻落实“品质先锋”工程的实施方案》。召开深入实施“品质先锋”、推进党支部标准化规范化建设调研座谈会。开展“弘扬中华优秀传统文化、传承红色基因”“弘扬传统文化、传承工匠精神”“深化‘品质先锋’建设、服务高质量发展”等系列活动，搭建学习载体，整合利用区直机关系统资源，推动“联学联研”工作取得新成效。

（孙　磊）

【助力基层治理】　年内，区直机关工委指导和督促系统各基层党组织参加“双报到”活动。召开区直机关系统联建共建工作部署会，通过“理论联学、活动联办、队伍联抓、难题联解”等活动方式，引导系统党员干部下沉参与基层治理、服务群众，增强基层党组织的政治功能和组织功能。先后两批次推荐58名同志担任社区“第一书记”。区直机关各级党组织与共建社区党组织开展联建共建活动150余次，共1600余人次党员参加。贯彻落实习近平总书记关于防汛救灾工作的指示精神，系统各基层党组织及党员干部主动对接共建联建社区，认领责任区和工作任务，参与率100%。

（孙　磊）

【开展党风廉政教育】　年内，区直机关工委落实中央《关于加强新时代廉洁文化建设的意见》，通过常态化长效化开展党史学习教育和党风廉政宣传教育活动，结合学习党章、党规党纪，做好“以案为鉴、以案促改”工作，按照《石景山区第二十九届党风廉政建设宣传教育月活动计划》要求，开展“凝心铸魂跟党走　实干担当走在前”主题党日活动，工委书记讲廉政党课。落实《关于做好教育整顿学习教育相关工作的通知》要求，纪检干部开展各主题学习导读和“个人自学研读”，打牢政治、思想、纪律基础。

（孙　磊）

【组织群团活动】　年内，区直机关工委举办“传承冬奥精神，共创文明石景山”主题健步走活动。抓好区直机关系统团组织学习贯彻习近平新时代中国特色社会主义思想主题教育活动。开展“传承冬奥精神，展现青春风采”主题团日活动。参与“学习二十大　团(工)委书记说”活动。做好机关干部职工关心关爱工作，举办“童心向党”主题职工子女暑期托管班2期。举办游泳培训班2期。举办“热爱科学　崇尚科学”区直机关系统亲子活动，观看科普创新成果展。

（孙　磊）

党校工作

【概况】　2023年，中共北京市石景山区委党校［简称区委党校（行政学院）］制定《中共石景山区委党校深入开展学习贯彻习近平新时代中国特色社会主义思想主题教育实施方案》，成立工作专班，推进主题教育各项工作。运用习近平新时代中国特色社会主义思想专题读书角、“大师讲党课”、“人民学习”等在线学习平台，将主题教育理论学习融入日常。利用“学讲记做”主题党日活动，教育引导教职工开展调查研究。加强检视整改，每两周更新问题清单，确保学习贯彻党的创新理论常态长效。全年共举办培训班72期，参训学员线下5569人次，线上16673人次，培训总时长300.5天。开发特色教学，围绕经济高质量发展，与阿里巴巴、北京城市大数据研究院进行战略合作，拓展数字经济现场教学点2个。激活教务职能，对标市委党校教务职责，捋顺职能模块，完善“三库”建设，规范教学督导流程，建立新课进主体班“一把手”督导机制。参加市党校系统第二届教学管理优秀奖评选，并首次获奖。《红旗渠精神及其当代价值》课程获评2023年北京市党校系统精品课二等奖。组建党校中青年教师宣讲团，推动学习宣传贯彻党的二十大精神进机关、进企业、进社区、进学校，受众达3800余人次。

（李嘉鹏）

【建校50周年庆祝会举办】 6月13日，区委党校举办建校50周年庆祝会，区委书记常卫，市委党校（行政学院）副校（院）长谭继东，区委副书记、政法委书记、党校校长刘海涛，区委常委、组织部部长张利军等领导出席。区委组织部、宣传部、统战部、巡察办等相关部门领导、党校全体在职教职工、部分退休教职工以及第二十八期中青年干部培训班学员120余人参会。

（李嘉鹏）

【举办42期主体班】 年内，区委党校（行政学院）完成各类主体班培训42期，培训学员14603人次，其中线上培训学员11699人次（见下表）。

表5 2023年石景山区委党校（行政学院）主体班一览表

序号	培训主题	日期	人数	线上人数	主办单位
1	石景山区2023年第一期“学习贯彻党的二十大精神”培训班	3月8日至10日	121		区委组织部 区委党校
2	石景山区2023年第二期“学习贯彻党的二十大精神”培训班	3月13日至15日	116		区委组织部 区委党校
3	石景山区2023年第三期“学习贯彻党的二十大精神”培训班	3月15日至17日	124		区委组织部 区委党校
4	石景山区2023年第四期“学习贯彻党的二十大精神”培训班	3月20日至22日	124		区委组织部 区委党校
5	石景山区2023年第五期“学习贯彻党的二十大精神”培训班	3月27日至29日	127		区委组织部 区委党校
6	石景山区2023年基层党组织书记培训班	3月27日至29日	100	1900	区委组织部 区委党校
7	石景山区2023年应急管理网络专题培训班	3月14日至4月8日		33	区委组织部 区委党校
8	“深化接诉即办改革 提升领导干部基层治理水平”专题培训班	4月10日至14日	97		区委组织部 人民大学 区委党校
9	石景山区2023年第一期公务员初任培训班	4月17日至28日	109		区委组织部 区委党校
10	石景山区2023年第一期“大师讲党课”培训班	4月18日	42	2200	区委组织部 区委党校
11	石景山区2023年入党积极分子培训班	4月19日至21日	52	511	区委组织部 区委党校
12	石景山区第二十八期中青年干部培训班	5月6日至6月30日	40		区委组织部 区委党校
13	石景山区2023年第一期处级干部进修班	5月8日至6月2日	32		区委组织部 区委党校
14	石景山区2023年两新党组织书记培训示范班	5月10日至12日	70		区委组织部 区委党校
15	石景山区2023年年轻干部周末大讲堂	5月20日至10月14日	79		区委组织部 区委党校
16	石景山区2023年党建引领基层社会治理专题班	5月21日至27日	54		区委组织部 区委党校
17	石景山区2023年区直机关党组织书记示范培训班	6月7日至9日	81		区委组织部 区委党校
18	石景山区2023年区域经济高质量发展专题培训班	6月12日至16日	89		区委组织部 北京大学 区委党校
19	石景山区2023年“贯彻新发展理念 构建新发展格局”系列讲座	6月19日至7月7日		700	区委组织部 区委党校
20	石景山区2023年“推进现代金融产业发展”专题培训班	6月26日至28日	40		区委组织部 区金融办 区委党校
21	石景山区2023年第二期“大师讲党课”培训班	6月28日	86	2900	区委组织部 区委党校
22	石景山区2023年组工干部培训班	7月10日至12日	90	90	区委组织部 区委党校
23	石景山区2023年科技创新专题培训班（苏州）	7月9日至14日	35		区委组织部 区委党校
24	石景山区2023年第三期“大师讲党课”培训班	7月20日	100	2530	区委组织部 区委党校
25	石景山区2023年第二期两新党组织书记培训示范班	8月9日至11日	60		区委组织部 区委党校

续表

序号	培训主题	日期	人数	线上人数	主办单位
26	全国社区党组织书记和居委会主任视频培训班	8月20日至24日	159		中央组织部　区委党校
27	石景山区2023年度基层干部师资网络培训班	8月28日至9月10日		6	市委组织部　区委党校
28	石景山区2023年新任职处级干部培训班	9月4日至10月13日	27		区委组织部　区委党校
29	石景山区2023年生态文明建设专题培训班	9月5日至7日	83		区委组织部　区生态局　区委党校
30	石景山区2023年第二期公务员初任培训班	9月11日至28日	118		区委组织部　区委党校
31	石景山区2023年基层党组织书记主题教育专题培训班	9月21日至22日	53		区委组织部　区委党校
32	石景山区2023年第二期处级干部进修班	10月9日至11月3日	36		区委组织部　区委党校
33	石景山区2023年新任职科级干部培训班	10月16日至11月3日	64		区委组织部　区委党校
34	2023年全国新录用公务员初任培训班	10月30日至11月3日	106		区委组织部　区委党校
35	石景山区2023年推动经济高质量发展专题培训班(深圳)	11月5日至10日	36		区委组织部　区委党校
36	石景山区2023年区直机关党组织书记示范培训班	11月8日至10日	87		区委组织部　区委党校
37	石景山区2023年女性领导力提升专题培训班	11月15日至17日	36		区委组织部　区妇联　区委党校
38	石景山区2023年"城市规划和城市更新"专题培训班	11月29日至30日	36		区委组织部　区住建委　区委党校
39	石景山区2023年"加快推进产业转型 推动高精尖产业发展"专题培训班	11月27日至12月1日	76		区委组织部　区发改委　清华大学　区委党校
40	石景山区2023年新任职党支部书记示范培训班	11月28日至30日	40	420	区委组织部　区委党校
41	石景山区2023年年轻干部政治理论专题培训班	12月4日至8日	40		区委组织部　区委党校
42	石景山区2023年新党员区级示范培训班	12月6日至8日	39	409	区委组织部　区委党校

(李嘉鹏)

【加强科研工作】 年内,区委党校(行政学院)实施"全员科研"战略,围绕区委中心工作设定课题指南。完成北京市党校系统重点调研课题2项、智库课题2项。开展校级课题研究27项、区级课题2项、市级课题6项,出版专著2部。推进决策咨询,开展"一校委一课题一智囊"工程,确立5项咨政项目。为处级干部进修班、中青年干部培训班发放咨政指导手册,开展专题辅导并指导完成调研报告,其中3篇调研报告获区领导批示。组建校内科研团队,联合中国社会科学院、首都师范大学、北京市社会科学院等单位开展5项协作课题研究,完成第二期、第三期"10065"公益行进社区调研活动,通过调研完成的咨政报告《石景山区百名长者的咨政意见》获区委书记和区长双批示。在《前线》等纸媒公开发表理论文章8篇,在党建头条、"人民日报"客户端、共产党员网等发布网宣文章15篇、信息32则,在市委党校网站刊发综合信息18则。

(李嘉鹏)

党史编研

【概况】 2023年,中共北京市石景山区委党史研究室、区地方志办公室(简称区史志办)发挥存史、资政、育人职能作用,做好史志各项工作。根据市委党史研究室、市地方志办公室(简称市史志办)的通知要求,为《中共北京市委执政纪事(2022)》《中国共产党北京历史大事记》报送石景山区相关文字和图片材料。结合习近平新时代中国特色社会主义思想主题教育和改革开放四十五周年主题,做好史志宣传月活动。聚焦主责主业,编纂完成《见证石景山》《以"汛"为令战暴雨 众志成城保平安——石景山区全力以赴应对"23·7"流域性特大洪水灾害和灾后重建工作纪实》等成果。为石景山区档案馆新馆和区规划展览馆建设提供党史文字和图片资料,为古城街道长征主题展览提供党史业务指导。开展党史"七进"活动,以党史基本著作、编研成果、党史故事等为依托,开展党史知识进机关、进校园、进社区、进企业、进军营、进网络、进爱国主义教育基地活动。

(韩连波)

【编纂防汛抗洪救灾工作纪实】 9月,区史志办根据市史志办通知要求,搜集整理7月以来石景山区为应对极端强降雨和洪涝灾害所做各项工作。11月,编撰完成《以"汛"为令战暴雨 众志成城保平安——石景山区应对"23·

7”极端强降雨洪涝灾害工作情况》,全文共6000余字,配图5张,收录于《风雨同心 人民至上——北京市“23·7”极端强降雨抢险救灾和灾后恢复重建大事纪要》。年内,区史志办结合全区相关单位所提供的防汛抗洪救灾工作材料,编撰完成《以“汛”为令战暴雨 众志成城保平安——石景山区全力以赴应对“23·7”流域性特大洪水灾害和灾后重建工作纪实》。全书内容分为工作综述、工作纪实和附件3个部分,共2万余字,图片30余张,记录石景山区防汛抗洪救灾和恢复重建工作,确保人民群众生命财产安全和城市运行安全等内容。

(韩连波)

【开展史志宣传月活动】 10月,区史志办按照市史志办《2023年史志宣传月活动安排》部署安排,开展以“守正创新重实践,史志不渝谱新篇”为主题的史志宣传月活动。组织参观石景山区党史主题公园、八宝山革命公墓、八大处红色电波、首钢园区等红色资源;开展“史志宣传进社区”活动,向联建共建单位区鲁谷街道六合园北社区赠送《中国共产党北京市石景山区历史》《石景山红色记忆》《石景山红色历程》《北京石景山年鉴》《见证石景山》等史志书籍,累计向机关企事业单位发放史志书籍期刊1000余册;参与区委宣传部、区文旅局联合开展的“党的孕育地”主题阅读宣传周活动,为党员宣讲史志廉政故事;为石景山区规划展览馆提供城市建设发展大事记有关历史老照片20余张,丰富规划展览馆区情历史文化内涵;指导古城街道设计“弘扬长征精神 吸取奋进力量”长征主题展览,打造党性教育基地。

(韩连波)

【刊发《见证石景山》4期】 年内,区史志办刊发《见证石景山》杂志4期。其中第46期“资政建言”栏目刊登的《关于通过文旅产业带动天泰山区域有机更新的思考》为石景山区城市更新、产业发展等建言献策,得到区委书记常卫批示。第47、48期开设“纪念改革开放四十五周年”专栏,展现石景山区改革开放以来的发展变化和成就。《见证石景山》4期累计编辑30余个栏目,刊发文章40余篇,向全区机关企事业单位累计发放7000余册。

(韩连波)

【完成“深刻变化”丛书目录】 年内,区史志办根据市史志办通知要求,开展《激扬新时代 奋斗新征程——习近平总书记视察北京后京华大地的深刻变化(石景山篇)》的资料搜集和大纲编写工作。围绕抓住冬奥机遇、立足“三区”功能定位、实施产业转型和城市更新发展“两大战略”、推动新首钢引领“京西八大厂”全面复兴、推动“一轴四园”产业功能区和“1+3+1”高精尖产业体系建设、建设西山永定河文化带、打造老旧小区改造的“石景山样板”等搜集整理相关材料,完成大纲目录编制。

(韩连波)

中共北京市石景山区第十三届委员会

书　　记　常　卫

副 书 记　李　新　刘海涛

常　　委　李金克　王晓东　张利军　钱　行　王运洪　李先侠　迟志禹　王其志

委　　员(按姓氏笔画为序排列)

丁仁猛　马　斌　王运洪　王其志　王国利　王晓东　王晓华　王智勇(满族)　申　键　田利跃　朱春涛(满族)　刘　锋　刘吉新　刘海涛　苏文颖　李　新　李文化(女)　李文起　李先侠　李金克　杨贵宝　吴　燕(女)　迟志禹　张　帆(女)　张　伟　张利军　张京文　张洪江　郝显军(蒙古族)　贾　曦　夏鹏程　高春玲(女)　曹世辉(满族)　钱　行　曹俊房　龚志彪　常　卫　崔　乐　梁学刚　韩孟荣

候补委员(按得票多少为序排列)

李美红(女)　吴智鹏　冯雅男　金跃文　吕松涛　王亚迅　高　竹(女)　唐　铭(女)

石景山区委工作机构主要负责人

区委办主任	迟志禹
区委组织部部长	张利军
分管日常工作的副部长	郑　一
区委宣传部部长	李金克
分管日常工作的副部长	丁仁猛
区委统战部部长	钱　行(10月任)
分管日常工作的副部长	高　竹(女)
区委政法委书记	刘海涛
分管日常工作的副书记	夏鹏程
区委区政府研究室主任	迟志禹(11月免) 龙慎山(11月任)
区委全面深化改革委员会办公室主任	迟志禹(11月免) 龙慎山(11月任)
区委网信办主任	侯世玺
区委编办主任	吴　燕(女)

区直机关工委书记	杨文钢
区委巡察办主任	于学君(女)
区委老干部局局长	王宏芬(女,11月免)
	赵立辉(11月任)
区文明办主任	邵立文
区委党校(行政学院)校(院)长	刘海涛(兼)
分管日常工作的副校(院)长	龚志彪
区社会主义学院院长	钱　行(10月任,兼)
分管日常工作的副院长	龚志彪
区委党史研究室、区地方志办主任	吴　琨
区档案馆馆长	张玉起
区委教育工委书记	石显富
区委社会工委书记	吴智鹏
区委园区工委书记	李文化(女,兼)
分管日常工作的副书记	贾　曦

石景山区政府、党政分设工作机构党组织书记

区政府办党组书记	张　伟
区发展改革委党组书记	崔向华
区科委党组书记	石　磊
区经济和信息化局党组书记	田　纬(满族)
区财政局党组书记	杨贵宝
区人力社保局党组书记	韩孟荣
市规自委石景山分局党组书记	贺尔军
区生态环境局党组书记	王瑞超
区住房城市建设委党组书记	曹世辉(满族)
区城市管理委党组书记	齐　兵
区商务局党组书记	董湘水
区文化和旅游局党组书记	唐　铭(女)
区卫生健康委党委书记	葛　强
区退役军人局党组书记	明　强(女)
区应急管理局党委书记	徐伟超
区市场监督管理局党组书记	金跃文
区审计局党组书记	王亚兰(女,2月免)
	田　勇(女,2月任)
区国资委党委书记	王晓华(11月免)
	岳　赞(11月任)
区体育局党组书记	张瑞龙
区统计局党组书记	王彦明(2月免)
	尹仕朝(2月任)
区园林绿化局党组书记	宋菁慧(女)
区金融办党组书记	高延娜(女)
区政务服务局党组书记	孙栓柱
区机关服务中心党组书记	万晓健
区国动办党组书记	任连田(11月免)
	王晓华(11月任)
区集体资产监管办党组书记	张洪江
区信访办党组书记	来英慧(女)
区医保局党组书记	王　鑫
区西建办(区西山永定河文化带建设管理委员会)党组书记	闫晓辉(女)
区投促中心党组书记	段京涛(11月免)
区环卫中心党委书记	齐　忠
区城管指挥中心党组书记	周正民
区公园管理中心党组书记	王金兰(女,11月免)
	王　靖(女,11月任)
区房屋征收事务中心党组书记	唐　嵘
八大处公园管理处党组书记	王　浩
区融媒体中心党组书记	王建强
石景山医院党委书记	王　惠(女)
区税务局党组书记	濮　璐
区气象局党组书记	朱　立

石景山区人民代表大会

综　述

石景山区人民代表大会常务委员会（简称区人大常委会）是本区人民代表大会的常设机关，由区人民代表大会选举产生，在区人民代表大会闭会期间，依法行使地方国家权力机关的职权，对区人民代表大会负责并报告工作。区第十七届人大常委会组成人员35人，其中主任1人、副主任5人、委员29人。区人大常委会机关内设办公室（信访办公室）、代表联络室（市人大代表联络处）、研究室、财政经济办公室、预算审查办公室、法制办公室（备案审查办公室、社会建设办公室）、教科文卫办公室、城建环保办公室等8个办事机构，行政编制38人。2023年，区人大常委会在区委的坚强领导下，坚持以习近平新时代中国特色社会主义思想为指导，认真学习贯彻党的二十大精神，深入贯彻落实中央人大工作会议和市委、区委第六次人大工作会议精神，全面贯彻落实区委十三届五次、六次全会精神，认真执行区十七届人大三次会议决议，坚持党的领导、人民当家作主、依法治国有机统一，坚持围绕中心、服务大局，依法履职尽责、积极担当作为，深入践行全过程人民民主，为全力打造新时代首都城市复兴新地标、高水平建设好首都城市西大门提供坚强的民主法治保障。

（杨兴宇）

重要会议

【概述】 年内，区人大常委会落实区委十三届五次、六次全会和区委第六次人大工作会议精神，认真执行区十七届人大三次会议决议。常委会共召开会议7次，审议议题58项，听取审议专项工作报告27项，开展执法检查1项、专题询问2项、视察7次，作出决议决定7项、审议意见书9件，任免国家机关工作人员51人次，办理议案5项，督办建议、批评和意见121件，督办重要民生实事42项，完成十七届人大三次会议确定的各项任务。

（杨兴宇）

【区十七届人大三次会议】 1月4日至6日，召开石景山区第十七届人民代表大会第三次会议。大会以举手表决的方式通过《区人民代表大会议事规则》，通过关于石景山区人民政府工作报告的决议、关于石景山区2022年国民经济和社会发展计划执行情况与2023年国民经济和社会发展计划的决议、关于石景山区2022年预算执行情况和2023年预算的决议、关于石景山区人民代表大会常务委员会工作报告的决议、关于石景山区人民法院工作报告的决议、关于石景山区人民检察院工作报告的决议。

（杨兴宇）

【区十七届人大常委会第十一次会议】 3月16日，石景山区第十七届人大常委会第十一次会议在区人大常委会会议厅举行。出席会议的常委会组成人员28人。会议传达学习十四届全国人大一次会议闭幕会的有关精神。会议审议并原则同意区人大法制委员会、财政经济委员会、教科文卫委员会、城建环保委员会和社会建设委员会分别作的关于区第十七届人民代表大会第三次会议主席团交付审议的议案审议结果的报告，按相关规定印发区人民代表大会下次会议。会议审议并原则通过《石景山区人大常委会2023年工作要点》。会议听取和审议区人大常委会法制办公室主任张清所作的关于2022年规范性文件备案审查工作情况的报告，并按照相关规定进行公开。区人民政府向区人大常委会书面提交《北京市石景山区人民政府2022年法治政府建设年度情况报告》。会议决定人事任免事项。会议以无记名投票表决的方式，通过区人大常委会主任会议提请的人事任免职事项。会议以无记名投票表决的方式，通过区长李新提请的人事任免职事项。会议以无记名投票表决的方式，通过区监委主任王晓东提请的人事免职事项。会议以无记名投票表决的方式，通过区法院院长朱春涛提请的人事任职事项。

（杨兴宇）

【区十七届人大常委会第十二次会议】 5月25日，石景山区第十七届人大常委会第十二次会议在区人大常委会会议厅举行。出席会议的常委会组成人员23人。会议传达学习习近平总书记在二十届中央政治局第四次集体学习时的讲话精神。会议听取和审议副区长黄莺所作的关于2022年度环境状况和环境保护目标完成情况的报告，听取和审议区法院院长朱春涛所作的关于加强知识产权司法保护工作情况的报告，

5月25日，石景山区第十七届人大常委会第十二次会议召开

（区人大常委会供图）

听取区人大法制委员会主任委员张清代表专门委员会所作的意见和建议。会议以按键表决的方式，通过《区人大常委会关于接受田勇、苏文颖辞去石景山区第十七届人民代表大会代表职务请求的决定》。会议以按键表决的方式，通过《区人大常委会代表资格审查委员会关于个别代表的代表资格的报告》，确认田勇、苏文颖代表资格终止。经本次变动后，石景山区第十七届人民代表大会实有代表217人，由人大常委会予以公告。会议以按键表决的方式，通过《北京市石景山区人民代表大会常务委员会议事规则(修订草案)》，并自公布之日起施行。会议决定人事任免事项。会议以无记名投票表决的方式，通过区人大常委会主任会议提请的人事任免职事项。会议以无记名投票表决的方式，通过区监委主任王晓东提请的人事任免职事项。会议以无记名投票表决的方式，通过区检察院检察长张京文提请的人事任免职事项。

（杨兴宇）

【区十七届人大常委会第十三次会议】

7月20日，石景山区第十七届人大常委会第十三次会议在区人大常委会会议厅举行。出席会议的常委会组成人员25人。会议传达学习市委十三届三次全会精神。会议听取和审议区财政局局长杨贵宝受区政府委托所作的关于2022年决算草案情况的报告和2023年上半年预算执行情况的报告，会议听取和审议区审计局局长田勇受区政府委托所作的关于2022年度预算执行和其他财政收支的审计工作报告，会议听取区人大财政经济委员会副主任委员范静岩代表专门委员会所作的关于2022年决算草案的审查结果报告，会议听取和审议区发展改革委主任崔向华受区政府委托所作的关于2023年上半年国民经济和社会发展计划执行情况的报告，会议听取区人大财政经济委员会副主任委员范静岩代表专门委员会所作的关于石景山区2023年上半年国民经济和社会发展计划执行情况的意见和建议。会议结合审议审计工作报告，对2022年决算草案和报告进行审查，同意区人大财政经济委员会提出的《关于石景山区2022年决算草案的审查结果报告》，决定批准2022年决算。会议听取和审议区文化和旅游局局长唐铭受区政府委托所作的关于“促进文旅融合、赋能区域高质量发展”专项工作报告，听取区人大教科文卫委员会主任委员王子霞代表专门委员会所作的对区政府关于“促进文旅融合、赋能区域高质量发展”专项工作报告的意见和建议。会议以举手表决的方式表决通过《关于补选石景山区第十七届人民代表大会代表的决定》，决定在区第十七届人民代表大会第四次会议召开前，依法完成补选代表工作。会议以无记名投票表决的方式，通过区长李新提请的人事任职事项。

（杨兴宇）

【区十七届人大常委会第十四次会议】

9月21日，石景山区第十七届人大常委会第十四次会议在区人大常委会会议厅举行。出席会议的常委会组成人员28人。会议传达学习主题教育有关会议精神。会议听取和审议区民政局局长吴智鹏受区政府委托所作的关于深化品质社区建设工作情况的报告，听取区人大社会建设委员会主任委员张清代表专门委员会所作的关于深化品质社区建设工作情况报告的意见和建议，听取和审议区政府常务副区长李先侠所作的关于“十四五”规划纲要实施情况中期评估的报告，听取区人大财政经济委员会副主任委员范静岩代表专门委员会所作的关于“十四五”规划纲要实施情况中期评估报告的意见和建议，听取和审议区国资委主任王晓华受区政府委托所作的关于2022年度企业国有资产管理情况的报告，听取和审议区审计局局长田勇受区政府委托所作的关于2022年度企业国有资产管理情况的专项审计报告，听取区人大财政经济委员会副主任委员范静岩代表专门委员会所作的关于2022年度企业国有资产管理情况报告的意见和建议，听取和审议区财政局局长杨贵宝受区政府委托所作的关于2023年新增地方政府债务限额及预算调整方案的报告，听取区人大财政经济委员会副主任委员范静岩代表专门委员会所作的关于2023年新增地方政府债务限额及预算调整方案的审查结果报告。会议以按键表决的方式，表决通过《关于批准石景山区2023年新增地方政府债务限额及预算调整方案的决议》。决定批准2023年新增地方政府债务限额，批准预算调整方案。会议分别以按键表决的方式，通过《区人大常委会关于接受陈婷婷同志辞去石景山区第十七届人民代表大会代表职务请求的决定》《区人大常委会关于接受郑良程辞去石景山区第十七届人民代表大会代表职务请求的决定》。会议以按键表决的方式，通过《区人大常委会代表资格审查委员会关于个别代表的代表资格的报告》，确认陈婷婷、郑良程代表资格终止。经本次变动后，石景山区第十七届人民代表大会实有代表215人，由人大常委会予以公告。会议书面审议《石景山区人民政府关于2023年优化营商环境工作情况的报告》《石景山区人民政府关于2022年度国有资产管理情况的综合报告》。会议以无记名投票表决方式，通过区法院院长朱春涛提请的人事任免事项。

（杨兴宇）

【区十七届人大常委会第十五次会议】

11月16日，石景山区第十七届人大常委会第十五次会议在区人大常委会会议厅举行。出席会议的常委会组成人员22人。会议传达学习习近平总书记在北京河北考察灾后恢复重建工作时的重要讲话精神。会议听取和审议区人大常委会办公室主任刘红受主任会议委托所作的关于区第十七届人大第三次会议代表建议、批评和意见情况的报告和区政府办公室主任张伟代表区政府所作的关于办理区第十七届人大第三次会议代表建议、批评和意见工作情况的报告。以上两个报告印发区第十七届人民代表大会第四次会议，以书面形式向全体代表报告。会议听取和审议区审计局局长田勇受区政府委托所作的关于2022年度预算执行和其他财政收支审计查出问题整改情况的报告。听取区人大财政经济委员会副主任委员范静岩代表专门委员会所作的对报告的意见和建议,会议听取和审议区西建办主任闫晓辉受区政府委托所作的关于"加快城市更新步伐,进一步推进西部地区建设情况"的报告,听取区人大城建环保委员会主任委员杨旭东代表专门委员会所作的对报告的意见和建议。会议以按键表决的方式,通过《北京市石景山区人民代表大会常务委员会关于召开石景山区第十七届人民代表大会第四次会议的决定》,决定:北京市石景山区第十七届人民代表大会第四次会议于2024年1月10日召开。会议以按键表决的方式,通过《区人大常委会代表资格审查委员会关于个别代表的代表资格的报告》,确认李元员、王其志、梁汉、钱行的代表资格有效。经本次变动后,石景山区第十七届人民代表大会实有代表219人,由人大常委会予以公告。会议书面审议《石景山区人民政府关于2023年促进中小企业发展情况的报告》《石景山区人民政府关于<石景山分区规划(国土空间规划)(2017年-2035年)>实施情况的报告》。会议以无记名投票表决的方式,通过区长李新同志提请的人事任免事项,决定任命吴凯萍为石景山区政府副区长,免去黄莺石景山区政府副区长职务;会议以按键表决方式,通过区法院院长朱春涛提请的免职事项。

(杨兴宇)

【区十七届人大常委会第十六次会议】 12月14日,石景山区第十七届人大常委会第十六次会议在区人大常委会会议厅举行。出席会议的常委会组成人员26人。会议请北方工业大学文法学院院长刘泽军教授作题为《深入学习贯彻落实习近平法治思想加强法治政府建设监督工作》的专题讲座。会议听取和审议区发展改革委主任崔向华受区政府委托所作的2024年重要民生实事项目安排情况的报告。会议以按键表决的方式,表决通过关于石景山区2024年重要民生实事项目的决议,同意区政府2024年实施44项重要民生实事项目。会议讨论区人大常委会向区第十七届人民代表大会第四次会议所作的工作报告(讨论稿),决定提交人代会审议。会议审议《区第十七届人民代表大会第四次会议议程(草案)》,议程(草案)将交各代表联组讨论,在第四次人代会预备会上交代表表决通过。会议审议《区第十七届人民代表大会第四次会议主席团和秘书长等名单(草案)》,名单(草案)将交各代表联组讨论,在第四次人代会预备会上交代表表决通过。会议同意区第十七届人民代表大会第四次会议列席人员名单。会议决定,如有变动,由区人大常委会主任会议研究确定。会议以按键表决的方式,通过《区人大常委会关于接受杨贵宝等同志辞去石景山区第十七届人民代表大会代表职务请求的决定》。会议以按键表决的方式,通过《区人大常委会代表资格审查委员会关于个别代表的代表资格的报告》,确认杨贵宝、岳赞、王霞的代表资格终止,经本次变动后,石景山区第十七届人民代表大会实有代表216人,由人大常委会予以公告。区人大各专门委员会书面提交2023年度工作报告。区人大常委会各街工委书面提交2023年工作报告。会议以按键表决的方式,通过《关于接受刘云清同志辞去石景山区第十七届人民代表大会教育科技文化卫生委员会副主任委员职务请求的决定》,报石景山区人民代表大会备案;会议以无记名投票表决的方式,分别通过区人大常委会主任会议、区长李新、区法院院长朱春涛、区检察院检察长张京文提请的人事任免事项;会议以按键表决的方式,通过《关于接受高洪雁同志辞去石景山区第十七届人民代表大会常务委员会副主任职务请求的决定》,报石景山区人民代表大会备案。

(杨兴宇)

【人大常委会主任会议】 年内,区人大常委会召开18次主任会议,研究处理人大常委会的重要日常工作,指导和协调人大常委会工作机构开展工作。研究确定6次人大常委会会议召开的时间和日程安排,提出各次会议议程草案;研究讨论人大常委会年度工作要点草案及主要工作安排;研究讨论召开区第十七届人民代表大会第四次会议筹备工作方案、议程及有关名单草案、人大工作报告讨论稿;研究讨论人事任免事项;研究讨论召开人大工作研讨会事宜。

(杨兴宇)

监督工作

【督办代表建议】 年内,区人大常委会围绕辖区"两大战略"实施和百姓"七有"要求和"五性"需求,践行全过程人民民主。全体人大代表深入代表家站,广泛听取选民和人民群众的意见心声,察民情、聚民智,为推动石景山区高质量发展提出121件代表建议(含议案转建议3件)。区政府深入践行以人民为中心的发展思想,认真落实区委工作部署,主动接受人大监督,分析建议办理形势,创新建议办理方式方法,密切与人大代表的联系,逐件办理答复。121件代表建议均依法按期办复,其中解决或部分解决的78件;列入工作计划需逐年解决的19件;因政策、财力等原因暂时不能解决,向代表说明解释的24件。建议办成率64.5%,代表满意率100%。

(杨兴宇)

【经济社会高质量发展监督】 年内,区人大常委会办好关于"做好石景山区'十四五'规划中期评估、助力新发展阶段高质量发展"的议案。根据工作方案,对规划主要指标、重点任务、重大项目完成情况,以及数字经济专项规划实施情况开展调研。组织常委会视察中关村工业互联网产业园、北京十一学校石景山实验中学、政务服务中心和档案馆为代表的"十四五"重大项目推进情况。形成审议意见建议和专项规划调研报告,配合常委会开展专题审议,跟踪监督区政府落实审议意见情况,推动"十四五"规划纲要后半期顺利实施。

(杨兴宇)

【城市治理和环境保护监督】 年内,区人大常委会学习贯彻习近平生态文明思想,重点围绕扬尘治理、水环境保护、节能减排降碳等工作开展调研。听取和审议区政府关于2022年度环境状况和环境保护目标完成情况的报告，提出“提高政治站位，压紧压实生态环保责任；提升治理能力，推动减污降碳协同增效；加大普法宣传力度，构建共治共享格局”等9条审议意见交区政府研究处理。同时，对政府落实常委会关于2021年度环境状况和环境保护目标完成情况报告审议意见的情况进行跟踪监督。通过持续监督，推动政府建立部门和街道条块结合的协调落实机制，完善生态环境综合治理体系，切实加大生态环境保护和治理力度。截至年底，空气中细颗粒物($PM_{2.5}$)累计平均浓度在城六区排名第二，水环境质量稳中向好，土壤环境质量总体良好。

（杨兴宇）

【民生保障和文化发展监督】 年内，区人大常委会将“十四五”专项规划中期评估工作与促进文旅融合监督议题有机融合，重点了解“十四五”时期文化和旅游发展规划指标是否如期完成、人民群众获得感幸福感是否提高，就如期全面完成规划任务目标提出具体工作建议。对区政府关于“促进文旅融合、赋能区域高质量发展”专项工作报告进行初步审查，提出“强化高位统筹，推动文旅深度融合发展”“强化产业链韧性，推动‘文旅＋’业态融合发展”“强化提质增效，赋能区域高质量发展”三方面符合区情实际、可落地可见效、利长远促发展的工作建议13条，促进政府加快补齐短板弱项，利用好资源禀赋优势，紧抓打造新时代首都城市复兴新地标机遇，做好山水文化融合文章，推动文旅深度融合，赋能区域高质量发展。

（杨兴宇）

【监察和司法工作监督】 年内，区人大常委会审议区十七届人大三次会议主席团交付法制委审议的“关于监督促进区人民法院加强知识产权司法保护工作”议案，听取审议区法院关于加强知识产权司法保护工作情况的报告，采取多种方式，对区法院加强知识产权司法保护工作情况开展调研。加强学习培训，邀请法院知识产权审判庭负责人作专题讲座，组织代表旁听知识产权案件庭审。加强走访座谈，进机关进企业，听取市场监管局、文旅局、园林局、科委、园区管委会、畅游公司以及律师代表的意见建议。加强专题调研，赴法院调研知识产权司法保护工作情况，围绕优化机制措施、强化协作配合、加强队伍建设等方面提出意见建议。加强跟踪督办，推动常委会审议意见落实，区法院制定审议意见研究处理方案，出台进一步推进知识产权审判工作的意见。加强履职监督，坚持与工作监督双发力，听取审议专项工作报告、开展监督调研中，对区法院领导班子及行政审判庭（知识产权审判庭）副庭长易珍春依法履职情况作出综合评价，深化人大监督工作。

（杨兴宇）

【人大备案审查】 年内，区人大常委会法制办公室作为常委会规范性文件备案审查工作机构，组织开展2023年度备案审查工作，依法向区人大常委会报告2022年度备案审查工作并向社会公布，及时向市人大报送备案《关于印发〈北京市石景山区人民代表大会常务委员会议事规则〉的通知》，报备2022年度制定和废止的规范性文件目录。全年收到区政府报送的行政规范性文件6件，完成备案审查。区“一委两院”暂无报送备案文件。全年做到有件必备，围绕规范性文件的认定及备案审查范围，分别与区政府办、区司法局工作人员及法治智库基地专家座谈交流，督促区政府做好规范性文件核查和补充报备工作，增强备案审查监督质效。做到有备必审，坚持“双审”工作机制，与财经办、教科文卫办、城建环保办共同开展审查工作，共同研究处理问题，确保备案审查工作质量。充分借力外脑，邀请法治智库基地专家参与审查，坚持共同开展备案审查理论与实践研究，梳理形成典型案例4个，合作编写规范性文件备案审查工作手册，撰写《立足四性，深入推进基层人大备案审查工作》文章，被《备案审查研究》刊用。

（杨兴宇）

【预算审查监督】 年内，根据区人大常委会跟踪监督工作方案，对2个重点问题和3个重点单位进行监督。首次结合审议国有资产管理综合报告，对22个单位行政事业性国有资产管理方面的问题整改情况进行延伸监督；对环卫中心和古城街道进行连续监督。各专委会跟踪监督重点部门整改情况。对政府整改情况报告的主要内容进行审议，根据跟踪监督综合情况，结合配合市人大开展整改跟踪监督工作，形成意见和建议，听取审议区政府审计整改情况的报告，切实推动整改工作取得实效。

（杨兴宇）

国家工作人员任免和监督

【国家工作人员任免】 年内，区人大常委会坚持党管干部原则与人大常委会依法任免相统一，任免区国家工作人员51人次。严格执行颁发任命书和任职表态程序，严格执行宪法宣誓制度，增强干部依法履职和为民服务意识。

（杨兴宇）

【监督任命干部履职情况】 年内，区人大常委会依据地方组织法、监督法等法律规定，落实区委工作要求，按照年初工作安排，在依法开展工作监督的同时，围绕区委年度工作重点，对国资委、区生态环境局、区文旅局、区法院、区国动办等5家单位及其由人大常委会任命的国家机关工作人员王晓华、王瑞超、唐铭、易珍春、任连田进行履职监督。

（杨兴宇）

重要工作和活动

【“三八”妇女节纪念活动】 3月7日，区人大常委会开展“履职新时代、巾帼绽芳华”“三八”国际妇女节纪念活动，邀请女性人大代表到石景山区文化中心参观调研。区文化中心相关领导向人大代表介绍区文化中心建设、管理和运行情况，带领大家参观区非遗中心和博物馆。在七层主展厅、技艺展厅、雅集展厅和临展厅代表们听取工作人员的讲解,并进行抖空竹、打花棍等互动体验。通过参观调研代表们对区历史演变和文化传承有了更加全面深入的了解。

(杨兴宇)

【视察重大项目建设】 6月29日,区人大常委会以主题教育为契机,立足区域功能定位,坚持以调查研究推动工作,为促进石景山区大力实施城市更新行动,有效推动重大项目落实落地,集中视察天泰山自然营地项目运营管理情况和福寿岭公交中心站项目、地铁一号线福寿岭车站改造启用项目、北大附中石景山学校项目建设情况,听取相关部门和建设单位关于项目投资、规模和进度的具体介绍,委员代表对区政府相关工作和项目建设取得的成效给予充分肯定。

(杨兴宇)

【视察促进文旅融合】 7月5日,区人大常委会组织全体委员实地察看RE睿·国际创忆馆、首钢香格里拉酒店、重美术馆,随行听取工作情况汇报,详细了解工业园区物质文化遗产活化利用、数字科技与文化产业融合发展、优质文化旅游产品供给等情况。李文起强调,要强化高位统筹,高质量实施文旅产业发展政策,加强文旅资源整合开发,提炼契合石景山区城市品质的文旅发展特质,有序推动东中西部文旅产业布局规划落位。要强化产业链韧性,不断探索科技手段在文旅产品打造、智慧文旅建设等方面的综合应用,着力提升文旅产业数字化水平,推动“文旅+”业态融合发展。要强化提质增效,完善交通住宿、餐饮购物、娱乐休闲等旅游要素供给,高效输出优质文旅产品,打造具有鲜明文化特色的文旅IP和文化标识,持续提升文旅产业竞争力和影响力,为区域高质量发展助力赋能。

(杨兴宇)

【市人大代表(石景山团)活动】 7月17日,市人大代表、区人大常委会主任李文起参加活动。会议传达学习《中国共产党北京市第十三届委员会第三次全体会议决议》,通报《市人大常委会2023年上半年工作主要情况》,并征求代表对首都经济社会发展、市人大常委会各项工作的意见。与会代表围绕立法、监督、代表工作等重点工作提出意见建议,充分表达广大人民群众的意愿。

(杨兴宇)

【人大工作研讨会】 8月8日,区人大常委会召开“深入践行全过程人民民主　推动做好‘四个融合’文章”2023年人大工作研讨会。此次研讨会是石景山区第33次人大工作研讨会。1月至8月,区人大常委会委员和代表们围绕区委关于深入实施“两大战略”、统筹做好“四个融合”文章的发展思路,紧扣新时代人大工作的新要求新任务,紧密结合大兴调查研究的决策部署,结合各自领域,坚持问题导向,通过常委会组织开展的集中视察、专题调研、执法检查等活动,采取进家进站、联系选民、深入现场、实地走访、问卷调查等多种方式,广泛开展调研,共形成76篇研究成果,内容涉及推动城园融合、产业融合、山水文化融合、治理力量融合及人大自身工作等五个方面。会上,9位代表和专家学者围绕会议主题进行交流发言。区领导常卫、李新、李文起、刘海涛、李先侠、迟志禹、高洪雁、宁慧娟、张玉国、石显富、闫金定参加会议。

(杨兴宇)

【市人大常委会立法征求意见】 8月25日,市人大常委会副主任齐静带队赴石景山区开展联系区人大常委会征求建筑绿色发展条例立法意见工作。调研组先后到模式口古道斯存民俗陈列馆、法海寺壁画艺术馆和银保产业园开展实地调研,了解模式口街区修缮改造和环境整治工作情况,以及园区整体规划建设和园区建筑绿色发展情况。座谈会上,分别听取石景山区人大和昌平区人大关于建筑绿色发展工作情况的汇报,石景山区围绕建立税收激励机制、强化工程监理、完善公共建筑能效管理制度、加强建筑垃圾资源化利用等方面提出有针对性的工作建议和立法建议。齐静听取意见建议,要求市人大常委会相关工作机构对意见建议进行研究吸纳和回复工作。齐静强调,制定出台条例是践行习近平生态文明思想、落实党的二十大报告关于加快发展方式绿色转型要求的具体实践,对推进北京市建筑领域实现碳达峰碳中和具有重要意义。善法促善治。对于立法要有清晰的认识和判断,条例结合现阶段经济社会发展形势,按照全寿命期、全设计领域、全产业链的立法思路明确建筑绿色发展的相关要求,明晰社会各方主体权利义务,尽可能增强立法前瞻性,同时为今后发展预留空间。条例中既有激励引导性条款,也设立强制性条款,难点在于今后的实施。条例颁布施行后,市区两级人大要进一步密切联系,形成合力,共同推动条例的贯彻实施,为推进建筑领域绿色低碳转型、实现建筑绿色发展提供坚强法治保障。

(杨兴宇)

【调研“双减”政策落地情况】 10月30日,区人大常委会围绕“深入学习贯彻习近平新时代中国特色社会主义思想推动教育‘双减’政策落实落细”,调研北大附中石景山学校“双减”政策落地情况。李文起一行实地察看学校各类专业教室和运动场所,了解“双减”政策在校级层面的落地情况,并开展座谈交流。座谈会上,区教委汇报石景山区“双减”工作落实情况,北大附中石景山学校汇报学校“双减”工作开展情况。李文起强调,要提高政治站位,强化思想认识。聚焦为党育人、为国育才根本目标,把“双减”作为践行“两个维护”、建设教育强国、推进首都教育高质量发展、办好人民满意教育的具体实践来抓,持续推动“双减”工作在石景山区的可持续发展。要优化资源配置,持续夯基固本。进一步优化教育资源配置,强化教师队伍建设,聚焦创新人才培养,持续拓展和丰富学校课程资源和课后服务内容体系,着力促进校内教育提质增效。要加强统筹协调,充分发挥政府主导作用。加强部门协作和社会资源整合,强化对社会资源参与教育的探索,坚持全流程、多阶段精准发力,进一步构建覆盖全区的家庭教育服务体系,高质量形成家校社协同育人格局，凝聚家校社协同育人合力。

（杨兴宇）

【推动文旅融合赋能专题调研】 11月17日，区人大常委会围绕“深入学习贯彻习近平新时代中国特色社会主义思想，推动文旅融合赋能区域高质量发展”，到金顶街街道综合文化中心和区博物馆开展专题调研。调研组一行实地查看金顶街街道综合文化中心活动场馆和区博物馆展陈区域，听取工作情况汇报，了解相关点位提升公共文化水平服务高质量发展工作情况，对各单位努力提升公共文化服务水平、积极探索文旅融合新路径的各项举措给予充分肯定，参加调研的全国、市、区人大代表从多个角度交流自身感受。李文起强调，要深入学习贯彻习近平文化思想，充分认识做好公共文化服务保障工作的重要意义，持续扩大公共文化设施网络覆盖面，提升基层文化设施利用效能，着力增加优质文化供给，不断满足人民群众日益增长的文化需求，让人民享有更加充实、更为丰富、更高质量的精神文化生活。要坚持以文塑旅、以旅彰文，围绕石景山区“一半山水一半城”的生态格局，依托区域内丰富的物质文化遗产和非物质文化遗产，进一步完善文化载体布局，支持“文化＋旅游”业态多元发展，着力探索文化和旅游深度融合的新模式新路径，不断推动石景山区文化事业和文化产业全面发展。

（杨兴宇）

【科技馆专题调研】 12月1日，区人大常委会围绕“深入学习贯彻习近平新时代中国特色社会主义思想，推动教育‘双减’政策落实落细”，到区科技馆开展专题调研。调研组一行实地查看区科技馆一到三层展陈区域，听取工作情况汇报，了解相关点位利用场馆资源服务中小学科学教育工作情况，对区科委充分运用新技术手段、不断优化互动体验感受、促进科技馆科普资源为“双减”赋能增效的各项举措给予充分肯定。李文起强调，要深入学习贯彻习近平总书记关于教育的重要论述，充分认识基础教育在建设教育强国中的基点地位，持续强化新时代中小学科学教育，进一步激发学生崇尚科学、探索未知的兴趣，培养其探索性、创新性思维品质，不断提高全民科学素质，促进经济社会发展和科技强国建设。要统筹协调使用社会资源，充分发挥区科技馆等科普场所的作用，探索虚拟现实、大数据、人工智能等科技手段在科教领域的应用，推动社会组织支持和参与教育工作，持续凝聚教育合力，创新实践育人模式，在“双减”中做好科学教育加法。

（杨兴宇）

专门委员会

【概况】 石景山区人民代表大会设有5个专门委员会：即法制委员会、财政经济委员会、教育科技文化卫生委员会、城市建设环境保护委员会、社会建设委员会，其职责是根据大会主席团或者常委会主任会议的交付，研究、审议有关议案，提出审议结果报告或者审议意见；研究拟订有关议案，向本级人大或者常委会提出；对属于本级人大及其常委会职权范围内同本委员会有关的问题进行调查研究，向本级人大或者常委会提出建议。在大会闭会期间，受本级人大常委会领导。

（杨兴宇）

【法制委员会】 年内，法制委员会贯彻中央人大工作会议精神，落实市委、区委第六次人大工作会议要求，坚定政治站位，坚持党的领导、人民当家作主、依法治国有机统一，践行全过程人民民主，突出法治领域工作重点，依法履行职责，深入调查研究，全力服务人大及其常委会工作，召开法制委会议4次，协助常委会听取和审议专项工作报告2项，开展视察调研和旁听活动18次，完成全年目标任务。

（杨兴宇）

【财政经济委员会】 年内，财政经济委员会，依法履行财经审查监督职责，持续加强刚性监督和综合调研能力建设，全力推动人大财经监督工作提质增效，圆满完成全年工作任务。全年配合常委会听取审议12项议题，组织2次常委会视察。召开专委会会议6次，听取审议议题14项，开展20余次专题调研，形成初审意见2个，审议意见建议和审查结果报告6个，审议意见书4个，调研报告2个，区委专报1个。配合市人大听取审议2项监督议题，开展联动调研2次，形成监督报告1个。

（杨兴宇）

【教科文卫委员会】 年内，教科文卫委员会深入贯彻落实中央人大工作会议和市委、区委第六次人大工作会议精神，全面贯彻落实区委十三届五次、六次全会精神，坚持党的领导、人民当家作主、依法治国有机统一，紧紧围绕全区中心工作，聚焦常委会重点任务，认真履行宪法和法律赋予的职责，主动担当作为，圆满完成各项工作任务。协助常委会听取和审议政府专项工作报告1项，服务常委会视察、专委会调研等各类活动28次，督办区十七届人大三次会议代表建议22件，跟踪督办代表建议2件，督办民生实事5项，协助市人大开展立法调研1件，审查规范性文件2件。

（杨兴宇）

【城建环保委员会】 年内，城建环保委员会深入贯彻落实中央人大工作会议和市委、区委第六次人大工作会议精神，全面贯彻落实区委第十三届五次、六次全会精神，依法履职尽责，全力推动石景山区城市建设管理和生态文明建设高质量发展。全年召开专委会会议3次，讨论议题8项；协助常委会听取和审议政府专项工作报告3项、跟踪检查审议意见落实情况2项；开展执法检查1项；督办代表建议64件、跟踪督办代表建议8件、督办重要民生实事20项；协助市人大开展立法调研1项。

（杨兴宇）

【社会建设委员会】 年内，社会建设委员会贯彻中央人大工作会议精神，落实市委、区委第六次人大工作会议要求，聚焦社会建设领域工作重点，依法履行职责，深入调查研究，全力服务人大及其常委会工作。召开专委会会议4次,协助常委会听取和审议专项工作报告1项,组织专题调研2项、专题询问1项,开展视察调研活动36次,圆满完成全年目标任务。

(杨兴宇)

石景山区第十七届人民代表大会常务委员会

主　任　李文起

副主任　高洪雁(女)　宁慧娟(女)　张玉国　石显富　闫金定

委　员　王子霞(女)　卢红梅(女)　田小园(女)　由燕军　刘云艳(女)　刘云清　刘东晖(满族)　刘　红(女)　李月萍(女)　李　成　李海英(女)　杨旭东　杨清霞(女)　杨淑红(女)　邱　明　宋　平(女)　张丽丽(女)　张　艳(女)　张培莉(女)　张　清(女)　陈　勇　陈雅文(女)　范静岩(女)　周　斌　胡雄光　柏　群(回族)　康雅楠(女,回族)　梁建新

石景山区第十七届人民代表大会专门委员会

法制委员会主任委员　张　清(女)

副主任委员　杨清霞(女)　张培莉(女)

财政经济委员会主任委员　田　勇

副主任委员　宋　平(女)　范静岩(女)

教科文卫委员会主任委员　王子霞(女)

副主任委员　刘云清　刘　彦(女)

城建环保委员会主任委员　杨旭东

副主任委员　由燕军　张　艳(女)

社会建设委员会主任委员　张　清(女)

副主任委员　卢红梅(女)　刘云艳(女)

石景山区第十七届人大常委会工作机构负责人

办公室主任	刘　红(女)
研究室主任	李月萍(女)
代表联络室(市人大代表联络处)主任	王晓伟(女)
法制办公室(备案审查办公室、社会建设办公室)主任	张　清(女)
财政经济办公室主任	范静岩(女)
预算审查办公室主任	刘云清
教科文卫办公室主任	王子霞(女)
城建环保办公室主任	杨旭东

北京石景山年鉴

BEIJING SHIJINGSHAN NIANJIAN

2024

石景山区人民政府

综　述

石景山区人民政府(简称区政府)是石景山区人民代表大会的执行机关,是石景山区国家行政机关,对本级人民代表大会及其常务委员会和上一级国家行政机关负责并报告工作。设置政府工作部门31个。2023年,是全面贯彻落实党的二十大精神的开局之年,是实施“十四五”规划承前启后的关键一年,是三年新冠疫情防控转段后经济恢复发展的一年。石景山区坚持以习近平新时代中国特色社会主义思想为指导,深入贯彻党的二十大和二十届二中全会精神,扎实开展学习贯彻习近平新时代中国特色社会主义思想主题教育,全面贯彻习近平总书记对北京一系列重要讲话精神,坚持以新时代首都发展为统领,立足“三区”定位,深入实施“两大战略”,统筹做好“四个融合”文章,各项事业都取得新进展新成效,较好地完成区十七届人大三次会议确定的目标任务。地区生产总值完成1074.8亿元,同比增长7%左右;一般公共预算收入完成80.2亿元,同比增长8.7%;固定资产投资完成460亿元,同比增长4.5%;居民人均可支配收入91344元,同比增长5%左右;万元地区生产总值能耗降幅2%。

(伍　岳)

主要工作和重大活动

【概况】 2023年,石景山区全面学习宣传贯彻党的二十大精神,牢牢把握主题教育“学思想、强党性、重实践、建新功”总要求,以首善标准推动政府系统主题教育走深走实。坚持把理论学习贯穿始终,与调查研究、推动发展、整改整治、建章立制一体推进、一体落实,深入践行“四下基层”工作制度,着力推动607个调研课题形成初步成果、228个整改整治问题全部完成。落实推动京津冀35项市级督查任务,实现1000余个事项“京津冀”通办服务延伸;高标准开展安全生产和火灾隐患排查整治行动,事故控制工作成效位居全市前列;全力做好“23·7”极端强降雨应急抢险处置,助力门头沟与房山5镇灾后重建。围绕“四个融合”加强工作研究谋划,专项督查督办四个方面十五项任务,加快推进区域转型发展。完成市委市政府安全生产督察反馈问题整改,推进第二轮中央、北京市生态环保督察反馈问题整改工作。坚持稳中求进工作总基调,多举措推动扩投资稳增长,统筹做好经济社会发展各项工作。抓实抓细新冠病毒感染“乙类乙管”各项措施,高标准搭建公共卫生应急管理平台,平稳渡过疫情高峰。召开经济高质量发展大会,发布“石惠十条”,出台全面优化营商环境助力企业高质量发展实施方案,研究制定促进民营经济发展壮大具体举措,兑现政策支持资金13.14亿元。聚力招优引强,设立香港招商工作站,成立区国际商会、区健康产业协会、全球冰雪产业联盟,开展京外境外招商、展会招商、以商招商,新引入高精尖企业1800余家、同比增长90%左右,新增市场主体1.1万余家、同比增长25%左右。“十四五”规划中期评估总体良好,24项规划指标中五项指标提前完成,动态增补54个项目,总投资超过310亿元,政府投资绩效评价连续两年居全市第一。石景山区第五次获得国务院老工业基地调整改造真抓实干成效明显表彰。

(伍　岳)

【政府常务会】 全年召开政府常务会48次(见下表)。

表6　政府常务会一览表

时　间	名　称	议　　题
1月6日	第52次	关于报审《石景山区2022年计划生育工作情况报告》的请示
		关于报审60岁以上老年人疫苗接种奖励资金分配方案的汇报
		关于报审《石景山区2022年生态环境保护工作完成情况和2023年工作计划报告》的请示
		关于报审《石景山区2022年安全生产工作完成情况及2023年主要工作安排的报告》的请示
		关于报审开展2022年老旧小区综合整治项目第三方过程管理服务单位招投标工作及资金的请示
		关于申请兑现上市企业区级补贴资金的请示
		关于石景山区2022年园林绿化工作完成情况及2023年工作计划及资金的请示
		关于报审2023年区管城市道路大修和疏堵工程计划及资金需求的请示
		关于报审2023年区管城市道路养护维修计划及资金需求的请示
		关于申请2023年春节慰问政法单位专项经费的请示
1月13日	第53次	会前部署2023年春节期间烟花爆竹安全管理工作
		关于报审《石景山区人民政府2023年折子工程》的请示
		关于报审《北京市石景山区人民政府2022年法治政府建设年度情况报告》的请示
		关于2023年城市道路、轨道交通建设计划及资金的请示
		关于申请北辛安路规自领域整改涉及首特钢公司权属土地补偿资金的请示

续表

时　间	名　称	议　　题
1月13日	第53次	关于万商集团投资运营北京燕山大酒店项目的请示
		关于申请拨付信安大厦装修改造工程决算资金的请示
		关于报审疫情防控期间政府新征用集中住地结算标准及部分酒店费用标准调整的请示
		关于2023年体育事业彩票公益金项目及所需资金的请示
		人事任免有关事项
1月20日	第54次	关于疫情防控期间政府征用集中住地住宿、餐饮、慰问等费用阶段性结算工作的请示
		关于申请石景山医院定点医院期间人员经费的请示
		关于申请石景山区过渡期医务人员临时性工作补贴的请示
		关于华夏银行信用卡中心项目签订相关协议及资金的请示
2月10日	第55次	关于报审《2023年区政府常务会议议题计划》的请示
		关于报审《石景山区2023年"疏解整治促提升"专项行动工作方案》的请示
		关于报审《石景山区2022—2024年国家卫生区复审工作方案》的请示
		关于修订《石景山区社区党建引领服务群众经费管理办法(试行)》的请示
		关于调整完善石景山区国防动员委员会的请示
		关于设立石景山区碳达峰碳中和工作领导小组的请示
2月17日	第56次	传达2023年北京市民族宗教工作会议精神
		会前通报12345市民服务热线接诉即办有关情况
		会前学习2023年北京市接诉即办改革工作要点和考评实施办法
		关于报审《石景山区落实市委市政府安全生产第五督察组督察反馈意见整改报告》的请示
		关于北京市安全生产先进单位和先进个人评选推荐建议的汇报
		关于报审《石景山区"十四五"规划中期评估工作方案》的请示
		关于报审《石景山区促进高精尖产业发展若干措施(试行)》《落实石景山区促进高精尖产业发展若干措施的实施细则(试行)》的请示
		关于报审《加强石景山区基层综合行政执法队伍建设的意见》的请示
2月24日	第57次	传达学习习近平总书记重要指示精神、部署全国"两会"期间安全保障工作
		关于报审《石景山区委、区政府主要领导经济责任审计的整改结果报告》的请示
		关于石景山区2023年支援协作工作要点、资金安排有关事项的请示
		关于开展第五次全国经济普查有关工作的请示
		关于以区政府名义与北京芬兰商会签订合作谅解备忘录的请示
3月3日	第58次	会前学习《信访工作条例》推动首都信访工作高质量发展
		关于2023年区政府领导领衔办理市、区人大建议、政协提案以及区政府与区人大、区政协开展民主协商工作安排的请示
		关于贯彻习近平总书记重要指示和全国信访局长会议精神认真做好2023年石景山区信访工作的汇报
		人事任免有关事项
3月9日	第59次	会前学习《北京市城市更新条例》
		关于我区接诉即办工作情况的汇报
		关于报审《石景山区加快推进气象事业高质量发展实施方案》的请示
		关于报审《石景山区深入打好污染防治攻坚战2023年行动计划》的请示
		关于北京市十一学校石景山学校项目有关资金的请示
		关于石景山区金顶街小学项目有关资金的请示

续表

时间	名称	议题
3月9日	第59次	关于我区2021年园林绿化工作完成情况和2022年工作计划及资金的请示
		关于疫情防控期间区政府征用集中住地结算标准及住宿、餐饮、封控等费用结算工作的请示
		关于招聘45名政府专职消防员的请示
		关于支持中电科发展规划研究院有限公司承办2023第十届世界雷达博览会有关事项的请示
		关于发放汽车消费券有关工作的请示
		关于石景山区2023年土地储备项目资金预算的请示
		关于2023年水务改革发展专项转移支付资金使用有关工作的请示
		关于石景山区档案馆新馆开办经费的请示
3月31日	第61次	会前部署清明期间安全保障和应急值守工作
		关于2022年度市政府绩效考评有关情况的通报
		关于报审《石景山区推进京津冀协同发展2023年工作要点》的请示
		关于报审《贯彻落实〈深入打造新时代首都城市复兴新地标加快推动京西地区转型发展行动计划(2022—2025年)〉2023年工作方案》的请示
		关于给予"虚拟现实技术与系统"全国重点实验室"一事一议"政策支持的请示
		关于第二水泥管厂定向安置房处置方案及资金的请示
		人事任免有关事项
4月7日	第62次	会前通报近期生活垃圾分类工作考评情况
		会前通报2022年"七有""五性"监测评价情况
		关于北京市石景山区第五次全国经济普查经费的请示
		关于2022年度石景山区依法行政专项工作数据监测情况的汇报
		关于实施中关村工业互联网产业园034地块外电源接入工程及有关资金的请示
		关于以区政府名义与国广传媒发展有限公司签署战略合作协议的请示
		关于区政务服务中心和档案馆新建工程项目配套市政工程资金的请示
		关于2023中国科幻大会及北京科幻嘉年华活动策划方案及有关资金的请示
		关于申请2023年创城专项经费的请示
		关于拨付2022年6月—12月新冠病毒检测费用的请示
		关于申请拨付审判执行办案经费的请示
4月14日	第63次	会前学法:从区法院审判工作角度看法治石景山建设
		会前传达关于电动自行车火灾事故批示精神
		关于报审《石景山区2022年度"七有""五性"监测评价情况整改方案》的请示
		关于接诉即办工作情况的汇报
		关于报审《石景山区2023年防汛工作方案》的请示
		关于报审2023北京西山永定河文化节活动方案及相关资金的请示
		关于兑现北京京西燃气热电有限公司等6家"一事一议"企业政策支持资金的请示
4月21日	第64次	会前传达关于中央、市领导有关批示精神
		关于2023年一季度石景山区经济社会发展形势分析汇报
		关于2023年一季度石景山区固定资产投资及重大项目推进情况的汇报
		关于报审《石景山区开展2023年度"服务包"企业联系服务工作方案》的请示
		关于2022年石景山区第一批老旧小区管线统筹改造项目有关工作及资金的请示
		关于报审《中关村科技园区石景山园改革提升三年行动计划(2023年—2025年)》的请示

续表

时间	名称	议题
4月21日	第64次	关于保险园公司3亿元财政垫付资金转增注册资本金的请示
		人事任免有关事项
4月26日	第65次	关于我区"五一"期间相关工作安排的部署
		关于报审《石景山区2023年安全生产和火灾隐患大排查大整治工作实施方案》的请示
		关于模式口历史文化街区(地铁站)周边区域环境整治提升项目有关工作及资金的请示
		关于石景山区西部浅山区生态文化廊道(黑石头路至慈善寺)整治提升工程有关工作及资金的请示
		关于2021年度老旧小区政府奖励资金和"红黑榜"奖励资金拨付工作的请示
		关于以区政府名义与北京银行股份有限公司签署战略合作框架协议的请示
		关于引进海淀区中关村第三小学合作办学的请示
		关于西山八大处六处香界寺藏经楼院及行宫院等修缮工程有关工作及拨付项目启动资金的请示
5月9日	第66次	关于报审《石景山区2023年政务公开工作要点》的请示
		关于报审《石景山区"两区"建设2023年工作方案》的请示
		关于北京市十一学校石景山学校等四项工程土地开发建设补偿资金的请示
		关于2023年教育领域中央及市级一般性转移支付资金及有关项目的请示
5月17日	第67次	会前学法"积极稳妥推进行政违法行为监督助力石景山区法治政府建设"
		会前通报近期垃圾分类工作情况的汇报
		关于"疏解整治促提升"专项行动有关工作的汇报
		关于报审《石景山区全面优化营商环境助力企业高质量发展实施方案》的请示
		关于报审《石景山区统计造假屡禁难绝专项治理行动实施方案》的请示
		关于2022年老楼加装电梯管线拆改移项目剩余奖励资金的请示
		关于北京冬奥公园马拉松大本营及周边重点区域整治提升项目工作方案及资金的请示
		关于北京冬奥公园(莲石湖)基础设施提升工程有关工作及资金的请示
		关于促进高新技术企业高质量发展相关工作的请示
		关于保险园公司偿还财政付资金的请示
		关于智慧城市重点项目资金的请示
		关于申请疫情防控应急经费的请示
		关于申请石景山区SS00—1604街区控制性详细规划研究编及模式口历史文化街区综合实施方案研究专项资金的请示
		关于发行"精彩石景山·点石成金"主题信用卡的请示
		人事任免有关事项
5月29日	第68次	会前学习基础设施REITS交流
		会前传达关于加强安全生产和火灾事故调查处理工作的通知精神
		关于1—4月区政府折子工程民生实事任务进展情况的汇报
		关于1—4月石景山区"七有""五性"监测指标完成情况的汇报;区城管指挥中心关于1—4月石景山区"七有""五性"考核工单情况的汇报
		关于古城街道天翔社区等25个老旧小区综合整治项目资金的请示
		关于报审《石景山区失业保险基金管理问题专项整治工作方案》的请示
		关于办公楼(含原生态环境局办公楼)抗震加固改造工程及资金的请示
		关于以区政府名义与华为技术有限公司签署深化战略合作框架协议的请示
		关于八宝山、模式口、八角3座小型站建设资金的请示

续表

时 间	名 称	议 题
5月29日	第68次	关于支持亚洲数据集团举办国际冬季运动(北京)博览会并签署协议的请示
		关于2022年新首钢高端产业综合服务区经济贡献共享机制资金的请示
6月2日	第69次	关于安全生产和火灾隐患大排查大整治工作情况的汇报、消防救援支队关于火灾隐患大排查大整治工作情况的汇报
		关于报审《石景山区支持国际组织落户的若干措施》的请示
		关于2023年京广、京石、丰沙线周边地块绿化提升项目资金的请示
		关于以区政府名义与宁波银行北京分行签署战略合作协议的请示
		关于以区政府名义与北京银保监局签署合作协议并给予工作补助经费的请示
		关于M11号线模式口站一体化地下停车库项目有关工作及资金的请示
		关于调色板花园地下停车库项目新建设运营模式初步实施方案及相关工作的请示
		关于我区申请2023年政府专项债券工作的汇报
		关于给予中铁建资本控股集团有限公司落户资金补贴的汇报
6月7日	第70次	会前通报2022年度行政案件司法审判年度报告
		关于北京市第九中学分校新建综合楼工程有关工作及资金的请示
		关于新隆恩寺村居民周转费用的请示
		关于高井村环境整治项目有关资金的请示
		关于模式口历史文化街区修缮改造与环境整治项目拟向国家开发银行北京分行融资的请示
		关于2022年财政决算草案情况的报告
		关于生活垃圾相关工作经费的请示
6月14日	第71次	会前传达及部署《国务院安委会办公室关于今年以来重特大事故有关情况的通报》的通知精神及迎接市委市政府安全生产督察有关工作
		会前通报近期首环办考评及生活垃圾分类考评的工作情况通报
		关于申请新古城派出所置换新址装修加固改造工程所需经费的请示
		关于石景山区2023年林业改革发展专项转移支付资金中古树名木保护及按功能和重点区域补助资金和分配方案的请示
		关于模式口历史文化街区修缮改造与环境整治项目增加注册资本金的请示
		关于发放第二期汽车消费券有关工作的请示
		关于2022年度医疗救助资金的请示
6月25日	第72次	会前传达习近平总书记重要指示精神暨全国全市安全生产紧急会议精神
		关于报审《北京市石景山区安全生产工作职责分工规定》的请示
		关于我区推进数字经济情况的汇报
		关于以区政府名义与中国电子视像行业协会签订战略合作框架协议的请示
		关于2022年度预算执行、决算草案和其他财政收支审计工作情况的汇报
		关于给予中国电子科技财务有限公司等2家企业高管奖励政策的请示
		关于2023年中央及市对区政法一般性转移支付资金使用方案的请示
		关于2023年市对区政法一般性转移支付资金使用方案的请示
7月7日	第74次	会前学习坚持依法统计防治统计造假弄虚作假
		关于石景山区2023年上半年国民经济和社会发展计划执行情况的汇报
		关于报审《石景山区2023年防范处置非法集资暨防范化解金融风险工作方案》的请示
		关于2023年社区(小区)基础设施提升工作经费的请示
		关于报审《石景山区促进“专精特新”中小企业高质量发展的若干措施》的请示

时　间	名　称	议　　题
7月7日	第74次	关于衙门口十号路雨污水下游工程建设资金的请示
		关于广宁派出所项目建设资金的请示
		关于2023年上半年预算执行情况的报告
		关于功碑阁修缮整治资金的请示
		关于2023第19届哈恰图良国际小提琴比赛有关工作及资金的请示
		关于报审《北京市石景山区国有企业违规经营投资责任追究实施办法(试行)》的请示
7月12日	第75次	关于2023年上半年市区折子工程、重要民生实事进展情况的汇报
		关于2023年度市政府绩效考评实施方案及上半年我区市政府绩效任务进展情况的汇报
		关于2023年上半年“疏解整治促提升”专项行动工作情况及下半年重点工作安排的汇报
		关于2023年上半年安全生产工作完成情况及下半年重点工作安排的汇报
		关于上半年石景山区“七有”“五性”监测指标完成情况的汇报；区城管指挥中心关于上半年石景山区“七有”“五性”考核工单情况的汇报
		关于2022年石景山区第二批老旧小区管线统筹改造项目有关工作及资金的请示
		关于2023年“八一”期间双拥活动安排及军地互办实事经费的请示
		关于报审石景山区人民政府“促进文旅融合、赋能区域高质量发展”专项工作报告的请示
7月19日	第76次	会前部署强降雨应对工作
		关于2023年上半年创城工作完成情况及下半年计划安排的汇报
		关于2023年上半年重要民生实事工作开展及下半年工作安排的汇报
		关于模式口大街步行街重大行政决策的请示
		关于2023年上半年污染防治攻坚战工作进展情况及下半年重点工作安排的汇报
		关于石景山区创建国家生态文明建设示范区预评估有关情况的汇报
7月27日	第77次	关于上半年固定资产投资运行及重大项目推进有关情况的汇报
		关于石景山区促进更高质量更充分就业工作情况的汇报
		关于石景山区“两区”建设2023年工作进展情况的汇报
		关于给予生物医药成分分离与分析北京市重点实验室政策支持的请示
		关于给予华夏银行股份有限公司信用卡中心等2家企业有关政策支持的请示
		关于以区政府名义与中交资本控股有限公司签订战略合作协议之补充协议的请示
		关于五里坨派出所项目建设资金的请示
8月3日	第78次	会前学习《消防安全主体责任》
		关于2023年上半年消防安全形势分析的汇报
		关于报审《加强石景山区公共卫生应急管理体系建设三年行动计划(2023－2025年)》的请示
		关于报审《石景山区重点生态环境保护问题整改方案》的请示
		关于报审《石景山区2023年交通综合治理行动计划》的请示
		关于西井路东段道路大修工程随路电力迁改工程计划及资金的请示
		关于兑现华夏银行股份有限公司信用卡中心2022年度政策支持资金的请示
		关于兑现北京中关村通力科技服务有限责任公司政策资金的请示
8月10日	第79次	关于1—7月石景山区“七有”“五性”监测指标完成情况的汇报；城管指挥中心关于7月石景山区“七有”“五性”考核工单情况的汇报
		关于报审《石景山区学习运用“浦江经验”实施方案》的请示
		关于拨付石景山区社会公益性岗位超期人员过渡安置资金的请示
		关于报审《石景山区创建国家食品安全示范城市工作方案》的请示
		关于作出黄庄村棚户区改造房屋征收项目模式口28号上院、模式口28号下院、上庄大街8号院、班训队片区非住宅房屋征收决定的请示

续表

时　间	名　称	议　　题
8月10日	第79次	关于保险产业园中心绿地改造提升项目追加资金的请示
		关于石景山区与门头沟区雁翅镇、潭柘寺镇签订结对帮扶协议及2023年工作计划的请示
		关于报审《中关村科技园区石景山园改革提升工作方案》的请示
8月18日	第80次	会前通报7月生活垃圾分类考评和二季度环境建设管理情况
		关于2023年上半年信访工作情况及下半年重点工作安排情况的汇报
		关于2023年上半年重大项目推进情况及下半年工作安排的汇报
		关于拨付大槐树公园二期项目相关资金的请示
		关于拨付首钢东南区体育用地土地开发成本的请示
		关于区政府与外文出版社有限责任公司签订战略合作框架协议的请示
		关于报审《石景山区通用人工智能大模型产业集聚区工作方案》的请示
9月1日	第82次	会前学习《2023年度市政府绩效管理评分导则》
		会前传达北京市生态环境保护大会精神
		关于2023年上半年生态文明建设工作进展和下半年工作安排的汇报
		关于西井二区8号楼解危解困保障性房源资金的请示
		关于拨付广宁街道综合文化活动中心改造项目剩余尾款的请示
		关于报审《石景山区科技孵化器高质量发展工作方案》的请示
		关于以区政府名义与中国信息通信研究院云计算与大数据研究所签署战略合作框架协议的请示
		关于西黄村路(田村路—永定河引水渠南路)工程区级建设资金需求的请示
		关于石景山区2023年新增地方政府债务限额及预算调整方案的汇报
		关于报审《石景山区人民政府2022年度国有企业国有资产管理使用情况专项审计报告》的请示
		关于追加2023年度公共租赁住房租金补贴经费的请示
9月7日	第83次	会前学法:公平竞争审查制度实务探析
		关于报审《进一步推动石景山区高质量发展取得新突破的行动方案(2023—2025年)》的请示
		关于2023年优化营商环境工作情况的汇报
		关于报审《北京石景山区SS00—1617街区控制性详细规划(街区层面)(2022年—2035年)》的请示
		关于北辛安棚户区改造B区土地开发项目成本有关工作的请示
		人事任免有关事项
9月15日	第84次	会前传达殷勇市长围绕推动高质量发展到石景山区调研有关精神
		会前通报石景山区开展违规电动三四轮车综合治理情况
		会前学法:贯彻落实党的二十大精神,扎实推进依法行政
		关于报审《石景山区政府投资管理办法》的请示
		区统计局区关于2023年上半年石景山区“七有”“五性”监测评价指标情况的汇报;区城管指挥中心关于8月石景山区“七有”“五性”考核工单情况的汇报
		关于报审《石景山区彩钢板建筑消防安全专项整治行动工作方案》的请示
		关于申请拟建首钢北区等3处独立占地生活垃圾密闭式清洁站及红线外市政管线建设经费的请示
		关于2023年创城测评服务保障专项经费的请示
		关于报审《石景山区住宅物业服务项目考核评价工作方案》的请示
		关于2023年中央政法纪检监察传移支付资金的请示
9月21日	第85次	会前部署我区2023年“中秋”“国庆”期间相关工作
		关于五里坨西小街雨污水治理工程资金的请示

续表

时 间	名 称	议 题
9月21日	第85次	关于以区政府名义与中文在线集团股份有限公司签署战略合作框架协议的请示
		关于报审《北京市石景山区储备开发及棚改等土地开发类项目成本管理细则》的请示
9月27日	第86次	会前传达殷勇市长研究石景山区经济社会发展会议有关精神
		关于"接诉即办"应急处置专项资金的请示
		关于石景山区2023年背街小巷环境精细化治理工作方案及资金的请示
		关于八角街道地铁家园3号楼老旧小区综合整治项目资金的请示
		关于重大项目应急保障用房改造有关工作及资金的请示
11月3日	第89次	会前通报石景山区支原体肺炎等呼吸道感染性疾病防治有关工作
		关于报审《石景山区人民政府关于办理区第十七届人大第三次会议代表建议、批评和意见工作情况的报告》的请示
		关于报审《石景山区人民政府关于办理区政协第十一届委员会第二次会议以来提案情况的通报》的请示
		关于2023年1—3季度固定资产投资运行及重大项目推进有关情况的汇报
		关于报审《北京市石景山区空气重污染应急预案(2023年修订)》及空气重污染减排清单的请示
		关于报审《石景山区2023年食品药品安全工作报告》的请示
		关于2022年度预算执行和其他财政收支审计查出问题整改情况的汇报
		关于中兵北斗卫星通信有限公司等3家企业申请支持政策的请示
		关于给予航天开元科技有限公司申请支持政策的请示
		关于报审《石景山区2023年度区级党委政府落实耕地保护和粮食安全责任制考核自查情况报告》的请示
		关于实施北大附中石景山学校(新址)教育教学设施设备配备等项目的请示
		关于以区政府名义与北京百度网讯科技有限公司签署战略合作协议的请示
		关于以区政府名义与北京国际大数据交易有限公司签署框架合作协议的请示
11月17日	第90次	会前学法:深入贯彻落实习近平法治思想积极推进法治政府示范区建设
		会前通报我区开展违规电动三四轮车综合治理情况
		关于2023年全区防汛工作情况的汇报
		关于全区未成年人思想道德建设工作情况的汇报
		关于启动第二水泥管厂项目腾退工作及资金的请示
		关于以区政府名义与中国检察出版社有限公司签订战略合作框架协议的请示
		关于报审《石景山区人民政府关于2023年促进中小企业发展情况的报告》的请示
		关于我区推进数字经济情况的汇报
		关于"石科26条"(第二批)政策兑现有关工作及资金的请示
		关于调整部分2022年污染防治专项转移支付资金用途的请示
		关于重大项目应急保障用房运营费用的请示
		关于报审《石景山区2023年转业军官安置方案》的请示
		关于未就业自主择业军转干部住房补贴资金的请示
		关于2024年河长制专项资金的请示
11月24日	第91次	会前传达中央领导有关批示精神
		会前通报2022年度石景山区市政府固定资产投资绩效评价有关情况
		关于2024年固定资产投资重点建设项目和投资计划安排有关工作的请示
		关于2024年拟办重要民生实事有关工作的请示

续表

时　间	名　称	议　　题
11月24日	第91次	关于报审《石景山区推进中关村国家自主创新示范区建设科创金融改革试验区工作方案》的请示
		关于北辛安棚户区改造项目剩余安置房重新定价的请示
		关于苹果园交通枢纽商务区土地一级开发项目(北区)有关工作及资金的请示
		关于报审《石景山区2023年度河长制工作推进落实情况的报告》的请示
		关于23·7洪灾后冬奥公园运维管理变化及财政补贴调整有关工作的请示
		关于北京市十一学校石景山实验中学合作办学专项经费的请示
11月30日	第92次	人事任免有关事项
		关于石景山区2023年知识产权工作总结及下一步工作计划的汇报
		关于永引渠南路西延、向阳110kV变电站等6个重大项目调整为前期推进项目的请示
		关于给予北京乐瑞资产管理有限公司政策支持的请示
		关于高井村生态截污(一期)工程有关工作及资金的请示
		关于2024年区管城市道路养护维修计划及资金的请示
12月2日	第93次	人事任免有关事项
12月7日	第94次	会前通报石景山区城市精细化管理5项重点考核工作
		关于2023年度市政府绩效管理年终考评有关工作及1—11月市政府绩效任务进展情况的汇报
		关于报审《石景山区2023年城乡规划实施和土地资源管理情况报告》的请示
		关于以区政府名义与中国光学工程学会签署框架合作协议的请示
		关于2024年水务改革发展专项转移支付资金使用有关工作的请示
		人事任免有关事项
12月15日	第95次	会前学法:讲解《行政复议法》
		会前通报我区违规电动三四轮车综合治理工作推进情况
		关于《政府工作报告》的汇报
		关于报审《北京市石景山区2023年国民经济和社会发展计划执行情况与2024年国民经济和社会发展计划(草案)报告》的请示
		关于报审《石景山区落实北京市碳达峰实施方案有关情况的报告》的请示
		关于报审《石景山区行政许可事项清单(2023年版)》的请示
		关于1—11月石景山区"七有""五性"监测指标完成情况的汇报、关于11月石景山区"七有""五性"考核工单情况的汇报
		关于报审《进一步加强文物安全管理工作的实施意见》的请示
		关于石景山区2023年根治欠薪工作情况的汇报
		关于报审《石景山区托育服务体系建设三年行动实施方案(2023年—2025年)》的请示
		关于2023年重大项目完成情况及2024年工作安排的汇报
		关于北京市石景山区2023年预算执行情况和2024年预算案的汇报
		关于给予国投(海南)科技创新有限公司建设石景山未来产业育成中心政策支持的请示
		关于给予"百度智能云千帆大模型产业(北京)创新基地"政策支持的请示
		关于给予北京中关村通力科技服务有限责任公司建设石景山区通用人工智能大模型产业集聚区政策支持的请示
		关于给予"人工智能关键技术和应用评测"工业和信息化部重点实验室政策支持的请示
		关于给予中关村光场共性技术平台项目政策支持的请示
		人事任免有关事项

续表

时　间	名　称	议　　题
12月21日	第96次	会前学法:解读《关于规范社会投资低风险工程建设项目审批服务的若干规定》
		关于报审《石景山区2023年安全生产工作完成情况及2024年主要工作安排的报告》的请示、消防救援支队关于报审《石景山区2023年消防工作完成情况2024年重点工作任务安排》的请示
		关于兑现2022年度园区重点企业奖励资金的请示
		关于2023年“济困工程”实施情况及2024年工作安排的汇报
		关于报审《石景山区公办托育服务收费有关事项的通知(试行)》的请示
		关于北京保险产业园投资控股有限责任公司参与竞拍1605—650地块有关工作的请示
		关于申请支付五里坨053地块酒店改建项目公租房租金差额的请示
		关于给予中国人民银行资金支持的请示

(伍　岳)

【调研航天智能院】 1月9日,李新调研航天科工集团智能科技研究院有限公司。听取公司有关情况介绍。李新表示,航天智能院是国之大者,石景山区要全力做好服务。李新指出,区经信局要继续牵头做好服务保障工作,服务速度要追上航天科工效率。要认真研究航天系统公司整体入驻航天科工智能产业园前的过渡期解决方案。规自分局牵头,结合分区规划、街区控规等,明确产业定位,以产业带动巴威·北锅地块城市更新。同时表示,企业是监督政府工作的观察员、巡察员,希望航天科工集团智能科技研究院有限公司多给区政府提出合理化建议。

(伍　岳)

【走访环境规划院】 1月29日,李新带队走访生态环境部环境规划院。与市政协副主席、院长王金南,院党委书记、副院长陆军座谈,详细了解规划院发展情况和诉求。李新表示,希望规划院坚定在石景山区持续发展的信心,发挥好“产学研用”一体化优势,带动更多环保产业资源落户石景山,推动环保产业集聚发展。对规划院提出的集体户口、人才引进、政策支持、创新合作等需求,区相关单位要抓紧落实,园区管委会要发挥服务管家作用,做好工作统筹。支持规划院在石景山建设双碳实践基地,搭建学术交流平台,提升石景山区生态环境保护能力。双方发挥各自优势,联合举办高峰论坛、国际展会等活动,提高石景山区绿色低碳发展影响力。

(伍　岳)

【区政府全体会议召开】 2月2日,李新主持召开2023年区政府全体会议。会议传达区第十七届人大三次会议和区政协第十一届二次会议情况;签订2023年区政府折子工程任务书。

(伍　岳)

【调研重点工程项目建设】 2月4日,李新实地调研重点工程项目建设工作。先后到中关村科技园石景山园Ⅰ区1605－651地块项目、首钢铸造村共有产权房项目、五里坨便民服务中心项目和五里坨土地一级开发项目。听取各项目主责单位和建设单位关于工程开复工情况的汇报,了解工程建设进度。李新强调,各项目要以时不我待的精神加快开工建设步伐,扎扎实实做好年初工人返工、人员返场工作,为全年工程建设起好头、开好局。各工程主责部门要和各行业主管部门紧密联系,加强配合,要站在顾全区域发展和保障民生的高度上,全力以赴保开工、保投资,力争年初“开门红”。各项目要牢牢树立安全意识、责任意识、环保意识,加强施工人员管理和安全教育,深入落实好施工质量监管要求,不断巩固施工现场扬尘污染治理成果。

(伍　岳)

【调研城市更新相关工作】 2月9日,李新专题调研城市更新相关工作。区住建委汇报石景山区城市更新2022年总结和2023年计划安排。李新强调,城市更新具有战略意义,要强谋划、重统筹、抓落实,积极推动城市更新项目,全面提升城市更新质量。李新要求,要积极争取各类项目资金,破解融资难问题,拓宽融资渠道,做好资金补充工作。领导干部要廉洁自律,确保程序规范,充分利用考核机制,形成良好激励政策,同时加大对企业的监督指导,定期关注项目进度。要紧紧围绕优化营商环境、促进产业转型、提升公共空间品质等方面,细致谋划低效楼宇改造类城市更新项目,使城市更新与产业转型相互促进,提升社会效益。要抓好《北京市城市更新条例》落实,积极推动城市更新条例在石景山区实施见效。要强调城市更新项目的优先地位,从以人为本的角度,优先推进可改善老百姓生活条件的相关项目,注重示范先行,加大对2023年城市更新示范项目的宣传力度,树立城市更新品牌形象,提升区域产业优势,做好示范引领。

(伍　岳)

【文化遗产保护利用座谈会召开】 2月14日,李新主持召开文化遗产保护利用引领文化复兴座谈会。听取区文旅局相关工作汇报,与会专家从首钢工业遗产申遗、石景山保护开发、永定河文化资源利用、博物馆之城集聚区建设以及文化价值研究等方面进行座谈。李新指出,要进一步把握好石景山区“三区”定位,以人为中心,城市为了人民,人民建设城市,要保持好区域特色,把自然、历史、人文结合在一起。要做好两个规划,申遗规划与首钢的利用规划。要做好两个研究,价值研究与路径研究。要明确区园合作,石景山区和首钢园区的合作。要注重以需求为导向的供给侧结构性改革,加大对文化遗产保护利用,引领石景山区文化复兴。区领导尹圆、黄莺,国家文物局原副局长宋新潮、国家博物馆原党委书记单威、北京市文物局信息中心原主任祈庆国等专家参加会议。

(伍　岳)

【与国网北京市电力公司座谈】 2月16日,李新到国网北京市电力公司座谈。听取公司关于2022年工作情况介绍。李新表示,石景山区将一如既往做好企业服务工作,全力以赴为企业纾困解难,助力企业加快发展。国家电网北京市电力公司党委书记、董事长王昕伟表示,国网北京市电力公司将充分发挥自身优势,继续支持石景山区经济社会发展,在基础设施建设、电力供应服务、重大活动保障等方面全力配合、深度合作,为区域发展作出贡献。区领导李先侠、王其志、黄莺,国家电网北京市电力公司党委副书记、总经理张铁恒参加座谈。

(伍　岳)

【与商务部亚洲司座谈】 2月20日,李新与商务部亚洲司司长杨伟群座谈。调研首钢园北区和东南区金鹰集团项目,就推进"中新服务经济合作区(拟)"建设进行交流。杨伟群介绍中新合作发展情况,并指出,中新服务经济合作区项目契合中新经济合作需要和北京市"两区"建设,要进一步加强顶层设计,细化政策体系,加快推进实施,商务部将在推动中新合作以及合作区建设等方面给予大力支持。李新表示,希望亚洲司进一步加强工作指导,共同推动中新服务经济合作区建设。商务部亚洲司领导余翔、李雅彬,区领导王智勇、黄莺,金鹰地产全球总裁孙祐宁、首钢基金副总经理沈灼林等参加活动。

(伍　岳)

【专题研究落实转型发展方案】 2月22日,李新专题研究石景山区贯彻落实京西地区转型发展行动计划2023年工作方案。李新强调,要加强市区衔接。对标对表市委全会要求、市级重点任务、重点项目及重要活动"三个清单"、区委十三届五次全会报告、区政府工作报告,做到上下贯通,确保与市级保持一致。要狠抓任务落实。各相关单位要加快工作推进,确保石景山区牵头的重点任务和重大项目落地见效,打造京西产业转型升级和创新发展高地。要强化统筹协调。各相关单位要强化对接、密切协作,对照市级"三个清单"动态调整工作方案。对标国家产业转型升级示范区评估指标体系,研究建立"一区一园"重点发展指标监测评估机制,助力重点任务顺利推进。区领导李先侠、王智勇、李文化、黄莺参加会议。

(伍　岳)

【专题研究区国资委系统改革重组方案】 3月6日,李新专题研究区国资委系统改革重组方案。李新强调,区属国资国企要坚决贯彻落实"两个一以贯之",紧紧围绕石景山区"两大战略",不断深化国企改革,为推进"三区"建设、高水平建设好首都西大门贡献力量。李新指出,坚定以优化布局调整结构深化国企改革。要把握正确改革方向,认真分析国企发展中存在的问题,把握职能定位,结合石景山区转型发展对国企的要求实施供给侧改革,推进重组整合,布局产业、城市、文化三大领域,守正出奇显成效。要进一步优化完善改革重组方案。围绕集团公司愿景、使命及价值,按照"强功能、补短板、成系统"的基本原则明确企业主责主业,科学谋划设置二级公司框架,按照专业化整合基本原则和要求抓好子企业梳理优化,原则上要控制在三级以内。不断强化国资国企监管。要做好干部人才队伍建设,强化薪酬考核激励作用,加强资产基础管理,规范企业治理业务管理,努力提升企业信息化、数智化水平。依法规范推进改革重组事项。要严格依法办事,将法治审核贯穿于方案制定、审批、推进实施等各环节,明确时间步骤路线图,积极稳妥推进改革。严格纪律确保改革举措落实落地。要准确把握政策,严明工作纪律,明确人员、资产、项目整合重组基本原则,积极推进遗留问题化解,保障改革举措落实落地。区领导李先侠、李文化参加活动。

(伍　岳)

【专题研究培育建设国际消费中心城市】 3月13日,李新专题研究石景山区培育建设国际消费中心城市2023年工作要点及2023年京西消费节促消费活动方案。李新强调,要结合北京市级相关文件要求和石景山区发展特点,优化完善石景山区培育建设国际消费中心城市2023年工作要点,培育消费新增长点,科学合理规划商业设施布局,多措并举激发消费活力,持续释放消费潜力,更好发挥消费对经济发展的基础性作用。各区级国际消费中心城市培育建设成员单位要强化市区两级协同,定期调度项目进展,加强企业服务,确保项目高效落地。围绕健康、数字、文旅、商品等领域,优化高能级消费结构,构建融合化消费生态。加强科幻、医美、文化创意、冰雪体育等区级优势整合利用,促进产业与消费协同互促,借助大型展会宣传推广,全方位展示石景山区消费项目、新兴消费平台,提升石景山国际消费的认知度。

(伍　岳)

【工业互联网平台赋能深度行】 4月18日,由石景山区政府、国家工业信息安全发展研究中心、中关村发展集团、北方工业大学主办的2023工业互联网平台赋能深度行暨第四届中国工业互联网大赛北京赛站颁奖典礼在石景山区举行。活动特邀院士专家、企业代表、产业代表、中央媒体共同探讨产业发展前沿,为工业互联网服务实体经济搭建"政产学研用"的深度交流平台,加快工业互联网生态培育。现场举行企业落地石景山区工业互联网产业园意向签约仪式,并发布一系列最新成果;为工业互联网平台工程实训基地揭牌。活动设立石景山会客厅环节,带领企业嘉宾考察中关村工业互联网产业园,解读全区"1+3+1"高精尖政策体系,并与有深度意向的企业进行1对1洽谈对接。

(伍　岳)

【市中医管理局到区调研】 4月25日,北京市中医管理局局长屠志涛带队到区调研中医药工作并开展座谈交流。屠志涛指出,石景山区要重视区域中西医结合工作,加快流动中医全科建设,协调推进西部医院立项,整合区域"科技、卫生、生态、经济、文化"五种资源,协调推进西部医院建设,促进区域中医药事业高质量发展。李新表示,石景山区高度重视中医药传承创新发展,将推进中医药事业发展作为石景山区"十四五"经济社会发展的重要内容,注重顶层设计,强化统筹协调,完善体制机制,加大投入保障。石景山区将加快推进西部医院建设、健康元宇宙协同创新中心项目,构建起区域创新发展新格局。区领导申键、葛强参加座谈。

(伍　岳)

【XRMID大会举办】 4月27日至28日,由中关村石景山园管理委员会、石景山区科学技术协会、中关村数智人工智能产业联盟主办,以"虚实融合,共创未来"为主题的XRMID2023虚拟现实及元宇宙产业创新发展峰会(简称XRMID大会或峰会)在石景山区银保国际会议中心(主会场)和中关村虚拟现实产业园(鲁谷东路26号)(分会场)举行。大会由北京市科委、中关村科技园区管理委员会、北京市经济和信息化局、北京市科学技术协会、石景山区政府和中国企业评价协会等单位共同指导。中国图象图形学学会、虚拟现实/增强现实技术及应用国家工程实验室、虚拟现实技术与系统全国重点实验室、国家虚拟现实/增强现实产品质量检验检测中心、北京市科学技术协会创新服务中心、北京图象图形学学会、北京工程师学会、北京市混合现实与新型显示工程技术研究中心、华为技术有限公司、中关村会展与服务产业联盟等单位协办。大会旨在贯彻落实"数字中国"国家发展战略,以虚拟现实与元宇宙沉浸式业态为切入点,大会邀请国家政府主管部门、院士,国内外产业、学术、科研以及投资界几十余位代表出席,共同探讨虚拟现实元宇宙参与生态、技术支撑、场景应用、商业模式、人才培养等热点话题。加速完善产业链、创新链、供应链、资源链、人才链有效协同、和谐共生的产业生态环境,支撑石景山区数字技术与社会经济的全面融合。石景山区与中国文化产业发展集团以及中国电子技术标准化研究院签署战略签约。与北京商汤科技开发有限公司、亮风台(上海)信息科技有限公司、寰宇信任(北京)技术有限公司、江西广电数创融媒文化科技发展有限公司、北京栖金数字科技有限公司、北京德火科技有限责任公司、北京小白世纪网络科技有限公司以及北京六闻科技文化有限公司重点落地企业签约。同时,北京市科学技术协会、石景山区政府和中关村数智人工智能产业联盟共同发布《元宇宙智能算法通用人才能力评价要求》。

(伍　岳)

【新加坡中华总商会调研首钢项目】 5月18日,李新与新加坡中华总商会会长高泉庆调研首钢东南区国际开放合作区项目,就深化务实交流合作开展座谈。区领导王智勇介绍石景山区概况,对首钢东南区国际开放合作区项目进行推介。李新表示,北京市与新加坡签署加强交流合作谅解备忘录,推动中新高质量合作再上新台阶。借助中新经贸合作提质升级新契机,石景山区积极推动打造国际开放合作区,重点承接中新在服务业相关领域合作,双方合作交流空间巨大、前景广阔。作为"双奥之区",石景山区主动融入首都发展新格局,深入实施城市更新和产业转型发展战略,全力打造"一起向未来"的城市复兴新地标。希望与新加坡中华总商会进一步深化交流,拓展合作广度深度,实现互利共赢。高泉庆简要介绍新加坡中华总商会的相关情况,并表示,中新关系提升为全方位高质量的前瞻性伙伴关系,为促进中新企业共同发展注入强大动能。新加坡中华总商会是新加坡历史最悠久的商会,为深化新中友好和互利合作发挥桥梁纽带作用。总商会愿与石景山区一道,共谋合作,共享机遇,共促发展。

(伍　岳)

【新加坡驻华大使馆政务参赞到访】 5月22日,新加坡驻华大使馆政务参赞林家毅访问石景山区。实地调研首钢东南区国际开放合作区项目,就深化务实交流合作开展座谈。李新指出,希望与新加坡驻华大使馆进一步深化交流,吸引、支持更多新加坡企业到石景山投资兴业,实现互利共赢,共同推动中新高质量合作不断迈上新台阶。林家毅希望今后与石景山区进一步深入交流,聚焦绿色发展领域,开展务实合作。

(伍　岳)

【呼伦贝尔市代表团到区调研对接】 5月28日,呼伦贝尔市代表团到石景山区调研对接。区领导李新、呼伦贝尔市副市长丛文健、整形外科医院领导蒋海越、首农食品集团领导袁浩宗参加活动。一行调研中国医学科学院整形外科医院,对接医美整形科室建设等事项,并与首农集团就生猪和大豆产业发展进行交流。随后召开石景山区与呼伦贝尔市东西部协作工作对接会。丛文健希望与石景山区进一步加强医疗领域对口合作,依托中国医学科学院整形外科医院专业技术力量和产业发展优势,加大医疗组团式帮扶工作力度,支持莫旗人民医院新建医美整形科室,并在蒙医蒙药开发利用等方面拓展合作领域。李新对下一步莫旗东西部协作工作提出,要突出"快"字,希望首农集团加快决策,推动莫旗高标准生猪生态养殖项目、肉制品加工项目尽快落地实施。要围绕"实"字,既要实现脱贫人口受益,又要让企业投资获得回报。要聚焦"划(化)"字,坚决落实好"六个倍增"计划,做好产业发展规划,坚持市场化运作,提升特色产业品质化。

(伍　岳)

【2023北京科幻嘉年华启动仪式】 5月30日,2023北京科幻嘉年华启动仪式在首钢园区1号高炉元宇宙乐园33club举行。中央广播电视总台北京总站负责人王小节为中央广播电视总台北京总站"科幻前沿技术实践基地"

揭牌。李新指出,石景山区将科幻产业发展融入北京国际科技创新中心建设大局,推动科技与科幻融合发展。依托中国科幻大会平台,构建内涵丰富的科幻活动品牌体系,全区品牌影响力快速提升。通过建立中关村科幻产业创新中心,60余家企业完成注册,科幻经济贡献度逐步显现;推动一批新技术新产品广泛应用,科幻场景示范性不断增强,初步形成"内容创作+IP转化+影视创投+影视拍摄+科技+体验"产业发展格局,产业生态圈日益优化。嘉年华活动将进一步提高公众对科技发展及科幻影视产业的关注,促进北京文化软实力提升。

(伍　岳)

【2023北京科幻电影之夜】 5月30日,由石景山区政府、首钢集团共同主办,由中国科学技术出版社有限公司支持,以"科幻元素、影视产业、时尚现代、节日气氛"为理念的2023北京科幻电影之夜在首钢园区举办。2023科幻电影之夜科幻电影特别推荐单元,推介即将上映的优秀科幻影片,打造科幻电影首发平台。首次推出"科幻短片"单元——面向全球电影创作者、全球科幻爱好者征集科幻短片,发现和扶持新锐科幻电影人才,推动科幻创意产业链的发展,孵化各类优质科幻影视项目,提升科幻电影的整体创作水平。征集185部科幻短片,评选出18部入围,6部获奖。李新在致辞中表示,近年来石景山区将科幻产业作为推进"三区建设"的重要产业,融入北京国际科技创新中心建设大局,出台科幻产业发展三年行动计划,成立全国首个科幻产业联合体,设立全国首支科幻产业基金,全力打造科幻产业集聚区,石景山区日益成为科幻产业发展的沃土。欢迎到石景山区投资兴业,共同建设京西科幻之城,一起造梦京西、逐梦未来。市委宣传部副部长、市电影局局长霍志静,区领导宁慧娟、李文化,中国科协科普部副部长庞晓东参加活动。

(伍　岳)

【与华为签署合作框架协议】 6月1日,李新与华为中国区政企副总裁宋保民代表签署《深化战略合作框架协议》。合力落实《北京市推动石景山区新首钢园互联网3.0应用场景建设2022—2025年工作方案》,在石景山区加快布局互联网3.0产业,推动底层核心技术攻关,打造多场景应用示范,集聚导入优质产业资源,推动区域经济高质量发展,围绕打造3D图像引擎共性技术服务平台、发展互联网3.0产业生态、运营(北京)虚拟现实创新中心、建设石景山区数字经济基础设施等领域进一步深化合作,构建数字经济新引擎和产业发展新动能。

(伍　岳)

【赴市外办开展交流座谈】 6月5日,李新带队赴市委外办市政府外办开展交流座谈。市委外办市政府外办党组书记、主任熊九玲主持座谈。石景山区介绍区情、对外工作开展情况和国际开放合作区建设情况,市委外办市政府外办介绍北京新加坡交流合作备忘录签署背景和下一步工作考虑。李新表示,在市委外办市政府外办长期指导帮助下,石景山区扎实推进国际交往中心功能建设,不断提升区域国际化发展水平,切实服务中央总体外交和北京市对外工作,服务区域经济社会发展。为紧抓北京与新加坡签署交流合作备忘录契机,希望市委外办市政府外办在举办高级别外事活动、国际组织落户、国际友城等方面对石景山区加强指导。进一步支持石景山区发挥"双奥之区"、高精尖产业发展等特色优势,与新加坡加强务实交流与合作,推动石景山区国际开放合作区建设。熊九玲表示,石景山区历来十分重视对外工作,在国际交往中心功能软件、硬件建设方面取得丰富的经验和亮眼的成绩。下一步,市委外办市政府外办将为石景山国际开放合作区建设、石景山区国际化发展以及经济社会发展提供外事资源支持,推动高水平开放,助力高质量发展。

(伍　岳)

【与新加坡驻华大使馆商务参赞等座谈】 7月25日,李新与新加坡驻华大使馆商务参赞、新加坡企业发展局中国司司长叶青文开展调研座谈。调研首钢陶楼、首钢园区及石景山国际开放合作区项目,就深化务实交流合作开展座谈。李新表示,石景山区十分珍视与新加坡开展务实交流合作的机遇,借助中新经贸合作提质升级新契机,石景山区积极推动打造国际开放合作区,重点承接中新在服务业相关领域合作,希望与新加坡驻华大使馆、新加坡企业发展局进一步深化交流,大力提供空间和政策支持,吸引更多新加坡企业到石景山投资兴业,实现互利共赢,共同推动中新高质量合作不断迈上新台阶。叶青文商务参赞表示,通过访问,对石景山区有了更加深入的了解,石景山区的绿色转型发展理念与新加坡发展方向十分契合,借助新加坡与北京市加强交流合作契机,下一步希望利用现有平台,不断增进双方在现代服务业、科技创新、绿色低碳等方面的交流与合作,带动更多新加坡企业了解、投资石景山区。

(伍　岳)

【特大暴雨动员部署会】 7月29日,李新主持召开应对"7·29—8·1"特大暴雨动员部署会。李新要求,根据市防指要求,要百倍警惕,坚决不能掉以轻心,要克服侥幸心理和松懈麻痹思想,做好最充分准备,认真履职尽责,落实各项措施,坚决打赢强降雨应对工作主动战,坚守"不死人、少伤人"底线,确保辖区安全。李新强调,要加强值班值守,严密部署落实。各防汛单位要加强值班值守,严格落实降雨应对防范措施,加大督促检查,加强雨中巡查,发现险情及时处置。严格执行24小时值班制度,保障手台、电话、视频系统等设备通信畅通,确保上传下达信息准确。区气象部门要增加临近降雨预报频次,及时掌握雨情最新动态。要提前组织布控,坚决落实各项应急措施。各防汛单位按照预案提前落实应急响应措施,果断执行"关、停、封、撤"等应急措施,综合考虑封闭山洪沟道、暂停工地施工、关闭景区民宿、停止线下教学、停止户外文体活动、关停普通地下空间等措施,疏导撤离危险区人员,确保人员安全转移,最大程度降低风险。针对辖区内防汛薄弱点，安排专人盯守，发现险情果断决策，及时妥善处置。要加强汛情监控，及时上报情况。各防汛单位要安排专人及时收集汇总辖区内和行业内汛情、险情、灾情，及时在区防汛工作群上报本单位降雨应对工作开展和突发事件处置情况。积水断路、路面塌陷、群众转移、地质灾害、人员被困、房屋倒塌等敏感信息要及时报告石景山区防汛指挥部办公室。

（伍　岳）

【李新到险工段组织开展抢险准备】

8月2日，李新带队到庞村险工段组织开展应急抢险准备工作。结合现场实际，经分析研判，本次险情对堤防安全影响较小，在统筹考虑河道行洪安全后，采取抢险措施。一是拆除险工处跌水进行导流，并在左岸临近堤角的滩地处投放铅丝石笼防护。二是通知上游永定河三家店拦河闸，紧急控制下泄流量，确保行洪量不再继续上调。三是通知险工段防守单位立即到场待命，等待现场指令开展抢险作业。四是调动全区应急队伍，紧急调配人员、物资、机械，人员300余名，铁锹100把、编织袋2万个、救生衣200件、铅丝5捆、骨料及土方等200余立方米。

（伍　岳）

【专题研究巴威·北锅街区控规方案】

9月6日，李新专题研究《石景山区SS00－1617（巴威北锅）街区控制性详细规划》方案。李新强调，该区域是石景山区夯实首都西部综合服务区的重要空间载体，各部门在后续工作中要提高站位，增强大局意识，发挥好转型发展优势。要深度挖掘"TOD一体化发展核"内涵，更加突出"文体融合发展核"的区域带动作用，优化空间结构方案。产业规划内容要进一步与航天科工对接沟通，高质量实现产业转型发展。谋划好巴威·北锅地区的城市更新项目，与周边区域协同发展，提升发展能级。区领导李先侠、王智勇、尹圆、黄莺参加会议。

（伍　岳）

【市应急局调研矿业公司安全生产】

10月19日，市政府副秘书长，市应急局党委书记、局长李志杰带队赴河北省迁安市调研检查首钢集团矿业公司露天矿山、地采矿山、尾矿库及排土场等重点部位安全生产工作。区长李新，首钢集团总经理邱银富参加调研检查。李新表示，石景山区委区政府高度重视矿山安全生产工作，矿山安全生产形势整体平稳。矿山企业要时刻紧绷安全这根弦，压紧压实责任，严格落实尾矿库安全生产包保责任制，切实履行安全生产主体责任，强化安全管理，扎实开展督导检查，抓严抓实日常管理，确保安全工作落实落细。李志杰要求，要进一步提高政治站位。严抓严管矿山安全，加强重大安全隐患专项整治，最大限度遏制生产安全事故发生。要进一步提高风险防范意识。完善风险监测预警系统，落实重大情况变化报告制度和事故征兆停产撤人制度，用最周密的防控措施保障基层员工生命安全。深刻吸取事故教训。扎实开展全覆盖、全方位的安全隐患排查治理，以"零容忍"的态度，坚决根除隐患产生的土壤，有力筑牢安全生产防线。强化隐蔽致灾因素普查。将隐蔽致灾因素摸清、摸细、摸实，严格落实隐蔽致灾因素管控治理措施。再接再厉做好智能化矿山建设。探索智能化、机械化、自动化应用场景，成熟一项，推广一项，应用一项，以首善标准打造国内智能化非煤矿山标杆。

（伍　岳）

【通用人工智能大模型产业发展论坛举行】　11月7日，由北京市科委中关村管委会、北京市经济和信息化局指导，石景山区政府主办、中关村数智人工智能产业联盟等单位承办的"通用人工智能大模型产业发展论坛暨石景山区通用人工智能大模型产业集聚区揭牌仪式"在石景山区举行。李新在致辞中指出，石景山区作为首都中心城区之一，抢抓产业发展机遇，在全市率先制定实施《石景山区通用人工智能大模型产业集聚区工作方案》，明确发展方向、确定发展目标，高质量建设"石景山区通用人工智能大模型产业集聚区"。集聚区将通过建中心、搭平台、落场景、聚企业、强算力等多措并举，打造通用人工智能大模型产业发展热土。石景山区与中国信息通信研究院签署战略合作协议，落地"人工智能关键技术和评测"工业和信息化部重点实验室；与北京国际大数据交易所、百度、华为、猎户星空、智谱华章、面壁智能进行重点项目签约。

（伍　岳）

【"专精特新"政策兑现发布会召开】

12月1日，石景山区召开以"领航新生态'石'现新发展"为主题的"专精特新"政策兑现发布会。李新指出，中小企业是推动创新、促进就业、改善民生的重要力量，"专精特新"企业是具备专业化、精细化、特色化、新颖化优势的中小企业，在区域经济社会发展中发挥重要作用，石景山区高度重视"专精特新"企业培育工作。在政策扶持方面，持续保护和激发市场主体活力，出台"新专九条""石科26条"等一系列惠企政策，推动"免申即享"方式兑现政策措施。在上市培育方面，积极摸清"专精特新"企业投融资需求和上市意愿，建立高成长企业上市培育库。在产业链联动方面，探索建立"链主企业出题、中小企业答题"协同创新模式，围绕"专精特新"重点产业遴选12家链主企业，以"揭榜挂帅"等方式，组织中小企业聚焦产业链"短板"开展联合攻关。在金融赋能方面，打好金融组合拳，在以北京银行为代表的金融机构助力下，推动构建科创引领、专精特新、普惠金融"三位一体"的金融服务生态圈。发挥好政府产业发展融资基金、子基金作用，支持"专精特新"企业发展。北京银行行长杨书剑表示，北京银行坚持服务首都、服务中小企业定位，把打造"专精特新第一行"作为重要战略。将进一步深化与石景山区银政企合作，探索"专精特新"企业金融服务新模式。充分发挥自身业务优势，为石景山区实施城市更新和产业转型"两大战略"，加快构建"1＋3＋1"高精尖产业体系提供全面金融支持。区领导王智勇，北京银行副行长王健，北京股权交易中心董事长成九雁参加活动。

（伍　岳）

【市商务局到区调研】 12月1日，市商务局到石景山区调研。市商务局局长丁勇，区领导李新、王智勇参加调研。丁勇指出，要立足石景山区京西区域位置，突出服务性消费，探索市场化可持续发展路径，扩大消费辐射半径，打造京西消费品牌。要抓住服贸会首钢永久会址机遇，组织策划高水平论坛展览展示，打造特色化品牌化展会目的地。要加强直播产业链条研究，结合区域发展实际，探索直播电商发展方向。要支持石景山区国际开放合作区建设，面向新加坡等“一带一路”国家，打造服务贸易开放合作新平台。李新指出，要抓住石景山区现有存量商业载体，做好商业布局谋划，不断扩大京西商圈影响力。要用好冬奥会、服贸会、新地标三张“金名片”，积极举办具有国际国内影响力的文化和体育活动，扩大区域发展影响力。要持续优化营商环境，为企业发展和项目落地创造良好条件。希望市商务局加大对石景山区商务工作的指导力度，加大政策、项目、资金支持力度，助力石景山区商务行业实现高质量发展，为全市经济社会发展作出更大贡献。

（伍　岳）

【石景山区金融政策发布会召开】 12月12日，“精准润泽实体经济　助力金融强国建设”2023石景山区金融政策发布会在北京·银行保险产业园召开。发布会推出专属支持政策。详细解读《石景山区支持现代金融产业高质量发展工作措施》《石景山区推进中关村国家自主创新示范区建设科创金融改革试验区工作方案》，引导金融机构提升金融服务实体经济质效。首发“石实融”服务矩阵。由定制产品、专属顾问、一码通办和免申即享共同组成“四位一体”的融资服务体系，发放《“石实融”宝典》，强化金融信贷产品解读，为企业提供优质金融产品、高效融资对接和有力政策支持。升级“免申即享”奖补政策。免除普惠金融“免申即享”政策准入门槛，扩大资金补贴范围，活动现场为173家企业、机构发放奖补资金392万元，企业数量、补贴金额分别同比增长5倍、2倍，显著降低企业融资成本。区领导李新、李先侠，中国人民银行北京市分行党委委员、副行长周军明，国家金融监管总局北京监管局副局长孙国栋，中国工商银行北京市分行副行长鲍晓晨参加活动。

（伍　岳）

【重大活动联席保障机制建立】 年内，石景山区突出做好中国科幻大会、服贸会、环保督察、安全生产督察、经责审计等各项工作的服务保障任务，从现场指挥调度、内宾接待、沟通协调等各个方面主动靠前，发挥沟通协调作用。推进对外联络的深度和广度，坚持把“四个服务”工作放在突出位置，加强服务中央单位和驻京部队水平。在应对“23·7”极端强降雨和恢复重建等急难险重工作中，重点岗位7×24小时在岗值班，结合市区领导对防汛工作的要求，紧盯防汛和恢复重建工作动态，形成《防汛工作任务清单》，重点督办转移保障、城市运行、物资储备、支援协作、次生灾害和恢复重建等工作。

（伍　岳）

【督查考核】 年内，区政府办理市领导批示194项，区领导批示1074件，制发督查专报53期，梳理形成《区长碰头会工作落实情况报告》48期，涉及236项事项。坚持“督帮合一”原则，紧抓市、区政府折子工程、民生实事等4类共186项重点工作落地见效。

（伍　岳）

【建议提案办理】 年内，区政府加强民主政治建设，按期办结市人大建议、市政协提案14件，办结区人大建议、政协提案352件，区人大建议办理态度及办理结果满意率均为100%，区政协提案办成率99.2%。协调督办经济责任审计整改工作，统筹18个部门68个具体整改任务，确保审计反馈问题全部整改到位。

（伍　岳）

【调研保障】 年内，区政府系统梳理各行业、各领域工作亮点、突出问题，建立完善调研点位台账，精准定位突出亮点，按时推进工作重点，着力解决重大难点。服务保障市政府主要领导调研3次，区政府主要领导调研128次，编发区政府领导活动1030余条。

（伍　岳）

【绩效考核】 年内，区政府细化分解66项139条市政府绩效任务，通过政策解读、现场查访核验、每月系统梳理，与牵头单位、责任单位形成工作合力，推动2023年度市政府绩效考评任务落实。通过制定考评内容、优化完善考评方式、加强绩效工作走访调研、强化绩效任务监测评估等方式推动48类475项2091条区政府绩效任务落地。

（伍　岳）

【公文流转】 年内，区政府梳理文件处理关键环节和完整链条，完善公文情况通报机制，提高区政府各部门公文处理水平。累计收文7455件，办理批示10790件，发文569件；承转信件、传真420件。

（伍　岳）

【信息报送】 年内，区政府发挥信息服务决策的全面性、主动性、敏感性，印发《石景山政务》普刊230期，专刊42期；报送市情信息420余条，采纳49条，报送舆情信息2260余条，采纳75条，获得市领导批示17条。

（伍　岳）

政务服务

【概况】 石景山区政务服务管理局（简称区政务服务局），主要负责统筹推进辖区简政放权、放管结合、优化政务服务改革和行政审批制度改革工作；负责协调推进市级、区级、街道、社区四级政务服务体系的建设、管理、指导、规范、监督和服务方式创新工作；负责本区“互联网+政务服务”工作，统筹做好政务服务“一张网”建设；负责区政务服务中心建设、运行和管理；负责推进、指导、协调、监督全区政府信息公开和政务公开工作；负责推进、指导、监督全区政府网站内容信息管理和监督工作；协调、指导、督促、检查相关部门简政放权、放管结合、优化服务改革和行政审批制度改革工作等。2023年，区政务服务局全面贯彻落实党中央关于全面依法治国、建设法治政府思想,按照区委区政府各项决策部署,牢牢把握稳中求进、争创一流工作基调,加大力度推进"放管服"改革、加快推进政务服务体系建设,以"一网、一窗、一门、一次"政务服务改革为抓手,全力推动利企便民,优化全区营商环境,各项工作取得新进展新成效。全年石景山区政务服务系统办理政务服务事项944281件,其中现场办理669288件、网上办理220367件、延时服务办理54626件,全年人流量90.35万人次。

(闫琳琳　张　斌)

【新址政务服务中心建设】 年内,区政务服务局明确新址政务中心适配改造、信息化建设内容,城市会客厅建设方向以及新址建成后运行管理职责。开展实地调研学习2次,召开各类沟通调研会20余次,工作对接会50余次,逐步形成适配装修改造方案以及信息化建设方案。同步推进人员统筹、周边交通环境提升等各项工作,推动新址尽快入驻运行。

(孙笑杰)

【"一网通办"】 年内,区政务服务局探索京津冀政务服务协同发展,建立与通州等12区和天津滨海新区、武清、河北雄安新区、曹妃甸、迁安等16地"京津冀"政务服务协作机制,实现"数据共享、远程交互、多地协同",打造预约申报、咨询辅导、材料提交、审批反馈等京津冀协同场景,实现1000余事项"京津冀"跨区通办服务。在区政务服务中心设立"跨省通办"综合窗口,落地实施114项国家"跨省通办"事项和"京津冀"跨区通办事项,搭建京津冀三地"视频会审系统"和"接件受理平台",为"跨省通办"综合窗口提供业务审批支持和全流程标准化服务。开辟网上"跨省通办"渠道。在区政府门户网站建成"跨省通办"服务专区和京津冀"一网通办"服务专区,推进三地企业设立、社会保障等各类企业群众高频事项"一网通办"。

(张　斌)

【推进"放管服"改革】 年内,区政务服务局扩充承诺制办理范围,新增42个审批事项纳入区级清单,实现四批次共26个部门285个事项告知承诺制办理。在2022年区级243个行政许可事项基础上依法依规开展新一轮清单梳理,以区政府办公室名义印发《石景山区行政许可事项清单(2023年版)》,编列225项行政许可事项,持续确保"清单之外无许可"。

(张　斌)

【优化营商环境6.0重点改革】 年内,区政务服务局在区政务服务中心开设办事专窗,线上在石景山区政府门户网站开设办事专区,引导企业并采取帮办代办方式受理"一业一证"和"一件事"集成办事,聚焦各项重点领域加强政策宣传和案例收集。完成60个"一件事"场景建设,实现40个"一业一证"场景线上申报,在15个场景形成19个具体工作案例。

(张　斌)

【政务公开】 年内,区政务服务局推进辖区政务公开规范化工作,印发《石景山区政务公开全流程规范手册》,区政府网站主动公开政府信息6422条,其中重点领域信息1665条。19个政策性文件开展意见征集并同步公开征集结果,公开16次区政府常务会议并全部配以图解。发布《石景山区政府公报》4期。全区受理依申请公开325件,区政府本级受理53件,均在法定期限答复申请人。梳理2023年辖区涉及财政资金惠企惠民政策事项30条,推进全市一体化政策支持"京策"平台建设。完成全区2023年政府信息公开全清单调整工作,全区35个政府部门、9个街道办事处根据机构职责进行系统梳理,调整后,全区政府信息主动公开全清单共涵盖1766条公开目录,将各部门、各街道主动公开政府信息全部纳入,为市民、企业获取政府信息提供更为标准、规范的检索指南。建成石景山区"金名片"栏目,重点展示辖区特色文旅资源。区政府门户网站上线"外国人高频问答""街道金名片""就业招聘""长护险制度试点"等14个专栏。

(王明明)

【政务新媒体监管】 年内,全区60个政务新媒体账号全部纳入国办监管系统。政务新媒体每周安排专人对信息更新发布、功能应用、互动回应等情况开展检查,共检查289次,注销关停不合格新媒体账号3个。

(王明明)

【"北京榜样·政务服务之星"评选】 年内,区政务服务局组织参与北京市2023年第五届"北京榜样·政务服务之星"评选活动,共征集到石景山区26个单位35人先进事迹材料。此次活动石景山区1人获得"北京榜样·政务服务之星"荣誉称号,1人获得"北京榜样·政务服务之星"提名奖,7人获得"贴心服务标兵"称号。

(张　斌)

【首届职工职业技能大赛】 年内,区政务服务局会同区人力社保局、区总工会共同举办石景山区首届职工职业技能大赛政务服务综合窗口办事员竞赛活动。活动是辖区近年来组织覆盖面最大、涉及员工数量最多的职业大赛活动,涵盖区政务服务中心、各专业政务服务中心、各街道政务服务中心和各社区服务站综合窗口人员及全能社工共1000余人。经过区级初赛及复赛,10名优秀窗口人员晋级全市职业技能大赛。在全市范围千余人层层比拼中,石景山区选手王群获全市总决赛第2名,同时区政务服务局获优秀组织奖。

(张　斌)

外　事

【概况】 石景山区政府外事办公室(简称区政府外办)是负责本区外事、港澳事务的区政府工作部门。2023年是全面贯彻落实党的二十大精神的开局之年,是实施"十四五"规划承上启下的关键一年,也是对外交往全面恢复之年。年内,区政府外办以习近平新时代中国特色社会主义思想和习近平外交思想为指导,全面贯彻落实党的二十大精神,坚决落实党中央对外工作决策部署和市委市政府、区委区政府工作要求,自觉从国家战略要求出发谋划和推动石景山外事工作,更加主动适应新时代中国特色大国外交需要,更加主动服务党和国家对外工作大局,更加主动服务北京市对外工作全局,更加有力服务石景山高水平开放发展,围绕"两大战略""四个融合",推动石景山外事工作和国际交往中心功能建设不断迈上新台阶,为打造"一起向未来"的城市复兴新地标,高水平建设好首都城市西大门提供有力支撑。年度组织摄制的党员教育片《中芬冬季运动之声》入选北京党员教育网资源库。区政府外办组织拍摄推荐报送的《研中华传统文化之学 筑中俄友好交流之桥》获第三届"北京·国际范儿"短视频大赛优秀奖。

(周　杰)

【友好城市交往】 2月6日至17日,石景山区居民友好交流摄影展在东京都板桥区政府展示厅举办。6月,石景山区与俄罗斯赤塔市共同举办"民族与文化近邻"国际青少年创作竞赛活动,促进中俄青少年文化艺术交流。6月27日,俄罗斯赤塔市四中汉语研学团一行到访北京九中分校,开展为期三周的汉语研学活动。9月19日,区政府与意大利罗马市第八区签订友好交流与合作意向书,商定两区在经济、科技、文化、教育、旅游、城市更新、会展等领域加强交流与合作。12月,石景山区领导以贺卡形式,向日本、韩国、俄罗斯、英国等国际友城、友好交流城市以及芬兰驻华大使馆、韩国驻华大使馆等机构送上新年慰问及祝福。

(周　杰)

【助力"两区"建设】 2月28日,区政府与北京芬兰商会签订合作谅解备忘录,建立战略合作关系。4月18日,区政府与新加坡伊顿教育集团举办高层对接会,讨论新加坡伊顿国际教育集团学前教育资源引入相关事项。5月18日,李新会见新加坡中华总商会会长高泉庆一行,代表团实地调研首钢东南区国际开放合作区项目后,双方就深化务实交流合作开展座谈。5月22日,新加坡驻华大使馆政务参赞林家毅访问石景山区,李新会见参赞一行并实地调研首钢东南区国际开放合作区项目,双方就深化务实交流合作开展座谈。7月5日,新加坡资讯通信媒体发展局中国司司长池星绫带队的代表团到访石景山区首钢园区。7月25日,新加坡驻华大使馆商务参赞、新加坡企业发展局中国司司长叶青文一行访问石景山区。8月4日,李新一行到访世界旅游城市联合会,双方举行座谈会,就开展旅游领域交流合作进行深入交流。9月4日,2023年服贸会"一带一路"文化旅游国际合作论坛在首钢园区举办。9月12日,北京市文旅局一级巡视员庞微,市文旅局党组成员、世界旅游城市联合会常务副秘书长李宝春一行调研石景山区。

(周　杰)

【重大涉外活动服务保障】 3月16日,市政府外办和石景山区政府共同组织来自51个国家的60名外国记者走进模式口和首钢园区,探访模式口历史文化街区和中关村科幻产业创新中心。9月8日,日中友好协会大学生代表团和全日本中文演讲比赛获奖者代表团一行100余人,参观访问石景山区首钢园区滑雪大跳台、三高炉和北京2022年冬奥组委会办公区。9月23日,中国人民对外友好协会2023"友好日"活动在友协大院举办,石景山区带来的北京文化代表"燕京八绝"、南来顺特色小吃、面塑、京剧、VR等互动项目吸引中外嘉宾驻足参观、深入体验。由北京市人民对外友好协会与石景山区政府共同举办的"一带一路"文化旅游推介展在"友好日"活动中推出,展出31个国家43个城市的文旅图片。9月27日,越南共产党中央政治局委员、河内市委书记丁进勇率越共中央代表团一行18人,参观访问首钢园区。10月19日,第三届"一带一路"国际合作高峰论坛外宾、黑山前总统武亚诺维奇一行走进石景山区,参访模式口历史文化街区、法海寺及法海寺壁画艺术馆。10月25日,来华参加2023年世界城市日活动的联合国副秘书长、联合国人居署执行主任麦慕娜·莫哈德·谢里夫率代表团访问石景山区,调研首钢园区规划改造和转型升级情况。11月8日,来京出席第十七次中日友好交流会议的日中友好协会代表团到访,参观考察首钢园区。11月30日,意大利奥委会运动科学康复科学院在华代表王鑫豪、顾问赵明子一行访问石景山区,实地考察调研区内体育产业空间载体。

(周　杰)

【参与绘画邀请展】 11月6日,2023"多彩世界·世界文化遗产"国际青少年绘画邀请展颁奖典礼暨展览开幕式在中国电影博物馆举行。本次绘画邀请展,区政府外办共征集俄罗斯赤塔市青少年作品46幅,日本东京都板桥区青少年作品5幅;其中5幅作品获三等奖,2幅作品获二等奖,1幅作品获一等奖。

(周　杰)

【涉外接待】 年内,区政府外办贯彻落实《新时代元首外交北京市服务保障能力提升实施方案(2022—2025年)》,持续完善重大国事活动服务保障常态化工作机制,丰富新首钢园区、北京冬奥公园、法海寺壁画艺术馆等场所国际化因素,系统梳理区文旅、商业、科技、教育、党建等涉外接待资源,将中关村科幻产业创新中心、首钢一高炉·SoReal元宇宙乐园等点位纳入石景山区外事参访项目库,推荐45所外事接待场所纳入全市外事参访项目库,通过线上小程序进行项目化管理,提供点餐式服务。全年接待来自58个国家的11批来访团组248人次,完成中央及市级交办的对外交往任务9个。

(周　杰)

【服务经济发展】 年内,区政府外办贯彻落实《关于外事和港澳工作服务首都经济高质量发展若干措施》,对精准招商团组予以重点保障,助力招商引资取得一系列积极成果。3月21日至28日,李新带队赴新加坡和香港地区开展招商推介活动。3月23日,区政府与新加坡金鹰集团关于依托首钢东南区项目打造中新服务业合作区签订合作谅解备忘录。3月27日,区政府和首钢控股(香港)有限公司设立"北京市石景山区驻香港投资促进工作站"。该工作站是石景山区首个京外招商机构。6月5日,李新带队赴市委外办市政府外办开展交流座谈,深化与新加坡务实交流合作，推动国际开放合作区建设。6月6日，环球数码(香港上市企业)北方总部北京风云环球数码传媒技术有限公司落户石景山区。7月13日，北京首沃新能源科技有限公司(外资)在辖区完成注册。9月3日，投资金额达55亿元的首钢怡和合作项目在服贸会签约。9月17日至24日，常卫带队赴意大利、德国，围绕城市更新、产业转型和友城合作等领域，开展招商引资和交流合作活动。9月26日，意大利米兰华侨华人工商会回访石景山区，进一步深入了解石景山区发展优势，开拓经贸投资渠道，寻求合作机会。

(周　杰)

【涉外安全服务保障】 年内，区政府外办落实涉外活动安全责任制，做好涉外活动事前审核。借助全民国家安全教育日，广泛开展宣传教育活动，发放《领事保护指南》《境外安全旅游安全手册》等宣传品300余册，1名工作人员受聘担任“国家安全副校长”，推动领事保护教育进校园，提升在校师生安全防范意识。1月10日至11日，由区政府外办主办的“贯彻党的二十大精神，维护涉外安全稳定”涉外安全培训班以线上方式举办，来自区涉外突发事件应急指挥部33家成员单位以及区内重点外向型企业工作负责同志50人参加培训。10月27日，由市政府外办指导，区政府外办联合中关村石景山园管委会在石景山区京西国际商事与人才综合服务港举办外事政策及服务企业宣传活动，活动同时通过腾讯会议进行线上直播，来自区内60余家外向型企业国际部门负责人员线下线上参加活动。

(周　杰)

【外语环境规范化】 年内，区政府外办实施《北京市国际交往语言环境建设条例》，做好区内新建及改扩建涉外场所外语标识规范设置工作，做好重点行业双语标识信息采集及规范性评测，为服贸会、中国科幻大会等重点会议会展提供国际语言环境保障支持，提升国际人才社区及特色产业园区外语标识规范设置水平，提升外语环境建设规范化法治化水平。2月9日，组织召开全区公共场所外语标识准确率评测分析暨2023年工作部署会，对全区重点公共场所外语标识准确率评测结果进行分析说明，对2023年国际语言环境建设工作进行部署。4月，为做好不规范外语标识整改工作的全过程监督和闭环管理，区政府外办联合区文化和旅游局、区金融办、区城管执法局，对重点公共场所外语标识评测中统计在账的不规范外语标识整改情况进行现场复审。检查人员先后来到八大处公园、首钢工业园区、香格里拉酒店和区内重点银行网点，比照前期评测台账上的不规范标识照片，参照提供的正确译法，对新制作标识标牌进行核对，逐一销账管理。10月，石景山区组织区内文化旅游、医疗卫生、商业金融、政务服务、体育等相关重点窗口行业主管部门，在全区范围内广泛开展《北京市国际交往语言环境建设条例》宣传活动。11月，会同区城管执法局以及相关行业主管部门，对区内体育场馆及商业场所外语标识规范设置情况进行现场检查，并对《北京市国际交往语言环境建设条例》开展宣传。

(周　杰)

【国际交往中心功能建设】 年内，区政府外办落实《北京市“十四五”时期加强国际交往中心功能建设规划》《北京推进国际交往中心功能建设领导小组2023年工作要点》和《石景山区“十四五”时期提升国际交往能力发展规划》，推动各项任务扎实落地。新首钢国际人才社区(核心区北区)1607－036地块、新首钢国际人才社区(核心区北区)1607－035地块、北大附中石景山学校(新址)建设工程、中关村工业互联网产业园1606－034地块和1606－605地块等重大项目按计划正常推进。推动首都医科大学附属北京康复医院与国际医疗保险公司开展商业合作，努力实现“零的突破”。4月14日，召开区委外事工作委员会第五次全体会议暨2023年石景山区推进国际交往中心功能建设领导小组全体会议。会议审议区委外事工作委员会2022年工作报告和2023年工作要点、区推进国际交往中心功能建设2023年重大项目清单和重点工作任务清单等事项。5月31日，李先侠主持召开石景山区推进国际交往中心功能建设监测评价结果通报会暨2023年工作部署会，对2023年监测评价工作提出工作建议，北京市统计局研究所贺菁伟对北京推进国际交往中心功能建设综合监测评价指标体系进行解读，各参会单位对做好2023年国际交往中心功能建设监测评价工作开展讨论交流。7月4日，石景山区以北京市出台的全国首个针对国际组织的便利化政策包《支持国际组织落户的若干措施》为基础，强化区级政策协同，印发实施《石景山区支持国际组织落户的若干措施(试行)》。作为全市首个区级层面出台的支持国际组织落户的专项措施，为国际组织在区落户及运行，国际组织核心员工在区工作及生活，提供全周期便利化政策服务。

(周　杰)

【外事为民】 年内，区政府外办落实优化营商环境6.0版要求，优化APEC商务旅行卡审批程序，精简审核材料，为企业APEC商务旅行卡申报做好政策解答和初审服务工作。为外籍人员来华办理邀请核实单做好初审服务工作，主动靠前提供外事服务，精准对接需求。支持区内医疗机构为外籍患者提供全流程外语服务。高质量运营区政府英文版门户网站，及时向外籍人士发布政策和服务信息。优化涉外政务服务，不断提升国际化营商环境及各领域涉外公共服务水平。2月，区政府外办分别走访中央广播电视总台鲁谷办公区、中国科学院大学玉泉路校区、北方工业大学国际学院、北京中日联节能环保工程技术有限公司等科研院所、企业和机构，开展涉外管理与服务满意度调研。调研过程中，区政府外办分别与来自美国、英国、德国、日本、巴基斯坦、坦桑尼亚等国的外籍专家、教师、留学生，围绕石景山区政务服务事项便利化办理、国际语言环境、医疗服务、子女教育等方面进行现场座谈。

(周　杰)

信　访

【概况】　石景山区信访办公室(简称区信访办)是区委、区政府负责辖区信访工作的区政府工作部门。2023年,区信访办发挥"三级书记抓信访"政治引领作用,用心用情办理群众来信来访,持续推进历史遗留问题化解、信访问题源头治理、重点矛盾纠纷预防调处等工作,圆满完成全国两会、服贸会等重大活动信访服务保障任务。全年受理群众信访5411批次8987人次,其中接待群众来访2011批次4762人次,受理群众来信3400件次4225人次。受理群众信访复查申请64件,其中维持18件、纠偏纠错41件、终止办理5件。

(齐璐雅)

【《信访工作条例》宣传月】　5月,石景山区信访系统开展《信访工作条例》宣传月活动。全区信访系统开展"五进"宣讲活动50场次,发放宣传材料26.5万件。5月10日,由北京市信访办和石景山区委、区政府联合主办的《信访工作条例》实施一周年主题宣传活动在石景山区举行。活动通过现场宣传宣讲、发放宣传册、解答群众咨询和以图文、视频等多种形式的主题回顾展等方式,展现石景山区学习贯彻落实《信访工作条例》工作实效。北京市政府副秘书长、市信访办主任肖志刚,石景山区委副书记、区长李新等相关领导参加活动。

(齐璐雅)

【市领导接访】　7月4日,北京市委常委、市委教育工委书记游钧到石景山区教委开展接访下访活动。游钧耐心听取群众关于非本市户籍适龄儿童入学的困难及诉求。强调,要紧紧围绕"七有""五性",用心用情用力解决群众身边的操心事烦心事揪心事。区领导常卫、石显富、申键参加活动。

(齐璐雅)

【区领导接访】　7月13日,常卫到苹果园街道开展接访下访活动,听取苹果园海一社区11号楼、13号楼居民更换电梯的诉求,随后召开现场调度会。常卫强调,要继续深入基层一线,及时了解居民群众诉求,依法及时就地解决问题,为群众创造更好的生活环境。区领导刘海涛、王其志参加活动。7月7日,李新到鲁谷街道开展接访下访活动,当面听取群众有关衙门口地区公交出行和衙府泰园西大门外积水问题。李新强调,人民群众的诉求就是我们工作关注的重点,尤其是民生工程,要加紧各流程环节审批,尽快启动建设程序,解决居民急难愁盼的出行难问题。区政协副主席、区园林绿化局局长毛轩参加活动。10月17日,常卫到八宝山街道开展接访下访活动。面对面听取群众代表反映台湾街周边环境脏乱差、游商无照经营等问题。常卫强调,群众代表反映的问题实事求是,政府要认真对待、积极回应居民诉求,加强对台湾街的综合治理。要认真接待来访,用心用情办事,把"送上门的群众工作"做实做好。区领导刘海涛、王其志参加活动。10月13日,李新到苹果园街道开展接访下访活动。听取禧悦学府小区群众代表关于小区电动自行车停放难、充电难的诉求,并前往点位实地查看。李新强调,要结合群众实际需求,科学设计安装防雨棚,加强充电设施管理维护,真正把好事做好,为居民服务到位。

(齐璐雅)

【践行"四下基层"】　年内,区信访办坚持每周三区级领导信访接待日制度和各单位处级领导接待日制度,推动各级领导干部开展"四下基层"活动。全年区级领导29人次到区信访办接待信访群众136人次、21人次到一线接待群众63人次,各单位处级领导接待群众2182批次5728人次。

(齐璐雅)

【信访问题源头治理】　年内,区信访办坚持和完善矛盾纠纷排查机制,开展2次矛盾纠纷大排查、16次专项排查,共排查出重点矛盾纠纷37件,全部落实包案区领导、责任单位和协办单位,并逐件挂账督办。充分发挥人民建议征集"金钥匙"作用,征集办理人民建议101件次,其中市特邀建议人向市信访办报送社情民意信息15件。

(齐璐雅)

【打造新时代"枫桥经验"石景山模式】　年内,区信访办成立"石时解纷"指挥中心,推动组建实体化区级"一站式"矛盾纠纷多元调解中心,构建诉讼与非诉讼有机衔接、多种化解方式协调联动的矛盾纠纷多元化解工作体系。全年"石时解纷"受理群众信访和调解申请4104件,化解率近90%。9月,"石时解纷"工作获评全国市域社会治理现代化试点。

(齐璐雅)

机关事务管理服务

【概况】　石景山区机关事务管理服务中心(简称区机关事务管理服务中心)是主要负责区机关事务管理服务的区政府直属事业单位。2023年,区机关事务管理服务中心坚持以习近平新时代中国特色社会主义思想为指导,聚焦主责主业,承担的重大工程项目,历时三年,顺利竣工。项目先后获得"中国钢结构金奖""结构长城杯金奖"等多项荣誉。坚持以办公用房资源合理配置、节约集约为目标,多措并举,着力提升全区办公用房管理精细化、规范化水平,切实做到数据准确、使用规范。坚持公务用车从严规范管理,健全完善规章制度,遵循总额控制、节能环保、规范高效原则,保障公务用车安全出行,获"2022年市级交通安全工作成绩突出单位"荣誉。坚持绿色发展理念,以降低运行成本为目标,以节能降耗为重点,开展"生活垃圾分类""节能减排"等工作,带头建设绿色节约型机关,在2023年度北京市机关食堂反食品浪费抽查评估工作中被市机管局通报表扬。贯彻落实"预防为主,管理从严,消除隐患,确保安全"原则,加大对基建设施、设备器材、安全保卫的巡检巡查力度,构建安全生产长效机制。坚持统筹兼顾、稳中求进,认真履行机关事务管理服务各项职责,保障全区重要会议、重大活动,机关事务工作持续高质量发展,机关运行保障管理效能高水平提升。

(白　璐)

【区政务服务中心和档案馆新建工程竣

工】 2020年12月开工，2023年6月竣工。工程位于京原路7号，为地上十三层，地下三层，建设内容为政务服务业务用房、档案库房、对外服务用房、档案业务和技术用房、食堂、地下车库和设备用房等。工程由区机关事务管理服务中心建设，北京市建筑设计研究院有限公司设计，中铁建设集团有限公司施工，北京中景恒基工程管理有限公司监理。6月，工程获第十五届第二批中国钢结构金奖工程；8月，被评为北京市结构长城杯金奖工程；12月，被评为北京市建筑业新技术应用示范工程。

（李 斌）

6月，石景山区政务服务中心和档案馆新建工程竣工

（区机关事务管理服务中心供图）

【反食品浪费】 年内，区机关事务管理服务中心持续推进反食品浪费工作。石景山区机关食堂被北京市机管局通报表扬。反食品浪费工作专班完成对区住建委、区城管委、区残联、金顶街街道等11家单位反食品浪费工作抽查评估，抽查结果均达到北京市机关食堂反食品浪费工作成效评估指标。

（孙 楠）

【消费帮扶】 年内，区机关事务管理服务中心推进消费帮扶工作，巩固脱贫攻坚成果。机关食堂采购帮扶地区农副产品172.76万元。对接石景山区对口支援地——内蒙古宁城县，在区机关开展农副产品展卖活动18次，销售额3.33万元。

（孙 楠）

【落实过“紧日子”要求】 年内，区机关事务管理服务中心将过“紧日子”思想贯穿主责主业，推动党政机关带头过“紧日子”要求落实落细。唱响节能降耗“重头戏”。持续加大检查力度，严控办公用能，推广使用节能环保产品，杜绝“跑冒滴漏、长明灯、长流水”等现象。实施节能改造，推进对办公室门气密性升级改造，有效减少室内外空气的对流，在制冷和采暖两方面实现节能减排。树立财务管理“风向标”。细化预算编制，严控经费支出预算只减不增，推行“零基预算”管理。严控财政支出，实行经费开支事前审批制，做到事前审批到位、事中跟踪到位、事后监管到位，持续强化经费使用全过程管理。拧紧餐饮浪费“水龙头”。大力推进绿色食堂行动，加强精细化管理，重点做好食品采购、储存、加工、供餐等环节的减损管理，合理处置库存食品，高标准推进反食品浪费工作。算好国有资产“明白账”。全面规范和加强资产配置管理，着力将闲置、低效运转资产进行调剂使用，对有使用价值的坏损资产进行修复再利用，推进国有资产共享共用，提高资产使用效益。统筹调剂办公用房，盘活闲置资源，调整会议室功能，为各部门工作开展提供保障。引领垃圾分类“新风潮”。进一步推进区机关办公区生活垃圾强制分类工作，为全区党政机关做先行表率。细化垃圾类别，增设对应收运装具。充分利用厨余垃圾处理设备，实现厨余垃圾就地处理。停止会议室、办公室、值班室等场所一次性用品的使用。

（杨 静）

石景山区人民政府区长、副区长

区 长 李 新

副区长 李先侠 王其志 刘 锋 尹 圆（女） 李文化（女） 吴凯萍（女，10月任）

申 键 王智勇（满族） 黄 莺（女，10月免）

石景山区人民政府工作机构主要负责人

区政府办主任	张 伟	区政府教育督导室主任	李秀兰（女，12月免）
区发展改革委主任	崔向华	区科委主任	石 磊
区教委主任	李秀兰（女，12月免）	区经济和信息化局局长	张晓磊

区大数据管理局局长	张晓磊
区民政局局长	吴智鹏
区财政局局长	杨贵宝
区人力社保局局长	韩孟荣
市规自委石景山分局局长	蔡　晶(3月免)
	贺尔军(3月任)
区生态环境局局长	王瑞超
区住房城市建设委主任	曹世辉(满族)
区房屋征收中心主任	曹世辉(满族)
区住房保障办公室主任	曹世辉(满族)
区城市管理委主任	齐　兵
区城市环境建设管理委员会办公室主任	齐　兵
区水务局局长	齐　兵
区交通委主任	齐　兵
区商务局局长	吕松涛
区文化和旅游局局长	唐　铭(女)
区卫生健康委主任	葛　强
区退役军人局局长	明　强(女)
区应急管理局局长	徐伟超
区突发事件应急委员会办公室主任	徐伟超
区市场监督管理局局长	金跃文
区食品药品安全委员会办公室主任	金跃文
区知识产权局局长	金跃文
区审计局局长	王亚兰(女,3月免)
	田　勇(女,3月任)
区外事办主任	王传东
区国资委主任	王晓华(12月免)
	岳　赞(12月任)

区体育局局长	李劲挺
区统计局局长	王彦明(3月免)
	尹仕朝(3月任)
区园林绿化局局长	毛　轩
区绿化委员会办公室主任	毛　轩
区金融办主任	高延娜(女)
区政务服务局局长	卢满钧
区国动办主任	任连田(12月免)
	王晓华(12月任)
区集体资产监管办主任	张洪江
区信访办主任	来英慧(女)
区医保局局长	李凤芹(女)
区台湾事务办公室主任、区民族宗教侨务办公室主任	高　竹(女)
园区管委会主任	贾　曦
区西建办(区西山永定河文化带建设管理委员会)主任	闫晓辉(女)
区地震局局长	薛舒栋
区投促中心主任	段京涛(12月免)
区机关事务管理服务中心主任	万晓健
八大处公园管理处主任	王　浩
区环卫中心主任	齐　忠
区城管指挥中心主任	周正民
区融媒体中心主任	王建强
区公园管理中心主任	王金兰(女,12月免)
	王　靖(女,12月任)
区房屋征收事务中心主任	唐　嵘
石景山医院院长	刘　鹏
区税务局局长	濮　璐
区气象局局长	朱　立

政协石景山区委员会

概　述

中国人民政治协商会议北京市石景山区委员会(简称区政协),是中国人民政治协商会议北京市石景山区地方组织,主要职能是政治协商和民主监督,组织参加政协的各党派、团体和各族各界人士参政议政。政治协商是对石景山区政治、经济、文化和社会生活中的重要问题在决策之前进行协商和就决策执行过程中的重要问题进行协商。从程序上讲,区政协可根据区委、区人大、区政府、民主党派、人民团体的提议,举行由各党派、团体的负责人和各族各界的代表参加的会议进行协商,也可建议上列单位将有关重要问题提交政协协商。政治协商的主要形式有:政协的全体会议、常委会议、主席会议、专题协商会、各专门委员会会议等。民主监督是对国家宪法、法律和法规的实施,重大方针政策的贯彻执行,国家机关及其工作人员的工作,通过建议和批评进行监督。民主监督的主要形式有:政协的全体会议、常委会议或主席会议向区委、区政府提出建议案,各专门委员会提出建议或有关报告,委员视察,委员提案,或以其他形式提出建议。参政议政是1993年3月修订政协章程时新列入的一项主要职能。参政议政是政治协商和民主监督的拓展和延伸。参政议政的内容与形式除政治协商和民主监督规定的内容和形式外,还包括选择人民群众关心、党政部门重视、政协有条件做的课题,组织调查和研究,积极主动地向党政领导机关提出建设性的意见。区第十一届政协常委会组成人员39人,其中主席1人、副主席6人、秘书长1人、常委31人。下设办公室、研究室、专委会工作一室、专委会工作二室、专委会工作三室、专委会工作四室、专委会工作五室、专委会工作六室8个办事机构。2023年,在中共石景山区委领导和市政协指导下,在区人大、区政府和社会各界大力支持下,区政协常委会紧紧依靠和团结带领全体政协委员,坚持以习近平新时代中国特色社会主义思想为指导,深入贯彻党的二十大和二十届二中、三中全会精神,深入贯彻中央、中共北京市委和中共石景山区委政协工作会议精神,牢牢把握团结和民主两大主题,紧紧围绕全区工作大局,认真履行政治协商、民主监督、参政议政职能,圆满完成全年各项任务,为促进石景山区经济社会改革发展作出积极贡献。

(樊　华)

【政治协商】 年内,区政协常委会坚持把服务改革发展稳定、推动区委区政府中心工作作为履职着力点,健全完善政协协商民主程序,落实全体会议、常委会议等会议协商制度,完善协商、调研等工作协调机制,有序开展专题协商、对口协商、界别协商和提案办理协商。围绕深入推进产业转型升级,实现经济高质量发展;在推动科技创新、楼宇经济、抓住后冬奥发展机遇等方面持续开展跟踪调研协商,推进成果转化,着力推动"一轴四园"重点功能区建设和"五子"联动融合发展。围绕大力实施城市更新行动,着力打造"品质之城";在加快推动京西地区转型发展,推进新首钢复兴等方面开展专题协商,进一步推进新首钢地区深度融合、一体发展。围绕不断健全社会治理制度,全面提升城市管理效能;在深化"吹哨报到""接诉即办"改革,持续抓好两件"关键小事"等方面开展对口协商,推动解决民生问题,持续推进"品质社区"建设。围绕持续推进生态文明建设,绘就蓝绿交织生态复兴新底色;在持续改善环境质量,巩固国家森林城市创建成果等方面开展重点协商,助推深入打好污染防治攻坚战,不断扩大绿色生态空间。围绕加强西山永定河文化带保护和传承,做好文化这篇大文章;在落实保护发展规划,精心打磨模式口历史文化街区等方面开展深入协商,加强文物保护与街区整治,着力推进全国文化中心建设。围绕认真践行以人民为中心的发展思想,在更高水平上保障和改善民生;在社区养老体系建设、合作化办学等方面开展基层协商,提升养老服务质量,推进高水平教育现代化,落实"七有"目标和"五性"需求。围绕"深入实施城市更新和产业转型发展战略,着力打造'品质之城'"召开第32次政协工作理论研讨会暨议政性常委会会议。19名政协常委、委员进行交流发言,区委主要领导与委员面对面共商发展大计、共话融合蓝图,对协商成果予以充分肯定。会议形成调研报告57篇、梳理意见建议35条。根据区委区政府领导同志批示要求,相关部门认真采纳落实。

(樊　华)

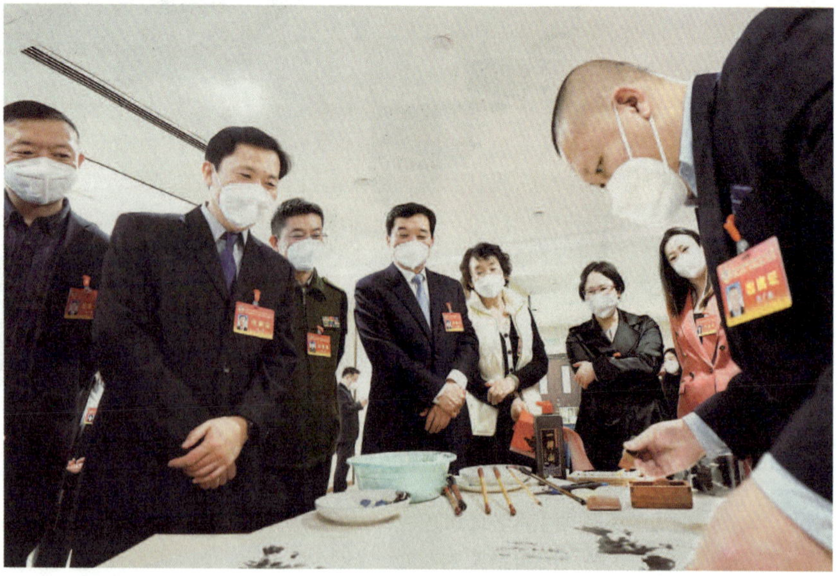

在区政协十一届二次会议期间,政协书画院举行写春联、赠福字活动

(区政协供图)

【民主监督】 年内，区政协立足协商式监督的定位，组织成立6个民主监督小组对区科委等6个区属党政部门履职情况开展民主监督与评议工作，并采取到被监督评议部门的下属单位开展“延伸式”监督方式。民主监督与评议工作发放回收调查问卷276份、回收调查问卷276份，开展谈话167人次，形成总报告和6份小组评议报告，提出意见建议18条，区委主要领导高度重视并作出批示，推动部门改进工作。支持财政预算民主监督小组、社会治理领域民主监督小组和城市管理民主监督小组开展监督工作，推动民主监督工作深入开展。

（樊　华）

【参政议政】 年内，区政协围绕“提高商务楼宇物业服务水平 提升营商环境品质 促进高质量发展”“加快推进我区西部地区城市更新，促进区域协调发展”开展主席会专题协商、视察监督，提出5方面24条意见建议。围绕商务楼宇升级改造、社区养老机构运营、西部地区发展、推进合作化办学、历史文化街区保护与利用等开展多层次、多渠道的调研视察和协商座谈30多次，形成1件常委会建议案和4件主席会建议案，区政府认真办理并向区政协通报办理情况。围绕“七有”“五性”，分别就提升普惠型幼儿园覆盖率和公租房保障率、全民健身活动开展、满足群众多种文化需求等提出意见建议14条。组织召开“石景山区优化提升高精尖产业体系调研成果”专题协商座谈会，形成意见建议20条报区政府决策参考。坚持建言资政和凝聚共识双向发力，搭建以全体会议为龙头、专题议政性常委会会议和民主监督评议为重点，以“同心桥”协商议事平台、“同心曲”读书学习平台、“同心院”文化交流平台、“同心结”团结联谊平台为特色的“1+2+4”多层次履职平台，形成全区“同心”系列活动一体贯通的履职架构，把凝聚共识贯穿于各项履职活动中，最大限度地统一思想、凝心聚力。石景山区的委员联系界别群众工作得到市政协的充分肯定，受邀在北京市政协“完善委员联系界别群众制度机制”主题研讨会上作经验交流发言。石景山区“石事实商量”协商活动平台被市政协评为区政协履职创新优秀案例。

（樊　华）

重要会议与活动

【政协石景山区第十一届委员会第二次会议召开】 1月3日至5日，政协北京市石景山区第十一届委员会第二次会议召开。区政协主席田利跃作政协石景山区第十一届委员会常务委员会工作报告。常务副主席岳林华作政协第十一届委员会常务委员会提案工作报告。副主席汪礼俊宣读区政协2022年表彰决定，对30件优秀提案、14篇优秀调研报告、20条优秀社情民意、周晓勇等31名委员履职先进个人予以表彰。10位政协委员代表各民主党派和区工商联、知联会、新联会围绕加强“品质之城”建设、推动北重厂区转型发展等方面进行发言。会议作政协北京市石景山区第十一届委员会第二次会议期间提案审查情况报告，通过政协北京市石景山区第十一届委员会第二次会议政治决议。

（樊　华）

【灵光寺向区卫健委捐50万元爱心款】 2月7日，中国佛教协会北京灵光寺向石景山区卫健委捐赠50万元爱心款，以此向在三年抗疫工作中无私奉献、守护人民健康的医护人员表示敬意和感谢。中国佛教协会副会长、北京市佛教协会副会长、区佛教协会会长、北京灵光寺方丈释常藏向区红十字会捐赠支票并接受荣誉证书。释常藏代表佛教界对全区医务工作者在疫情防控工作中作出的贡献表示敬意和感谢。区政协副主席宋世媛、葛强，区政协秘书长程伯静、相关委室主任以及区卫健委、区红十字会相关领导和区医疗机构医务人员代表参加捐赠仪式。

（樊　华）

【召开专题协商会】 3月16日，区政协在鲁谷街道委员工作站召开专题协商会，开展委员工作站“石事实商量”系好同心结协商活动，进一步推动政协协商向基层延伸。会议邀请区政协委员健康·科普专家团成员代表和全区9个街道的相关领导参加。会上，与会人员围绕完善委员联系界别群众制度机制，探索政协协商与基层协商有效衔接开展协商交流。

（樊　华）

【主席会协商视察活动】 4月20日，区政协主席会围绕“加快推进我区西部地区城市更新，促进区域协调发展”开展协商视察活动。主席会先后前往慈善寺、半山花海和双泉寺村，实地了解项目规划建设情况，并召开座谈会听取区西建办关于石景山西部地区发

4月20日，政协主席视察西部地区城市更新工作　　（区政协供图）

展建设总体情况的汇报，与区文旅局、区发改委、区住建委、区规自分局、五里坨街道以及中交城市更新公司、隆和恒泰文化旅游产业有限公司相关负责人开展协商交流。

(樊 华)

【"五一口号"75周年长走活动】 4月27日，为纪念中共中央发布"五一口号"75周年，区政协在首钢园开展纪念中共中央发布"五一口号"75周年长走活动。此次活动由市区两级政协联动举办，委员们在长走中重温多党合作历史，弘扬多党合作传统，进一步夯实团结合作的共同思想政治基础。区政协主席田利跃，副主席宋世媛、葛强、刘铁军及部分市、区政协委员和机关干部参加活动。

(樊 华)

【庆"七一"联建共建暨政协委员专家团义诊】 6月28日，为庆祝中国共产党成立102周年，进一步深入学习习近平新时代中国特色社会主义思想，全面加强政协机关党组织建设，按照区委工作要求，区政协机关党支部和八大处社区党委组织庆"七一"联建共建暨政协委员健康·科普专家团进社区义诊活动。区政协党组书记、主席田利跃参加活动。

(樊 华)

【理论研讨会及协商议政会】 7月18日，由区政协和区委统战部共同举办的石景山区政协第三十二次政协工作理论研讨会暨"深入实施城市更新和产业转型发展战略，着力打造品质之城"协商议政会召开。常卫听取各位政协常委、委员的发言后，给予充分肯定，一一作出回应，与委员交换意见，对区政协工作给予充分肯定。区委常委、常务副区长李先侠代表区政府通报区政协第三十一次政协工作理论研讨会暨协商议政会意见建议办理情况。研讨会安排上下午两个阶段进行。前期，政协常委和委员围绕"深入实施城市更新和产业转型发展战略，着力打造品质之城"深入调研、科学论证、充分协商，形成研讨材料57篇。会上，区政协常务副主席岳林华等17位政协常委、委员聚焦研讨会主题，围绕"提高商务楼宇物业服务水平，促进我区高质量发展"等方面，交流发言，建言献策。

(樊 华)

【调研组集体调研】 10月18日，区政协调研组一行围绕"推动石景山历史文化遗产遗址活化利用，打造山水文化融合发展品牌"开展集体调研。调研组一行先后来到雍正御制碑及碑亭、南山小院、石景山古建群和RE睿·国际创忆馆，结合展板实地查看相关文物单位保护与修缮利用、数字化技术与文化遗产创新结合工作情况。

(樊 华)

【重点提案督办协商】 11月22日，区政协围绕"关于为提振和保持区内经济活力 改善我区人口年龄结构的建议"开展重点提案督办协商。区长李新，区政协主席田利跃，副主席宋世媛、葛强，秘书长程伯静和部分政协委员参加活动。活动中，区领导及区政协委员一行来到景贤创业小镇，实地调研创业小镇吸引人才、支持创新项目、孵化创业企业等情况，听取相关负责人介绍，考察达尔文细胞生物科技有限公司等企业发展情况。在随后召开的督办协商会上，提案人介绍提案基本情况，提案主办单位汇报提案办理情况，会办单位作补充汇报，与会委员们与相关单位负责人进行协商座谈。

(樊 华)

【常务委员会会议】 年内，共召开4次常务委员会会议。政协石景山区第十一届委员会第六次常务委员会会议于1月5日召开。会议审议《政协北京市石景山区第十一届委员会常务委员会2023年工作要点(审议稿)》。田利跃主持会议。政协石景山区第十一届委员会第七次常务委员会会议于7月18日召开。会议审议通过《政协北京市石景山区第十一届委员会常务委员会第七次会议议程》；会议进行常委会会前学习；会议审议常委会建议案；会议审议《关于赴崇礼、宁城学习考察的报告》；会议审议人事事项。田利跃主持会议。政协石景山区第十一届委员会第八次常务委员会会议于12月1日召开。会议进行会前学习：习近平总书记在中共中央政治局第十次集体学习时的重要讲话精神、中共中央政治局会议精神；会议听取常委会建议案答复；会议听取区委办、区政府办关于区政协十一届二次会议以来提案办理情况的汇报，田利跃主持会议。政协石景山区第十一届委员会第九次常务委员会会议于12月28日召开。会议审议通过《政协北京市石景山区第十一届委员会常务委员会第九次会议议程》；会议审议《政协北京市石景山区第十一届委员会常务委员会工作报告》；会议审议《政协北京市石景山区委员会常务委员会关于政协十一届二次会议以来提案工作

7月，区政协第三十二次理论研讨会召开 (区政协供图)

情况的报告》；会议审议政协北京市石景山区第十一届委员会第三次会议相关文件；会议审议人事事项。田利跃主持会议。

（樊　华）

【主席会议】 年内，共召开14次主席会议。2月9日，政协石景山区第十一届委员会召开第十五次主席会议，会议审议区政协2023年协商工作计划；审议石景山区政协关于完善委员联系界别群众制度机制，切实发挥界别作用的实施办法。田利跃主持会议。2月15日，政协石景山区第十一届委员会召开第十六次主席会议，会议传达学习习近平总书记在学习贯彻党的二十大精神研讨班开班式上的重要讲话精神；审议区政协各专委会2023年工作要点。田利跃主持会议。2月28日，政协石景山区第十一届委员会召开第十七次主席会议，会议听取政协石景山区第十一届委员会第二次会议提案基本情况分析报告；审议政协石景山区第十一届委员会第二次会议重点督办提案。田利跃主持会议。5月10日，政协石景山区第十一届委员会召开第十八次主席会议，会前传达学习尹力书记在学习贯彻习近平新时代中国特色社会主义思想主题教育专题党课上的讲话精神；传达《市政协2023年度区政协履职创新案例评选工作方案》；审议关于深化“同心”系列活动的指导意见。田利跃主持会议。5月17日，政协石景山区第十一届委员会召开第十九次主席会议，会议审议人事事项。田利跃主持会议。6月29日，政协石景山区第十一届委员会召开第二十次主席会议，会议审议石景山区政协第32次政协工作理论研讨会暨深入实施城市更新和产业转型发展战略，着力打造“品质之城”协商议政会方案；审议石景山区政协第32次政协工作理论研讨会暨“深入实施城市更新和产业转型发展战略”，着力打造“品质之城”协商议政会发言题目及材料；审议石景山区政协2023年上半年主要工作完成情况和下半年工作安排。田利跃主持会议。7月13日，政协石景山区第十一届委员会召开第二十一次主席会议，会议听取各专委会关于调研报告及建议案的汇报；听取关于确定常委会、主席会建议案建议的汇报；听取关于第7次政协常委会议题安排的汇报；审议政协常委会外出考察调研报告（书面审议）。田利跃主持会议。7月27日，政协石景山区第十一届委员会召开第二十二次主席会议，会议会前学习：传达学习区委十三届六次全会精神会议主要议程；听取办公室、研究室、各专委会2023年上半年工作情况及下半年工作计划的汇报。田利跃主持会议。11月8日，政协石景山区第十一届委员会召开第二十三次主席会议，会议听取主席会建议案答复。田利跃主持会议。11月23日，政协石景山区第十一届委员会召开第二十四次主席会议，会议听取各专委会关于2023年主要工作完成情况及2024年工作思路的汇报；听取中国人民政治协商会议北京市石景山区第十一届委员会第三次会议日程（草案）的汇报；听取石景山区政协赴广州市调研考察相关情况的汇报；审看政协履职创新案例汇报片。田利跃主持会议。12月1日，政协石景山区第十一届委员会召开第二十五次主席会议，会议审议各民主监督与评议小

12月1日，围绕“深入学习贯彻习近平新时代中国特色社会主义思想 提升商务楼宇营商环境”，区政协常委会开展视察调研活动　（区政协供图）

5月10日，区政协十一届委员会第十八次主席会召开　（区政协供图）

组工作报告;审议财政预算民主监督小组、社会治理领域民主监督小组、城市管理民主监督小组等三个民主监督小组的工作报告。田利跃主持会议。12 月 5 日,政协石景山区第十一届委员会召开第二十六次主席会议,会议传达学习习近平总书记在上海考察时的重要讲话精神;听取关于区政协常委会工作报告的汇报;听取关于区政协常委会提案工作报告的汇报;听取关于民主监督与评议工作总报告的汇报;听取四下基层工作方案的汇报。田利跃主持会议。12 月 19 日,政协石景山区第十一届委员会召开第二十七次主席会议,会议听取关于区政协十一届三次会议筹备工作方案的汇报;审议区政协十一届三次会议相关文件;审议区政协十一届常委会第九次会议议程;审议区政协十一届常委会 2024 年工作要点。田利跃主持会议。12 月 28 日,政协石景山区第十一届委员会召开第二十八次主席会议,会议审议人事事项;听取关于区政协 2023 年度领导班子工作总结的汇报。田利跃主持会议。

(樊　华)

专门委员会

【概况】 根据政协章程规定和石景山区政协工作实际,十一届区政协共设有经济科技委员会、社会法制和民族宗教委员会、城建环保委员会、教文卫体委员会、提案委员会、学习与文史委员会 6 个专门委员会。专门委员会工作是政协工作的重要基础,是政协履行职能的重要方式。专门委员会根据中国人民政治协商会议章程的要求,从实际出发开展工作。组织委员认真学习、宣传国家的方针政策和法律;就本区政治、经济、文化和社会生活中的重要问题,人民群众普遍关心的问题,选择其中具有综合性、全局性、前瞻性的课题,深入开展调查研究,提出意见、建议和提案;团结和联系委员及各族各界人士,积极反映社情民意;组织各种活动,积极为委员知情出力、履行职责创造条件。

(樊　华)

【经济科技委员会】 年内,经济科技委员会开展各类活动 150 余次,委员参与 2000 余人次,界别群众参与 1200 余人次。经济科技委员会以提升商务楼宇物业服务水平为抓手深入开展调查研究,开展专题调研会议 6 次,听取区委组织部、等有关部门和物业协会等行业协会的情况介绍,开展专题调研和考察活动 7 次,实地了解企业问题和诉求,组织召开物业企业座谈会,了解物业工作问题和难点。经科委调研课题组到中海物业和高力国际实地调研,召开物业企业经验交流分享会,设计楼宇物业管理和企业服务情况调研表,以网络形式面向全区企业发放调查,开展报告研讨会议 4 次,邀请部分委员同区政府领导开展专题协商活动。经济科技委员会以加强“智慧城市”建设为主题开展专题协商,形成《加强我区智慧城市建设提升服务经济社会发展能力专题协商的报告》。经济科技委员会经与区科委和区财政局协商,选定科技创新专项资金作为对区科委的民主监督评议工作和财政预算民主监督工作的主要对象,形成《对区科委履职情况的民主监督评议报告》和《财政预算民主监督工作报告》。政协十一届二次会议以来,共 2 件提案被确定为重点提案进行督办。经济科技委员会共组织开展委员工作站(室)活动 8 次,参与委员 150 余人次。重点打造委员工作站“石事实商量”协商平台,共开展专题读书活动 15 次,交流活动 3 次,参加委员 320 余人次,界别群众 200 余人次。

(樊　华)

【社会法制与民族宗教委员会】 年内,社会法制与民族宗教委员会开展视察、协商活动 30 次,委员提交提案 38 件,联名提案 14 件,社情民意 39 件,界别提案社情民意各 4 件,专委会提案 1 件,报送委员风采 3 人次,推荐优秀提案 9 件,向区检察院推荐“益心为公”志愿者 8 人,开展学习贯彻习近平新时代中国特色社会主义思想主题教育活动。通过宗教界公益慈善活动,为区内医疗单位、养老机构捐赠善款 60 余万元,围绕双泉寺及周边村落开发建设、防汛工作邀请相关单位负责人进行协商座谈;深化“联学联研”工作机制,对所联系界别小组开展现场宣讲解读,同时听取各界别小组召集人介绍如何发挥桥梁纽带作用,服务界别群众典型案例。全年共计走访 12 名委员 14 人次。开展 3 次“区政协委员健康·科普专家团进社区活动”,视察市“漫步北京”文旅骑行主题线路,举办宗教界时事政治与政策法规大讲堂 3 次,爱国主义宣传教育活动 2 次。由“西闻石书”读书群骨干委员对“二十大精神”、民族宗教知识、健康管理和科普宣传等书籍文章进行 30 次领读。对区司法局履职进行监督评议,区政协社会治理领域民主监督小

4 月 7 日,政协委员工作室暨“京西古香道”读书分享会举行(区政协供图)

组实地了解八大处消防救援站消防安全治理等方面的能力，形成评议报告。

（樊　华）

【城建环保委员会】　年内，城建环保委员会制定专委会党支部主题教育方案，将主题教育同履职工作紧密结合。按照"书香政协"要求，线上定期推送各类学习资料，线下举办专委会主题读书活动4次。以"深入实施城市更新战略，加强城市基础设施建设，促进西部地区高质量发展"主题先后三次组织委员到西部地区实地调研，形成重点调研报告和建议案。围绕城市管理和城市建设，做好后冬奥文章，组织委员现场调研、协商座谈，到杭州、湖州、南京市，围绕城市更新主题开展学习考察活动，并撰写完成考察报告。组建工作组对区住建委履职情况开展民主监督与评议并形成民主监督评议报告。组织区城市管理民主监督小组成员对城市管理工作开展专项监督并形成工作报告。开展"凝心铸魂跟党走 实干担当建新功"主题党日活动，到中国电影博物馆参观学习，组织委员参观八大处"红色电波"主题展览。开展委员健康科普专家团进社区活动3次。围绕"七有""五性"公租房保障和住有所居"接诉即办"情况，先后与区住建委等7个部门及单位进行专题协商，提出针对性建议7条。围绕进一步提高供水安全服务保障、有效改善供水水质等方面进行协商座谈。

（樊　华）

【教文卫体委员会】　年内，教文卫体委员会根据"三级联系"机制进行分组研讨交流，组织专委会党支部及党员联系委员到金顶街街道综合文化服务中心、鲁谷街道党群服务中心以及党史主题文化广场三个地区参观党建文化展览并开展联系服务界别群众工作。围绕"关于进一步深化我区合作化办学"课题开展调研，形成《关于进一步深化合作化办学》的调研报告和建议案。围绕"接诉即办"中的热点难点问题开展调研，针对石景山区普惠性幼儿园覆盖率处于全市较低水平以及人均体育场地面积问题分别提出合理意见建议7条，普惠型幼儿园覆盖率提升至89%，人均体育场地面积提升至2.84平方米。围绕百姓关心的热点难点问题反映社情民意16篇，采纳编辑出刊1篇，拟采纳出刊1篇，提交区政协第32次理论研讨会文章9篇。组织召开专题协商会，围绕医保支付及报销问题组织医药卫生界别的市区两级政协委员到区医保局调研视察，并围绕医保目录更新、互联网医疗、门诊慢特病试点等工作协商，提出意见建议3条，组织重点提案督办1次，专委会提案督办3次，追踪提案办理，促进提案成果转化。对区体育局全民健身工作开展民主监督与评议，广泛征集委员意见，并针对报告细节反复与区体育局沟通反馈，最终形成民主监督评议报告。依托委员工作站（室）开展委员联系界别群众心连心活动，全年共开展活动8次，推进委员工作站"石事实商量"品牌建设。

（樊　华）

【提案委员会】　年内，提案委员会深入学习领会习近平总书记关于主题教育系列重要讲话精神，全面系统掌握习近平新时代中国特色社会主义思想的科学体系、核心要义和实践要求，召开3次专委会党支部会议，集中学习文件精神并讨论党支部工作。政协石景山区十一届二次会议以来，共收到提案279件，会议提案264件，平日提案15件。提案委员会依据《政协石景山区委员会提案工作条例》，对收到的提案逐件进行审查。经审查，共立案273件。其中，委员提案235件、民主党派和工商联提案21件，专委会提案7件，界别提案10件，参与提案的委员达到208名，占委员总数的100%。在立案的提案中，城建环保类74件，经济科技类71件，教卫体类61件，社法民宗类38件，文化文史类29件。不予立案提案6件。未立案的提案以社情民意反映或向市政协会议提交。按照承办单位办理报告显示，已办理的提案中被采纳或部分采纳的提案271件，占办理总数的99.2%；纳入工作计划或调研计划的提案1件，占办理总数的0.4%；因政策办理不了，向委员解释说明的提案1件，占办理总数的0.4%。提案委员会邀请市政协提案委专职副主任就聚焦中心、关注民生，以高质量提案助力市区经济社会高质量发展进行培训，指导委员撰写提案。协同市区政协联合调研，推动永定河文化带发展，围绕永定河流域文化建设、产业发展、灾后重建等议题开展联合调研、培育有关提案，同市政协提案委共同开展视察，参观石景山古建群、功碑阁、RE睿·国际创忆馆，与学习文史委部分委员就相关议题联合调研、培育有关提案等工作开展座谈协商。

（樊　华）

【学习与文史委员会】　年内，学习与

10月18日，区政协组织调研石景山古建群等　（区政协供图）

文史委员会围绕“推动石景山历史文化遗产遗址活化利用，打造山水文化融合发展品牌”和“关于模式口历史文化街区保护与活化利用”两个调研课题，制定调研方案，组织学习考察，召开专家论证会，形成调研报告和建议案。学习文史委邀请专家学者、政府领导等面向全体委员牵头组织开展“为首都经济高质量发展建言”专题报告、石景山区情通报培训2次，集中利用3天时间组织全体委员围绕党的二十大精神、习近平总书记关于加强和改进人民政协工作的重要思想、习近平总书记关于中国式现代化的重要论述和政协委员履职能力提升等内容进行培训。围绕“做好模式口历史文化街区保护与活化利用，持续提升文化品牌影响力”专题协商议题进行视察调研，形成《关于模式口历史文化街区保护与活化利用的调研报告》及建议案，提交区西建办办理。学习文史委联合民革区工委开展金口河遗址遗迹调研协商工作，围绕“推动历史文化遗产遗址活化利用”赴新疆库车市调研考察，与区文旅局对接召开文史类提案办理协商座谈会，不断加强与区文旅局、区西建办等政府对口部门的协商联系。学习与文史委员会服务保障市政协“加强三个文化带保护与发展，守护好千年古都历史文脉”议政会工作，服务保障市政协“推进文化数字化发展，完善文化服务供给”专题调研。就《老舍与石景山》及《京西古商道》两本书籍的资料收集和编辑整理工作交流意见建议，持续修改文章内容，精心打造文史资料精品力作，《老舍与石景山》一书完成编辑。学习与文史委员会为委员建言献策搭建平台，全年组织各类活动30余次，委员参与率达到100%；加强委员履职考核服务管理，贯彻落实习近平总书记关于委员读书活动的重要指示精神，制定2023年《关于开展“书香政协”读书活动方案》，精心打造“同心书苑”读书品牌，打造线下线上读书双平台，努力构建“1234＋N”的系列读书学习体系。

（樊　华）

中国人民政治协商会议北京市石景山区第十一届委员会

主　　席　田利跃
常务副主席　岳林华
副 主 席　宋世媛（女）　葛　强　毛　轩
　　　　　汪礼俊　刘铁军
秘 书 长　程伯静（女）
副秘书长　王国强　高　竹（女）　李鸿泓
　　　　　林乐光　张旭东　赵　宇
常务委员　于程水　王迎伟　王艳蕊（女）
　　　　　王淳华（女）　白德骏（回族）　仲达文
　　　　　刘　嵘（女）　纪雪洪　李　平
　　　　　李　琳（女）　李剑锋　李鸿泓
　　　　　杨　光　吴　峥　吴　涛
　　　　　张　杰（女）　张立辉　张春景
　　　　　张结实　张绪东　林乐光
　　　　　郑　一　赵　平（女）　赵　宇（满族）
　　　　　姚　郑　高　竹（女）　黄爱萍（女）
　　　　　斯琴格日勒（女，蒙古族）　傅　凡
　　　　　释常藏　戴　兵（女）

石景山区政协专门委员会负责人

经济科技委员会主任　孙明磊
社会法制与民族宗教委员会主任　梁锁生
城建环保委员会主任　柏　静（女）
教文卫体委员会主任　于秀云（女）
提案委员会主任　蒙树红（女）
学习与文史委员会主任　刘　威

石景山区政协工作机构负责人

区政协党组成员、秘书长　程伯静（女）
区政协党组成员、办公室主任　王国强
区政协研究室主任　彭玉春
区政协专委会工作一室主任　孙明磊
区政协专委会工作二室主任　梁锁生
区政协专委会工作三室主任　柏　静（女）
区政协专委会工作四室主任　于秀云（女）
区政协专委会工作五室主任　蒙树红（女）
区政协专委会工作六室主任　刘　威

纪检 监察

综　述

【概况】 2023年，中国共产党北京市石景山区纪律检查委员会、北京市石景山区监察委员会（简称区纪委区监委）由机关16个内设机构、机关党委、11个派驻机构、10个派出机构、1个直属事业单位、10个区管企业纪检监察机构组成，另有设在机构区委巡察办和5个巡察组。全区各级纪检监察组织贯彻落实党的二十大和二十届二中全会精神，开展学习贯彻习近平新时代中国特色社会主义思想主题教育和纪检监察干部队伍教育整顿，履行党章和宪法赋予的职责，深化正风肃纪反腐，推动纪检监察工作高质量发展。

（李　萌）

【区纪委十三届三次会议召开】 2月7日，区纪委十三届三次全体会议召开。会议以习近平新时代中国特色社会主义思想为指导，贯彻落实党的二十大精神，落实二十届中央纪委二次全会、市纪委十三届二次全会和区委十三届五次全会部署要求。常卫对坚定不移推进全面从严治党向纵深发展提出明确要求。王晓东代表区纪委常委会向大会作工作报告，总结2022年纪检监察工作，部署2023年工作任务。

（李　萌）

【深化派驻机构改革】 4月，区委办印发《关于进一步深化石景山区纪委区监委派驻机构改革的实施方案》，从派驻模式、机构名称、监督范围等方面进一步深化派驻机构改革。派驻模式由联合派驻调整为综合派驻，派驻机构主要负责人担任主要驻在单位党组（党委）成员（或班子成员），履行监督专责。按照分系统、分领域，兼顾任务均衡原则，合理调整派驻监督范围。同时，按照市纪委市监委健全完善专责监督体系工作要求，将区法院、区检察院纳入监督范围，推动派驻监督从“有形覆盖”向“有效覆盖”深度转化。

（王　云）

【巡视整改】 年内，区纪委区监委扛起市委巡视区纪委区监委机关反馈问题整改政治责任，加强统筹调度，集中整改期召开9次常委会、7次领导小组会研究整改工作，针对巡视反馈的4方面14个主要问题，明确72项整改措施，形成“1+2+1”整改方案。健全整改落实机制，主要领导以上率下、定期调度，对重难点问题亲自督办解决，班子成员与各部门形成整改合力，推动巡视整改任务落地见效。

（王　云）

监督工作

【概况】 年内，区纪委区监委立足监督首责，围绕党中央关于全面从严治党、党风廉政建设和反腐败斗争新论断新部署新要求，深化政治监督。紧跟区域发展大局，发挥监督保障执行、促进完善发展作用，推动重大决策部署落地落实。

（李　萌）

【防汛监督】 7月，区纪委区监委发挥“室组地企”联动监督作用，督促各主责单位做好防汛工作安排部署。围绕上级防汛精神传达、防汛物资储备调配、风险点位排查等关键点，对关键岗位人员开展提醒谈话。紧盯风险排查、险情处置、群众转移、灾后重建援建等环节监督检查224次，发现并督促整改问题34个。组织力量支援防汛抢险一线，保障群众生命财产安全。

（李　萌）

【服贸会专项监督】 8月，区纪委区监委制定《石景山区2023年中国国际服务贸易交易会监督工作方案》，建立日推进、重大突发事件报告、任务进度反馈等工作机制，推动各项任务落实到位。展会期间每日派出联合监督组，围绕交通接驳、安保服务、展厅运行、现场秩序、防火安全、食品安全等重点服务保障任务落实情况开展监督检查，推动职能部门履职。共参加服贸会相关会议39次，开展实地检查69次，查阅资料140份，发现问题并督促整改50个，提出工作建议72条，提醒谈话31人次，下发工作提示函1份。

（胡　林）

【全面从严治党责任考核】 年内，区纪委区监委协助区委完善全面从严治党责任考核体系，将党内监督和9类监督全部纳入考核，明确责任主体和职责清单，加强日常评估，抓好动态抽查。协助区领导开展现场督查，以督促改，压实责任。开展“一把手”和领导班子监督落实情况全覆盖检查，推动整改问题342个，提升“关键少数”监督实效。坚持失责必问、问责必严，对8名领导干部履行管党治党责任不力问题严肃问责。

（薛　枫）

【安全生产监督】 年内，区纪委区监委制定《石景山区2023年安全生产和火灾隐患大排查大整治监督工作方案》，成立安全生产和火灾隐患大排查大整治督导组，加强与区工作专班对接联系，依托“室组地企”联动工作机制，掌握安全隐患台账及大排查大整治工作情况，推动安全生产监管责任和主体责任落实。紧盯人员密集场所、建设施工、消防等12个方面，突出问题导向，加强安全隐患整改日常监督。全年开展监督检查1162次，发现问题1033个，督促整改问题1033个，制发提醒函23份。

（符　腾）

【落实中央八项规定精神】 年内，区纪委区监委紧盯重要时间节点，“室组”联动通过现场检查、重点抽查等方式，对节日期间公务用车、隐蔽吃喝、高档节礼等开展检查512次，对被监督单位领导班子及重点岗位人员开展节前提醒谈话473人次。落实中央八项规定精神，全年共查处违反中央八项规定精神问题12起，处分12人。

（洪　杰）

【纠治形式主义、官僚主义】 年内，区纪委区监委深化纠治“四风”，建立29个覆盖区—街道—社区的基层“四风”观测点位，对各层级参加会议、接收文件、上报材料等内容进行每月观测。成立基层形式主义、官僚主义突出问题研究课题组，以全区154个社区2289名“两委一站”社区工作者为调研对象，通过实地走访、问卷调查、座谈交流等方式开展调研，找准困扰基层的突出问题，提出对策建议。

（薛　枫）

【推进监督贯通协调】 年内，区纪委区监委推进纪检监察、巡察监督与审计监督、财会监督、统计监督"五类监督"贯通协调，打通贯通堵点。强化党内监督贯通，与区委组织部建立"一把手"和领导班子监督情况常态化互通机制，与区委宣传部建立意识形态监督工作协同联动机制，形成监督合力。发挥区反腐败协调小组作用，加强与成员单位协调配合，全年共接收问题线索13件，立案12件。协调区医保局建立医疗信息快速查询渠道，为办案风险评估提供信息支持。

（李　萌）

【财务管理领域专项治理】 年内，区纪委区监委联合区委巡察办、区财政局、区审计局开展财务管理领域专项治理。确定预算管理、内控管理等六方面53项监督重点内容，通过单位自查、重点抽查等方式推进，发现并督促整改问题467个。同时，将专项治理成果纳入2023年全面从严治党责任考核，压实主体责任。

（谢　啸）

【"七有""五性"专项监督】 年内，区纪委区监委结合全市"七有""五性"监测评价指标体系具体内容及评价结果，通过实地调研、听取汇报、查阅资料、座谈交流等方式，开展调查研究，形成监督调研情况报告。跟进监督各指标责任部门整改落实情况，推动民生保障工作。

（史双霞）

【规自领域专项监督】 年内，区纪委区监委聚焦巡视整改、农村建豪宅、卫片违法建设、自建房等工作，通过现场调研、谈话等方式，督促规自领域问题整改，推动主体责任落实。全年现场检查12次，制发纪律检查建议书1份、提醒函8份。

（乔焕启）

【医药领域腐败问题专项监督】 年内，区纪委区监委制发《石景山区纪委区监委配合开展全区医药领域腐败问题集中整治工作方案》，与区卫健委等主责单位加强工作对接，定期向市纪委报送整治阶段性成果，压实集中整治主体责任，推进医药行业系统治理，净化行业风气，维护人民群众切身利益。

（王剑飞）

【基层监督】 年内，区纪委区监委贯通区、街、社区监督职能，构建区纪委区监委，街道纪工委监察组及纪工委委员、社区纪检委员、监察信息员、居务监督委员会成员"1+1+4"三级监督体系。印发街道纪工委委员、社区纪检委员工作办法，每月制发监督任务清单、明确监督重点，开展各类培训60余次，组织开展交叉检查，规范加强基层监督工作。

（李　萌　石佳佳）

【接诉即办监督】 年内，区纪委区监委建立"四个一"监督工作机制，针对住房、市场管理、城乡建设等诉求集中点，紧盯各单位"接诉即办"制度落实情况、"吹哨报到"机制执行情况、高发频发问题解决情况开展全程监督。对发现的突出问题，及时约谈提醒、制发提醒函和纪律检查建议，督促主责部门完善问题处置工作机制。全年自主筛单5016件，全程督单195件，发现问题770个，处分1人，诫勉1人，制发纪律检查建议书4份、提醒函60份，提醒谈话603人次。

（胡　林）

【廉政宣传教育】 年内，区纪委区监委与区委组织部、区委宣传部联合开展石景山区第二十九届党风廉政建设宣传教育月活动。联合区司法局、区法院、区检察院、区委党校成立"清风讲师团"，发挥专家学者和业务骨干优势，推动纪法教育深入基层，共授课36场，受众千余人次。联合区妇联共同主办石景山区清廉家风展活动，通过红色家规展、家书作品展、家风作品展现场展示200余件优秀作品，营造家庭家教家风建设氛围。

（陈　鹏）

审查调查

【概况】 年内，区纪委区监委保持惩治腐败高压态势，坚持有腐必反、有案必查，坚决减存量、遏增量，一体推进办案、整改和治理，净化政治生态，增强腐败治理效能。

（李　萌）

【"以案为鉴、以案促改"警示教育大会召开】 11月30日，石景山区召开"以案为鉴、以案促改"警示教育大会，集中通报辖区查处的违纪违法典型案例，与会者集体观看市场监管领域腐败问题警示教育片《腐败之筏的沉没》，以身边事警醒身边人，营造风清气正的政治生态，推动全面从严治党向纵深发展。

（陈　鹏）

【信访举报受理】 年内，区纪委区监委受理信访举报305件，其中检举控告138件，占信访总量的45.25%。开展重复举报常态化治理，全年重复举报量降至13.41%。制定《石景山区纪委监委机关全员接访工作方案》，班子成员带头接访12批次。实施《石景山区纪委区监委领导班子成员调研督导信访重点单位工作办法》，班子成员带案下访重点单位开展调研11次，推动化解难题。制定《石景山区纪委区监委机关和区委组织部关于建立"一把手"和领导班子监督情况常态化互通机制的实施办法》，全年召开3次互通会议，与区委组织部互通监督情况60条。

（胡国栋）

【监督执纪"四种形态"处理】 全年，区纪委区监委运用监督执纪"四种形态"处理173人次，其中第一种形态120人次，占69.4%；第二种形态28人次，占16.2%；第三种形态5人次，占2.8%；第四种形态20人次，占11.6%。

（赵　颖）

【案件处置】 全年，区纪委区监委共处置问题线索177件，初核92件，立案62件（其中处级7件，科级8件），同比增长21.6%。审理结案62件，同比增长19.2%。其中给予党纪政务处分46人（其中区管处级干部7人），同比增长39.4%，涉嫌职务犯罪移送审查起诉10人，移交其他单位处理8人，责令具结悔过1人。从党纪处分情况看，党内警告16人、党内严重警告10人、党内严重警告（影响期二年）3人、留党察看1

人、开除党籍15人。从政务处分情况看,政务撤职5人,开除公职4人。

(赵颖 程巍)

【加强信息技术保障】 年内,区纪委区监委提升电子取证技术水平,全面收集固定办案证据。运用多个信息核查系统,加强分析研判,以大数据支撑审查调查工作。使用同步录音录像工作台对监督检查、审查调查过程进行记录,促进业务工作规范。加强信息化安全防护,规范办案区管理,保障办公办案安全。

(李丹 廖慧 许辰)

巡察工作

【概况】 年内,区委巡察机构突出政治定位,落实政治巡察要求,发挥巡察综合监督作用,做好巡察"后半篇文章",推动巡察工作提质增效。

(李萌)

【开展政治巡察】 年内,区委巡察机构紧扣"三个聚焦,一个整改",开展巡察监督,完成十三届区委第三轮、第四轮巡察工作,对17家党政机关、企事业单位和61个社区党组织开展"政治体检",发现问题1143个,移交问题线索4个。实施"巡审联动""巡财联动",加强信息共用,问题共判和定性共商,提高巡察发现问题的能力和质量。

(梁元)

【加强巡察整改和成果运用】 年内,区委巡察机构通过"室组巡"联动加强巡察整改日常监督,建立监督闭环,确保整改工作不跑偏、不走样。针对巡察发现的共性问题以及亟待解决的典型问题,下发通报及工作建议7份,推动有关部门加强源头治理。

(梁元)

中共北京市石景山区第十三届纪律检查委员会

书　记　王晓东
副书记　高维华　田成立　王庆亮
常　委　于学君(女)　李月根　方蕊(女)　李永丰
委　员　丁志鹏　王亚兰(女)　王学红　王起顺　牛秋娟(女)　龙慎山　刘小红(女)　刘铁飞(女,满族)　李永祥　吴展标(苗族)　张英(女)　陈速　陈鹏　陈洛湘　金志刚(满族)　庞晨潮　夏大周　徐伟超　詹文杰　薛文

石景山区监察委员会

主　任　王晓东
副主任　高维华　田成立　王庆亮
委　员　李月根　方蕊(女)　李永丰　丁志鹏　刘铁飞(女,满族)

民主党派

综　述

【概况】 2023年,石景山区有中国国民党革命委员会北京市委员会石景山区工作委员会(简称民革石景山区工委)、中国民主同盟北京市委员会石景山区工作委员会(简称民盟石景山区工委)、中国民主建国会北京市委员会石景山区工作委员会(简称民建石景山区工委)、中国民主促进会北京市委员会石景山区工作委员会(简称民进石景山区工委)、中国农工民主党北京市委员会石景山区工作委员会(简称农工党石景山区工委)、中国致公党北京市委员会石景山区工作委员会(简称致公党石景山区工委)、九三学社北京市委员会石景山区工作委员会(简称九三学社石景山区工委)。7个民主党派有支部47个,成员1710人,同比增长2.63%。年内,各民主党派在党派市委和中共石景山区委的领导下,围绕石景山区融入首都发展新格局等中心任务,履行中国特色社会主义参政党职能,为服务新时代首都发展贡献智慧和力量,为打造新时代首都城市复兴新地标、高水平建设首都城市西大门做出贡献。

(吕　凯)

【民主党派重点工作】 年内,各民主党派贯彻落实中央、市委、区委关于加强中国特色社会主义参政党建设的系列文件精神,团结带领各自成员,发挥特色优势,履行参政议政、民主监督、参加中国共产党领导的政治协商基本职能。围绕学习贯彻党的二十大精神,开展“凝心铸魂强根基、团结奋进新征程”主题教育活动。围绕实施“两大战略”、冬奥遗产利用、京津冀协同发展、支持民营经济发展等工作,开展调查研究,建言献策,形成议政建言成果,为区委区政府科学决策提供智力支持。加强领导班子建设,抓好骨干队伍、后备人才队伍建设,保持界别特色,探索加强组织建设的新方法,为骨干成员成长锻炼提供平台和机会。调动和激发成员参与热情,整合优势资源,深入基层一线开展文化讲堂、医疗帮扶、法律援助、扶贫助学等系列公益活动,擦亮社会服务品牌。

(吕　凯)

民革石景山区工委

【概况】 年内,民革石景山区工委有8个支部,4个专委会,党员200人。党员中有市人大代表1人,市政协委员3人,区人大常委会副主任1人,区人大常委会委员2人,区政协常委2人,区政协委员9人。主要职责是带领民革党员履行参政议政、民主监督、政治协商职能。年内,区工委加强思想建设、组织建设、作风建设和制度建设,提高党员的政治把握能力、参政议政能力、组织领导能力、合作共事能力和解决自身问题的能力,把推动石景山区发展作为区工委工作第一要务,开展调查研究,积极建言献策,为推动区域经济社会发展做出贡献。

(吴伟兴)

【主题教育】 年内,民革区工委开展“凝心铸魂强根基,团结奋进新征程”主题教育,践行“四新”“三好”要求,通过制定印发主题教育工作方案、召开研究部署和推进主题教育的会议、举办培训班、开展主题活动等举措,推动主题教育走深走实。区工委在民革市委举办的纪念中共中央发布“五一口号”75周年知识竞赛和文艺演出活动中获一等奖,被团结报社授予“《团结报》宣传发行工作地市及基层组织先进集体优秀奖”。

(吴伟兴)

【参政议政】 年内,民革区工委完成《关于探索以POD模式打造融合消费新场景激发消费新活力的研究》等11篇调研报告,5篇报告被区委统战部评为优秀调研报告。先后组织党员赴北京中杉庞清佟健冰雪学校、北重科技文化产业园围绕“发展体育社会组织,推动全民冰雪运动”“城市更新和产业升级”等课题开展实地调研,安排中央社院第四十八、四十九期民主党派干部培训班的民革党员一行19人赴北京银行保险产业园和西山八大处爱国主义教育基地开展现场调研,安排中共石景山区委常委、统战部部长钱行一行到民革党员创办的企业考察调研。区工委领导班子成员多次参加石景山区党外人士征求意见座谈会、区委协商谈心会、区政协专题协商议政会等会议,就区委、区政府工作报告提出意见建议,向区委、区人大、区政协领导汇报工作,沟通党派工作进展情况。在区政协会上,区工委副主委傅凡代表区工委作题为《关于加强京西古道遗产保护与活化利用,推动石景山区山水文化融合发展》的大会发言。区工委提交5件党派提案,11位民革界别委员提交19件个人提案,内容涵盖中小学校园安全教育、中小学校传染病防控、新就业形态人员健康、文旅体深度融合释放消费潜力、老旧小区改造等各领域。区工委提交的《关于进一步发挥北京冬奥公园作用,助推我区城市品质和品牌建设的建议》、区工委副主委傅凡提交的《关于京能石景山发电厂有机更新要特别注意历史和红色资源的保护与利用的建议》、委员孙兴杰提交的《关于疫后政银合作,进一步开展中小微民营企业扶持融资的建议》等提案被评为优秀提案。区工委提交的《关于深入挖掘金口河遗址遗迹历史文化内涵推动我区山水文化融合发展的调研报告》被评为优秀调研报告。民革界别委员提交的《关于探索POD模式推动实体商业创新发展的建议》等3篇信息被评为优秀社情民意信息。委员李凤芹、陈光被评为委员履职先进个人。此外,组织党员采集报送88条社情民意和工作动态信息,共有70条信息被民革中央、市政协、市委统战部、区委统战部等部门采用。

(吴伟兴)

【社会服务】 年内,民革区工委推动北京市石景山区和河北省雄安新区优质医卫资源的对接合作,先后两次组织民革医卫界人士赴雄安新区考察交流,为雄县130余名基层中医师开展中医康复适宜技术培训,提升雄县基层中医师的理论水平和实践能力。组织党员参与民革市委及区委统战部的社服工作项目,动员党员购买贵州纳雍扶贫产品,为甘肃地震灾区及北京市房山区、门头沟区水灾捐赠善款180

余万元。加强与八宝山街道的联系对接，动员民革党员捐款资助八宝山街道5名残疾学生，改善因残致贫的家庭状况，扩大区工委的社会影响。发挥法制特色，先后两次开展“送法进社区”活动，为八角街道社区居民发放《民法典婚姻家庭编》图书及法制宣传资料，并为居民提供法律咨询服务。

（吴伟兴）

【组织工作】 年内，民革区工委按民革市委和区委统战部要求，提供各类关于党员的基础数据，先后完成支部情况摸底统计、失联党员统计、统战人才信息采集等基础性工作。按要求完成民革市委企业家联谊会会员的推荐工作。向民革市委推荐20名入党积极分子，新发展6名党员。

（吴伟兴）

民盟石景山区工委

【概况】 2023年，民盟石景山区工委共有9个支部，盟员442人，其中女盟员206人；在职盟员376人，占85.07%，平均年龄51.84岁；高级职称（正高和副高）155人，占35.07%，中级职称119人，占26.92%。盟员中有区政协副主席1人，区政协常委1人，区政协委员10人，区人大代表4人。年内，民盟石景山区工委在民盟北京市委领导下，在中共石景山区委指导下，贯彻落实中共二十大和民盟十三大精神，强化“两个充分”，统筹“五大建设”，提升“五种能力”，团结带领盟员提升盟务工作水平，完成全年各项目标任务。区工委获民盟北京市委思想政治建设工作先进集体，11位盟员获评思想政治建设工作先进个人。区工委获民盟市委2022年度反映社情民意信息工作先进集体，4位盟员获评反映社情民意信息工作先进个人。区工委对在盟务工作中做出突出成绩的2个“组织建设”先进集体、4个“参政议政”先进集体、3个“活力支部”先进集体以及22名“优秀盟员”、31名“思想宣传之星”、31名“参政议政之星”、31名“社会服务之星”予以表彰。

（王琛玚）

【学习交流】 年内，民盟区工委把学习宣传贯彻中共二十大精神和习近平新时代中国特色社会主义思想作为全年首要政治任务，定期开展学习交流。学习习近平总书记历次重要讲话精神，学习贯彻全国“两会”、全国宣传思想文化工作会议、中央经济工作会议精神，传达学习市委全会精神，民盟中央、民盟市委历次会议精神，区“两会”精神。提升理论素养，坚定理想信念。开展“凝心铸魂强根基、团结奋进新征程”主题教育。区工委召开动员部署会，制定工作方案，推进落实。进行阶段性总结经验，提出存在的问题和改进的措施。举办年度工作会，对先进集体和先进个人进行表彰。举办主题教育学习班，推动主题教育走深走实。为纪念中共中央发布“五一口号”75周年，举办《望道》观影会，民盟中央、民盟市委、区委统战部领导出席活动并致辞。通过民盟市委网站，“北京民盟”“同心·拾景”等微信公众号及“石景山盟员E家”等平台载体，对区工委、各支部履职成效、盟员典型性人物事迹及盟员学习心得体会加强宣传报道，全年刊发盟务活动信息44篇。在“喜马拉雅”APP上开办的《周一学盟史》栏目，截至年底，共制作有声素材642集，累计播放6.5万次。承接完成民盟市委统战理论研究课题2项，获优秀奖。各支部结合主题教育相关内容和“盟员之家”建设开展活动。北方工业大学支部开展“书写家国情怀”主题教育活动；北工院支部到北大红楼参观学习，传承红色基因；工业支部举办“石景山民盟历史发展及传承讲座”，赴香山革命纪念馆参观并召开专题学习座谈会；经济支部组织“悦读会”10余场，举办纪念“五一口号”发布75周年文艺演出，以“党盟同心、共建园地”为主题，联合华远石景山大悦城开展中共二十大报告精神学习活动；科技支部组织参观中国科学院力学研究所学习老一辈科学家爱国强国的奋斗精神。

（王琛玚）

【组织建设】 年内，民盟区工委召开工委会议8次，召开年度总结会等专题会议，贯彻落实理论中心组学习、区工委领导联系支部、组织生活会等制度。将执行具体措施作为改进工作作风、密切联系盟员的抓手。区工委领导班子及成员带头学习重要会议精神，撰写心得体会，领学促学，发挥示范引领作用。区工委共发展盟员15人，其中代表人士2人，完成年度组织发展工作计划。定期举办入盟积极分子座谈会，集中了解考察入盟积极分子。区工委与区委统战部联合走访调研辖区内4所高校——北方工业大学、北京工业职业技术学院、首钢工学院、中国科学院大学，与各所高校的党委进行座谈，协调解决高校内民盟基层组织建设发展中遇到的难题，共同推动区域统战资源联合。盟员立足本职工作，强化使命担当，在各自行业和岗位上取得成果。邵建国获第十届冰心散文奖；袁媛获评2023年度北京市“孝顺之星”；黄乐获评“首都拥军优属拥政爱民模范个人”；王丽新获评北京市教委优秀指导教师；李小方获三等功和2023石景山青年榜样称号；赵继新获国家一流课程1门、北京十四五教学创新团队；纪雪洪获“2023年中国MBA优秀指导教师奖”；郭潇宇获评“北京市引进和培养的金融科技领军人才”；马立秋执笔的论文获“北京市企业管理现代化创新成果二等奖”；孙道银、陈强华、刘硕、靳铭宇、张颖等发表多篇核心期刊论文、获得多项发明专利；梁彬强作为北京市第五批援青干部人才团队一员，赴青海省玉树藏族自治州进行医疗帮扶工作。

（王琛玚）

【参政议政】 年内，民盟区工委参加中共区委、区政府组织的政党协商，就中共区委全会工作报告、政府工作报告等提出意见建议。参加区政协议政会，委员胡燕作《提升北京特钢城市活力，打造石景山区中部城市更新新典范》重点发言。在区政协十一届三次会议上，主委毛轩作题为《关于进一步提升模式口街区品质的建议》的大会发言，区工委提交党派提案2件。区工委《关于北京重型电机厂城市更新和转型发展的建议》被评为2023年优秀提案，《关于提升北京特钢城市活力打造石景山区中部城市更新新典范的调研报告》被评为优秀调研报告,王洋的《关于加强校外体育培训机构管理的建议》获评优秀社情民意,祝智军、胡燕获评政协委员履职先进个人。区工委围绕打造城市复兴新地标、京西转型发展、永定河文化带建设、产业转型增效、城市更新、提升营商环境、社会保障等中共区委、区政府的中心工作,做深、做细、做实调查研究。承接、参与民盟市委重点课题2项,专项课题1项。李小方、赵长坡完成《北京市老年友善医疗机构创建现状研究报告》,欧振永、韩辉完成《推进产学研用深度融合创新发展的关键问题研究》,胡燕完成《关于进一步提升模式口街区品质的调研报告》,孙莹完成《数字技术与文化铸魂双驱动,助推我区法海寺壁画艺术馆传承创新》。提升建言资政能力水平,召开参政议政工作会议。共提交112篇社情民意信息,1篇市领导批示、4篇被市政协采纳、27篇被区委统战部采纳。

(王琛玚)

【社会服务】 年内,民盟区工委推动区委统战部"9结9"结对联系工作。区工委与古城街道对接,召开结对联系座谈会,对接需求与资源,将结对工作落到实处。赴老古城西社区和特钢宏鑫家园,就社区文化彩绘墙项目进行调研勘查,赴古城西路社区举办医疗公益讲座。支援灾区,为帮助受灾群众渡过难关贡献力量。区工委组织支部和盟员发起捐赠活动,支援北京暴雨受灾地区。定向帮扶门头沟区雁翅镇泗家水村,捐赠急需生活物资,指导村民进行科学消杀防疫,支持灾区恢复重建。盟员立足本职工作对灾区基础设施进行援助抢修,撰写信息,为灾后重建工作建言献策。全区盟员累计捐款捐物2.2万余元。甘肃地震后,在地震搜救应急岗位上的盟员,第一时间奔赴灾区一线参加救援处置工作。各级组织立足优势,开展品牌社会服务。成立民盟石景山区工委老龄工作委员会。区工委参加由民盟市委体育委员会和通州区工委联合举办的主题畅步活动。综合支部举办两期"公益大讲堂";为石景山区太阳花听力言语中心送爱心;参与"乡村教师成长公益培养计划",帮扶萍乡乡村教师,向乡村学校捐赠书籍;为大兴区翌晨孤独症儿童康复中心捐赠益智玩具。卫生健康支部在苹果园街道举办两场"家庭医生签约下社区医疗科普活动"。科技支部举办"中医健康科普讲座及中医健康调理活动";赴李大钊故里乐亭县为马头营中心小学捐赠价值6万余元的课桌椅。工业支部和经济支部开展义务植树活动。经济支部印刷防诈宣传资料,走上街头普及反电诈常识。

(王琛玚)

民建石景山区工委

【概况】 2023年,民建石景山区工委有基层支部8个,分别是工商支部、经法支部、科教支部、综合支部、退休支部、直属支部、文化支部、家访支部,其中直属支部是新会员支部。截至年底,有会员335人。会员平均年龄53岁,其中男性会员211人,女性会员124人;大学本科学历189人,硕士研究生68人,博士研究生13人;中高级职称132人。民建北京市委主委1人,常委2人;市人大代表1人;全国政协委员1人,市政协常委1人,市政协委员2人;区人大代表5人,其中常委2人;区政协委员21人,其中副主席1人,常委3人。区工委主要工作是围绕经济建设,履行参政党职能,参加政治协商、民主监督和参政议政,开展社会公益活动;加强自身建设,提高会员素质;针对中心工作开展调查研究,建言献策,反映社情民意;围绕工委工作开展对外宣传等。

(黄 玥)

【理论学习宣传】 年内,民建区工委把学习习近平新时代中国特色社会主义思想作为首要政治任务,以"凝心聚力强根基 团结奋进新征程"主题教育的工作部署为重点,通过集中培训、交流座谈等形式开展学习,组织会员学习中共二十大报告等重要精神和文献。以"会员培训班"为主平台,举行"凝心铸魂强根基 团结奋进新征程"朗诵比赛。发动各专委会和支部,共举办"微信小课堂"等各类学习活动十余次,会员撰写学习心得等文章40余篇。会员原创作品《新时代忆百年沧桑话民建》在民建市委举办的诵读大赛上获纪念奖,工委获优秀组织奖。完成民建中央理论课题,形成理论成果《依托民建界别优势,推进垂直型微观经济信息调查和数据统计平台建设》。组织会员围绕学习民建会史、中央经济工作会议精神等内容,开展十余次主题教育学习。组织会员赴长沙、韶山红色之旅,赴河北李大钊纪念馆缅怀之旅,赴上海、嘉兴中共党史和民建会史学习之旅,赴重庆寻根之旅。

(黄 玥)

【组织发展】 全年,民建区工委贯彻落实中共中央关于加强中国特色社会主义参政党建设相关文件精神,形成"八委一室一组一班"的工作队伍。全年发展会员18名,平均年龄34岁,均为经济界人士,其中硕士研究生以上学历4名。编制《导师制工作手册》,组建导师制工作小组,共有导师6名,学员18名,毕业学员5名。工委有7个专委会和1个工作委员会。上半年成立妇女委员会,直属支部、工商支部分别进行届中调整。各支部结合会员特色,组织"春日植树""新会员移动会客厅""庆三节话传承"等活动。

(黄 玥)

【参政议政】 年内,民建区工委在石景山区政协第十一届二次会议上提交的《软件和信息服务业打造成我区龙头产业的建议》等4篇党派提案,被列为一、二、三、四号提案。在区政协理论研讨会上,工委的大会发言《"十四五"时期智慧石景山建设发展规划的进展情况及下一步建议》得到区政协领导认可。发挥"参政议政基金"的激励作用,对社情民意工作表现突出的会员进行表彰。8月27日,第五届北京西山永定河发展论坛举办,民建中央专职副主席孙东生等出席主论坛,国务院参事室特约研究员杨志明等3位嘉宾进行主旨演讲,主论坛在新浪和百度进行同步直播,在线观看量12.2万人,举办中华传统文化艺术品展和3场分论坛，形成“北京西山永定河发展论坛”智库机制。论坛举办得到《新京报》专版报道，并入选《北京统战信息》第138期。全年结合民建市委重点协商议题、石景山区主题建言活动，共报送社情民意信息127篇，其中5篇被民建中央采用，1篇被北京市领导批示，7篇被北京市政协采用，21篇被民建市委采用，42篇被区委统战部采用，整体采用率43%。各支部、专委会组织会员开展调研，围绕北京市数字经济、金融产业发展，石景山区城市更新、科技创新等方向，形成调研成果14篇，其中《北京市数字经济安全和数字治理调研报告》被民建市委采用并形成党派提案。3月，工委获民建市委信息工作先进集体三等奖。工委主委汪礼俊获民建中央“2023年度反映社情民意信息工作先进个人”。

（黄　玥）

【社服联络】　年内，民建区工委结合民建中央、北京市和石景山区政府对口帮扶地区，按照民建市委的统一部署，以做好“一老一小”工作为出发点发力。社服品牌“果香寄情敬老活动”“不忘初心薪火相传”关爱老会员活动，“爱心照亮希望”“暖心书香”等品牌成果丰硕。联合会员企业在河北省承德市丰宁县、内蒙古自治区赤峰市宁城县开展“助力乡村振兴”社服工作，走进青海省玉树州称多县，开创“情系称多 助梦金秋”社服新品牌，支持少数民族地区教育事业，发动会员企业捐款捐物12.5万元。8月初接到村里特大洪灾求援后，将价值3万元的生活物资送到全村所有200户村民手中。12月，工委获得市委统战部8+1行动“最佳组织单位”。工委发动会员为受灾地区捐款捐物，累计捐款68万元，捐赠物资价值45.42万元。甘肃地震发生后，会员刘东晖及其企业捐款20.5万元。工委完成区委统战部“8+9”对接老山街道的工作，助力会员企业发展，组织企业家会员赴湖南省长沙市、上海市闵行区、浙江省嘉兴市交流共建。

（黄　玥）

【宣传报道】　年内，民建区工委以微信公众号“石景山民建”为窗口，推送文章184篇，被各级单位公众号转发79篇次。以民建北京市委网站为主阵地，在民建市委网站发布工委活动报道、会员风采等各类文章134篇，其中21篇被民建中央网站采用。对重大活动均向全区会员进行直播，提高会员的参与度；加大对工委和支部优质活动的推荐力度，北京西山永定河发展论坛、“情系称多 助梦金秋”等多项活动得到“人民日报”客户端、“人民政协报”客户端等媒体报道。2月，工委获得民建市委网站工作先进集体。

（黄　玥）

民进石景山区工委

【概况】　截至2023年底，民进石景山区工委有会员243人，支部8个，分别是北京九中集团支部、石景山教育分院联合支部、金苹支部、古东支部、古西支部、经济支部、退休支部和北方之星青年支部。工作委员会由主委1名、副主委4名，委员12名组成。有民进中央委员1名，民进市委委员2名（常委1名），市政协委员1名，区政协委员13名（常委3名），区人大代表3名（常委1名）。年内，区工委开展学习“凝心铸魂强根基、团结奋进新征程”主题教育，在民进北京市委的领导和区委统战部的指导下，围绕区域发展，市、区中心工作及市民关注的热点难点问题，开展参政议政和社会服务工作。

（邸全康）

【社会服务】　1月10日，民进区工委响应民进中央、民进市委“春联万家·奔赴新征程”活动，连续8年组织书法家走进苹果园街道，为居民送福字和春联。3月1日，区工委联合区文化馆举办《艺术进校园，文化共传承》“送戏曲进校园”活动，走进北方工业大学附属学校，为同学们带来京剧艺术表演。同月19日，区工委与共建单位永定河休闲森林公园管理处协同开展义务植树及义诊活动。全国政协委员、民进北京市委副主委林丽颖出席。4月22日，区工委联合开展“窗明几净，温暖真情”—培智学校“义务擦玻璃”志愿服务活动，为石景山培智学校捐赠画笔和画本。同月27日，民进北京市委携手区工委，在北京东土科技股份有限公司以“工业互联网经济发展”为题开展“开明大家谈”暨第一期民进石景山“青年说”主题活动。民进北京市委张瑞芳、何玉坤参加会议。9月3日，组织2023年“民进青年秋之约”首钢园区服贸会参观活动。民进北京市青委会主任崔常男、民进丰台青工委主任徐朝辉参加。同月9日，由法海寺、慈善寺文保所主办，区文保协会、区工委协办，北京观古鉴古文化传媒有限公司举办的系列公益文保讲解活动在区图书馆举行。全年，会员累计参与社会捐款6500元。

（邸全康）

【主题教育与理论学习】　2月，民进区工委召开“凝心铸魂强根基、团结奋进新征程”主题年工作部署会，成立工作领导小组，制定工作实施计划。通过领学、导学，掌握理论知识核心要义。区工委为推动主题教育走深走实，推出驼铃古道、首钢文化园等7个主题教育打卡地，供各级组织、会员前往参观学习。全年组织班子成员开展主题教育及作风建设专项学习3次，委员扩大会议专项学习4次，开展学习宣讲覆盖484人次，撰写学习体会17篇等。工委暑期班学习全国两会精神及民进史学习1次，支部学习活动11次。专委会学习活动8次。

（邸全康）

【组织建设】　年内，民进区工委新一届领导班子把加强组织建设作为班子建设的重要任务，明确以贯彻民主集中制为核心的议事决策制度，班子成员分工合作、联系基层支部制度。1月18日，民进石景山区工委召开第八届第十三次主副委会议，会议通过“民进石景山区工委‘模拟机关’成立”的决议，旨在强化组织职能、细化责任分工、优化资源配置、增强支部协作、提升内部活力。民进石景山区工委“模拟机关”设立5个职能部门，分别为综合事务部、组织发展部、宣传部、议政调研部和社会服务部。全年发展新会员10人，其中硕士研究生及以上学历5人，平均年龄40.8岁。

（邸全康）

【参政议政】 年内,民进区工委把主题教育理论学习和实践活动转换为参政议政成果。围绕重点提案召开系列研讨座谈活动,如围绕区政协2023年重点提案《关于加快建设我区高质量教育体系,办好人民满意的教育的建议》督办座谈会,扩大会议成效,形成1篇建言成果上报民进北京市委。落实中央大兴调查研究方案,增强会员问题意识。主委、领导班子成员带队开展区保险产业园园区等地下综合管廊专题调研、老旧小区绿化改造调研,形成《石景山区地下综合管廊建设运营情况及发展方向研究报告》。组织会员参观首钢园区"体验钢铁文化、传承冬奥精神"为主题的调研活动。调研辖区冰雪体育产业发展,撰写《关于进一步充分利用冬奥遗产推动我市冰雪产业发展的建议》调研报告。李园园提交的《税收添力厚植消费土壤多措并举激发政策活力》被评为民进北京市委优秀参政议政成果三等奖。全年,各会员报送信息66篇,被民进市委会采用14篇,被政协采用4篇。完成2篇专委会、2篇市委会约稿。完成3篇党派提案,延伸调研3次,形成调研报告7篇。

(邸全康)

农工党石景山区工委

【概况】 2023年,农工党区工委有基层支部5个,党员总数202人。70%的党员来自医药卫生界。其中男77人,女125人;在职人员148人,退休人员54人。平均年龄58岁。硕士研究生以上学历55人,占党员总数27%;大学学历(含大专)139人,占69%;中专以下学历8人,占4%。高级职称的85人,占42%;区人大代表3人,其中区人大常委1人;区政协委员9人,区政协常委2人;担任农工党市委常委1人,担任农工党市委专委会成员10人。2023年度农工党石景山区工委、石景山医院支部被农工党市委评为先进集体,9名党员评为优秀党员。

(高春菊)

【思想建设】 年内,农工党区工委组织参加各级各类线上线下学习培训活动200余人次。通过学习贯彻习近平新时代中国特色社会主义思想和中共二十大精神,提高党员政治判断力、政治领悟力、政治执行力。区工委以"凝心铸魂强根基、团结奋进新征程"主题教育活动为依托,召开"凝心铸魂强根基、团结奋进新征程"主题教育暑期学习班;在纪念发布"五一口号"75周年之际,开展"重走'进京赶考路' 坚守合作携手心"主题活动,组织党员赴清华园车站旧址、颐和园益寿堂,重温中国共产党人的初心使命,汲取奋进力量;在"2023年环境与健康宣传周"期间,组织骨干党员参观房山霞云岭乡爱国主义教育基地——"没有共产党就没有新中国纪念馆"、参观河北唐山李大钊纪念馆,回顾革命历程,缅怀先烈的生平和革命事迹,追寻红色足迹,传承红色精神,激发党员们的爱国热情、道德情操和组织凝聚力;开展"迎重阳传薪火,忆往昔话传承"农工党老党员口述历史采集活动;开展中秋"传帮带、话团圆"互动交流活动,组织青年党员、积极分子慰问老党员,听老党员讲党史、讲参政议政经验、讲社情民意故事;组织党员游京西古街,品明代皇家法海寺壁画,体验石景山区对历史文化的保护与传承。

(高春菊)

【组织建设】 年内,农工党区工委实施三级管理机制,开展信息化和量化管理,建立支部党费收缴、使用、管理自查报表制度,规范基层支部党费管理。贯彻民主集中制原则,坚持重大问题集体讨论决定,坚持集体领导与个人分工负责相结合的制度。注重后备人才培养和储备,建立积极分子报备制度,规范积极分子推荐流程,开展积极分子定期思想汇报,落实入党情况年统计。组织积极分子参加农工市委和区委统战部及区工委组织的活动,增强组织影响力,提高年轻党员的责任感。按照新版《中国农工民主党章程》和《农工党中央关于组织发展工作的指导意见》要求,严格培养、考查、审批环节。10名同志被市委批准为新党员,26名同志列为入党积极分子。新发展党员狄安强获2023年北京市卫生系统青年榜样,党员牛飞获得区工会"牛飞创新工作室"授牌。8月26日,"党员之家"重新更换党章、农工党中央领导人简介。在"党员之家"组织党史学习、理论研讨、谏言培训及工作会、界别会、支部活动等11次,参加人员96人次。完善"党员之家"的功能,把"党员之家"建成党员政治学习中心、思想教育阵地、知识传授课堂、党员风采展示窗口。

(高春菊)

【参政议政】 年内,农工党区工委提升提案和调研报告质量。共有政协提案9篇、人大建议案3篇,向农工党北京市委申报课题10个,其中副主委张紫波执笔的《关于加快产业转型步伐,全方位助推北京市国有资本数字化发展的调研报告》,被中共北京市委统战部评为调研成果二等奖,撰写的《关于增强内循环动力,保障人民健康,助推北京大健康产业消费高质量发展的调研报告》转化为市政协提案;副主委康雅楠执笔的《完善社区居家养老服务体系,提升我市社区养老服务水平》的调研报告,张紫波执笔的《关于维护安全稳定,规避系统传导,防范化解大型民营企业债务风险的调研报告》转化为北京市政协十四届二次大会的书面发言。李燕执笔的《北京市中关村国家自主创新示范区存量空间活化、城市有机更新研究》转化为北京市政协十四届三次大会的书面发言。董兆霞执笔的《关于进一步完善长期护理保险制度的建议》转化为区工委政协大会发言,并被评为区政协优秀党派提案;康雅楠以《完善社区居家养老服务体系,提升我区养老服务水平》、张紫波以《关于建设石景山区国际消费标杆城区的建议》分别在石景山区人大、政协工作研讨会上做主题发言。

(高春菊)

【社情民意】 年内,农工党区工委共向区委统战部和农工党北京市委,报送社情民意信息34篇,其中张紫波撰写的《关于我国大型民营企业债务风险分析及对策建议》,被北京市政协和农工党北京市委联合采纳。

(高春菊)

【民主监督】 年内，农工党区工委骨干党员以政协委员、人大代表、区委特约监察员、区政府特约监督员等身份，参与区属党政部门和社区服务中心的民主监督评议工作，针对困难和问题提出对策建议，发挥民主党派政治协商和民主监督的作用。

（高春菊）

【社会服务】 年内，农工党区工委组织线上、线下健康讲座、义诊等活动30余场次，受益百姓数千人。6月，在环境与健康宣传周期间，在房山区霞云岭乡开展义诊及健康宣传活动，发放宣传册100余份，受益村民60余名；8月，为河北唐山迁安矿山居民提供身体检查、疾病咨询、健康指导等服务，受益居民260余人次；同期，在石景山八角中里社区开展义诊送健康活动，受益群众100余人次；11月，在北京首颐矿山医院开展义诊送健康活动，受益群众200余人次。对接广宁街道办事处，为辖区居民健康出谋划策。发挥专业优势，深入养老院为老人进行巡诊、健康指导。为辖区居委会、派出所、广宁街道办事处义诊、宣传中医药健康知识。为广宁街道冰雪活动以及冬奥社区国际奥林匹克日主题活动开幕式提供医疗保障。关注特殊群体，为快递小哥提供健康咨询，结合快递小哥工作时间，利用午休时间为其建档签约，并进行体检、体质辨识、体质分析，给予健康指导，并为其配发中药代茶饮。

（高春菊）

致公党石景山区工委

【概况】 年内，致公党区工委有3个基层支部，6个专门工作委员会。党员106人。其中男党员54人，女党员52人；少数民族4人；具有归侨、侨眷、留学归国等海外关系的78人，占比74%；博士学历13人，占比12%，硕士（含研究生）学历21人，占比20%。有市委常委2人，在致公党中央专委会任职4人，致公市委专委会任职8人。区人大常委1人，区政协常委2人、委员8人，区青联委员1人。

（刘　可）

【理论学习】 年内，致公党区工委开展理论学习，坚定政治信念。结合本职工作撰写学习体会，开展交流发言。推进“凝心铸魂强根基、团结奋进新征程”主题教育活动，做好全区党员的政治思想工作。推进京致阅读，提升履职能力。购买并下发学习书籍和读本，成立工委读书角。开展“讲好他和她的故事”理想信念教育。开展工委委员和老党员结对工作，做好走访慰问，传承老一辈党员的奉献精神。加强理论研究，宣传致公特色。撰写提交《中华文化海外传播实践路径的探索和研究》调研报告，并在市级刊物上发表。

（刘　可）

【组织建设】 年内，致公党区工委召开班子民主生活会、述职和民主评议会，开展自我批评，总结各项工作。完成支部换届工作，调整并成立区工委新一届的3个基层支部。组建并调整成立社会服务、经济、参政议政、文化体育、海外联络和宣传教育6个专门工作委员会。推荐多名党员任职致公市委专委会的副主任、秘书长和委员等职务。推荐市委主题教育事迹典型。推进入党积极分子的学习和培训，做好入党工作。参加市委运动会，组成26人的运动员代表团，在8个比赛项目中摘取2块金牌，总成绩名列第五。开展抗洪救灾活动，班子和支部干部带头，共筹集1.3万元救灾款，捐赠给门头沟慈善协会。

（刘　可）

【参政议政】 年内，致公党区工委参与市委关于医疗健康方面的主委调研课题，承担和参与7篇市委调研课题的相关工作，包括市委唯一一篇主委课题的调研工作；承担3篇市委重点课题，占比30%；参与1篇普通课题的组织和撰写，派员加入其他课题团队4篇。撰写并提交社情民意50余篇，其中1篇被全国政协采用，3篇被致公党中央采用，1篇被市政协采用，多篇被区政协采用。在1月石景山区“两会”上，区工委获优秀提案2篇、优秀调研报告1篇、优秀社情民意4篇、履职先进个人多名。

（刘　可）

【社会服务】 年内，致公党区工委相继开展养老工作专题调研，赴老山街道养老照料中心实地考察。开展“长期护理保险制度试点工作”调研，考察石景山区民族养老院、北京亲管家健康管理有限公司。为广宁社区卫生服务中心配置老年体智能一体化测评与综合训练平台设备，形成长期项目合作机制。组织“走进老山街道‘爱心助残’活动”，向残疾人困难家庭捐赠助残款。走进商务楼宇，为多名企业职工和社区工作者开展义诊服务。前往贵州省毕节市七星关区人民医院开展“脊柱疾病公益诊治”活动，为贫困患者免费做手术。为石景山区苹果园街道下庄社区50余名群众作《体检发现肺磨玻璃结节怎么办》专题讲座，开展胸外科、肺部疾病等方面的义诊和答疑。

（刘　可）

【海外联络】 年内，致公党区工委发挥工作优势，组织接待海外爱国友好社团赴京访问及庆祝活动。参与“侨梦苑北京论坛”相关工作，联系国外企业、学院到石景山区实地考察、交流，使更多的海外华人认识、了解石景山。依托中欧科技创新中心，架设海内外华侨回国创业的桥梁，推进项目的引进及对接。同时安排区内企业走出去，学习借鉴国外工作理念。

（刘　可）

九三学社石景山区工委

【概况】 截至年底，九三学社区工委有6个支社，社员243人。其中男社员120人，女社员123人；高级职称165人，占67.9%。有北京市人大代表1人，市政协委员2人；区政协委员12人，其中副主席（不驻会）1人、常委2人；区人大代表4人，其中常委1人。年内，张家敏被评为“2023年北京榜样”。

（赵军民）

【服务活动】 春节前夕，九三学社区工委组织慰问20余名老社员和生病社员，送去问候和祝福。老龄委利用微信群上传健康讲座相关课件，为老社员服务。在医院、法律行业工作的专家为老社员答疑解惑,提供咨询服务。5月15日、10月21日,组织医疗专家先后赴黄庄职高和大兴区孝义营村开展义诊咨询和健康宣教活动,惠及近200人。在"六一"国际儿童节到来之际,走访慰问小飞象训练发展中心,深化对接帮扶工作。青工委"11联盟"面向全市社员组织2次户外徒步活动。联合粉红丝带志愿服务队开展2次科普活动,宣传乳腺癌的预防和早防早治工作。深化与九三学社宁夏石嘴山市委结对互助活动,在参政议政、社会服务和自身建设上加强合作,协调相关单位为石嘴山市卫计委免费安排4名康复人才进修。

(赵军民)

【参政议政】 11月25日,以"科技创新驱动,助力京西发展"为主题的"九三京西发展座谈会"召开。座谈会由九三学社中央指导,九三学社北京市委、石景山区人民政府主办,区委统战部和九三学社区工委承办。九三学社中央主席武维华,中共北京市委统战部部长杨晋柏出席会议并讲话,九三学社北京市委主委刘忠范主持座谈会开幕式并作总结讲话,区委书记常卫作开幕式致辞。来自社内外的40余位专家学者围绕石景山区情和座谈会主题,提交意见建议、调研报告共35篇。在会上部分专家学者结合自身专业,展开研讨和互动交流。年内,区工委围绕"深入实施城市更新和产业转型发展战略,着力打造品质之城"主题开展调研,在第32次政协工作理论研讨会暨专题协商议政会上,提交研讨材料5份,就"优化营商环境,推进经济高质量发展"进行交流发言。区工委班子组织学习《区政府工作报告》《区委十三届七次全会工作报告》征求意见稿,从优化营商环境、韧性城市建设、城市更新行动、推进西山永定河文化带建设、社区养老服务驿站等方面提出意见建议。多次参加区委区政府区政协组织的政党协商会,在经济社会发展、政协委员人大代表补选和人事任免等问题上进行政治协商和民主监督。根据年度协商选题安排,把课题调研的重点放在科技创新、养老服务、文保区保护传承、城市更新等方面,采取多样化调研方式。区工委经过中期评估和结题论证,形成8项调研成果上报区政协和区委统战部。在区政协十一届三次会议上,有3项调研成果转化为大会发言和党派提案,年度调研工作取得实效。参加区政协组织的各类培训会、研讨会、重点提案督办会、协商座谈会、议政会等40余人次。在区政协十一届三次会议上,1件党派提案、7件个人提案被评为优秀,2篇调研报告、3篇社情民意信息被评为优秀,3名社员被评为政协委员履职先进个人。会上,区工委主任刘铁军代表九三学社作《关于进一步推动石景山区虚拟现实产业发展的建议》的党派发言,提交党派提案3件、委员提案39件。

(赵军民)

【主题教育学习交流】 年内,九三学社区工委以"凝心铸魂强根基,团结奋进新征程"主题教育为主线,成立主题教育领导小组,制定工作方案。各支社制定工作方案,开展主题教育活动。坚持区工委班子带头学,召开动员部署会暨主题教育学习交流会进行专题学习。区工委班子成员开展主题教育学习交流3次。利用暑期培训时机,向全体社员进行主题教育宣讲和辅导讲座,70余名社员参加。区工委班子将主题教育成果融入调研工作,先后赴模式口文保区、首钢园区、科技园区、养老院等处实地调研,利用学习成果参政议政,使主题教育取得实效。组织社员参加区政协、区委统战部组织的主题教育培训40余人次。开展纪念中共中央发布"五一口号"75周年征文活动,采集理论文章5篇。配合社市委开展社员思想状况调研,收集分析有效问卷30余份。

(赵军民)

【组织制度建设】 年内,九三学社区工委将制度建设贯穿于自身建设、履行职能全过程,坚持集体领导和议事制度,加强民主决策。推进"人才强社"战略,社员质量、数量提升,界别特色明显。组织入社积极分子线上培训25人次,参加社市委组织的培训6人次。全年共发展社员14人,平均年龄41.3岁,其中具有高级职称社员比例为50%,硕士以上学历社员比例为71.4%。截至年底,区工委共有社员243人,平均年龄52.9岁,其中高级职称及博士以上学历180人,占74.1%。

(赵军民)

【社情民意信息征集】 年内,九三学社区工委挖掘有发展潜力的青年社员加强培养,提供关注度高的社情民意信息点,提升采用率。推荐1名骨干为社中央专门委员会委员人选,12名骨干为社市委各专门委员会委员人选,利用社中央、社市委参政议政平台培养发展参政议政人才队伍,提高履职水平。举办信息培训班,邀请社市委和区委统战部相关专家作参政议政知识培训,组织经验交流。通过承办"九三京西发展座谈会",安排青年社员参与会务保障,参与座谈会全过程,与高端人才近距离交流,了解前沿信息。利用各种交流平台向社员发布各级信息征集要点,调动全体社员参政议政的积极性和主动性。采编上报各类社情民意信息110篇,其中16篇被市级以上采用,人均上报率在社北京市委19个二级组织中名列第一。

(赵军民)

石景山区各民主党派负责人

民革石景山区工委	闫金定
民盟石景山区工委	毛　轩
民建石景山区工委	汪礼俊
民进石景山区工委	林乐光
农工党石景山区工委	李鸿泓
致公党石景山区工委	曹　巍
九三学社石景山区工委	刘铁军

人民团体

石景山区"十四五"时期妇女儿童发展规划中期评估工作部署会
富强 民主 文明 和谐
自由 平等 公正 法治
爱国 敬业 诚信 友善

综　述

【概况】 石景山区人民团体主要有石景山区总工会(简称区总工会),共产主义青年团石景山区委员会(简称团区委)、石景山区妇女联合会(简称区妇联)、石景山区科学技术协会(简称区科协)、石景山区工商业联合会(简称区工商联)、石景山区残疾人联合会(简称区残联,详见社会建设编)、石景山区归国华侨联合会(简称区侨联)、石景山区文学艺术界联合会(简称区文联,详见文化编)等。年内,全区各人民团体结合自身特点和专长优势,团结带领石景山区职工群众,团员青年,各界妇女,科学技术人员,工商界人士,残疾人,侨界和文艺界人士等,学习宣传贯彻党的二十大精神,开展学习贯彻习近平新时代中国特色社会主义思想主题教育,围绕党政中心大局,开展对口支援协作,助力区域高质量发展,为打造"一起向未来"的城市复兴新地标,高水平建设首都城市西大门贡献力量。

(王　丽)

石景山区总工会

【概况】 2023年,区总工会立足辖区职工发展需求,加强对职工群众的思想政治引领,团结动员全区广大职工建功立业,做好维权服务,深化工会改革和建设,推动工会各项工作取得新进展。石景山区共推荐评选"全国五一劳动奖章"1个,"全国工人先锋号"1个,"首都劳动奖状"1个,"首都劳动奖章"7个,"北京市工人先锋号"2个。

(王　薇)

【送温暖精准慰问】 "两节"期间,区总工会慰问一线医护工作者、基层环卫工人、重点工程建设者、新业态劳动者、农民工、春节期间需坚守岗位的职工等,分别送上慰问金及新春温暖包、京八件、水果、花生油、糖果等慰问品,向在京过年的外来务工人员发出倡议,倡导留京过年。活动期间,共投入资金186万余元,惠及职工7000余人。按照市总工会统一部署,开展为千名新就业形态劳动群体免费送体检活动。6月,区总工会慰问小飞象训练康复中心,送去特殊教具、消毒用品及风扇等,投入资金近15000元。开展"夏季送清凉"活动,慰问一线职工、户外劳动者和新业态劳动者,投入资金60万元,惠及一线职工8000人。教师节前夕,拨付教委慰问金10万元,用以慰问辖区教师。中国农民丰收节前夕,走访慰问保洁、保安人员等农民工,送去洗涤用品、保暖用品和水果等,投入资金2万元。中秋、"十一"节前慰问挂职干部10人,投入资金近4000元。

(王　薇)

【困难职工精准帮扶】 "两节"期间,区总工会慰问困难职工3人,发放慰问金7500元;慰问临时致困职工125人,发放慰问金18.75万元;慰问脱困人员1人,发放慰问金1000元。发挥区级温暖基金作用,加大对临时生活困难职工帮扶力度。截至年底,帮扶患大病职工11人,发放温暖基金8.8万元。落实北京市总工会《关于开展2023年"金秋助学"工作的通知》精神,审核上报"金秋助学"相关材料,辖区1名困难职工子女获得市总工会助学金1.32万元。

(王　薇)

【职工服务阵地建设】 年初,根据市总工会《关于推进2023年度公共区域职工之家和户外劳动者暖心驿站建设的实施方案》,区总工会统筹制定整体项目方案,分配工作任务。提前完成"1+20"的折子工程。截至年底,区总工会累计建成职工之家47家,其中公共区域职工之家12家,建成暖心驿站544个。联合区文联拓展文艺志愿服务的覆盖范围,利用区总工会场地,建立区工会职工文化艺术活动基地,打造石景山区职工文艺志愿服务品牌,建设石景山区职工文化艺术活动中心并挂牌。举办"和满京城　奋进九州"端午节文化主题活动,弘扬中华优秀传统文化。结合单位实际情况,完成2023年职工书屋建设推荐工作。推荐石景山区人民法院、石景山区广宁街道高井路社区联合工会2家单位为全国工会职工书屋示范点;推荐石景山区人民检察院工会、石景山区八宝山街道沁山水南社区联合工会2家单位为北京市工会职工书屋示范点;为石景山医院、石景山区园林绿化局绿化养护中心2家便利型职工阅读站点配书;为丁海涛、余尘、师德光3个劳模书架配书。

(王　薇)

【工会经费税务代收】 截至年底,区总工会共收缴工会经费4809万元,比2022年同期的4587万元增加222万元,同比增长4.84%。根据企业规模、费源状况,对规模较大企业明确专人负责,全程跟踪管理服务,掌握企业经营、工资发放和工会经费计提、缴纳等情况,确保工会经费及时足额入库。建立信息交流、通报制度,收缴期前,提前发布通知,提醒税务局做好收缴准备工作,为企业做好缴费辅导、服务以及提示工作。收缴期间,按照"开始、过半、临近结束"3个阶段通报收缴进度,督促税务局及时跟进,确保收缴工作完成。税务局定期向工会通报新办户企业、变更企业名单,便于工会实时掌握企业动态信息,促进企业建会缴费工作。

(王　薇)

【助力汛情恢复重建】 年内,区总工会支援门头沟区雁翅镇、潭柘寺镇灾后恢复重建,共捐款20万元。慰问援建的一线职工,送达300箱方便面、300箱水和21个急救箱等物资。开展汛情造成职工家庭生活困难情况统计,提供帮助帮扶。

(王　薇)

【组织党员参与社区治理】 年内,区总工会选派"第一书记"下沉,支援社区工作;落实党员双报到制度;加强与对口社区联建共建。加强工会干部队伍建设,落实新时代好干部标准,树立正确选人用人导向,完成公务员职级晋升3人、轮岗1人,事业招聘2人,新招录社会工作者9人;组织开展基层工会干部培训,提升工会干部能力素质。

(王　薇)

【提升工会集体协商实效】 年内,区总工会以质效评估为抓手，提升协商实效，完成集体协商质效评估企业自我评估，抽取11家百人企业走访并完成外部评估工作，优秀率91%。组建石景山区代表队参加第二届北京市工会集体协商竞赛活动，获北京市第一名。深入企业开展调研、指导宣传活动40余次，协助企业建立健全集体协商制度。发挥劳动关系三方协调作用，建立区三方协调劳动关系委员会古城街道京西商务中心工作站，发挥基层劳动关系公共服务样板站点作用。

（王　薇）

【推进厂务公开】 年内，区总工会就职代会职权落实、规范性操作等问题对企事业单位进行业务指导，提高职代会工作质量和水平。组织非公企业工会干部参加非公企业民主管理专题培训，提升非公企业民主管理水平。在全区范围内开展线上职代会实操培训，推动完善职代会运行机制。到企业定向开展“送学入企”职工代表、职工董监事履职能力提升培训，同时采用直播形式面向全区各基层单位线上授课，扩大受众面，提高职工代表在企事业单位中的参政议政水平。开展新时代企事业单位民主管理研究理论征文征集活动，引导企事业单位民主管理制度创新发展。

（王　薇）

【加强劳动争议调解】 年内，区总工会落实市总工会工作要求，关注并加强对农民工、新就业形态劳动者群体的权益维护工作，做到对符合条件的职工应援尽援。强化调解力度，提高调解成功率。截至年底，区劳动争议调解中心共受理劳动争议调解案件1005件（涉及1534人），为劳动者挽回经济损失1974.25万元；受理劳动者法律援助申请465件（涉及585人），涉案金额3472.54万元。接待来电来访咨询720余人次。关注12351热线职工权益诉求和劳动关系风险监测平台动态，响应平台派单化解劳动关系可能存在的风险隐患。处理12351职工诉求热线派单79件、舆情监测平台派单2件。

（王　薇）

【保障安全生产】 年内，区总工会贯彻落实北京市“安康杯”竞赛要求，组织动员区域内企业参与“安康杯”竞赛活动，做好政策宣传、业务答疑、系统报名指导、线上审核等工作。参加第22个“安全生产月”咨询日活动，通过设置咨询台、摆放宣传展板、发放宣传知识手册等方式，向现场职工及群众宣传安全生产法律法规、劳动保护等知识，共发放各类宣传资料、宣传品600余份。会同区应急管理局等有关部门，依法参与区安全生产委员会组织的生产安全事故调查处理，全年先后4次参加生产安全事故的调查处理工作，依法维护职工的合法权益。

（王　薇）

【日常劳动保护宣传】 年内，区总工会深入企业开展高温劳动保护和防暑降温宣传，通过“石景山劳动者”微信公众号发布4期高温防暑知识，增强职工自我安全保护意识。组织基层各单位参加“防暑降温跟我学”活动，通过答题提升职工对防暑降温知识的理解。联合区卫健委、区人保局到园林绿化养护队和区环卫中心开展高温防暑工作监督检查，督促企业落实主体责任。依托《职业病防治法》宣传周，开展职业健康宣传活动。面向一线劳动者宣传普及职业病防治和职业健康知识，发放宣传材料、宣传品200余份。组织基层工会收看2023年全国《职业病防治法》宣传周和北京市《职业病防治法》宣传周启动仪式线上直播。

（王　薇）

【农民工专项工作】 年内，区总工会开展“尊法守法·携手筑梦”农民工公益法律服务活动，到石景山区保安分公司海特社区保安队、区环卫中心道路清扫队开展普法宣传活动。结合“一街一月两日”活动组织各街道总工会开展农民工公益法律服务工作。发放法律宣传折页、口罩等宣传材料及宣传品1500余份。配合根治拖欠农民工工资工作协调小组开展集中整治拖欠农民工工资问题专项行动并完成相关工作总结。

（王　薇）

【加强工会建会沟通】 年内，区总工会落实市总工会职工入会申请审批“日清日结”，会员会籍关系转接审批3个工作日内完成的工作要求，发挥已建会单位工会组织作用，持续发展会员。通过开展职工沟通会等，推广“北京工会i会员”小程序，让职工主动加入工会、快捷完成入会。截至年底，全区新入会会员3885人，其中区总工会直属入会会员716人，新业态群体入会233人。新建单独基层工会12家（其中百人企业3家），联合工会新增覆盖476家。开展建会宣传。组织街道、园区推进“双沟通”工作，按照市总工会下发的“双沟通”督导内容要点，不定期对各街道、园区轮流巡察，完善工作举措，充实“双沟通”工作元素。5月30日“市级职工沟通会”当日，在首钢园区设立石景山分会场，并组织全区9个街道、园区总工会共同开展职工沟通会，全区共53名工会干部参与，现场咨询职工455人，当天入会职工199人。截至年底，共召开沟通会456场。

（王　薇）

【基层工会组织建设】 年内，区总工会完成区总十届委员会补选工作。筹备召开石景山区总工会十届五次常委会、全委会，制定印发选举办法、监票人名单、候选人情况简介、选票等选举相关资料。委员会共有替补委员7名，副主席1名，委员44人。指导基层工会完成换届补选。指导沃尔玛百货、合源资本管理公司、石景山区国有资本投资公司等6家单位完成换届，指导石景山医院、鲁谷街道等3家单位完成补选，指导爱依养老服务公司完成名称变更，指导中交城市更新公司成立区直属工会。按照市法律服务中心工作要求，做好工会法人证书的申请、变更、注销等工作。截至年底，共办理工会法人资格证书135个，并为30个基层工会办理刻制公章手续72枚次。

（王　薇）

【专职工作者招录管理】 年内，区总工会组织开展新工作者招录工作。根据《北京市专职工会社会工作者招录工作方案》，按照1:5的比例组织45名考生进行面试,组织开展体检、政审等工作,并于3月底为9名新招录工作者办理完成入职手续,4月正式上岗。与各街道服务站工作者谈话10余人次,完成3名工作者的交流轮岗工作。

(王　薇)

【职工创新工作室推荐评选】 年内,为加强职工创新工作室的管理,规范职工创新工作室的组织、运行和保障,鼓励辖区职工创新工作室围绕生产一线的技术难题开展技术革新、技术攻关、技术交流等技术创新活动,区总工会组织开展区级职工创新工作室推荐评选。下发《石景山区总工会关于2023年职工创新工作室创新项目助推及名师带徒评选工作的通知》,指导创新工作室填报上报申报材料,经过实地调研、现场答辩、专家评审等环节,对北京盛世顺景文化传媒有限公司张春景创新工作室的"8K实拍+动画+京剧创新融合技术研究——8K艺术影片《门神》"等4项创新项目进行助推,授予两家创新工作室的6对师徒"名师带徒"称号。组织创新工作室参加第二届大国工匠创新交流大会报名工作,评选"国家无线电王俊峰创新工作室"参加交流大会。认定11家工作室为区级职工创新工作室,其中医疗卫生类5家、科技创新类4家、公益服务类1家、教育教学类1家,给予33万元经费支持。

(王　薇)

【职业技能大赛】 年内,区总工会会同区人力社保局合作开展石景山区第三届职业技能大赛。大赛结合石景山区域特色和功能定位,设置传统项目、文化创意、新业态新职业三个板块,囊括云计算、电子商务、焊工技能、养老护理、中式烹饪、中药技能等九大项目,吸引400余名选手参与比赛。会同区政务服务局、区人力社保局联合举办石景山区2023年职工职业技能大赛政务服务综合窗口办事员竞赛活动,实现区政务服务中心、各专业政务服务中心、各街道政务服务中心、各社区服务站综合窗口人员及全能社工全员参与、全员覆盖,共248名选手进入区级初赛,选拔出10名优秀区街社区窗口人员作为区级代表参加北京市职业技能大赛,并在市级比赛中取得优秀成绩。

(王　薇)

【搭建劳模社会公益活动平台】 年内,区总工会搭建社会公益活动平台,以弘扬工人阶级伟大品格和劳模精神为主线,创新宣传理念,丰富宣传形式,加强劳模宣传。每季度组织劳模进行规范守则教育引导活动;组织全国劳动模范贾树庆、赵星,北京市劳动模范赵红进行先进事迹宣讲活动;组织全国五一劳动奖章获得者余尘和北京市劳动模范马兵进行二十大学习心得宣讲;组织北京市劳模李婧在京源中学开展未成年人普法活动;组织2023年全国五一劳动奖章获得者王彦博在企业内开展事迹宣讲;组织全国五一劳动奖章获得者丁海涛进行绿色健康饮食方式宣讲活动;协助组织北京市劳动模范张涛、李来军进行先进事迹宣讲活动。

(王　薇)

【落实劳模各项待遇】 年内,区总工会为符合困难条件的劳模申请生活低收入补助和特殊困难补助,对劳模实行全覆盖帮扶。"两节"期间,为全部劳模申请和发放市、区两级春节慰问金和荣誉津贴;做好劳模2023年公园年票统计、办理、发放工作。为3名劳模办理关系转出、2名劳模关系认定。定期开展劳模走访慰问。每季度定期完善"劳模管理平台",实现各级劳模相关信息、数据完整、准确。专人负责定期更新数据库,反映劳模队伍总体状况以及个人信息、家庭生活等情况变更,实现劳模动态管理机制。为赵红、孙博2023年度中国劳动关系学院劳动模范本科班开展招生;推荐丁海涛参加石景山区第九届首都道德模范评选。国庆节前夕,为14名全国劳模发放节日慰问金。

(王　薇)

【加强职工意识形态宣传】 年内,区总工会班子成员定期深入企业职工、基层工会干部中,重点关注新业态新就业群体职工的思想动态,掌握职工思想状况,摸清影响稳定的因素和服务需求的短板。利用"石景山劳动者"微信公众号的意识形态宣传阵地,发挥工会组织凝聚职工、引导职工、教育职工的作用。采购主题教育规定书目、《习近平关于工人阶级和工会工作论述摘编》及中国工会十八大精神系列丛书,下发全体工会干部。

(王　薇)

【多种形式开展宣传工作】 年内,区总工会沟通联系市级、区级新闻媒体等部门,发挥报纸、电视、新媒体的作用,做好"两节"送温暖、"五一"劳模先进表彰大会、夏日"送清凉"、与门头沟区结对帮扶、区级职工乒乓球赛、区级七夕联谊等宣传报道工作。制作劳模事迹、中国工会十八大精神宣传展板、工会专题宣传片,弘扬以劳模为代表的工人阶级主人翁精神。完成全年采稿工作,"北京工人"APP66条、《劳动午报》13条、《工会博览》9期专刊、《石景山报》1条,石景山新闻19条,发布"石景山劳动者"公众号56期386条。更新"机关文化墙"内容,更新机关风采照片墙、党员学习园地、支部建设园地、廉政建设园地等专栏内容。组织开展线下宣传活动,开展6次百姓故事汇主题宣讲。开展以《共建网络安全,共享网络文明》为主题的宣传活动,宣传普及网络安全知识,引导职工认识并防范网络风险,共发放宣传材料400余份。

(王　薇)

【规范经审工作】 年内,区总工会规范工会资产资金管理。健全完善区总工会内控制度;指导全区各级工会做好全总年度工会经费决算汇总工作;启动并着手开展第二轮工会经费财务资产监督检查。开展工会审查审计。市、区总工会经审办开展年度预算执行和财务收支情况审计工作。与区纪委联合开展基层工会经费管理使用专项治理工作,根据检查中存在的问题,督促指导各单位加强问题整改,深化结果运用,规范经费管理,建立长效机制。

(王　薇)

【开展会员普惠活动】 年内,全区各级工会组织开展普惠项目活动17个,参与14105人次。做好会员在八角中医院医事服务免挂号费的区级会员普惠项目。中秋节前夕，开展2023“情系石景山，关爱职工”家电专项补贴活动。做好12351职工服务热线接诉办理，截至年底，12351热线派单124件，均按期完成，其中涉及法律维权62件、互助保障2件、服务项目2件、会员管理22件、基层组建23件、税务代收6件、劳模工作1件、财务和资产1件，其他5件。

（王 薇）

【发挥职工互助保险作用】 年内，区总工会宣传职工互助保障内容，提高互助保险参保率，全年新增5家投保单位：石景山区古建群文物保管所、石景山区消防救援支队、大唐同舟科技有限公司、北京燕金源置业有限公司、石景山区教育委员会现代教育技术中心。截至年底，全区参保职工互助保险人数23661人，保费金额429.59万余元；各险理赔1013人，受益金额186.43万余元；52名患大病职工获得区代办处慰问金，总金额9万元；为24名因意外伤害未达到市赔付标准职工给付慰问金2000元。

（王 薇）

【志愿者服务活动典型推树】 年内，区总工会参加首都学雷锋志愿服务“五个100”先进典型推树，石景山区志愿服务总队获“首都最佳志愿服务组织”称号，并被北京市总工会推荐参评2023年度全国学雷锋志愿服务“四个100”先进典型。石景山优秀志愿服务项目和优秀志愿服务队事迹在首都职工志愿服务成果展示活动中获得：特色志愿服务队2个（首都职工志愿红五星服务队、首都职工志愿点石巾帼志愿者服务队），特色职工志愿服务项目2个（“小蓝帽·灵动石景山”、党员爱心车队暖心助乘），优秀骨干职工志愿者1名（王美燕）。承办“爱心 凝聚力量”首都职工志愿服务成果展示。组织近300名职工志愿者参加现场活动及节目演出。

（王 薇）

【举办职工文体活动】 年内，区总工会贯彻落实《健康中国2030规划纲要》《全民健身计划（2021—2025年）》和《北京市全民健身实施计划（2021—2025年）》等文件精神，参加工间操普及活动。经过训练、分练、合练、彩排等，组织辖区60人参加在新工体举办的“奋进新时代，建设新北京”2023年首都职工工间操千人展示活动。开展职工合唱队活动，成立检察院分队、城市管理委分队、税务局分队。全年，合唱团日常训练30余场次，参加“爱心 凝聚 力量”首都职工志愿服务成果展示活动及全区五一表彰大会活动。组织职工参加北京市总工会举办的“踔厉奋发 光影逐梦”致敬劳动者五一劳动节首都职工摄影展，选送上报优秀作品21件，获一等奖2名，三等奖1名。举办区总工会健康科普“五进”活动。组织职工开展心理减压讲座。组织全区职工参加全国职工线上运动健身活动。5月1日至31日，组织参加2023年度“中国梦·劳动美——凝心铸魂跟党走 团结奋斗新征程”北京市分站竞赛。七夕节，联合区妇联、团区委共同举办石景山区单身青年职工传统文化交流体验活动，为男女青年职工搭建区域交流的平台，150余人参加活动；组织20名男女青年参加市总举办的“燕缘际会·爱情音乐会”单身职工交友联谊会。10月1日至11月30日，组织参加“中国梦·劳动美——凝心铸魂跟党走 团结奋斗新征程”第二届全国职工线上健身运动系列活动，开展赛前培训会，为各参赛队伍提高团体和个人成绩提供技术支持。参加“奋进新时代 劳动创未来”北京市第十四届职工文化艺术节原创歌曲上报评比，辖区3首歌曲参加评比。与区体育局共同举办石景山区2023年“职工杯”乒乓球比赛。来自全区各机关、企事业54家单位的25支代表队，共200余名运动员参赛。

（王 薇）

共青团石景山区委员会

【概况】 截至2023年底，全区有基层团组织887个。其中团区委派出机构团工委17个，团区委直属二级团组织33个，包括团委6个，团总支7个，团支部3个。有1423名团干部，其中专职团干部65人，兼职团干部1358人。共有6210名团员，全年推优入党团员青年65人（含征求团组织意见）。年内，全区各级团组织学习贯彻党的二十大精神，贯彻落实习近平总书记同团中央新一届领导班子成员集体谈话时的讲话精神，开展学习贯彻习近平新时代中国特色社会主义思想主题教育。围绕党政中心大局，完成2023年服贸会、滑雪大跳台世界杯和侨梦苑论坛、中国科幻大会、北京文化论坛等活动服务保障工作，引领青年投身“四个融合”文章、建设首都城市西大门。推动落实《石景山区“十四五”时期青少年事业发展规划》，牵头拟定《石景山区青少年法治宣传教育行动计划（2023—2025年）》，开展社区青春行动。落实全国县域共青团基层组织改革和共青团城市基层组织改革任务，全面从严治党治团，以党建带团建队建，推进区第十四次团员代表大会换届选举，召开区青年联合会第六届委员会第一次全体会议，提升组织力、引领力、服务力和大局贡献度，团结带领辖区各级团组织和团员青年完成年度工作任务。

（徐宁岳）

【“两节”走访慰问困境青少年】 1月19日，区委常委、组织部部长张利军分别到八宝山街道玉泉路西社区和永乐东北社区走访慰问困境青少年家庭。张利军与接受帮扶的青少年及家长交谈，询问学习及家庭生活情况，勉励青少年坚定理想信念、勤奋学习、奋发有为，早日成为栋梁之才，回报社会。同时送去米、面、油等生活物资以及学习用品，并赠送福字对联致以新春祝福。团区委、八宝山街道等单位相关领导陪同慰问。

（王 雪）

【街道团工委工作述职会召开】 2月8日，团区委组织召开街道（园区）团工委2022年工作述职会暨2023年重点工作部署会，会议由团区委副书记主持，各团工委就2022年工作落实情况及2023年工作方向进行述职，主要包括思想引领、基础团务、社区青年汇、服务青少年成长等基础工作,疫情防控、助力冬奥、文明创城、新兴青年群体等服务党政中心大局工作,特色亮点及品牌创建情况3个方面内容。各街道、园区团工委负责人及青少年事务社工、青年汇社工参加会议。

(张　凯)

【联谊系列活动】 2月10日,团区委联合工商银行石景山支行组织开展情定石景山之“青春相约 缘来‘石’你”交友联谊活动,立足青年“急难愁盼”,让共青团成为党联系青年的桥梁纽带。来自区各委办局、驻区企业等30余名青年参与活动。6月25日,团区委联合古城街道团工委、区公安分局团委、北京侨梦苑·侨创空间、金融街(长安)中心商务楼宇工作站组织开展情定石景山之“缘起古城”交友联谊活动,丰富青年业余生活,构建文明、健康、和谐的交友平台,营造良好的人际关系。来自区各委办局、驻区企业等50余名青年参与活动。8月22日,团区委、古城街道两新组织综合党委、中国青年网联合举办情定石景山之“钢”好遇见你交友联谊活动。活动促进商务楼宇精神文明建设,活跃各界未婚青年的业余生活,展现现代青年的个人特长和个性魅力。来自区各委办局、驻区企业等70余名青年在首钢园区度过七夕。

(张　凯)

【“3·5学雷锋”系列工作】 3月5日上午,团区委在中关村石景山园党群服务中心开展“学习雷锋志愿行 青春建功二十大”石景山区“3·5学雷锋”志愿服务主题活动。全区各级团组织、区域化团建友好单位团组织、“两新组织”、各志愿服务队以及市民群众共200余人参与。年内,团区委打造“1+7+N”的志愿服务工作体系,以组织开展1场区级志愿服务活动为总牵引,以联合区委宣传部、区文明办下发7大志愿服务主题工作要求为总抓手,以开展N场志愿服务系列活动为总思路,面向全区掀起学雷锋志愿服务工作热潮。

(王　雪)

【调研小飞象发展训练中心】 3月30日,团区委、国际青年汇、区青联相关人员调研小飞象训练发展中心,参加“象由心生 星梦缘”孤独症日倡导活动。团区委相关人员、德国青年代表、青联委员们一同到小飞象训练发展中心集合进行签到、戴臂章、领取蓝丝带、投心愿箱。活动开始,德国青年代表和青联委员为青年教师献花送祝福。团区委书记参与揭牌仪式。

(罗一飞)

【青春运动会举办】 4月23日,团区委携手社区青年汇举办“继五四薪火 展青年风茂”青春运动会,将英雄人物和感人故事等“红色元素”融入体育竞赛中。团区委副书记出席活动,来自区市场监管局、中国水利电力物资集团有限公司、万商集团、光华科技基金会、北京建工装饰集团、中煤地质集团、中国电科电子科学研究院等近百名机关、企事业单位青年参与。

(张　凯)

【共青团工作会召开】 4月27日,石景山区2023年共青团工作会暨青年工作联席会议第一次全体会议召开。会议总结石景山区共青团2022年工作,部署2023年重点工作及《石景山区“十四五”时期青少年事业发展规划》中期评估工作。区青年工作联席会议召集人、区委常委、组织部部长张利军,34家青年工作联席会成员单位主管领导,各街道主管领导参加会议,团区委书记主持会议。

(张　凯)

【服务保障“五一”长走活动】 4月27日,北京市政协纪念中共中央发布“五一口号”75周年长走活动在石景山区举行。团区委动员“青春美景”志愿服务队,组织招募100名来自“高校京西发展联盟”成员单位北方工业大学和北京师范大学的青年志愿者,服务保障590余名市区政协委员长走活动,主要负责全程引导、能量补给、摆渡车服务、重点点位保障等任务,累计服务时长300余小时。

(罗一飞)

【青年联合会第六届委员会会议】 5月4日上午,北京市石景山区青年联合会第六届委员会召开第一次全体会议,大会汇报过去五年青联工作情况,并对未来五年工作作出部署;选举产生石景山区青年联合会第六届委员会主席、副主席、常务委员会委员。区委书记常卫,区政协主席田利跃,团市委副书记张庆武,区领导张利军、陈婷婷、王晓东、高洪雁、王智勇出席大会,区青联委员220余人参加大会。

(罗一飞)

【大学生社区实践计划启动仪式】 5月19日,大学生社区实践计划助推石景山“品质社区”建设启动仪式在广宁街道党群服务中心举行。团区委、团市委基层组织建设部相关领导为来自北京师范大学等10所高校的团支部书记颁发“石景山社区团支部第一书记”聘书。中国社会科学院大学、北京语言大学、华北电力大学、北京中医药大学、北京协和医学院、北京印刷学院等20余所高校100余名团支部书记、学生代表以及10个社区青春行动试点社区团组织负责人参加。

(张　凯)

【服务保障中国科幻大会峰会】 6月1日,以“数实融合 云智起航”为主题的“2023中国科幻大会元宇宙产业峰会”在首钢一高炉·SoReal元宇宙乐园33CLUB电竞综合大厅举办。团区委、区青志协组织30名来自北京工业职业技术学院的青年志愿者,分布在会场27个点位,为峰会各环节提供服务保障。国家部委、市政府及相关部门、区政府领导以及行业专家、科研院所、企业家代表等200余人出席峰会。

(罗一飞)

【团中央调研社区青春行动工作】 6月7日,团中央社会联络部社区服务处二级调研员赴广宁街道高井路社区开展调研座谈,了解基层社区青春行动工作开展情况,团市委社会联络部副部长、团区委副书记、广宁街道党工委副书记及相关项目实施负责人出席。

(王　雪)

【青少年权益保护IP形象发布】 6月30日上午,团区委在石景山区冬奥社区文化健身广场举办“青心相护 未爱成长”——石景山青少年法治教育行动计划暨青少年权益保护IP形象发布会,成立石景山青春护未工作室并发布《石景山"游美景·未成长"青少年研学实践普法线路》,打造石景山青少年沉浸式普法教育体验,构建学校、家庭、社会协同育人工作格局。团市委权益部副部长、团区委书记、区关工委副主任、区司法局二级调研员、广宁街道三级调研员及区内各委办局相关工作负责人100余人参加。

(王　雪)

【青年马克思主义者培养工程培训】 7月11日,团区委举办石景山区青年马克思主义者培养工程暨第二十期团校培训班,提升团干部政治能力、理论素养、群众工作本领。团市委组织部相关负责人员,团区委书记、副书记,北京青年五四奖章获得者宣讲团、北京青年讲师团成员代表出席开班仪式,来自各街道(园区)、各委办局的团员青年,区域化团建单位、社会组织、新兴青年群体等领域的团青骨干,优秀青年代表、青马工程学员等共90余人参加培训。

(张　凯)

【火花青年科学思想会举办】 7月14日,"青创北京·科技领航·虚拟现实"火花青年科学思想会在中关村虚拟现实产业园(北京虚拟动点科技有限公司)举办。火花青年科学思想会以虚拟现实在实际应用领域的实践为切入点,通过主旨演讲、座谈交流等环节,讨论虚拟现实产业发展现状。团市委副书记丁蕾,石景山区人民政府党组成员、副区长王其志出席活动,高校相关专业教授、虚拟现实领域企业代表、区青联委员代表、青企协会员代表及"高校京西发展联盟"成员单位相关专业在校大学生等100余人参加活动。

(罗一飞)

【开展称多县对口支援协作工作】 7月25日至30日,根据北京市青联、石景山区支援协作工作领导小组统一部署,团区委、区青联结合年度工作,组织相关负责人及青联委员代表赴支援协作地青海省玉树藏族自治州称多县开展对口支援协作调研工作。调研期间,完成参访北京市支援合作领导小组青海玉树指挥部、"青联希望小屋"慰问活动、"民族团结一家亲·携手奋进新征程"主题教育活动、"追忆革命历史·赓续红色血脉"主题党团日活动、"青联希望小屋"儿童关爱项目等活动。石景山团区委书记、称多团县委书记及区青联委员参与调研。

(罗一飞)

【走访慰问因汛受灾青少年】 8月11日,团区委权益部、团务部相关负责人走访慰问广宁街道、五里坨街道3户因汛受灾的困境青少年,与所属街道团工委、社区团组织一同送上自热米饭、饼干、饮品及文具礼包等慰问品,并了解其学习、生活和家庭状况以及存在的主要困难和帮扶需求,鼓励青少年们要以坚定的信心和勇气面对困难,保持积极向上的学习态度和自立自强的积极心态,健康快乐成长。

(王　雪)

【石景山区律师行业团工委成立】 8月15日,共青团石景山区律师行业工作委员会成立大会暨石景山区青少年法律赋能基地揭牌仪式举行,以贯彻落实党中央群团工作会议精神,扩大石景山基层团组织的覆盖面和影响力。区司法局副局长,团区委兼职副书记、区检察院第一检察部主任,石景山区律师协会副会长出席活动,团区委副书记主持活动,来自石景山区20余家律师事务所的40余名青年律师代表参加。

(张　凯)

【支援潭柘寺镇灾后重建】 8月17日至27日,团区委每日安排10名青年志愿者赴门头沟区潭柘寺镇,负责安置点环境整治、物资搬运、消毒消杀、人员信息统计、秩序维护、心理疏导等灾后重建工作,开展为期10天的灾后重建志愿服务。团区委书记、团区委结对帮扶工作相关负责人于支援前期前往潭柘寺镇开展实地调研,查看当地受灾情况,了解重建安排和需求,明确青年志愿者任务分工。

(罗一飞)

【"民族一家亲"游学夏令营开营】 8月21日至27日,团区委联合称多县共青团在京开展2023年石景山—称多两地共青团"民族一家亲"游学夏令营活动。8月22日上午,在新安城市记忆公园举行游学夏令营开营仪式,来自称多县的28名藏族师生和石景山部分青少年代表参加。团区委副书记、区青联副主席出席开营仪式并讲话,团区委权益部、志愿服务团体相关负责人参加开营仪式。

(王　雪)

【服务保障2023年服贸会】 9月2日至6日,2023年中国国际服务贸易交易会在北京举办,团区委组织350名城市志愿者,在6个服务站点,提供人员引导、信息咨询、语言服务、文明宣传、应急救助、文化传播等服务保障。活动期间,北京团市委书记郑晓博,副书记王泰鹏,石景山区委常委、组织部部长张利军,首钢集团党委副书记邱银富,北方工业大学团委负责人到首钢园区服贸会西北登录厅志愿服务站慰问石景山区城市志愿者。

(罗一飞)

【服务保障文化论坛及文艺晚会】 9月14日,2023年北京文化论坛石景山区现场观摩活动及2023北京文化论坛文艺晚会在石景山区举办。团区委联合北方工业大学、北京工业职业技术学院,组织招募206名青年志愿者,负责全程跟车保障、观摩沿途固定点位值守、服务指引晚餐用餐、文艺演出现场保障及活动结束后的送车保障任务。

(罗一飞)

【服务保障全国科普日活动】 9月16日至24日,以"提升全民科学素质,助力科技自立自强"为主题的全国科普日主场活动在石景山区首钢园区举办。团区委、区青志协联合北京绿娃志愿服务队,组织招募100名青年志愿者,负责3个外围岗站值守及协助指挥部运行调度任务,完成为期9天的志愿服务保障工作。

(罗一飞)

【开展莫旗对口支援协作工作】 10月15日至18日,团区委、区青联结合北京团市委对口支援协作工作安排及支援协作地实际和年度工作,组织对口支援协作工作相关负责人及区青联委员代表共7人赴支援协作地内蒙古自治区呼伦贝尔市莫力达瓦达斡尔族自治旗(以下简称莫旗)开展对口支援协作调研工作。调研期间,完成提供经济援助、开展座谈宣讲、调研特色企业等对口支援活动任务。团区委副书记、莫旗团旗委书记及区青联委员参与调研。

(罗一飞)

【毛主席纪念堂志愿服务项目】 11月1日至15日,46名石景山区"青春美景"志愿者成为2023年服务保障毛主席纪念堂的第十六批志愿者,主要负责外围引导、扶老助残、团队预约、蓝立方和北大厅引导等岗位的服务任务,开展为期15天的志愿服务。志愿服务期间,志愿者们在各自岗位为前来瞻仰的各界群众提供服务。市、区、高校各级领导出席交接仪式及慰问活动。

(罗一飞)

【石景山青年榜样主题宣讲举行】 11月14日,"发扬青春'石'干 竞放绚丽之花"2023"石景山青年榜样"主题宣讲在石景山区青少年活动中心举办。按照区委、团市委相关部署,石景山区于7月启动2023"石景山青年榜样"主题教育活动,评选历时4个月,35名石景山区优秀青年获评2023"石景山青年榜样"。北京团市委副书记乔学慧,石景山区委常委、组织部部长张利军,团市委宣传部、北京团市委第四基层指导组、区委第三联络组、石景山区青年工作联席会成员单位、街道(园区)相关负责同志出席。来自石景山区机关、街道、楼宇等100余名青年参加。

(张　凯)

【服务保障滑雪大跳台世界杯】 11月30日至12月2日,2023—2024赛季国际雪联单板及自由式滑雪大跳台世界杯在首钢滑雪大跳台举办。石景山区120名赛事志愿者在保障接待、语言支持、观众服务等不同岗位为各方宾客提供服务,展示首都青年的精神风貌。在赛事筹备、举办期间,市区领导到志愿者之家慰问志愿者,检查志愿者服务保障工作情况,并与志愿者开展交流座谈。截至比赛日结束,滑雪大跳台世界杯石景山区赛事志愿者累计上岗295人次,服务时长3094个小时,服务观众、运动员、组委会工作人员5000余人。

(罗一飞)

【开展主题联学活动】 12月7日,团区委组织区直机关团工委、市属驻区国企团组织,与中国电科智能科技园、电子科学研究院等驻区成员单位团组织开展"学深悟透新思想 青年奋进新时代"联学活动,增强石景山区与中国电科共青团工作协同共建。团区委主要领导,区委、区政府机关单位、驻区市属企业等团组织负责人,团区委机关干部,中国电科驻区相关成员单位团组织负责人参加活动。

(张　凯)

【与人大代表、政协委员面对面活动】 12月14日,团区委召开2024年"共青团与人大代表、政协委员面对面"座谈会,团区委书记主持会议,区人大代表、区政协委员、青年教师代表以及区委主题教育联络组相关同志参加会议。座谈会上,区政协委员、团区委副书记、区委主题教育联络十组副组长介绍以"协同育人促进青少年全面发展、健康成长"为主题的活动选题背景。区教委团队办负责人汇报石景山区收到中小学200余件提案,区人大代表、政协委员立足科技创新、社会治理、传统文化等各专业领域优势,认领重点提案,并就提案内容进行分类指导,并结合自身经历勉励少先队员们怀抱梦想、脚踏实地、不懈奋斗。

(王　雪)

【共青团石景山区第十四次代表大会】 12月26日,共青团北京市石景山区第十四次代表大会召开。大会通过《关于共青团石景山区第十三届委员会工作报告的决议》,选举产生共青团石景山区第十四届委员会。于勇当选为共青团石景山区第十四届委员会书记,何明慧、陈丽健当选为共青团石景山区第十四届委员会专职副书记,赵广静、史晓刚、赵殿彪当选为共青团石景山区第十四届委员会兼职副书记,冯涛、李明洁当选为共青团石景山区第十四届委员会挂职副书记。

(张　凯)

【开展与密云区结对帮扶调研】 12月27日,团区委赴密云区溪翁庄镇尖岩村开展结对帮扶调研工作。相关人员前往尖岩村精品民宿、蔬菜大棚调研,了解当地以精品民宿带动乡村旅游发展、助力区域经济增长的具体做法与成果。开展交流座谈会,双方就加强区域资源统筹力度、因地制宜打造特色品牌、提高团员和青年的参与度和贡献度等方面达成合作共识。溪翁庄镇党委书记、副书记,密云团区委书记、副书记,尖岩村第一书记,石景山团区委书记、副书记参加调研。

(罗一飞)

【"景贤未来人才"社会实践活动】 年内,团区委通过"景贤未来人才"实践基地建设促进高校青年资源与辖区优质企业对接,为青年学生提供社会实习实践机会。3月31日,"景贤未来人才"社会实践基地首场宣讲会于北方工业大学文化会堂举办。会上,区青少年服务指导中心负责人罗一飞向学生介绍"景贤未来人才"社会实践基地的运行情况和管理办法,区人才引进、鼓励就业的政策,驻区企业的特色亮点、商业模式、未来规划、实习岗位和招聘岗位需求、待遇等。团区委书记、北方工业大学团委书记、师生代表共200余人参加活动。4月12日,"景贤未来人才"春季学期社会实践活动见面会在石景山区举行,见面会针对高校实践工作开展情况、石景山区情、"景贤未来人才"社会实践基地情况等作介绍,并对实践单位、实习同学和合作高校提出希望和要求。全年,团区委开展春季、暑期、秋季3次实践,招募来自清华大学、北京大学、北京师范大学、中国科学院大学、中央民族大学、北方工业大学6所高校139名在校生参与实习实践。

(罗一飞)

石景山区妇女联合会

【概况】 2023年,区妇联下设办公室(主体责任办)、妇女事务部、区妇女儿童工作委员会办公室,区妇女儿童活动中心为下属事业单位。全区共有街道妇女联合会9个,社区妇联151个,在机关和事业单位中组建妇工委1个、妇委会15个,在新领域、新阶层、新业态、新群体中建立妇女组织281个。主管石景山区巧娘手工艺发展促进会、石景山区女企业家联谊会两家社会组织。区妇联主动服务和融入新发展格局，团结引领广大妇女听党话、跟党走，妇女儿童各项事业取得新成效。

（李　剑）

【巧娘促进会换届】 2月17日，区巧娘手工艺发展促进会第三次会员代表大会在区文化中心召开。区妇联党组书记、主席，北京巧娘手工艺发展促进会会长及相关工作人员出席大会。大会审议并通过促进会第二届理事会工作报告、财务报告、监事会报告及《北京市石景山区巧娘手工艺发展促进会》章程，选举产生第三届会长、副会长及监事长。

（李　剑）

【“三八”维权周主题日活动】 2月28日，区妇联以《妇女权益保障法》实施宣传为主题，联合15家单位举办“法相伴·她温暖·家幸福”——石景山区“三八”维权周主题日活动。活动中，宣传《宪法》《妇女权益保障法》《民法典》《反家暴法》《未成年人保护法》等与妇女儿童密切相关的法律法规及禁毒、防拐、防艾、反邪教、防诈骗等维权知识，进行展板讲解、法律咨询、健康指导、合影留念等互动项目，现场参与群众600余名，发放宣传材料7000余份。张利军、王其志参加活动，并为现场群众发放宣传手册、普法书籍等。

（李　剑）

【纪念国际妇女节宣讲活动】 3月6日，“巾帼心向党　奋进新征程”——石景山区纪念“三八”国际妇女节主题宣讲活动在首钢体育大厦举行。活动中，表彰获得“全国三八红旗集体”“全国巾帼文明岗”“全国巾帼建功标兵”等荣誉的先进集体和个人代表，来自经济、卫生、教育、司法、基层一线等领域的7位女性先进代表进行宣讲，活动以集体配乐诗朗诵《巾帼心向党　奋进新征程》结束。

（李　剑）

【“强国复兴有我”宣讲活动】 3月25日，区妇联开展“践行家庭教育　强国复兴有我”主题宣传教育暨《习近平走进百姓家》学习宣讲活动，组织家庭共同学习《习近平关于注重家庭家教家风建设论述摘编》《习近平走进百姓家》，活动通过学习宣讲、知识答题等形式组织开展。

（李　剑）

【区妇联九届三次执委会召开】 3月31日，区妇联召开九届三次执委会议。会上，区妇联党组书记、主席为执委们宣讲党的二十大精神，阐释和解读党的二十大报告中关于妇女儿童家庭和妇联工作论述的部分内容。会议组织执委集中学习《习近平走进百姓家》，履行有关区妇联第九届执行委员会委员替补的民主程序，通过石景山区妇女联合会第九届常委会所作的报告。会后开展区妇联走进执委单位——再生材料科技馆调研活动，带领执委参观体验固废垃圾资源化。

（李　剑）

3月6日，“巾帼心向党 奋进新征程”——石景山区纪念“三八”国际妇女节主题宣讲活动在首钢体育大厦举行　（区妇联供图）

【家庭教育工作推进会召开】 5月6日，家庭教育工作推进会召开，区委常委、组织部部长张利军，区人大常委会副主任、区委教育工委书记石显富出席会议。会上介绍石景山区家庭教育工作开展情况，举行区家庭教育指导中心、区家庭教育研究中心、区家庭家教家风建设基地授牌仪式，并为第一届区家庭教育工作专家委员会成员颁发聘书。区妇女儿童活动中心、北京教育学院石景山分院、区科学技术馆代表结合家庭教育工作开展作表态发言。中华女子学院教授孙晓梅代表家庭教育工作专家委员会成员作主旨发言。会议结束后，第一届区家庭教育工作专家委员会成员结合自身优势和经验就完善家校社协同育人机制、推动家庭教育指导服务体系建设等进行座谈交流、建言献策。

（李　剑）

【最美家庭风采展示活动举行】 6月3日，石景山区最美家庭风采展示活动暨银杏家庭成长中心启动仪式在区妇女儿童活动中心举行。市妇联党组成员、副主席陈延平，区委书记常卫，区委副书记、区长李新，区委副书记、政法委书记刘海涛，区委常委、组织部部长张利军，区人大常委会副主任宁慧娟，副区长王其志，区政协常务副主席岳林华出席活动。石景山区家庭工作联席会、家庭教育工作指导委员会成员单位主管领导、基层妇联代表、最美家庭代表近100人参加活动。活动中，市、区领导为2022年“首都最美家庭”颁奖，并与家庭代表一起启动银杏家庭成长中心，辖区优秀家庭代表结合党的二十大精神和家庭事迹进行展演。

（李　剑）

【银杏家庭成长中心全面运行】 6月，区妇女儿童活动中心完成装修改造工程，面向全区妇女儿童和家庭，打造集教育、服务、宣传、展示于一体的线上

8月27日,首届银杏创意市集在区妇女儿童活动中心举办(区妇联供图)

线下综合性家庭工作阵地——银杏家庭成长中心。中心围绕“立德、立学、立志、立健、立行、立范”的“六立”工作目标,设置家长学校、萌娃乐园、童悦书馆、健康秀场、成长营地、悦享生活等功能区域,开展“悦智、悦心、悦读、悦趣、悦康、悦馨”的“六悦”公益服务。年内,共组织活动300余场,入园人数2万余人次。

(李　剑)

【北京市妇联调研家庭教育工作】 8月4日,市妇联党组成员、副主席赵红伟一行到石景山区调研家庭教育工作开展情况。市妇联一行首先到老山东里北社区,参观图书馆、暖心工作室等,了解社区家庭教育工作及暑期儿童关爱活动开展情况。随后到区妇女儿童活动中心,听取家庭教育指导体系建设及家庭教育指导中心工作情况。赵红伟对石景山区家庭教育指导体系建设及家庭教育指导中心运行工作给予肯定。

(李　剑)

【首届银杏创意市集举办】 8月27日,区妇联举办首届银杏创意市集,近200组家庭相聚区妇女儿童活动中心共度“家”年华。市集设置7个展区、11个展位,开展主题展览、演出沙龙、书画展演、绘本领读、文创体验、非遗手作等群众喜闻乐见的互动体验活动,营造赏、游、读、乐、品等多元化场景。市集利用3DVR直播技术同步带领线上观众“云逛家年华”,云观众可自主选择观看角度,沉浸式感受集市乐趣。

(李　剑)

【驰援门头沟区灾后重建】 8月,区妇联与门头沟区妇联对接联系,前往门头沟区潭柘寺镇开展座谈,了解潭柘寺镇和雁翅镇受灾情况,并筹措资金,为潭柘寺镇和雁翅镇捐赠价值4万余元的书包、床单、夏凉被等救灾物资,保障受灾家庭基本生活需求,推动门头沟区灾损严重地区的恢复重建。

(李　剑)

【举办暑期儿童关爱服务活动百余场】 暑假期间,区妇联围绕“筑报国梦”“筑发展梦”“筑健康梦”,开展“少年儿童心向党 关爱守护伴成长”暑期儿童关爱服务系列活动100余场,惠及近3000人次,助力培养德智体美劳全面发展的新时代好儿童。活动主要包括绘本阅读、青少年普法宣传、编程科普、形体舞蹈、家庭教育讲座等项目,促进未成年人健康成长、全面发展。

(李　剑)

【“十四五”妇儿规划中期评估汇报】 9月6日,北京市“十四五”妇女儿童发展规划中期评估工作组一行到石景山区进行规划中期评估督导。王其志出席会议,区妇儿工委44个成员单位委员迎接督导检查。市妇儿工委办公室副主任主持会议。会上,王其志作《石景山区“十四五”时期妇女儿童发展规划中期实施情况汇报》,围绕石景山区经济社会发展与妇女儿童发展基本概况,介绍辖区妇女儿童发展规划重点目标任务完成情况,明确继续推进规划落实的具体措施。区卫健委、区委社会工委区民政局、区医保局就辖区妇幼健康服务、养老服务、妇女儿童医疗保障及长期护理险3个方面工作情况进行专题汇报。督导组的各位专家针对辖区规划实施情况进行提问交流,现场查阅相关工作档案。专家组组长,国务院妇儿工委办公室原副主任,中华女子学院荣誉教授张立对辖区“十四五”妇女儿童发展规划实施情况表示肯定,规划各项目标均得到推进。会后,督导组实地考察喜隆多购物中心母婴室、区妇女儿童活动中心,了解辖区公共场所母婴室及妇女儿童活动场所建设情况。

(李　剑)

【巾帼主题宣讲举行】 10月13日,区妇联举办“巾帼跟党走 实干绽芳华”巾帼主题宣讲暨情景党课展演活动。市委第四巡回督导组组员,石景山区相关领导、相关部门负责同志,基层妇联干部及全区优秀女性代表等近300人参加活动。展演融合优秀巾帼事迹宣讲和舞台情景剧艺术形式,6名来自不同领域、不同岗位的巾帼宣讲员分别进行展演。

(李　剑)

【女性领导力提升培训班举办】 11月,区妇联与区委组织部、区委党校联合举办“石景山区2023年女性领导力提升专题培训班”。来自石景山区妇儿工委成员单位的36位处、科级女干部参加培训。专题培训将学习习近平新时代中国特色社会主义思想作为首要任务,安排理论解读、政策分析、实践指导以及现场体验。区妇联党组书记、主席出席开班式并传达宣讲习近平总书记对妇女儿童工作作出的重要指示精神和中国妇女十三大精神,石景山区委原书记荣华讲授《谈谈做女领导干部的感悟与体会》,同时还安排《习近平新时代中国特色社会主义思想及其精髓要义》《男女平等基本国策的内涵与意义》等课程,带领学员参观中国妇女儿童博物馆。

(李　剑)

【女企业家联谊会换届选举】 12月28日,石景山区女企业家联谊会第三次会员大会在石景山区妇女儿童活动中心召开。大会审议通过《北京市石景山区女企业家联谊会第二届工作报告》《北京市石景山区女企业家联谊会第三次会员大会选举办法》,选举产生新一届北京市石景山区女企业家联谊会会长、执行会长兼秘书长、副会长和监事长。石景山区妇联党组书记、主席出席并讲话。新当选的女企业家联合会执行会长兼秘书长代表理事会发言。

(李　剑)

【清廉家风展举办】 12月,区妇联与区纪委监委在石景山区妇女儿童活动中心联合举办"最是清风传家远,春风化雨育廉洁"——石景山区清廉家风展。区委领导及有关单位领导、参展作者代表及其家庭成员近百人参加活动。活动现场发布"踏清风而来,歌清廉之美"——"清廉石景山"新时代廉洁文化建设宣传片,向全区家庭发出助廉倡议,"首都最美家庭"代表分享廉洁家风故事。新老党员通过书信沟通情感、交流思想。展览为期一个半月,内容包括"清风传家·文化弘廉"红色家规展、"清风寄语·家书话廉"家书作品展、"清风巧思·以家释廉"家风作品展三部分,面向全区征集到各类家风作品300余件,展示廉洁文化在家庭建设、家教传承、家风弘扬中的成果。

(李　剑)

【文创大赛及作品展示活动】 年内,区妇联开展以"学思践悟二十大 携手共建幸福家"为主题的"文创大赛"及"作品展示"系列活动,通过"一赛一展"的形式,激发"文创能人"和"巧手女性"的创作热情。活动以"文创设计+手工制作"的形式,吸引全区80余位文创能人和手工艺爱好者参与,汇集雕漆、刺绣、面塑等作品。文创作品展中,包括旗袍、内画鼻烟壶、布艺画等260余件作品受到市民欢迎,区妇女儿童活动中心成为文创"打卡"地。

(李　剑)

【"春蕾计划"公益项目有效运行】 年内,区妇联推进"春蕾计划——梦想未来"女童公益项目,统筹使用"春蕾计划"帮扶资金13.5万元,为困境女童提供教育帮扶、心理健康支持和公益社会实践活动,助力女童实现梦想。发动社会各界开展新一轮募捐活动,通过统筹多渠道资源,共募集到"春蕾计划"资金44万余元。

(李　剑)

【加强两新组织妇联组织建设】 年内,区妇联制定《石景山区妇女联合会关于在非公有制经济组织和社会组织中加强妇联组织建设和妇女工作覆盖的实施方案》,绘制"石景山区两新组织妇联组织框架图",召开全区加强非公有制经济组织和社会组织妇联组织建设工作部署会,通过采取"实际出发打基础、调研规划再行动、先行试点重实操、指导支持有保障、靶向发力求成果"等步骤方法,在中关村科技园区石景山园和9个街道推进两新组织妇联组织建设,新建两新组织妇委会9个、妇委分会35个、妇女小组3个,并创建"一园九街 筑巢引凤"基层妇联组织建设品牌,基本构建两新组织妇女组织体系。

(李　剑)

【创新家庭教育工作模式】 年内,区妇联凝聚教育、心理、法律等领域专业力量,成立家庭教育专家委员会,提供专业指导和智力支持。区家庭教育指导中心建立99节涵盖各年龄段的家庭教育指导课程,汇总形成228节家庭教育课程资源。9个街道级家庭教育指导服务中心挂牌成立并实现良性运转。推动家庭教育资源向基层倾斜,支持指导社区家长学校组织活动1500场,惠及3万余人次。家庭教育工作创新模式得到市妇联肯定,并在全市妇联系统作典型发言。

(李　剑)

12月,"最是清风传家远,春风化雨育廉洁"——石景山区清廉家风展在石景山区妇女儿童活动中心开幕　(区妇联供图)

石景山区科学技术协会

【概况】 截至2023年底,石景山区有区属学会5个、街道科协9个,民非企业单位3家,企业科协6个,园区科协2个,院士专家工作站3个和院士专家服务中心1个,国家级科普教育基地1家,市级科普基地2家,区级科普基地25家。年内,区科协成立4家企业科协、2家园区科协。组织各单位、社会组织及科普志愿者进社区、进学校、进企业开展全国科技工作者日、全国科普日等活动。组织参加青少年科技创新大赛、青少年科学影像节等活动,获全国科普日活动优秀组织奖、全国科普日优秀活动奖、京津冀公民科学素质大赛贡献奖、全国科技工作者状况调查优秀调查站点等荣誉。

(黄　亮)

【区科协委员会会议举行】 4月7日,区科协第八届委员会第五次会议在区政府南楼101会议室举行。会议传达北京市科协联席会上市科协党组书记、常务副主席沈洁讲话精神,审议通过《北京市石景山区科学技术协会2022年工作总结和2023年工作计划》;通过有关人事任免事项:选举李莹为石景山区科协委员会主席;选举李崴(女)为石景山区科协委员会副主席。出席会议委员55人。7月19日,举行区科协第八届委员会第六次会议。会议听取石景山区科协第九次代表大会筹备情况汇报,审议通过在石景山区科协第九次代表大会上的工作报告、《北京市石景山区科学技术协会管理办法》《北京市石景山区科学技术协会第九次代表大会代表资格审查报告》《北京市石景山区科学技术协会第九届委员会委员候选人推选情况报告》;会议表决通过北京市石景山区科学技术协会第九次代表大会议程和日程。出席会议委员52人。8月8日,区科协第九次代表大会在北京万商花园酒店多功能厅举行。会议审议通过《北京市石景山区科学技术协会第八届委员会工作报告》《北京市石景山区科学技术协会管理办法》,以无记名投票方式,选举产生区科协第九届委员会委员65人。出席会议代表146人。中国科学院院士、中国科学院高能物理研究所所长王贻芳受邀参加活动。同日,在北京万商花园酒店郁金香厅举行区科协第九届委员会一次全会。会议以无记名投票方式,选举产生区科协第九届委员会主席、副主席、常务委员,表决通过《关于聘任北京市石景山区科学技术协会名誉主席的决定》《北京市石景山区科学技术协会第九次代表大会关于第八届委员会工作报告的决议》《北京市石景山区科学技术协会关于委员变更、常委调整工作管理办法(暂行)》。出席会议委员59人。

(黄　亮)

【科技工作者日活动举办】 5月26日,区科协在中关村虚拟现实产业园举办以“点亮精神火炬　传递科技魅力”为主题的2023年石景山区科技工作者日主场活动,中国工程院院士赵沁平为科技工作者视频致辞。石景山区围绕主题开展优秀典型推举表彰、科学家精神宣讲、科技志愿服务等系列活动。开展企业需求调研和供需对接活动,推进成立“千人进千企”产业工作站,组织推荐首批产业特派员入驻市级专家库,并颁发证书。

(黄　亮)

【战略合作协议签署】 5月26日,区科协与区工商联签署战略合作协议。深化智库在课题研究、学术交流、人才培养、会议活动等领域的合作。开展青年人才托举工作,推动产学研用相结合。引导民营企业加入全民科学素质提升行动。推动民营企业成立科协组织。联合开展科学家精神、工匠精神宣传教育活动。通过发挥双方优势,加大对民营企业的政策引导和创新服务力度,激发民营企业创新创造活力。6月20日,区科协与山西省黎城县科协签订对口合作框架协议。在科协政治建设、黎城产业创新发展、科技工作者之家建设、全民科学素质提升等方面开展合作。

(黄　亮)

【科普志愿者队伍专业化】 5月,区科协整合科普志愿者资源,成立“石景山区智汇星科技科普志愿服务队”,于9月22日举行授旗仪式。“智汇星”共招募200余名队员,形成一支以专业技术人员、大学生、中小学青年教师为主,引导科技专家、科技工作者、社区居民等各类人才参与的科普宣传专业力量,在全区开展“科普惠民生,文明实践行”志愿服务活动,共开展各类科普活动60余场。石景山区京西志愿者服务中心获中国科协“最佳科技志愿服务组织”和北京首都精神文明建设委员会“首都最佳志愿服务组织”称号,被中国科协选树为科技志愿服务先进典型。“智汇星科技科普志愿服务队”贾文芳被北京市科协评为最美科技科普志愿者。

(黄　亮)

【开展全国科普日主场活动】 9月22日至23日,区科协以“提升全民科学素质,助力科技自立自强”为主题,开展石景山区2023年全国科普日主场活动。通过科普研学线路发布、科技志愿服务、科普市集、互动体验等形式,展示石景山区在科技创新和科学普及等方面取得的成果。全区44家科素成员单位、中小学校、科普文化场馆及相关科技企业、医疗单位等聚焦重点人群,围绕卫生健康、防灾避险、科技创新等问题,集中开展造血干细胞、地震救援、无线电、医疗健康等全域性科普宣传活动。其间,共开展活动140余场,参与人群7万余人次。区科协被中国科协评为2023年全国科普日活动优秀组织单位;组织开展的“未来工程师”科技营等73个活动获得北京市纲要实施办通报表扬。

(黄　亮)

【全国科普日属地服务保障】 9月,2023年全国科普日主场活动和世界公众科学素质促进大会在石景山区召开。区科协作为属地保障牵头单位,保障秩序维护、应急抢险、通信联络、医疗服务等环节的畅通,完成中国科协和北京市赋予的属地服务保障任务。同月18日,中共中央政治局常委、中央书记处书记蔡奇参加全国科普日主场活动。石景山区科协、政府办等40个优秀组织单位,王祖芝、张然等18名先进个人获得北京市纲要实施办通报表扬。

(黄　亮)

【打造科普品牌项目】 年内,区科协加大基层科普阵地建设,推进“一街一品”建设项目。在街道、社区、学校、企业、机关等因地制宜完善科普设施,加大科普服务供给,提升科普服务基层能力。推进“探知少年”品牌活动,做好未成年人思想道德建设工作。开展科技专家校园行、科学家精神宣讲进校园等活动近200场,受益师生1.5万余人;开展大手拉小手科普进校园活动,邀请中国科学院大学“春分工程”科普服务团队,在7所学校开展科普辅导活动466场,受益学生近1.4万人。组建“小小科普宣讲员”志愿者团队，开展科普宣传普及活动10余次，服务1000余人次。利用模式口地区文旅资源，将科普和研学有机结合，举办科普研学营活动，参与青少年百余人。组织33场跨年科普活动，受益千余人次，科普视频资源10余万人观看。

（黄 亮）

【组织青少年参加科创比赛】 年内，区科协推荐53个创新项目和43幅科幻画参加第42届北京青少年科技创新大赛，获得各类奖项70项，其中1名学生获得雁栖奖专项奖。参加第六届北京青少年创客国际交流展示活动，获得各类奖项14个。组织参加2022年青少年科学调查体验活动，获奖23项。选拔15名学生参加2022世界机器人大赛总决赛，获得一等奖9名、二等奖5名、三等奖1名，获奖率100%。组织5000余名中小学生参加首都青少年科幻嘉年华活动、全国科普日主场活动等，引导青少年树牢科学理想、掌握科学探索方法。

（黄 亮）

【举荐优秀科技人才】 年内，区科协开展北京市先进科技工作者候选人推举工作，北方工业大学李建林和首钢集团有限公司技术研究院青格勒·吉日格乐2名专家获评。推荐1人申报“卓越工程师”成长计划；推荐2人为中国科协海智计划特聘专家候选人。开展2023年北京“最美科技工作者”学习宣传活动。开展2022年度北京市科学技术奖、2023年度北京学者候选人、第五届北京市华侨华人“京华奖”候选人、第二十五届茅以升北京青年科技奖等推荐工作。开展第十批“北京市优秀青年人才”评选表彰。与区妇联共同开展第十九届中国青年女科学家奖和第八届未来女科学家计划候选人提名。

（黄 亮）

【加强科协组织建设】 年内，区科协在企业科协中开展2023年基层组织“科技工作者之家”建设。成立北京达尔文细胞生物科技有限公司等4家企业科协、北京创业公社科技孵化器有限公司等2家园区科协。开展推进石景山区社会组织党组织“两个覆盖”攻坚行动，组织科技工作者座谈交流，常态化走访高校、企业、园区，完成全国科技工作者状况调查，推动基层组织加强单位内、行业内学术交流，组织各类科技活动，推动科技普及和科学素质教育健康发展。区科协被评为“2023年度全国科技工作者状况调查优秀调查站点”。

（黄 亮）

【实施“千人进千企”专项行动】 年内，区科协建成石景山区“千人进千企”产业工作站1个和科创公共服务区工作站点1个，举办“千人进千企”产业工作站企业需求对接会。推荐北方工业大学建成科创公共服务产学研合作站点。宣传和推广2023年院士专家工作站服务区域创新发展活动、2023年科技创新成果对接活动项目和企业创新方法示范点建设，推动优质创新资源落地转化。

（黄 亮）

【推进科素纲要工作】 年内，区科协发挥区纲要办牵头作用，调动成员单位及全社会力量，针对五大人群开展健康科普专家团、航天科普体验等科普活动，推进基层科普项目建设、“惠享银龄”等品牌活动实施，推进区公民科学素质提升。完成《全民科学素质行动规划纲要（2021—2035年）》实施情况“十四五”中期评估。组织参加北京市、天津市、河北省各纲要办和科协联合举办的京津冀公民科学素质大赛，并获2023年京津冀公民科学素质大赛贡献奖，9个街道获优秀基层组织奖。

（黄 亮）

石景山区归国华侨联合会

【概况】 截至2023年底，区侨联有专职侨联干部4人（其中党组书记1人，党组成员1人）。石景山区第四届侨联委员会委员共21人，其中常委9人，主席1人，副主席2人，秘书长1人。街道基层侨联组织9个。

（蔡 琳）

【侨界群众主题教育】 年内，区侨联以学习贯彻党的二十大精神和主题教育为主线，深入基层开展宣讲。2月，区侨联系统宣讲会召开，组织石景山区侨界代表、基层侨联组织80余人参加。各基层侨联结合传统文化、平安建设、创城等组织开展活动20余次，凝聚侨界群众，营造侨界群众听党话、跟党走、感党恩的氛围。学习贯彻全国、北京市及石景山区相关会议精神，落实意识形态责任制。在侨界群众中开展主题教育，提升侨界凝聚力。

（蔡 琳）

【基层“侨之家”建设】 年内，区侨联推动基层“侨之家”建设。新挂牌“侨之家”6个，以“侨之家”为载体，丰富活动形式，探索围绕中心服务大局的新途径和方法，在鲁谷商务楼宇党群服务中心推进“侨之家”阵地建设，搭建为侨服务新平台。

（蔡 琳）

【依法维护侨益】 年内，区侨联创新涉侨纠纷化解机制，在全市各区侨联系统中推进“法侨”“检侨”合作，依托最高法院人民调解平台“总对总”调解工作机制，协调法院、涉侨纠纷专业调解组织探索常态化联动机制，引导当事人优先选择非诉方式解决纠纷矛盾，并吸纳涉侨调解组织和调解员加入法院调解队伍，满足侨胞当事人的多元解纷需求。4月，北京市检察院、市侨联就“检侨共建”调研区侨联，对区检侨共建工作给予肯定，并为打造涉侨检察服务品牌提供样本。6月，依托“法侨”涉侨纠纷化解工作机制，调解首例美籍华人法定继承案件。开展“送温暖”活动，元旦、春节期间进行走访慰问，共惠及归侨侨眷40户，100余人次，并通过他们转达党和政府对海外亲人的惦念。

（蔡 琳）

【文化交流活动】 年内，区侨联参加“阅读启迪智慧·书香润泽心灵”第十五届“大爱行天下”主题公益活动，向苹果园中学和北京九中捐赠4万余册图书。组织“亲情中华 侨韵北京”第十一届首都新侨乡文化节“网络大V走进石景山模式口大街”主题活动，展示模式口地区历史文化遗产与“京西古道文化”，让侨界群众感受中华历史文化底蕴和老北京民俗风情。利用重阳节契机,组织石景山区侨界群众参观新首钢,实地感受石景山区新变化,强化侨联组织凝聚力。

(蔡　琳)

石景山区工商业联合会

【概况】 2023年,区工商联推动党的建设和业务工作互促共进,完成全年各项工作安排。开展民营经济人士“同心建功新时代”理想信念教育系列实践活动,举办各类主题教育活动17次,参与企业数量千余家,区工商联创新工作获评“全国工商联和市工商联2023年实践创新成果”。推动基层商会、会员企业履行社会责任,在京蒙协作、助力“23·7”抢险救灾、灾后重建中捐资捐物、消费帮扶共2378万余元,开展学习雷锋、环境整治、绿化植树各类志愿服务活动30余次。围绕企业在金融、人才、法律、政策等方面需求开展服务活动300余场次,开展招商引资,新引进企业40家(其中两区建设企业34家),注册资金累计2.33亿元。召开石景山区企业家座谈会3次,深入基层商会、企业开展调研60余次。成立石景山区工商联参政议政智库委员会,动员会员企业家参政议政,向市工商联报送社情民意百余篇,转报全国工商联的22篇社情民意中17篇被采纳。区工商联获评市工商联2023年信息工作先进单位,1名干部获评先进个人。召开区工商联(商会)十届三次执委会议,部署年度工作。协调推动基层商会改革发展,推进“四好”商会建设。多渠道发展会员50余家,提升联系服务范围。区工商联获评“2022—2023年度全国‘五好’县级工商联”。

(张　振)

【召开企业家座谈会】 1月10日,常卫主持召开石景山区企业家座谈会,听取企业家意见建议,促进企业复工复产。会上,李新介绍石景山区2022年经济社会发展情况和2023年重点工作。10家企业代表发言,常卫代表区四套班子领导向驻区企业送新春祝福。9月1日,石景山区召开2023年度民营企业家座谈会。常卫参加会议并讲话,李新主持会议。会议首先介绍2023年上半年石景山区经济社会发展情况。9位企业代表分别发言。与会领导与企业家进行交流讨论。12月25日,区工商联召开促进民营经济发展壮大企业家座谈会,区政府副区长、区工商联主席尹圆出席,区工商联党组书记、副主席、区委统战部副部长(兼)斯琴格日勒主持会议。

(张　振)

【区工商联十届三次执委会召开】 4月14日,区工商联(商会)召开十届三次执委会。市工商联秘书长安有文,区委常委、统战部部长陈婷婷出席会议并讲话。尹圆作《石景山区工商联(商会)工作报告》。会议由斯琴格日勒主持,区工商联党组成员、区委统战部副部长及80余名十届执常委出席会议。斯琴格日勒作《全面准确学习领会党的二十大精神,努力谱写民营经济统战工作新篇章》《全国两会精神》主题宣讲。会议审议通过《石景山区工商联(商会)工作报告》,通报2022年度优秀会员单位、先进个人表彰决定,现场为获奖单位及个人代表颁发奖牌及证书。

(张　振)

7月7日,石景山区工商联参政议政智库委员会成立　(区工商联供图)

【会员企业获奖】 4月21日,北京市光彩事业促进会第五次会员大会暨五届一次理事会议在北京会议中心召开。辖区4名企业家当选为新一届市光彩会理事,14名企业家入选市光彩会会员。5月,区工商联会员企业北京盛世顺景文化传媒有限公司创始人、技术总监张春景获首都五一劳动奖章;区工商联会员企业枭龙科技董事长兼CEO史晓刚获中国青年五四奖章。9月,2人获“第六届北京市优秀中国特色社会主义事业建设者”称号。10月19日,红色地标公司研发的《基于虚拟现实技术的耳再造手术模拟操作系统的研发》获“2023世界VR产业大会VR/AR年度创新奖”。

(张　振)

【理想信念教育活动】 年内,区工商联制发2023年民营经济人士理想信念教育实施方案,开展“同心建功新时代”系列实践活动。1月13日,以线上线下相结合的形式,举办党的二十大精神宣讲报告会。8月23日,组织基层商会企业代表、年轻一代民营企业家到北京民族文化宫参观“铸牢中华民族共同体意识文物古籍展”。年内,区工商联召开习近平新时代中国特色社会主义思想专题宣讲会,通过系统解读,增强民营企业家的“四个认同”。组织会员企业学习“习近平总书记在民建工商联界联组会上的重要讲话精神”和“中共中央国务院关于促进民营经济发展壮大的意见”。组织基层商会会员企业、年轻一代企业家代表到八大处红色电波爱国主义教育基地参观学习。组织新会员开展“加快构建新发展格局,着力推动高质量发展”专题讲座。向基层商会和会员企业发出

《开展学雷锋活动倡议书》和《安全生产倡议书》，组织基层商会、会员企业参加国防教育知识问答、国家安全教育日宣传、海军成立纪念日国防教育宣传、法治文艺大赛活动、见义勇为宣传月等活动。

（张　振）

【提升商会管理水平】　年内，区工商联结合“四好”商会建设，提升商会管理水平。指导广宁街道商会完成换届、八宝山街道商会增补理事会成员，推进5家街道商会和特色商会换届筹备工作。3月29日，举办“共享资源 携手发展”基层商会企业项目推介交流会，13家基层商会近40名企业家参加推介交流会。5月5日，举办“关爱企业家 健康向未来”基层商会企业家心理健康学习交流会，11家基层商会的40余名企业家参加活动。落实区委统战部关于加强基层统战工作有关部署，加强五里坨街道商会建设的基础性工作，促进基层商会发挥统战职能。石景山区食品药品行业联盟被全国工商联认定为2021—2022年度全国“四好”商会。

（张　振）

【引导企业参与公益行动】　年内，区工商联动员引导民营企业、基层商会发挥自身优势，投身乡村振兴战略、光彩公益、文明城区创建等行动。3月30日，区工商联携手鲁谷街道商会、八角街道商会、八宝山街道商会的爱心企业和志愿者参与“象由心生 星梦缘”孤独症日爱心公益活动，为孤独症儿童送去关心和关爱。围绕石景山区创建全国文明城区、文明单位创建，引导基层商会、会员企业开展学习雷锋、环境整治、绿化植树等志愿服务活动30余次。面对洪涝地质灾害，基层商会、会员企业通过北京光彩基金会“光彩同心·北京防汛救灾”活动、区红十字会、慈善协会等共向受灾地区捐款288.97万元，捐赠价值30.12万元的物资，用于受灾群众生活保障及灾后重建。

（张　振）

【调研成果提供决策参考】　年内，区工商联坚持走访调研企业和商会制度，围绕后疫情时代企业经营发展现状，调研走访基层商会及会员企业60余次，组织专题座谈6次，收集整理企业诉求意见，并通过民营经济统战工作联席会机制、“服务包”机制协调推动解决。撰写《关于数字化建设赋能我区民营企业高质量发展的对策建议》，为区委区政府鼓励支持民营经济发展提供决策参考。7月7日，石景山区工商联参政议政智库委员会成立，围绕区域经济社会建设、企业经营发展等方面向市工商联报送社情民意百余篇，转报全国工商联的22篇社情民意中17篇被采纳。区工商联获评市工商联2023年信息工作先进单位，1名干部获评先进个人。组织百余家企业参与全联民营企业运行状况、春季开工后用工情况、劳动关系监测等线上调查活动，为部署稳经济政策措施提供资料。调研报告《进一步强化政府引导基金在产业转型升级中发挥突出作用》《关于持续优化营商环境助推经济平稳运行的建议》分别获2022年度北京市工商联系统参政议政优秀调研成果二等奖、三等奖和石景山区民主党派、工商联和无党派人士2022年度优秀调研报告荣誉表彰。

（张　振）

【民营企业调研及百强申报】　年内，区工商联组织33家会员企业参与2023北京民营企业百强调研与发布工作。9月21日，共16家企业上榜，分获“北京民营企业百强”“北京民营企业科技创新百强”“北京民营企业文化产业百强”“北京民营企业社会责任百强”和“北京民营企业中小百强”称号。会员企业物美科技集团有限公司入围“2023中国民营企业500强”榜单和“2023中国服务业民营企业100强”榜单。

（张　振）

【推动企业商会参与支援协作】　年内，区工商联围绕市区支援协作工作任务，动员引导民营企业、基层商会结合自身行业优势，投身乡村振兴战略，巩固拓展脱贫攻坚成果工作任务。联合区红十字会举办筹集社会帮扶资金捐赠仪式，7家会员单位投入20万元资金用于辖区京蒙帮扶协作项目。两次组织企业考察团分别赴宁城县、莫旗开展走访调研，对接支援协作项目，开展村企结对、捐赠爱心款物、消费帮扶和产业帮扶等工作，5家会员企业与宁城县2个村签订“万企兴万村”村企结对暨东西部协作帮扶项目协议，8家企业采购内蒙古自治区农副产品11.15万元。“一夫唐人爱心社”在宁城县设立的“爱心公益屋”筹集价值54.3万元的帮扶物资开展公益捐赠；执委企业嘉曼服饰股份有限公司向莫旗捐赠5000套童装。区工商联副会长企业北京燕京八绝有限公司组织非

4月20日，“万企兴万村”村企结对暨东西部协作帮扶项目签约仪式举行

（区工商联供图）

遗传承人与宁城县国家地质公园博物馆签署战略合作协议,推进藏、研、展学术建设;副主席企业百融云创科技股份有限公司与宁城县必斯营子镇东五家村签署教育帮扶结对协议,为东五家小学图书室捐赠价值5万元的图书;副会长企业北京市景宏利豪市政工程有限公司向宁城县教育发展基金会捐款3万元,助力当地实施教育补短板行动;副会长张春景到宁城县苏木皋民族联合小学,为在校学生授课,引导学生铸牢中华民族共同体意识,做中华优秀传统文化的传承者。

(张　振)

【主题教育】 年内,区工商联贯通理论学习、调查研究、推动发展与检视整改。主题教育期间,开展学习教育活动34次,撰写心得体会、调研报告13篇,深入基层商会、企业走访调研17次,组织助企惠企服务活动15次,建立完善制度3项,完成整改措施5项。

(张　振)

【区企业服务季活动】 年内,区工商联与中信银行签署战略合作协议,为5家企业推送融资服务。收集拟上市企业信息及征求企业融资需求,梳理融资困难企业。组织会员企业参与“2023注册制下企业IPO上市规划及股权融资公益辅导计划”,为企业讲解掌握全面注册下企业IPO上市、新三板挂牌及精选层转板上市难题。组织推荐3家基层商会法律服务工作站的调解中心在工商联商会调解服务平台填报信息。组织基层商会及法律服务工作站负责人参加市工商联“万所联万会”线上交流活动。开展3期检察工作室开放日活动,区检法两院为8家企业提供合同纠纷、股权纠纷、债务纠纷、申请强制执行等法律咨询,面对面实际解决企业法律困惑。邀请区司法局、公安分局、区检察院、区律师协会联合组织开展“法律进商会”普法宣传,针对企业合规、民法典相关内容、反电信网络诈骗等内容答疑解惑。与区司法局、区律师协会联合举办优化法治化营商环境专题培训,对“一所联一会”律师和会员企业负责人及法务人员进行培训。组织18家会员参与区人力社保局现场招聘活动,与区人力社保局公共服务中心对接为会员提供直播带岗等人才招聘服务,推荐2家企业参与北京学者候选人评选。组织会员参与“景贤未来人才”社会实践基地春季学期实践岗位申报工作。协助企业完成石景山区2023年留学人员引进工作。组织会员企业参与“景贤未来人才”上报,会员企业共有3批29人被纳入石景山区景贤人才。与区人力社保局联合举办“春暖慰问”行动,与会员企业在京务工员工座谈慰问。组织基层商会、会员参加全联第八期民营企业标准化公益大讲堂、第一期劳动法进民企暨企业合规用工“云”讲堂活动,引导企业构建新时代和谐劳动关系。联合区投促中心会同相关部门举办“石惠十条”走进民营企业政策宣讲会。带领3家基层商会和7家会员企业参加第二届京西地区发展论坛,协助企业开展交流合作和项目融资对接。与区科协签署战略合作协议,加大对民营企业的政策引导和创新服务力度。联合区税务局开展2023年助力民营经济发展“春雨润苗”专题讲座,解读小微经营主体系列税费优惠政策。与区人力社保局、区总工会制定2023年度《石景山区推进新时代和谐劳动关系创建活动实施方案》,优化企业发展环境,维护职工权益。发挥工商联劳动仲裁调解作用,联合区仲裁院以案释法为会员企业化解劳务纠纷提出解决实施路径。组织会员企业线上线下参加北京市两业融合交流会,拓展企业发展视野。按照辖区招商引资任务安排,引进企业40家,推荐两区建设企业34家,注册资金2.33亿元。向市工商联推荐7家会员企业负责人加入京津冀企业家联盟,助力会员企业协同发展。联合河北省沧州市工商联举办河北净菜进京“六进”活动暨廊坊农产品进社区活动,助力乡村振兴。与天津市河北区开展对接交流活动,与湖北省孝昌县工商联召开座谈会并进行两地工商联签约,与湖北省竹山县代表团召开对口协作工作座谈会并组织会员企业参加竹山县在石景山区推介会,促进企业交流与合作。

(张　振)

石景山区人民团体、群众团体负责人

职务	姓名	职务	姓名
区总工会主席	高洪雁(女,兼)	区工商联主席	尹　圆(女,兼)
党组书记	曹俊房	党组书记、副主席	斯琴格日勒(女,蒙古族)
分管日常工作的副主席	曹俊房	区文联主席	董聪慧(女)
团区委书记	于　勇	区残联党组书记、理事长	栾伟宏(女,12月免)
区妇联党组书记、主席	张　帆(女)		孟　云(女,12月任)
区科协主席	李　莹	区红十字会会长	申　键(兼)
区侨联党组书记	安宝喜	党组书记、常务副会长	朱　梅(女)

北京石景山年鉴

BEIJING SHIJINGSHAN NIANJIAN

2024

法　治

政 法 委

【概况】 2023年,中共北京市石景山区委政法委员会(简称区委政法委)学习贯彻习近平法治思想,贯彻落实党的二十大精神及中央、市委政法工作会议精神,坚持党对政法工作的绝对领导,落实市委和区委区政府的工作部署,统筹好安全和发展,抓好防风险、保安全、护稳定、促发展、强队伍等各项工作,完成全国“两会”、清明节、科幻大会、第三届“一带一路”国际合作高峰论坛等活动维稳安保任务,维护全区政治安全和社会稳定,为区域经济发展提供法治保障。

(聂晓松)

【重大活动安保维稳】 年内,区委政法委落实安保维稳措施,累计启动社会面高等级防控60余天,日均投入警力1100余人、发动群防群治力量及专职巡逻队、保安员3万余人次,实现涉政风险“零滋扰”、非访滋事“零发生”、街头案件“零发案”、安全隐患“零事故”,完成“一带一路”国际合作高峰论坛、全国“两会”、科幻大会等维稳安保任务。

(聂晓松)

【维护地区政治安全】 年内,区委政法委严打严查邪教组织、非法宗教活动,收缴各类反宣品,依法取缔基督教私设聚会点,查获非法传教活动。建成辖区首个反邪教主题室外宣传阵地——模式口公园反邪教阵地,累计发放各类宣传品2.5万余份。了解掌握6所驻区高校师生群体动态,确保高校意识形态安全稳定。统筹公安、网信部门开展“净网2023”专项行动,启动“7+X”网络舆情联动工作机制,监测网络舆情信息,清理封控有害信息,发布公开警示帖文,协助破获涉网案件200余起,抓获嫌疑人300余人,约谈网站负责人并行政处罚违规网站,净化网络空间。

(聂晓松)

【社会矛盾纠纷排查化解】 年内,区委政法委组织开展2次全区大排查和12次专项排查,共排查出重点矛盾纠纷42件,逐件挂账督办。完成金顶北路选房、确权工作,处置广宁麻峪停车纠纷、河北迁安矿区工龄待遇群体进京维权等突发事件300多批次,守住不发生规模聚集的底线。推进“法院+街道(社区)”诉调对接机制,诉前调解成功案件2170件,调解成功率92.86%。加强12368“一号响应”工作机制与诉源治理工作衔接融合,建立起区域各社会治理主体依托“12368”热线参与诉源治理的工作机制,442件诉源治理工单全部按时办结,推动矛盾纠纷就地化解。

(聂晓松)

【预付费监管模式入选先进典型】 年内,全区80%以上的预付式经营商户入驻平台,记录发卡交易118万张,资金交易8亿元,存管资金达2000余万元,预防“退费难”“卷款跑路”等问题发生。11月6日,纪念毛泽东同志批示学习推广“枫桥经验”60周年暨习近平总书记指示坚持发展“枫桥经验”20周年大会在北京召开,石景山区“可信消费”预防化解预付式消费纠纷工作法入选“枫桥式工作法”先进典型,并获授牌“全国新时代‘枫桥经验’先进典型”。“石景山模式”在江苏、山东、四川、北京等6个省(市)、24个地市推广落地。

(聂晓松)

【全国市域社会治理现代化试点创新经验】 年内,区委政法委完成区级自评及市级验收,经中央政法委全面审阅复核和实地抽查,辖区被确定为“全国市域社会治理现代化试点合格城市”,《网上“化”纠纷,时时“解”难事,强化矛盾纠纷化解科技支撑》创新经验被中央政法委评为65个全国市域社会治理现代化试点优秀创新经验之一。

(聂晓松)

【重点行业领域整治】 年内,区委政法委办理12337平台线索1条。督办攻坚重大案件,荆某生团伙涉嫌敲诈勒索罪开庭宣判。紧盯“夜经济形态”关联因素,侦破9类案件26起,刑拘34人。深化重点行业领域整治,在教育、金融放贷、市场流通三大行业领域开展防范校园安全、非法集资、电动自行车产品质量、食品餐饮等专项执法。组织开展反有组织犯罪法等法律知识宣讲12场次。

(聂晓松)

【挂账重点地区整治】 全年,区委政法委推进出租房屋隐患问题百日攻坚专项行动,新登记流动人口9.9万人、出租房屋2.9万间,核销9.3万人、1.8万间,新列管流动人口重点关注人员232人,处罚违法出租行为623起,推动化解各类矛盾纠纷4241起,消除各类安全隐患2364件。

(聂晓松)

【全面依法治区】 全年,区委政法委制发《区委全面依法治区委员会办公室重点任务督办工作办法》,完成38个政府部门、9个街道办事处法治政府建设工作报告备案及公示。组织全区700余名执法人员进行专题培训,提升行政执法人员能力水平。开展“送法进校园”普法活动30余场,“法律十进”活动154场次。辖区《从“四无”到“四有”创新预付式消费风险防范化解有效路径》被市委依法治市办推荐到中央依法治国办参加全国典型案例评选。

(聂晓松)

【保障区域经济社会发展】 全年,区委政法委打击各类违法行为,依法办理涉互联网企业商业腐败案、大标的额民商事案等案件。统筹政法各单位推动广宁村东山宿舍、黄庄项目模式口28号院下院房屋拆除和模式口历史文化街区项目模式口村5个院落搬迁腾退工作。“7·31”强降雨过程中,全区政法系统干警投身抗洪一线,转移安置受灾群众5000余人,确保全区人民群众的生命财产安全。优化营商环境,区委政法委牵头区相关部门,研究规范重大活动审批监管工作,为企业在石景山区举办活动展会提供优质高效服务。

(聂晓松)

公 安

【概况】 2023年,北京市公安局石景山分局(简称公安分局)破获刑事案件1455起、刑拘721人,比上年分别上升

16.3%、73.3%，增幅创历史新高。查处治安案件2.1万起、治拘1881人，比上年分别上升15%、60.6%。深化社区“7×24小时”警务机制，街头警情持续保持低位。汲取“4·18”火灾事故教训，对全区养老、医疗等重点机构开展联合检查279次，消除风险隐患108项；应对“23·7”特大暴雨，第一时间协助属地紧急疏散转移受灾群众6832人，保障城市平稳运行、群众生命财产安全。依托“护校安园”“平安医院”等专项，走访学校、医院、水电气热油讯等重点单位1.8万家次，推动问题隐患清零，护校安园专项工作获评全国公安机关成绩突出集体。融入市域社会治理现代化试点城市创建，保障76项市区两级“疏整促”任务完成。分局合成作战中心完成改造升级，建成“区级指挥系统”，搭建大数据、可视化两大建模平台、涉校警情分析等6个分析研判数据模型投入实战应用，实现警情、图像、移动警务和北斗定位等多元数据汇聚融合，智慧指挥提质增效。建立健全与区法院、区司法局对接协作机制，打造办理公安类行政复议案件“石景山模式”。推树警营标兵25人、杰出青年卫士8人，表彰单位391家次、个人1194人次。

（申小荣）

【全区公安工作会议召开】　1月15日，公安分局召开2023年全区公安工作会议。会议总结上年工作，分析面临形势，研究部署年内石景山区公安工作。石景山区副区长、分局党委书记、局长刘锋，分局党委其他班子成员出席会议。局属各单位主要领导和平安办、创城办负责同志分别在主、分会场参加会议。会议由分局党委副书记、政委李晓明主持。

（申小荣）

【“警营标兵”评审会召开】　3月1日，公安分局组织召开第八届“警营标兵”评审会。市局政治部党宣处领导、分局党委班子成员、局属各单位政工领导、分局优秀民警代表和全体标兵候选人共80余人参加活动。

（申小荣）

【先进典型宣讲活动举行】　6月28日，公安分局举行“感悟思想伟力 凝聚奋进力量”主题教育先进典型宣讲活动。活动邀请市公安局交管局孟昆玉、通州分局张旗、天安门地区分局李春3位北京公安英模到分局宣讲。刘锋、李晓明出席活动。分局党委班子成员，局属各单位双正职领导，优秀民警代表、青年民警代表、新党员代表和分局主题教育办公室成员共70余人参加活动。各派出所民警通过电视电话会议系统参加演讲活动。

（申小荣）

【新警入警仪式举行】　7月25日，公安分局举行2023年新警入警仪式暨入警第一课。副区长、分局党委书记、局长刘锋出席仪式并为新警讲授入警第一课。分局相关职能部门和派出所主要领导以及40名新警参加仪式。仪式由分局党委副书记、政委李晓明主持。

（申小荣）

【反恐处突综合演练】　8月24日，公安分局牵头在首钢会展中心14号馆组织开展反恐处突综合演练。石景山区副区长、分局党委书记、局长刘锋，市反恐办督察专员、市局反恐特警总队副总队长李红，石景山区委政法委常务副书记夏鹏程等领导到场观摩指导。分局指挥处、刑侦支队和相关派出所，以及石景山区卫健、应急、商务、生态环境、消防救援等单位共260余人参加演练。

（申小荣）

【反诈集中宣传活动】　11月29日，公安分局在石景山区首钢体育大厦举办“反诈扬警威 挽损为人民”电信网络诈骗拦截资金返还暨防范集中宣传活动。石景山区委副书记、政法委书记刘海涛，石景山区副区长、分局党委书记、局长刘锋，市局刑侦总队副总队长玉柱，分局党委委员、副局长贾文锋出席活动。区联席办各成员单位，分局指挥处、刑侦支队、人口基层大队和各派出所领导及被骗事主、各界群众代表共300余人参加活动。

（申小荣）

【全区禁毒工作会议】　12月26日，石景山区组织召开2023年禁毒工作会议。会议总结2023年以来全区禁毒工作情况，部署2024年禁毒工作任务。区禁毒委各成员单位、各街道主管禁毒工作领导，公安分局局属相关单位主管领导、各派出所所长参加会议。会议由副区长、分局党委书记、局长、区禁毒委副主任刘锋主持。

（申小荣）

【巩固治安综合治理成果】　年内，公安分局保持黄赌打击力度，推进“社会面显性易涉黄场所打整”等专项，首次打掉卡片招嫖团伙，全年拘留涉黄、赌违法犯罪人员1188人；巩固治安综合治理成果，市区两级挂账治安重点地

8月24日，公安分局开展反恐处突综合演练　（公安分局供图）

区全部如期销账;查处刺车、非法运营黑车39起、拘留23人,黑车黑摩的警情"零接报"、12345热线"零投诉";收置无主犬2034只,涉犬行政处罚604起、罚款7.5万元,联合北京电视台等市属媒体进社区养犬宣传11次。

(申小荣)

【交通安全综合治理】 年内,公安分局开展交通安全综合治理,完成违规电动三四轮车综合治理任务,淘汰违规车辆11673辆,查处全市首起使用伪造京C号牌案件;优化56处路口交通组织,实现324处信号灯联网联控,全区道路通行率、交通违法处罚比上年分别上升11.7%、30.2%,交通亡人事故下降16.7%。

(申小荣)

【践行新时代"枫桥经验"】 年内,公安分局坚持和发展新时代"枫桥经验",发挥142名穿警服副书记作用,做精做优"民调入所",健全完善"1+N"矛盾纠纷多元调处机制,探索建立老山"4+4"、金顶街"1+2+9"民调模式,推动25个社区民调室挂牌运行,化解矛盾纠纷2457件;开展"转作风、办实事、树形象"主题实践活动,办理为民实事8500余件,获赠锦旗238面、感谢信32封。

(申小荣)

【信访机制日趋完善】 年内,公安分局践行"浦江经验",落实两级接访要求,领导干部下访接访477批次,包案化解信访问题376件,8件公安部交办信访积案、20件市局挂账"久拖未决"案件全部办结;分局信访工作群众参评率、满意度分别排名全市第二、第三;"接诉即办"工作质效提升,8227件12345群众诉求第一时间响应,"三率"排名全市第三。

(申小荣)

【落实利民便民措施】 年内,公安分局注重利企便民,61项公安审批事项、74项公安业务全部实现"一窗办""一次办";落实"一件事""跨省通办""两证联办""扬帆助企"等户政、出入境窗口便民服务举措,增设户籍派出所临时身份证受理点、身份证24小时自助发放机,优化身份证照片"双屏显示""双向确认"办理服务,开辟老年人办证"绿色通道",全年办理户政、出入境业务13.5万件,群众"非常满意评价率"达100%。

(申小荣)

【实战练兵提质升级】 年内,公安分局健全完善分局统筹牵动、警种专业培训、基层岗位练兵"三位一体"实战培训体系,形成分工明确、上下衔接、互为补充的二、三级培训格局,探索建立新警"10天集中培训+1年实岗轮训"战训模式,制作教材12部,战时送教64批次,受训4000余人次;启用"石警实练"APP,搭建"教官中心、学员中心、资源中心、管理中心、警友圈、一站式搜索"六大平台,助推传统实战训练模式向智慧警务培训模式转型升级。

(申小荣)

检　察

【概况】 2023年,北京市石景山区人民检察院(简称区检察院)共受理各类案件3397件,其中审查逮捕、审查起诉案件920件。受理审查逮捕案件385件476人,受理审查起诉案件535件622人,纠正漏捕漏诉13件21人。不批准逮捕率为42.1%,诉前羁押率比上年下降19.71个百分点。相对不起诉113件125人,附条件不起诉5件5人,不起诉率为24.9%。规范适用认罪认罚从宽制度460人,适用率为89.7%。确定刑量刑建议采纳占比率95%,保持合理状态。制发检察建议739份,其中社会治理类19份,纠正违法类检察建议720份。做实刑事审判监督,同步审查判决书334份。办理刑事执行案件61件,办理看守所案件27件。开展暂予监外执行检察,办理案件17件。开展社区矫正检察,针对交付执行、漏管、罪犯教育等问题制发监督文书50份。加强财产性判项执行监督,联合区法院开展职务犯罪财产刑"雷霆2023"专项活动,发现监督线索18条,制发纠正违法通知书11份。受理民事检察案件614件,比上年上升35.54%。受理审判程序监督类案件241件,受理执行活动监督类案件46件,梳理全市案件信息2000余条,移送市检一分院线索111条。受理行政检察案件725件,比上年增加1.8倍。依托建用大数据法律监督模型,办理行政违法行为监督案件719件。受理案件线索116件,立案108件,制发行政诉前检察建议44件,回函整改率100%。办理生态环境和资源保护领域案件41件,办理老年人权益保护、妇女权益保护、反电信网络诈骗等新领域案件5件。落实司法责任制,优化案件管理。受理案件量比上年上升68.3%。刑事、民事、行政、公益诉讼的案件规模结构占比为57.17:18.07:21.34:3.42,司法办案与监督办案占比结构为29.03:70.97,监督办案占比比上年增加0.59个百分点,监督办案依职权主动监督占比62.82%,比上年增加4.82个百分点。研发及参与研发并被纳入市院"双认证"台账的大数据法律监督模型15个,应用取得成效的34个。通过大数据监督发现线索3054件,线索受理占比77.87%,大数据监督案件占比67.07%。

(侍玉铭)

【支持农民工起诉工作】 1月,区检察院加大岁末年终支持农民工起诉工作力度,关注欠薪源头治理,依职权启动农民工讨要薪资支持起诉案件,助力59名农民工获得薪酬20余万元。

(侍玉铭)

【抗诉案件获二审改判】 1月,北京市第一中级人民法院做出终审判决,对区检察院以"责令被告人退赔数额有误"为由提出的抗诉,一分院支持抗诉的"秦某某盗窃案"依法改判,并采纳全部抗诉意见。

(侍玉铭)

【"开门见山"论坛举办】 3月23日,区检察院聚焦"强化案例引领,促进质效提升"首期主题,举办"开门见山·石检工作现代化发展论坛"。最高检、市检察院、海淀院和房山院领导、业务骨干代表,在京高校的专家学者及《检察日报》和石景山电视台记者等应邀出席论坛,区检察院近70余名中层以上领导和干警代表参加,活动由区检察院党组成员、副检察长主持,党组书记、检察长张京文以“以案例小切口助推检察办案质效大提升”为主题作总结发言。

（侍玉铭）

【聘任52名“益心为公”志愿者】 4月27日，为贯彻落实党的二十大提出的“完善公益诉讼制度”的部署要求，发挥“益心为公”志愿者检察云平台功能，凝聚公益保护合力，区检察院举办“益心为公”志愿者聘任仪式，北京市人大代表、“益心为公”志愿者代表余尘作大会致辞。区检察院党组成员、副检察长宣读《关于聘任于培等五十二名同志为北京市石景山区人民检察院“益心为公”志愿者的决定》，参会领导向志愿者代表颁发聘书。

（侍玉铭）

【区法学会检察研究会成立】 4月27日，石景山区法学会检察研究会成立大会在区检察院举行，北京市法学会一级巡视员贾沫微，区委副书记、政法委书记，区法学会会长刘海涛，区检察院党组书记、检察长张京文出席会议并讲话，区检察院党组副书记、副检察长主持会议。大会集体审议通过选举办法，依次选举产生第一届理事会理事46名，常务理事和会长、常务副会长、副会长、秘书长等理事会领导17名，刘海涛和张京文共同为研究会揭牌。

（侍玉铭）

【区政府常务会会前讲法】 5月17日，张京文应邀在石景山区政府第67次常务会会前，以《积极稳妥推进行政违法行为监督，助力石景山区法治政府建设》为题进行会前讲法。李新主持会议并点评，区政府相关领导、委办局负责人、各街道主任参加会议。

（侍玉铭）

【列席区法院审委会】 5月31日下午，张京文列席区法院2023年第四次审委会专题会议。区法院党组书记、院长朱春涛主持会议，杨秀莉陪同列席。会上，区检察院向区法院送达《2022年度民事、行政诉讼监督情况通报》，区法院综合审判庭庭长就《关于落实法律监督意见改进审判执行工作情况》作报告。

（侍玉铭）

【市检一分院检察长到区调研】 5月31日，市检一分院党组书记、检察长余飞一行到区检察院调研，实地参观石景山区未成年人互助体验式法治教育中心和院史文化中心，并与区检察院党组进行座谈。市检一分院党组成员、副检察长庄伟和有关部门负责人一同调研，区检察院业务部门负责人参加会议。座谈会上，区检察院党组就全院工作进行专题汇报，双方就能动履行检察职能、业务绩效工作开展、人才队伍建设情况进行交流。

（侍玉铭）

【新任检察员宪法宣誓仪式举行】 6月21日，区检察院举行新任检察员任命及宪法宣誓仪式，区人大常委会副主任宁慧娟等领导出席活动。会上，宁慧娟宣读6名新任检察员的任命决定并颁发任命书，区检察院党组成员、副检察长带领新任检察员面对国旗庄严宣誓，两名新任检察员代表进行表态发言。张京文提出要做到政治上绝对忠诚，勇扛重担、担当作为，进一步严明纪律要求。宁慧娟从提高政治站位，提高履职能力，保持清正廉洁等三个方面对新任职干部提出希望和嘱托。

（侍玉铭）

【暂予监外执行罪犯收监执行】 8月15日，区检察院运用大数据赋能法律执行监督，针对区司法局提请的社区矫正对象贺某某恶性肿瘤疾病情形消失的问题依法监督启动收监执行程序，最终收监执行。

（侍玉铭）

【案件入选市检察机关典型案例】 9月28日，区检察院办理的督促整治非法倾倒建筑垃圾行政公益诉讼案入选北京市检察机关“生态环境公益诉讼检察助力美丽北京建设”典型案例，该案同时入选北京市人民检察院第十一批参考性案例。

（侍玉铭）

【民生检察专题研讨会举办】 10月26日，区检察院举办擦亮“民生检察”品牌专题研讨会，会议由张京文主持，各部门干警代表参加研讨。张京文从加强检察保护、提供社会服务、推动融合治理三个角度提出区检察院开展民生检察工作的基本方向，强调新时期开展民生检察工作需要关注时代感并结合区情，对推动民生检察提出工作部署。

（侍玉铭）

【市检察院副检察长到区调研】 10月30日，市检察院党组副书记、副检察长蓝向东到区检察院调研，实地察看区检察院线索管理中心、检察听证室、大要案指挥中心和党员活动中心，围绕民事、行政、公益诉讼检察、案件管理等工作召开座谈会。会中，蓝向东提出要处理好主题教育与检察履职，业务绩效评价体系与高质效办好每一个

4月27日，区检察院举办区法学会检察研究会成立大会　（区检察院供图）

案件,传统履职与数字检察工作,守正与创新等四对关系。

(侍玉铭)

【开展"雷霆2023"专项活动】 10月,区检察院落实市检察院开展"雷霆2023"专项活动实施方案,加大对职务犯罪案件刑事裁判涉财产部分执行检察监督力度,对2013年以来所有职务犯罪案件刑事裁判涉财产部分执行案件进行全面核查。专项活动中,区检察院与区法院执行局沟通,就执行不规范问题制发监督文书4份,未发现公安分局在查封扣押过程中有违法违规处置情形。

(侍玉铭)

【赴首钢迁安矿区开展调研】 11月7日至9日,张京文率院领导班子及部分干警代表到首钢河北迁安矿区基层一线开展调研,听取和收集当地机关企业和干部群众对检察机关的意见建议,为发挥检察机关法律监督职能服务保障首钢河北迁安矿区经济社会高质量发展奠定基础。

(侍玉铭)

【同内蒙古丰镇市签订共建合作协议】 11月10日,区检察院同内蒙古乌兰察布丰镇市检察院共同举行《协作共建合作协议》签订仪式暨交流座谈活动。丰镇检察院党组书记、检察长带领班子成员到京,区检察院全体党组成员出席活动,双方就发挥党建引领作用、深化交流合作领域和建立常态化工作机制三方面合作达成共识。

(侍玉铭)

【推选数字检察典型案例参评】 11月13日,区检察院举办数字检察典型案例推选汇报展示会,院党组成员、全体员额检察官、检察官助理参会。会上,5个数字检察典型案例的汇报人依次从模型研发背景、模型构建和应用成效等方面进行解读展示,参会人员对照评选标准推选案例,最后评选出收药端医保欺诈识别监督类案3个典型案例参加市检察院评选。

(侍玉铭)

【获得民族团结进步先进集体】 12月5日,区检察院第六检察部获"第九届首都民族团结进步先进集体"称号。区检察院注重加强与西藏自治区拉萨市堆龙德庆区人民检察院的沟通联系,以两院合作为纽带延伸检察职能,办好为民实事,助推京藏交流合作,促进共同进步发展。

(侍玉铭)

【开展联学联建活动】 12月20日,区检察院与古城街道办事处开展凝聚执法司法合力联学联建活动,围绕行政检察与行政执法协同履职进行研讨交流,增进共识、凝聚合力。活动由区检察院党组成员、副检察长主持。

(侍玉铭)

【做实刑事诉讼监督】 年内,区检察院做实刑事审判监督,同步审查判决书312份。开展刑事执行检察,办理刑事执行案件61件。开展看守所巡回检察,办理看守所案件27件。开展暂予监外执行检察,对监外执行病犯开展委托鉴定,办理案件17件。开展社区矫正检察,针对交付执行、漏管、罪犯教育等问题制发监督文书50份。加强财产性判项执行监督,联合区法院开展职务犯罪财产刑"雷霆2023"专项活动,发现监督线索18条,制发纠正违法通知书11份。

(侍玉铭)

【开展民事检察监督】 年内,区检察院受理民事检察案件475件。受理审判程序监督类案件241件,针对民事诉讼法适用不规范、未在判决主文中载明"保证人追偿权"等问题提出类案检察建议。受理执行活动监督类案件46件,针对履职中发现的机动车交通事故责任纠纷案件中,医保机构追偿权行使缺位致使医保基金流失问题,建用"民事诉讼涉医保基金追偿法律监督模型",梳理全市案件信息2000余条,移送市检一分院线索111条,均已成案,挽回国有资产流失,守好人民群众财产。向区委政法委提交《关于开展大标的额民商事审判案件专项监督工作情况的报告》获批示。

(侍玉铭)

【加强行政检察监督】 年内,区检察院受理行政检察案件698件。加强对行政审判和执行活动监督,针对诉前调解程序适用不规范、信用惩戒措施不规范、执行费用计算不当等问题制发检察建议,促进依法审判、规范执行。依托建用大数据法律监督模型,办理行政违法行为监督案件690件,实现案件数量量级跃升。通过制发类案检察建议促进公租房、道路交通安全和运输执法等领域规范治理,实现"以我管促都管"。办理的依法保障老年行政诉讼当事人出庭诉讼权利检察监督案入选最高检"检察为民办实事"行政检察与民同行系列典型案例。

(侍玉铭)

【开展公益诉讼检察】 年内,区检察院受理公益诉讼案件线索113件,立案105件,制发行政诉前检察建议44件,回函整改率100%。办理生态环境和资源保护领域案件41件,办理老年人权益保护、妇女权益保护、反电信网络诈骗等新领域案件5件。依托"益心为公"志愿者检察云平台,首批聘任52名志愿者,涵盖人大代表、政协委员、法律工作者等多领域,形成多元化志愿者队伍,参与跟踪观察、专家咨询等活动29人次。

(侍玉铭)

法　院

【概况】 2023年,北京市石景山区人民法院(简称区法院)有政法编干警189人,事业编制11人,聘用制书记员45人、聘用制审判辅助人员26人、聘用制法警23人、安检员25人、保安7人、电子扫描及归档人员29人。员额法官64人。在编干警(政法编和事业编)整体平均年龄38岁。博士研究生学历3人,占1.6%,硕士研究生学历143人,占75.7%。年内,新收各类案件31459件,结案31479件,法官人均结案516件,2022年未结案清理率99.83%,位列全市法院第一名,两年以上长期未结案基本清零,一审服判息诉率89.26%。

(李雪洁)

【实现辖区"普法驿站"全覆盖】 8月初,区法院结合市高级法院"普法驿站"工作安排,多名党组成员参与指导、挂牌"普法驿站",各庭室结合区域发展特

12 月 6 日，区法院在首钢园区举行“普法驿站”揭牌仪式并开展普法宣传
（区法院供图）

色、群众“急难愁盼”，为对接街道设立“普法驿站”。年内，实现“普法驿站”在辖区街道全覆盖，13 个“普法驿站”累计开展包括专题普法宣讲、面对面法律咨询等内容的普法活动 28 场。
（李雪洁）

【依法维护区域安全稳定】 年内，区法院审理网络政治谣言、集资诈骗等重大敏感案件，从严打击严重暴力、黄赌毒、袭警犯罪，严惩针对未成年人犯罪，依法审结辖区首例高空抛物犯罪案件。保持惩治腐败高压态势，依法惩处职务犯罪，面向国有企业领导干部开展“以案为鉴”普法警示教育。推进扫黑除恶常态化，依法严厉打击恶势力团伙敲诈勒索犯罪，制发司法建议参与“行业清源”，获得市委政法委肯定。加大多发犯罪打击力度，对实施电信网络诈骗及其关联犯罪的 44 名被告人定罪量刑，开展“帮助信息网络犯罪活动罪治理”专题调研并召开新闻通报会，推进犯罪协同预防。刑庭获评全国“2022 年度查处重大侵权盗版案件有功单位”、第十一届北京市“人民满意的政法单位”争创奖、北京市未成年人保护工作先进集体、北京市青年文明号。
（李雪洁）

【提升迁安巡回审判效能】 年内，区法院深化与迁安矿区共建联动，聚焦司法协作着力点，加强与河北迁安法院协同合作。坚持发展新时代“枫桥经验”，以“一站式审理”为主线，就地实质解决纠纷，打造“京冀联动·点线结合”巡回审判新模式，获评“2023 年度北京法院贯彻落实习近平法治思想优秀实践案例”，提升迁安巡回审判质效。
（李雪洁）

【落实“四提前”工作机制】 年内，区法院针对模式口历史文化街区项目等“疏整促”重点工作，开展实地调研，提前提出法律论证意见，提前对行政执法人员开展依法行政培训，提前向群众宣传相关典型案例，提前深入群众开展矛盾化解，助力重点项目在法治轨道运行。
（李雪洁）

【提升“智护京西”品牌影响力】 年内，区法院坚持能动司法理念，立足司法服务保障区域中心工作，开展“知产宣传走进驼铃古道”活动，与石景山区文旅局、市场监管局及昌平区市场监管局联合召开 2022 年度知识产权案件通报会，面向 45 家高新技术企业发布“涉 VR、AR 产业前瞻性法律问题及其风险防范报告”，调研解决新型文创企业、小商户被诉知识产权侵权多发易发问题。赴昌平区开展知识产权巡回办案，将“智护京西”司法服务延伸至门头沟区、延庆区，提升品牌影响力。
（李雪洁）

【构建“数字体检”综合治理格局】 年内，区法院制作司法数据分析报告，推动政法机关协同防范风险隐患。以防范企业风险、助力基层治理为主题召开两场新闻通报会，发布典型案例，多向发力构建“数字体检”综合治理网络。
（李雪洁）

【推动司法建议落地见效】 年内，区法院通过案件审理发现个案、类案成因，围绕接诉即办“每月一题”分析研判群众诉求，健全司法建议审核机制，提升司法建议质量，发挥司法建议对社会管理、行业治理薄弱环节的风险提示作用，全年制发 33 份司法建议。制定最高人民法院“一号司法建议”“二号司法建议”贯彻落实措施，强化“事前沟通—事后跟踪”工作机制，答复期限内司法建议回函率 100%，推动被建议单位真抓实改。
（李雪洁）

【“一米法庭”便民利民】 年内，为助力群众矛盾纠纷低成本、便捷、高效解决，区法院在“五联五进”“法官 e 站”党建法治共建机制的基础上打造“一米法庭”工作品牌，以数字化改革为引领，融入区域基层治理体系。经过试运行，12 月 7 日，“一米法庭”在区八宝山街道四季园社区正式启动。
（李雪洁）

【服务保障优化营商环境】 年内，区法院制定《2023 年服务营商环境建设工作实施方案》，加强优化营商环境重点指标督导，推进诉讼网上办理、纠纷快速解决，落实营商环境改革任务。深化民营企业产权保护体系，联合区工商联、区检察院定期开展矛盾联调，与区市场监管局、区投资促进服务中心协同破解公司变更登记及内部治理难题，共促民营企业合规经营。将治理范围延伸至中关村石景山园、首钢园区，构建“园区＋法院”商事纠纷预防化解协作机制。与国有企业联合开展党建法治共建，推动企业发展与司法保障同频共振。开展“送法进商务楼宇”活动，组织楼宇工作站人员、企业代表旁听庭审，为楼宇治理提供“菜单式”司法服务。
（李雪洁）

【推进法治文化建设】 年内，区法院推出微视频作品《他所愿》，描绘区法院与石景山区同步转型发展、改革创新取得的工作成效,展示护航冬奥会成功举办、坚持跨省巡回审判以及构建法治化营商环境等方面的实践,展现全体干警在审判执行工作中的为民精神和家国情怀。短视频获评最高人民法院第十届"金法槌奖"微电影微视频征集展播活动一等奖。

(李雪洁)

【推动善意文明执行】 年内,区法院坚持调解疏导优先,促进八大处周转房项目被执行人主动腾退。严格规范公正保障各方当事人合法权益,对有偿还能力企业,促成执行和解并修复企业信用,运用财产"活封"敦促企业主动配合,执结多起涉影视设备分期付款买卖合同案件。将非诉讼纠纷解决方式挺在前面,深化信用卡类案执源治理,推动"执行难"问题"源头管控"。

(李雪洁)

【"免费领菜免费聚餐"养老诈骗案】 年内,区法院审理"免费领菜免费聚餐"养老诈骗案。2022 年 3 月至 7 月,郭某等 5 名被告人在石景山区以"免费发蔬菜"等理由多次招揽老年人聚会,并谎称"逆龄九九五味丹"能治疗多种疾病,通过多种手段骗取老年人信任,骗取多名被害人"购药款"共计人民币 19 万余元。根据 5 名被告人犯罪的事实、性质、情节和对社会的危害程度,区法院以诈骗罪分别判处被告人郭某等 5 人有期徒刑三年六个月至一年六个月不等刑罚并处罚金。

(李雪洁)

【"百灵鸟 QQ 营销"不正当竞争纠纷案】 年内,区法院审理"百灵鸟 QQ 营销"不正当竞争纠纷案。原告为深圳市腾讯计算机系统有限公司、腾讯科技(北京)有限公司、腾讯科技(深圳)有限公司(以下简称三原告),被告为北京某科技有限公司、北京某文化传媒有限公司、吴某等(以下简称被告)。被告开发运营"百灵鸟 QQ 营销"等系列软件,以商业获利为目的,通过多种技术手段破坏 QQ 系列软件产品采取的技术保护措施,并非法批量采集用户信息。区法院认为,被告行为损害三原告数据权益、企业信誉,影响用户使用体验感,属不正当竞争行为,判令被告立即停止侵权、消除影响、共同赔偿三原告经济损失 270 万元及合理开支 26 万余元。该案入选北京法院知识产权专业化审判三十年典型案例、北京法院 2022 年度知识产权司法保护十大案例。

(李雪洁)

【就餐误饮酒精案】 年内,区法院审理就餐误饮酒精案。2022 年 11 月 12 日晚,原告刘某在石景山区一饭店就餐,向饭店多次要求提供饮用水但无人回应,后路过吧台发现一水壶与饭店提供饮用水的其他水壶外观一致,但有模糊提示标志,因服务员均从吧台取水给顾客,刘某遂将水壶内透明液体倒出饮用,后出现中毒反应,经确认该液体为酒精燃料。区法院综合饭店安全保障义务、顾客应具备的分辨能力,认定原告承担 20%的责任,饭店承担 80%的责任,判决饭店赔偿原告相应医疗费、误工费、交通费、住院伙食补助费。

(李雪洁)

5 月 22 日,区法院公开开庭审理并宣判养老诈骗案件　　(区法院供图)

司法行政

【概况】 2023 年,石景山区司法局(简称区司法局)设办公室、政工科(主体责任办公室)、行政执法协调监督科、规范性文件审查科、行政复议应诉科(区政府行政复议接待室)、依法治区工作科(普法与依法治理科)、基层工作科、社区矫正和安置帮教科(加挂"石景山区人民政府社区矫正工作办公室"牌子)、公证和律师工作科 9 个职能科室和 1 个社区矫正管理支队,同时承担区委全面依法治区委员会办公室日常工作,1 个直属司法所,1 个参照公务员法管理事业单位(法律援助中心),1 个纳入规范管理事业单位(阳光中途之家),1 个自收自支事业单位(北京市燕京公证处)。区司法局获"节约型机关"称号、获北京市司法局颁发的 2023 年北京市法治文艺大赛"优秀组织奖"。

(王　蕊　郑春艳)

【区律师行业党总支换届选举】 2 月 25 日,石景山区律师行业总支部委员会召开党员大会,审议上一届党总支委员会工作报告,选举产生新一届党总支委员会委员。会议审议并通过工作报告(草案)、选举办法(草案)、新一届委员会委员候选人预备人选名单和监票人建议名单。大会以差额选举和无记名投票的方式,选举产生新一届党总支委员,于晶珠、王芳、师文辉、余尘、邹道明、汪旭、陈洪忠等 7 位同志当选新一届党总支委员会委员。

(王　芳　沙　琛)

【全民国家安全教育日宣传活动举办】 4 月 14 日,区司法局在金顶街模式口市民活动广场举办"4·15"全民国家安全教育日主题宣传暨法治文化走基层活动。刘海涛、刘锋、倪斐远等参加活动。活动发放各类国家安全主题宣传品3000余份。

（易桂根　周　露）

【律师行业新闻发布会召开】 5月11日上午，区司法局、区律师协会召开石景山区律师行业社会责任报告新闻发布会。发布会由区司法局副局长主持。活动首先播放石景山区律师协会工作宣传片。随后，倪斐远致欢迎辞，并简要介绍区律师行业发展、公益法律服务等情况。区律师协会会长余尘发布石景山区律师行业履行社会责任情况。区律师协会被评为5A级社团组织。

（王　芳　沙　琛）

【市司法局到区调研】 5月16日，北京市司法局相关处室到石景山区调研人民调解系统平台使用情况并召开座谈会。市司法局信息技术处、调解工作处，区信访办、区司法局基层工作科、金顶街街道司法所、广宁街道司法所、五里坨街道司法所有关负责人参加座谈会。同月31日，市司法局公证工作处处长和市公证协会副秘书长带队，赴北京市燕京公证处开展"接地气 走基层"工作调研。调研组对石景山区公证行业创新发展、服务为民的系列举措和工作成果给予肯定，强调在要坚持以党的政治建设为统领，加强新形势下公证行业党的建设工作，深化党建与业务融合发展，提升公证行业党建工作服务力，增强服务意识，改进工作方法，提升办证质量，推动公证行业发挥职能作用，满足人民群众的公证法律服务需求。6月8日，市司法局人民参与和促进法治处一行赴区司法局调研基层司法所规范化建设及人民陪审员选任工作。市司法局肯定石景山区基层司法所规范化建设情况，探讨全市基层司法所普遍存在的各类共性问题，要求石景山区在日后的工作中继续加强与市司法局的交流和沟通。

（陈　敏　高红伟）

【"法考"考点服务保障】 9月11日，刘锋主持召开2023年国家统一法律职业资格考试石景山考点服务保障工作协调会。同月16日，2023年国家统一法律职业资格考试客观题考试举行。刘锋前往区社区学院、业余大学、北京工业职业技术学院和爱玛裕考试中心等考点巡视检查。区司法局、公安分局、属地街道以及考点学校工作负责人陪同检查。

（王　芳　沙　琛）

【第四届律师代表大会第三次会议召开】 10月18日，石景山区律师协会召开第四届律师代表大会第三次会议。37名律师代表参加会议。会议选举产生于晶珠、刘宏力、苏小红、李国强、邹道明等5名律师作为石景山区出席北京市第十二次律师代表大会代表。

（王　芳　沙　琛）

【律师公证行业指导检查】 年内，区司法局指导区律师协会召开代表大会修订章程，"一支部一街道一堡垒"的社区法律顾问服务模式获评全市100个"党建强、发展强"党建品牌项目。完成区内58家律师事务所、320名社会律师、燕京公证处及负责人年度检查考核工作；组织开展司法鉴定机构诚信等级评定，全年预审申报材料576件次，初审办理许可备案事项197件。全年开展行业执业检查344次，其中律师行业实地检查律所38家。探索村（居）法律顾问选用工作新模式，8个联合党支部覆盖的来自26家律所的111名律师成为新一轮签约的社区法律顾问，比往年服务律师增加30%。全年指导律师行业在全区各社区为居民提供法律咨询、解答、引导等法律服务5040次，协助社区起草、审核、修订居民公约和其他管理规定220件次。

（王　芳　沙　琛）

【人民调解】 年内，区司法局调整人民调解组织架构，打造专兼职调解员队伍，建立健全区、街道两级人民调解专家库，发挥行业协会、商会等团体组织作用。组织开展全区人民调解员"岗位大练兵"活动，组织人民调解员和调解志愿者参与"老街坊"议事会。全区基层人民调解委员会共调解案件2940件，成功1512件，涉及金额42880.49万元。开展矛盾纠纷排查9380次，排查发现矛盾纠纷97件，预防纠纷90件。做到"小事不出社区、大事不出街道"。聚焦多元调解体系，加强衔接联动，实行人民调解与社区交通警务站对接试点、劳动争议七方联动等多调联动工作机制。

（陈　敏）

【社区矫正和安置帮教】 年内，区司法局开展社区矫正综合管理平台录入规范化督查及社区矫正对象执行地和实际居住地情况摸排行动，统计社区矫正对象执行地和实际居住地分离情况，消除社区矫正对象管理中的风险隐患。组织业务骨干编辑矫正精品课程。完成安置帮教对象2023年矛盾纠纷排查。梳理危害国家安全类安置帮教对象1人，涉邪教类安置帮教对象7人和肇事肇祸类严重精神障碍患者7人。对62名特困"两类人员"开展帮扶救助，开展线上直播分类教育14场次，与区检察院合作开展线下教育1场次，累计受教育1876人次。完成50批次共4008名相关人员联合审查。全年，在册安置帮教对象484人，共衔接刑满释放及解除社区矫正人员142人，其中监所释放的重点人员13人、一般人员71人，解矫58人；办理55名非石景山籍解矫人员转户籍地帮教工作，10名人户分离人员"双列管"工作；组织服刑人员线下核查116人，系统核查183人。在册社区矫正对象184人，缓刑177人，暂予监外执行7人；累计接收195人，报备宣废192人，解矫104人，社会调查150人，执行地变更26人，收监2人，警告6人。

（傅　燃）

【法律援助】 年内，区司法局对符合法律援助条件且行动不便的人员提供上门服务，对法律援助经济困难证明实行告知承诺制，设立石景山区退役军人法律援助工作站点，推行一般法律援助案件当日受理当日审批当日指派"三当日"制度。优化热线律师队伍，增加休息日上线运行，强化热线管理，确保热线接听无空岗。共受理审批援助案件344件，其中民事案件252件，刑事案件92件；提供法律帮助679人次。共接待群众法律咨询38306人次，其中来访5756人次，来电32550人次。石景山区法律援助案件质量同行评估综合优良率连续两年位居16个区法律援助中心第一。

(王瑞雪)

法治政府建设

【概况】 年内,区司法局组织开展全区"八五"普法中期验收暨普法责任制履职报告评议,制定发布工作实施方案,形成石景山区"八五"普法中期自查报告。召开区守法普法协调小组(扩大)会议、执法协调小组第五次全体(扩大)会议、区委全面依法治区委员会第五次(扩大)会议暨创建全国法治政府建设示范区动员部署会。开展习近平法治思想、宪法、民法典普法宣传,结合防汛救灾、燃气安全、三四轮车综合治理等重点主题,在"3·15""4·15""12·4"等时间节点,协调全区普法责任制单位开展"法律十进"活动500余场,普法受众超过50万人次。组织国家安全副校长、法治副校长开展"送法进校园"普法活动30余场。完成2个全国民主法治示范社区、8个北京市民主法治示范社区复核工作。加强法治文化建设,以区委依法治区办名义印发《石景山区关于加强社会主义法治文化建设的若干措施》。开展法治文艺大赛比赛与巡演130余场,激发全区法治文化创新创造活力。健全法治文化传播体系,"石景山普法"微信公众号发布文章668篇,点击阅读量204325;微博账号发布252篇,浏览量186.26万,被上级媒体采用信息共78条。开展线上法律知识竞答12场,共14589人次参与答题。加强法治阵地建设,新建石景山学校和京源学校2个区级青少年法治基地并投入使用,建立社区海报挂图每月报送机制,完成1个市级法治宣传教育基地复核工作。组建由全区60余家单位、137名成员组成的区"八五"普法讲师团名单,组织法官、检察官、行政执法人员、律师等录制30余期"以案释法"法治聚焦栏目,将普法融入执法、司法与法律服务全过程。发挥法律服务行业职能作用,为民营企业提供免费法律咨询1088人次,化解矛盾纠纷300余件。

(易桂根 周 露)

【印发社会主义法治文化建设文件】 1月31日,区委依法治区办印发《石景山区关于加强社会主义法治文化建设的若干措施》,从学习宣传贯彻习近平法治思想、加强中国特色社会主义法治理论研究、大力弘扬宪法精神、在法治实践中持续提升公民法治素养、传承和创新优秀传统法律文化、丰富法治文化产品供给、加强法治文化阵地建设、强化人才培养和典型培育、健全工作机制、加强组织保障十个方面细化目标措施、明确责任分工。

(易桂根 周 露)

【部署开展2022年度述法工作】 2月1日,区委依法治区办印发《关于开展2022年度述法工作的通知》(以下简称《通知》),部署述法工作。《通知》明确述法主体、述法内容、述法形式及具体工作要求,推动党政主要负责人履行推进法治建设第一责任职责,提升年终述法工作实效性。60余家区级部门(街道)全部制定党政主要负责人履行推进法治建设第一责任职责清单,实现应述尽述。

(易桂根 周 露)

【研讨重大行政决策事项目录】 3月2日,2023年度区政府重大行政决策事项目录研讨会召开。区政府办公室、区发展改革委、区国资委、八宝山街道办事处、金顶街街道办事处等相关单位以及区政府法律顾问参加会议。研讨会上,区司法局介绍区政府2023年度重大行政决策事项建议项目的初审意见和考核要求,区政府法律顾问对重大行政决策程序进行解读。承办单位分别说明承办的重大行政决策事项进展情况和工作安排。参会人员就如何履行重大行政决策程序进行问答、交流研讨。

(姚景阳)

【信访复议案件衔接研讨会】 3月9日,区司法局召开信访复议案件衔接研讨会,旨在规范依法分类处理申诉求决类信访事项,做好信访转入行政复议程序案件办理工作。区信访办复查工作具体负责人员,区住建委、规自分局信访工作主管领导及负责人员参加会议。会议指出,随着《信访工作条例》的施行,在新形势下,要加强条例学习,做好依法分类处理信访诉求工作,从源头规范信访及行政事项的办理,正确引导当事人合理反映诉求,促进矛盾纠纷实质性化解。

(赖 芸)

【基层综合执法案卷联合评查】 3月10日,区司法局会同区城管执法部门开展街道行政处罚案卷联合评查工作。联合案卷评查依据北京市行政处罚案卷标准及相关执法制度规范、依托北京市行政执法信息服务平台进行,共抽取9个街道普通程序行政处罚案卷共27卷。评查小组由各街道综合执法队法制员及各街道司法所工作人员组成,重点评查案卷的主体资格、事实证据、适用法律、执法程序、自由裁量以及文书制作规范等内容。

(张 萌)

【市司法局到区开展座谈交流】 4月11日,北京市司法局党委书记、局长,市委依法治市办副主任崔杨,副局长、一级巡视员魏力及市司法局相关部门负责人到石景山区开展法治建设座谈交流。座谈会前,常卫、李新出席见面会,围绕石景山区依法治区和法治政府建设进行交流。见面会后,双方就贯彻落实全市法治建设工作部署,推进法治石景山建设展开座谈。刘海涛主持座谈会并讲话,刘锋出席座谈会,区司法局班子成员参加座谈。

(高红伟)

【朝阳区司法局到区座谈交流】 4月18日,朝阳区司法局党组书记、局长、副局长,金融办副主任,市场监管局副局长,城管指挥中心二级调研员等一行赴石景山区,就全国法治政府建设示范项目"预付式消费监管平台"运行情况开展座谈交流。朝阳区一行参观"预付式消费监管平台"演示大厅,听取平台实体运行情况介绍,并进行座谈交流。

(张 萌)

【举办两期处级干部研讨班】 4月24日至26日,区司法局在北方工业大学文法学院举办2023年石景山区处级依法行政专题研讨班。各行政执法部门、各街道法制工作主管领导共40人参加培训。培训聚焦习近平法治思想，围绕法治政府建设，结合依法行政工作重点业务，解读《法治政府建设实施纲要》，解读和分析行政复议、重大行政决策工作中的疑难问题。结合下放街道执法职权的履职情况以及部门与街道之间的执法协同协作问题进行座谈研讨。10月17日至19日，区司法局在北方工业大学文法学院举办2023年第二期处级干部依法行政专题研讨班。各行政执法部门、各街道法制工作主管领导共40人参加培训。对党的二十大报告关于法治政府建设决策部署、行政执法“三项制度”、新修订《中华人民共和国行政复议法》、规范性文件审查等内容进行专题讲授。培训安排行政诉讼案件审理旁听，使参训领导干部感受依法行政的重要性，树立依法行政观念，推进法治政府建设。为检验培训实效，两次培训均采取集中闭卷方式考试。

（张　萌）

【守法普法协调小组会议召开】　5月16日，石景山区召开区委全面依法治区委员会守法普法协调小组2023年第一次（扩大）会议。刘锋主持会议并讲话，区委全面依法治区委员会守法普法协调小组成员及各街道主管领导参加会议。会议通报区委全面依法治区委员会守法普法协调小组组成人员调整情况，总结2022年区委全面依法治区委员会守法普法协调小组工作情况，通报《2023年北京市石景山区普法依法治理工作要点》起草情况，审议通过《2023年北京市石景山区普法依法治理工作要点（审议稿）》以及《石景山区国家机关“谁执法谁普法”履职报告评议实施办法（审议稿）》。

（易桂根　周　露）

【区政府机关负责人出庭应诉】　5月19日，北京市第一中级人民法院公开合并审理某公司诉北京市石景山区人民政府、北京市石景山区社会保险事业管理中心行政纠纷两个案件，李新作为行政机关负责人，倪斐远作为委托诉讼代理人出庭应诉，全区各行政机关近百余人现场旁听庭审。庭审中，各方围绕案件事实、原行政行为的合法性以及区政府作出相关复议决定的结论、程序是否合法等内容展开辩论。李新结合争议焦点、法律适用和执法标准发表意见，庭审过程规范有序，各方当事人权利得到保障。

（赖　芸）

【执法协调小组全体会议召开】　5月26日上午，石景山区委全面依法治区委员会执法协调小组召开第五次全体（扩大）会议。会议由刘锋主持并讲话。区委全面依法治区委员会执法协调小组组长、副组长、小组成员以及各街道办事处主管行政执法工作副主任、各街道综合执法队负责人参加会议。会议审议并原则上通过《中共石景山区委全面依法治区委员会执法协调小组2023年工作要点》，通报2022—2023年度石景山区执法公示核查情况、行政执法数据监测情况和2022年行政处罚案卷评查及质量抽验工作情况。

（张　萌）

【“八五”普法中期评估验收】　6月12日，区委全面依法治区委守法普法协调小组印发《石景山区“八五”普法中期评估验收暨国家机关普法责任制履职报告评议工作方案》，组织全区各普法责任制单位、各街道对照区“八五”普法规划重点工作，梳理2021年以来相关工作情况。经各部门、各街道自查与集中评议，形成石景山区“八五”普法中期自查报告，总结“八五”普法规划实施和普法责任制落实情况，为“八五”普法规划后半段实施奠定基础。

（易桂根　周　露）

【法治文艺大赛决赛】　9月8日，由区委全面依法治区委守法普法协调小组牵头，区司法局主办的2023年石景山区“宣传贯彻二十大　法治文艺润京城”法治文艺大赛决赛在区文化中心举办。区委区政府各普法责任制单位、各街道主管领导及居民群众400余人参加活动并观看比赛。大赛共征集区内30家单位的法治文艺作品51个，经前期选拔，23件作品进入决赛现场评比。活动同时通过多家主流新媒体平台进行线上直播，点击观看人次15.4万。向北京市选送作品快板《张大妈理财记》，获北京市法治文艺大赛决赛三等奖和优秀组织奖。

（易桂根　周　露）

【行政处罚案卷集中评查】　9月19日至21日，石景山区组织开展为期3天的行政执法案卷制作培训暨行政处罚案卷集中评查工作。培训评查工作会由区司法局副局长主持，各部门、各街道执法骨干、初次从事法制审核及行政执法工作人员以及各街道司法所法制审核人员共180余人参加培训。区司法局执法监督科科长对行政处罚普通程序进行解读，并就行政处罚案卷制作开展培训。案卷评查环节，抽取各部门、各街道重大行政处罚案卷、不予处罚案卷等不同类型案卷共102卷，采用现场讲解、以案解读、交叉互评、交流讨论等方式进行。

（张　萌）

【市督察组赴区开展督察】　10月31日，由市委依法治市办秘书处处长带队，到石景山区开展2023年度法治政府建设责任落实实地督察。倪斐远陪同，区司法局、区交通支队等相关单位负责人员参加。市督察组对石景山区落实法治政府建设责任系列工作举措表示肯定，强调要提高站位、压实责任、标本兼治，一体推进全面依法治区和法治政府建设，推动中央全面依法治国决策部署和市委全面依法治市工作要求贯彻落实。市督察组一行先后到区交通支队和区公共法律服务中心，实地督察石景山区道路交通安全与运输执法领域专项整治和公共法律服务规范、便民情况。

（易桂根　周　露）

【开展行政复议检政联学会】　12月8日，区司法局组织与北京市人民检察院第一分院第六检察部共同开展行政复议检政联学会。会上，区司法局介绍石景山区近年行政复议行政诉讼工作情况、新《行政复议法》主要内容及对后续行政复议工作可能产生的影响。双方就在新形势下如何开展好行政复议工作展开交流。市检一分院对石景山区在依法行政、严格执法、实质性化解行政争议等方面取得的成就表示肯定,并表示后续双方要进一步加强沟通交流。

(赖　芸)

【法治政府示范创建】 12月29日,石景山区人大常委会组织开展法治政府建设示范区创建工作专题调研。李文起、王智勇参加调研。调研活动由宁慧娟主持。调研组通过实地察看、听取汇报、座谈交流等方式,了解辖区创建法治政府示范区工作情况,并针对存在的问题提出建设性的意见和建议。区人大常委会委员、区司法局、区政务服务局、区市场监管局、区经信局、鲁谷街道、五里坨街道主要领导、人大法制办公室副主任、政府办副主任等参加调研。年内,区司法局起草《2022年法治政府建设年度情况报告》《石景山区关于开展法治政府建设示范区创建工作方案》,成立石景山区创建全国法治政府建设示范区工作领导小组,牵头相关单位对照《市县法治政府建设示范指标体系(2023年版)》梳理汇总申报材料并形成自评报告,通过市级评审,被推荐至中央代表北京市参加全国法治政府建设示范区评审。

(张　萌)

【推动依法治区】 年内,依法治区委员会第五次会议召开,统筹部署全年工作。健全督察督办工作制度,牵头制发重点任务督办工作办法,落实区委区政府主要负责人履行推进法治建设第一责任人职责要求。针对全区50余家部门单位开展2023年法治政府建设责任督察,召开督察迎检专题会,针对公共法律服务中心、交通执法站点开展实地督察,制定16项问题清单、24项整改措施,解决法治建设领域短板弱项问题。夯实常态化学法用法机制,健全领导干部学法用法清单制度。全覆盖推动区委区政府及各部门(街道)党政主要负责人开展书面专题述法,开展现场述法,69个区级部门(街道)全部制定党政主要负责人履行推进法治建设第一责任职责清单。征集报送法治建设典型案例6篇,其中《从"四无"到"四有"创新预付式消费风险防范化解有效路径》由市委依法治市办专家组推送中央依法治国办参加全国典型案例评选。

(易桂根　周　露)

【行政执法协调监督】 年内,区司法局加强行政执法协调监督工作,优化案卷评查方式,将年度集中评查调整为日常评查、集中评查与专项评查相结合的方式进行。同时联合区城管执法部门开展街道综合执法案卷日常评查。在全市行政处罚案卷评查工作中,石景山区总成绩位列全市第二。联合区委编办在各街道开展下放街道执法职权履行情况调研评估工作。落实行政执法案例指导制度,收集汇编各执法部门及街道执法案例13个。加强行政执法队伍规范化建设,完成2023年度六批行政执法资格考试组织工作,全区24个部门共91人参加考试。落实执法公示制度。对全区24个部门及9个街道执法公示情况开展专项核查5次并在全区通报核查结果,督促存在问题的单位按要求及时整改。

(张　萌)

【规范性文件审查】 年内,区司法局共审核区政府文件、协议104件(规范性文件审查17件,非规范性文件87件),完成市级有关法规规章及区内单位发文征求意见102件,做好区政府部门规范性文件备案审查7件。召开2023年度区政府行政规范性文件后评估工作会,牵头完成首轮行政规范性文件后评估工作。对全区行政规范性文件再梳理,形成行政规范性文件目录,按时完成行政规范性文件入库。指导区属部门在涉法涉诉工作中发挥政府法律顾问作用。提升重大行政决策管理工作质效。组织召开2023年度区政府重大行政决策事项目录研讨会,并向社会及时公布目录。

(姚景阳)

【行政复议与行政应诉】 年内,区司法局制定《行政复议质量提升年活动方案》。共接待行政复议申请523余人次,审查行政复议案件411件,不予受理案件7件,逾期未补正视为放弃7件,已审结394件。重视应诉工作,推动负责人出庭。全年代理区政府行政应诉案件共119件。畅通受理渠道,设置接待咨询点。针对交通领域案件量大的特点,在区交通支队设置行政复议接待咨询点,正式挂牌并派驻人员轮守值班,专门办理交通领域行政复议案件,方便当事人一站式处理争议案件。

(赖　芸)

石景山区政法部门负责人

北京市公安局石景山分局局长　刘　锋

政委　李晓明

区法院党组书记、院长　朱春涛(满族)

区检察院党组书记、检察长　张京文

区司法局党组书记、局长　倪斐远

军　事

人民武装

【概况】 2023年,中国人民解放军北京市石景山区人民武装部(简称区武装部)在卫戍区党委和区委区政府的领导下,坚持以习近平强军思想为指导,贯彻党管武装根本原则,按照“五部”职能定位,落实习近平主席视察卫戍区重要讲话精神,学习贯彻党的二十大精神,加强政治建设,聚焦中心练兵备战,夯实基层基础,确保安全有序,完成年度各项工作任务,单位建设向上向好。

(高建南　张　茗)

【党管武装】 年内,区武装部围绕刚性落实扛牢政治责任,拧紧责任链条,落实党管武装制度,将武装工作与中心工作同研究、同部署、同推进。把军事法规和有关文件纳入区委理论中心组学习,邀请国防大学战略研究所原所长金一南教授为区(处)两级理论学习中心组作专题讲座,召开十三届区委第二次议军会,组织区“四套班子”到仪仗大队过“军事日”,组织第41次“区长进军营”活动,开展区第28届中青年干部培训班学员军事实践,增强各级关心国防、支持国防的责任感。聚焦国防和后备力量建设“四个基本”,深入基层调研,摸清石景山区国防动员和后备力量建设短板弱项,推动成立“区委加强国防动员和后备力量建设工作”专班,出台《石景山区关于加强国防动员和后备力量建设的实施方案》,形成“达标、进阶、创优”的建设规划。年底,区武装部组织基层武装部正规化建设考评,推动民兵整组、民兵训练、兵员征集等作为区年终考核各部门、街道工作绩效的内容,形成书记负总责、党政军部门合力抓的工作格局。

7月,民兵应急分队参加抗洪抢险　(区武装部供图)

(高建南)

【国防教育】 年内,区武装部推动全民国防教育普及,把国防理论和国防知识作为领导干部培训、专武干部集训的内容,邀请国防大学教授作专题讲座,利用八宝山革命公墓等爱国主义场所组织传统教育。联合区委宣传部在全区32所中小学举办国防教育进校园活动,在北方工业大学举办“青春筑梦国防,强国复兴有我”——全民国防教育主题活动暨2024年高校春季征兵宣传启动仪式,通过表彰一批优秀退役大学生,聘任一批征兵形象大使并发起参军倡议,展现国防新面貌、宣讲征兵新政策、宣扬入伍好典型,激发青年学子投笔从戎、参军报国的热情动力,相关做法被《国防报》、“中国民兵”公众号、《陆军报》及“卫戍区张思德”公众号报道。

(柳雪妮)

年内,区武装部开展全民国防教育进校园活动　(区武装部供图)

【战备执勤】 年内,区武装部巩固和提升国防动员保障打赢能力,按照“整体筹划、分层抓建、逐项规范、一体推进”的思路方法,构建随时能战的战备秩序、利于实战的训练秩序、权责清晰的工作秩序和正规舒心的生活秩序。更新采集防卫目标普查数据,修订完善4类应急预案,补充完善3大种22类852件本级应急指挥和民兵应急连(排)战备设施器材,建立辖区民情、社情、火情和汛情等通报机制。完成“两会”和“一带一路”高峰论坛安保执勤任务。区武装部于7月底参加防汛抗洪,12月抗击极寒天气,第一时间启动应急预案,出动民兵应急分队日夜巡堤加固堤坝,动员街道组织民兵分队走

年内，区武装部结合颁发兵役登记证创新开展征兵宣传（区武装部供图）

上街头扫雪铲冰，提升遂行任务能力，保护人民群众生命财产安全。

（张　茗　李泽震）

【民兵组织整顿】　年内，区武装部贯彻军委军事会议精神，落实《北京市"十四五"时期民兵建设发展计划》，根据上级下达的任务，注重民兵整组工作落实，提升组织建设质量。结合区委议军会专题部署民兵整组工作，依托各街道、企业、高校重新调整基干民兵结构布局，突出"三重两好"（重点地区、重点单位、重要目标，经济效益好、工作基础好的单位），坚持"四个拓展"（向技术密集企业单位拓展，向新兴企业等经济载体拓展，向大专院校、科研院所及附属企业拓展，向街道、社区和行业系统拓展），合理优化力量编成，基本实现结构合理、素质优良、来之能战、作用突出、可行管用的要求。

（李泽震）

【兵源征集】　年内，区武装部征兵工作贯彻国务院、中央军委决策部署和北京市、卫戍区年度征兵命令，创新征兵宣传、注重关键环节、严格廉洁征兵，兵员质量较高，无责任退兵，无投诉举报，年度兵员征集任务完成。

（张　茗）

【双拥共建】　年内，区武装部围绕落实军地"双清单"，坚持常委议军、军政座谈、互办实事、拥军支前、结对共建、联席共商等"八项机制"，将双拥工作纳入区委、区政府议事日程，作为领导干部考核内容，突显双拥地位。构建区委统一领导、党政军一把手挂帅主抓、职能部门各司其职、社会广泛参与、军地齐抓共管、全区上下"一盘棋"的格局。定期召开军政联席会，强化合署办公、重大工作和难点问题定期沟通制度，开展第41次"区长进军营"现场办公和"八一"双拥月各项活动，落实军地互办实事制度，推动实施"强军育才接力工程""强军爱兵救助暖心工程"和"军营社区共建共治"活动，牵头推进驻区部队水、电、气、暖、污接入市政管网工作，协调区委、区政府累计投入1000余万元支持驻区部队加强基础建设维护、优化整治环境。开展"一街一品"双拥品牌创建活动，推进双拥工作向基层延伸、在基层落实。落实拥军优属各项政策，解决军人"三后"难题，协调办理义务兵优待、退役安置、军人子女入学等问题10余人次，协调41家企业提供1362个岗位，帮助85名军人家属和退役军人找到合适工作，与地方联动举办"军营鹊桥会""随军家属及退役军人专场招聘会"，受到驻区部队及官兵欢迎。

（柳雪妮）

国防动员

【概况】　2023年，石景山区国防动员办公室（简称区国动办）在区委区政府和市国动办的领导下，开展学习贯彻习近平新时代中国特色社会主义思想主题教育，履行国防动员新使命，加强国防动员宣传教育，做好人民防空力量建设，人防工程建设审批、监督备案、维护管理等工作迈上新台阶，完成京津冀一体化协调训练及重大节日、重要会议执勤备勤任务，全办各项事业取得新进步。

（张　瑞）

【防空警报试鸣】　9月16日，区国动办开展石景山区五环外区域防空警报试鸣，区国动委部分成员单位同步观

年内，区国动办检查人防工程　（区国动办供图）

摩“京盾—2023”国防动员综合演练。

(由 嘉)

【推动国防动员体制改革】 年内,区国动办聚焦自身建设,做好职责调整和人才队伍建设,探索符合石景山区发展定位的国防动员工作模式。立足国防动员体制改革新职责,联系上级机关和相关部门,召开区国动委第一次全体会议,通过国动委工作规则和成员单位工作职责等6项会议材料。

(徐梦姝)

【加强军事设施保护】 年内,区国动办按照军事设施保护工作职责分工,起草军事设施保护业务工作程序、军事设施保护联席会议规定、军事设施效能保障制度等,健全军地协调、上下贯通的工作机制。推进军保划定,协调相关部门、街道,完成军事设施保护划定资料审核等工作。

(徐梦姝)

【办理人防工程标准审查】 年内,区国动办通过“多规合一”平台办理各类项目26项,其中建设项目修建人民防空防护工程标准审查26项,易地建设项目5项,土地储备上市项目1项。

(韩星宇)

【人防工程质量监管与验收】 年内,区国动办主动对在建人防工程进行阶段质量监督,确保项目正常开展施工,推进区重点工程如期完工。出动150余人次对39个在建项目开展质量监督,发现各类问题180余项。区国动办及时进行人防工程竣工验收备案,办理新建人防工程竣工验收备案项目16项。

(韩星宇)

【“疏整促”专项行动】 年内,区国动办加大对人防工程违规住人检查力度,出动2300余人次,检查人防工程595处次,未发现住人情况,保证“动态清零”。

(梁世波)

年内,区国动办举办全民国防教育主题电影展映活动 (区国动办供图)

【新建人防工程开发利用】 年内,区国动办新开发利用人防工程27处,其中1处用于人防宣教研训中心,1处用于社区活动,2处用于仓储,10处人防工程地上管理房用于小区便民服务,其余13处用于小区居民停车,新增停车位2631个。

(梁世波)

【人防通信训练比武】 年内,区国动办开展备战打仗科目训练演练,完成训练演练282次,国动专业设备设施预检预修3678项次,在全市新型卫星指挥车比武中取得卫星和无线两个第三名的成绩。

(梁亚男)

【人防工程维护维修】 年内,区国动办对43处人防工程设备设施开展维护维修。施工期间出动45人次,进行质量监督15次,施工质量符合预期目标。

(韩星宇)

【国防动员宣传教育】 年内,区国动办在“国际民防日”“全国防灾减灾日”等时间点,深入社区开展人民防空宣传教育,开展社区防空防灾知识讲座20场、人民防空志愿者培训2次。加强国防动员教育进校园工作,制作人民防空宣教科普动画集,向全区各中小学校和幼儿园发放。结合“5·12”防灾减灾日,在九中教育集团石景山学校开展防空防灾教育校园体验活动,组织中小学生实地体验“火场逃生”“虚拟灭火”等场景,增强师生的防灾减灾意识和自救互救技能。与石景山学校合作设立石景山区第一所国防动员宣教示范学校,通过设置国防动员法律法规展板、武器装备模型、防空防灾技能VR体验场所等,对在校师生进行国防教育。

(由 嘉)

新首钢高端产业综合服务区与首钢集团

综　述

新首钢高端产业综合服务区(简称首钢园区)紧临永定河,背靠石景山,是北京市城六区唯一集中连片的开发区域,是长安街金轴的西部起点,是西山永定河文化带的重要组成部分,也是新版北京城市总规重要的区域功能节点。在地理区位、空间资源、历史文化、生态环境上,首钢园区具有独特优势,是落实首都功能定位的重要支撑。2023 年,首钢园区落实三年行动计划,按照北京城市总体规划和市委市政府提出的新首钢地区"打造新时代首都城市复兴新地标"的总体要求,建成石景山文化景观区、冬奥广场、工业遗址公园三个片区,长安街西延景观提升等特色景观完成改造并交付运营,山－水－工业遗存特色景观体系初步形成。在招商运营方面,截至年底,制氧厂创新中心区域引入中国探月中心、八院云箭、腾讯科技、百度萝卜快跑、国际云转播等知名高科技企业落地办公。金安科幻广场引入航天科工智能院、咪咕文化、首惠产融以及国内唯一一家以科幻产业为特色的引领类标杆型孵化器和创新服务平台——中关村科幻产业创新中心。举办 2023 北京新年倒计时、纪念北京 2022 年冬奥会成功举办一周年系列活动启动仪式、2023 年中国国际服务贸易交易会、中国科幻大会、第二届京西地区发展论坛、2023 互联网 3.0 国际高峰论坛等各类活动 230 余场,累计吸引客流 1200 万人次,获评为"2023 全球首发中心""夜京城特色消费地标""第二批北京微度假目的地品牌""月光下的北京——夜游新地标",成为国家级夜间文化和旅游消费集聚区,跻身京西地区重要商圈和最具活力目的地。

(马　晓)

新首钢高端产业综合服务区

【概况】 截至 2023 年底,首钢园区聚焦 4 大高精尖细分领域,"一体四翼六维"("一体"指以中国科幻大会作为园区产业发展的重要国家级平台,发挥平台的品牌影响力、企业集聚力,打造全球有影响力的科幻产业发展高地;"四翼"指围绕科幻产业发展的核心环节,通过运营科幻联合体、设立科幻大奖、成立科幻基金、搭建中关村科幻产业创新中心,重点聚集产业生态中的产业上下游合作、企业投融资服务、创新型企业孵化、行业公共技术平台等方面建立其生态服务架构;"六维"指围绕企业发展过程中的核心诉求,搭建政策对接申报、高端人才落地、应用场景打造及示范、公共技术研发平台、产业交流和活动、宣传推广和品牌建设等六个产业服务体系)产业生态初步形成。在产业规划方面,遵循市委市政府对首钢园区"传统工业绿色转型升级示范区、京西高端产业创新高地、后工业文化体育创意基地"的定位,营造"三产三态一社区"体系,即:建设体育＋、数字智能、文化创意三个主导产业,打造消费升级、智慧场景、绿色金融服务三个产业生态,形成首钢国际人才社区。遵循城市"新总规",依托"长安金轴",集区位优势、空间资源、创新要素于一身,大力推进文化复兴、生态复兴、产业复兴和活力复兴,努力打造新时代首都城市复兴新地标。

(马　晓)

【2023 北京新年倒计时活动】 1 月 1 日零时,新年钟声响彻夜空,首钢园区灯光穿过冬夜,北京向全世界发出最真挚的新年问候。以"奋斗新征程谱写新华章"为主题 2023 北京新年倒计时活动由北京市文化和旅游局主办、首钢园区承办。本届北京新年倒计时活动也是首钢园区第三年承办此活动。活动包括五个篇章。"古都京韵""双奥之城""首都新篇"前三篇章在首钢园区三座巨型晾水塔上,通过光影流转的艺术手法,呈现北京七大世界文化遗产、燕京八绝和京剧等传统文化的魅力,重现北京这座全球唯一的"双奥之城"的精彩瞬间,展示后疫情时代城市活力焕新和首都人民生动绚丽的生活画面。第四篇章"大美中国"以天使合唱团小演员手中的画笔为引,以首钢园区三座晾水塔为"画布",伴随着童声合唱,徐徐展开一幅幅唯美的中国山水长卷。第五篇章"美好明天"将活动推向高潮。在晾水塔和一高炉主屏幕上,镜头引领人们的目光沿北京中轴线一路走来,依次经过永定门、天坛、正阳门、故宫午门、景山、钟鼓楼,最后回到首钢园区。"新年倒计时"是全球各时区在跨年夜举办的重要活动,也是国际主流媒体在跨年阶段重要报道的节事对象。自 2011 年年底开始,北京新年倒计时活

2 月 4 日,纪念北京 2022 年冬奥会成功举办一周年系列活动启动仪式在首钢园区冰球馆举行
(首钢集团供图)

动相继在天坛、颐和园、八达岭长城、奥林匹克公园(两届)、故宫太庙、永定门、首钢园(两届)成功举办十一届,成为全球各时区迎新年活动的重要内容之一。本次"2023北京新年倒计时"是北京以东八区城市代表的身份,向世界展示北京城市形象、宣传北京文化和旅游资源。

(马　晓)

【纪念冬奥会成功举办一周年系列活动启动】 2月4日,纪念北京2022年冬奥会成功举办一周年系列活动启动仪式在北京首钢园区冰球馆举行。系列活动以"非凡冬奥路一起向未来"为主题,于2月至3月在北京冬奥会京张两地三赛区进行,包括"辉煌冬奥"主题展览暨群众性冰雪运动嘉年华、奥运文化大集市、"冰雪向未来"北京市中小学生冬奥场馆奥林匹克教育系列活动等。启动仪式上,通过视频短片、视觉秀、歌曲、冬奥人和冠军访谈等形式,回顾筹办举办的难忘瞬间,诠释北京冬奥精神,展望"双奥之城"一起向未来的美好明天。市委书记尹力,国家体育总局局长、中国奥委会主席高志丹,市委副书记、市长殷勇,河北省委副书记、省长王正谱出席并共同启动系列纪念活动。国际奥委会主席托马斯·巴赫以视频形式致辞。启动仪式同时发布北京奥运博物馆新馆标。

(马　晓)

【第十二届中国数字出版博览会】 2月16日至17日,第十二届中国数字出版博览会在首钢园区5号展厅举行。该届数字出版博览会以"再出发,创未来"为主题,设置数字出版成就展、主题出版融合创新展区、古籍数字化展区、数字教育展区、知识服务展区、数字文化展区等,通过报告发布、展览展示、集中采选、论坛会议、推介洽谈等活动,集中呈现融合发展新进展新成效。数字文化展区举行中国大百科全书出版社"穿越时空的中国·长城"数字影像全球首映活动,运用数字技术,将万里长城以动态数字长卷的形式讲述"动起来"的中国故事,使现场观众在沉浸式体验中领略中国深厚悠久的历史文化。

(马　晓)

【区企高层对接会】 3月30日,首钢和石景山区2023年第一次区企高层对接会在首钢召开。会议听取2022年区企高层对接会议定事项落实情况及重点工作情况、《深入打造"一起向未来"的城市复兴新地标2023年工作方案》等汇报。常卫指出,石景山区将一如既往坚持命运共同体理念,立足新首钢地区"四个复兴"和转型发展,紧抓京西行动计划落地实施的重大机遇,坚持"五子"联动融入首都发展新格局,瞄准年度重点项目,抓投资、抓产业、抓标志性成果显现,坚持区企协同、加快推进新首钢地区转型复兴,在后冬奥时期与首钢集团共同打造"一起向未来"的城市复兴新地标。赵民革指出,首钢集团与石景山区是生命共同体、发展共同体,也是使命共同体。首钢将继续按照"石景山就是新首钢,新首钢就是石景山"的理念,坚持将推进首钢园区开发建设放在首都功能建设的大背景下去思考推进,主动融入"五子联动",主动融入市区中心工作,坚定发展信心,加强区企协同,共同推进新首钢发展建设,努力打造北京科技创新中心的首钢高地、打造北京国际消费中心城市的首钢支点。会议要求各部门要按照会议议定事项开展工作,落实落细主体责任,全力推动重大项目进展,协调解决相关问题。抓好规划手续办理、招商引资、园区管理等工作,积极争取更多政策支持,为区域经济发展作出新的更大贡献,与石景山区共同打造"一起向未来"的城市复兴新地标。区委副书记、区长李新,区委常委、常务副区长李先侠,区委常委、区委办公室主任迟志禹,副区长李文化,区政协副主席、区园林绿化局局长毛轩;首钢集团党委书记、董事长赵民革,党委常委、副总经理梁捷,以及市交通委、市新首钢办、石景山区、首钢集团各有关部门单位负责人参会。

(马　晓)

【滑雪大跳台获两项行业大奖】 3月,2022年度"华夏建设科学技术奖""中国钢结构科学技术奖"评审结果公布。经中国建筑学会推荐,由北京首钢建设投资有限公司、清华大学、北京首钢建设集团有限公司、清华大学建筑设计研究院、首钢技术研究院、杭州中联筑境建筑设计有限公司、北京首钢国际工程技术有限公司、河北工程大学联合完成的《北京冬奥首钢滑雪大跳台可持续设计、建造与运维关键技术》在两个奖项评审中均获一等奖。该项目聚焦竞技滑雪跳台钢结构体系和关键技术创新基础研究,通过产—学—研—用的研发模式,对跳台的选址规划、构件材料、结构建造、坡度设计、雪道检测、功能转化等进行系统创新,实现钢材耐腐蚀性能提升62.5%,防火涂层厚度减薄20%,赛道装配率100%,工期缩短近30%,赛道主体钢结构建造精度达到毫米级;项目获授权发明专利11项、实用新型专利15项,软件著作权3项,出版学术专著3部,发表SCI、SSCI、中文核心期刊等学术论文22篇,参编标准3部。

(马　晓)

【第十届世界雷达博览会】 4月13日至15日,"2023第十届世界雷达博览会"在首钢园区举行。世界雷达博览会由中央军委装备发展部批准并作为指导单位,是中国唯一的国家级、专业性、国际化的雷达行业展会,自2001年起每两年举办一届,行业引领力、产业推动力、国际影响力逐年提升。本届博览会集中展示全球雷达行业的新技术、新产品、新应用、新业态,为推动雷达行业高质量发展搭建国际化、专业化、产业化的综合性交流平台。雷达博览会展馆分为室外展区、雷达赋能防务安全展区、雷达赋能千行百业展区、前沿技术与数字经济展区。室内展区汇聚展出雷达领域的前沿技术与创新应用,涵盖雷达整机系统、雷达分系统及衍生产品、雷达特种装备等展品。

(马　晓)

【纪念"五一口号"活动】 4月27日,为纪念中共中央发布"五一口号"75周年,市政协组织市、区政协委员和机关干部等600余人,在首钢园区举办长走活动,重温多党合作历史,弘扬优良传统。1948年4月30日,中共中央发布"五一口号",发出召开政治协商会议、成立民主联合政府号召,揭开中国共产党同各党派、各团体、各族各界人士协商建国的序幕,奠定中国共产党领导的多党合作和政治协商制度的基础。市政协自2013年起每年都组织纪念"五一口号"发布活动。本次长走活动,市政协委员和机关干部走上工业管廊改建而成的空中步道,远眺群明湖、石景山、首钢滑雪大跳台等自然景色和工业遗存景观;登上三高炉平台,近距离领略炼铁设备创新改造后的风采。

(马　晓)

【首钢园区获金梧桐奖】 4月,"2022第六届中国产业园区新驱动力峰会暨商办TOP100论坛"举行,首钢园区获"中国产业园区·商办地产金梧桐奖城市更新10强"。本次峰会以"跨越山海·无限可能"为主题,聚焦城市更新、产业运营、企业招引、资本对接等热点领域,邀请知名经济学家,荟聚意见领袖,吸引来自顶尖园区、标杆商办、孵化加速机构等600余位业内人士参会。北京首钢建设投资有限公司负责人参加《创新聚变——城市更新的道与术》圆桌对话,向业内人士介绍首钢园区独特的城市更新思路和最新产业集聚成果。本次"中国产业园区·商办金梧桐奖"评选榜单基于产业园区综合实力、品牌价值、企业服务、创新活力、专业特色等多维度筛选,154个项目参与角逐,通过公开透明的网络投票和专家评审,最终评出金梧桐奖。

(马　晓)

【2023中国科幻大会】 5月29日至6月4日,以"科学梦想、创造未来"为主题的2023中国科幻大会在首钢园区举行。大会包括开幕式、专题论坛、科幻展、科幻活动等四方面共40场活动。对科幻星球奖·技术奖进行颁奖,为北京元宇科幻未来技术研究院、王晋康工作室、刘慈欣工作室揭牌;发布《2023中国科幻产业报告》《青少年科幻教育指南》,展映科幻电影宣传视频及优秀科幻短视频。本次科幻大会首次纳入中关村论坛,成为国家级科技论坛平行论坛。科幻展展出50余家科幻领域企业的60项新技术新产品、超20项科幻电影真实拍摄道具与互动体验装置。

(马　晓)

【西十冬奥广场获工业遗产保护利用示范案例】 5月,在第二届国家工业遗产峰会上,首钢老工业区改造西十冬奥广场项目获工业文化地标建设领域优秀工业遗产保护利用示范案例。2013年,首钢园区西十筒仓改造项目被国家发展改革委列为全国老工业区搬迁改造第一批试点。首钢园区紧密围绕北京四个中心的战略定位,聚焦"科技+",发展科幻、互联网3.0、人工智能、航天等高精尖产业,围绕"体育+",共享冬奥遗产,做好相应赛事活动的举办,培育产业生态,实现区域产业聚集,推动"冷资源"变"热经济",打造北京国际科技创新中心高地。加快"厂区"向"社区""街区"转变,实现消费带动、消费驱动,重点引入首店、首展等业态,打造北京国际消费中心城市的支点,推进首钢园区高质量发展。

(马　晓)

【中国国际社会公共安全产品博览会】 6月7日至10日,第十六届(2023)中国国际社会公共安全产品博览会(以下简称安博会)在首钢园区举办。安博会以"自主创新、数智融合、赋能安防、服务社会"为主题,在7个展馆内分别以"国际馆""智能视频监控馆""智慧社区出入口控制馆""无人系统智慧警务馆"4个类别,实现"新内容""新面孔""新服务"和"新体验"四大突破。其中首次打造以"人工智能、智慧物联"为核心的"前沿技术馆",推出"智能芯片""视频网络与数据安全""专精特新"和"公共安全标准化"等多个特色专业展区。安博会自1994年创办以来,已成功举办十五届,是中国安防行业的高端品牌展会和具有全球影响力的重要国际安防博览会。

(马　晓)

【第二届京西地区发展论坛】 6月13日,第二届京西地区发展论坛在首钢园区三高炉举办。论坛由北京市发展改革委、石景山区人民政府、门头沟区人民政府、首钢集团、京能集团联合举办。《首钢园产业发展报告(2022)》在论坛上发布。论坛以"转型育新机·发展看京西"为主题,汇聚百余位国际顶尖智库,科幻、工业互联网、互联网3.0、人工智能、医药健康、文旅休闲等重点企业,产业联盟及海内外商协会代表,各领域专家学者,通过主旨演讲、新机发布、合作签约、平行论坛、实地考察等活动,集中展示京西地区产业转型发展成效、推介优质招商引智项目。首钢分别与深空探测实验室(天都实验室)北京中心、北京奇幻湃数实科技有限责任公司、北京星之桥文化科技有限公司、北京正负极文化传媒有限公司、北京北极星途技术有限公司、北京龙禹石油化工有限公司、MStand咖啡石景山首店、全联房地产商会商业地产工作委员会8家企业进行项目及战略合作签约。北京市发展改革委新首钢办、石景山区、门头沟区,及京能集团分别介绍第二届京西地区发展论坛相关情况、近年来转型发展情况和"一线四矿"规划建设相关信息。

(马　晓)

【北京数字经济体验周暨数字消费节启动】 6月18日,2023北京数字经济体验周暨数字消费节启动仪式在首钢园区服贸会10A馆举行。一高炉So-Real元宇宙乐园获得北京市信息消费体验中心授牌。体验周以"数与万象·更新精彩"为主题,旨在落实全球数字经济标杆城市建设,树立中国数字经济发展"北京样板"和全球数字经济发展"北京标杆",建设北京国际消费中心城市。数字消费体验活动包括虚拟骑行、虚拟赛事挑战、智能健身器材体验等。在社区、景点、商圈等地也将设置数字体育展示区,展示最新的数字化运动设备和科技产品。体验周期间举办数字科普研学活动,设立数字场景开放日,规划副中心路线、海淀路线等8条科普研学特色体验路线,覆盖25家科创类场馆,涵盖智慧城市、人工智能等领域。同时,各区推出数字经济嘉年华等特色主题活动,丰富线下数字应用场景,深度打造全民数字经济沉浸感，拉动数字技术不断创新发展。

（马　晓）

【西山永定河文化节】 6月25日，2023西山永定河文化节在首钢园区开幕。文化节由中共北京市委宣传部主办，北京市文物局、石景山区委区政府、北京广播电视台、首钢集团承办，西山永定河文化带沿线各区委宣传部和文旅局协办。开幕式演出打破单一的舞台呈现，用多维空间、全媒体手段架构“云时空”，民乐、朗诵、歌唱、京剧、小提琴等多元跨界融合，在三高炉钢筋铁骨中“声乐炉共鸣”，展现北京西山永定河流域的历史地标和新时代发展的新坐标。演出邀请国家不同艺术领域具有高水准的创作表演团队，由序篇“都城源起”和“万物生长”“京华烟云”“大城万象”三个篇章组成。西山永定河文化节是北京市推进西山永定河文化带建设的标志性活动，也是石景山区主动融入全国文化中心建设、宣传推介西山永定河文化、推动京西文旅融合高质量发展的重要平台，使西山永定河成为新时代文艺品牌。

（马　晓）

【全国广场舞大会启动仪式】 6月29日，由文化和旅游部公共服务司联合文化和旅游部全国公共文化发展中心主办的2023年全国广场舞大会启动仪式在首钢园区冰球馆举办。活动围绕“引领新风尚、欢跃新时代”主题，通过线上线下融合联动，吸引群众广泛参与，多角度展示各地广场舞风采。启动仪式上，发布2023年广场舞大会主题曲《最好的舞台》，13位广场舞爱好者代表共同宣读《文明广场舞倡议书》。北京市文化馆《一起向未来》、石景山区文化馆《振兴乡村唱起来》、中国舞协街舞协会《天生就要飞》等歌舞和街舞表演呈现。来自四川德阳、山东威海、湖南郴州、河南郑州、山西大同、天津滨海六大片区城市及“广场舞之夜”举办城市贵州贵阳的广场舞团队共赴“七城之约”，带来各具特色的广场舞作品。

（马　晓）

【首程时代中心获“中国商业办公创新能力10强”】 8月，在第五届中国商业地产品牌价值论坛上发布《2023中国商业地产品牌价值报告》，首程控股有限公司时代中心项目获“2023中国商业办公创新能力10强”。首程时代中心被列入《深入打造新时代首都城市复兴新地标加快推动京西地区转型发展行动计划（2022—2025年）》市级重大项目清单，市、区全力支持开发建设及产业运营，打造京西产业转型示范区。首程时代中心项目位于首钢园区东南区，是由北京首钢基金有限公司与新加坡金鹰合作投资建设的京西高品质智能科技产业园区。项目建筑面积44万平方米，共有19座高品质总部楼宇，双轨交汇地铁上建设，五轨联通高效速达，是北京城六区内、长安街延线新建的最大规模商务园区。通过“科技＋智慧体系”与“智慧化物业管理体系”，打造智慧园区标杆典范，助力企业顺畅发展，满足企业个性化服务需求。首程时代中心项目由国际知名建筑设计公司Aedas与Gensler操作，将领先建筑技术与设计美学相融合，创造出集绿色环保、智慧科技于一体的层峰商务新地标。

（马　晓）

【首钢外语志愿服务获“最佳志愿服务项目”】 8月，全国学雷锋志愿服务“四个100”先进典型名单公布，首钢国际赛会外语志愿服务项目获“最佳志愿服务项目”称号。首钢国际赛会外语志愿服务项目由首钢团委牵头成立，先后完成国际奥委会平昌冬奥总结会、沸雪世界杯、北京冬奥会和冬残奥会、中国国际服务贸易交易会等重大活动服务保障，以及拉美外交官参观首钢园区、驻京使节走进首钢园区等外事活动志愿任务，被北京团市委认定为中外青年融合实践基地。由中宣部、中央文明办、共青团中央、国务院国资委等部门和单位共同组织开展2022年度全国学雷锋志愿服务“四个100”先进典型宣传推选活动，宣传推选出100个最美志愿者、100个最佳志愿服务组织、100个最佳志愿服务项目和100个最美志愿服务社区。

（马　晓）

【服务保障首钢园区服贸会】 9月2日至6日，以“开放引领发展，合作共赢未来”为主题的2023年中国国际服务贸易交易会在北京举办。首钢园区作为服贸会“一会两址”之一，以其独具特色的工业风貌及花园式景观再次成为全球焦点。首钢以更高标准、更高要求、更高质量全面提升园区品质，打造服贸会首钢服务保障工作3.0版本，概括为“三提升”“三优化”“三创新”，即绿化景观提升、道路交通提升、配套服务提升，使展区环境更优美、通行更便捷、体验更舒适；设备设施优化、空间优化、配置优化，使运行更高效、布局更合理、保障更安全；创新呈现一高炉元宇宙乐园、创新升级10号馆、创新建设智慧运营中心，使科幻元素更丰富、沉浸式体验更极致、管理服务更智慧。本届服贸会首钢园区红线区域范围为46万平方米，其中展览面积11.7万平方米，包含15个场馆和1个高炉，展览分为文旅服务，健康卫生服务，教育服务，供应链及商务服务，体育服务，金融服务，电信、计算机和信息服务，工程咨询及建筑服务，环境服务九大板块主题和一个创新服务特色展示体验区。

（马　晓）

【互联网3.0国际高峰论坛】 9月5日，由石景山区政府和首钢共同举办的2023首钢园互联网3.0国际高峰论坛在首钢园区举行。论坛围绕北京市科技创新中心和国际交往中心定位开展，深入落实北京市政府关于互联网3.0产业的相关政策、国际交往和国际交流合作等工作部署，发挥石景山区、首钢园区在互联网3.0领域的资源、创新和场景优势，打造北京国际科技创新中心的首钢高地。北京首钢建设投资有限公司与北京北极星途技术有限公司、凌宇科技（北京）有限公司、安第斯路科学技术组织、韩国（株）ZETA-PLAN INVESTMENT、北京首版科技有限公司等6家机构、企业举行入驻首钢园区签约仪式。多位中外嘉宾围绕国际互联网3.0、数字经济、科技创新等方面的挑战、应用和举措进行主旨演讲，以“互联网3.0产业发展带来的全球创新机遇”为主题开展圆桌对话，共话行业发展与国际合作，为互联网3.0发展建言献策。

（马　晓）

【全国首个科幻产业集聚区落地首钢园区上榜】　9月14日，“全国文化中心建设2022年度十件大事”在2023北京文化论坛上发布，全国首个科幻产业集聚区落地首钢园区上榜。由北京市推进全国文化中心建设领导小组办公室、北京市委宣传部联合新华网共同发起“全国文化中心建设2022年度十件大事”评选活动。经过公开征集、网络投票、专家评议，最终选出“全国文化中心建设2022年度十件大事”，首钢园区“全国首个科幻产业集聚区整体亮相”入选。中国科幻大会2020年首次落地首钢园以来已举办三次。2020年11月1日，全国首个科幻产业集聚区在首钢园区揭牌，首钢发布《首钢园科幻产业集聚区实施方案》，石景山区发布科幻产业促进政策方案“科幻16条”，鼓励和推动科幻产业集聚发展。2022年8月21日，中关村科幻产业创新中心落成揭牌，通过市区两级支持、企业联合共建的方式，打造一站式公共服务和技术服务平台，完善“类研究院+孵化器+加速器+产业集群”科技服务链条，重点孵化和加速科幻产业核心技术。科幻产业集聚区以首钢园区工业遗址公园为主要承载区，包括金安科幻广场和工业遗址公园绿轴南部区域，占地面积71.7公顷，建筑面积近16万平方米。截至年末，金安科幻广场、数字艺术馆、元宇宙乐园、科幻产业创新中心等一批科幻产业项目和载体陆续建成，吸引80余家企业落户。

（马　晓）

【2023冬博会】　9月15日至17日，2023年国际冬季运动（北京）博览会（简称冬博会）在首钢园区举行。本届冬博会延续“国际化、专业化、大众化”三大亮点，进一步加强全球冰雪资源的融合，吸引包括奥地利、意大利、加拿大、新西兰、法国、日本、斯洛文尼亚等20多个国家和地区的450多家品牌商参展。以“携手后冬奥，共赴新未来”为主题，展区设在北京首钢园区1号、2号展馆，总展览面积近2万平方米，包括冬季及高山技术专区、国家组团展区、省市组团展区、冬季旅游目的地展区、奥运遗产展示专区、冰雪个人装备展区、时尚运动与冰雪嘉年华、体育科技展区，聚焦冰雪文化、培训、服饰装备、旅游目的地、省市冰雪特色、大众冰雪等领域，为参观者带来国际冬季运动的全面展示和丰富体验，推进冬季运动的群众普及。作为展览展示的一部分，首钢展台亮相展会。展会现场还有一系列现场体验感受的互动项目，让观众体验冰雪运动的快乐。冬博会设置一场主论坛、四场平行论坛，包括国际冬季运动（北京）博览会开幕式暨主论坛、奥运城市发展论坛、国际体育文旅产业发展论坛、国际冰雪产业发展论坛和个人运动装备产业论坛。此外，冬博会还举行产业对接、国际冬季运动领先品牌评选、时尚T台秀、冰雪欢乐周等配套活动。国际冬季运动（北京）博览会是北京在申办2022年冬奥会时对国际社会的庄严承诺，历经7年发展，冬博会已发展成全球冰雪产业第一展，得到国内外冰雪业界的高度认可。

（马　晓）

【全国科普日主场活动】　9月16日至24日，2023年全国科普日主场活动在首钢园区举办。本次活动以“提升全民科学素质，助力科技自立自强”为主题，多方位展示新时代科普工作取得的丰富成果和生动实践。首钢园区服贸会区域11号馆是本次活动主展馆，汇聚全国104个单位的360个展项，分为“领航掌舵铸辉煌”“自信自立强国梦”“科学技术惠民生”“科学普及嘉年华”“科学教育做加法”五个主题展区，以及户外应急科普体验区、国际科学传播交流区和元宇宙VR体验空间。在“太空之吻”体验区，观众能够手动“操作”神舟飞船与空间站的交会对接，仿佛自己就是太空舱中的航天员，感受其间的工作与生活环境。全国科普日不仅是一次技术的展示，更是科技与大众之间的深度互动和沟通。

（马　晓）

【首钢工业遗产获评文物事业高质量发展十佳案例】　9月，在2023年文化和自然遗产日主场城市活动开幕式上，国家文物局公布首批文物事业高质量发展推介案例名单。作为文化遗产保护与经济社会、生态环境协调发展案例代表，北京市文物局、石景山区文旅局、首钢报送的“工业遗产活化利用服务人民美好生活”项目实践获评文物事业高质量发展十佳案例。2005年，首钢集团启动《首钢工业区工业遗产资源保护与再利用研究报告》在内的5项专题研究。2014年，联合中国工程院和清华大学，由院士领衔，开展首钢城市风貌专题研究，探索“传统与现代、继承和发展的关系”，在积极保护、利用原有工业遗存的基础上，创新性地运用“城市织补”方式，融入符合时代发展需求的新功能、新空间、新环境。2017年，《新首钢高端产业综合服务区北区详细规划》获批复，提出“创新、修补、活力、生态”规划设计理念，在保留原有工艺流程前提下，实现工业设施功能提升及生态化改造，突出历史价值、文化价值、生态价值和空间特色。首钢园区整体建成石景山景观公园、冬奥广场、工业遗址公园三大片区，形成约94万平方米空间载体，基本形成“山—水—冬奥—科幻—工业遗存”特色景观体系，进入第一批中国工业遗产保护名录，成为集商业、科技、体育、文旅等多种业态于一体的高端产业综合服务区和跨界融合的都市型产业社区。

（马　晓）

【百度世界大会】　10月17日，以“生成未来（PROMPT THE WORLD）”为主题的百度世界2023大会在首钢园区举办。百度创始人、董事长兼首席执行官李彦宏发表主题演讲，宣布文心大模型4.0正式发布，百度“全家桶”上新AI功能，如流、文库、搜索、地图、网盘等重构后悉数亮相。李彦宏围绕“手把手教你做AI原生应用”，从技术、行业和应用等多维度进行分享，阐述生成式AI的“理解、生成、逻辑、记忆”四大核心能力，以及AI大模型的实际应用价值。会上，举行中国国家跳水队人工智能合作伙伴授牌仪式。大会包括主论坛和7场AI科技分论坛，涉及AI原生应用、大模型产业应用等多个主题，演讲总时长30小时。除多场主题论坛外，还带来近50项AI科技展，包括Prompt胶囊墙、AI全息数字人等，为参会者带来沉浸式AI体验。百度世界大会（Baidu World）是百度每年面向行业、媒体、合作伙伴和广大用户的最高级别的行业峰会，自2006年以来已连续举办17年。

（马　晓）

【北京国际汽车文化节】　10月19日至22日，北京国际汽车文化节（ACF）在首钢园区举办。本次文化节由北京汽车流通行业协会指导，北京京惠展览服务有限公司主办。文化节上有40多家车企携热销车型和全新车型高规格参展，超过三百款汽车车型，SUV、MPV、新能源汽车、越野车等整装亮相。展会期间，首钢园区提供优质的服务保障。本届展会突破传统静态展示模式，举办车展抖音挑战赛、万人购车节、玩乐奇妙展和新能源沙龙等一系列活动，构建智慧车展新模式。

（马　晓）

【ESG中国论坛创新年会】　10月22日，ESG中国论坛创新年会在首钢园区举办，《年度ESG卓越实践报告》发布，首钢“探索绿色转型之路，打造老工业区复兴典范”等30家优秀企业项目入选《年度ESG卓越实践报告》卓越案例。来自中央广播电视总台，国务院国资委，上海、江苏、山西、辽宁等地方国资委，知名企业、金融机构、科研院所、主流媒体的嘉宾出席本次论坛。ESG中国论坛（China ESG Forum）由中国企业改革与发展研究会、中国社会责任百人论坛共同创立，聚焦可持续发展，立足中国面向世界，推动ESG生态体系建设，推进企业更好履行社会责任的交流沟通、合作提升平台。论坛坚持以实践创造价值，以行动引领未来，挖掘、总结、分享一大批ESG卓越实践、ESG优秀案例，形成很强的示范带动效应，推动企业深入践行ESG理念。创新年会还举行以“实践创造价值，行动引领未来”为主题的圆桌会议。分论坛上，发布中国ESG研究十大课题（2024），相关企业代表发表主题演讲。

（马　晓）

【第十二届中意创新合作周】　11月28日至29日，由中国科技部、意大利大学与科研部共同主办，北京市科委、中关村管委会和意大利国家研究委员会、意大利科学城IDIS基金会承办的第十二届中意创新合作周在北京首钢园区举行。本届中意创新合作周以“接力科技冬奥，携手高质发展”为主题，中意双方代表将科技冬奥、智能制造、设计及艺术产业、文化遗产保护、青年创新、新一代信息技术、农业、食品及健康、蓝色经济、绿色能源等领域深入交流探讨。内容涵盖开幕式、部长级双边会见、平行论坛、中意科技创新项目“一对一”对接会、中意合作项目展示等环节。期间，中方150余家科技机构的300余位代表与意方展开项目对接，举办近80场科技项目“一对一”对接活动。在“科技冬奥论坛”“智能制造论坛”“城市设计、保护与创新论坛”“青年创新论坛”及“世界领先园区高端对话”等平行论坛上，来自中意双方大学、科研机构和企业的代表充分沟通交流，切实推动双方科技领域合作进程。

（马　晓）

【“普法驿站”揭牌】　12月6日，作为“宪法宣传周”的一项活动，首钢园区“普法驿站”揭牌仪式在首钢园区三高炉举行，首钢领导梁捷与石景山法院党组成员、副院长闫辉共同为“普法驿站”揭牌。首钢和石景山法院有关部门单位负责人，首钢园区入驻企业代表，以及相关市人大代表、区青联委员参加。石景山法院和首钢集团经过多次对接和细致筹划，建立首钢园区“普法驿站”，旨在充分发挥首钢园区收集法律需求、提供精准服务的中转站口作用，通过线上线下相结合的形式，打造定制化、全景式的综合普法服务和全覆盖的风险预警服务，持续为首钢园区企业提供更加多元高效的司法服务保障。揭牌仪式结束后，石景山法院行政庭（知产庭）副庭长易珍春作题为《石景山区涉VR、AR产业前瞻性法律问题及相关风险防范》的普法讲座。围绕“普及宪法法律知识、对接企业司法需求、为企业答疑解惑”开展调研座谈。

（马　晓）

【第十届全国大众冰雪季启动】　12月23日，第十届全国大众冰雪季启动仪式在北京冬奥会比赛场地首钢滑雪大跳台举行，国务委员谌贻琴出席仪式并宣布全国大众冰雪季启动。天津、河北、吉林、黑龙江、上海、湖北六个分会场及全国各地一同拉开冰雪季大幕。本届全国大众冰雪季由国家体育总局、北京市人民政府共同主办。活动期间，全国各地将围绕“欢乐冰雪共创未来”主题，开展内容丰富、惠民便民的冰雪赛事活动，赛事活动近2000项。2023—2024第三届“首钢园冰雪汇”以“AI尚大跳台，潮玩冰雪汇”为主题，为广大市民游客带来全新升级体验。首钢园区冰雪汇以首钢滑雪大跳台为依托，突出大众冰雪、科技冰雪、冰雪经济，打造跨界融合性、文化艺术性、娱乐参与性，集冰雪娱乐、科技体验、美食市集于一体的冰雪嘉年华。12月24日，雪地转转、雪地悠波球、雪地摩托、雪地坦克、雪地战区CS、雪地战区靶等雪上游乐和AI科技体验项目全面开放。

（马　晓）

【2023中国元宇宙大会】　12月23日，2023中关村论坛系列活动——CMC2023中国元宇宙大会在首钢园区冰壶馆举办。本次大会由中关村论坛办公室指导，中国人工智能学会与石景山区政府联合主办，CAAI元宇宙技术专委会、中国移动咪咕、凌云光、元客方舟、北京首钢建设投资有限公司共同承办。以示范应用为牵引、以自主创新为根本，聚焦石景山区，市区协同依托工业遗存、冬奥场馆、人文历史等资源优势，全面建设一批优质场景项目，示范引领互联网3.0产业发展。会上，盘点应用场景建设工作亮点，集中展示推介“2023石景山元宇宙十大应用场景”案例，首钢园区1号高炉SoReal科幻乐园、首钢园区10号馆元宇宙前沿科技创新应用体验中心、首

钢元宇宙线上入口、咪咕数智竞技中心科技体验中心、面向冷轧生产的“灯塔工厂”5G移动通信及智能物流技术应用等项目入选。现场发布石景山元宇宙十大应用场景和中关村科幻元宇宙标杆孵化器成果,同时与会嘉宾为MAC元宇宙演艺制播科技中心、虚拟现实技术与系统全国重点实验室、全国工业4.0产教融合共同体等揭牌。其中,落地首钢园区建设的北京市光场共性技术平台,研发光场成像计算先进技术,构建大型光场成像系统和大规模光场数据库,2023年平台充分利用首钢冰壶馆超7000平方米特色空间,升级建设“MAC元宇宙演艺制播科技中心”,中心拥有近3000平方米超大虚拟拍摄空间,面向全国提供国内领先的元宇宙数字内容演艺制播市场服务。

(马　晓)

【Wonder Festival 北京国际手办模型展】 12月23日至24日,Wonder Festival 2023北京国际手办模型展在首钢会展中心3、4、5、6号展厅展示近年来各家的新品模型、手办、造型玩具、潮玩等作品。这是WF2023北京国际手办模型展举办的首次线下展览。Wonder Festival是日本老牌模型制作商株式会社海洋堂(本部所在地为大阪门真市)主办的“世界规模最大的造型、模型展会”。本次活动有40多家手办模型企业和270多家手办模型个人参展商参与。

(马　晓)

【首钢入选市爱国主义教育基地考评奖励名单】 12月,2023年北京市爱国主义教育基地考评奖励名单公布,首钢陶楼及工业遗址爱国主义教育基地获评“良好等次”。首钢陶楼1995年12月被命名为石景山区爱国主义教育基地,首钢陶楼及工业遗址于2012年9月晋级为北京市爱国教育基地。陶楼建于1988年,三层仿古建筑,建筑面积5100多平方米,陶楼内“首钢展览”陈列,蕴含丰富的爱国主义教育题材,浓缩首钢百年发展史,用大量珍贵照片、实物陈列、光电沙盘、影视资料等,生动诠释几代首钢人为国富民强不懈奋斗的历史进程。首钢园区打造新时代首都城市复兴新地标,形成“山水-冬奥-科幻-工业遗存”特色景观体系,成为都市工业遗产保护再利用的经典案例,进入第一批中国工业遗产保护名录。

(马　晓)

【首钢园区获党建强企优秀案例特等奖】 12月,在中国文化管理协会企业党建与企业文化年会上,首钢园区党员教育培训现场教学点获中国文化管理协会党建强企优秀案例特等奖,北京首钢园区综合服务有限公司获企业党建实践创新典范单位。2021年11月,首钢园区被确立为北京市26个党员教育培训现场教学点之一。教学点以“追寻铁色记忆、传承红色精神”为主题,深入挖掘首钢老工业区特色资源和红色资源,将党史、新中国史和首钢特色党建紧密融合,制定服务手册和“四点一线”“六点一线”主题教学线路,在内容、点位、硬件、队伍等方面不断优化完善。2022年8月,北京市委组织部来首钢园区进行实地验收。2022年9月,前线杂志社针对首钢园区党建教学点制作12分钟《新时代北京市党员教育网红打卡地:新首钢高端产业综合服务区》专题片,全方位介绍百年首钢作为北京市首批党员教育培训现场教学点的独特魅力,列入《前线》杂志“党课一小时”专题学习教材,在“今日头条”上播出推广。教学点对外开放以来,累计接待中国移动、中国银行、清华大学、北京日报社、杭州筑境、南京文化产业公司、西藏检察官学院等国家机关和企事业单位1000余批次5万余人次,成为北京市各级党组织和广大党员政治学习的中心、思想教育的阵地、传授知识的课堂和展示百年首钢优良党建传统的窗口。

(马　晓)

【园区开发建设】 年内,首钢园区开发建设取得重要进展。华夏银行研发中心项目完成地下结构施工,033项目储备客户达成初步合作意向。建成运营服务中心,实现安防联动、动静交通可视化、智慧化。首钢园北区和东南区17条配套道路建成通车。围绕打造北京国际科技创新中心首钢高地,联合10家海内外机构成立“国际互联网3.0创新联合体”,科幻产业创新中心入驻企业达80余家,科幻产业集聚区入选全国文化中心建设年度十件大事。首钢园区北区新增签约面积9.6万平方米,咪咕文化等一批高科技企业入驻园区,六工汇签约率95%,北区自持物业出租率84%,入园企业累计300余家,其中科技类企业占比超过70%。初步形成以“科技+”产业为主导,应用场景为特色,高端商务服务、科技服务为支撑的高精尖产业体系。

(马　晓)

首钢集团

【概况】 首钢集团有限公司(简称首钢),隶属于北京市国资委。百年首钢积淀了丰厚的历史文化底蕴,是中国冶金工业发展的缩影、工业企业改革的一面旗帜,是中国第一个由中心城市搬迁调整向沿海发展的钢铁企业,成为京津冀协同发展的示范。首钢是跨行业、跨地区、跨所有制、跨国经营的综合性企业集团,全资、控股、参股企业600余家,总资产5000多亿元,职工近9万人。首钢自2011年以来十二次跻身美国《财富》杂志公布的世界500强企业。2023年,首钢坚持以习近平新时代中国特色社会主义思想为指导,深入学习贯彻党的二十大精神,坚决落实北京市委市政府各项工作要求,围绕打好首钢高质量发展基础工作主线,全面落实“八个注重”经营方针,实现营业收入2479亿元,利润129亿元,处理历史遗留问题后报表利润62亿元,实现三年打基础的圆满收官。

(马　晓)

【4项技术获国资委“双碳”行动典型案例奖】 1月,国务院国资委2022年度碳达峰碳中和行动典型案例评选结果揭晓,首钢京唐钢铁联合有限责任公司“五效一体”高效循环利用技术、大型高炉高比例球团矿低碳冶炼技术、白灰窑尾气CO_2捕集用于CO_2-O_2混合喷吹炼钢工艺技术,北京首钢朗泽新能源科技有限公司富含CO/CO_2的工业气体生物发酵法制燃料乙醇及乙

醇梭菌蛋白技术，获碳达峰碳中和行动典型案例三等奖。“五效一体”高效循环利用技术以燃气蒸汽联合循环发电和低温多效蒸馏海水淡化为核心，联合下游盐化工产业链，构建“燃—热—电—水—盐”五效一体高效循环利用系统，燃气—蒸汽联合循环发电效率提升至47%，综合热效率81.5%，海水淡化产水成本较常规模式降低50%以上。大型高炉高比例球团矿低碳冶炼技术，成功创建世界首例超大型高炉千万吨规模高比例球团冶炼工艺流程，改变高炉炉料结构普遍以烧结矿为主的传统方式，球团矿比例从28%提升到55%以上，高炉燃料比和高炉渣量明显降低，吨铁 CO_2 排放降低167千克以上。白灰窑尾气 CO_2 捕集用于 CO_2-O_2 混合喷吹炼钢工艺技术，年可捕集CO气体25万吨回收利用。富含 CO/CO_2 的工业气体生物发酵法制燃料乙醇及乙醇梭菌蛋白技术，将工业尾气直接转化为燃料乙醇、蛋白饲料等高附加值产品。

（马　晓）

【首钢基金再获标普高评级】 1月，国际知名评级机构之一标准普尔再次授予北京首钢基金有限公司“BBB+”长期评级和“A-2”短期评级。这也是继2018年以来连续5年获得标普高评级。该公司为实体经济服务，整合各类产业资源，创新运作模式，打造“中国最具价值创造能力的一流产业基金及资产管理机构”。截至2022年底，已发展成为管理46只基金，累计资产管理规模超过1000亿元。连续获得并保持国际评级机构惠誉A-、中诚信和东方金诚AAA评级。首钢基金发挥内部投行作用，为首钢迁安智新电磁材料有限公司引战等资本运作项目提供支持。推动六工汇招商，助力首钢园区东南区、国际人才社区工程建设。深度布局REITs赛道，首钢绿能项目取得良好成绩。标准普尔是世界最主要的金融分析及风险评估服务商，一直发挥着领导者角色，为投资者提供独立的参考指针，作为投资和财务决策的信心保证。

（马　晓）

【首钢获企业管理创新和企业文化成果奖30余项】 2月，首钢获第三十六届北京市企业管理现代化创新成果奖28项，其中3项同时获北京市企业文化优秀成果奖，并获优秀组织单位称号。该次北京市企业管理现代化创新成果奖中，首钢获一等奖成果11项：首钢集团有限公司《集团管控业务数字化转型的创新与实践》《基于业财融合下的管理会计研究与应用》《国有企业境外投资管控体系的构建与实施》《实施全过程跟踪审计助力廉洁办奥》，北京首钢股份有限公司《钢铁企业基于超低排放的精细化环保管理探索与实践》，首钢京唐钢铁联合有限责任公司《“三位一体”党建考评体系助力企业高质量发展的探索与实践》（该项目同时获2022年度北京市企业文化优秀成果一等奖），首钢矿业公司《基于智能矿山建设打造行业标杆的探索与实践》，北京首钢吉泰安新材料有限公司《新材料企业以提升品牌价值为目标的“六位一体”协同发展》，北京首钢朗泽新能源科技有限公司《以科技创新引领的高效管理体系构建与实施》，首钢园区运动管理中心《城区老工业区打造国家体育产业示范区的创新与实践》，北京首钢建设集团有限公司《以双向融合为核心的精细化审计体系建设》。首钢获二等奖成果17项：首钢集团有限公司《基于客户质量满意的挂牌督办管理体系的实施》《钢铁企业固定资产合规管理的创新与实践》《企业本质化安全管理的创新与实施》《国有企业董事会规范运作的创新与实践》《集团型企业资金管控的信息化管理实践》，北京首钢股份有限公司《基于“大岗位、大工种”劳动组织管理模式的创新与实践》《钢铁企业设备管理大数据分析体系的构建与实施》《国有企业转型升级管理变革创新与实践》《以积极心理学理念构建“和谐团队”训练体系，推动企业高质量发展》（该项目同时获2022年度北京市企业文化优秀成果二等奖），首钢京唐钢铁联合有限责任公司《钢铁企业“一体多翼”耦合模式产业链的探索与实践》《构建基于终端客户需求的物流精准交付体系管理实践》，首钢矿业公司《打造具有行业影响力文化的探索与实践》（该项目同时获2022年度北京市企业文化优秀成果二等奖），北京首钢股权投资管理有限公司《国有投资公司构建专职董监事履职体系的创新与实践》《股权平台“两金”管控体系的构建与实施》，北京首钢建设集团有限公司《建筑施工企业以数字化转型为目标的项目精细化管理》《施工企业生产资源采购精益化管控体系的构建与实施》，北京首钢机电有限公司《冶金装备制造企业以对标深化应用促进管理提效的实践与创新》。

（马　晓）

【首钢朗泽获首届“创蓝碳中和先锋奖”】 2月，首届“创蓝碳中和先锋奖”颁奖典礼在“第二届金融支持绿色科技大会暨金融支持绿色科技平台年会”上举行，北京首钢朗泽新能源科技有限公司“含碳工业尾气生物合成乙醇及蛋白技术”获得“创蓝碳中和先锋奖”，被评选为最具发展潜力的绿色科技企业。“含碳工业尾气生物合成乙醇及蛋白技术”，将含CO、CO_2 工业尾气直接转化为生物乙醇、新型饲料蛋白等高价值产品，实现含碳气体生物合成乙醇及蛋白质技术的重大突破。“创蓝碳中和先锋奖”是由创蓝清洁空气产业联盟与金融支持绿色科技平台共同发起，在全球范围评选碳中和领域的科技先锋企业。首钢朗泽公司生物乙醇产品获中国电子节能技术协会签发的碳标签，成为国内乙醇行业首家取得碳标签认证的企业。“创蓝奖”已开展六届，评选出超过500项创新科技，覆盖20多个国家100多个合作机构的技术征集网络。

（马　晓）

【首钢低屈服强度钢开发成功】 2月，建筑用新型减震阻尼器用低屈服强度钢LY160在首钢京唐钢铁联合有限责任公司4300毫米中厚板产线实现批量生产和稳定供货。为减少建筑主体地震反应，以阻尼结构为代表的消能减震装置被越来越多地应用于建筑结构中。传统的建筑结构用钢强度波动范围要求在110兆帕以内，而低屈服强度钢则要求在40兆帕以内,是当前中厚板产品的最高标准。攻关团队经过各专业人员的通力配合和高效协同,仅用一个月时间就成功完成低屈服强度钢LY160的高效生产和稳定供货。首钢开发的新型减震阻尼器用低屈服强度钢成功应用于国内多个重要的钢结构建筑工程项目,用户反馈钢板力学性能、表面质量及板形尺寸等各项指标控制良好,特别是屈服强度波动范围能够稳定控制在±10兆帕内。

(马　晓)

【P+R智能立体停车项目竣工】 3月,由北京首钢城运控股有限公司承建的北京地铁16号线屯佃站P+R(Parkand Ride),驻车换乘智能立体停车项目竣工,为当地居民出行提供停车换乘轨道交通体验和电车充电服务。P+R停车场即换乘停车场,市民可以凭当天市政交通一卡通卡(简称IC卡)乘坐公共交通(含轨道交通和公共电汽车)记录,按次收费2元,停车时间为当日4时30分至次日0时30分。屯佃站P+R智能立体停车项目位于海淀区屯佃站D口北侧,分为东西侧两部分,其中西侧立体停车楼共3层,202个停车位,内设23个交流充电桩;东侧地面停车场建有5个交流和5个直流充电桩。该车库采用立体智能机械停车设备,并配充电设施,使存取车、充电更方便、更快捷、更高效。

(马　晓)

【首钢基金获最佳国资市场化母基金TOP20】 3月,母基金研究中心2022年度榜单揭晓,北京首钢基金有限公司获最佳国资市场化母基金TOP20。首钢基金公司作为首钢产业投资运作平台,坚持为实体经济服务,整合各类产业资源,创新运作模式,发展成为管理46只基金、累计资产管理规模超过1000亿元的公司,连续获得并保持国际评级机构标普BBB+、惠誉A-、中诚信和东方金诚AAA评级。母基金研究中心是根据《国务院关于促进创业投资持续健康发展的若干意见》,提供实时更新的前沿行业动态与每周新闻资讯,推动中国母基金行业的发展。母基金研究中心发布的历次榜单获得中国母基金行业及整个股权投资行业的广泛关注与认可。

(马　晓)

【首钢产品供货全球最大光伏项目】 4月,首钢京唐钢铁联合有限责任公司与全球最大的光伏项目——阿布扎比项目展开合作,该项目所用的中铝锌铝镁产品(SOZAMC)具有优越的耐腐蚀性,通过国际公认机构SGS的测试、检验和认证,取得30年耐腐蚀质保函,助推绿色能源在全球范围的稳步发展。阿布扎比项目是2G瓦太阳能独立发电项目,位于阿联酋,项目地环境复杂,受环境中的氧气、湿度、温度和污染物等因素的影响,易发生腐蚀,生成腐蚀产物,造成材料或部件失效。该公司组建技术攻关团队,组织厚规格品种焊接试验,集中力量解决炉区过氧化问题,优化厚规格厚镀层气刀参数,摸索镀后冷却工艺参数,实现带钢性能和表面质量的稳定控制,中铝锌铝镁产品规格和钢种得到进一步拓展。

(马　晓)

【207项产品获"金杯"奖】 5月,中国钢铁工业协会发布2022年度冶金产品实物质量品牌培育产品名单。北京首钢股份有限公司"冷轧取向钢带(片)20SQGD070"、首钢京唐钢铁联合有限责任公司"搪瓷用冷轧低碳钢板及钢带DC06EK(STC1)"被评为"金杯特优产品"。首钢股份公司"冷轧电镀锡用热连轧钢带MR-T4""冷轧无取向电工钢带(片)50SWH470",首钢京唐公司"连退在线二次冷轧镀锡板MR-DR-7CA、MRDR-8MCA、TH550""汽车车轮用热连轧钢板和钢带S590LF、S590LW",首钢长治钢铁有限公司"热轧H型钢Q235B",通化钢铁集团有限公司"石油天然气工业管线输送系统用钢管L245N"被评为"金杯优质产品"。2022年度冶金产品实物质量品牌培育活动经申报、初审、专业认定、公示及异议处理等工作程序,并通过"冶金产品实物质量品牌培育审定委员会"审定,最终9项产品审定冠名为"金杯特优产品",198项产品审定冠名为"金杯优质产品"。

(马　晓)

【首钢乙醇梭菌蛋白产品被党史展览馆收藏】 5月,北京首钢朗泽新能源科技有限公司乙醇梭菌蛋白产品被中国共产党历史展览馆收藏。这是对首钢朗泽公司发展成果的高度肯定,彰显首钢科技创新硬实力,也是贯彻落实党的二十大关于"加快实现高水平科技自立自强,加快建设科技强国"及"树立大食物观"的具体举措。首钢朗泽公司乙醇梭菌蛋白历经6年研发,具有高蛋白、高消化率、氨基酸结构合理等优点,是优质的饲料蛋白原料,可在猪、禽、水产、牛、羊等各类动物上广泛使用,具备全部替代鱼粉和豆粕的潜力。该产品实现"从无到有""从0到1"的自主创新,具有完全自主知识产权,获得农业农村部颁发中国首张饲料和饲料添加剂新产品证书(产品类别:饲料原料),入选2021中国农业农村重大新技术新产品新装备—新产品类,对摆脱进口大豆、鱼粉等传统饲料蛋白源的依赖,对解决中国蛋白资源"卡脖子"问题具有重要意义。该技术在河北、宁夏、贵州地区实现工业化应用,形成2.5万吨乙醇梭菌蛋白产能。

(马　晓)

【首钢获"双百企业"优秀称号】 5月,国务院国资委公布2022年度"双百企业"评估结果,首钢获评"优秀"。首钢深化改革,推进"双百行动"计划和改革综合试点工作,锚定"提升效益效率,打好高质量发展基础"战略目标,持续推动质量变革、效率变革、动力变革,深化改革,推进公司治理体系和治理能力现代化,实现企业健康良性发展;持续推进供给侧结构性改革,深耕"五大优势",加快钢铁业创新发展、绿色发展步伐,推动技术创新成为首钢第一竞争力;坚持市场化机制不动摇,持续推进"瘦身健体"和转型提效,打破人才发展"天花板",企业内生活力竞相迸发,产业新姿不断涌现;紧抓冬奥机遇,统筹推进"四个复兴",全力打造"一起向未来"的城市复兴新地标;坚持深化产融结合,持续提升资本运作能力，以产入融，以融促产，形成产融合力，迸发新的动能。

（马　晓）

【2企业获评“科改示范企业”】 5月，国务院国资委发布最新“科改示范企业”名单。首钢旗下“首钢迁安智新电磁材料有限公司”“北京北冶功能材料有限公司”2家企业榜上有名。“科改示范企业”是根据国务院国有企业改革领导小组开展的“科改行动”（百户科技型企业深化市场化改革提高自主创新能力专项行动）选取确定的。首钢智新电磁公司是国家高新技术企业、工信部制造业单项冠军企业。核心产品为电工钢，是电力、电子、航天等领域的重要软磁功能材料，主要用作各种电机、发电机和变压器的铁芯材料。产品应用于白鹤滩水电站、冬奥会场馆、老挝川圹—纳塞通输变电“一带一路”项目等多项国家及海外重点工程。承担科技部“新能源汽车”重大专项、工信部“超高效电机”重大专项和河北省“高性能新材料技术创新”重大专项。北冶公司是国家级专精特新“小巨人”企业，主要从事航空航天、能源交通、电力电子、汽车工业等行业所需的精密合金、高温合金和特殊不锈钢等材料的研制、开发和生产。先后承担“神舟”系列飞船、运载火箭及嫦娥工程、国家863专项、重大仪器专项、“两机”专项等重大领域重点项目，完成国家、省市、部级等上级项目、企业横向委托科研课题500余项，获国家、部、市级科研成果300余项。研发的40余种新材料填补国内空白，20余种产品达到国际先进水平。

（马　晓）

【首钢京唐获全国造船板优质生产企业】 6月，在江苏省江阴市举办的第二届中厚板产业链年会上，首钢京唐钢铁联合有限责任公司获我的钢铁网“2022—2023年度全国造船板优质生产企业”称号。根据国际船级社协会要求，船板及海洋工程用钢等产品须取得相应国家船级社型式试验认可后才能进行销售。中厚板产线从秦皇岛搬迁至京唐公司后，需要对所有产品重新认证。首钢京唐公司依托产销研平台成立攻关团队，连续五年组织船舶及海洋工程用钢产品认证，编写6100页的中英文认证试验大纲，162个产品牌号通过ABS、BV、CCS、DNV、KR、LR、NK、RINA、RS九国船级社认证，产品交货状态涵盖控轧、正火轧制、正火、TMCP和调质，强度级别覆盖235至690兆帕，质量等级A至F级，产品厚度5至130毫米。开展高表面质量工艺技术攻关，船板蓝皮钢比例提升至60%，解决100毫米厚－40℃心部冲击稳定控制的技术难题，推广TMCP工艺替代正火工艺交货，减少正火工序成本，缩短生产周期，实现高效生产与制造。

（马　晓）

【首钢汽车用钢高端技术论坛举行】 7月6日，2023首钢汽车用钢高端技术论坛暨低碳规划发布会在首钢园区三高炉举行。中国汽车流通协会乘联会秘书长崔东树作题为《中国汽车行业运行与展望》报告；首钢技术研究院首席专家滕华湘、首席研究员张永强分别介绍《双碳及出口车型增长背景下首钢汽车用钢解决方案》《首钢新能源汽车一体化解决方案》。在首钢低碳汽车板产品发布环节，北京首钢股份有限公司宣布《首钢股份低碳行动规划》并介绍中国钢铁行业与首钢低碳发展现状，提出首钢未来低碳转型发展的目标及实施路径。与会人员参观低碳汽车板产品展区，详细了解首钢低碳汽车板产品及特性，围绕首钢特色产品开发与应用、首钢的合作与服务等进行经验分享和广泛交流。中国钢铁工业协会、中国汽车流通协会和首钢有关领导，以及行业专家、合作伙伴共350余人参会。

（马　晓）

【118项职工技术创新成果获奖】 7月，中国机械冶金建材职工技术协会表彰2023全国机械冶金建材行业职工技术创新成果和示范性创新工作室、行业工匠，首钢118个项目获奖。其中，特等奖3个、一等奖13个、二等奖30个、三等奖72个，获评“全国机械冶金建材行业示范性创新工作室”8个，被授予“全国机械冶金建材行业工匠”称号8人。获2023全国机械冶金建材行业职工技术创新成果特等奖为：“首钢智新高牌号无取向硅钢退火机组关键技术研究开发与装备升级”“首钢股份外排水氨氮达标技术研究及开发”“首钢京唐‘一罐制’铁水罐经济低耗高效运行关键技术研究及应用”。由北京首钢吉泰安新材料有限公司完成的“电热合金清洁化生产工艺技术开发与应用研究”等13项优秀创新成果获得一等奖；由首钢长治钢铁有限公司炼铁厂完成的“新型一体

7月6日，2023首钢汽车用钢高端技术论坛暨低碳规划发布会举行

（首钢集团供图）

化简易冷却装置研究与应用”等 30 项优秀创新成果获得二等奖;由首钢水城钢铁(集团)有限责任公司能源事业部完成的“水钢电网反送电调整控制”等 72 项优秀创新成果获得三等奖。北京首钢股份有限公司董立杰创新工作室,首钢京唐钢铁联合有限责任公司陈万忠创新工作室、张维中创新工作室,首钢矿业公司李文明创新工作室,首钢水钢公司王国祚创新工作室,首钢长钢公司孟义春创新工作室,首钢通钢公司吉万刚创新工作室,首钢吉泰安公司王刚创新工作室等 8 个创新工作室被评为“全国机械冶金建材行业示范性创新工作室”。首钢股份公司徐厚军,首钢京唐公司张维中、肖华生,首钢矿业公司王涛,首钢水钢公司陈熙刚,首钢长钢公司陈虎明,首钢通钢公司王勇,首钢机电公司刘琪等 8 人被授予“全国机械冶金建材行业工匠”称号。

(马　晓)

【职工技术创新成果获市工会表彰】

7 月,《北京市总工会关于认定 2022 年度市级(示范性)职工创新工作室、名师带徒和首都职工自主创新成果的决定》发布:首钢获评职工自主创新成果奖 4 项,获评市级示范性职工创新工作室 1 家、市级职工创新工作室 3 家、被授予“名师带徒”称号 4 对。首钢京唐钢铁联合有限责任公司“‘一罐制’铁水罐经济低耗高效运行关键技术研究及应用”被认定为首都职工自主创新成果一等奖,北京首钢股份有限公司“热轧板卷全自动智能检测技术开发与集成应用”“高炉系统设备关键技术研究及应用”被认定为二等奖,北京首钢矿业投资有限责任公司“脱硫固废‘零排放’工艺技术研究与应用”被认定为三等奖。首钢股份公司安冬洋—朱玉秀、郑敬先—杨晓婷、宗宁,首钢京唐公司张维中—王震、陈万忠—石长武,被授予“名师带徒”称号。

(马　晓)

【首钢京票实现银企直联】 7 月,首钢京票实现银企直联,累计开立金额突破 50 亿元,核心企业入驻 27 家,平台注册用户 1800 余家。自 2022 年 11 月 30 日首钢京票正式上线以来,首钢供应链金融服务平台不断优化产品结构,拓展融资渠道,与中信银行实现银企直联并完成线上直融放款,奠定“银行超市”基础,提高资金运行效率、降低采购成本,首钢京票逐步成为集团内核心企业结算支付的补充工具。上半年,首钢京票系统与中信银行系统完成对接并成功上线,首钢长治钢铁有限公司供应商山西诚诚再生资源有限公司持首钢京票向中信银行线上申请融资并成功获得银行放款 1130 万元。该业务由核心企业基于真实贸易背景,通过首钢供应链金融服务平台开立首钢京票,供应商签收后在线向平台对接的资金方中信银行提交融资申请。中信银行依托核心企业的供应链授信情况,审核融资材料,为持票人办理融资。首钢供应链金融服务平台对 24 家核心企业累计授予 76 亿余元首钢京票开立额度,有效补充内部单位资金的流动性。

(马　晓)

【首钢第 12 次登上世界 500 强榜单】

8 月 2 日,《财富》官方 APP 全球同步发布最新的《财富》世界 500 强排行榜。首钢以 36852.7 百万美元的营业收入列第 410 位。这是首钢自 2011 年首次进入世界 500 强榜单以来第十二次上榜。年内,首钢紧扣打好高质量发展基础工作主线,在生产经营建设中创出较好的经营业绩,首钢园区招商运营取得新进展,全面完成国企改革三年行动各项任务。本年《财富》世界 500 强排行榜企业的营业收入总和约为 41 万亿美元,比上年上涨 8.4%。中国共有 142 家公司上榜,大公司数量继续位居各国之首。

(马　晓)

【首钢绿色学校创建收录国家发改委优秀案例集】 8 月,首钢工学院绿色学校创建成果,被教育部推选收录于国家发改委组织的《绿色生活创建行动优秀案例集》中。在“绿色学校创建行动”单元,以首钢工学院“多角度宣传绿色知识,创建绿色文明学校”为优秀案例,对学校经验做法和主要成效进行宣传。首钢工学院坚持绿色发展理念,通过多渠道、立体化宣传让全体师生深刻认识创绿工作的重要意义,形成人人参与的良好局面。制定《首钢工学院绿色学校创建行动实施方案》,成立绿色学校创建工作领导小组,设立工作专班,各单位分别制定绿色学校创建实施计划,形成生态文明教育工作长效机制。把生态文明纳入教育培训计划,绿色学校创建行动纳入日常教学计划。构建“绿色德育”体系,创新学校德育理念,线上线下宣传生态文明知识。开设与生态文明相关课程 17 门,其中必修课 15 门。

(马　晓)

【首钢中厚板供货坦桑尼亚储油罐项目】 8 月,首钢京唐钢铁联合有限责任公司生产的储油罐钢成功应用于东非原油管道储罐 EPC 项目。经检测,产品尺寸精度、表面质量、性能等各项指标均符合客户要求,得到客户高度认可。该项目位于坦桑尼亚坦嘎市,临近印度洋,建成后将对深化中坦、中非合作,推动 21 世纪海上丝绸之路建设和国际能源合作具有十分重要的意义。本次合同包括 4 台含蜡重油 10 万立方米浮顶式储罐,实现国内原油储罐向国际高端建设市场的突破性跨越。该储油罐钢广泛应用于石油、化工产品的生产、储存和运输设备的制造等领域,具有强度高、焊接裂纹敏感性低、低温冲击性好等特点。

(马　晓)

【首钢钢铁生产设备获“冠军炉”“优胜炉”称号】 8 月,中国机械冶金建材工会全国委员会、中国钢铁工业协会联合组织开展的 2022 年度“全国重点大型耗能钢铁生产设备节能降耗对标竞赛”评审结果揭晓,北京首钢股份有限公司 2 号 2650 立方米高炉,首钢京唐钢铁联合有限责任公司 1 号 500 平方米烧结机、5 号 300 吨转炉获“冠军炉”;首钢股份公司 8 号 360 平方米烧结机、5 号 210 吨转炉,首钢京唐公司 1 号 5500 立方米高炉获“优胜炉”。

(马　晓)

【高性能取向电工钢通过专家评审】

9 月 2 日,“特高压直流工程换流变压器用高性能取向电工钢带及应用”新

4月19日，首钢高性能取向电工钢项目投产仪式举行 （首钢集团供图）

产品（技术）鉴定会召开。中国机械工业联合会组织专家对首钢特高压直流工程换流变压器用高性能取向电工钢产品鉴定，鉴定委员一致同意通过新产品（技术）鉴定，认为首钢研制的27SQGD085、23SQGD085、23SQGD080、23SQGD075、20SQGD065等系列产品达到同类产品的国际领先水平。该会议由中国机械工业联合会主办，鉴定委员会由中国电器工业协会变压器分会、中国金属学会、中国电工技术学会等19位专家组成。首钢高性能取向电工钢制造的特高压直流工程用变压器通过国家变压器质量检验检测中心检测，空载损耗、空载电流、噪声等技术指标优良、运行情况良好；通过"QES"三标管理体系认证，生产、工艺工装设备齐全，检测手段完备，能够满足系列产品的生产要求。

（马　晓）

【新能源汽车用软磁材料产品全球首发】　9月14日，"智同行，芯聚首"2023年首钢新能源汽车用软磁材料用户技术研讨会召开，首钢又一新款产品全球首发。首钢紧跟新能源汽车长续航、强动力、轻量化的发展趋势，坚持"高端高效，绿色环保"产品定位，将技术创新贯穿于研发、制造、营销服务的整个周期，不断推动新能源汽车用软磁材料产品迭代升级，成功开发6个系列20余款新能源汽车专用电工钢产品，其中6款产品全球首发。首钢新能源产品实现全球新能源汽车销量前10车企稳定供货8家，国内新能源汽车销量前10车企全覆盖，国内每3辆新能源汽车就有1辆搭载"首钢芯"。本首发的ESW1021产品是首钢研发团队在深度理解用户需求的基础上，面向未来电机高功率、高转速、高效率的设计需求，开发的一款拥有多项创新的产品。该产品破解高合金和高磁感不能兼顾难题，以极低铁损和超高磁感，全方位提升加工制造性、新能源整车性能，使电机安全系数提高9%，路况效率提高0.63%。

（马　晓）

【国庆主题景观花篮制作安装】　9月23日，2023年天安门广场"祝福祖国"巨型花篮安装完毕。国庆节天安门广场及长安街沿线以"以中国式现代化全面推进中华民族伟大复兴"为主题，布置巨型花篮和10组主题花坛，而"祝福祖国"巨型花果篮则为花坛景观群的重头戏。北京首钢建设集团有限公司钢构公司连续第16年承担国庆天安门主题景观花篮的制作安装任务。天安门巨型花果篮钢结构总量245吨，采用装配式钢结构，插好花的篮盘重约60吨，需要两台吊车同时协作完成。花篮底部直径45米，为牡丹图案，寓意繁荣昌盛。

（马　晓）

【首钢京唐首个国际专利获三国授权】
9月，首钢京唐钢铁联合有限责任公司自主研发的"带钢卷取温度控制方法、装置及带钢加工系统"专利获美国国家专利局授权，专利第一发明人为首钢京唐公司热轧作业部徐芳。此次授权是继该专利获得韩国、日本国家专利局授权后的海外第三个国家授权，标志着京唐在带钢卷取温度上实现精准掌控，同时在国际热轧带钢生产领域拥有更多话语权。2019年8月，首钢京唐公司开始组织国际专利申报，经过充分的资料准备，于同年10月完成集团申请和审核手续，11月完成国内申请，2020年9月办理相关国际手续，2021年2月完成国际公告，2022年3月获韩国国家专利局授权，同年4月获日本国家专利局授权。

（马　晓）

【世界首例转炉智慧炼钢模型运行】
9月，世界首例转炉智慧炼钢项目交付仪式在首钢京唐钢铁联合有限责任公司钢轧部炼钢主控楼举行。转炉智慧炼钢模型项目于2022年3月正式立项，项目团队30名核心人员历时20个月完成"转炉自动出钢、自动溅渣、自动出渣、烟气分析、氧枪联动和钢包质量判级"六个模块的研发与上线任务。该模型是由氧枪联动系统、烟气分析系统、副枪系统构成的转炉智慧冶炼专家系统。自动出钢模块与炼钢岗位深度结合，出钢过程中可根据钢水车的位置、钢水重量，自动倾翻转炉角度。转炉自动溅渣模块通过智能控制，进一步规范溅渣护炉操作，实现溅渣效果的统一性，为炉龄的稳定、底吹的通畅提供保证。转炉自动出渣模块则通过采用机械视觉代替人眼，控制转炉与渣车的联动，保证出渣的安全和效率，减轻人员劳动强度。

（马　晓）

【北大首钢医院新门急诊大楼开诊】
10月15日，北京大学首钢医院新门急诊大楼正式开诊仪式举行。新门急诊大楼建筑总面积约5.3万平方米，地上13层、地下3层，集门诊、急诊、医技、科教等功能于一体，能提供基本医疗服务和疑难重症救治、肿瘤放化疗、高危孕产妇诊疗、创伤急救等，拥有完善的辅助检查科室，配备众多先进的医疗设备，为高质量的医疗安全提供有力保障。特别是肿瘤放化疗中心配备当前世界先进的螺旋断层放射治疗系统,可对恶性肿瘤患者进行高效、精确的治疗,完善北大首钢医院作为京西地区最大肿瘤全程管理医疗机构的功能链条。

(马　晓)

【3单位获“绿色发展标杆企业”】 10月,2023年第四届全国钢铁绿色低碳发展大会在南京召开,对获得“绿色发展标杆企业”“环保卫士”等称号的个人和企业颁奖。北京首钢股份有限公司、首钢京唐钢铁联合有限责任公司、首钢长治钢铁有限公司获得“绿色发展标杆企业”称号,首钢长钢公司江波获得“环保卫士”称号。会议聚焦钢铁行业绿色低碳和超低排放有关国家政策规划和发展趋势,行业治理技术研发、推广和应用等进行深入探讨和交流。生态环境部评估中心、工信部、中国钢铁工业协会、中华环保联合会、冶金工业规划研究院、中国冶金报社,以及来自全国冶金行业、环保行业代表200多人参加会议。

(马　晓)

【首嘉钢构获“北京市级企业技术中心”认定】 11月,北京市经济和信息化局公示2023年度第一批北京市市级企业技术中心名单,北京首嘉钢构有限公司凭借技术能力,以及在停车行业的品牌影响力,成功通过“北京市市级企业技术中心”认定。北京市市级企业技术中心是北京市政府对技术创新能力较强、创新业绩成效显著、具有重要示范和导向作用的企业技术中心予以的权威认定。首嘉钢构公司作为北京首钢城运控股有限公司的子公司。

(马　晓)

【36个项目获全国钢铁行业职工质量成果奖】 11月,中国机械冶金建材职工技术协会表彰2023全国钢铁行业职工质量成果,首钢36个项目获奖。其中,一等成果2个、二等成果10个、三等成果12个、优秀成果12个。首钢获2023全国钢铁行业职工质量一等成果为“高炉系统设备关键技术研究及应用”“高产能及炼焦煤资源剧烈波动形势下京唐铁焦平衡的技术攻关”。首钢京唐钢铁联合有限责任公司完成的“带式焙烧机球团矿质量均质化技术研究与应用”、首钢矿业公司完成的“马城铁矿基建时期‘133’矿石质量管理体系的构建与应用”、北京首钢股份有限公司完成的“高炉金属料全自动检测技术系统研发与应用”等10项获二等成果;首钢京唐公司完成的“改变精轧工作辊加油通道由直螺纹变成锥度螺纹及其配合件,保证加油质量”、首钢股份公司完成的“首钢股份热轧轧辊润滑技术的开发与应用研究”、首钢矿业公司完成的“出合格产品,造优质建材”、首钢长治钢铁有限公司完成的“缩短套筒窑检修时间”等12项获三等成果;首钢京唐公司完成的“提高烧结机布料精准度”、首钢长钢公司完成的“降低更换风口小套的时间”、首钢矿业公司完成的“精益求精提高铁精粉品位”、首钢股份公司完成的“减少正常换辊时间”等12项获优秀成果。

(马　晓)

【3项发明专利获中国专利金奖及优秀奖】 11月,在第二十四届中国专利奖颁奖仪式上,以北京北冶功能材料有限公司和中国联合重型燃气轮机技术有限公司为专利权人的发明专利“抗蠕变、长寿命镍基变形高温合金及其制备方法和应用”获中国专利金奖。该奖项是由国家知识产权局和世界知识产权组织(WIPO)共同颁发的中国知识产权领域最高奖项。在本届评选出的中国专利金奖中,首钢是唯一一家钢企。专利产品实现系列化、批量化工业生产,包括宽幅薄板、厚板、异型锻件、环形件、焊材等5大品种20余种规格。同时,北京首钢股份有限公司的“一种无取向电工钢及其制备方法、应用”“一种确定冷轧机传动力矩的方法及装置”2项专利获中国专利优秀奖。“一种无取向电工钢及其制备方法、应用”专利项目,系高强度无取向电工钢的核心专利,解决高强度无取向电工钢强度提升与磁性能恶化的矛盾,开发出的系列产品极大促进高级别无取向电工钢技术进步,满足以新能源汽车驱动电机为代表的高速电机对软磁材料的特殊需求。“一种确定冷轧机传动力矩的方法及装置”专利项目,提供一种确定冷轧机传动力矩的方法及装置,成功应用于电工钢的生产制备中,生产的电工钢产品为国家“双碳”目标实现提供支撑。

(马　晓)

【全球首个漂浮式“风光渔”融合项目】 11月,首钢中厚板参与供货的全球首个漂浮式“风光渔”融合项目“国能共享号”平台完成安装,填补全球漂浮式

7月,以首钢北冶公司和中国联合重型燃气轮机技术有限公司为专利权人的发明专利“抗蠕变、长寿命镍基变形高温合金及其制备方法和应用”获中国专利金奖

(首钢集团供图)

海上风电领域的行业空白，引领中国风电开发迈入深远海。“国能共享号”平台主要由“漂浮式风机＋养殖网箱”组成，是清洁发电和渔业养殖的创新融合。根据IACS国际船级社协会要求，船板及海洋工程用钢等产品需取得相应国家船级社型式试验认可后才能销售。首钢京唐钢铁联合有限责任公司、北京首钢股份有限公司营销中心等单位协同，结合市场需求，开展新产品开发，历经6个月成功突破技术瓶颈，解决特厚板－60℃冲击稳定控制的技术难题。F级高强船板顺利通过ABS、CCS、DNV三国船级社认证。本次供货的产品主要是DNV船级社高强船板，其中60至80毫米F级高强船板是首钢的首次供货，主要用于该平台项目风电套装底部法兰连接处，作为基础桩和塔筒的主链接结构，对风电塔筒和整个浮式平台的安全具有决定性作用。

（马　晓）

【获毛主席纪念堂志愿服务突出贡献单位】　12月27日，“青春志愿行奉献新时代”首都优秀志愿服务项目主题展示活动在北京汽车博物馆举办。首钢获“毛主席纪念堂志愿服务项目运行十周年突出贡献单位”，北京首钢股份有限公司刘祖安、首钢矿业公司蔡金城、首钢贵阳特殊钢有限责任公司牟迪、通化钢铁集团股份有限公司赫璐瑶、北京首钢国际工程技术有限公司郭兮、北京首钢建设集团有限公司白淏天、北京首钢机电有限公司许晓丽、北京首钢城运控股有限公司马志学、首钢技术研究院曾智、首钢发展研究院姜萌共10人获得“毛主席纪念堂志愿服务项目运行十周年优秀志愿者”称号。2023年是毛泽东同志诞辰130周年，也是首钢第十次派出毛主席纪念堂项目志愿者。7月，来自首钢各单位的23名青年志愿者，完成为期15天的毛主席纪念堂志愿服务活动。主要负责引导、扶老助残、蓝立方等12个岗位，为前来瞻仰、参观的全国各地群众及世界友人提供优质服务，以实际行动诠释“为主席站岗，为人民服务”的使命和担当。15天时间累计服务时长1932小时，接待团队3346个，帮扶轮椅、童车1032部，解答问题399次，接待瞻仰群众182317人次。自2011年共青团北京市委、毛主席纪念堂管理局共同启动毛主席纪念堂志愿服务项目以来，首钢始终按照严格选拔、优中选优的原则，将毛主席纪念堂志愿服务工作作为参与学雷锋志愿服务实践和青年人才培养、青年理想信念教育的重要平台。共选派10批230名优秀青年参与到毛主席纪念堂志愿服务项目中，帮扶轮椅、童车16000余部，接待团队26000余个，超220万人次，服务时长超过16000小时。

（马　晓）

【3项成果获北京市科学技术进步奖】

12月，《北京市人民政府关于2022年度北京市科学技术奖励的决定》公布，首钢牵头和参与的3项成果获北京市科学技术进步奖。其中，首钢集团有限公司、北京首钢股份有限公司参与完成的“新能源汽车用钢中大颗粒夹杂物控制关键技术”获得科学技术进步奖一等奖；首钢集团有限公司、北京首钢建设集团有限公司、北京首钢国际工程技术有限公司参与完成的“北京冬奥竞技型人工剖面赛道类场馆全流程可持续利用关键技术”和北京北冶功能材料有限公司完成的“金属密封用镍基高温合金冷轧薄带关键技术及产业化研究”获得科学技术进步奖二等奖。

（马　晓）

【京唐获评产业高质量发展影响力企业品牌】　12月，在“聚焦新质生产力，增强发展新动能”为主题的2023中国企业家博鳌论坛上，首钢京唐钢铁联合有限责任公司被评为2023年产业高质量发展影响力企业品牌；“坚持极致追求、强化系统创新，勇做绿色低碳发展的示范者”的经验做法入选“2023绿水青山就是金山银山实践案例”。首钢京唐钢铁联合有限责任公司落实新发展理念，持续推进节能减碳和环境改善，被列为第一批钢铁行业资源节约型、环境友好型企业创建试点企业，获得中国钢铁工业协会“中国钢铁工业清洁生产环境友好企业”荣誉称号。按照循环经济理念，集成应用“三干”技术、海水淡化、水电联产、烟气脱硫脱硝等一系列先进节能减排技术，对余热、余压、余气、废水、固体废弃物充分循环利用，实现资源节约、环境友好和为社会提供资源等功能。三座高炉实现55%以上大球比冶炼常态化稳定运行，以全流程极致降碳为技术核心，推进低碳战略。实施大废钢比冶炼工艺路径设计，转炉工序废钢比可稳定提高至40%以上，降低碳排放30%以上。构建全球首例“燃—热—电—水—盐”五效一体高效循环利用系统，创立冶金能源高效转化、梯级利用的新模式。被中国节能协会授予节能减排科技进步奖一等奖；获评国务院国资委碳达峰碳中和行动典型案例三等奖，列入工信部节水技术推广目录。

（马　晓）

【首钢12项成果在冶金行业获奖】

12月，中国钢铁工业协会发布2023年企业管理现代化创新成果名单，首钢12项成果上榜。其中，获得一、二、三等成果各4项。首钢《大型钢铁企业“一院多中心”研发体系的构建与实践》，北京首钢股份有限公司《“以数赋智”大数据应用助推企业智能决策管理》《钢铁企业“四化一体”采购全流程合规管理的创新与实践》，首钢迁安智新电磁有限公司《基于产业链协同的电工钢核心竞争力构建与提升》获一等成果；首钢《围绕高质量发展的组织绩效考核体系构建》《基于项目全生命周期闭环管理的投资评价的构建与实施》，首钢股份公司《基于功能、性能、精度　和质量一体化的设备与产品质量协同创新管理》，首钢矿业公司《矿山企业以智能矿山建设为手段建立全要素全流程提效管理体系实践》获二等成果；首钢股份公司《钢铁行业绿色生产管理评价标准体系构建与实施》《钢铁企业设备管理智能评价体系的构建与实施》，首钢京唐钢铁联合有限责任公司《践行精益管理理念构建钢轧一体高效运行管理体系》《干熄焦集群高效协同管控创新与实践》获三等成果。

（马　晓）

【首钢24项成果在北京市获奖】 12月,北京市企业管理现代化创新成果审定委员会发布2023年企业管理现代化创新成果名单,首钢获一等成果9项、二等成果12项,获评北京市企业管理现代化创新成果优秀组织单位,获北京市企业文化优秀成果3项。首钢《大型企业集团董事会分类建设的创新与实践》《提升大型国有企业监督与服务能力的境外审计管理》,北京首钢矿业投资有限责任公司《"一业多地、混合所有制"背景下"大监督"体系的实践》,首钢矿业公司《矿山企业智能化集成模式的创新实践》,中国首钢国际贸易工程公司《国有进出口企业基于数字化的财务BP创新与实践》,北京首钢建设集团有限公司《建筑施工企业项目结算全过程精益管控体系的构建与实施》《大型公建项目工程施工精益管理体系的构建和实施》,北京首钢自动化信息技术有限公司与首钢《信创背景下的企业数字基础设施集约化管理体系构建与实施》,北京首钢吉泰安新材料有限公司《新材料企业以提升新产品产业化效率为目标的管理实践》获一等成果;首钢《国有企业打造品牌党支部的创新与实践》《"新闻调查"报道方式探索价值提升的创新与实践》《推进党的领导融入公司治理的创新与实践》《应用行动学习加强中青年领导人才开发的创新与实践》,北京首钢股份有限公司《钢铁企业客户服务管理数字化转型的实践》《深化宣传思想文化大格局建设特色宣传文化增强企业软实力》,北京首钢股权投资管理有限公司《国有平台型公司开展股权经营提升国有资本效率效益的实践》《基于对标提升的管理创新机制构建与实施》,首钢集团财务公司《以提高资金效率为目标的集团资金结算管理体系构建与实施》《基于流程机器人技术的"数字化公司"构建与实施》,首钢京唐钢铁联合有限责任公司《基于产销研财融合的产品效益提升管理体系的构建与实施》,北京首钢实业集团有限公司《国有企业利用自持房产改造运营智慧公寓的创新与实践》获二等成果。北京市企业文化优秀成果获奖名单中,首钢获得一等成果1项、二等成果2项。首钢股份公司《深化宣传思想文化大格局建设特色宣传文化增强企业软实力》获一等成果;首钢《国有企业打造品牌党支部的创新与实践》,首钢京唐公司《新形势下国有企业"党管人才"工作新格局的构建与实施》获二等成果。

(马 晓)

【首钢实业获全国团餐大赛特金奖、金奖】 12月,在上海新国际博览中心举办的第四届全国团餐大赛上,北京首钢实业集团有限公司代表队在全国43支参赛队伍角逐中,获特金奖1项、金奖3项。首钢实业公司拥有丰富的餐饮服务行业经验,曾被评为"中国最具竞争力快餐服务十佳诚信示范单位",获北京市餐饮行业协会授予的"十大商务宴""十大婚宴"品牌和"感动服务之星"企业称号,被中国烹饪协会评为全国团餐十大知名品牌之一、中国团餐50强企业,被北京烹饪协会评选为北京餐饮企业50强,承担着首钢和北京市有关部门、院校及企业60余家餐厅的餐饮服务。

(马 晓)

【钢铁制造能力提升】 年内,首钢钢铁制造能力不断提升。追求"四个极致"、强化"四个制造",各钢铁生产基地共刷新月产纪录20次,铁钢材产量分别完成3194万吨、3358万吨和3362万吨。发挥产销研一体化平台作用,高端领先、战略产品和EVI供货量分别完成1356万吨、641万吨和406万吨。汽车板销量首次突破400万吨,国内市场占有率保持前三,主机厂供货比例50.7%、同比提升5.6个百分点。电工钢取向超薄规格产品增长29%,市场占有率保持领先;无取向新能源产品增长29%,实现国内销量前十的新能源车企全覆盖。镀锡板产品成功进入汽车零部件领域。9Ni钢首次应用于LNG陆地罐,管线钢供货"一带一路"重点项目,18米中板超长管线制管钢填补国内空白。

(马 晓)

【科技创新】 年内,首钢进一步完善研发体系,全年研发投入强度3.17%。6项产品国内首发,首发新产品产量同比增长78%;实现首创工艺2项、首开设备1台套。北京首钢股份有限公司打破国外技术封锁自主集成新一代环形炉,建成全球首条100%超薄规格、高磁感取向电工钢专业化产线,提前5个月投产达效。首钢京唐钢铁联合有限责任公司实现转炉流程50%大废钢比多炉连浇,长流程低碳生产工艺取得突破;MCCR产线实现1.1毫米吉帕级高强钢和0.8毫米薄规格产品批量稳定生产。推进开放协同创新,加入新材料大数据创新联盟、聚变产业联盟,新增联合实验室4个,参与国家纵向项目7个。制修订国际、国家、行业等标准66项,获专利授权1035件,"抗蠕变、长寿命镍基变形高温合金及其制备方法和应用"获中国专利金奖。获行业、省部级科技奖24项,其中一等奖8项。

(马 晓)

经济管理

经济管理

【概况】 石景山区发展和改革委员会(简称区发展改革委)是负责辖区国民经济和社会发展统筹协调、经济体制改革综合协调的区政府组成部门。区发展改革委贯彻落实区委、区政府决策部署,深入实施城市更新和产业转型发展战略,统筹做好"四个融合"文章、"五子"联动服务和融入首都发展新格局,高质量完成"十四五"规划中期评估,经济持续回升向好,实现质的有效提升和量的合理增长。全年地区生产总值完成1074.8亿元、同比增长7%。一般公共预算收入完成80.2亿元、同比增长8.7%。固定资产投资完成460.9亿元、同比增长4.6%。居民人均可支配收入实现91354元、同比增长5%。就业形势总体稳定,登记失业率3.7%。石景山区第五次获国务院老工业基地调整改造真抓实干成效明显表彰。连续4年获得"北京市价格监测工作先进单位"称号。

(苏永强 邓 磊)

【营商环境改革】 年内,石景山区出台《全面优化营商环境助力企业高质量发展实施方案》,完成市区两级优化营商环境85项任务。总结形成《2023年优化营商环境工作情况的报告》,向区人大常委会报告。持续加大优化营商环境宣传培训力度,累计组织宣传培训活动2000余场,覆盖企业2.3万家次。

(邓 磊)

【高精尖经济结构构建】 年内,区发展改革委落实高精尖五年行动计划,紧抓京西地区转型发展行动计划落地实施重大机遇,推动"1+3+1"高精尖产业体系、"一轴四园"重点产业功能区和"五子"联动融合发展,高精尖产业实现收入3161.3亿元,同比增长6.6%,金融、信息、文化产业成为三大千亿产业集群,科幻、工业互联网、虚拟现实(元宇宙)、人工智能等新兴产业加快发展,对区域经济贡献不断提高。

(邓 磊)

【重大项目建设】 年内,石景山区安排固定资产投资重点建设项目176项。中关村工业互联网产业园、北京银行保险产业园、调色板花园配套停车项目、北京市十一学校石景山学校新建工程、西山慢行步道等一批市级重点工程加快建设。争取市政府固定资产投资资金14.59亿元,支持北大附中石景山学校(新址)建设工程、五里坨一街道路工程等重大项目建设。通过重大项目支撑带动,全区投资保持平稳增长,完成固定资产投资460.9亿元、同比增长4.6%。

(李子菁)

【"十四五"规划中期评估】 年内,区发展改革委统筹组织"十四五"规划《纲要》及专项规划中期评估工作。"十四五"以来,全区大力实施城市更新和产业转型"两大战略",统筹做好"四个融合"文章,全力打造新时代首都城市复兴新地标,高水平建设首都城市西大门,"十四五"规划《纲要》提出的主要目标和任务总体进展顺利。47个专项规划全部完成中期评估工作。

(尚绪平)

【公共服务领域重点项目建设】 年内,区发展改革委聚焦公共服务领域短板弱项,加大统筹协调力度,全力推动重大项目规划建设。北京市十一学校石景山实验中学等2所学校建成投用,新增学位2940个,首钢东南区配套学校等3所学校取得可行性研究报告批复;五里坨精神卫生专科医院及苹果园等2个社区卫生服务中心加快建设,福寿岭休养中心取得核准批复,医疗康养服务设施布局不断优化;永引桥桥下空间改造提升等项目完成,模式口历史文化街区公共空间改造提升等3个项目纳入市级试点。

(张 宁)

【实施12项便民工程】 年内,区发展改革委安排建设资金5473万元,实施金顶街二区、西山枫林一区(西部区域)、站前楼、西山峻景、八千平甲4号院、重聚园、鲁谷街74号院、黄南苑、西引力、园林、京源路23号院11个小区环境改造提升及麻峪村供水管线改造12项便民工程,改善社区环境,推动"品质社区"建设。

(张 宁)

【"疏解整治促提升"专项行动】 年内,区发展改革委印发《石景山区2023年"疏解整治促提升"专项行动工作方案》,23项市级任务和53项区级任务顺利完成,巴威公司实现停产,治理桥下空间25处,规范治理围挡21处,创建"无违法群租房小区"5个,推动冬奥公园东北部、模式口历史文化街区、京门铁路石景山段沿线、西部浅山区生态文化廊道等重点区域环境品质显著提升,录制《向前一步》节目3期。

(马 岩)

【助力支援协作地乡村振兴】 年内,石景山区统筹安排市区两级财政资金1.21亿元,带动社会帮扶资金2260万元,实施55项市区两级项目,助力宁城县、莫力达瓦达斡尔族自治旗、称多县、竹山县、黎城县推进乡村振兴。

(李双全)

【依法行政】 年内,区发展改革委组织3人参加北京市行政执法资格考试,通过率100%;按照三项制度要求,推进法制审核和执法信息主动公开等工作。发挥法律顾问作用,完成协议、合同审核102件、规范性文件合法性审查和公平竞争审查14件、其他文件审核38件、法律咨询78人次。实施行政执法检查317起,其中"双随机"检查317起(在线检查270起、互动检查43起、线下检查4起),人均执法检查量79.25件。

(张 青)

【依法办理政府信息公开】 年内,区发展改革委办理依申请公开事项32件,其中区发展改革委主办23件、市发展改革委协办2件、区政务服务局协办7件;主动公开政府信息151条。

(张 青)

【经济领域改革】 年内,区发展改革委统筹推进经济领域改革专项小组改革任务,发挥专项小组工作职责,确定重点改革任务11项,涉及改革成果24项;完成改革任务进展情况月度报告12次;推进全国统一大市场建设,及时开展自查自纠,建立市区两级常态化沟通对接机制。

(张 青)

【公共资源交易】 年内,区发展改革

委强化全区各采购单位和招标代理机构开展政策宣传和进场业务培训，推进《北京市公共资源交易目录(2020年本)》内各类公共资源进场交易。全年区公共资源交易平台共进场交易946个，交易金额83.2亿元。

(张 青)

【提议案办理】 年内，区发展改革委办理市政协提案1件(会办)；区人大建议、政协提案办理任务33件，其中人大建议8件(主办1件、会办7件)、政协提案25件(主办4件、会办21件)。提前完成办理工作，均为A类，代表、委员满意率100%。

(张 青)

【价格监测】 年内，区发展改革委执行重要民生商品和服务价格监测报告制度，密切关注粮、油、肉、蛋、菜等生活必需品市场供应和价格动态，常态化开展价格监测单位巡视检查及价格调查，累计上报13万条价格监测数据，向市、区信息平台报送价格分析、巡视检查等各类报告百余篇。

(梁 宇)

【价格管理】 年内，区发展改革委在全市率先完成公办托育服务定价，为全区普惠托育服务试点工作有序推进奠定基础。会同区交通委等部门做好大型社会活动停车服务保障，春节及五一节假日期间核定八大处、模式口等4个区域临时道路计次停车收费价格，临时增加机动车停车泊位5700余个，有效缓解活动期间停车难问题。

(梁 宇)

【帮扶受灾区恢复重建】 “23.7”特大暴雨后，石景山区与门头沟区雁翅镇、潭柘寺镇签订结对帮扶协议，安排3200万元帮扶资金，实施门头沟区10个灾后重建“交钥匙”项目，安排900万元资金主动帮助房山区实施12个灾后重建项目，并组织开展产业、就业、公共服务等多元帮扶，帮助两区恢复发展活力。

(李双全)

经济和信息化

【概况】 石景山区经济和信息化局(简称区经济和信息化局)加挂石景山区大数据局(简称区大数据局)牌子，负责指导辖区工业、软件和信息服务业发展，统筹协调信息化工作，促进中小企业服务发展，同时履行区信息化工作领导小组办公室、通讯保障和信息安全应急指挥办公室的职能。年内，区经济和信息化局贯彻落实区委区政府各项决策部署，聚数字经济和产业转型升级，持续培育优质中小企业，统筹推进智慧城市建设，弘扬诚信文化，做好信息网络安全运维，完成各项既定目标任务。加快数字经济创新培育，落地航天科工智能产业园建设，展开算力中心项目建设，健全完善高精尖产业体系，加速发力工业互联网产业；加强优质中小企业培育，持续优化中小企业梯度培育体系，加大“专精特新”中小企业支持力度，落实企业减负开展账款清欠专项行动；推进智慧城市“4+4”体系建设，实现全区5G信号全覆盖，升级六大基础信息库，建设大模型政务领域创新应用，深度融合政务数据资源，筑牢网络安全屏障；持续推进社会信用体系建设，完善公共信用信息平台功能，升级信用石景山网站，打造行业领域“信用+”创新应用，不断优化营商环境。全年规模以上新一代信息技术企业累计实现收入1061.8亿元，同比增长26.8%；利润总额213.8亿元，同比增长179%。数字经济相关经济指标增势较好，核心产业实现营业收入1589.6亿元，同比增长10.2%。

(倪 莎 王 闪 金明东)

【信息化培训会】 1月12日，区经济和信息化局组织召开2023年第一次信息化工作培训会。讲解石景山区对财政投资信息化项目的管理流程，总结项目管理及建设方案编制工作中存在的常见问题，增强各部门对石景山区智慧城市建设规范要求的了解。同时部署2022年度石景山区政务资源目录确认工作，为进一步促进政务数据跨部门共享夯实基础。区政法委、组织部、公安分局、财政局、教委、卫健委等80个部门(街道)百余人参加培训。

(王继广)

【无线电频谱知识宣传活动】 6月21日，区经济和信息化局联合区通管办、玉泉西里西社区，共同举办“加强频谱管理，保护电磁环境——与生活息息相关的电磁波科普宣讲活动”，移动城三分公司、联通八区分公司、电信门头沟分公司、铁塔西区分公司参加本次宣讲活动。通过现场讲解电磁辐射知识、发放通俗易懂的通信基站环保宣传材料、解答群众疑虑等方式，结合日常生活案例，从科学角度向广大市民普及无线电和电磁辐射知识。

(王宇寰)

【无线电管理宣传】 9月22日，石景山区“全国科普日”主场活动的现场，区经济和信息化局专门设置无线电管理科普宣传展位，重点结合5G基站干扰协调、基站电磁辐射、重大活动保障等专用无线电频率使用安全，防范和打击利用无线电设备进行考试作弊等重点工作，面向公众和学生开展专题宣传。通过现场宣传标语，摆放宣传展板，发放《中华人民共和国无线电管理条例》、无线电管理宣传册和宣传品等多种方式，向群众科普无线电知识和无线电管理法律法规，围绕群众关心的业余电台、电磁辐射、无线电干扰等问题进行解答，积极与市民互动，通过形象、直观的图片现场宣讲无线电知识，增强广大市民尤其是中小学生对无线电管理知识的了解。

(王宇寰)

【信息化建设绩效评价培训会】 10月31日，区经济和信息化局会同区审计局组织召开全区信息化建设绩效评价分析工作培训会，52个部门及街道共100余人参加培训，培训重点围绕信息系统绩效评价和信息化项目资金使用情况核查等环节开展。

(王宇寰)

【智慧城市应用场景需求】 12月1日，石景山区首批8项智慧城市应用场景需求清单在“专精特新政策兑现会”上向社会发布。本次需求聚焦基础设施建设、人工智能应用、城市治理、领导决策指挥等关键应用场景，旨在畅通政企供需对接渠道，共同打造智慧城市场景创新生态和合作发展生态。

（王继广）

【“专精特新”政策】 12月1日，石景山区召开“领航新生态‘石’现新发展”专精特新政策兑现发布会。启动专精特新政策兑现。本次政策兑现企业219家，奖励资金3185万元，实现国家级小巨人、市级专精特新和创新型中小企业梯队全覆盖。其中以数字人民币方式发放政策资金2661万元，在全国率先以数字人民币方式发放创新型中小企业奖励资金。发布智慧城市应用场景解决方案需求清单。系区政府首次以“需求清单”形式集中向社会释放政府需求，推动产业发展和企业培育从“给优惠”向“给机会”转变，通过场景创新开放新模式，促进业务场景与前沿技术深度融合，加速新技术突破攻关与成果转化，持续推动智慧城市建设及相关产业发展。加强产品宣传与推广。北京银行推出专精特新企业金融服务方案，宣发专属线上信用贷款“领航e贷”；北京股权交易中心推介北京“专精特新”专板，鼓励更多优质中小企业在北京证券交易所落地。

（金云龙）

【电子政务安全运维保障】 年内，区经济和信息化局保障视频会议1100余次，检查网络设备400余台次、服务器3000余台次，成功阻断针对政务外网攻击40000余次，阻断并封禁对政务外网网络攻击的境内外IP地址1700余个。对电子政务外网服务器及业务系统进行漏洞扫描12次，渗透测试2次，扫描发现在线主机800余台，发现漏洞19000余个，均完成安全整改。全年石景山区电子政务网络安全平稳运行，圆满完成全国两会、服贸会、科幻大会等重大活动期间的网络安全保障工作。

（张　兰）

【区政务云】 年内，区经济和信息化局持续推进全区各部门信息系统入云，区政务云平台承载32个部门83个电子政务信息系统。全年完成4次政务云资源优化工作，大幅提高云资源使用率。

（张　兰　陈　伟）

【街道综合平台应用场景建设】 年内，区经济和信息化局依托街道综合平台，以八宝山街道为试点建设平台数智分中心，搭建街道数据底座，通过区级大数据平台，对辖区内居民、企业、房屋、视频监控、五级网格图层等近7万余条基础数据要素进行汇聚。以问题为导向聚焦电动车管理、门前三包、热线网格以及社区文化服务等多项应用场景。贯通辖区内实有人口、空间建筑地理信息、各项应用场景业务数据并进行关联分析，解决群众普遍诉求，诉求点位较高的社区诉求量同比平均下降达50%，居民认同感与归属感强烈。通过应用场景建设促进数治赋能基层治理，探索区街两级数智中心联动，推进跨部门、跨系统、跨层级的“平战结合”与融合共治。

（张　兰　陈　伟）

【视频共享服务平台应用】 年内，区经济和信息化局接入石景山体育馆体育场、模式口文化街、城市内涝易积水点及河道、河道精细化管理、森林防护、八宝山街道电动自行车充电监控共6类471路视频资源，最大化利用全区视频图像资源，提升综合城市治理工作中的能力，充分发挥视频图像信息管理系统在城市综合治理中的作用，促进政府部门管理能力延伸。截至年底，区视频共享服务平台接入视频监控1万余路。

（张　兰　张　媛）

【“京办”平台推广】 年内，区经济和信息化局推广“京办”平台在辖区的应用，完成“京办”平台84个区级机构及154个社区机构设置，面向委办局及街道组织开展10余次专项推广与培训。截至年末，石景山区共注册9456人，激活9456人，激活率100%，迁移各类工作群267个。

（张　兰　张　媛）

【大模型赋能智慧办公应用】 年内，区经济和信息化局为强化大模型技术与领域应用深度融合，启动协同办公大模型建设工作，推进开展大模型+政务办公应用场景建设。结合现有协同办公平台功能管理、查询系统内工作文档，实现移动端领导问数，电脑端文档撰写。年内初步完成30余万条公文、汇报稿、政务公开等相关内容汇聚及训练工作。

（张　兰　张　媛）

【《5G提升重点任务》印发】 年内，石景山区大数据工作推进小组印发《2023年石景山区5G基础设施提升重点任务》。《重点任务》明确，一是做好5G基站统筹规划。编制石景山区5G及未来基础设施专项规划，依托“多规合一”协同会商平台，对区内各重点工程内的5G基础设施规划设计进行联合审查。二是规范5G基础设施建设。对于新建住宅和商务楼宇，应落实通信工程项目报装申请，确保5G基础设施与主体工程同时设计、同时施工、同时验收并投入使用。依托市政道路、绿地建设的通信塔站，按照“规划牵引、联合审批、安全实施、长效运维”的原则，依据计划清单开展建设。三是加强重点场所5G网络覆盖。制定“241+”重点场景5G覆盖清单，稳步推进行政办公区、商务区、文化旅游区、产业园区、特色街区、交通枢纽、交通要道、重点医院、学校等重点区域5G网络深度覆盖。

（王宇寰）

【“企业大数据”模块】 年内，区经济和信息化局依托智慧办公平台领导Pad端推出“企业大数据”栏目，以天眼查数据为基础，可查询全国任意企业工商信息、股权结构、司法风险、经营风险、知识产权等信息。同时，通过汇聚各部门经济数据，经过大数据分析，实现查看该企业是否在石景山区纳统、纳税，是否属于石景山区专精特新、国高新等，以及企业的服务管家、领导走访、信用以及享受石景山区政策等情况。自年初上线，迭代更新8版，全区副处级及以上领导均可访问。年末，京办移动端的“企业大数据”进入试运行。

（王继广）

【数据专题培训】 年内，区经济和信息化局为落实《北京市数字经济促进条例》相关要求，提升各部门在工作中运用信息化手段解决实际问题能力，面向23个部门及街道组织开展第一批政务数据专题培训，培训课程包括大数据基础概念、常见技术、数据建模、可视化图表创建等内容。通过讲师授课、学员实操训练、结业测试等环节，30余人获“大数据分析师证书”。

（邱 君）

【大数据助力五经普】 年内，依托区经济运行平台的经济大数据，运用大数据技术开展多源数据校对、融合、加工，为区统计局提供全区6万余条法人、356栋商务楼宇及5000余家楼内企业的详细信息，全力服务第五次全国经济普查清查工作开展。

（王继广）

【全区感知设施摸底】 年内，区经济和信息化局按照市大数据工作推进小组《关于开展全市感知设施总量摸底和台账注册工作的通知》要求，完成辖区感知设施摸底和台账注册工作。各相关部门累计完成22918台感知设备上链注册，包括视频监控设施11571台、感知载体设施8414台、传感检测设施1889台、位置定位设施713台、视频解析设施331台。实现将分散的感知要素聚拢形成完整、清晰、客观的一套“感知台账”。

（王宇寰）

【“GDP调度”模块推出】 年内，区经济和信息化局推出“GDP调度”模块，服务经济调度。依托协同办公平台领导Pad端推出“GDP调度”模块，按月展示石景山区经济增长主要支撑指标情况，包括指标名称、占GDP比重、最新月份的GDP增速、本年度调度目标上限/下限、全年预计增速，以及最近3个季度的GDP完成值和增速等；二级页面展示近5年各季度的完成值、增速及行业排名前20的企业名单。该模块为区领导和区财源专班各成员单位主要领导开通访问权限。

（王继广）

【2企业入选工信部示范名单】 年内，易华录公司的“易数工场——数据要素融通服务平台”、中译语通公司的“基于科技知识数据和大模型应用的科创智能加速器”分别入选数据管理和流通领域示范的数据流通技术创新方向、数据管理能力提升方向的示范项目。易华录是中国华录集团旗下控股上市公司，搭建国家级研发平台2个，省部级研发平台8个，业务覆盖全国300多个城市，拓展至亚、非、欧三大洲。中译语通是全球领先的大数据和人工智能公司，2023年成功入选第五批“国家小巨人”，公司自主研发机器翻译、大数据、知识图谱、人工智能生成、人机交互和大模型等方向的关键技术，发布基于超大模型的多语言神经机器翻译、格物多语言预训练大模型等诸多前沿技术成果，是商务部、中央宣传部、教育部和中国外文局联合评定的“语言特色服务出口基地”，连续两年入选Gartner《全球人工智能机器翻译服务市场指南》中的全球人工智能机器翻译服务厂商。

（王继广）

【清理拖欠中小企业账款】 年内，石景山区收到中小企业款项支付投诉线索2条，其中确实存在欠款线索1条，办结率100%；可化解线索1条，化解金额17万元，化解率100%；线索逾期未反馈投诉量为0，逾期率为0%。

（李雅娜）

【“专精特新”企业发展】 年内，石景山新增国家级“小巨人”企业8家、市级专精特新企业99家、石景山区创新型中小企业251家。年末，石景山区共有国家级小巨人企业16家，占全市的2%；市级“专精特新”企业289家，占全市的3.7%；石景山区创新型中小企业292家，占全市的5.3%。

（李雅娜）

【归巢计划】 年内，区经济和信息化局引导企业实现注册地和实际经营地统一，推动异地注册、异地经营企业回归，向在外区发展的企业“游子”发出“归巢”的呼唤，集中对中海财富中心、首钢园商务楼宇、双创基地等优质载体及周边进行集体调研。18家企业将统计关系转回辖区。

（李雅娜）

【2家企业入选市服务站（试点）】 年内，石景山区2家企业成功入选市经济和信息化局公布的《北京市专精特新服务站（试点）名单》。2家企业分别是北京创业公社产业运营管理股份有限公司“创业公社专精特新服务站”和北京首狮昌泰运营管理有限公司“首钢基金·六工汇专精特新服务站”。

（李雅娜）

【获数据要素组全国第四名】 年内，经市经济和信息化局推荐，石景山区代表北京市参加国家2023年信用建设成果观摩会，获得数据要素组全国第四名的成绩。

（赵文慧）

【“信用+医疗”服务新模式】 年内，区经济和信息化局联合信医康公司共同开发信用医疗服务平台，对试点医院HIS信息系统进行改造升级，实现信用医疗服务平台与试点医院系统对接。引入阳光保险作为试点合作机构，探索形成“先看病、后付费、信用保险风险兜底”的信用就医模式。将信用就医服务对象扩大至医保、商保、自费等多种类型病人；推出信用家庭服务，解决全年龄段信用就医问题。与大同市进行“信用+医疗”专项合作签约，建立守信人群异地就医信用协同机制，率先实现跨区域互认。

（赵文慧）

【工业企业安全生产管理】 年内，区经济和信息化局拟定《2023年度石景山区经济和信息化局安全生产工作要点》。要点中明确要认真贯彻落实习近平关于安全生产工作的重要指示批示精神和市委、市政府关于安全生产工作的决策部署，依法依规做好2023年度石景山区本行业领域安全生产、火灾防控等各项工作，助力首都经济社会稳定，为石景山区发展创造良好的安全环境。制定《北京市石景山区经济和信息化局领导干部安全生产职责清单》。在产业政策、标准规范、行业规划等方面加强行业安全生产工作，淘汰落后工艺和产能，促进产业结构升级和布局调整，2023年完成北京巴布科克·威尔科克斯有限公司北京厂区生产环节退出。结合实际制定《石景山区经济和信息化局岁末年初安全生产隐患专项整治工作方案》《石景山区经济和信息化局安全生产专项整治深化年行动方案》《石景山区经济和信息化局安全生产和火灾隐患大排查大整治工作方案》,采取线上线下多种形式开展宣传解读、实地督导检查,推动行业领域专项整治。下发通知和安全提示39次,到企业实地检查410家次,覆盖率100%,查出并整改隐患33处。

(李奕僖)

【5G新基建任务完成】 截至年末,石景山区新开通5G基站80座,提前完成年度基站建设计划。至此,辖区共建设5G基站612座,实现全区5G网络全覆盖,为智慧城市建设提供有力保障。

(王宇寰)

【11家企业进入"专精特新"专板】 截至年末,石景山区有华科信安、亿新(北京)科技、鼎创环保、盛博蓝自动化等11家企业进入北京"专精特新"专板培育,其中3家孵化层,8家规范层,在全市各区排名第8。该专板是全国首家私募基金份额转让试点、全国首家认股权综合服务试点,率先落地挂牌新三板"绿色通道"机制,企业挂牌时间缩短一半。

(李雅娜)

【区协同办公一体化平台】 截至年底,区级办公平台共有53个模块及17大类47小类信息查阅栏目,党政事业机关共计84个部门使用平台,42个部门和9个街道应用至单位内部流程,实现全区大流程和部门小流程的无缝衔接。全力推进平台全面应用。年内新增5个部门应用至单位内部流程,新增用户982个,较前一年增长18.5%,日均访问量3000人次,较前一年增加16.6%。全年组织3次全区培训,17次专题培训。高效处理各类公文提升政府办公效率。平台全年处理各类公文138572件;会议管理模块下发会议通知1039条,完成549次会议组会;文件预审模块预审文件28519条;领导日程模块发布领导日程信息625条;区两会期间提交建议、提案信息371件;电子档案信息26047条;发布各类政务信息6899条。持续迭代平台各类功能。全年对各类建设模块进行400余次完善与调整,发布4个大版本、10余个小版本更新,新增10个功能模块,为16个部门建立17大类47小类的信息专报,全年共查阅信息30万余次。

(张　兰　张　媛)

财　政

【概况】 石景山区财政局(简称区财政局)是主管全区财政收支、财税政策、会计管理和财政、财务监督管理工作的区政府职能部门。设办公室(主体责任办)、人事教育科、预算科、国库科、行政政法科、教科文科、社会保障科、城建科、综合计划科、会计科、政府采购管理科、法制监督科、绩效评价科、行政科、财源建设科共15个行政科室;下属石景山区财政局预算编审中心(挂石景山区财源建设服务中心牌子)、石景山区财政局国库收付中心、石景山区财政局绩效考评中心、石景山区财政监督检查所4个事业单位。2023年,区财政局坚持以习近平新时代中国特色社会主义思想为指导,认真贯彻落实党中央和市委、区委各项决策部署,坚持以新时代首都发展为统领,发挥财政在构建发展新格局中的引导带动作用,坚持稳中求进,勇于改革创新,努力完成全年各项目标任务,推动区域高质量发展再上新台阶。

(田　雨)

【财政收支平衡】 年内,一般公共预算地方级收入完成171.2亿元,增长10.3%,超额完成市级确定的增长3.5%的任务目标。其中税收收入完成160.8亿元,占地方级收入的93.9%,收入质量保持较高水平。一般公共预算区级收入完成80.2亿元,首次突破80亿元,增长8.7%,完成预算76.3亿元的105.1%,加转移支付收入、上年结余、调入资金,一般公共预算总收入188.4亿元,增长38.1%。一般公共预算支出完成164.5亿元,增长35.6%,加上解支出、安排预算稳定调节基金、年终结余,一般公共预算总支出188.4亿元,一般公共预算收支平衡。政府性基金预算收入完成100.4亿元,加专项转移支付收入1.1亿元,调入资金6.1亿元,上年结余2.6亿元,地方政府新增债券0.57亿元,政府性基金预算总收入110.8亿元。政府性基金预算支出完成107.3亿元,加上上解支出、年终结余,政府性基金预算总支出110.8亿元,政府性基金预算收支平衡。国有资本经营预算收入完成0.1亿元,加上上年结余、转移支付收入,国有资本经营预算总收入0.3亿元。国有资本经营预算支出完成0.2亿元,加调入一般公共预算资金、年终结余,国有资本经营预算总支出0.3亿元,国有资本经营预算收支平衡。

(田　雨)

【重点投入】 年内,区财政局投入重点项目建设资金42亿元,支持老旧小区综合整治、政务服务中心和档案馆新建工程、养老院及助残服务中心建设工程、西山绿道建设工程等176个项目稳步推进。投入支持经济发展资金20亿元,促进高精尖产业优质发展,做大做强元宇宙、科幻、工业互联网、人工智能四大特色产业,全面提升产业体系现代化水平。投入教育资金25亿元,全力保障十一学校石景山学校、金顶街小学顺利开学,支持中小学及幼儿园改扩建项目,促进学前教育事业普及普惠,推进全区教育资源优质均衡发展。投入社会保障和就业资金34亿元,保障困难群众最低生活保障资金、养老津贴补贴资金和退役军人安置补贴顺利发放,稳步推进儿童福利院及救助站建设,提高社会救助水平。

(田　雨)

【预算编制与执行】 年内,区财政局编制2024年部门预算,按照规定的人员工资政策、预算定额标准和人员编制及有关资源占用情况进行编制,调整不符合厉行节约相关规定的预算,切实细化预算项目,确保部门预算的真实性和完整性。优化支出结构,把政府"过紧日子"作为常态化纪律要求,严控一般性支出和非重点、非刚性、非急需支出,兜牢兜实"三保"底线,发挥财政在构建新发展格局中的引导带动作用,扎实做好"六稳"工作,全面落实"六保"任务,完成全年各项目标任务，为辖区经济社会高质量发展提供有力保障。

（田　雨）

【国库集中收付】 年内，区财政局持续推动非税收入收缴电子化改革，通过非税系统累计收缴非税收入1.82亿元，占全区一般公共预算非税收入的87.76%。完善和深化公务卡结算制度改革，推进公务卡强制结算目录执行，系统内登记公务卡4187张，报销金额4911万元，进一步提高支出透明度。

（田　雨）

【预算绩效管理】 年内，区财政局深化预算绩效管理改革，坚持把“花钱必问效、无效必问责”的财政管理要求落实到位，出台预算绩效管理办法、财政支出事前绩效评估管理办法和部门预算绩效运行监控管理办法，建立分行业分领域预算绩效指标和标准体系，促进绩效与预算衔接融合。推动评审与绩效深度融合，增强预算控制力和约束力，全年完成财政投资评审项目303个，节约资金5.34亿元，审减率10.32%。

（田　雨）

【国有资产管理】 年内，区财政局强化行政事业单位资产的统一管理，依法依规编制《石景山区国有资产综合报告》，进一步摸清行政事业单位国有资产家底。深入推进国有资产改革，印发《关于建立公物仓制度加强闲置资产管理的通知》《关于进一步规范行政事业单位资产配置行为的通知》，切实提高国有资产使用效益。

（田　雨）

【政府采购】 年内，区财政局发挥政府采购政策功能，落实政府采购促进中小企业发展政策，全年授予中小企业采购金额13.04亿元，占采购总额51.19%。做好乡村振兴采购，全年实际完成采购金额1840万元，完成采购任务。

（田　雨）

【财政监督管理】 年内，区财政局加强日常政策指导和普法宣传，持续跟踪上年发现问题整改落实情况，完成会计监督检查、政府采购领域“四类”违法违规行为专项整治、代理记账行业违法违规行为专项整治等，实现各预算单位296个实有资金账户实时监管，推动财政预算管理更加规范透明。

（田　雨）

税　务

【概况】 国家税务总局北京市石景山区税务局（简称区税务局）负责所辖区域内各项税收、社会保险费和有关非税收入征收管理，设有征收管理科等18个科室、2个事业单位、11个税务所，共有干部职工487人。年内，区税务局共获得各类荣誉表彰18项，获上级领导批示肯定65次，获主流媒体刊载、报道47次。

（蒋梦薇）

【税收收入】 年内，区税务局完成各项税费收入339.38亿元，增幅11.8%（不含社会保险费）。完成税收收入326.32亿元，增幅10.5%。完成地方一般公共预算收入169.18亿元，增幅13.3%，规模占全区收入比重98.8%；完成区级收入80.24亿元，增幅6.9%，规模占全区收入比重100%。征收社会保险费157.13亿元，增幅8.4%。

（蒋梦薇）

【货物和劳务税管理】 年内，区税务局做好2023年增值税减税降费工作，确保增值税留抵退税、生产生活性服务业纳税人加计抵减、小规模纳税人普惠性减免政策落实落地。强化增值税发票管理，严格落实异常凭证管理规定，向税务所发送核查函提醒，涉及发票857份，参加市税务局异常凭证认定复核工作，涉及销方任务27户、购方任务6户。利用三级联动增值税发票风险快速反应防控机制，动态调整盯防领域，做好一址多照关联企业风险核查。全面提升出口退税工作质效，围绕稳定外贸部署要求，做好智能化审核相关试点工作，持续落实出口退税服务监管新机制。落实《出口审核指引》《出口函调指引》两项指引，优化审核管理思路，严格把控出口退税时限的同时强化风险应对举措。强化函调质量管理，有针对性发函，复函程序规范、结论准确，共接收核实函30封，复函61封；向上游企业发函34封，延期复函14封。全面梳理石景山区成品油消费税管理现状及企业经营情况，建立成品油企业管理台账，对全区79户成品油经销企业开展摸排，辅导企业规范开具成品油发票。重点开展加油站企业增值税纳税申报辅导，严防严控成品油涉税风险，实现全流程闭环监控。开展车辆购置税网上申报宣传辅导工作，辅导纳税人利用自助申报系统及电子税务局PC端、移动端等网报渠道申报缴税，4S店自助终端增至16户。

（蒋梦薇）

【所得税管理】 年内，区税务局做好2022年度企业所得税汇算清缴工作，按照市税务局统一部署，把握时间节点，稳妥推进汇算申报补税、退税。精准推送助力科技创新，通过统一工作平台实现税收优惠政策精准推送，1173户企业享受研发费加计扣除。强化非居民企业间接转让股权风险管理工作，及时有效管控税源，堵塞征管漏洞。完成2022年度个人所得税汇算清缴，录制推送2022年度个人所得税综合所得年度汇算宣传系列视频3期，不断拓宽政策宣传覆盖面；对510名汇算清缴重点人员全方位政策辅导，申报率达100%。多轮次联合窗口、中介机构等，以云课堂、直播互动的方式开展居民换购住房个人所得税退税新政培训，266人享受居民换购住房个人所得税退税。

（蒋梦薇）

【财产和行为税管理】 年内，区税务局强化土地增值税清算管理，依托内外部信息数据交换，通过实地考察走访辖区内房产项目，全面摸底清查项目底数共计80个。召开土地增值税清算工作推进会、清算审核研讨会，建立部门协同机制，推进科学清算，全年完成项目清算12个。落实绿色税收征管主体责任，搭建精诚共治平台，主动对接区住建委、区城管执法局、区生态环境局等部门建立沟通协调机制，商定施工许可等五大类信息交换内容及交换周期,开展信息交换13批次,涉及数据4大类1000余条,召开线下工作联席会7次,形成生态环境治理合力。以“税政+风控”模式为抓手,建立跨税种模型转化机制,聚焦数据波动监测预警线索,深挖税种间逻辑关系,创新“有契税无房产税”“企业所得税固定资产原值与房产税原值不符”等风险模型,切实降低税收风险。

(蒋梦薇)

【社会保险费和非税收入管理】 年内,区税务局制定《用人单位及灵活就业人员统一社会保险费征收模式工作方案》,明确六阶段56项工作任务。定期向区委区政府呈报统一社会保险费征收模式改革专报,会同区财政局、区人社局、区医保局等部门成立改革协调小组,定期会商工作难点堵点,分头落实各项任务;安排税务干部进驻区人社局、区医保局征收大厅跟班学习,定期汇报学习成果,摸索实战经验和部门衔接优化途径。推进长期护理保险试点探索,针对试点工作开展调研,系统梳理试点文件,摸底重度失能人员数量规模等数据,测算长期护理保险缴费金额,向长期护理保险收缴系统建设研提意见。抓好森林植被恢复费划转,盯紧1月1日划转时点,与区园林局提前对接,互联互通,规范资料传递流程,实时追踪划转后石景山区相关项目进展,推进业务对接和资料交接,实时登记,做好缴费入库和台账管理,扎好风险敞口,提升服务质效,持续推动划转工作无感落地。

(蒋梦薇)

【征收管理】 截至12月31日,区税务局有效管户(纳税人状态为正常、非正常、清算,不含组织临时登记、跨区税源登记及报验登记)为58352户。征管改革稳步推进,优化征管资源配置,完成个体进厅业务划转,提升窗口、税源所人事匹配度。试点“纳税人画像”,被市税务局深改专刊专期刊发。未办税户试点经验被税务总局领导批示表扬2次并向全国推广。金税四期逐步落地,成立金税四期工作领导小组,以全市第一的数据清理率先完成数据清理工作。组建专业测试团队进行46个项目模块1810人次测试,确保“统一身份管理平台”平稳上线。推广全面数字化电子发票,实现新办纳税人1小时开票,年内推广1.5万户。深入打造“智税石景山”,推进“非接触式”办税,优化“在线导办”“智能退税”等便民办税事项,电子税务局网上办理率综合排名全市第二。“5C+5R”半年综合评价结果排名全市第五,其中“5R”评价结果排名第一。

(蒋梦薇)

【办税缴费服务】 年内,区税务局连续十年开展便民办税春风行动,5批次109项工作进展率100%。服务保障2023年科幻大会和服贸会,中国税务报头版报道2次。打造“党委主导、区域共治、部门协同、税务所主创”集成化一体式枫桥税费服务模式,建成蒲公英工作室、税费争议老兵调解室,矛盾化解经验被3位区领导表扬并上报市政法委。上线“征纳互动”服务,在线辅导2285人次;引入“智能外呼”系统,精准服务超10万户次;特色宣传品牌“小山云课堂”线上培训18期,播放量4927人次;开展“数电票”可视答疑,直播观看量1.3万人次,实时互动976次。制定企业调研制度,走访重点税源企业100余次,办结涉税诉求60余项。深化“主动治理、未诉先办”,协助光大银行信用卡中心优化发票开具,诉求及咨询环比下降81%。政务服务“好差评”评价结果满意率100%,12366热线咨询满意率99.99%,非常满意和满意数量同比上升8.91%。

(蒋梦薇)

审　计

【概况】 石景山区审计局(简称区审计局)是对全区财政收支和法律法规规定属于审计监督范围的财务收支的真实、合法和效益进行审计监督,维护财政经济秩序,提高财政资金使用效益,促进廉政建设,保障石景山区经济社会健康发展的区政府职能部门。2023年,区审计局设办公室(主体责任办)、综合法规审理科(审计委员会办公室秘书科)、电子数据审计科、财政审计科、固定资产投资审计科、经济责任审计科、行政事业审计科、企业审计科、内部审计指导监督科。下设经济责任审计中心、内部审计指导中心2个事业单位。全年共完成各类审计项目32项。查出主要问题金额109843.99万元,其中违规金额252.74万元、损失浪费金额1096.69万元、管理不规范金额108494.54万元;非金额计量问题361个;损益(收支)不实1390.49万元;出具审计报告、审计结果报告、审计调查报告等41篇,被批示54篇次。审计处理处罚金额76499.16万元,其中应上缴财政款

4月12日,区税务局干部到航天云网调研问需　　(区税务局供图)

132.82万元、应归还原渠道资金11.99万元、应调账处理金额76354.33万元；移送纪检监察机关处理事项1件。审计促进整改落实有关问题资金27308.09万元；核减投资额326.84万元；审计提出建议246条，被采纳246条；推动被审计单位制定整改措施394项；促进被审计单位建立健全规章制度54项；提交审计信息102篇，被采用124篇次，向社会公告审计结果2篇。区审计局实施的《北京市石景山区生态环境局党组书记、局长王瑞超同志任职期间经济责任审计》获得市局优秀审计项目三等奖。

（夏山丹　吉香伊）

【区委审计委员会会议】　4月10日，石景山区委审计委员会召开中共北京市石景山区第十三届区委审计委员会第三次会议，审议《中共北京市石景山区委审计委员会2022年工作总结及2023年工作要点》《2023年审计项目计划安排》。8月4日，中共北京市石景山区第十三届区委审计委员会第四次会议召开，审议预算执行审计、经济责任审计、政府投资项目跟踪审计查出问题情况通报，以及2022年度区级预算执行和其他财政支出情况审计报告。

（夏山丹　吉香伊）

【财政审计】　年内，区审计局对区本级、古城街道办事处等6个重点部门和50个一级预算单位预算执行、决算草案和其他财政收支情况分别进行现场审计、数据审计，查出管理不规范金额26855.69万元。区审计局代政府向区人大常委会汇报《关于2022年度预算执行和其他财政收支的审计工作报告》《关于2022年度预算执行和其他财政收支审计查出问题整改情况的报告》。

（夏山丹　吉香伊）

【国有企业审计】　年内，区审计局开展国有企业国有资产管理使用情况专项审计调查和3家国有企业财务收支审计，重点关注区属国有企业改革任务落实、国有企业收入组织能力、国有资产管理使用、企业财务真实合法效益及风险管控等情况，推动国资国企深化改革，摸清区属国有企业国有资产家底，增强国有企业核心竞争力。区审计局代政府向区人大常委会汇报《石景山区人民政府2022年度企业国有资产管理使用情况专项审计报告》。

（夏山丹　吉香伊）

【经济责任审计】　年内，经区委审计委员会批准，区审计局对区委老干部局、区住建委、区人力资源社会保障局、区医保局、鲁谷街道、古城街道6家单位9名领导干部以及北京京石建业建设工程有限公司、北京石房投资管理有限公司、北京京石园景有限公司3家国有企业3名领导人员开展经济责任审计，促进科学发展和领导干部履职尽责、担当作为、廉洁用权。

（夏山丹　吉香伊）

【政府投资审计】　年内，区审计局完成对“石景山医院综合治理”“石景山区疾控中心实验室改造更新”等13个政府投资项目监督任务，并向区委区政府进行汇报；对北京方地大厦维修改造工程开展投资审计，对发现的问题要求被审计单位及时整改到位。

（夏山丹　吉香伊）

【专项审计调查】　年内，区审计局围绕教育、医疗、托幼、养老、便民等人民群众关心的问题，组织开展养老机构运营补贴资金管理使用绩效情况、普惠性幼儿园政策落实和运行绩效情况等4项专项审计调查，推动看好用好民生资金，办好民生实事。

（夏山丹　吉香伊）

【内部审计】　年内，区审计局印发《2023年内审工作指导意见》；在全区开展内部审计质量检查，组织全区56家一级预算单位和11家一级国有企业进行自查，重点对区教委、区集经办等10家单位进行现场抽查；组织全区内部审计工作培训交流会，梳理编制并讲解内审常见问题清单，有效提升内审人员的综合素质和业务能力；创新内部审计指导新模式，指定区园林局等3家重点单位，开展绿化资金等专项资金内审工作，拓展内部审计指导的深度。收到“护航企业发展，服务指导楷模”锦旗一面和感谢信一封。

（夏山丹　吉香伊）

【审计整改】　年内，区审计局按照立行立改、分阶段整改、持续整改三种类型细化审计整改分类标准，分类提出整改要求，合理确定整改期限，确保审计整改精准发力。综合运用现场检查、线上督办等方式持续加强审计整改工作闭环管理，组织开展审计整改“回头看”，重点对未整改到位的问题再督促、对已采取的整改措施再跟踪，巩固整改成效。加强与人大监督的协调配合，及时提供审计发现问题清单，协助区人大财经委确定下一步跟踪监督的整改重点问题、重点单位，并梳理审计查出问题整改情况，做好向区人大汇报的准备，以更强合力推动审计查出问题整改落实到位。

（夏山丹　吉香伊）

【重大事项请示报告】　年内，区审计局向市委审计委及其办公室报送重大事项10项。向区委审计委员会报送各类请示、报告、专报等48篇，其中47篇被批示。

（夏山丹　吉香伊）

【概述】　石景山区统计局、石景山区经济社会调查队（简称区统计局、调查队）是区政府负责综合统计和国民经济核算的职能部门，受区政府和北京市统计局双重领导。局队机关设办公室、综合科、人事教育法规科（主体责任办）、数据应用科、宣传科、执法检查科、工业城建和能源统计科、服务业统计科、商贸统计科、人口就业统计科、社会科技统计科、价格和住户调查科、调查一科、普查中心、调查二科。年内，区统计局、调查队认真学习党的二十大精神、中央经济工作会议精神、全国和全市统计工作会议精神、市委和区委全会精神及习近平总书记对统计工作重要讲话指示批示精神，紧扣市、区中心工作和重点任务，落实落细各项任务安排和工作举措，全面提升工作水平和数据质量，分析研究、数据服务、资料编辑和发布工作等各项工作都取得较大进展。

（李岱丽　马文君）

【第五次全国经济普查】　年内，区统计局、调查队扎实推进、有序开展石景山区第五次全国经济普查工作。区第五次全国经济普查领导小组办公室(以下简称区经普办)先后完成机构组建、人员选聘、经费落实、方案制定、业务培训、普查区划、底册制定、单位查找、数据审核、质量控制、宣传动员等方面工作。全区经济普查采取在9个街道和园区管委会分别成立普查机构的"9+1"组织实施机制,在区经普办的综合组织协调下,9个街道和园区管委会具体组织辖区(所属)范围内单位的清查和登记准备工作。落实普查经费、物资,制定普查指导员和普查员选聘及管理工作细则,完成近600名普查指导员和普查员的选聘工作,组织"两员"清查、登记阶段培训。"地毯式"开展单位清查,扎实做好普查对象查找比对、核查结果评估认定等工作。截至11月10日石景山区完成清查登记单位34590家,查找率64.5%;完成清查登记个体经营户3707家,查找率53.9%。

(张晓巍)

【2023年度人口抽样】 年内,石景山区按照全市统一部署开展年度人口抽样调查工作。涉及全区9个街道、133个社区、246个样本块,共计9840个住房单元。其中国家样本涉及6个街道、9个社区、9个样本块,360个住房单元。前期住房单元核查阶段,全区共核查建筑物5329个,住房单元106249个,其中,国家样本点建筑物121个,住房单元3760个。后期入户登记阶段,全区北京样本住房单元入户9480个,登记户数9732户;国家样本住房单元入户360个,登记户数366户。国家样本和北京样本共选聘指导员和调查员430人,全部采用调查手持电子采集设备PAD入户登记的方式进行调查。调查的实施时间从9月底至12月份,历经样本核查、住房核查和登记复查等三大阶段。根据北京市年度人口抽样调查工作联席会议办公室反馈数据显示:石景山区2023年年末常住人口为56.4万人,常住外来人口15.6万人,男性人口27.7万人,女性人口28.7万人;常住人口中0—14岁人口6.5万人,15—64岁人口40.3万人,65岁以上人口9.6万人;出生人口3496人,出生率为6.2‰;死亡人口5832人,死亡率为10.34‰。

(赵明利)

【统计宣传】 年内,区统计局、调查队及时准确报送各类统计信息宣传稿件。全年市统计局信息采用329篇,国家局工作信息网采用12篇,区"两办"报送平台采用121篇,局队在《中国信息报》刊登稿件5篇,《石景山报》刊登稿件7篇。微信平台全年累计发送139期、共156条内容,总阅读人数为100679人,总分享量共计3809人次,平均阅读数为645人。截至2023年12月31日,平台粉丝数为30271人。

(范一帆)

【统计执法】 年内,区统计局完成执法任务347家(含与区发改委、区市场监管局联合执法检查168家),其中常规执法检查120家、定报专项检查140家,非现场检查81家,迟报检查6家,无违法违纪和举报案件发生;全年共立案18家,其中简易程序处罚3家(均为警告)、不予行政处罚15家。

(张雪萌)

【专项调查】 年内,区统计局、调查队组织完成北京市统计局、国家统计局北京调查总队部署和部门委托及自主进行的《北京市城乡居民垃圾分类意识及现状调查》《2023年北京市中小微企业发展情况调查》《北京市2024年重要民生实事项目线索调查》《小微企业营商环境情况调查》《小微企业融资状况调查》《2023年中央企业全面从严治党民意调查》《2023年北京市全面从严治党民意调查》《石景山区全面从严治党(党建)工作考核民意调查》《石景山区商务楼宇物业管理服务情况调查》《2023年石景山区老楼加装电梯调研》《石景山养老助餐服务企业调研》等15项各类调查调研,调查结果成为有关部门进行决策的依据。

(罗　凯)

【统计调研】 年内,区统计局、调查队围绕需求时效,深度挖掘数据,加强统计调研工作。制定《2022年局队统计分析计划》,高质量撰写2022年局队调研分析报告共12篇。《关于石景山区人口趋势与经济协调发展研究》获市统计局"2021年度优秀统计分析报告评比"三等奖,《关于石景山区人口趋势与经济协调发展研究》《关于石景山区规模以上企业动态发展研究》《关于"十四五"时期中关村石景山园发展预测研究》《关于石景山区人口就业现状分析及"十四五"初期发展趋势预测研究》等4篇调研分析报告分获石景山区2021年度调研评比一二三等奖,编撰并印发《石景山2021年度优秀调研信息选编》。

(马文君)

【折子工程】 年内,区统计局、调查队承担区政府折子工程中涉及地区生产总值、固定资产投资、市场总消费、城镇居民人均可支配收入和万元地区生产总值能耗下降率等主要经济指标5项统计工作。全部按时限完成,为辖区经济社会发展提供统计支撑。

(马文君)

【统计服务】 年内,区统计局、调查队紧抓城市更新和产业转型发展战略,围绕重点指标、行业、领域,加强统计监测预警,定期召开经济形势分析会暨数据质量评估会。全年报送统计专报72篇,简明统计资料11篇,获领导批示43次。组织撰写"喜迎二十大 数说新时代 笃行向未来"系列统计专报9篇,获区领导重要批示。会同相关部门,完成《石景山区2021年度高质量发展有关情况》《石景山区高质量发展典型案例集》《石景山区关于"七有""五性"监测评价指标体系反馈意见》,并以区政府办名义印发。协助《数说北京》完成本区高质量案例解说视频拍摄工作。全力推进调查普查任务。持续推进石景山区第七次全国人口普查资料开发工作,围绕"疏整促"强化人口动态与变动趋势数据监测,完成每月人口动态监测报告,季度常住人口推算,增加七人普数据可视化平台。筹备第五次全国经济普查,组织开展对1383家单位的数据质量核查工作,高规格部署住户调查大样本轮换工作,有序组织开展2022年度人口抽样调查工作。全年完成中小微企业生产经营情况调查、北京市优化营商环境条例执行效果调研、垃圾分类情况等多项快速调查11项，开展价格监测、住户收支等调查。制定2022年石景山局队统计数据和信息发布计划，按时发布统计数据，发布《石景山区2021年国民经济和社会发展统计公报》，编印《石景山统计年鉴(2022)》《石景山区经济发展统计月报》。服务部门及民众数据需求，提供数据服务34万余笔。

(马文君)

【统计年报】 年内，区统计局、调查队完成统计年报及定期统计报表培训、布置、收审、评估和分析工作。根据疫情防控工作要求，完成2021年统计年报和2022年统计定报线上培训工作，涉及人员3000余人次。

(马文君)

【名录库管理维护】 年内，区统计局、调查队扩大准规模调查范围，严格执行"四上"单位审批规定，全年核查准规模单位1353家，新纳入定期统计单位224家，退出106家。

(隗京华)

市场监管

【概况】 石景山区市场监督管理局(简称区市场监管局)是石景山区市场综合监督管理的工作部门，负责辖区市场主体登记注册、组织和指导市场监督综合执法、监督管理、市场秩序以及产品质量安全、特种设备安全、食品药品安全监督管理和宏观质量管理、计量、标准化、检验检测、知识产权管理、价格监督管理等工作。设有23个内设科室、9个街道所、8个事业单位，1个市场监管综合执法大队(包含12个内设机构)。年内，区市场监管局围绕"强党建、稳秩序、促发展、保安全"工作主线，践行"首善标准 监管为民"文化理念，创先争优、真抓实干，实现石景山区营商环境不断优化、安全形势平稳有序、竞争秩序持续规范、质量提升高位推进、监管机制更加健全的良好局面。全年新设市场主体11216户，首次实现破万。市场主体总量达66129户，增长率居城六区第一。中电科、中铁建等70多家优质企业落户。建成全市首家区级知识产权公共服务平台。

(项 雷)

【市场主体登记】 年内，区市场监管局探索创新企业登记注册服务方式，打造"码上通"服务平台和"政策通"数据检索库两大数字化平台，实现登记注册便利化改革新突破。两大平台建立使用至年末，累计服务7万余人次，问题解决率与满意率均达100%，市场主体活力不断提升，全年新设市场主体11216户，同比增长25.4%，首次实现破万；市场主体总量达66129户，同比增长15.7%，增长率居城六区第一。中电科、中铁建等70多家优质企业落户。成功办理区内第一例涤除法定代表人登记业务，破解卸任企业任职难题，实现营商环境再提升。

(孙小革 张 琪)

【知识产权服务】 年内，区市场监管局建成全市首家区级知识产权公共服务平台，聚焦"知识产权"一件事，重点打造产业专利专题库、企业知识产权梯度培育、云上知识产权服务大厦。实施"强企培育"，高价值专利不断涌现。航天测控、中科海势获第24届中国专利优秀奖，北方工大获得第七届北京发明专利奖二等奖，首钢朗泽、东土科技获三等奖。航天智造、唐智科技被评定为国家知识产权优势企业；光年无限等10家企业被评定为北京市知识产权示范单位。打击侵犯知识产权违法行为，立案8件，罚款53.69万元。缩减行政案件办案周期至44.6天，同比下降44%。恶意抢注"'红婵'商标案"入选北京市知识产权行政保护十大典型案例。全年专利授权量5586件，同比增长3.8%；发明专利拥有量11847件，同比增长30.5%；每万人发明专利拥有量达到208.6件；PCT国际专利申请量610件。商标申请量为12692件，注册量为6877件，有效商标注册量累计达到8.62万件。

(李 勇)

【质量提升行动】 年内，区市场监管局强化政策扶持，将团体标准列入石景山区标准化工作专项资金资助范围，3家企业获北京市专项资金补助58万元；13家单位42项标准通过评审，向区政府申请标准制修订补助98万元。八宝山殡仪馆国家级服务业标准化终极试点项目以98.7分的好成绩顺利通过验收。通过双随机抽查、专项督查等形式加强计量器具监管，营造诚信放心的计量消费环境。

(张云作)

【公平竞争审查】 年内，区市场监管局召开2023年度石景山区公平竞争审查工作联席会议，总结全区2020年至2022年公平竞争审查工作，并部署下一阶段工作。对全区政策制定机关2022年出台的政策措施进行网络抽查，共抽查政策措施289份，其中涉及市场经济主体的政策措施19份，发现涉嫌违反公平竞争审查标准的政策措施4份，督促整改。开展石景山区2023年清理妨碍统一市场和公平竞争政策措施工作，清理整改涉及市场主体经济活动的政策措施2件，营造统一开放、竞争有序的营商环境。指导区公平竞争审查联席会议成员单位建立健全内部审查机制，将公平竞争审查纳入公文核发流程。

(陈 躜)

【反不正当竞争】 年内，区市场监管局牵头建立石景山区反不正当竞争工作联席会议制度，组织召开联席会议第一次全体会议，会议审议通过《北京市石景山区反不正当竞争工作联席会议制度》《北京市石景山区反不正当竞争工作联席会议工作规则》《北京市石景山区反不正当竞争工作联席会议2023年工作要点》。参加《反不正当竞争法》实施30周年宣传活动，开展线上知识问答活动，编辑工作指引，加强《反不正当竞争法》培训和指导。加大商业秘密保护工作力度，2家企业获"北京市第一批商业秘密保护示范基地"称号。

(陈 躜)

【打击传销】 年内，区市场监管局组织召开2023年度石景山区打击传销工作联席会工作会议，总结2023年全区打击传销工作情况，研究部署下阶段重点工作。排查经营性网站30个，核查无传销网络平台1个。开展“无传销社区”“无传销网络平台”创建工作,对辖区4个新增社区进行无传销社区的评定工作,召开“无传销网络平台”工作部署会。联合区教委深入石景山区幼儿园、实验幼儿园和古二小、苹二小、教科院附小等20余所幼儿园、中小学,通过摆放易拉宝、张贴宣传海报、发放宣传手册等形式对幼儿和中小学生进行传销预防的“零距离”宣传,增强中小学生远离传销的意识。对辖区2所高校在校学生进行针对性宣传,发放宣传材料360份。打造全链条校园打击传销宣传模式。

(陈　瓒)

【登管衔接和信用监管】 年内,区市场监管局召开全区“双随机、一公开”监管工作联席会,统筹部门联合双随机抽查,全年双随机抽查60批次、1801户,提升监管精准性;推进“6+4”一体化监管和综合监管“一码查”工作,实现检查任务分类留痕;推进年报工作,辖区企业年报率达94.8%,高于全市平均水平;印发《关于维持市场经营秩序 加强企业监管的工作意见》,打击市场主体提交虚假材料骗取登记行为,全年办理虚假登记撤销案件72件,虚假登记处罚案件26件。通过督促补报年度报告、纳税申报、变更登记事项、注销登记、吊销营业执照等方式开展清理长期停业未经营企业,办理成批吊销案件390件。

(李凤良　蒋新宇)

【“疏整促”专项行动】 年内,区市场监管局牵头开展全区无证无照经营和“开墙打洞”专项整治行动。北京市环保督察工作开展以来,依托无证无照经营和“开墙打洞”治理工作联席会议机制,对石景山全域闲置厂房、库房和拆迁腾退大院违规经营及污染环境问题开展专项行动,依职责排查各类点位121处,出动400余人次,检查350余户。在“无证无照”方面,加强源头管控、强化综合治理、严控反弹新生;推进亮照示范街区创建工作,以点带面,提升市场规范经营环境。同时结合服贸会等重大活动,紧盯食品安全、环境保护等重点领域,坚决依法查处关停无证无照经营行为,保持动态清零。在“开墙打洞”方面,落实好防反弹工作责任制,立查速办,保持动态清零。

(李凤良　蒋新宇)

【网络交易监管】 年内,区市场监管局推进辖区网络交易主体规范管理工作。综合运用线上线下约谈指导、合规培训等方式推进网络经营主体合规管理。结合“6·18”“双11”等重要电商促销节点召开行政约谈会2次,开展合规培训指导3次,发放指导材料130余份,督促平台企业把握合规管理重点,提升网络经营主体合规水平。联合区网信办、区应急局、公安分局、区教委等五部门联合印发《北京市石景山区落实互联网销售危险化学品专项治理行动实施方案》,组织各部门摸清底数、建立台账,打击辖区违法违规行为。全年开展各类网络市场监管专项行动11次,督促网络交易平台删除违法商品信息12条,责令整改网站6个次,依托总局智慧监管五级贯通系统检查处置网络交易问题线索8条,共计立案查处涉网违法违规案件121件,罚没款总金额128万余元。

(彭　宁)

【接诉即办】 年内,区市场监管局坚持接诉即办人人有责,未诉先办从我做起的理念,加强主动治理、未诉先办。加强与区指挥中心、属地街道的上下协同,形成工作合力;聚焦高频次、共性问题,强化对预付费、教育培训类经营主体的风险防控,促进民生重点领域消费纠纷及时化解。出台行政处罚案件执法权限划分及相关事项,进一步明晰职责分工,投诉举报工作依法顺畅推进。全年承办诉求工单31083件,响应率99.71%,解决率95.62%,满意率96.42%,平均综合成绩96.35分。

(屈向东)

【广告监管】 年内,区市场监管局贯彻落实习近平总书记“广告宣传也要讲导向”的重要指示精神,强化导向监管、智慧监管、信用监管、协同监管,加大互联网虚假违法广告整治力度。开展电视购物广告、报刊杂志监测43104条次。全年广告案件查处128件,罚没款合计131.76万元。牵头接诉即办“每月一题”。突出主动治理,聚焦未诉先办,通过“建机制、明规范、强标准、求实效”,率先在全市建立直播带货分级分类监管模式。开展广告经营单位安全生产工作。完成石景山区“企安安”台账内全部广告经营单位学习安全生产视频,做到培训工作“两个全覆盖”100%。

(李　勇)

【价格监管】 年内,区市场监管局组织开展2023年涉企违规收费专项整治工作,抽查检查政府部门、金融机构和市政公用服务部门累计7家次,指导相关单位规范收费行为,助力优化营商环境。牵头制定《2023年北京市石景山区教育收费自查自纠和重点抽查检查工作方案》,组织开展跨部门联合检查3次,市区联合检查1次,检查各类学校11所,督促退还费用约91万元。加大防汛救灾期间价格监督检查力度,密切关注汛期重点商品和服务市场价格,检查各类主体54户次,督促整改2户次。

(陈　瓒)

【餐饮品质提升】 年内,区市场监管局打造区级特色智慧监管共治平台,依托平台开展餐饮单位自查和执法检查任务。辖区食品经营单位全覆盖入驻,实现主体责任落实、许可证及健康证超期提醒、培训、制度记录素材一键查看下载等多种方式开展服务和监管。互联网+阳光餐饮稳步推进,实现后厨实况视频直播。持续优化餐饮业营商环境,探索“远程核查”,办结3件。辖区比上年同期新增餐饮168家,同比增长15%;其中新增连锁餐饮单位87家,同比增长31.5%。

(孙　毅　张　婉)

【食品流通监管】 年内,石景山区有食品生产企业2家,食品销售许可主体1557家,食品经营预包装食品备案2412家,小食杂备案875家。现有食品集中交易市场2家,市场内商户193户。办理食品经营许可新办166家,变更111家,延续67家,注销123家。持续加大食品安全抽检力度,生产、流通、市场共抽取样品816件,其中生产环节抽样3件，流通环节抽检735件，市场环节78件。规范三会备案（报告）及大型活动一件事等专业市场经营行为，全年开展各类展会、游园会备案及会前报告25件，指导规范40余件次。组织开展散装食品标签标识专项整治、夏季高风险食品专项检查、食品销售环节进货查验专项行动等多项食品安全治理工作，严格督促企业全面落实食品安全主体责任。全年检查流通领域食品经营主体1701户，检查次数2729次，检查集中交易市场160家次，检查食品生产企业5家次，查办流通领域违法案件99件，罚没款合计70.46万元。

（李紫亮）

【特种设备安全保障】 年内，区市场监管局加强大型游乐设施、客运索道等社会面特种设备安全隐患排查和治理，开展供暖前后特种设备安全专项整治、重要节假日特种设备安全大检查，大型游乐设施和客运索道、人员密集型场所专项检查，开展校园及周边特种设备安全整治。组织召开全区高风险电梯整治专项工作会，部署辖区16家使用单位130台高风险电梯消隐工作，实现超期未检动态清零。无特种设备安全事件和特种设备安全事故。

（彭 祎）

【市场监督管理】 年内，区市场监管局参加对重点金融风险主体联合检查21户、7次。配合“双减”工作，开展校外培训机构专项整治，共出动执法人员303人次，检查校外培训机构主体189户次，立案6件，结案2件，罚没款8.65万元。依法依规配合做好校外培训机构、金融风险主体登记管控工作。持续推进粮食市场秩序专项整治工作，立案1件，结案1件，警告处罚1起。加强格式条款违法行为执法打击力度。

（李洪庆）

【产品质量安全监管】 年内，区市场监管局按照全市安全隐患大排查大整治要求，开展电动自行车及蓄电池质量安全专项治理、燃气相关产品质量安全排查整治、违规电动三四轮车销售行为专项整治3个专项整治行动；对辖区35家电动自行车及蓄电池、73家燃气具经营主体开展专项检查，辖区内无电动三轮车经营主体。强化违法案件办理，从严查处经营性拼改装电动自行车及销售不符合相关标准燃气相关产品违法行为，全年共办理电动自行车各类案件25件、办理燃气相关产品案件19起，出具《责令改正通知书》44份，规范重点产品市场秩序，相关违法行为全部整改到位，形成监管闭环。全年开展市级抽样检查185组、开展区级抽样35组。其中，按月开展大气污染建筑涂料胶黏剂抽样12组、车用油品质量全覆盖抽样20组，学生校服16组，经检测全部合格；对25组抽样不合格产品经营主体立案查处以及责令改正。辖区总体产品质量安全、市场秩序平稳。

（张学功）

【检验检测认证认可监管】 年内，区市场监管局为强化检验检测认证领域事中事后监管，开展虚假认证专项整治行动及小微企业质量管理体系认证提升行动，将机动车、环境、食品检验等列入重点领域组织开展专项监督检查。按照全市火灾隐患大排查大整治专项工作，对辖区内10家认证机构、20家市发证检测机构开展“企安安”专项检查，及时录入检查情况，有效防范化解火灾隐患风险。开展市、区级双随机检查9家，其中环境类5家，抽查比为55.6%、机动车检测场1家，占比100%，食品、水质、工程类各1家，抽查总体比例为47.3%，超额完成市局抽查比例不低于10%的要求。与环保、公安对辖区内11家环境、机动车检测机构开展联合检查，增强检验检测机构竞争合规意识。按月对辖区唯一一家机动车检测机构开展记分制专项检查12次，未发现违法违规行为。20家检测机构全部签订《诚信守法承诺书》，压实主体责任。全面开展3C免办、强化消防、电热毯、儿童用品等民生领域3C重点产品监管。检验检测认证领域市场环境健康有序。

（张学功）

【生态环境污染防治】 年内，区市场监管局落实大气污染防治相关工作任务，落实全市《关于强化溶剂型涂料和胶粘剂挥发性有机物含量限值管理的若干措施》要求，对辖区16家车用燃油、49家建筑涂料胶黏剂销售主体及1家生产企业开展专项检查，对未标注北京市地方标准的相关产品责令下架，全部整改落实到位。开展垃圾分类工作，对商超、市场免费提供的可降解等塑料袋开展专项检查，开展塑料制品抽样23组，不合格6组，全部立案查处。全年检查企业1800余家次，其中与区环保、应急、消防部门开展联

7月28日，区市场监管局对革东市集市场内使用“生鲜灯”情况开展督导检查 （区市场监管局供图）

合“双随机”检查100余家次，完成全年工作任务。

(张学功)

【法制建设】 年内，区市场监管局研究制定2021—2025年法治政府建设工作方案，试行市场监管所事权清单，官网设立执法公示栏目，将职权清单、执法人员基本情况，执法检查计划、执法检查结果、依法行政工作年度报告、法治政府工作报告等行政执法相关基础信息向社会公示。2023年度，本行政执法机关共办理行政处罚案件2663件，一般程序案件2054件，简易程序609件；全年行政处罚、行政检查共触发本行政执法机关处罚职权1972项，违法行为纳入检查率100%。对轻微违法行为开展包容审慎监管，作出减轻、不予处罚案件275件，免罚金额1129.41万元。

招商引资

【概况】 石景山区投资促进服务中心(简称区投促中心)是区政府直属负责组织、管理、协调、指导全区招商引资工作的职能部门，属公益一类事业单位，机构规格为正处级。下设六部一室(投资信息部、投资公关部、投资服务部、投资项目部、贸易促进部、投资发展部和办公室)。2023年，在区委区政府坚强领导下，区投促中心坚持以习近平新时代中国特色社会主义思想为指导，深入学习宣传贯彻党的二十大精神，深入落实“两大战略”、做好“四个融合”文章，高位统筹招商引资指标任务、及时出台助企惠企政策、密集开展招商引资系列活动、精准精细做好企业走访服务，全面落实招商引资三年行动计划，全年统筹推动各部门引入高精尖企业1971家、同比增长107.9%，推动中铁建资本、一汽软件科技公司等重点企业落地，招商引资工作取得新成效。

(白烨晗)

【企业家座谈会】 1月10日，常卫与驻区企业家代表座谈。会上，李新介绍石景山区经济社会发展情况和2023年重点工作；中国电科、中铁建设、邮政卡中心、首钢基金、中关村通力、盛世顺景、日东升、福石控股、畅游天下等企业家代表先后发言，就企业经营发展情况、未来发展规划，并针对建立良好的企业发展生态、构建高质量产业发展体系以及推动区域经济社会高质量发展提出意见建议。

(白烨晗)

【走访企业】 2月3日，常卫带队走访中国电子科技集团有限公司。常卫表示，中国电科作为军工电子主力军、网信事业国家队、国家战略科技力量，在助推石景山区高精尖产业发展、科技创新引领加速转型升级、形成金融科技融合创新产业生态，打造国家高科技头部企业数字化、网络化、智能化标杆产业园区等方面做出重要贡献。身处“后冬奥时代”，石景山区将紧抓机遇，全面落实京西行动计划，深入实施城市更新和产业转型两大战略，加快“一轴四园”重点产业功能区建设，打造复兴新地标、建好首都西大门。

(白烨晗)

【市贸促会到区座谈交流】 2月9日，区委书记常卫与市贸促会党组书记、主任郭怀刚座谈交流，区委副书记、区长李新主持座谈会。市贸促会领导朱家亮、张秀峰，区领导刘海涛、李先侠、李文化参加活动。郭怀刚表示，市贸促会与石景山区建立战略合作关系，将进一步加强沟通联系、交流合作，聚焦国际贸易投资促进、国际商事法律服务、国际会展业促进、国际经贸多双边合作、国际经贸应用型智库建设等方面优势，服务石景山区开展外向型招商引资，为驻区中小企业牵线搭桥，为石景山区高质量发展、建设国际交往中心城市贡献力量。常卫表示，石景山将紧抓与市贸促会深入合作发展机遇，用好贸促会平台，推动石景山区城市更新和产业转型战略实施、国家级产业转型发展示范区建设等各项工作再提升。加速发挥贸促作用，统筹利用自身资源，积极开展以会兴业，积极参与市贸促会组织各项活动，以会展活动推动更多企业和“两区”项目落户石景山区，培育打造产业平台，助力区域经济社会发展。加强对接市贸促会，在充分利用外资、梳理“两区”发展思路方面求得工作支持与指导，补短板、强弱项，集合各方资源开展对外招商，形成一批标志性成果，为首都经济高质量发展作出更大贡献。

(白烨晗)

【石景山区推进经济高质量发展大会召开】 2月28日，石景山区推进经济高质量发展大会召开。会上，区政府向首钢集团、光大信用卡中心、抖音视界等20家企业颁发“石景山区2022年度经济发展突出贡献企业”牌匾，向10位获授“景贤卡”的人才代表进行表彰，并和首钢集团分别与8个招商战略合作伙伴代表、20个招商引资项目代表以及10个新首钢园区项目代表进行签约，投资金额近200亿，首钢集团、中国电科、“景贤人才”代表及区发改委分别发言。

(白烨晗)

【参加2023第十届世界雷达博览会】 4月13日，2023第十届世界雷达博览会在石景山区首钢会展中心举办。李新参加开幕式并致辞。李新表示，石景山区将借助此次大会召开契机，与博览会组委会紧密对接、通力合作，大力培育发展新兴产业，优化资源要素配置、完善创新发展生态、激发市场主体活力，为培育发展新兴产业提供一批特色园区等载体空间，将以更大决心、更实举措、更优服务助力企业发展，力争促成更多“两区”项目落地，打造国家级产业转型发展示范区，高水平建设好首都西大门。

(白烨晗)

【市投促中心赴石景山区调研】 5月15日，北京市投资促进服务中心副主任苏宏一行赴石景山区开展营商环境调研工作，副区长李文化陪同调研。实地调研中关村科幻产业创新中心，听取全景声、凌云光等公司发展情况及对营商环境的建议。苏宏表示，市投促中心和石景山区将在宣传推广、项目落地、企业服务等方面进一步加强市区联动，促进更多优质项目落户石景山。

(白烨晗)

【民营企业家座谈会召开】 9月1日，召开民营企业家座谈会，会议由李新主持。会议邀请现代金融、科技服务、新一代信息技术、数字创意、商务服务、工业互联网、科幻等高精尖产业的民营企业家代表参加。会上,企业家代表围绕石景山区产业转型、纾困融资、产权保护、人才引进、支持零售业民营企业发展等提出意见建议。

(白烨晗)

【参加投资北京会客厅活动】 9月2日,李文化受邀参加"投资北京会客厅"活动。以直播访谈的形式现场推介石景山区良好的合作机遇、合理的产业布局、充足的载体空间、实惠的助企政策、完善的服务体系、丰富的应用场景,全面展示区域转型发展成效和良好的营商环境。李文化表示,石景山区正处于融入首都发展新格局的战略机遇期、转型发展的攻坚期和城市复兴的关键期,石景山区将始终秉承强区之路、贯彻服务为本,全力打造政策洼地、开放高地和投资创业首选地,让企业安心投资、舒心创业、放心发展,持续助力企业做大做强。

(白烨晗)

【参加第17届创新科技大会】 10月25日,第17届创新科技大会在石景山首钢一高炉·SoReal科幻乐园举办。李新参加开幕式并致辞。李新表示,石景山区大力实施城市更新和产业转型"两大战略",统筹做好"四篇文章",前瞻布局未来产业,加快前沿技术攻关和成果转化,积极构建未来产业创新发展生态。聚焦人工智能、科幻、虚拟现实等新领域新赛道,推动中关村工业互联网产业园、虚拟现实产业园、通用人工智能大模型产业发展集聚区等特色园区建设。石景山区不断优化营商环境,创造科技创新良好生态,为企业创新发展强基赋能,邀请各参赛企业和创投机构走进石景山、投资石景山,共同推动区域经济高质量发展。

(白烨晗)

【顶层设计】 年内,石景山区产业发展领导小组办公室起草印发《石景山区产业发展领导小组2023年工作要点》、任务清单和项目清单,筹备召开5次产业发展领导小组会议,按照"清单化管理、项目化推进"原则,举全区之力抓产业发展,把推动产业转型作为全区经济工作的战略支撑。

(白烨晗)

【招优引强】 年内,区投促中心紧抓京西行动计划落地实施的重大机遇,深入实施《石景山区招商引资工作三年行动计划(2021－2023年)》,促进招商引资工作高质量发展。全年统筹推动各部门引入高精尖企业1971家、同比增长107.9%,推动中铁建资本、一汽软件科技公司等重点企业落地。

(白烨晗)

【推动中国电科智能科技园建设】 年内,加快推动中国电科智能科技园建设,发挥重点产业园区集聚效应,引入中电科二三级公司31家,全年实现全口径税收约10亿元,区级税收约2.2亿元。

(白烨晗)

【开展京外、境外招商】 年内,区投促中心制定京外境外招商引资工作方案,赴意大利、德国、新加坡,和香港、成都、重庆、长春等地开展招商活动,与米兰华侨华人工商会签订合作协议,推动京外企业在区设立中电科网空院、吉大正元等子公司,设立首个京外招商工作站点——"北京市石景山区驻香港投资促进工作站",成功引进北京首景投资有限公司等企业落户。

(白烨晗)

【服务企业】 年内,区投促中心印发《关于开展2023年度"服务包"企业联系服务工作方案》,开展"服务包"企业联系走访活动。组织开展企业家座谈会、各类政策解读及相关培训活动50余次。全年走访"服务包"企业562家次,为235家企业制定服务措施615项,主要集中在人才引进、项目申报、配套服务等方面,解决率、满意率均为100%。

(白烨晗)

【云招商平台】 年内,"掌上石景山"投资促进小程序累计用户数2.22万人,引入高精尖企业13家,累计注册资本金达7459万元,其中市级"专精特新"企业1家,央企三级全资子公司1家,外资企业1家。

(白烨晗)

国有资产管理

【概况】 石景山区国有资产监督管理委员会(简称区国资委)贯彻落实区委区政府各项工作部署,以确保国有资产保值增值为目标,以稳步推进区属国有企业市场化改革为引领,不断推进国资国企高质量发展。年内,区国资委各级次区属国有企业77家,其中一级企业11家,二级及以下企业66家。截至年末从业人员数2548人,资产总计575.79亿元,负债总计350.57亿元,所有者权益225.22亿元,累计实现营业收入42.78亿元,实现利润总额0.75亿元,上缴税费2.42亿元。

(魏 然 杨 洁)

【国企改革发展】 年内,北京中关村工业互联网产业发展有限公司以17.7亿元成功竞得1606－605地块国有土地使用权。北京实兴集团有限公司与北京市公联公路联络线有限责任公司、北京城建集团有限责任公司联合成立北京公联鼎宸交通枢纽建设发展有限公司承建苹果园综合交通枢纽二级开发项目。北京万商投资发展集团有限公司出资2700万元与北京京源景阳科技有限公司、北京华钻智达科技有限公司共同成立北京万商景阳酒店管理有限公司投资运营北京燕山大酒店项目。石景山区国有资本投资有限公司全资子公司北京石景山产业发展有限公司认缴120万元投资北京信联云数据技术有限公司,占股12%,由北京信联云数据技术有限公司承担京津冀晋联合信用实验室建设和业务规划工作。北京市地铁运营有限公司以减资退股的方式退出北京燕金源置业有限公司全部股权(0.99%)。北京石泰集团有限公司模式口大街修缮改造与环境整治项目获得国家开发银行北京市分行15亿元融资。北京石景山游乐园有限公司投资4800万元实施神舟号过山车、丘比特过山车、双层皇家转马三个项目升级改造。

(张 智)

【支援协作】 年内,区国资委继续与内蒙古自治区呼伦贝尔市莫力达瓦达斡尔族自治旗和赤峰市宁城县开展支援协作工作，与莫旗尼尔基镇保持结对关系。制定印发《石景山区国资委2023年支援协作工作方案》，通过实施产业项目、结对帮扶、消费帮扶等方式，全力推动支援协作各项任务落实，助力当地产业发展。区国资委统筹实施莫旗城投公司高标准生猪生态养殖示范基地项目（二期）、内蒙古自治区呼伦贝尔市莫旗尼尔基镇肉制品加工基地7000平方米新建项目、结对帮扶等5个项目，组织7家区属国有企业结对莫旗7个村、宁城4个村。组织区属国有企业参与社会帮扶资金筹集和消费帮扶等工作，在辖区率先完成1200万元筹集任务，完成采购帮扶产品共计18.67万元。

（高露阳）

【国有资本经营预算】 年内，区国资委根据《石景山区国有资本经营预算管理暂行办法》和《石景山区国有资本收益收缴管理暂行办法》，全面开展石景山区国有资本经营预算各项工作。国有资本经营预算收入为1217.44万元，其中上缴市财政112.08万元（纳入划转充实社保基金）、区级国有资本预算收入为1105.36万元。国有资本经营预算支出为2741.23万元，包括上缴一般公共财政预算822.37万元、资本性支出897.36万元、费用性支出93.5万元、其他支出928万元，其中资本性、费用性和其他支出方向主要为解决国有企业历史遗留问题及相关改革成本支出、国企改革与转型发展专项资金等。

（杨　洁）

【践行国企社会责任】 年内，区国资委持之以恒做好系统接诉即办工作，参照市属企业和其他兄弟区承办模式，完成工单派发模式调改，印发《石景山区国资委系统接诉即办考核办法》，压实企业主体责任，加大企业考核结果在企业负责人经营业绩考核中的比重，强化奖惩。区属物业企业组成区属老旧小区有机更新联合体，主动对接石景山医院家属楼、依翠园南、七星园北等老旧小区有机更新。京石建业公司实施六一小学教工楼小区老旧小区综合整治项目、西黄新村北里（5、6、9号楼）综合整治工程，施工面积27288平方米，惠及205户居民。盛景嘉和公司承接广宁街道合公馆、金顶街四区教工楼等住宅物业服务项目、石景山区实验幼儿园、石景山区管委等物业维修服务项目。

（魏　然）

【支援门头沟区重建】 年内，区国资委响应区委区政府号召，全力做好国企资源统筹和人力物力调配，京石建业公司奔赴雁翅镇、潭柘寺镇开展结对帮扶灾后重建工作，为当地开展自备井挖掘、清理疏通水井等，打通老百姓的“生命通道”，完成灾后援建项目建设任务；组织万商集团启动青年公寓平战转换机制，全力做好安置人员服务保障准备；万商集团、石房公司、保险园公司捐赠生产生活物资，共计约10.21万元。

（魏　然）

国有资产经营

【概况】 石景山区国有资本投资有限公司（简称石国投公司）主要职能是以国有资本投资、产业促进、融资服务为主。有出资企业28家，公司下设资本运营部、基金管理部、资产管理部、资产经营部（安全生产部）、财务部、人力资源部、审计部、办公室、党委办公室、纪检监察办公室10个职能部门。年内，按照区委区政府及区国资委的要求，石国投公司围绕石景山区城市更新和产业转型两大战略，助推区域经济社会健康发展。全年实现收入总额7.02亿元，实现利润总额0.37亿元，资产总额139.71亿元，所有者权益99亿元。

（高广昊）

【城市建设】 2月8日，石景山区苹果园交通枢纽商务区土地一级开发项目1604－631－2、1604－634地块R2二类居住用地、A334基础教育用地通过挂牌方式成交，竞得人为青岛康景实业有限公司。最终成交价为25.99亿元，实现辖区土地交易市场“开门红”。11月24日，《苹果园交通枢纽商务区土地一级开发项目（北区）私有住宅房屋搬迁补偿方案》《苹果园交通枢纽商务区土地一级开发项目（北区）公有住宅房屋搬迁补偿方案》《苹果园交通枢纽商务区土地一级开发项目金顶山村搬迁工作专班方案》经政府常务会审议通过。

（高广昊）

【城市更新】 9月19日，区住建委发放北京市建设工程竣工联合验收通过意见书，标志着海特花园50号楼公建楼进行装修改造项目完成消防备案、竣工验收工作。通过低效楼宇升级改造“腾笼换鸟”，引进符合石景山区高精尖产业发展方向的优质企业，确保楼宇提质增效、国有资产保值增值。

（高广昊）

【产业升级】 11月20日，石国投公司为促进数字产业发展和信用应用创新，其全资子公司北京石景山产业发展有限公司与北京信联云数据技术有限公司签订《投资协议》，北京石景山产业发展有限公司投资120万元，与天津、河北、山西四地国有企业共同建设京津冀晋信用科技实验室。全年，石发展公司累计投入2.71亿元支持中关村工业互联网产业园核心区项目建设。

（高广昊）

【产业促进】 年内，石国投公司全资子公司北京石景山产业发展有限公司与华为云计算技术有限公司共建华为（北京）虚拟现实创新中心，围绕AR和VR直播应用、云服务、数字人生产等方向，首年使用1822.17万元支持石景山区内21家企业技术发展，吸引18家重点企业落地石景山区。全年，北京石景山产业发展有限公司累计为17家石景山区重点企业兑现对企奖励政策资金共计9907万元。为企业提供“真金白银”的补贴，持续提振市场预期和信心。

（高广昊）

【资本投资】 年内，区政府引导基金出资设立赛富工业互联网基金、商汤元宇宙基金、中文在线基金等3只子基金，投资壹心科技和达尔文生物2个直投项目，全年对外认缴出资1.95

亿元,撬动、放大其他社会资本形成的投资规模达到12.94亿元。全年吸引渲光科技、远舢智能、壹心科技、达尔文生物、中文在线写作大模型等科技项目落户辖区,助力产业升级。

(高广昊)

集体经济

【概况】 石景山区人民政府集体资产监督管理办公室(简称区集体资产监管办)是负责监管集体经济组织的资产保值增值、集体资产基础管理、安全生产工作,指导本区集体经济组织的改革、现代企业制度建设的区政府工作部门。内设党建办公室、行政办公室、改革发展科、集体资产监管科、财务审计科、人事权益科、综合管理科7个科室。年内,区集体资产监管办围绕贯彻落实党的二十大精神,集体产业重点项目,招商引资,加强制度建设规范集体经济运行,对口支援和结对帮扶,接诉即办,集体租赁房项目建设,安全生产和依法行政等工作,保障集体经济系统平稳健康发展。全年系统总收入19.64亿元,同比增加18.6%;利润总额2.54亿元,同比增加80.1%;应交税金完成1.42亿元,同比增加12%。

(蒋 佳)

【集体产业重点项目】 年内,五里坨便民服务中心项目完成地下结构施工和钢结构主体封顶。八宝山集体土地租赁住房项目通过室内装修专家评审,五里坨集体土地租赁住房项目完成外立面装饰及电梯安装。

(蒋 佳)

【招商引资】 年内,区集体资产监管办成立集体经济系统招商引资工作领导小组,经与区投促局、区商务局等相关部门沟通对接,对集体经济组织进行招商引资政策培训,全年成功引入企业59家。

(蒋 佳)

【集体经济多元化经营】 年内,金石腾飞部分返还物业改建为保租房,中交天泰山营地投入运营,景阳天昊参与投资燕山大酒店,向阳亨泰共同经营“百姓+”生鲜供应连锁店。

(蒋 佳)

【制度规范化建设】 年内,区集体资产监管办出台《集体资产监管办内部控制制度汇编》《内部控制手册》,制订落实工作方案,督促指导各集体经济组织建立健全企业管理制度。落实合同管理和对外投资管理制度,全年共收到集体经济组织备案经济合同571份,预审通过合同180份。开展集体资产监管提质增效专项行动,对集体经济组织运行管理、合同管理、财务管理、债权债务管控、承接工程项目管理等存在的问题检查整改,共检查整改6个问题。

(蒋 佳)

【土地资源管理】 年内,区集体资产监管办落实区规自分局领域督查整改,集体经济系统所涉14个点位均完成或基本完成整改。配合完成2022年度违法卫片所涉及9个项目的整改。推进集体土地委托管理续租工作。配合街道完成无违法建设区复评。督促完成农村乱占耕地整改和耕地流出问题整改。配合完成辖区水域、河流、沟渠等点位的确权工作。

(蒋 佳)

【安全生产】 年内,区集体资产监管办开展3892次安全生产检查,检查生产经营单位7104家次,出动检查人员12635人次,排查出隐患2223处,全部完成整改。

(蒋 佳)

【信访维稳】 年内,区集体资产监管办共接待来访群众152批331人,其中集体访9批138人,发出受理告知书7份,答复意见书7份,告知书36份,办理网上信访件102件次,主动约访9批21人次。

(蒋 佳)

【就业安置和专项补贴】 年内,区集体资产监管办完成集体经济系统农转居劳动力就业统计,劳动力人员2929人,综合就业率100%。完成农转居人员6项补贴统计发放工作,发放资金978.71万元。

(蒋 佳)

【对口支援和结对帮扶】 年内,区集体资产监管办赴称多县实地开展对口支援考察调研,跟踪巩固往年帮扶项目成果,按时完成100万元社会资金筹集任务。开展与密云区结对帮扶,葡萄园村民宿产业项目启动建设。完成年度500万元区级财政帮扶资金的拨付。

(蒋 佳)

【接诉即办】 年内,区集体资产监管办对接诉即办难点问题专项研究,对历史遗留问题“一案一策”,推动八角中里8号楼房产证办理等群众关注工单的办理。全年承办工单1584件,均办结完毕。

(蒋 佳)

烟草专卖

【概况】 石景山区烟草专卖局(公司)实行“统一领导、垂直管理、专卖专营”的经营管理体制,承担全区烟草经营业务、净化卷烟市场、规范烟草经营秩序、对辖区烟草专卖品经营企业实施全面监管职责。内设8个科室,有职工54名,其中处级干部5名,科级干部17名,党员32名(含1名预备党员)。2023年,区烟草专卖局(公司)坚持“总量控制、稍紧平衡,增速合理、贵在持续”十六字方针,统筹做好疫情防控和生产经营,确保经济运行平稳,全面做好市场监管和各项工作落实,推动企业高质量发展。被授予2022年度纳税信用A级企业。20篇学术论文、党建论文获得全市奖项,其中一等奖1篇、二等奖2篇、三等奖4篇、优秀奖13篇。党建论文获得北京烟草政研会党建论文多项奖励,其中一等奖1篇、优秀奖3篇。区烟草专卖局(公司)质量信得过班组《夯实基础管理 激发创新活力 打造石景山烟草卓越服务班组》获北京质量协会二等奖,QC小组课题《构建外流风险客户识别监管体系》获北京烟草年度创新课题三等奖,精益管理项目《打造“和美便利”品牌店探索卷烟营销新模式》获全市第六,客户服务“金点子”北京烟草征集活动获二等奖1个、三等奖2个。

(甄 珍)

【"三无"电子烟联合执法】 1月至2月,区烟草专卖局(公司)联合区市场监管局开展对"三无"电子烟的联合执法行动,共出动执法人员35人次,检查电子烟相关经营主体32户次,其中24户为辖区现有电子烟持证户,8户为电子烟历史销售户。检查中查处电子烟案件1起,查获违法电子烟产品262个,案值1.34万元,清理电子烟违法广告标牌1处。

(田　园)

【涉烟违法犯罪专项行动】 1月至5月,区烟草专卖局(公司)开展上半年打击涉烟违法犯罪专项行动。共出动执法人员1271人次,联合公安部门出动执法人员14人次,执法车辆361台次,针对违法经营大户、销售违法电子烟等突出问题进行多次联合执法检查。共查获涉卷烟违法案件32起,涉电子烟案件3起,共计35起,查获违法卷烟合计55.067万支,总案值50.928万元,其中真品卷烟52.731万支,案值48.345万元,假私卷烟2.336万支,案值2.583万元,电子烟1723个,案值9.394万元。刑拘2人。

(田　园)

【规范电子烟市场秩序专项检查】 3月至4月,区烟草专卖局(公司)开展规范电子烟市场秩序专项检查。共出动执法人员64人次,对28个市场主体开展专项检查,其中电子烟生产企业3家,电子烟零售户25户。针对电子烟相关生产企业,检查未获证企业3家;针对电子烟零售主体,检查获证主体22户,注销主体3户。

(田　园)

【无证照经营和"开墙打洞"专项整治】 3月至11月,区烟草专卖局(公司)开展北京市2023年无证无照经营和"开墙打洞"专项整治工作。整治工作重点围绕景区周边、传统社区及工地生活区展开,共出动执法人员110人次,市场监管、公安等部门出动执法人员42人次,执法车辆32台次,与区市场监管、公安等部门共同查处无证经营案件5起,查获无证经营卷烟8.94万支,共同教育、劝退无证游商13个。

(田　园)

【辖区首起电子烟涉刑案件】 5月,区烟草专卖局(公司)行政执法人员会同区公安分局在石景山区京原路地区查获违法的电子烟产品总计53个,品种1282个,涉案金额7.01万元。该案刑事拘留2人,并移送公安机关进行处理。

(田　园)

【平安寄递专项行动】 5月至11月,区烟草专卖局(公司)开展北京地区平安寄递专项行动。累计出动执法人员82人次,执法车辆26台次,联合执法3次,走访各类快递站点48处,发放各类法规宣传材料及举报联系卡片513份,处理疑似涉烟违法快递线索47单。

(田　园)

【涉烟违法犯罪专项行动】 6月至12月,区烟草专卖局(公司)开展下半年打击涉烟违法犯罪专项行动。共出动执法人员1744人次,联合公安部门出动警务人员28人次,执法车辆574台次,针对违法经营大户、销售违法电子烟、无证经营等突出问题进行多次联合执法检查。期间共查获涉卷烟违法案件25起,涉电子烟案件2起,共计27起,其中5万元以上涉烟案件5起,涉电子烟案件1起,共计6起。查获违法卷烟合计78.598万支,其中真品卷烟77.574万支,假私卷烟1.024万支,电子烟1158个,刑拘6人,总案值63.023万元。

(田　园)

【"8.16"电子烟非法经营案】 8月,区烟草专卖局(公司)行政执法人员会同区公安分局在石景山区水泥厂社区查获违法的电子烟产品共计64个品种1051个,涉案金额8.29万元。9月,烟草、公安两部门一行7人前往广东省东莞市进行后续调查,对上线成功进行抓捕。该案刑事拘留6人,并移送公安机关进行处理。

(田　园)

【文明吸烟环境建设】 11月,区烟草专卖局(公司)完成年度文明吸烟环境建设工作。此项工作在区文明办的指导下,结合城市建设规划,以公益形式为辖区街道办事处、派出所等政府机关及企事业单位提供吸烟设施50个。

(卢　谧)

【优秀诚信互助小组评选】 12月,区烟草专卖局(公司)组织开展优秀诚信互助小组评选活动。邀请2022年度优秀诚信互助小组组员现身说法,讲标准、讲守信、讲规范、增强客户对此次评选工作的知晓与支持。经评选工作领导小组审核后,分值排序前4名的小组被评为优秀诚信互助小组,持续巩固诚信互助小组建设成果。

(卢　谧)

【查办案件】 年内,区烟草专卖局(公司)共办理各类违法案件62起,其中一般程序案件33起,简易程序案件29起。全年查获违法卷烟133.69万支,案值113.52万元,查获电子烟产品2881个,案值18.2万元。

(田　园)

【市场监管】 年内,区烟草专卖局(公司)以"APCD工作法"为抓手,"双随机、一公开"检查、重点监管为载体,稳步开展日常监管工作,全年共开展"双随机、一公开"检查208户次(其中包含部门联合"双随机、一公开"50户次),查处案件4起,查获烟量14.88万支。全年,辖区共开展各类市场检查走访2066户次,开展联合执法17次,集中整治3次,共处理举报投诉237起。

(田　园)

金　融

石景山区2023年
“守住钱袋子 护好幸福家”
防范非法集资宣传月启动仪式
主办单位：石景山区金融服务办公室、广宁街道办事处
承办单位：中国工商银行北京石景山支行、中国农业银行北京石景山支行
北京金信网银金融信息服务有限公司
SHIJINGSHAN
石景山
宣传月
福
福

金融服务管理

【概况】 石景山区金融服务办公室(以下简称区金融办)是负责促进辖区商务金融产业发展和金融服务工作的区政府管理部门。2023年,区金融办围绕“走中国特色金融发展之路”战略部署,坚持以新时代首都发展为统领,发行全国首张“点石成金”主题信用卡,启动建设北京市首个“数字人民币综合性试验区”,金融服务营商环境排名全市第二,金融风险有效化解出清、有力维护区域安全稳定大局,现代金融产业“压舱石”作用持续发挥,高质量党建引领金融高质量发展开启新征程、迈上新台阶。在多轮降息、金融让利的行业背景下,在全市金融业收入持续负增长的大环境下,石景山区现代金融产业实现收入1300亿元,金融业全口径税收95.8亿元,入区库23.6亿元。

(高 博)

9月3日,2023年服贸会金融服务专题主论坛——2023中国国际金融年度论坛在首钢园香格里拉酒店召开 (区金融办供图)

【中国国际金融展】 4月25日,由中国金融电子化集团有限公司与石景山区政府共同主办的2023年中国国际金融展在首钢会展中心举办。本次活动以“荟萃金融科技成果,展现数字金融力量,谱写金融服务中国式现代化新篇章”为主题,邀请众多学者、专家、金融机构负责人共同探讨新时期中国金融科技产业发展面临的新机遇、新挑战。本届金融展同期举办金融科技创新成果展示、金融科技优秀成果交流会、中国金融发展论坛及中国金电集团金融信创生态大会等活动。5G金融云专网、超融合数据中心网络、绿色智算网络等一批金融科技领域尖端研究成果首次面向社会亮相,吸引近百家金融科技机构、5000余名专业观众参加活动。

(高 博)

【首张“点石成金”主题信用卡】 6月18日,石景山区“点石成金”主题信用卡在2023全球数字经济大会——“北京数字经济体验周”启动仪式上亮相。

6月18日,石景山区“点石成金”主题信用卡在2023全球数字经济大会——“北京数字经济体验周”启动仪式上亮相 (区金融办供图)

该卡由中国银联参与,光大银行、华夏银行、邮储银行及北京银行4家信用卡总部同时发行,是全国首张多家银行信用卡总部联合发行的主题信用卡。石景山区与中国银联、4家信用卡总部携手,以“点石成金”为主题,推出4套各具特色的主题信用卡,送上多重优惠大礼包,打出促消费“组合拳”,在“美食”“出行”“娱乐”“文旅”“购物”等多个高频消费场景,开展各种买单满减折扣活动,精准匹配市民朋友需求,全方位提升消费体验。

(高 博)

【石景山金融亮相服贸会】 9月2日至6日,服贸会金融专题展上,石景山展台以“打造京西数字金融新增长极”为主题,全景展现石景山区现代金融产业发展盛景。作为本次金融展的亮点之一,多种数字人民币体验设备,为观众带来沉浸式互动体验。数字人民币硬钱包、穿戴式体验设备、数字人民币自动售货机、数字人民币冬奥纪念徽章,唤起“冬奥记忆”。多家龙头机构登陆石景山金融展,现场参展机构数量15家,为历年最多。现场布设互动大屏,观众可通过最直观的形式了解现代金融产业发展情况。

(高 博)

【国际金融年度论坛】 9月3日,由北京市地方金融监督管理局、中国人民银行北京市分行、国家金融监督管理总局北京监管局、中国证券监督管理委员会北京监管局、北京市石景山区人民政府主办的服贸会金融服务专题主论坛——2023中国国际金融年度论坛在首钢园香格里拉酒店召开。本届论坛以“守正创新 开放引领——全球经济重塑与金融业变革”为主题，为现场和线上近百万名观众，带来一场具有国际水准和市场前瞻性的金融领域盛宴。石景山区连续第三年作为论坛主办方之一，同时也是本届论坛唯一参与区，通过当好“东道主”，营造“主场”氛围，有力提升现代金融产业对外影响力，助力高质量发展。

（高　博）

【区政府与首钢基金签订协议】 12月15日，区政府与首钢基金举行“区企战略合作签约暨园区企业交流”活动。战略合作协议的签订，标志着石景山区与首钢基金在产业投资培育、园区建设、产业招商、园区运营、产业服务、资本平台等方面加深合作，为企业发展赋能，打造产业链与资金链、创新链、服务链深度融合的产业生态。李新表示，首钢与石景山区是发展共同体、使命共同体，石景山区将以与首钢基金合作为契机，全力打造科技创新的“摇篮”、要素集聚的“磁场”、企业发展的“沃土”。活动邀请百余家数字经济、生物科技、航天军工等“科技＋”企业共话新发展。

（高　博）

【启航·2023金融强国论坛】 12月22日，启航·2023金融强国论坛在石景山区北京·银行保险产业园召开。这是继中央金融工作会议、中央经济工作会议之后，全国首场聚焦“金融强国”的论坛。论坛以“创新开放，共享机遇”为主题，由北京市地方金融监督管理局指导，石景山区政府支持，金融界、亚布力中国企业家论坛、北京广播电视台、北京银行联合主办，来自政府、机构、企业、媒体的百余位顶级专家，围绕“加快建设金融强国”战略和科技金融、绿色金融、普惠金融、养老金融、数字金融“五篇大文章”展开思想碰撞，共话金融发展、共谋合作共赢。论坛同步发布《2023金融强国发展报告》，全面解读金融强国战略和实践之路，助力金融行业实现高质量发展。作为本次大会的一大亮点，石景山区宣布预付监管服务平台数字人民币“四位一体”试点正式启动。试点工作将以石景山“预付监管”平台为基础，纳入人民银行“元管家”系统，匹配定制信用贷款、专属保障保险产品和信贷贴息政策，构造“数字人民币＋定制信贷＋保险保障＋贴息”的四位一体试点新模式，不断拓展数字人民币试点外延。

（高　博）

【金融创新迭代升级】 年内，区金融办在全国首发由4家银行信用卡总部联合定制的“精彩石景山·点石成金”主题信用卡，“数字卡＋实体卡”同步亮相“北京数字经济体验周”，累计发卡近5万张，拉动消费2亿元。石景山区联合建设银行发放1000万元“汽车消费券”，全市首发8000份“数字人民币消费鼓励金”。在北京市数字人民币工作领导小组支持下，启动建设全市首个“数字人民币综合性试验区”，发行全国首个数字人民币“科幻硬钱包”、驻区企业多点新鲜开发全国首个数字人民币智能合约“元管家”商超预付费产品——数字人民币美通卡，打造科幻引领、消费、民生、政务三大场景支撑的“1＋3＋N”全域生态。

（高　博）

【银行保险产业园建设】 年内，区政府制定印发《北京银行保险产业园发展提升三年行动方案（2023—2025年）》，园区由“单一型金融功能区”向“高端产业综合示范区”转型。银保园总体规划建成率72%，实现固定资产投资88602万元，完成全年计划任务的117.2%；建安投资28505万元，完成全年计划任务的118.8%。

（高　博）

【金融服务】 年内，石景山区新设银行网点2家，农业银行石门支行、工商银行石景山支行营业部。区内银行为473家驻区小微企业发放普惠贷款达114.7亿元，对实体经济释放强有力的金融支撑。石景山区“获取金融服务”指标在北京市营商环境评价指标中位列2022年度全市第二。制定支持中关村建设科创金融改革创新试验区工作方案，推出“石实融”普惠融资产品矩阵，以“免申即享”形式为169家小微企业、3家银行发放贴息、信用贷款奖励392万元，惠及市场主体数量同比增长6倍，资金激励力度同比增长1.3倍，政策覆盖面进一步扩大。

（高　博）

【产业基金助力产业转型】 年内，区金融办与世界知名创投机构赛富投资合作，设立总规模1.75亿元的石景山区首支工业互联网基金；与商汤基金设立元宇宙子基金，实现区企携手；与中文在线集团建立战略合作，发布首个万字创作大模型“中文逍遥大模型”，设立中文在线子基金，聚焦未来科技领域。邀请中国科技产业投资等20余家头部基金联合成立石景山区“创投金融专委会”，区域未来产业投

7月6日，数字金融论坛在北京·银行保险产业园召开　（区金融办供图）

资生态逐步形成。发挥基金“以投带引”作用,落地区内企业壹心科技、达尔文生物2个直投项目,助力达尔文生物完成1.15亿元B轮融资,被投企业估值近15亿元。推动远舢智能等5家高精尖企业迁入辖区,引进企业估值超过50亿元。

(高 博)

【服务多层次资本市场】 年内,石景山区港交所上市1家、新三板挂牌4家、北京四板“专精特新专板”展示5家,上市挂牌公司达到48家,企业上市任务完成率位居全市第2。与北京证监局建立合作机制,开展“交易所走进石景山”系列活动超过10场次、储备上市重点企业10家、后备企业20家。帮助创业公社一次性完成8个领域合规事项查询,成为全区首个通过“一件事”集成办事场景完成上市合法合规信息查询的企业。开创“跨省奔赴”与“验收护航”两大协调机制,解决涉法涉诉等“疑难杂症”,助力企业加快上市效率。给予2家上市企业“首次公开发行”资金支持1200万元,给予3家通过企业“辅导验收”资金支持900万元,助力企业轻装上阵、健康发展。

(高 博)

【服务驻区金融机构】 年内,制定《石景山区支持现代金融产业高质量发展工作措施》,鼓励绿色金融、普惠金融产品与服务创新。推荐5家机构15名重点人才和归国留学人才申报人才引进,推荐7家机构28名人才纳入子女入学快速通道,推荐5名高层次金融人才成为“景贤人才”,人才队伍不断壮大。高效办理邮储卡中心在区拓展办公职场诉求,有力支撑机构转型发展;统筹各方资源,快速解决三大卡中心政务服务各项“疑难杂症”,服务驻区保险机构严格落实内部安全管理制度和风险管控措施。

(高 博)

【保障区域中心工作】 年内,区金融办落实《2023年石景山区支援协作要点》精神,向驻区金融机构发出倡议,动员参与社会资金帮扶,方正期货、石创同盛、百融云创等机构筹措资金110万元,超额完成区级任务指标。会同区创城办,组织驻区银行文明城区创建培训会,一对一、点对点安排网点创建力量、看护力量、查验力量,按周、按月确保各项问题整改到位;组织全体党员干部投入测评保障,银行系统39个网点实现中期验收零瑕疵。

(高 博)

【风险防范化解工作】 年内,以区委办区政府办名义印发《石景山区2023年防范处置非法集资暨防范化解金融风险工作方案》,明确重点任务分工,凝聚全区维护金融安全稳定共识。召开区金融风险处置专班会商会5次,研究部署重大活动、重要节日期间金融领域维稳安保和重点企业风险处置工作。提升风险监测预警能力,运用“冒烟指数”等科技手段动态监测6700家企业,向区有关部门通报10批次290家风险企业名单,加强信息共享。

(高 博)

【重点领域风险化解】 年内,区金融办开展商务楼宇风险整治专项行动,摸排18栋商务楼宇,引导相关企业依法合规经营。推动非法金融活动风险排查小程序在部分商务楼宇和街道、社区使用,提升金融风险群防群控工作成效。赴海淀区金融办、区有关部门交流学习,完善行政执法配套制度。推动私募基金机构、第三方财富风险化解,对接市证监局、市地方金融监管局,推动多家私募基金、第三方财富机构完成出清。

(高 博)

【保障金融领域安全稳定】 年内,区金融办制定实施《石景山区金融服务办公室2023年接诉即办工作实施方案》,引导驻区金融机构加强未诉先办。完成重大活动和重要节日期间应急值守,石景山区全年未发生突发金融风险事件;制定实施《石景山区金融办2023年安全生产和火灾隐患大排查大整治工作实施方案》,加强驻区地方金融组织安全生产和火灾隐患自查和现场检查力度,确保安全生产工作落实到位。

(高 博)

【金融安全宣传教育】 年内,区金融办组织开展石景山区2023年“守住钱袋子 护好幸福家”系列宣传活动28场次,与国家安全、电信防诈等主题融合,提升宣传效能。推动金融安全宣传进社区、进企业、进商场、进校园。对商务楼宇物业工作人员、街道网格员开展现场培训,在“石景山金融”等微信公众号推送“金融安全”文章60余篇,提升楼宇工作人员和社区居民风险防范意识。

(高 博)

银 行

中国银行北京石景山支行

【概况】 中国银行北京石景山支行(简称中行石景山支行),隶属于中国银行北京市分行。下设7个部室、9个经营性支行、1个分理处,在职员工233人,其中党员90人。本科及以上

9月4日,石景山区展台以“打造京西数字金融新增长极”为主题,全景展现石景山区现代金融产业发展盛景 (区金融办供图)

学历人员209人，占员工总数的89.70%；大专以上学历230人，占98.71%。年内全行本外币全口径余额384.9亿元，同比增加43.36亿元；各项存款余额204.23亿元，同比增长3.57%；各项贷款余额180.67亿元，同比增长25.16%；中间业务净收入7255万元；实现国际业务结算量2.56亿美元；新增信用卡1785张；新增自助设备1台，其中ATM机1台，自助缴费机0台。获年度"石景山区金融服务突出贡献奖"称号。

（孙　敬）

【支持区域经济发展】 年内，中行北京石景山支行坚持服务实体经济的初心和本源，把握绿色产业、新兴产业发展的重大机遇，融入石景山区域发展规划，聚焦破难题促发展，服务国家区域发展战略。坚持支持北京"3个100"重大工程建设——苹果园综合交通枢纽项目，作为以换乘功能为主并与商业开发相结合的大型综合交通枢纽项目，实施后有助于当地社会的稳定与经济的健康可持续发展，改善居民通行条件和品质，带动周边商业项目的发展。

（孙　敬）

【支持门头沟区灾后重建】 年内，中行北京石景山支行深入贯彻习近平总书记关于防汛救灾工作的重要指示精神和国务院常务会议要求，周密部署、迅速行动，持续优化金融服务，助力受灾地区解难纾困。向分行申请获批10万元捐款，在支层面号召党员干部带头捐款，全行员工累计向门头沟区捐款3.96万元。

（孙　敬）

【为首钢集团提供44.50亿元贷款】 年内，中行石景山支行始终致力于为制造业企业提供全方位的金融服务，为首钢集团有限公司提供44.50亿元贷款资金支持，助力制造业转型升级，推动实体经济稳健前行。

（吴若凡）

中国农业银行北京石景山支行

【概况】 中国农业银行股份有限公司北京石景山支行（简称农行北京石景山支行），隶属于中国农业银行股份有限公司北京市分行。截至2023年末，农行北京石景山支行下设7个部门（另设2个二级部门）、10个二级支行（含支行营业室）。全行本外币全口径余额352.6亿元；各项存款余额309.6亿元，同比增长15.9%；各项贷款余额215.6亿元，同比增长8.3%；中间业务净收入7581万元；实现国际业务结算量25.2亿美元；新增信用卡4888张；新增自助设备7台。获第六届中国农业银行文明单位。

（田建国）

【获区法治文艺大赛二等奖】 年内，农行北京石景山支行作为区内金融机构代表，携创意作品"全民防非擦亮眼，捂紧钱袋不沾边"参加2023年区法治文艺大赛，获二等奖。该作品以居民群众喜闻乐见的"三句半"形式，带来金融诈骗"避坑"指南，引导广大金融消费者提高风险防范意识，自觉远离和抵制非法金融活动。

（田建国）

【支持区域发展】 年内，农行北京石景山支行坚持服务国家战略，践行国企责任担当，做好科技金融、绿色金融、普惠金融、养老金融、数字金融"五篇大文章"。精准支持区域重点项目，围绕中海、中铁建设集团等重点企业及保障房、养老机构贷款等民生领域项目提供信贷支持，累计发放贷款数十亿元。强化科技、绿色、养老金融服务的力度深度广度，与区域经济高质量发展同频共振。

（田建国）

中国建设银行北京石景山支行

【概况】 中国建设银行股份有限公司北京市分行石景山支行（简称建行北京石景山支行），隶属于中国建设银行股份有限公司北京市分行。下设11个部室、10个二级支行。近三年，建行北京石景山支行向石景山区缴纳增值税（国税）、印花税、城市维护建设税等年纳税金额持续增加，2023年累计缴税6377.11万元。年内，北京石景山支行服务科技金融发展，新增科技型企业投贷联动签约14户，科技企业贷款总量62亿元，科技企业贷款304户；服务绿色金融发展，对公绿色信贷新增14亿元实现跨越式发展；服务普惠金融发展，超半数区内农工商企业账户落地支行，充分发挥贴息等优惠政策，累计支持小微企业1200余家，提供贷款支持近20亿元，涉农贷款余额较年初新增7亿元，计划完成率排名北京建行系统首位；服务养老金融发展，为重点客户提供职业年金投管人服务，发放幸福产业贷款5亿元，累计落地个人养老金开户注入资金16000户；服务数字金融发展，独家承接石景山区汽车消费券派发活动4期，累计核销资金2000万元，撬动社会消费品零售额13亿元，建行生活平台新增上架门店26户，带动数币消费额70万元。年末，全行本外币全口径余额660亿元；各项存款余额431.84亿元（一般性存款196.41亿元；个人235.43亿元）；各项贷款余额228.16亿元（对公212.49亿元；个人15.67亿元）；中间业务净收入11402万元；实现国际业务结算量0.5亿美元；新增信用卡943张，获年度区"金融服务突出贡献单位""最美鲁谷人"等称号。

（罗　元）

【汽车消费券发放活动】 3月1日，建行北京石景山支行与石景山区商务局签署《2023石景山区汽车消费券发放合作协议》，成为北京首家承接政府购车消费券派发工作的合作银行。3月16日，"活力石景山，乐购车生活"活动开始，建行北京石景山支行依托建行生活平台，深化落实中央服务实体经济促消费决策，发挥财政资金引领作用，4期活动累计核销资金2000万元，撬动社会消费品零售额13亿元。

（罗　元）

【与首钢签署战略合作协议】 年内，中国建设银行股份有限公司与首钢集团有限公司在首钢园区签署战略合作协议。时任建设银行党委副书记、行长张金良，首钢集团党委书记、董事长赵民革等出席签约仪式。建设银行党委委员副行长崔勇和首钢集团总会计师王洪军代表双方签署协议，时任建设银行北京市分行党委书记、行长林朝晖，总行相关部门负责同志参加活动。

(罗　元)

中国工商银行北京石景山支行

【概况】 中国工商银行股份有限公司北京石景山支行(简称工行北京石景山支行)，隶属于中国工商银行股份有限公司北京市分行。现有在职员工462人，营业网点16家，是石景山区内唯一一家独立建制的商业银行，也是网点数量最多的银行。工行北京石景山支行长期致力于为军队、政府、企业及个人客户提供优质金融服务，积极助力石景山区产业转型，高质高效服务实体经济。获“首都文明单位”“纳税百强单位”“区域经济突出贡献企业”等称号。2023年，支行本外币存贷款规模保持千亿元以上，稳居区内同业第一。普惠贷款同比增长超8亿元，增速近40%。纳税总额9200万元，达近三年新高，同比增长9%，规模排名四大行首位。

(胡璟晗)

【获2021—2023年度“首都文明单位”称号】 年内，工行北京石景山支行认真学习贯彻落实中央金融工作会议精神，始终坚持稳中求进的工作总基调，加快改革转型，强化业务攻坚，在服务实体经济发展、助力社会进步和打造中国特色现代金融企业过程中，开展精神文明建设工作，为提升队伍素质、助力区域转型发展提供有力支撑。凭借突出表现，工行北京石景山支行获2021—2023年度“首都文明单位”称号。

(胡璟晗)

【支持区域经济发展】 年内，工行北京石景山支行承办“精准润泽实体经济 助力金融强国建设”金融政策发布会，面向区内优质企业，宣讲创新产品“伙伴e贷”，提升对区内重点项目、小微企业等领域的金融服务效能，激发市场主体活力。

(胡璟晗)

北京银行石景山支行

【概况】 北京银行石景山管辖行是北京银行在石景山区设立的唯一一家辖行，下辖四个支行网点，分别是石景山支行、京源路支行、远洋山水支行和中关村石景山园支行。北京银行石景山管辖行在职员工92人，其中党员24人。2023年，北京银行石景山管辖行存贷款规模余额共计201.2亿元，较去年同期增加28.3亿元，同比增幅16.3%。其中，各项存款规模余额共计169.3亿元(其中，公司存款时点80.5亿元，储蓄存款时点88.8亿元)，较去年同期增加24.6亿元，同比增幅为17.0%；各项存款日均共计145.2亿元(其中，公司存款日均63.2亿元，储蓄存款日均82.0亿元)，较去年同期增加16.7亿元，同比增幅为13.0%；各项贷款规模共计32.0亿元(公司贷款规模24.8亿元，个人贷款规模7.2亿元)，较去年同期增加3.7亿元，同比增幅为13.0%。实现考核利润收入16065万元；实现国际业务结算量2047万美元；新增信用卡4787张。获年度区“金融服务突出贡献奖”称号。

(张　波)

【银证合作】 年内，北京银行与石景山区政府签署新的全面战略合作协议，协议期限为5年。协议主要内容：加大信贷资金投放力度：在符合法律法规、监管规定、国家信贷政策及北京银行制度与信贷条件的前提下，未来五年，为石景山区内企业提供100亿元人民币意向性战略授信，资金主要投向包括但不限于高新技术、文化创意、商务服务、教育医疗等领域的重点企业。支持重点项目建设：参与石景山区各类重点项目建设，持续跟进项目进度，通过信贷投放、公募REITs、资金账户管理等多种手段推动重点项目建设，提供全套金融服务支持。协同推进数字人民币生态场景建设：北京银行可建设数字人民币生态聚合开放平台，通过聚合场景解决方案、聚合不同运营机构的特色数币产品能力，为区内客户提供一点接入的数币服务。

(张　波)

【“科幻贷”签约】 年内，在服贸会石景山国际开放合作论坛上，北京分行石景山管辖行携手石景山区政府、科幻创新中心以及8家企业签约达成“科幻贷”合作意向，并首发“长安三万里”科幻硬钱包，助力石景山区打造“数字人民币综合试验区”。

(张　波)

【专精特新政策兑现会】 年内，北京分行石景山管辖行协助石景山区政府举办“专精特新企业政策兑现会”，通过数字人民币方式为区内192家专精特新和创新型企业发放2661万元数字人民币奖励资金，这是全国首笔以数字人民币形式发放的“创新型中小企业”奖励资金。为石景山区打造“数字人民币综合试验区”、提升数币的应用范围作出贡献。

(张　波)

【支持区域经济发展】 年内，为全面贯彻中共中央、国务院印发的《扩大内需战略规划纲要(2022—2035年)》，加快落实北京市培育建设国际消费中心城市工作部署，紧抓消费提振、经济复苏机遇，发挥石景山区“消费金融”特色优势，北京银行联合石景山区政府联合推出的北京银行“精彩石景山·点石成金”主题信用卡，定位于石景山源远的京西历史文化，通过融合石景山本地商圈、旅游、特色消费场景等，打造出具有石景山区域客户归属感和认同感的信用卡产品。

(张　波)

其他金融机构

石景山区现代创新产业发展基金

【概况】 2020年11月，太平国发禾和(北京)投资管理有限公司遴选成为石景山区现代创新产业发展基金(以下简称区产业基金)受托管理机构及合作股东。2021年10月，区产业基金在中国证券基金业协会完成备案，标志着进入投资运营期。年内，区产业基金开展项目考察、加快投资运作，累计走访考察企业200余家，接洽基金管理机构50余家，设立5支子基金，直投2家驻区企业，牵头组建石景山区创投金融专委会，通过基金招商引入渲光科技、远舢智能等19家高精尖企业，累计估值超过70亿元，基本实现"一年打基础、两年有突破、三年上轨道"的运营目标。

（杜思宇）

【区首支工业互联网产业基金完成备案】 年内，北京赛富皓海工业互联网投资中心（有限合伙）由区产业基金与北京中关村高精尖创业投资基金、中金启元国家新兴产业创业投资引导基金等投资主体共同发起，总规模17500万元，基金编号为SZZ081。基金定位重点投向数字智造产业、科技创新细分领域，聚力支持石景山区工业互联网发展，赋能重点产业数字化转型，形成工业互联网产业创新生态新体系。

（杜思宇）

北京市石景山区现代金融商会

【概况】 石景山区现代金融商会（以下简称金融商会），隶属于石景山区民政局。下设五个部门，专、兼职员工共11人，其中党员6人。本科及以上学历人员8人，占员工总数的73%。大专以上学历2人，占27%。年内，金融商会围绕"传承红色基因""强化党建引领作用"以及"维护金融安全体系"等核心主题，全年策划并成功举办12期"红色金融大讲堂"系列活动；发挥金融商会党委功能性党组织作用，重点推进金融领域两新组织党建工作，全年组织召开集中学习和研讨10次，推动党的组织和党的工作全覆盖，引导金融系统两新组织把党的活动与生产经营管理有机融合，实现同频共振、互促共进。

（何小红）

【第九届CCCS金融服务高峰论坛】 3月21日，石景山区现代金融商会、中国邮政储蓄银行信用卡中心、光大科技有限公司、CCCS客户联络中心标准委员会主办的第九届CCCS金融服务高峰论坛在石景山区古城创业大厦举行。论坛邀请全国各地40余家金融机构、20余家科技公司的领导和精英，以及近20家新闻媒体参与。论坛以"数字化推动金融服务创新"为主题，贴合《数字中国建设整体布局规划》宗旨、紧扣石景山发展实际和未来规划，旗帜鲜明提出以数字化推动金融服务的提质升级。

（何小红）

中国光大银行信用卡中心

【概况】 光大银行股份有限公司信用卡中心（简称光大信用卡），隶属于光大银行总行。下设18个一级部门、劳动合同制员工832人。年内，光大信用卡以中央金融工作会议精神为根本遵循，以全面落实中央巡视整改为主要政治任务，以扎实开展主题教育为契机固本培元，以践行金融工作的政治性、人民性为根本履职担当，认真贯彻落实集团总行各项工作部署和工作要求，持续推进信用卡业务转型发展。全年，光大信用卡营业收入411.59亿元，缴纳税款32.89亿元；信用卡客户5092.69万户，本年新增328.03万户；交易金额23745.81亿元，时点透支余额4347.19亿元（不含在途挂账调整）。获年度区"经济发展突出贡献企业"称号及"绿色零碳特别推动力""年度卓越数字化转型"等荣誉。

（申　飞）

【"惠十条"发布会】 8月17日，新华社瞭望智库和中国光大银行举办的"金融支持扩内需"课题组成立仪式暨光大信用卡助力扩内需、惠民生、促消费"惠十条"政策发布会在京召开。光大信用卡在中国光大银行零售条线落实扩大内需战略的框架下，为助力实施"扩内需、惠民生、促消费"拟定十大举措，称为"惠十条"，包括四个方面，共十项举措。光大信用卡将结合光大总行资源优势与自身业务优势，将"惠十条"落到实处，保障市场主体、拓展消费场景、保护消费者权益，助力经济发展。中国光大银行副行长齐晔、石景山区区长李新、新华社瞭望周刊社副总编辑史湘洲等相关领导出席发布会。

（申　飞）

【阳光惠生活APP8.0版发布】 年内，光大信用卡进一步提升响应速度、数字化运营能力和智能风控水平，发布阳光惠生活APP8.0版，该版本基于减费让利和促进消费的经营理念，以"八面玲珑"为主题，向客户提供更全面的金融信贷服务，同时完善支付体系和消费生态建设，促进用户对优质商品和服务的消费。

（申　飞）

【绿色低碳主题信用卡发行】 年内，

8月4日，中国人民银行营业管理部、石景山区八角街道、区金融办与江苏银行北京分行举行"共治共享展现金融担当，联学共建践行为民造福"活动

（区金融办供图）

光大银行信用卡中心发行绿色低碳主题卡。该产品为数字卡产品,并提供电子账单、地铁公交、共享单车等绿色出行优惠权益,旨在有效满足持卡人消费需求的同时,引导客户转变支付习惯,推行消费侧的减碳举措,减少相应实体卡的使用,降低自身产品带来的碳排放,普及低碳生活。

(申　飞)

华夏银行信用卡中心

【概况】 华夏银行股份有限公司信用卡中心(简称华夏银行信用卡中心),隶属于华夏银行总行。华夏银行信用卡中心总部正式员工在职人数1117人,党员320人,其中本科及以上学历人员1044人,占员工总数的93.46%。年内,华夏银行信用卡中心着力开展生态经营转型,推进全国性营销场景搭建。实现贷款规模的快速增长,客户规模大幅增加,为业务发展奠定坚实基础。截至年末,各项贷款余额1841亿元,同比增长1%;总收入177亿元,同比增长14%。实现"量的合理增长和质的有效提升"。获年度区"纳税百强单位""年度金融科技体验服务""客户服务卓越运营奖"等称号。

(孙　静)

【华夏瑞幸联名信用卡发布】 年内,华夏银行信用卡中心联合瑞幸咖啡发布华夏瑞幸联名信用卡,在厦门第10000家瑞幸咖啡门店完成新品上市发布会,多家主流媒体联动宣传,千万曝光量带动产品知名度提升。

(孙　静)

【华夏国潮点石成金信用卡】 年内,华夏银行信用卡中心推出华夏国潮点石成金信用卡,该产品作为响应石景山区政府号召,履行驻区金融企业社会责任的生动实践,聚焦"精彩石景山"主题,享种子礼、发芽礼及石景山圈消费5折优惠多项权益,打造京西消费新高地。

(孙　静)

【获最佳风险技术实施奖】 年内,《亚洲银行家》杂志社在北京举办2023年度中国颁奖典礼,华夏银行获得"中国最佳风险数据与分析技术实施奖"。华夏银行申报的全生命周期风险管理优化项目,在智能化决策引擎、算法与模型优化提高贷前决策能力的基础上,对贷中管理的额度调整、账户风险预警等进行优化,并在国内信用卡同业中首次应用DO最优解算法进行多变量影响下的额度调整决策。

(孙　静)

中国邮政储蓄银行股份有限公司信用卡中心

【概况】 中国邮政储蓄银行股份有限公司信用卡中心(简称邮储信用卡中心),隶属于中国邮政储蓄银行股份有限公司,下设15个部室、2个分中心。年内,邮储信用卡中心实现信用卡消费金额1.14万亿元;新增信用卡757万张;分期金额1331亿元,同比增长44%;透支余额2202亿元,同比增长20%;总收入160亿元,同比增长7%,纳税款9亿元,同比增长10.6%。获"2023年区域经济突出贡献企业"称号。

(常　丽)

【第一款女性主题信用卡发行】 年内,邮储银行信用卡中心发行第一款女性主题信用卡——芳菲信用卡,以"刚好都懂,专属于她"为主题,结合女性客户消费及生活习惯,向持卡人提供新客礼、消费礼、优惠礼三重礼遇,满足女性客户对品质、健康、美好生活的需求。

(常　丽)

【上线悦享分期卡升级版】 年内,邮储银行全面上线悦享分期卡升级版,优化业务模式及产品功能,满足客户在购车、家装、婚庆、旅游等大额消费方面的需求。

(常　丽)

【邮储瑞幸联名信用卡发行】 年内,邮储银行发行邮储瑞幸联名信用卡——"邮幸小绿卡",产品权益主打"天天刷,周周享"优惠活动,为客户提供新客礼、消费礼双重礼遇,为消费复苏"加邮助幸"。

(常　丽)

北京阳光消费金融股份有限公司

【概况】 北京阳光消费金融股份有限公司(简称阳光消费金融)由中国光大银行股份有限公司(以下简称光大银行)、中青旅控股股份有限公司以及王道商业银行股份有限公司于2020年8月17日共同发起设立。年内,阳光消费金融共设立9个一级部门,在职员工133人。作为光大银行布局消费金融板块的重要子单元,阳光消费金融致力打造集现金分期、场景分期、信用支付、金融科技于一体的全新消费金融产品生态,聚焦普惠客群提供小额、分散、高频的消费信贷产品与服务。阳光消费金融于业内首次提出"三向善"(科技向善、产品向善、消费向善)价值主张,积极探索数字化金融科技,智慧客户运营和绿色金融下的可持续发展路径,以安全、便捷、可信赖的信贷产品与服务满足人民群众日益增长的多元化金融服务需求。截至12月31日公司贷款余额突破97亿元,服务客户数11682000人。获石景山区"2023年区域经济重点贡献企业"奖。

(郭丹捷)

【自营产品"欢喜贷"开放】 年内,阳光消费金融自营产品"欢喜贷"标准产品正式全面对客开放。"欢喜贷"是一款最高额度20万元、最长借款期限36期的纯线上现金借款产品,具有无须抵押、快速放款、息费透明、还款灵活等互联网信用贷款产品特点。截至年末,"欢喜贷"服务客户覆盖33个省、自治区、直辖市。同期,公司面向新市民开展息费减免等惠民活动,截至12月31日,累计向新市民群体发放贷款710万笔,涉及资金285.41亿元。

(郭丹捷)

【发布主题ESG报告】 年内,作为国有金融控股企业,阳光消费金融履行社会责任与使命担当,落实国家"双碳"政策不断提升ESG综合表现,以高质量金融服务助力经济、社会、环境的可持续发展。8月,阳光消费金融发布《强化内核锻造 内化向善基因 定义消费金融稳健发展新范式》主题ESG报告,报告详细披露阳光消费金融在党建引领公司治理、践行绿色发展、推进普惠金融建设、构筑金融消保新生态等方面的切实举措和具体成效。

（郭丹捷）

【获区域经济突出贡献企业奖】　年内，阳光消费金融获石景山区政府颁发的“2023年区域经济突出贡献企业”奖。阳光消费金融投身产业发展与区域经济的深度融合，主动参与石景山区政府主导的产业合作项目，共同推动产业链优化升级。同时，以金融科技的转型创新高水平培育产业发展生态，满足民众日益增长的金融需求，为区域经济的发展提供金融支持。

（郭丹捷）

光大科技有限公司

【概况】　光大科技有限公司（简称光大科技），隶属于中国光大集团股份公司，下设11个一级部门。至2023年末，公司在职员工674人，其中党员200人。年内，光大科技有限公司实现营业收入约4亿元，较上年减少约1亿元，同比减少24%，全年缴纳税款约0.14亿元（不含个人所得税），较上年减少约0.07亿元，同比减少32%。获“2023年度银行家金融科技创新优秀案例”“2023年‘数智杯’数据管理创新应用大赛二等奖”“2023‘光大杯’中关村‘番钛客’金融科技国际创新大赛二等奖”等奖项。

（周梦雨）

【参与编制的《数据安全治理白皮书5.0》发布】　年内，由中国计算机学会计算机安全专业委员会等指导，中关村网络安全与信息化产业联盟数据安全治理专业委员会等主编，光大科技参与编撰的《数据安全治理白皮书5.0》于第六届“数据安全治理高峰论坛”上发布。《数据安全治理白皮书5.0》由中国科学院院士冯登国担任编委会专家组组长，整理并收录丰富的前沿理论、技术与案例，深度解读数据安全法律法规及标准要求，聚力推广数据安全治理体系，汇集新形势下的数据安全治理先进实践案例与典型安全事件。《数据安全治理白皮书》历经多次修订完善，发展至5.0版本，成为中国网络安全行业具有影响力的安全管理标杆。

（周梦雨）

【获评金融科技创新优秀案例】　年内，“2023银行家金融创新论坛暨银行家金融创新成果发布会”成功举办。光大科技提报的“企业金融服务平台创新案例”获“2023年度银行家金融科技创新优秀案例”，这是自2021年起，光大科技连续三次获评金融科技创新奖。

（周梦雨）

【科技赋能区域战略发展】　年内，光大科技协同光大银行、阳光消金助力普惠金融高质量发展，通过“金融+科技”的深度融合，搭建智能风控运营一体化平台，加大消费金融产品供给，在“扩内需，促消费”发挥作用。截至12月，智能风控运营一体化平台共上线5大功能模块的20多项服务功能，支持30多款信贷产品服务，服务普惠金融客户数超千万户，放款金额超千亿元。

（周梦雨）

中荷人寿保险有限公司北京分公司

【概况】　中荷人寿保险有限公司北京分公司（简称中荷人寿北京分公司）于2004年12月29日成立，2005年1月19日正式营业，是中荷人寿第一家省级分公司。中荷人寿北京分公司隶属于北京银行与法国巴黎保险集团旗下的合资保险企业，现下辖3个分支机构，在岗员工182名，其他从业人员77人，共258人。年内，中荷人寿北京分公司保费收入突破51亿元，同比增长49%，在全系统中业务贡献排名第一，北京市场排名在71家寿险公司中位列16位，市场份额占比1.94%，实现市场排名与份额双提升。在上年消保监管评价评级中评为二级A，人身险机构排名第六名。中荷人寿北京分公司服务于区域经济建设，共缴纳个人所得税3481.27万元、增值税81.35万元及其他税费9.06万元，总计3571.68万元，为全区高质量发展持续贡献企业力量。凭借出色的业绩增长、稳健的业务运营以及对区域经济发展的深度贡献，公司获年度“行业高成长性企业”奖项。在履行社会责任和参与慈善公益活动方面，中荷人寿北京分公司通过爱心助学、公益捐赠、社区慰问和产业扶贫等多种途径投身公益事业，致力于成为保险行业最值得信赖与尊重的典范。自2020—2023年，中荷人寿北京分公司连续三年获北京青年报财星榜金牌荣誉奖项。

（许楚暄）

【获“行业高成长性企业”奖项】　年内，中荷人寿北京分公司坚持创新驱动发展战略，推动数字化转型，以科技赋能保险业务，实现业务规模和经营效益的稳步增长。作为辖区金融机构，积极参与并全力支持全区经济社会建设与发展，为地区保险业发展注入强劲动力。凭借卓越贡献获“行业高成长性企业”称号。

（许楚暄）

北京石创同盛融资担保有限公司

【概况】　北京石创同盛融资担保有限公司（简称石创同盛）设有6个部门，在职员工26人。年内，石创同盛利用数智化产品，提升审批效率，降低融资成本；深化银担合作渠道，实现银担合作扩围增量；严格贷前审批，优化贷后管理，持续健全公司风险管理体系。年末，石创同盛实现总收入3176.35万元，实缴税费1042.53万元；新增规模15.76亿元，其中新增小微企业融资担保规模12.69亿元，小微融资担保户数378户；全部为单户1000万及以下的小微企业，占新增融资担保规模的87.68%；公司在保余额13.94亿元，在保户数414户，较2022年同期分别减少1.41%和0.24%。

（房晓丹）

【文科e贷】　年内，石创同盛聚焦区域发展，推出“文科e贷”专项金融科技产品，该产品采用移动端评审方式，具有高效率、优服务、低费用、纯信用等优势，充分发挥信息技术风控手段，以提升单户300万元以下小微项目的智能化评审效率，重点服务战略性新兴产业、科技创新型企业以及民生重点领域的中小微企业。

（房晓丹）

基石国际融资租赁有限公司

【概况】 基石国际融资租赁有限公司2013年7月在石景山区注册成立，是北京市国资委所属北京市基础设施投资有限公司投资设立的外商投资企业，注册资本金2.37亿美元，股东包括北京市基础设施投资有限公司（持股比例69.965%）、京投（香港）有限公司（持股比例30.035%）。公司设有13个部门，共有员工72人。年内，基石租赁公司先后被中国外资租赁委员会评为“中国融资租赁年度公司”，被北京市租赁行业协会评为北京市“信用AAA级企业”，被北京市经信委、文明办等部门联合授予“北京市共铸诚信企业”。

（李养雷）

【助力区域轨道交通发展】 年内，基石租赁公司以服务市轨道交通产业发展为宗旨，以工程机械和新基建为切入点，拓展盾构机等工程机械设备经营租赁业务，拓宽轨道交通应用场景，服务北京轨道交通建设工程装备化智能建造；由公司自主投资建设的阎村北车辆段光伏发电项目建设完成，推动轨道交通绿色发展，助力双碳目标实现。

（李养雷）

【获中国融资租赁年度公司称号】 年内，基石租赁公司凭借良好的经营业绩、管理水平和优秀的企业形象，得到业内各方的充分肯定，被中国外资租赁委员会评为2023年中国融资租赁年度公司，是此次北京市唯一获此荣誉的市属国有融资租赁企业。

（李养雷）

北京农投商业保理有限公司

【概况】 北京农投商业保理有限公司（简称农投保理公司），隶属于北京首都创业集团有限公司，公司下设业务部、风险管理部、资金管理部、资产管理部、财务部、人力资源部、办公室。在职员工35人。年内，农投保理公司累计向42家企业提供融资服务，服务规模19.01亿元，净利润4311万元，实现利税2570万元。作为北京商业保理协会会长单位，配合行业主管部门进行行业扶持和监管工作。获年度区“重点企业”称号。

（罗宪杰）

【支持区内集体经济发展】 年内，农投保理公司聚焦区域集体经济发展，参与并提供商业保理产品在内的“全方位、一揽子”多元化金融服务。为区内集体所有制企业给予保理融资支持，提升五里坨村集体基础设施水平、促进农民增收。在提升村集体经济效益的同时，促进集体所有制企业内的资源要素优化配置。

（罗宪杰）

北京市住房置业融资担保有限公司

【概况】 北京市住房置业融资担保有限公司（以下简称融资担保公司）成立于2022年11月11日，注册资本4亿元，前身为北京市住房贷款担保中心，转制成为北京保障房中心有限公司所属全资子公司。下设七个部室，在职员工111人。年内，融资担保公司以住房公积金个人融资担保、资产管理业务以及非融资担保业务为主业，在防范化解住房信贷风险、保障住房公积金资金安全方面发挥积极作用并做出突出贡献。

（郑书慧）

【主要经济指标】 年内，融资担保公司实现营业收入3475.56万元，完成计划指标的107.11%；全年实现净利润1326.97万元，完成计划指标的245.51%。

（郑书慧）

商贸 服务业

综　述

【概况】 2023年,石景山区商务局(简称区商务局)积极谋划、主动作为,统筹推进疫情防控和经济社会发展,推进国际消费中心城市建设、"两区"建设重点任务落实落地,促进石景山区商务行业高质量发展。姿美堂、新七天2家企业获评北京市首批特色直播电商基地。石景山区国家电子商务示范基地获A级(成效突出),并入选商务部案例集,为北京市唯一入选案例。全年累计实现社会消费品零售总额325.1亿元,同比下降17.3%,比年初降幅收窄11.7个百分点,个别重点企业影响逐渐缩小,全年呈现上扬趋势。全年商品零售累计实现300.7亿元,同比下降19.8%,占石景山区社会消费品零售总额的92.5%;餐饮收入累计实现24.4亿元,同比增长33.1%,占石景山区社会消费品零售总额的7.5%。全年总消费同比下降-2.9%。

(刘　斌　康烁辰　李　璨)

【总部企业】 2023年,石景山区共有市级认定总部企业113家,涉及信息传输、软件和信息技术服务业27家,房地产业23家,金融业20家,批发和零售业17家,制造业6家,建筑业5家,租赁和商务服务业5家,科学研究和技术服务业3家,电力、热力、燃气及水生产和供应业3家,采矿业1家,工业1家,教育1家,文化、体育和娱乐业1家。其中,经济贡献重点总部企业103家,行业示范企业总部10家。

(李　璨)

【人均对外投资】 年内,北京市第一次将人均对外投资指标纳入全年外资绩效指标,石景山区任务指标为139.94美元。石景山区境外投资企业10家,实现对外投资额8187.1万美元,人均对外投资额145美元,完成北京市下达的全年人均对外投资额任务。

(王子丹　王凯蒂)

【安全生产监管】 年内,区商务局进一步修订《北京市石景山区商务局安全生产"党政同责、一岗双责"工作制度》,"一把手"亲自抓,定期组织召开党组会、局长办公会研究行业安全生产、消防安全、反恐防暴、扫黑除恶等各项工作,加强对行业安全工作的督促指导。加强"全国两会""服贸会"等重大活动期间行业安全保障。落实"石景山区商务行业安全生产和火灾隐患大排查大整治"工作、石景山区商务行业安全生产专项整治深化年行动,高标准完成燃气安全、施工动火作业、外租外包、电动自行车、有限空间等专项整治任务。建立"五位一体"综合监管模式,针对商业企业数量多、分布散、安全生产监管难度大的情况,形成"行业部门+安全员+第三方机构+综合监管+属地街道"五位一体的监管模式,进一步压实行业管理责任。全年累计出动检查人员2239人次,检查督导商务行业企业1081家次,排查治理各类安全隐患754处,约谈企业30家次。

(杨　睿　张　然)

【行业创城】 年内,区商务局重视创城工作,发挥商务行业优势,从加强企业培训、加大现场督查力度、强化问题导向三个维度入手,不断提高商业企业精细化管理水平,持续推动商贸领域创城工作走深走实。宣传文明餐桌知识,倡导文明餐桌行为,开展光盘行动。对照测评要求,对公益广告、环境卫生、母婴室、无障碍停车位、非机动车停放等内容进行督查,清除创城卫生死角,推动六工汇、大悦城等新增商业公厕、无障碍设施等基础设施改造。指导各商业企业加强"社会主义核心价值观""关爱未成年人""勤俭节约"等公益宣传,努力营造"文明城市人人参与"氛围。

(杨　睿　张　然)

商业　服务业

【商圈建设】 年内,京西大悦城、远洋春秋里等重点项目开业运营;首钢园区被评选为"夜京城"特色消费地标,喜隆多PLAZA、郎园PARK、模式口历史文化街区被评选为融合消费打卡地,鼎城当代商城—杨庄被评为品质消费生活圈。全年累计落地首店67家。首钢园区成功举办新年倒计时、"飞天奖""星光奖"颁奖盛典等重要活动118场,其中大型展会35场,借助大型展会、活动、论坛,吸引消费聚集,园区客流量突破1200万人次。

(刘　斌　康烁辰)

【第十三届京西消费节】 年内,石景山区以"京西新纪元　畅享新消费"为主题,举办京西消费节"新年礼遇季""春日焕彩季""欢炽尚新季"等活动。区商务局加强全年统筹谋划,策划文商旅体各类活动贯穿其中,活动涵盖元旦、春节、元宵等主要节日,围绕"畅"字设置五大主题消费板块,分别

4月,物美"流动超市"开进社区　　(《石景山报》供图)

为缤纷畅购、美食畅飨、冰雪畅玩、文旅畅游、金融畅惠，累计组织各类促消费活动达百余场，发放餐饮、汽车等品类消费券2100万元；组织开展京企直卖、精酿啤酒节、好咖啡生活节等重要活动，吸引大量消费者前来参观消费。

（刘 斌 康烁辰）

【一刻钟便民生活圈建设】 年内，区商务局全面推进“一刻钟便民生活圈”建设，全区划分为54个便民生活圈，2023年按照70%的比例，围绕提升便民生活圈建设能力、智慧服务能力和满意度，完成38个生活圈的区级创建，其中24个通过市级验收，“优秀”10个、“良好”13个、“合格”1个。推动衙府居园配套菜店投入使用，实现翡翠山晓蔬菜直通车退路进厅，指导宏天商场完善社区商业综合服务，试点广宁高井路社区早餐车服务。2023年“七有”“五性”中“便利性”指标全市排名第三，较2022年前进一名。

（滕小宇）

【消费帮扶】 年内，区商务局依托北京消费季、“京彩西品”消费帮扶月、京西消费节等重大促消费活动平台，在广宁街道、金顶街街道组织“帮扶消费”进社区等活动，与内蒙古赤峰市宁城县进行扶贫对接。以“消费帮扶”为着力点，开展农产品产销对接、“六进”等活动，在物美、永辉、壹公里、分中心开展石景山区消费帮扶促消费活动10场次，展销受援地区产品，先后组织企业参加对口帮扶地区展销会3次。全年对口支援地区农副产品采购、帮销总金额1224.21万元，其中直接采购金额828.47万元，帮助销售金额395.74万元。

（刘 斌 康烁辰）

【生活必需品市场供应】 年内，区商务局密切关注生活必需品市场供应情况。重点节假日及极端天气期间，实施重点商超生活必需品日报送机制，准确掌握市场商品供销存情况，依托主渠道做好生活必需品货源组织和储备，加强货源组织和储备，确保市场供应。当前依托34个重点保供超市，24个粮食应急供应网点的保联体系，18个生活必需品应急投放网点，满足本区居民基本生活必需品需求。

（刘 斌 康烁辰）

【粮食流通管理】 年内，石景山区粮食市场供需平稳，根据2022年粮油供需平衡调查数据，城镇居民年人均口粮消费量较2021年略有下降，居民日常生活中的食用油用量连续4年呈下降态势。落实粮食流通统计制度，年度内新增入统企业2家，为北京永乐亨通科技有限公司、北京信诚汇益商贸有限公司，累计粮食入统企业8家。严格粮食流通监管，开展涉粮企业检查19家次。提升应急保障能力，区级储备粮650吨，印发《石景山区粮食供给应急预案（2023年修订）》并组织应急演练，与24个粮食应急供应网点签订《北京市石景山区粮食应急供应网点协议书》。区粮食办公室获评北京市粮食行业先进集体。

（滕小宇）

【救灾和民用防控应急物资管理】 年内，区商务局按照程序向相关部门和街道调拨区级应急救灾物资3批次，民用防控应急物资2批次。对2020年至2023年调拨的可回收帐篷回收入库，其中12平方米棉帐篷149顶、12平方米单帐篷28顶。按照区应急局补库计划，开展区级应急救灾物资采购，共采购物资7类4047件，合计129.03万元。截至年底，在库区级应急救灾物资20种，包括各类帐篷、折叠床、折叠桌凳、被褥、应急灯、手电筒（电池）、雨衣、棉衣等。在库民用防控应急物资7种，包括可视门铃、门磁开门报警器、测温枪、隔离面罩等。

（滕小宇）

对外贸易

【服贸会保障与参与】 9月2日至6日，区商务局统筹2023年服贸会属地工作，借势推动高质量发展。一是全力服务服贸会。成立区领导小组“1指1办12组”，实现市、区、企工作全面衔接，推动场馆软硬件升级3.0版。在安全保卫、交通保障、城市环境与公共服务、医疗健康、食品安全、场馆建设运行等方面提供全方位保障，有效实现场馆运行安全有序。建成石景山数智中心，统筹推进协调指挥、应急处置、信息报送、调研接待等各项工作。二是精心参与服贸会。组织石景山国际开放合作论坛（主论坛）及7场平行论坛，其中主论坛发布石景山国际开放合作区项目，吸引500余万人次线上参与。158家区属重点企业参与线上展览，128家企业搭建线上展台。借助各类媒体全方位开展活动宣传，累计组织新闻发布和集体采访活动4场，发布原创稿件10余篇，在中央和市属媒体发稿近5000条，国外发布超300家媒体。三是充分借势服贸会。

9月3日，国际开放合作论坛在首钢园区开启　　（区商务局供图）

实施“一专题一方案”招商机制,对接200余家参展商。搭建“投资石景山会客厅”、驻场招商点等区级平台,组织意向投资企业深度座谈22场,设置侨商、文旅、投促3条商务考察路线,接待展商代表及奥地利、匈牙利等境外参访团100余人次。服贸会期间共收集重点项目160个,其中现场签约55个,意向投资额348亿元,49个项目落地。

(王子丹 王凯蒂)

【参加进博会】 11月5日至10日,石景山区交易分团组织区属企业40余家、参会人员百余人参加第六届进博会。本次进博会参团企业涉及科技、金融、制造业、商贸流通、服务贸易等领域。进博会期间,石景山区交易分团采购金额共计188.04万美元。其中,怡锦康泰(北京)生物科技有限公司与展商美时医疗(香港)有限公司签订订单,采购医疗器械,采购金额167.14万美元;物美集团与纽仕兰、北京名仕供应链管理有限公司分别签订订单,采购进口乳制品、进口油脂等产品,采购金额20.9万美元。

(王子丹 翟月萌)

【外贸进出口】 年内,石景山区外贸进出口额65.9亿元人民币,同比下降21.1%,占全市比重的0.2%;出口额40.3亿元人民币,同比增长11.8%,占全市比重的0.7%;进口额25.6亿元人民币,同比下降46.1%,占全市比重的0.1%。

(王凯蒂 翟月萌)

【外商投资】 年内,石景山区新设外商投资企业45家,同比增长55.2%,新设企业合同外资5195.64万美元,同比下降66.3%;增资企业13家次,增资合同外资5547.8万美元,同比下降69%;全年实际利用外资1.23亿美元,同比下降63.4%。

(王凯蒂 翟月萌)

【外资来源】 截至2023年底,全区外商投资主要来源于全球30个国家和地区。其中企业资金来源于中国香港114家,投资总额48.1亿美元;英国(含维尔京群岛和开曼群岛)30家,投资总额7.2亿美元;台湾地区17家,投资总额3.0亿美元;美国14家,投资总额1.1亿美元;新加坡12家,投资总额1.5亿美元。

(王子丹 翟月萌)

【外资结构】 截至2023年底,全区外商投资企业334家主要集中在14大行业。其中科学研究和技术服务业163家,投资总额30.5亿美元;租赁和商务服务业48家,投资总额7.2亿美元;信息传输、软件和信息技术服务业41家,投资总额25.5亿美元;文化、体育和娱乐业26家,投资总额2.3亿美元;批发和零售业23家,投资总额1.9亿美元。

(王子丹 翟月萌)

【“两区”建设重点任务】 年内,区商务局印发“两区”建设2023年工作方案,统筹推进65项重点任务落地,高效协同推进产业开放和园区开放。制定区级评价体系,推动以评促建。完善“两区”建设招商工作机制,组织境内外招商推介活动10余场,有效扩大国际交往“朋友圈”。高起点谋划国际开放合作区建设,形成总体方案初稿;紧盯合作区项目,首钢国际人才社区一期启动建设,翔鹰大厦投入运营,核心区50万平方米高品质商务楼宇逐步释放。制度创新成果相继落地,1个案例入选新一轮市级创新实践案例,2家企业入选“2023—2024年度国家文化出口重点企业和重点项目名单”。新增“两区”项目470个,完成全年任务指标276%,其中外资项目29个;落地项目383个,落地率68%,完成全年任务指标超过28个百分点,其中外资落地项目18个;预计投入资金809亿元人民币,完成全年任务指标137%。

(王子丹 王凯蒂)

【服务贸易】 年内,石景山区服务贸易统计监测系统累计登记注册企业69家,17家服务贸易企业上报351项出口合同执行额,共计2.72亿美元;4家企业上报148项进口合同执行额,共计3523.34万美元。

(王凯蒂 翟月萌)

旅　游

综　述

【概况】 2023年,石景山区文化和旅游局(简称区文旅局)把握学习贯彻习近平新时代中国特色社会主义思想这一主题主线和根本任务,落实市委书记尹力到区调研重要指示精神,把握城市更新和产业转型发展战略,以文化铸魂、旅游带动为着力点,全力做好示范区复核迎检,公共文化服务提质增效;推动产业转型,持续深化文旅资源融合发展;助力城市更新,扎实推进文化遗产保护利用;压实主体责任,确保文旅市场健康安全有序。

(刘　烨)

【培育文旅市场新业态】 5月18日,在第13个中国旅游日之际,区文旅局以"美好中国 幸福旅程"为主题,围绕"深入推动大众旅游、探索发展绿色旅游、加快培育智慧旅游、积极倡导文明旅游、推进文旅深度融合"的核心目标,将"吃住行游购娱"全要素融合,开启"慢享生活营"活动,推出精品旅游线路推介,重点文旅投融资项目发布和以"慢享"的方式打造石景山文旅生活消费新模式的三项精品活动。嘉宾、媒体记者、生活方式主理人、观众等共计300余人共同参与活动并进行现场体验。通过文化旅游、运动休闲、美食文艺等多元融合的体验方式,展现石景山区作为京西娱乐休闲中心的魅力。

(郭　琪)

【文旅新生活读物《品时》】 8月,区文旅局推出新生活读物《品时》。选择回归最质朴的方式去传递"附近的声音",去传达城市精神、生活温度。《品时》分为"时刻""城事""探索""打卡日记""宝藏清单"等栏目,通过选题策划,将地区文旅商娱体等要素进行串联,发挥石景山区文旅优势,将石景山的美丽瞬间、人文故事、游玩攻略等内容进行介绍。《品时》手册全年共分为两期,并在服贸会、消博会等重大展会活动上发放,受到社会各界好评。

(曲婷旸)

【服贸会文旅服务专题展】 9月2日至6日,服贸会石景山区文旅服务专题展在首钢园区2号馆开展。由区委宣传部统筹,区文旅局牵头的文旅服务专题展围绕首钢园区、模式口历史文化街区为主要展示内容,分为"漫游石景山""炫酷潮玩首钢园""古道新韵模式口"三部分,带领市民群众感受传统与现代碰撞的魅力。并设置活动舞台和"石景山好物"旅游商品展示区。同时,设置文创展示区,和香、京式旗袍、仙山福礼、冰川馆等文创商品,售卖400余件,金额超1.8万元。9月3日和4日进行的"石景山文旅好物"直播,产品涵盖景区门票、艺术馆门票、营地特惠票、住宿及餐饮等20余件,直播累计时长225分钟,累计观看人数5.5万,成交金额4.75万元,平均每单670元。

(郭　果)

【"氧气石景山"亮相北京消博会】 10月20日至22日,"氧气石景山"文旅展台亮相2023北京国际文旅消费博览会。首钢文创及主题线路展示、RE睿·国际创忆馆兵马俑VR体验、京式旗袍盘扣传统制作技艺互动体验、法海寺壁画服饰艺术讲解等17场活动分时段依次开展,共吸引2500余人次参与,区文旅展台接待观众近万人次。"石景山文旅好物"展卖区,首钢文创、和香、京式旗袍、仙山福礼等文创商品售卖200余件、售卖金额1.5万元。"石景山文旅好物"直播间火爆,产品涵盖景区门票、艺术馆门票、营地特惠票、住宿及餐饮等13类,45个产品,直播累计时长360分钟,累计在线人数54万,成交金额15.3万元。

(郭　琪)

【公众号运营质量提升】 年内,区文旅局通过拓展短视频内容,围绕石景山美景、文化新地标、消费新体验、前沿新发现等,创新视觉形式,将公众号打造为获取石景山区文旅资讯、建立石景山新形象、参与互动反馈的权威平台和入口。保持全年每日更新,平均每日发布推文5篇,涵盖深度策划、品牌活动报道、线上云课堂分享、文物科普、文化惠民、旅游指南、文旅工作动态等内容。截至12月31日,关注量为14.3万,同比增长27%。全年发布推文1783篇,同比增长25.6%;总阅读量155.6万,同比增长46%;总分享量51470次,同比增长48%。

(曲婷旸)

【"诗意石景山"品牌建设】 年内,区文旅局打造情景化诗歌文旅联动品牌"诗意石景山",以诗歌为载体,中国传统节气节日为契机,在白露、秋分以定制散文、音频、名人citywalk、摄影作品征集的方式带领大家欣赏探索八大处、首钢园区、模式口等石景山区代表性文旅点位的秋意与诗意,并在中秋节前夕邀请学者、书法家、演员、音乐人齐聚法海寺举办中秋音乐诗会直播和线下观看活动。项目总传播量超过200万次,微博话题"诗意石景山"超过94万阅读量。"为你读诗""石景山文旅"微信公众平台以及微博、小红书、喜马拉雅、QQ音乐、网易云音乐等APP曝光量超500万,点击阅读量约40万次。

(曲婷旸)

【文旅文创产品创新】 年内,区文旅局设计推出30枚石景山文旅主题印章,发布宣传推文10余篇,平均每篇推文阅读量1000+。市民追随印章投放地,打卡石景山各大文旅资源点位,有效提升石景山文旅知名度。制作推出的2023年撞色帆布包、卡套、文创胶带等文创产品,作为参与文旅活动的发放奖品,极大调动市民参与的积极性,获得市民好评。

(杨　洋)

旅游活动

【城市漫骑计划】 9月28日至10月12日,区文旅局推出城市漫骑计划,设置3条骑行路线"穿越模式口·文化加氧""潮玩首钢园·炫酷加氧""集章石景山·快乐加氧",涵盖八大处公园、模式口历史文化街区、首钢园区、郎园Park、京西大悦城等众多文商旅体融合空间。完成三条骑行线路中的任意一条可获得骑行周边,共送出骑行车主牌和三角旗400余份;将全部线路打卡可获得石景山文旅大礼包,共60位市民完成任务。总曝光量4031万余人次，互动量7.2万余人次。

（杨　洋）

【联名杯套活动】　10月15日至26日，区文旅局推出“寻一杯氧气之饮”联名杯套活动，与蜜雪冰城茶饮品牌合作，推出联名饮品及主题创意杯套5万个，对石景山区9家门店进行主题布置。设置全民参与“无门槛”抽奖活动，有效带动地区文化消费，提升品牌知名度。互动曝光量3538万余人次，互动量7.3万人次。

（杨　洋）

【“氧气石景山”品牌建设】　年内，区文旅局以八月十五中秋节、国庆假期为契机，打造“氧气石景山”文商旅体融合消费品牌，旨在聚焦市民多元文旅消费需求及当下流行的休闲生活方式，拓宽业态融合发展边界，以“为生活加点氧”为宗旨目的，赋能市民美好生活，培育经济增长新动能、引领消费新潮流、带旺城市烟火气。此次“氧气石景山”秋日畅游季以“氧气漫游”“氧气潮玩”“氧气运动”三大主题版块，串联石景山区50余项文商旅体融合活动，吸引广大市民朋友走进石景山，体验文旅新生活方式。

（杨　洋）

行业管理

【概述】　2023年，区文旅局全面落实文化和旅游行业安全生产责任，积极推动文化和旅游行业复工复产，扎实开展安全生产和火灾隐患大排查大整治专项行动，重点做好全国“两会”等重要活动和法定假日安全保障工作，不断夯实文化和旅游行业安全生产基础，全区文化和旅游行业安全生产形势总体稳定，有力保障石景山区文化和旅游市场安全平稳、健康有序发展。

（张术瑞）

【市文旅局检查春节旅游市场】　1月17日，市文化和旅游局党组成员、副局长林亮等检查石景山区2023年春节假日旅游安全和服务保障筹备情况。检查组听取区假日办关于石景山区2023年春节期间假日旅游工作安排和推进情况，现场检查石景山游乐园、麦颂KTV万商店和万商花园酒店等文旅场所疫情防控、旅游活动、安全管理和服务保障等工作。林亮对石景山区假日期间文化和旅游活动安排、安全与应急等筹备工作给予肯定，同时提出，要提高政治站位，从发展和安全两个方面做好假日旅游各项工作；要充分发挥假日办成员单位职能作用，形成合力做好春节假日旅游活动和安全保障；要严格按照“限量、预约、错峰”原则，推行分时段预约游览，坚决防止游客聚集发生拥挤踩踏事件；要严格落实文旅场所安全生产主体责任，加强防火安全、用电安全、大型游乐设施安全等隐患排查和巡查；要强化应急值守，落实24小时值班制度，完善各项应急预案，适时开展应急演练活动，高效处置旅游突发事件。

（张术瑞）

【安全管理工作会召开】　4月19日，区文旅局组织召开2023年安全管理工作推进会暨主体责任培训会，贯彻落实领导批示和有关会议精神，全区各文旅业态代表160人参加会议。会议通报区文旅局2022年以来石景山区文旅行业安全管理工作情况，部署2023年文旅行业安全与应急管理重点工作；区应急管理局、公安分局、区市场监管局、区消防救援支队、区文化市场执法大队领导结合文旅行业特点和执法实践提出具体的工作要求和提示。尹圆传达市委市政府区委区政府4月19日召开的安全生产紧急会议精神，并对文旅行业安全管理工作提出四项要求：一要提高政治站位，坚持以习近平新时代中国特色社会主义思想为指导，深入贯彻党的二十大精神，将安全生产专项整治深化年行动贯穿全年。二要狠抓责任落实，严格落实安全生产部门监管责任和企业主体责任以及从业人员工作岗位责任。三要掌握工作原则，做到“抓大不放小”“抓易不放难”“抓点不放面”“抓近不放远”，全方位消除风险隐患。四要强化重点工作，加强火灾防控、隐患排查、应急管理、宣传教育、培训演练等工作，不断提升应急处置能力和安全生产管理水平。

（张术瑞）

【与北京第二外国语学院签约】　5月15日，区文旅局与北京第二外国语学院旅游科学学院在万商花园美居酒店签署《文旅服务质量提升合作框架协议》。15日至17日，北二外旅游科学学院与石景山区文旅局，面向石景山区文化和旅游从业人员300多人开展连续3天的行业发展和技能培训。专家在景区管理和创新、住宿业优化提升等方面进行授课。同时，结合石景山区八大处公园、模式口、首钢园区等文化旅游资源，在带动区域文旅消费升级、文旅品牌打造、提升区域现代化、国际化发展水平等方面深化合作。

（王佩宇　谢雨檬）

【文旅行业应急演练】　6月15日，在全国第22个“安全生产月”活动之际，区文旅局以“人人讲安全，个个会应急”为主题，在八大处公园举办“石景山区文化和旅游行业2023年防灾减灾消防安全应急演练”暨“安全宣传咨询日”活动。在消防安全应急演练中，模拟“因游客丢弃烟头引燃林下可燃物，发生初期火灾”情形，组织全过程扑灭环节演练。在“安全宣传咨询日”活动中，联合区反恐办、区应急管理局、区气象局、区消防救援支队、区文化市场执法大队等部门和区文化中心、旅游景区、宾馆酒店、旅行社、歌厅网吧、培训机构等文旅单位，利用设置展板、发放宣传册、现场咨询等方式，宣传文化和旅游行业生产安全、消防安全、食品安全、防汛安全、出行安全、反恐防暴、防灾减灾及应急救援等法律法规和安全常识。共设置旅游法、文物保护法、反恐法、旅游条例、文娱场所安全规定、安全月主题内容等各类宣传展板40余块，发放各类安全宣传材料3000余份，解答市民游客问题200多个。

（张术瑞）

【市文旅局检查区端午节旅游工作】　6月20日，市文旅局副局长郭勇带队检查石景山区端午节假日旅游安全和服务保障工作。检查组首先检查八大处公园索滑道安全运营情况和消防安全管理情况，公园负责人随行汇报本单位安全生产和火灾隐患大排查大整治专项行动、消防安全、防汛安全等工作情况；来到辖区某酒店，检查酒店安全管理和假日运营保障情况。郭勇对石景山区假日旅游安全和服务保障工作给予肯定，同时提出，要持续深入开展安全生产和火灾隐患大整治大排查工作，时刻树立危机意识和底线思维，建立健全并落实安全职责，坚决遏制安全事故的发生；要严格落实单位安全主体责任，加强防火安全、用电安全、大型游乐设施安全等管理工作；要加强从业人员安全管理，结合“安全生产月”活动，加强从业人员安全教育、培训以及对特种作业人员持证上岗管理等工作；要完善各项应急预案，适时开展应急演练活动，高效处置旅游突发事件；要高度重视游客投诉处理，积极稳妥处置旅游投诉案件，密切关注舆情动态，防止产生不良影响和负面舆情。

（张术瑞）

【市文旅局检查中秋国庆旅游工作】 9月28日，市文旅局副局长刘斌带队检查石景山区中秋、国庆假日旅游安全和服务保障工作。检查组现场检查石景山游乐园和部分歌厅、网吧，对石景山区假日旅游工作部署和落实情况以及文旅单位假日活动、服务接待、市场秩序、安全保卫、应急值守等方面工作给予肯定。刘斌提出，要提高政治站位。各单位要强化政治担当，增强大局意识、风险认识和底线思维，全面落实好各项工作任务，实现“安全生产、方便群众、提升形象”的假日旅游工作目标；要抓好工作落实。严格落实《关于加强2023年“中秋节、国庆节”期间我市旅游景区安全和服务保障工作的通知》要求，做好安全管理和市场秩序相关工作；要加强意识形态管理。要充分利用宣传标语、条幅、电子屏等宣传载体营造欢度国庆浓厚氛围，对文旅节目、信息进行严格把关，确保内容意识形态正确；要强化景区“大客流”应对措施。做好精准预判和组织规划，采取护栏隔离、预置力量分区隔离、卡口阻入等措施，合理优化流线，避免出现客流对冲，假日现场疏导人员数量至少为平日的2倍以上，坚决避免旅游景区门区人员扎堆聚集和挤压踩踏；要优化“预约”机制。科学安排时间，保留预约服务的旅游景区预约放票时间不能设置在凌晨，并做好相应服务；要强化应急处置。要做好工作人员应急培训，遇有突发情况能及时联系相关单位主要负责人，并按规定及时报告信息，迅速妥善处置。

（张术瑞）

【创建文明城区】 年内，区文旅局加强校园周边整治，严查黑网吧、黑歌厅、黑游戏厅。检查出版物销售，严查非法书籍、问题日历台历等。规范石景山区网吧经营秩序，杜绝网吧接纳未成年人，开展网吧从业人员培训，强化依法文明经营意识。开展“防网络防沉迷”主题宣教活动，在2所学校3个社区组织“防网络沉迷 护青少年成长”主题活动，受众1200余人次。

（乔　力）

旅游景点

北京石景山游乐园

【概况】 北京石景山游乐园（简称游乐园）占地面积35万平方米，拥有大型主题游艺项目40余项，国家级AAAA级旅游区（点）。2023年是游乐园的改革之年、保障之年，在区委区政府以及区国资委的正确领导下，通过领导班子及全体职工的共同努力，游乐园克服基础设施改造、设备升级等不利因素，一边继续狠抓安全生产，一边积极开拓创新、促进对外合作，经营收入保持相对稳定。全年接待游客164万人次，综合经营收入12600万元。经市文旅局评审，石景山游乐园被评为“北京市文明旅游示范单位”。完成4A景区复核工作。获得由石景山区统计局、石景山区经济社会调查队颁发的“石景山区2023年度诚信统计示范单位”称号。

（王喃喃）

【积分碰碰车项目投入使用】 1月13日，游乐园新建设备积分碰碰车通过国检监督检验，取得使用登记证书。1月21日，正式投入运营。积分式碰碰车是无天线碰碰车，是在传统碰碰车游玩方式基础上为车体增加更多互动效果，在保持项目最根本的“碰撞”乐趣之余，加入简单明了的“游戏化”内容，让“碰撞”带来更多乐趣和玩法。

（王喃喃）

【迎春庙会活动】 1月22日至28日，游乐园举办“福满京城 春贺神州”迎春庙会活动。活动由精彩游艺、美食商品、文艺表演、展览展示四大板块构成，突出春节文化、国际风情、时尚新潮等特色，增设特色鲜明的主题灯组、钢花飞舞光影秀。7天活动总接待人数超26万人次，实现创收1600万，同比增长346%。在疫情新政形势下，实现经济效益和社会效益双丰收。

（王喃喃）

【暗夜古堡项目完成升级改造】 4月底，游乐园暗夜古堡游艺项目的建筑外观和内部场景提升改造工作完成。暗夜古堡占地约360平方米，分为17场景，场景采用声光电一体及多媒体投放方式、使用激光红外点对点单独控制，让游客有身临其境的感觉。

（王喃喃）

【“狂欢之夏”活动】 7月1日至8月31日，游乐园异域风情消夏狂欢活动举行。围绕东南亚风情、激情夏日、戏水纳凉、互动体验四大元素进行打造，特别推出泼水狂欢大作战、风情花车大巡游、星光奇幻园、美食啤酒嘉年华、经典游艺狂欢等活动，为游客提供一站式消暑体验，开启日夜狂欢双玩模式。持续62天的活动总接待人数超44.33万人次。

（王喃喃）

【4A景区复核工作完成】 7月19日，游乐园完成4A景区复核工作。市文旅局检查工作组、区文旅局领导一行根据现场检查、听取工作汇报及资料审核，对游乐园相关工作充分肯定，对园区精细化管理等方面进行指导，4A景区复核工作顺利通过。

（王喃喃）

【“摩天轮盲盒”活动】 8月19日至22日，为传统节日“七夕”量身打造的告白限定，开启惊喜“摩天轮盲盒”活动举办。活动共持续4天，设有6个主题座舱，以创新的“开盲盒”形式增强活动的互动性，受到游客一致好评。

（王喃喃）

【激流勇进游艺项目投入使用】 8月15日，激流勇进游艺项目升级改造完毕并正式接待游客。激流勇进项目作为游乐园最受游客欢迎的设施之一，为了配合夜场经营，增设沿着轨道两侧沿边加入塑形水晶灯带，形成流光溢彩的灯光效果，打造亮晶晶的视觉感受。2022年，游乐园自筹资金350余万元，对激流勇进项目开始进行升级改造。

（王喃喃）

【新建摇头飞椅项目投入使用】 8月21日，游乐园新建免检项目摇头飞椅正式营业接待游客。“摇头飞椅”项目，属于机械旋转类游乐设备，在体验到腾云驾雾般的快感的同时又能体验到搏击长空的刺激，项目结合七彩缤纷的图案设计与美丽的灯饰，在乘坐的过程中通过声、光、电、运动相结合的方式，充分体验乘坐机动设备的快感。

（王喃喃）

【新建迪斯科转盘项目投入使用】 8月21日，游乐园新建免检项目迪斯科转盘正式营业接待游客。迪斯科转盘属于机械旋转类游乐设备，游客在大圆盘上的沙发上围坐，随着劲爆的音乐，身体随着圆盘运动，在强离心力作用下，高速旋转翻飞，刺激好玩。

（王喃喃）

【新建极速飞车项目投入使用】 9月3日，游乐园新建项目极速飞车通过国检检验，取得使用登记证书。9月19日，极速飞车正式营业接待游客。项目属轨道类单车惯性滑行游乐项目，其特点是滑行单车经牵引链输送方式至高点驼峰处后，靠其势能沿滑行轨道走势作自由下滑运动，途中时而急剧下冲陡坡，时而飞速行进突然急弯、起伏，非意识的运动状态在惊与险中体味。整个项目给游客展示一个具有强烈刺激、浓厚趣味和极具观赏性的游艺过程。

（王喃喃）

【新建青蛙跳项目投入使用】 9月12日，游乐园新建项目青蛙跳（四面青蛙跳）通过国检检测，取得使用登记证书。9月23日，项目正式营业接待游客。“青蛙跳”项目属于飞行塔类游乐设施。操作人员待游客坐好后，扣好安全带、压杠，游客升高到一定高度，然后会跳跃式分段下降，犹如坐在大青蛙的背上蹦蹦跳跳的感觉。

（王喃喃）

【“国潮艺术荟”活动】 9月29日至10月6日，游乐园举办“国潮艺术会”活动。活动主要以国风与青春邂逅，传统与创新碰撞，国潮市集、国风表演、汉服大秀为主要内容，匠心打造一场弘扬传统文化，播种文化自信的盛筵。

（王喃喃）

【“新年冰雪音乐惠民季”活动】 12月9日至1月1日，游乐园为期13天的“新年冰雪音乐惠民季”活动举行。期间每周末及节日，游乐园举行游园会。为打造冬季休闲娱乐品牌活动，带动园区经营淡季收入，并且更好地满足广大市民高品质、多层次消费需求，此次活动实行全园畅玩通票，40余项价值千余元游艺项目一票百元畅玩。

（王喃喃）

【提示信息】 全年实行周一闭园。入园开放时间10月1日至3月31日平日9:00—16:30，节假日9:00—17:00；4月1日至6月30日平日9:00—17:00，节假日9:00—18:00；7月1日至9月30日9:00—17:30，节假日9:00—18:00；特殊活动及重大节假日营业时间以门区公示为准。持老干部离休证、65岁（含）以上老年证、军官证、士兵证、残疾证、消防员证，作家、摄影家协会会员、6岁（含）以下凭有效证件和1.2米（含）以下儿童免门票入园；免门票的游客入园后如需乘坐项目，需要支付项目费用。持全日制大学本科及以下学历学生凭本人身份证或《学生证》、60岁至65岁（不含）老年人凭有效证件购买门票享受半价优惠。参观爱国主义教育基地的0—18岁（以身份证日期为准）未成年人可持身份证原件，通过扫描预约二维码进行预约，凭预约码免票入园。

（王喃喃）

八大处公园

【概况】 八大处公园是国家AAAA级景区、北京市一级一类公园，位于西山风景区南麓，是新中国成立后首批北京市重点文物保护单位，是一座历史悠久、风景宜人的山地寺庙园林。由西山余脉翠微山、虎头山、青龙山环抱，三山形似座椅，八座古刹星罗棋布分布在三山之中。二处灵光寺因供奉释迦牟尼灵牙舍利而驰名海内外。八座古刹中最古老的寺庙是八处证果寺，建于隋末唐初，历经宋元明清历代修建而成。最大的寺庙是乾隆的帝王

1月17日，百张红色经典电影有声海报展启动仪式在八大处公园举办

（八大处公园供图）

行宫香界寺。2023年,八大处公园全年接待游客量234万余人次,同比增长62.5%;门票收入1308万元,同比增长56.8%;综合经营收入3162万元,同比增长28.3%。

(贾秋红)

【百张红色经典电影有声海报展】 1月17日至2月16日,由中国文化馆协会、石景山区委宣传部主办的百张红色经典电影有声海报展在八大处公园“红色电波”院内举行。作为构建“理论+文艺+百姓”品牌的创新实践,展览以八大处“红色电波”的红色基因为源点,按照党的发展历史脉络,精选100张红色经典电影海报,通过八大处“红色电波”革命教育展馆、国家公共文化云、专家讲座、志愿者宣讲等线上线下相结合的有声艺术展创新形式,再现波澜壮阔的历史,力争用银幕上感动人心的人物、故事唤醒每个人内心深处的时代记忆,传递崇高、牺牲、奉献、自强等红色基因精神。

(贾秋红)

【新春文化庙会】 1月23日至27日,八大处公园举办“福满京城·春贺神州”为主题的第十届八大处新春文化庙会。活动以“迎新春、进福门、走福路、敲吉祥钟、击太平鼓、享冰雪清爽、带吉祥回家”为主线,营造中国传统春节的祥和氛围,带游客体验福送千家万户的老北京传统民俗。具体活动包括:灵光普照福门开、“福”送千万家、敲吉祥钟送祝福、击太平鼓祈平安、打金钱眼求吉祥、聆听“红色电波”、打造冰雪世界、曲艺表演大舞台、老北京吆喝特色演出等。期间设置有老北京小吃广场、“寻味北京年”年货街、贺新春主题花坛、“兔”文化长廊等景观及氛围布置。活动期间接待游客22.27万人次,综合经营收入315.76万元。

(贾秋红)

【园内景观提升工程】 1月28日开工,12月20日竣工,总投资3119万元。主要工程包括:修补精印谷、摩崖谷现状山道危险路面,建设精印谷循环水系;将二处至四处山沟水道重新整修,新做景观拦水坝,减轻门区排洪压力;整修柳溪山房、派出所旁、证果寺部分老山道,排除安全隐患;建设四处招银林、修缮七处观景平台、梳理老料场区域排洪和景观功能、提升大门区新应急出口景观、对老派出所等建筑进行加固并室内装修及周围景观提升等。

(贾秋红)

【中国园林茶文化节】 4月28日至5月3日,八大处公园举办主题为“这山 这水 柘有好茶”的第二十二届八大处中国园林茶文化节暨首届福建柘荣高山白茶文化周。活动包括,开幕式、柘荣高山白茶精品展、茶文化及地方产品展销会、斗茶大会、柘荣高山白茶品鉴推介会、茶文化知识讲座、文艺演出等内容。期间,接待游客8.6万余人次,综合经营收入66.57万元。

(贾秋红)

【“八大处传说”展室开放】 6月10日,位于二处灵光寺南院的国家级非物质文化遗产代表性项目——“八大处传说”展室举行揭牌仪式,正式免费对游客开放。展室作为非遗保护传承基地,常年展示“八大处传说”的主要内容、发展历史及主要特征。

(贾秋红)

【西山八大处文化节】 9月29日至10月6日,八大处公园举办主题为“同游西山胜境,共庆祖国华诞”第十届西山八大处文化节。活动分为“红色颂”“传承颂”“生态颂”“华音颂”“记忆颂”五大版块,具体内容包括“讲红色故事,做强国少年”活动、“书香飘古刹,阅享首初心”主题读书会、“月满华夏”汉服游园会、八大处公园4条线路金秋游、“礼赞中国”文艺演出、“寻迹老照片,奋进新时代”照片展等。期间接待游客17.7万余人次,综合经营收入97.88万元。

(贾秋红)

【“八大处传说”展演】 “十一”国庆期间及十月的周末,八大处公园在五处龙泉庵及百卉园分别组织国家级非物质文化遗产代表性项目——“八大处传说”展演活动各10场。内容包括《情人柏与圣水井》《乾隆圆梦香界寺》等皮影戏以及快板、评书、京韵大鼓等多种曲艺形式表演的传说故事。

(贾秋红)

【重阳游山会】 10月23日,八大处公园举办主题为“孝满京城·德润人心”第三十六届北京八大处重阳游山会。活动内容包括:“九九重阳迎宾朋”开幕式、“孝老爱亲送祝福”发放重阳三宝、“爱老慈幼重阳‘邮’”集章打卡活动、“敬老孝亲享健康”义诊等。期间接待游客1.28万余人次,综合经营收入6.42万元。

(贾秋红)

【二十四节气系列文化活动】 年内,八大处公园首次推出全新品牌文化活动——“二十四节气”系列活动。选取相应节气,结合八大处文化特色,开展具有科普性、互动性、趣味性的文化活动,为游客提供学习和探索中华优秀传统文化途径,领略节气之美。至年底,举办小暑之“晒伏”、大暑之“暑”中作画——“荷”你相遇、处暑之“暑气退、草木印、健康行”、白露之拓“露”而来、秋分之金秋“分”至等9场活动。

(贾秋红)

【“八大处传说”国家级非遗保护项目】 年内,公园首次成功申请并利用国家级非遗资金开展“八大处传说”相关项目,总投资48万元。项目内容包括:制作“八大处传说”音频作品100个、动漫作品3个、皮影戏短视频4个;举办“八大处传说”进校园传习展演活动40次;皮影戏演出2场;“八大处传说”文创开发保护项目等。

(贾秋红)

城市规划与建设

规划与自然资源管理

【概况】 北京市规划和自然资源委员会石景山分局(简称规自分局)于2019年3月23日挂牌成立,内设办公室、法制科(信访与信息公开科)、规划编制与城市设计科、市政交通科、规划实施科、综合审批科(规划土地核验科)、自然资源调查监测科、自然资源所有者权益科(自然资源开发利用科)、国土空间生态修复科(矿产资源管理科)、财务科、机关党委(党建工作科、人事科)、纪检办公室12个机关科室,下设北京市石景山区规划和自然资源执法队和2个事业单位(北京市石景山区不动产登记中心、北京市石景山区规划和自然资源综合事务中心),代管1个区属事业单位(北京市石景山区土地一级开发管理中心,加挂北京市石景山区规划展览馆牌子)。年内,规自分局坚持以分区规划为统领,在全市率先完成"三区三线"划定工作;深入实施城市更新,举办石景山区首届城市更新论坛;完成石景山区规划展览馆展陈筹建并接待石景山区四套班子参观指导。积极推进M11号线车辆段选址,形成首钢南区"地铁站点+车辆基地+上盖开发"一体化方案。加强土地资源管理,编制完成区年度国有自然资源资产管理情况专项报告。强化日常卫片执法,持续夯实"基本无违法建设区"成果,完成公共公益违法用地违法建设专项整治工作;优化营商环境政策落地,实现"交地即交证""交房即交证"目标。

(王祎琳)

【城市体检】 年内,规自分局完成2022年度城市体检工作。以社会满意度问卷调查及"12345"工单分析为抓手,以全区低效产业用地为重点地区,以低效产业用地的城市更新规划研究为重点专题,针对低效产业用地开展深度体检,形成体检成果。

(张　悦)

【责任规划师】 年内,规自分局引导责任规划师参与属地街道基层治理,责任规划师全年参与老旧小区改造项目二十余个,公共空间更新项目十余个,实地调研及公众参与活动近200次。举办"果石会"活动,第二期"果石会"以文化赋能下的特色空间节点构建与营造为议题,进一步发挥石景山区特色文化空间对城市发展的带动作用;第三期"果石会"以"跨界共语、老旧新生"为主题,围绕老旧小区改造等城市更新中的重点任务进行交流分享,助力石景山区高质量发展。

(陶　园)

【分区规划实施】 年内,规自分局坚持以分区规划为统领,服务"四个中心"能力全面提升,国土空间规划体系持续完善。在全市率先完成"三区三线"划定工作,同步完成落实"三区三线"分区规划修改工作。五里坨、广宁等4个街区控规获得批复,巴威·北锅、特钢街区控规上报市规划自然资源委审查,模式口、南山、衙门口、八大处街区控规和模式口历史文化街区保护规划编制完成。立足中心城区圈层特点,连续三年完成城市体检和五年评估工作。在全市率先探索存量更新地区街区控规管理工作方法,建立"1+3+N"的全方位评估体系,完成刘娘府等6个街区评估工作,有效支撑刘娘府、首钢东南区等重点项目供地实施。

(魏朴童)

【历史文化街区保护规划完成】 年内,规自分局编制完成《模式口历史文化街区保护规划(2022年—2035年)》,通过区级审查和专家评审,完成"一张图"公示。《保护规划》深入落实"在保护中发展、在发展中保护"新理念,坚持"文物保护是核心,环境整治是前提,有机更新是遵循,民生改善是重点,业态提升是关键"总体策略,优化核心保护范围和建设控制地带范围,明确建筑和院落分类价值评估,针对院落、建筑等各类保护要素建立街区信息数据库,并提出街区更新引导要求和实施建议。

(张梦云)

【城市更新】 年内,组织举办石景山区首届城市更新论坛,盘点梳理区内一批引领示范项目,进一步放大"后冬奥时代"效应,扩大城市更新影响力。形成更多城市更新最佳实践和优秀案例,法海寺壁画艺术馆项目获评第二届北京城市更新最佳实践,西部全域型城市更新获评优秀项目。可实施、可推广、可持续的"石景山经验"为下一步吸引更多的社会资本参与石景山区城市更新奠定良好基础。

(陶　园)

【区规划展览馆展陈筹建】 年内,规自分局完成石景山区规划展览馆展陈筹建工作,并顺利接待石景山区四套班子参观指导。整体筹建工作按程序启动设计施工一体化招标、设计方案优化报审、原建筑旧装饰拆除以及园区供电、

8月15日,规自分局举办政务开放日活动　　(规自分局供图)

供水、排水等大小市政管线接驳施工等，同时全面梳理布展逻辑，优化完善策展文案。项目完成2860平方米室内装修改造，18320平方米室外园林景观优化，1026平方米展厅布展，其中包含25个沙盘模型的数据采集和制作安装，9部宣传片脚本编辑和拍摄制作，展览展示效果获社会一致好评。

（刘　亮）

【1号线支线一体化方案获批】 年内，规自分局推动1号线支线线路一体化规划方案获批。1号线支线石景山区段线路长度3.9千米，设置体育场南街站（新建车站）和八角游乐园站（改造车站）2座车站，建成后将提升石景山地区轨道交通覆盖率，扩大45分钟交通圈。

（王佳仪）

【八角游乐园站入典型案例】 年内，规自分局研判八角桥区现状面临的各项交通及业态问题，组织编制八角游乐园站一体化方案，并作为独立附件随1号线支线一并获批，通过“口”字形地下通道将地铁出入口引到五环外，实现八角桥区用地、交通、工程、环境四个“一体化”，形成以TOD为途径的京西城市更新发展范式，成为新时代北京基层改革的生动样本。

（王佳仪）

【推进M11号线车辆段选址】 年内，规自分局与轨道交通规划管理处共同组织京投、北规院、城建院深化车辆段选址方案，形成首钢南区“地铁站点+车辆基地+上盖开发”一体化方案，促成石景山区政府、首钢集团就M11号线车辆段选址达成一致意见，并形成首钢南区车辆段研究专班持续推进后续工作。

（王佳仪）

【策划生成多项市区重点项目】 年内，规自分局共核发道路、场站、管线等40个项目“多规合一”审查意见，其中包括金安桥雨水泵站调蓄池、退水管线等市区重点关注项目，确保金安桥区汛期安全；衙门口新二路、衙门口新四路等打通断头路的建设项目，推进石景山区中部地区循环道路建设，满足周边地块居民出行需求；惠民生的首钢东南区公交首末站等配套设施，织补区域公交线网，提升区域服务水平。

（蔺　磊）

【促灾后重建工程建设】 年内，规自分局全力推进区域灾后恢复重建工作，按照市级部门规划引领、手续简化、分类推进的指导意见，与区城管委、区发改委等多部门密切联动，提早谋划梳理，逐类逐项研究全区灾后重建17个项目推进情况及审批路径。截至年末取得国债项目5个，总投资9.9亿元。

（袁正旭）

【综合审批】 年内，规自分局完成行政许可和服务事项268件，其中核发建设工程规划许可证（城镇建筑工程）23个，建筑面积125.62万平方米；核发临时建设工程规划许可证（城镇建筑工程）28个，建筑面积9.17万平方米；核发低风险建设工程规划许可证（城镇建筑工程）1个；核发建设工程规划许可证（市政类）101个，管线长度4.37万延米，建筑面积8.14万平方米；核发选址意见书和用地预审合并（市政）25个，用地面积3.58万平方米；核发选址意见书和用地预审合并（房建）5个，用地面积8.68万平方米；核发土地划拨26个；核发地名命名1个；核发建筑物命名18个；核发门楼牌编制确认6个；核发不予许可2个；核发规划核验（验收）28个，验收面积123.5万平方米；核发规划验收（市政）备案4个。

（简嘉隆）

【37个项目土地权属审查完成】 年内，规自分局办理完成衙门口棚改713地块、永乐小区36号楼、五里坨十号路、五里坨六街、首钢主厂区内焦化厂精制车间扣除项目、广宁派出所项目、五里坨1601－691地块密闭式清洁站、北辛安棚户区改造B区1608－667、646、703、670、711、695地块土地上市项目等37个项目的土地权属审查工作。

（张昕宇）

【2022年度国土变更调查】 年内，规自分局组织完成区级方案编制、底图制作、内外业调查、区级自查、市级及国家级核查和整改、成果报送、数据领取、数据分析等工作。全区共提取监测图斑791个，其中区级自提图斑181个，市级提取102个，国家下发图斑677个，与自提图斑重叠169个。

（张昕宇）

【2023年度日常国土变更调查】 年内，规自分局与各相关部门做好沟通对接，提前组织作业单位制作工作底图，及时组织开展实地调查举证，实时压茬推进内外业调查工作。完成日常变更调查举证工作，其中国家下发图斑345个，区级自提图斑116个。

（张昕宇）

【基础数据保障及保密管理】 年内，规自分局函（答）复各委办局、街道、各级人民法院及部队等土地权属来电函、来电、来访60余批次。协助北京市永定河森林公园管理处、区生态环

6月底，石景山区完成的17处地质灾害隐患点治理工程在本次百年不遇的23·7特大暴雨中经受住了考验　（规自分局供图）

境局、区西部建设办公室等单位开展企业注销变更产权人、创建国家生态文明建设示范区规划编制、石景山区西部地区发展规划等工作，提供权属、地类等基础数据并严格履行保密手续。

（张昕宇）

【国有自然资源资产报告】 年内，规自分局编制完成石景山区2022年度国有自然资源资产管理情况专项报告，报告共五个章节近万字。完整、准确、全面体现石景山区土地、森林、水等自然资源总量、管理成效、有效监管等内容，提出存在的问题和措施建议。

（付　越）

【“多规合一”协同平台初审及供审意见】 年内，规自分局通过“多规合一”协同平台核发模式口西口南侧地块城市更新、广宁派出所、五里坨派出所、金石腾飞产业综合服务中心、衙门口配套小学建设、首钢东南区配套学校建设、北京市第九中学分校新建综合楼工程等项目初审意见，用地面积6.45公顷，地上建筑规模3.66万平方米。核发北辛安棚户区改造B区土地开发1608－667、646、703、670、711、695地块等项目多规合一供审意见，用地面积9.66公顷，地上建筑规模33.63万平方米。

（陈　冰　杨　倩　孙　聿）

【“多规合一”平台会商意见】 年内，规自分局办理五里坨土地一级开发项目1602－648、苹果园交通枢纽商务区土地一级开发项目1604－631－2、634地块、广宁棚户区改造项目SS00－1603－2015、2009、2019、2027地块、衙门口棚户区改造土地开发项目1615－713地块，1609街区新首钢国际人才社区核心区1609－014、019地块，老古城综合改造土地一级开发1608－626地块，中关村科技园石景山园北Ⅰ区西井地块土地一级开发项目1606－605地块，苹果园交通枢纽商务区土地一级开发项目1604－632地块，苹果园社区卫生服务中心，北京福寿岭休养中心，五里坨便民服务中心，衙门口配套小学建设、首钢东南区配套学校、北京市第九中学分校新建综合楼工程等项目“多规合一”协同平台综合会商意见，方案审定建筑规模117.38万平方米。

（黄　卉　陈　冰　杨　倩）

【规划综合实施方案】 年内，五里坨派出所、金石腾飞产业综合服务中心首钢金安科幻广场（SS00－1609－0080等地块）项目规划综合实施方案获区政府批复。

（陈　冰　杨　倩）

【优化土地管理】 年内，规自分局加强土地利用全生命周期管理工作，闲置土地处置率100%，全市排名第一；土地动态巡查率96.47%，全市排名第一。

（吕卫豪）

【地质灾害防治】 年内，规自分局完成汛期地质灾害防治工作，对本区78处地质灾害隐患点和地质灾害隐患治理工程进行联合巡查排查，更换和补竖地质灾害警示标识牌23块，发放“北京市地质灾害防治明白卡”800余张，致函各街道、景区提醒和督促做好地质灾害防治工作，组织市灾防所专家对相关街道群测群防人员和主管人员开展地质灾害辩灾、防灾知识培训。面对23·7强降雨，加强防汛抢险组织指挥工作，严格落实24小时值班值守制度，密切与市灾防所和区气象局会商研判，及时发布地质灾害气象预警，汛期发布11期地质灾害预警信息。针对不同渠道反馈来的多起灾情开展应急调查处置，及时给出排危除险建议，协助街道对涉及地灾的242人开展避险转移和安全返回工作，全区未发生因地质灾害造成的人员和财产损失。持续推进地质灾害隐患治理，全年完成17处突发地质灾害隐患点的工程治理，并组织开展四方验收。针对23·7引发的地质灾害，金顶街模式口西里北区15号楼西侧道路旁山体崩塌和联科中医肾病医院西侧道路旁山体崩塌两处地质灾害点采取应急工程治理，年底完成主体工程施工。

（常　林）

【“十四五”地质灾害防治规划】 年内，规自分局组织编制完成《石景山区地质灾害防治“十四五”规划》，《规划》分为五个章节，共9610字，重点包含石景山区地质灾害防治总体形势、地质灾害易发区和重点防治区、地质灾害防治任务等方面。同时，根据石景山区最新调查情况绘制“地质灾害隐患分布图”“地质灾害风险防控区划图”“地质灾害易发程度分区图”等专题图册。规划成果完成区内两轮意见征求与修改，顺利通过专家组审查和区政府专题会审议。

（常　林）

【公共公益违法用地专项整治】 年内，规划分局落实北京市公共公益类违法用地违法建设专项整治行动工作部署，保证各项目在符合规划的前提下完成整改。石景山区纳入整治类项目共计42宗（包括中国中医科学院眼科医院消毒供应室、石景山区规划展览馆等项目），2023年全部完成整改。

（陈　莹）

【农村乱占耕地建房专项整治】 年内，石景山区专项整治工作专班贯彻上级指示精神，强化思想认识，理清工作思路，抓准项目问题症结，深化细化整治方案，坚决落实耕地保护责任。截至2023年底，农村乱占耕地建房试点项目共涉及非住宅类房屋7宗（包括八大处山林地防火瞭望塔、黑石头变电间设施房等项目），基本完成整改。

（陈　莹）

【违法用地违法建设治理】 年内，规自分局与区纪委监委共同跟踪督办，推进难点项目整改工作。2023年违法卫片项目19宗，较2022年同比下降67%。

（陈　莹）

【持续巩固“基本无违法建设区”】 年内，规自分局完成1万余点位的分类举证，顺利通过市创建办复评验收。落实4000余个持续治理类项目“一区一策”治理方案，2023年拆除违法建设1.4万平方米，腾退土地0.6公顷，超额完成拆违腾地年度任务目标。推进存在安全隐患的存量违法建设治理，组织属地街道、消防、应急等单位对405个医疗、养老、教育、体育用房四类图斑开展安全隐患专项“回头看”摸排，对存在严重安全隐患的9处图斑1200余平方米养老用房查封督拆。

（陈　莹）

【不动产登记业务办理】 年内，规自分

6月，区不动产登记中心成功为有遗留问题的75户居民取得不动产登记证书 （规自分局供图）

局不动产登记中心受理各类登记业务46359件，发放不动产权证书（登记证明）34705本。外业查看191次，接待各类档案查询36805人次。报送各类信息74篇，其中7篇被《石景山政务》普刊采用，6篇被《石景山信息》普刊采用，3篇被人民网、光明网等转载，5篇被《中国自然资源报》刊登。完成登记工作相关“接诉即办”工单540件，信访答复18件，信息公开13件，行政诉讼4件，无败诉。通过电话、现场调查的登记回访501件。

（湛亚静）

【优化营商环境】 年内，规自分局不动产登记中心多措并举推动优化营商环境政策落地。完成全市首例不动产首次登记全程网办，形成政策性住房、公证继承全程网办本区首个案例，17项全程网办业务全部落地。实现“拿地即开工”，拿地当天核发规划许可，推进新首钢国际人才社区核心区项目投资落地。完成11宗土地“交地即交证”，实现年度土地出让项目100%“交地即交证”。3个项目实现“交房即交证”。完成3笔“带押过户”业务。推进“告知承诺制”和“全程网办”、严格规范“多规合一”事项，推进“多测合一”改革，加强成果互认共享，全年完成44个多测合一项目。改革成果获人民网、北京电视台等媒体报道。全年组织2次企业座谈会，1次“政务开放日”活动。

（湛亚静 翟晓璇）

【历史遗留问题解决】 年内，石景山区搭建疑难问题会商平台，各成员单位形成合力，推动疑难项目解决。规自分局不动产登记中心组织区级专班联席会议2次、专题协调会16次。推动解决永乐小区70至72号楼、碣石坪4号楼、老山西里40和42号楼等13个历史遗留项目，涉及房屋4746套，超额完成市级下达的4000套年度指标任务，解决率达118.65%。解决“办证难”问题成效被北京日报、北京石景山公众号等媒体报道。

（赵 鹏）

【自然资源统一确权登记】 年内，规自分局不动产登记中心召开专班会议16次，稳步开展石景山区永定河、永定河引水渠、高井沟、油库沟、凉水河、西山试验林场6个市级自然资源登记单元调查工作。完成高井沟、油库沟、永定河、永定河引水渠地籍调查工作并向市专班提交成果；完成凉水河、西山试验林场预划登记单元和外业地籍要素采集工作；形成自然资源地籍调查档案201卷；完成拟定2024年度12个区级任务工作预算。

（赵 鹏）

【档案管理】 年内，规自分局不动产登记中心接收、整理、上架不动产档案41400卷，并完成档案数字化工作。落实市政府积分落户政策，协助积分落户人员查询不动产登记信息322人次；为学生入学及升学协助教委核查房产登记信息502人次；协助石景山区住建委购房资格核验122人次；为军队、公检法查询登记信息41985人次；自助查询机查询4990次。

（张 华）

【集体土地征收及农转用】 年内，规自分局完成五里坨精神卫生专科医院新建工程、五里坨便民服务中心、石景山园南区西一路项目集体土地征收及农转用工作，面积共计2.11公顷。

（付 越）

【土地储备开发与土地供应】 年内，石景山区首次实现租赁住房、商品住宅用地供应和入库任务“三完成”。实现商品住宅用地供应28.66公顷，完成年度任务的159.22%，完成率居全市首位，入市成交价为199.09亿元，实现资金回笼约156.61亿元，政府收益约42.48亿元（以入市成交为统计口径）；完成商品住宅用地入库12公顷，完成年度任务100%；完成租赁住房用地供应6公顷，完成年度任务的100%。完成2023年度建设用地供应工作，全区计划供地面积97.47公顷，实际供地110.76公顷。

（李 林 宋梦阳）

【接诉即办】 年内，规自分局定期组织接诉即办会商会和调度会，研判工作形势，讨论化解方案。年内受理群众诉求3574件（协办1021件，主办2553件），组织日会商会85次。

（翟晓璇）

【依法行政】 年内，规自分局全年办理行政应诉案件11件，领导出庭5件，其中主要领导出庭1件，行政复议案件4件，实现无败诉案件。落实普法责任制，开展全局法制培训5次，内容涉及《民法典》《国家安全法》等。

（翟晓璇）

【信访、信息公开办理】 年内，规自分局信访诉求依法分类处理，办理来访件32件，纸信件34件，网信件48件，局长信箱41件，接待来访群众120次。信访件及时受理率、按期办结率均为100%。办理依申请信息公开225件，均按期办结。

(翟晓璇)

建设管理

【概况】 石景山区住房和城市建设委员会(简称区住建委)是负责辖区住房与城乡建设行政管理的区政府工作部门。年内,区住建委坚持以新时代首都发展为统领,立足"三区"定位,深入实施城市更新和产业转型"两大战略",统筹发展和安全,在保障和改善民生、推动城市建设高质量发展上取得新进展新成效,为区域发展奠定坚实基础。积极开展房地产开发和建筑业企业走访服务,加速推动重点项目投资落地、商品房项目入市交易、建筑业产值纳统,完成固定资产投资345.75亿元、建安投资100.03亿元,商品房销售面积达到68.15万平方米,建筑业总产值达到846亿元,充分发挥稳定经济"压舱石"作用。坚持"清单化管理、项目化推进",推进五大类70项城市更新项目,8个项目纳入北京市2023年城市更新示范项目清单。滚动实施100个老旧小区改造项目,"先体检、后改造"工作机制等5方面经验做法纳入住建部《城镇老旧小区改造可复制政策机制清单(第七批)》面向全国推广,"创建'区—街道—社区'三级联动管理体系"等4方面的探索实践收录于《北京市老旧小区改造经验做法(第一批)》面向全市推广。石景山区获评国务院2022年度城镇老旧小区改造、棚户区改造和发展保障性租赁住房工作真抓实干成效明显表彰。

(刘晶 果雪梅 吴琨)

【保障房租金补贴发放】 年内,区住建委为60户次廉租补贴家庭发放租金5.46万元;为23509户次公租房家庭发放补贴4250.43万元;为23286户次市场租房家庭发放补贴4760.02万元;共计46855户次,9015.91万元。

(柳楠)

【保障房建设筹集】 年内,区住建委共筹集保租房及公租房2679套,竣工政策性住房2666套,完成年度筹集、竣工任务指标。

(田梦)

【保障房配租配售审核】 年内,石景山区复审并通过市级备案公租房家庭696户,终止1454户。累计发起资格复核189批次9985户次,终止资格2028户(其中公租房资格1454户)。公租房备案家庭总保障率为83.64%。启动5批公租房配租工作,配租房源1567套,为发挥公租房资源效用,首次创立分居室配租试点。

(原文斌 和赞)

【保障房使用监督管理】 年内,石景山区公租房合同录入率86.37%。检查市场租房补贴家庭租赁房屋情况,防范伪造合同、编造虚假租赁、转租牟利、合同终止未申报等骗取租房补贴行为,全年检查211户,暂停发放1户,终止3户,追回补贴15000元。指导监督共有产权住房合规出租、合规使用。全年累计通过市级共有产权平台签约共有产权住房项目39户,政府产权份额租金收益24.9万元,出动违规装修检查100余人次。受理294套经适房再上市申请。完成金顶阳光等5套廉租房转让给燕景公司持有并运营,发挥平台公司在保障性住房运营管理方面优势,实现规范化、专业化、标准化服务,提升保障性住房管理水平。

(潘丹丹 张洪广)

【房地产经纪机构和租赁企业管理】 年内,全区房地产经纪(分支)机构、住房租赁企业登记备案数量360家(经纪机构116家,租赁企业143家,分支机构101家),从业人员登记数量2658人。全年办理住房租赁企业初始备案90件;经纪机构、租赁企业变更备案14件;经纪机构、租赁企业注销备案12件;指导市民完成网上租赁合同备案90余份。抽查房源信息500余处,对2家违规发布房源信息的住房租赁企业暂停其房源信息发布。抽查房地产经纪机构购房资格材料200余份。对辖区内房地产经纪机构、住房租赁企业开展执法检查615家次,出动检查人员1500余人次;发责令改正通知书9份;约谈房地产经纪机构、住房租赁企业126家次。受理涉及房地产经营活动的"12345"市民服务热线电话1047件,其他信访投诉119件,均办结。

(李红印 董静)

【房地产市场管理】 年内,石景山区房地产市场持续保持平稳发展,全年商品房销售面积68.15万平方米。全年成交住宅用地5宗,受理预售许可申请14件,全区新建商品住房库存充足,新开盘预售项目6个,新建商品房全年签约量6691套,预售资金监管总额44.6亿元。二手房交易市场活跃度较往年略有下降,购房人资格核验受理住宅类14318件、商办类259件;存量房网签5772件,成交总面积42.16万平方米,成交金额112.51亿元。

(王宏硕)

2月,苹果园交通枢纽工程全面复工 (《石景山报》供图)

【老旧小区改造和老楼加装电梯】 年内,石景山区"十四五"时期老旧小区改造任务全部完成确认,累计确认改造小区108个,建筑规模552万平方米。加快推动老旧小区改造工作,苹果园街道苹一区、苹二区和苹三区等7个项目完成竣工验收。老楼加装电梯工程全年累计开工70部,完工40部,惠及居民约4000人。

(郭倩楠 王 磊)

【棚户区改造】 年内,区住建委统筹推进西黄村、北辛安、衙门口、广宁村、黄庄村棚户区项目改造进度,加快房屋征收、土地入市回笼资金等工作。达成石景山区240户棚户区改造和环境整治市级任务目标,石景山区实际完成270户,对应黄庄村棚改项目。北辛安棚改667、646、703地块,衙门口棚改713地块,广宁村棚改2015、2019、2027地块完成入市交易。

(石 云 郭家麟 王晓楠)

【房屋征收与登记管理】 年内,黄庄村棚改征收工作签约期结束,住宅签约率100%。审核房产实测绘备案项目70件,审核通过62件,建筑面积1801120平方米。

(武 月 张 涛 陈 洁)

【房改售房情况】 年内,区住建委对62个单位(次)的房改售(调)房审核备案,共售861套,约5.7万平方米(其中央产房41套,0.31万平方米;市属132套,0.86万平方米;区属647套,4.26万平方米;办理调房36套,0.25平方米;回购住房5套,0.03万平方米)。

(李 瑾 王 佳)

【住房补贴和专项维修资金管理】 年内,累计审核25个单位共计金额97.91万元的差额、级差补贴。审核通过2个单位支取售后公有住房专项维修资金22.08万元。审核通过1个单位支取售房款30.55万元。

(李 瑾 王 佳)

【物业管理】 年内,区住建委通过"安居石景山""北京石景山"向公众发布"红黑榜"12次,全年144个物业项目予以"红榜"表彰,85个物业项目被评为A级项目,予以资金奖励,"比学赶帮超"的行业自驱力大幅提升。编制出台《石景山区住宅物业服务项目考核评价工作方案》,面向全区住宅项目开展属地行业双考核,实现政府鼓励性质从补贴向奖励转变、街道管理标准从分散向统一转变、行业监管从行政处罚向考核评价转变。刊发党建引领物业管理专报12期,妥善完成现代嘉园等12个小区的物业更换工作,全区业委会(物管会)组建率、物业管理覆盖率、党的组织覆盖率动态实现"100%"。整治社区(小区)创城点位15699处,修缮外立面约2.9万平方米,粉刷内墙8.6万平方米,整治空中缆线约6.3万米,补种绿化带1.2万平方米,填补路面坑洼约1.2平方米,修缮公共设施1792处。

(刘 丹 袁 丽)

【专项维修资金审核备案】 年内,区住建委审批商品住宅专项维修资金24件(使用审核17件,使用备案7件),总金额9594570.24元(使用审核7714518.99元,使用备案1880051.25元)。指导属地街道依照《关于进一步推进房屋漏雨应急情况下住宅专项维修资金使用工作的通知要求》,快速开展住宅专项维修资金申请工作。共计审批798.49万元,用于时代花园、新都名苑等7个小区屋面防水更新。

(刘 丹 付 博)

【建筑业企业资质管理】 年内,区住建委受理建筑业企业资质审批申请404件,其中升级6件,增项44件,首次申请资质96件,变更96件,主动申请注销资质7件,施工劳务备案39件,资质延续110件,建筑企业全资子公司间重组、分立及国有企业改制重组分类申请6件。完成二级建造师业务659人,其中初始注册137人、注销79人、变更注册163人、延期注册187人、遗失补办0人、重新注册93人。

(吴 琨)

【施工许可办理】 年内,区住建委办理施工许可265项,其中房建工程40项、市政工程28项、装修工程82项、重新申领8项、变更告知107项。

(刘 晶 贾 洁)

【竣工验收备案】 年内,区住建委办理竣工验收备案28项,建筑面积143.62万平方米。其中政策性住房2项,建筑面积14.17万平方米,共1156套;商品住房7项,建筑面积41.94万平方米,共2648套;公共建筑13项,建筑面积58万平方米;装修工程5项,建筑面积29.51万平方米;市政工程1项。

(赵 亮 李海轩)

【重大项目建设】 年内,石景山区共有33项重大项目,全部完成年度任务目标,累计完成固定资产投资约135亿元,建安投资约41亿元。其中新建项目11项,前期推进项目6项,续建项目16项。新建项目为:中关村工业互联网产业园605地块、新首钢国际人才社区核心区收储项目(一期)、首钢北区配套道路、苹果园社区卫生服务中心、苹果园交通枢纽商务区632地块公租房、M11号线模式口站一体化、新首钢国际人才社区035地块、金安桥人行过街天桥、衙门口配套道路、金顶山路大修工程10项全面开工。土地上市项目:中关村工业互联网产业园605地块、苹果园交通枢纽商务区631-2等地块、首钢人才社区核心区收储项目(一期)、衙门口棚改713地块、广宁棚改2009等地块、北辛安B区667等地块6宗土地年内完成入市交易,累计供应土地34.06公顷。前期推进项目为:永引渠南路西延、向阳110kV变电站、市郊铁路城市副中心线整体提升工程(石景山段)、派出所新建工程、衙门口配套小学、首钢东南区配套学校。续建项目为:十一学校石景山学校竣工投用,福寿岭公交中心站和地铁1号线福寿岭站改造启用完成工程建设,鲁谷、北重供热调峰及配套热网完成厂房建设,北重科技文化产业园更新改造完成管线及绿化工程施工,新首钢国际人才社区036地块、老旧小区综合整治、调色板城市公共空间改造提升及地下停车设施、苹果园交通枢纽(商业开发部分)、首钢调峰热源及配套管网、五里坨便民服务中心、五里坨精神卫生专科医院、北大附中石景山学校、中关村工业互联网产业园(034、651)地块、西山绿道(石景山段)。

(张潇潇 李润宇)

【工程建设招标投标】 年内,区住建委办理建设工程施工招标68项,建筑面积88.18万平方米,中标价65.94亿元;办理建设工程监理招标22项,中标价5188.83万元。

(张倩倩 张钊燕)

【工程质量监督管理】 年内,区住建委工程质量监督管理项目414项,建筑面积1127.36万平方米,其中住宅工程32项、面积191.74万平方米;公共建筑工程87项、面积377.63万平方米;装修工程180项(含老旧小区项目38项)、面积544.97万平方米;市政项目105项、面积8.12万平方米;轨道交通项目10项、面积4.9万平方米。

(王 蕊)

【建筑节能材料日常监管】 年内,区住建委落实新建建筑节能标准,开展市区两级建筑节能及建材专项检查,加强事中事后监管;推进绿色建筑及装配式建筑,履行工作联席会议职责,加强建设环节监管。新建绿色建筑32项,建筑规模162.99万平方米。实施装配式建筑21项,建筑规模117.32万平方米,占新建建筑面积的71.42%,完成2023年达到45%以上目标。开展公共建筑电耗限额管理和公共建筑节能绿色化改造,宣贯全市公建电耗限额管理和公建节能绿色化改造政策文件,2023年全区纳入限额管理的公共建筑共341栋,建筑规模416.43万平方米。实施公建节能绿色化改造26.17万平方米,超低能耗建筑1.61万平方米,城镇太阳能光伏装机容量0.32万千瓦。

(赵 亮 刘亚坤)

【建筑施工安全管理】 年内,区住建委组织开展建筑工地"安全生产月""宣传咨询日"等活动,建成投用石景山区从业人员安全体验式教育培训中心,累计培训务工人员7000余人。牵头印发《石景山区限额以下小型工程安全生产实施细则》,各成员单位累计录入限额以下工程765项,开展检查885次、联合检查71次。全力督促建设项目落实绿色施工及扬尘治理管控:7个项目被市建委评定为"绿牌工地",7个项目被评为北京市绿色安全工地,5个项目被评为北京市绿色安全样板工地。完善施工现场安全生产管理工作机制,有效预防重特大生产安全事故。坚持应急值守,确保汛期建筑工地安全平稳。坚持严格执法,形成安全生产高压势态。

(曹 宇 白 石)

【普通地下室管理】 年内,区住建委完成普通地下室备案40件,较上一年度增长一倍,同时完成政策咨询20件。持续开展普通地下室专项整治工作、普通地下室违规住人整治工作,做到"动态清零"。累计完成巡查点位305个。对住宅小区内自行车库值班室使用高功率电器及堆放杂物等问题进行检查整治。结合汛期特点对住宅小区、经营性场所的防汛预案进行检查,督促19家使用单位完善预案。完成对全区33处自用性宿舍检查工作。关闭3处违规使用点位。处理"12345"市民服务热线10件,信访6件。

(李红印 王绍华)

【房屋安全管理】 年内,石景山区排查自建房11060栋,其中经营性自建房5737栋、其他自建房5323栋。经排查,本区有198栋严重安全隐患自建房,其中经营性自建房97栋,其他自建房101栋。组织开展43栋自建房安全鉴定。完成全部97栋严重安全隐患经营性自建房整治任务,完成本区145栋危旧房基本情况和现场察看情况的调查及信息录入工作。145栋房屋中,拆除5栋,疑似危险住房17栋。本区不涉及国有企事业单位破产改制、"三供一业"分离移交等遗留的非成套住房。

(李红印 任小虎)

【防汛管理】 年内,石景山区城镇房屋安全度汛,未出现房屋倒塌亡人事故。麻峪浸水房屋主要集中在石景山区广宁街道麻峪社区所辖的麻峪南街和麻峪东街。麻峪南街地势低洼,受灾相对严重,区住建委委托石景山区石房投检测公司出具应急评估报告29份,涉及浸水房屋286间,其中危险房屋8间、局部隐患房屋13间。

(李红印 任小虎)

【违法群租房整治管理】 年内,石景山区共整治拆除违法群租房217户(其中八宝山41户、鲁谷35户、老山10户、古城19户、八角49户、苹果园42户、金顶街20户、五里坨1户),劝退652人。联合多部门开展重点整治工作,累计出动排查人员9058人次,检查出租房屋16497户次,约谈中介47个次,处罚中介机构17个。群租房治理工作完成金顶街街道教工楼等5个"无违法群租房小区"创建,八角街道地铁家园等3个重点小区整治,基本实现"动态清零"。

(李红印 李金增)

【消防安全管理】 年内,区住建委聚焦"4·18"火灾事故暴露的突出问题,开展物业行业安全生产大排查大整治工作。累计出动执法检查人员百余人次,检查住宅、楼宇物业项目500余个次,查出并整改114个物业项目安全隐患288处。会同区消防救援支队、交通支队、各街道开展电动自行车充电设施建设、楼内线缆整治、"两个通道"治理工作。组织住宅项目、商业项目物业开展安全生产培训、现场观摩交流、法律法规宣贯7次,为专项维修资金审批项目发放限额以下安全生产告知书。出台《石景山区住宅物业服务项目考核评价工作方案(试行)》,将安全生产纳入季度考核指标,启用安全生产"一票否决"制度,将发生安全生产事故的项目定位D级。会同消防支队、各街道、各物业推动4个小区火灾隐患整改。

(刘 丹)

【优化营商环境】 年内,区住建委推动建筑施工许可全程网办、招标计划公示、"分段施工"审批改革、优化简易低风险工程联合验收流程等措施落实落地,全年办理施工许可265项、建设工程招标事项90项,开展联合验收99项、消防验收74项,完成消防备案56项。苹果园632地块公租房项目成为全市首个采用"A+EPC"建筑师负责制模式的保障房试点项目。

(刘 晶 张倩倩 何 为 宋 蕊)

【法制建设】 年内,区住建委组织开展普法培训100余课时,组织法律宣传"十进"活动。开展执法监督,落实执法公示、全过程记录、重大执法决定法制审核三项制度执行。开展各类执法检查 4415 次,其中通过部门联合"双随机"开展检查 105 次,作出各类处罚决定 165 件。加强合法合规性审查,全年审核合同、规范性文件等法律文书 25 件次。坚持民主决策、依法决策,对委内"三重一大"事项执行法定审查程序,保证决策及制定政策的合法合规性。

(袁　丽　刘天宇)

【应急信访】 年内,区住建委办理信访案件 421 件,开展矛盾排查 16 次,9 件重点矛盾均包案到人并制定稳控方案。主动公开约 280 条政府信息,依申请公开 67 条信息,保证应公开尽公开,主动接受社会监督。严格执行复议诉讼制度,全年办理行政诉讼案件 30 件、行政复议案件 9 件,落实全部案件答辩、出庭应诉和答复等相关工作,执行法院生效判决和上级复议决定。全年受理并解决农民工讨薪和工程款纠纷案件 28 次,涉及人数 165 人。

(吴　琨　袁　丽　董　莹)

【政务新媒体平台建设】 年内,区住建委加强"安居石景山"公众号的管理和运用,落实《"安居石景山"公众号管理办法(试行)》,全年发布 210 条信息,发挥政务新媒体在政策发布、信息传播、服务民生、业务交流、对外宣传等方面积极作用,宣传工作的影响力、传播力进一步提升。

(樊佩杰　肖　敏)

竣工工程

公建工程

【雕塑园地下文化娱乐中心竣工】 2017 年 6 月 26 日开工,2023 年 5 月 5 日竣工。工程位于玉泉路,包括北京雕塑园地下文化娱乐中心项目。工程规模 80000 平方米。北京雕塑园地下文化娱乐中心项目地下 3 层。框剪结构,工程总造价 39948.02 万元。北京物美置地房地产开发有限公司建设,北京市建筑设计研究院有限公司设计,北京城建十建设工程有限公司施工,北京兴电国际工程管理有限公司监理。

(何　为　王　蕊)

【金顶街小学竣工】 2020 年 12 月 30 日开工,2023 年 6 月 13 日竣工。工程位于铸造村地区,包括金顶街小学建设工程。工程规模 18241.87 平方米。金顶街小学建设工程地上 4 层、地下 2 层。框架结构,工程总造价 9845.53 万元。北京市石景山区教育委员会建设,北京北方设计研究院有限公司设计,北京城建八建设发展有限责任公司施工,北京中联环建设工程管理有限公司监理。

(何　为　王　蕊)

【十一学校石景山学校新建工程竣工】 2021 年 6 月 28 日开工,2023 年 6 月 19 日竣工。工程位于石景山区北辛安,包括 1 号教学楼、2 号门卫及 10 千伏变电所。工程规模 44305 平方米。1 号教学楼地上 5 层、地下 2 层,2 号门卫及 10 千伏变电所地上 1 层。框架结构,工程总造价 23950.24 万元。北京市石景山区教育委员会建设,北京立人建筑设计有限公司设计,中航建设集团有限公司施工,北京方圆工程监理有限公司监理。

(何　为　王　蕊)

【古城南街东侧 1612－768 地块 B4 竣工】 2020 年 9 月 27 日开工,2023 年 7 月 26 日竣工。工程位于古城南街东侧,包括 T1 至 T3 塔楼、地库。工程规模 170839.97 平方米。T1 塔楼地上 21 层、地下 5 层,T2 塔楼地上 16 层、地下 5 层,T3 塔楼地上 16 层、地下 4 层,车库地上 1 层、地下 5 层。框筒结构,工程总造价 92785.72 万元。北京泷润置业有限公司建设,中国建筑标准设计研究院有限公司设计,中天建设集团有限公司施工,中国水利水电建设工程咨询北京有限公司监理。

(何　为　王　蕊)

【区政务服务中心和档案馆新建工程竣工】 2020 年 11 月 13 日开工,2023 年 9 月 15 日竣工。工程位于京原路 7 号,包括政务服务中心和档案馆。工程规模 94937 平方米。政务服务中心和档案馆地上 13 层、地下 3 层。钢结构,工程总造价 63054.72 万元。北京市石景山区机关事务管理服务中心建设,北京市建筑设计研究院有限公司设计,中铁建设集团有限公司施工,北京中景恒基工程管理有限公司监理。

(何　为　王　蕊)

住宅工程

【阜石路 1603－616(部分)地块 R2 项目竣工】 2020 年 6 月 18 日开工,2023 年 10 月 8 日竣工。工程位于金顶街铸造村,包括 2 号至 5 号住宅楼、6 号至 7 号居住公共服务设施、8 号地下车库。工程规模 76000 平方米。2 号至 3 号住宅楼地上 19 层、地下 3 层,4 号住宅楼地上 15 层、地下 3 层,5 号住宅楼地上 15 层、地下 1 层,6 号居住公共服务设施地上 2 层,7 号居住公共服务设施地上 2 层、地下 1 层,8 号地下车库地上 1 层、地下 4 层。剪力墙结构,工程总造价 35537.13 万元。北京首钢房地产开发有限公司建设,中国建筑设计研究院有限公司设计,北京首钢建设集团有限公司施工,北京诚信工程监理有限公司监理。

(何　为　王　蕊)

【北辛安棚户区改造 B 区 1608－673－B 地块竣工】 2021 年 3 月 12 日开工,2023 年 5 月 30 日竣工。工程位于石景山区北辛安,包括 2 号楼、7 号楼。工程规模 43288.38 平方米。2 号楼地上 12 层、地下 3 层,7 号楼地上 27 层、地下 3 层。剪力墙结构,工程总造价 32773.34 万元。北京鑫安兴业房地产开发有限公司建设,上海天华建筑设计有限公司设计,北京京石建业建设工程有限公司施工,建研凯勃建设工程咨询有限公司监理。

(何　为　王　蕊)

【西黄村 1606－646 地块 F2 项目竣工】 2021 年 4 月 20 日开工,2023 年 9 月 13 日竣工。工程位于石景山区西黄村地区,包括 1 号至 3 号住宅、CK－1 号车库。工程规模 60846.08 平方米。1 号至 2 号住宅地上 27 层、地下 4 层,3 号住宅地上 5 层、地下 4 层,CK－1 号车库地上 1 层、地下 3 层。剪力墙结构,工程总造价 33174.66 万元。北京景辉置业有限公司建设,北京市建筑设计研究院有限公司设计,中国建筑第八工程局有限公司施工,北京中景恒基工程管理有限公司监理。

(何 为 王 蕊)

【衙门口棚户区改造 1615－708 地块 14 项竣工】 2021 年 7 月 13 日开工,2023 年 12 月 14 日竣工。工程位于石景山区衙门口,包括 2 号住宅楼、3 号住宅楼、4 号配套楼、5 号至 14 号住宅楼、地下车库。工程规模 143049.97 平方米。2 号住宅楼地上 27 层、地下 3 层,3 号住宅楼地上 18 层、地下 3 层,4 号配套楼地上 1 层,5 号至 6 号住宅楼地上 18 层、地下 3 层,7 号住宅楼地上 27 层、地下 3 层,8 号住宅楼地上 17 层、地下 3 层,9 号住宅楼地上 27 层、地下 3 层,10 号至 11 号住宅楼地上 18 层、地下 3 层,12 号住宅楼地上 16 层、地下 3 层,13 号住宅楼地上 9 层、地下 3 层,14 号住宅楼地上 16 层、地下 3 层,地下车库地上 1 层、地下 2 层。剪力墙结构,工程总造价 34331.99 万元。北京景晟乾通置业有限公司建设,北京城建设计发展集团股份有限公司设计,陕西建工集团有限公司施工,北京诺士诚国际工程项目管理有限公司监理。

(何 为 王 蕊)

【首钢园东南区 1612－829 地块 1 号至 4 号楼竣工】 2022 年 6 月 1 日开工,2023 年 11 月 24 日竣工。工程位于石景山区首钢园区东南区,包括 1 号至 4 号楼。工程规模 24788.6 平方米。1 号楼地上 18 层,2 号楼地上 15 层,3 号楼地上 18 层,4 号楼地上 13 层。剪力墙结构,工程总造价 16227.3 万元。北京鑫泰兴业房地产开发有限公司建设,北京中天元工程设计有限责任公司设计,南通建工集团股份有限公司施工,北京北辰工程建设监理有限公司监理。

(何 为 王 蕊)

【首钢园东南区 1612－829 地块车库等部分竣工】 2022 年 6 月 1 日开工,2023 年 11 月 24 日竣工。工程位于石景山区首钢园区东南区,包括地下汽车库及设备配套。工程规模 19737.6 平方米。地下汽车库及设备配套地上 1 层、地下 2 层。框剪结构,工程总造价 10452.44 万元。北京鑫泰兴业房地产开发有限公司建设,北京中天元工程设计有限责任公司设计,南通建工集团股份有限公司施工,北京北辰工程建设监理有限公司监理。

(何 为 王 蕊)

【衙门口棚户区改造 1616－670 地块 1－8 号等部分竣工】 2022 年 11 月 2 日开工,2023 年 11 月 27 日竣工。工程位于石景山区衙门口,包括 1 号至 8 号住宅楼、地下汽车库及设备配套。工程规模 94959 平方米。1 号、2 号、4 号、6 号、8 号住宅楼地上 11 层,3 号、5 号、7 号住宅楼地上 8 层,地下汽车库及设备配套地上 1 层、地下 2 层。剪力墙结构,工程总造价 58388.26 万元。北京鑫石房地产开发有限公司建设,中外建工程设计与顾问有限公司设计,北京京石建业建设工程有限公司施工,建研凯勃建设工程咨询有限公司监理。

(何 为 王 蕊)

【衙门口棚户区改造 1616－670 地块 S1 号等部分竣工】 2022 年 11 月 2 日开工,2023 年 11 月 29 日竣工。工程位于石景山区衙门口,包括 S1 号办公楼、S2 号配套楼、S3 号低基配电室 2、S4 号低基配电室 1。工程规模 21950.50 平方米。S1 号办公楼地上 10 层,S2 号配套楼地上 10 层,S3 号低基配电室 2 地上 1 层,4 号低基配电室 1 地上 1 层。框剪结构,工程总造价 14423.64 万元。北京鑫石房地产开发有限公司建设,中外建工程设计与顾问有限公司设计,北京京石建业建设工程有限公司施工,建研凯勃建设工程咨询有限公司监理。

(何 为 王 蕊)

城市管理

综　述

【概况】 石景山区城市管理委员会(区环境建设办、区水务局、区交通委)是负责辖区城市环境建设、城市管理的综合协调及市政基础设施、市政公用事业、市容环境卫生、能源日常运行、水务、交通等管理工作的区政府工作部门,设14个内设机构。年内,石景山区城市管理委员会(简称区城市管理委)推进创城工作,治理城市管理热点、难点问题,加强城市道路及背街小巷环境治理,探索"互联网+垃圾分类"模式,推进垃圾分类,加强建筑垃圾管理。完善城市路网和交通线网,推进主干路和次干支路建设,做好轨道交通、架空线项目建设,加强道路管理养护,优化出行环境。加强水环境治理,开展水系生态修复,强化供排水设施建设,打造生态宜居城区。强化供热、燃气、电力保障,加强安全生产监管,做好电力、供排水、燃气热力、工程建设、道路交通、电动自行车等领域安全生产工作,确保城市运行安全有序。

(王　钰)

城市环境建设管理

【概况】 年内,区城市管理委以创城工作为牵引,治理城市管理热点、难点问题,建立健全生活垃圾分类管理标准,完善生活垃圾分类投放、收集、运输体系,探索"互联网+垃圾分类"模式,"石分达人"微信小程序覆盖辖区居民21万人,每日活跃人数1万人次。推进垃圾设施改造提升,建设居住小区生活垃圾分类驿站90处,设立大件垃圾投放点284处、装修垃圾投放点282处,实现全区2534组生活垃圾桶站"一桶一码"管理全覆盖。推进可回收体系建设,建成可回收物中转站7处、分类驿站91处,可回收物交投点342处;设立区级大件垃圾暂存点1处、垃圾暂存点282处、装修垃圾暂存点262处,小区收集转运大件垃圾21000立方米。严格建筑垃圾处置管理,开展建筑垃圾治理联合执法345次,查处违规行为233起。采取"人防+技防"方式对出土工地加强管控,监管车辆6.2万车次。调整完善区域环境建设考评体系,将街巷长巡查、"门前三包"任务纳入年度考评内容,完成市区问题整改3283个,全部整改到位,在市级中心城区组月度排名中多次位列第一。加强城市道路及背街小巷环境治理,完成49条精治类背街小巷精细化治理任务。落实街巷长制,招募"小巷管家"2973名,累计巡访346501小时,处理各类事件100729件,改善背街小巷环境。落实蓝天保卫战任务,强化"冲扫洗收"组合工艺作业,城市道路车行道组合工艺作业率97%以上、机扫率99%,背街小巷机械化作业率30%。推动环卫电动三四轮车治理,确保道路作业安全规范。

(王　钰)

【全国文明城区创建】 年内,区城市管理委整治公益广告宣传布设,主次干道、背街小巷等设施、秩序类问题。针对主次干道及背街小巷基础设施、宣传布设、环境秩序等领域,累计出动巡查人员5800余人次,维修沥青路面、人行步道3万余平方米,维护宣传布设点位4800余处,更新维护施工围挡9600余米,整修检查井700余座,整治架空线缆、灯杆箱体等设施400余处,清除非法小广告34万余张,查处"门前三包"类问题468起。对重点区域、主次干道、学校医院周边共享单车停放区复划停车框线1000余处,维护共享单车秩序。利用微信公众号等平台,宣传"创城应知应会",引导干部职工提高创建文明城区的知晓度、参与率及满意度。

(靳文静)

【垃圾分类管理新模式】 年内,区生活垃圾指挥部按照"五有""四好"工作要求规范容器组合和数量,增加照明设施,提高便利性和干净整洁水平,全区2531组固定桶站、92个分类驿站、282个大件垃圾及装修垃圾投放点位基本符合市级要求。深化宣传动员,在全区范围内开展垃圾分类知识宣讲80余场、发放垃圾分类宣传手册5000余份、覆盖人数2万余人。以提升投放设施设置、规范垃圾流向、宣传引导氛围、分类习惯效果等为工作目标,创建130个示范小区、150个达标小区。通过监督检查提升日常管理水平,全年开展日常检查8038次,检查桶站56034组,发现问题8483处,均完成整改。建立由社区书记、物业经理、志愿者等15人组成的基层赋能讲师团,通过培训、参观交流学习等形式提高基层赋能讲师能力,共开展基层赋能宣讲80次,实现带动全区各社区、各物业提高垃圾分类管理水平的既定目标。

(田　锦)

【可回收物体系建设】 年内,区城市管理委指导街道建成可回收物交投点344处、分类驿站98处、街道可回收物中转站5处,设立小区大件垃圾暂存点288处。实施再生资源回收备案管理制度,会同各街道对辖区内符合条件的可回收物交投点、分类驿站、中转站进行备案管理,在全市范围内完成第一家再生资源回收经营者备案登记,全年共完成2家再生资源回收经营企业的备案登记。推动再生资源与物业管理同抓同管,指导首华物业发挥物业管理优势,聚焦再生资源领域,通过选取老旧公共服务设施,打开垃圾分类社区自治、可循环、可复制的新模式。

(田　锦)

【非居民厨余垃圾计量收费】 年内,区城市管理委以"健全规范管理模式、健全信息查询申诉渠道、健全标准提高服务质量"为工作目标,全区1723家非居民单位全部纳入台账实现计量收费管理,称重计量误差率基本控制在5%以内。试点开展非居民厨余垃圾"公交化收运",调整23条收运线路,结合大数据技术、人工智能、云计算等技术支持,定线路、定车辆、定司机、定站点,开展试点收运工作。

(田　锦)

【大件垃圾管理】 年内,石景山区建立区级大件垃圾暂存场地1处,街道级可回收物中转站5处,为街道发放《石景山区大件垃圾通行证》126张。全年共收集、转运大件垃圾26800余立方米。

(赵艳涛)

【京门铁路沿线整治提升】 年内，区城市管理委牵头对京门铁路石景山段9.5公里沿线进行环境整治提升，清理堆放垃圾约5万平方米，修复场地破损约18万平方米，种植植被约14万平方米，修整破损围墙约4500延米，修整遗留建筑约6000平方米，沿线完成护栏安装9.5公里，地面石子铺设约85000平方米，金属格栅地面1600平方米。在确保铁路运输安全前提下，对西黄村火车站、苹果园交通枢纽、S1线高架桥下空间等重要节点进行环境整治改造，增补绿色休闲空间，增加慢性步道区域，提供多元设施与服务。

（陈　慧）

【扫雪铲冰】 年内，区扫雪铲冰指挥部遵循“机械扫雪为主、人工扫雪为辅、社会广泛参与、科学使用融雪剂”的原则，坚持三级指挥、四级控制和四级预警响应工作机制，按照“雪前准备、雪中打通、雪后恢复”的流程开展扫雪铲冰作业，全区共组建21支1000余人的扫雪铲冰应急保障队伍，入冬前完成各类除雪作业设施设备集中检修和保养，保证272台扫雪铲冰车辆、122台扫雪铲冰设备和4202人力推雪铲、扫把等工具具备随时出动的条件，准备融雪剂1000余吨，确保入冬后扫雪铲冰工作的开展。

（陈　慧）

【环境建设专项检查】 年内，区城市管理委研究制定《石景山区2023年城市环境建设管理考核评价工作方案》，构建以区环境办统筹协调、各街道和职能部门协同参与落实的“查、治、考、报”与“多元化协同”的环境建设工作机制。共完成市级台账整改2125个，区级问题整改2418个，整改率100%。石景山区在首环办月度考核中心城区组中，先后取得5个第一名、3个第二名、3个第三名、1个第四名的成绩，年度总成绩在全市中心城区组排名第二。

（耿　介）

【重点区域环境整治提升】 年内，区城市管理委对北京冬奥公园马拉松大本营及周边重点区域整治提升。依据公园的定位提升主题性及服务功能，实施南侧、北侧主入口形象及综合服务区域景观提升，马拉松线路绿化景观提升，修建休息点。根据公园的运营需求完善基础设施，增加3座卫生间；完善引水方案，修建消防水池、泵房及室外消防栓；部分路段增设路灯。对周边环境进行整体提升，包括公园内部支路环境整治，石丰桥下停车空间环境整治，五环路与卢沟桥北路交叉口至大本营南门路段环境整治，铁路沿线环境整治。

（梁　涛）

【背街小巷精细化治理】 年内，区城市管理委按照市级统一部署，共完成49条背街小巷精细化治理任务，其中路面修复20538平方米、新做树池110套、围墙立面修复17800平方米、线杆装饰15处、挡车桩35处。

（梁　涛）

【春节景观布置】 年内，区城市管理委完成春节景观布置，共完成全区40条道路布置1981组灯笼灯饰，3处点位新春景观小品，3条特色街区，开启区属166座楼宇及长安街沿线等景观照明。

（张　楠）

【创建全国文明城区宣传布设】 年内，区城市管理委完成144个景观小品的画面更新及设施修缮维护，更新长安街沿线340个景观灯杆、1360幅画面。在长安街沿线、区政府周边、首钢园区内等重点区域更新小型地插式提示牌123个，新增100个。征用159个公交候车亭，其中公益广告位50个（33个公交集团候车亭公益广告位和17个五里坨街道产权公交候车亭广告位），商业广告位109个。在京源中学对面、人民渠护栏上等5处宣传密度较小的区域，增加固定式宣传展架24个。张贴“垃圾分类”主题画面2450余幅，新增落地宣传展牌310个。

（张　楠）

【城市照明建维】 年内，区城市管理委开展照明设施安全大检查活动，按时开启景观照明设施，对辖区166座附有景观照明设施的楼宇、长安街沿线及阜石路沿线景观照明进行日常巡视和安全检查，修复景观照明设施65处，线路710米，消除安全隐患36处。按照《城市景观照明技术规范》北京市地方标准，通过苹果园综合交通枢纽景观照明方案的审核和行政许可。

（梁　涛）

【户外广告管理】 年内，区城市管理委审核户外广告牌匾标识信息系统60余处，完成标语宣传品行政许可1件，审批大型活动临时户外广告4件。每周推进户外广告牌匾标识的安全大排查大整治，督促完成盛景国际和峨眉酒家的安全隐患整改。整改违规户外广告设施牌匾标识210余块。

（张　楠）

2023年石景山区春节景观布置现场照片　　（区城市管理委供图）

【规范城市家具管理】 年内,区城市管理委按照市城市管理委通知要求,完成规范类城市家具问题16个,完成提升类城市家具49处,对无法确定权属的城市家具落实“兜底”保障,提高城市家具安全性、功能性、景观性。对各行业部门、街道对辖区范围城市家具治理完成情况开展全面检查验收,发现问题,限期整改。根据接到的12345接诉即办热线所反映废弃杆体问题,申请相关专项经费,于6月25日前拆除辖区废旧杆体101根。

(梁　涛)

【城市护栏拆除】 年内,区城市管理委结合辖区区情制定并印发《石景山区城市道路护栏规范设置专项行动方案》。完善交通护栏台账,经统计,石景山区设有护栏的道路共有47条,长度56公里,辖区拟拆除护栏量20.31公里。截至年底,拆除20.61公里,超额完成布置任务。

(梁　涛)

市政基础设施建设

【概况】 年内,区城市管理委强化电、气、暖供应保障。完成2023—2024年度采暖季供热运行保障工作,推进供热燃气设施建设。鲁谷和北重供热厂部分年内实现完工,衙门口棚户区改造项目热力管线工程完成65%,首钢调峰热源及配套管网项目取得规划许可证,银河大街热力管线工程全面启动。推进电力设施建设,北辛安110千伏变电站、苹果园110千伏输变电工程基本完工。推进充电设施建设,建成电动汽车充电场站228个,充电设施1712个,社会公用充电场站的服务半径为1.5公里。实施老旧小区配电网改造,保障居民用电稳定与安全。应对降雪、大风、暴雨等极端天气,处理各类城市运行突发问题,完成“五一”“两会”“十一”等重大节日、活动期间的城市运行保障任务。

(王　钰)

【老旧管网改造】 年内,区城市管理委解决老旧网管问题,共进行消隐及管网大、中、小检修3439项。完成首钢金四区站二次线改造、八角北里南侧二次线及八角北里5、6号楼入户管二次线改造等108项检修技改项目,完成消隐工程6项,为保障供暖打下基础。

(王　萌)

【智慧化供热改造】 年内,区城市管理委智慧化供热改造面积共531.97万平方米,涉及47座热力站,其中包含40座大网热力站和7座独网热力站。

(王　萌)

【推动燃气安装】 年内,区城市管理委建立“政府—街道—企业”联动推进机制,推动各项燃气安装工作,多次召开工作调度会,联合街道和燃气企业开展用气安全及安全型配件更换工作宣讲活动,配合燃气企业入户开展更换安全型配件安装工作。完成液化石油气安全型配件安装653户,完成天然气安全型配件安装68762户,居民用户智能燃气表安装78602户。

(杨育林)

【占压隐患治理】 年内,区城市管理委推进违章建筑物占压燃气管线隐患治理工作,要求燃气企业按属地管理区域梳理并建立辖区占压燃气管线隐患清单和目标任务清单,对各点位建立“一点一策”隐患台账并实时更新。违章建筑占压燃气管线隐患共116处,消除116处,完成治理率100%。

(杨育林)

【管网供气用户安全检查】 年内,依据《北京市燃气管理条例》,区城市管理委督促燃气企业对居民用户实施每两年一次安全巡检(对通气超过20年的居民用户实施每年一次安全巡检),对非居民用户每半年安全巡检一次。对发现安全隐患的用户全部下发《巡检告知单》要求限期整改,对部分用户采取停气或限购措施,累计消除隐患数量17740个。

(杨育林)

【燃气管线消隐】 年内,区城市管理委督促燃气企业通过精密仪器对730公里燃气管线运行情况进行检测分析,对中低压管线进行17次燃气抢修作业,处置户内事件77起,改造永乐东区、西区7400余户锈蚀管线,改造调压站、箱7座,对苹果园(三区、四区)小区,永乐三山、四季园、古城南路居民区、八角南路燃气管线进行技改更换5.5公里,投入资金近2000万元。

(杨育林)

【重要节点电力保障】 年内,区城市管理委在春节、国庆节、“两会”等节点,派出专人现场24小时驻守,协调供电公司派驻专业人员、应急车辆等在现场附近持续巡逻。从预警、预案、预控和综合调节上入手,督促电力企业加强对重点电力设备和线路的巡查,协调消除电力隐患,确保活动和节日期间电力运行安全稳定。

(杨　晨)

【2个输变电工程取得进展】 年内,石景山区2个输变电工程取得进展,其中苹果园110千伏、北辛安110千伏输变电工程完成变电站结构施工、设备安装施工、内部装修及外电源隧道施工,开展站内调试,优化地区电网网架结构及变电站电源布点,改变原电源点偏少难以支撑地区经济发展的短板,为区内各重点项目的投产提供电力能源保障。

(杨　晨)

【新建电动自行车充电设施】 年内,区城市管理委做好电动自行车集中充电设施全链条管理牵头工作,协调区住建委、各街道办事处及相关单位,在制度设计、例会调度、协调督促等方面发力,确保全年任务提前完成。共建成电动自行车安全充电设施接口1500个,升级改造既有充电设施接口1520个。截至年底,共建成电动自行车安全充电设施接口21680个。

(杨　晨)

【“骑沿井”专项治理】 年内,为推进“疏整促”专项行动工作任务,区城市管理委扩大治理规模和范围,以消除道路安全隐患为目标,对区属城市道路范围内的428座“骑沿井”实施专项治理改造,全部安装可开启式检查井盖板,实现井盖板与人行步道的齐平衔接。除少数因特殊情况暂时无法实施治理外,其余全部治理完毕,共治理“骑沿井”419处。

(沈成勇)

年内，区城市管理委共治理“骑沿井”419处　　（区城市管理委供图）

【地下管线防破坏】 年内，区城市管理委联合区各行业主管部门、街道办相关部门和管线运维单位组成专班，形成长效合力机制，依托北京市地下管线挖掘防护平台，加强石景山区地下管线防外力破坏工作。共出动巡查人员2500余人次，核查市通报未报备施工项目46项，汇总挖掘施工巡查台账36期，督促完成挖掘类施工前地下管线交底对接476项，发现并制止未报备挖掘施工16次，未发生地下管线施工破坏事故。

（金梦元）

交　通

【概况】 北京市公安局公安交通管理局石景山交通支队（简称区交通支队）是区道路交通的管理机关，主要职能是对道路交通依法进行管理。2023年，区交通支队聚焦“服贸会”一来一散、停车诱导等关键环节，提炼实施“动、控、快、缓、导、均”六项战法措施，实现首钢园区周边“零报堵、零事故、零舆情”工作目标。完成全国“两会”、清明节、强降雨应急保障、科幻大会等各项交通安保任务256起，出动警力2792人次。区城市管理委完善城市路网体系，拓展城市发展空间。推进轨道交通及枢纽项目建设，轨道交通1号线支线工程石景山段实现开工建设；轨道交通1号线福寿岭站启用改造工程、11号线西段（冬奥支线）起点至模式口站区间及模式口站完成施工建设，年末实现11号线模式口站开通试运营；苹果园综合交通枢纽南区、北区主体结构封顶，进行二次结构、机电设备安装、装饰工程等施工。推进静态交通工程建设，刘娘府公交场站开工建设，福寿岭公交中心站完成主体结构施工，调色板花园地下停车库项目实现开工。实施道路工程，金安桥微中心人行过街天桥、金顶山路（永引渠—石景山园北Ⅰ区一号路）及福寿岭南路道路大修实现开工建设；首钢北区东部修理厂西路、四焦炉北路（东段）、焦化厂东路（北段）道路及随路管廊基本建设完成；田村路西段、首钢东南区四街等6条道路建成通车；八大处路大修以及首钢北区焦化厂路等4条随路管廊项目具备开工条件；雕塑园中街、鲁谷东街南口等8项道路疏堵工程完工。加强停车综合治理，新增有偿错时共享停车场8处、停车位459个、共享车辆395辆，车位利用率86%；深化道路停车改革，推进区级静态交通智慧平台建设。加强共享单车秩序管理，开展共享单车集中整治工作，治理破损、未备案车辆2300余辆，治理停放问题6000余件，推动运维电动三轮车更新置换。扩大电子围栏建设，实现轨道站点电子围栏全覆盖。

（石荣军　王　钰）

【全国文明城区创建】 年内，区交通支队围绕14处文明示范路口，按照“一口一策一图”制定方案，每日早晚高峰期间，科队包口、定岗定责，强化违法纠正、宣传劝导，改善路口通行环境。优化路口交通组织，共新增、复划交通标线3.1万余平方米，更换各类标志194套，地面喷涂文明标识、安全提示文字344.7平方米，优化信号配时582处，提升重点路口通行效率和体验。选取4个创城路口加装视频监测设备，24小时不间断对非机动车、行人交通违法开展智能识别和语音警示，规范路口通行秩序。围绕学校、医院周边，及时清拖违停三四轮车，净化重点区域秩序环境。

（李　明）

【电动三四轮车综合治理】 年内，区交通支队成立由区领导牵头负责的领导小组，组建专班牵动26个成员单位协同联动。查获全市首起使用伪造“京C”电动三轮车号牌案件，同步组织线上线下宣传活动，在各社区滚动播放宣传片，累计开展宣讲活动1500余场，张贴海报、提示贴、横幅5.9万余份，发放宣传材料6万余份，通过“敲门行动”加强宣传力度。累计淘汰违规电动三四轮车11673辆。

（李　明）

【交通智能化管理】 年内，区交通支队将全区272处信号灯信号机全部换装成为智能化信号机，信号灯联网设备增加至104处，同比提升19%，实现在支、大队两级指挥室远程控制路口信号灯，提高效率，节省警力。组建“违法停车打击中心”，对全区“雪亮设备”进行筛选，增加102处具备执法条件点位接入交通违法抓拍平台，扩大打击范围。提升自建非现场执法设备质效，恢复停用设备40余套，增强重点地区非现场管控效能。

（刘　冬）

【市政道路及天桥建设】 年内，区城市管理委推进部分市政道路及人行天桥等基础设施项目进展，金安桥微中心人行过街天桥取得施工许可证并开

5月25日,区交通支队开展违规电动三四轮车综合治理主题宣教高潮日活动 (区交通支队供图)

工建设,五里坨一街取得雨水管线施工许可证,金顶山路(永引渠—石景山园北Ⅰ区一号路)及福寿岭南路大修、八大处路大修以及首钢北区焦化厂路等4条随路管廊项目具备开工条件。

(付 佳)

【完善城市路网】 年内,区城市管理委完善城市道路网结构,打通区域微循环系统,首钢东南区中路、鲁谷村路、二型材南路、东南区四街、料场路等5条城市次干路以及田村路西段续建工程建成通车,为周边居民的交通出行提供便利,提升周边交通出行环境。

(张 亮 廉泽亮)

【轨道交通运营里程再增加】 年内,轨道交通11号线西段(冬奥支线)模式口站及北辛安站B2、B3出入口建成并开通试运营,石景山区轨道交通运营里程再增加1.4公里,累计20公里。轨道交通1号线福寿岭站启用改造工程基本完工,启动竣工验收相关工作。市郊铁路城市副中心线整体提升工程(北京西至良乡段)取得国铁集团与北京市政府关于工程可行性研究报告及初步设计方案的联合批复。轨道交通1号线支线工程取得项目可行性研究报告批复。

(邵 彬)

【老旧小区及老楼管线统筹】 年内,区城市管理委推进老楼加装电梯管线拆改移以及老旧小区管线统筹工作,完成老山东里、金顶街四区等8个老旧小区共58个单元的老楼加装电梯管线拆改移工作。2022年度石景山区老旧小区管线统筹项目确认改造任务共31个小区,完成其中21个小区的招标工作。石景山区老旧小区管线统筹项目计划改造46个小区,均纳入北京市管线统筹储备库。

(崔智刚)

【通讯架空线抢修及地下管线监管】 全年,区城市管理委办理通信架空线应急抢修工作220件。编制年度地下管线老化更新改造消隐计划,开展燃气、供热、供排水管道等老化更新改造三年行动。

(张争争)

【永引渠北街道路大修】 年内,区城市管理委完成永引渠北街道路大修。道路南起永引渠南路,北至西下庄南路,全长约470米。道路规划红线宽30米,规划等级为城市支路,是北京康复医院和整形医院门前道路。道路大修对路面整体翻修,完善慢行系统,南端抬升后与跨河桥顺接后接通到永引渠南路,打通断头路,同步完善道路的交通、排水、照明、绿化等设施。道路于11月份完工通车。

(彭 鹏)

【完成8项区级常规疏堵工程】 年内,区城市管理委完成8项区级常规疏堵工程,包括古城大街、雕塑园中街、鲁谷东街南口、射击馆南街、鲁谷大街2处行人通道拓宽、京西大悦城开口拓宽以及首钢园区北门阜石路口改造。

(柴 春)

【鲁谷慢行系统示范街道建设】 年内,区城市管理委按照“八个功能区”的工作标准,对鲁谷街道内存在的人行步道宽度不足及空间占用、非机动车路权未得到相应保障、部分功能区缺乏清晰的引导标识、机动车违停和非机动车违章行为频繁、建筑范围前慢行交通相关配套服务设施不完善、非机动车随意停放等6个方面的主要问题进行改造。在此基础上,结合鲁谷街道内小微空间、景观绿化改造工程,整体提升街道慢行和景观效果。

(彭 鹏)

【桥下空间治理】 年内,区城市管理委完成市级“疏整促”任务桥下空间治理25处点位,包括市公联公司管理的莲石路和阜石路桥下空间22处,市养护集团管理的田村桥桥下空间3处。桥下空间整治于6月底完成,11月份通过市级单位复核,符合桥下空间“八有八无”标准。

(闫洪迎)

【加强铁路道口检查】 年内,区交通委坚持“安全第一、预防为主”的方针,落实道口检查制度,加大对春节、国庆节等重要节日及“两会”、服贸会等重大活动的安全检查力度,检查报警器、消防设施及监护员安全制度落实情况。每周一次实地检查制度,讲评工作中存在的问题,全年累计检查道口110人次。

(张 茹)

【群明湖大街北口改造】 年内,为提高服贸会等重大活动期间首钢园区交通保障工作,区交通委按照交管部门的交通组织优化意见,对群明湖大街北口进行改造:将路口东侧南北向人行过街调整至路口西侧,交通信号灯一并改移;部分铲除路口东侧机非隔离带,扩大南向东右转车辆转弯半径,同步增设加速车道;优化北出口车道,将1条南向东右转车道增加至2条，同步完善地面引导线等交通标线。交通设施优化改造提升行人过街安全，改善区域通行秩序，提高服贸会等重大活动期间首钢园区的交通安全保障。

（张　茹）

【互联网租赁自行车管理整治】　年内，依据北京市交委下发的《2023年互联网租赁自行车管理工作要点》工作要求，区交通委10月完成全部三轮运维人员三轮摩托车驾驶证（D证）考证工作，11月底前全部完成运维电动三轮车置换。扩大电子围栏建设，规范重点区域内共享单车停放秩序，实现轨道站点电子围栏监测全覆盖，并按照相关标准将电子围栏相关数据接入市级平台，共安装蓝牙嗅探设备78套，蓝牙道钉设备1538个。根据《2023年互联网租赁自行车停车专项治理"百日行动"工作方案》的相关要求，区交通委规范互联网租赁自行车运营及停放秩序，在全区范围内开展互联网租赁自行车"百日整治"工作。主要围绕长安街、大型商超、写字楼周边开展集中整治。整治期间，根据辖区实际需求量和对企业运维力量的调查，备案企业实施总量控制，定期收集企业数据，掌握共享自行车在石景山区的调运、回收等情况。对于破损车辆以及未备案车辆采取企业自行清减的方式，从源头上避免单车无序，混乱点位发生。整治过程中清理破损车辆1870辆，累计清理小广告54000车次，调度车辆98200余辆，解决淤积问题点位4处。

（翟鲁敏）

【地下停车库项目建设】　年内，区交通委推进M11号线模式口站一体化地下停车库项目建设。2月28日，取得建设工程规划许可证。8月7日，取得初步设计概算批复。同月30日，完成施工招标，同月31日，实现开工。区交通委牵头推进市重点工程调色板花园地下停车库项目建设，项目采用特许经营模式实施。7月10日，办理完成建设工程规划许可证。8月30日，完成投资建设运营一体化招标，中标单位为中铁建发展集团有限公司、中铁二十二局集团有限公司、阿达驻车投资管理有限公司联合体。同月31日，办理完成施工许可证，实现开工。

（黄智森）

【静态交通管理平台试运行】　年内，为提高大数据服务能力，提升城市智慧交通水平，区交通委建设静态交通智慧管理平台，建设内容包括静态交通综合运营监管系统、静态资源分析研判系统、图像辅助分析系统、路侧停车场数据监管系统、考核数据支撑系统、路外停车场数据监管系统等11个分系统，400余个功能模块，完成系统建设、等保测评、数据接入，实现试运行。

（黄智森）

【辖区停车综合治理】　年内，根据2023年交通综合治理计划和停车专项考核，区交通委组织八角街道和八宝山街道完成辖区停车综合治理，牵头制定辖区停车综合治理方案，共挖潜车位413个，新增错时共享车位117个，缓解居民停车难问题，提升停车综合治理水平。

（黄智森）

【通学班车开通】　年内，为向辖区学校提供高效、便捷的义务教育通学服务，区交通委配合区教委、公交四集团现地踏勘线路及停靠站点，论证站点设置、线路规划，研究拟定通行线路方案，协调保障2024年春季通学班车运行。

（白　洁）

【道路停车电子收费管理新模式】　年内，为加强道路停车电子收费精细化管理，节约财政资金，提高设备"三率"，经2022年第18次区政府常务会议审议，石景山区自2023年1月1日开始按照新运营管理模式开展道路停车电子收费工作。新运营管理模式通过公开招标方式选定运营单位，取消现场停车管理人员，利用高位视频技术，对区内实行高位视频管理的53条道路3815个停车位和矮桩管理的1条道路215个停车位进行运营管理，实现智能化远程监管服务，设备"三率"及服务水平达到预期目标。

（韩振杰）

【停车设施建设项目验收】　年内，区交通委按照《北京市房屋建筑和市政基础设施工程竣工联合验收管理暂行办法》（京建法〔2020〕10号）和北京市交通委员会关于落实《北京市房屋建筑和市政基础设施工程竣工联合验收管理暂行办法》配套停车设施验收工作的通知要求，审核停车设施建设单位报送材料100余份，对4处停车设施按照规范进行验收。

（韩振杰）

【制定交通综合治理行动计划】　年内，区交通委按照《2023年北京市交通综合治理行动计划》（京交综治发〔2023〕2号）和《2023年北京市交通综合治理行动计划任务书》要求，牵头会同区交通工作领导小组成员单位研究制定《石景山区2023年交通综合治理行动计划》，于8月15日正式印发。计划共41项任务，包括从推进城市道路建设、提升轨网服务品质、加快慢行系统建设、推进智慧停车建设等方面优化供给，提升城市交通服务能力；从优化预约诊疗制度、推广电话电视会议等方面调控需求，强化交通承载约束能力；从开展区域交通综合治理、加强互联网租赁自行车管理、强化非机动车治理和违规电动三、四轮车专项治理等方面强化治理，提升石景山区交通综合治理能力。

（崔玲霞　史路安）

【完善交通综合治理】　年内，区交通委结合学、医、景、商周边交通综合治理方案，联合区教委、区卫健委、区文化和旅游局、区商务局、区交通支队，完善市级重点监测的首师大附属苹果园中学、高井中学、古城小学、人大附中石景山学校、石景山区第二实验学校、中国医学科学院整形外科医院、中国中医科学院眼科医院、首都医科大学附属北京康复医院（北京工人疗养院）、北京大学首钢医院、八大处公园、北京石景山万达广场、喜隆多新国际购物中心、京西大悦城周边黄色网格线、人行横道线、限速标志、注意行人标志、违法停车非现场执法设备、前方学校标志等交通设施设备。

（崔玲霞　史路安）

【备案停车场动态数据接入】　年内，根据市交通委工作要求，区交通委将备案公共停车场动态数据汇集接入市停车资源管理系统。全区110处大型停车场动静态数据均接入市停车资源管理系统,车位接入比例100%。根据市交通委工作要求,大型及以上备案停车场(300个车位及以上)智慧停车服务等级需到达S1级及以上,石景山区共有38个大型及以上备案停车场,涉及27100个停车位,全部接入动态数据。其中达到智慧停车S1等级水平的停车场有36个停车场、24760个停车位,达到智慧停车S2等级水平的停车场有2个停车场、2340个停车位。

(崔玲霞)

【推进停车有偿错时共享】 年内,根据2023年交通综合治理行动计划的相关任务安排,石景山区需新增有偿错时共享停车场5处、停车位450个。截至年底,石景山区新增有偿错时共享停车场8处、停车位459个,共享车辆395辆,车位利用率86.06%,完成年度任务目标。

(崔玲霞)

【备案停车场考核】 年内,区交通委规范石景山区经营性备案停车场的设施条件和运营管理,落实经营性备案停车场备案及停车设施信息报送等相关监管要求,结合区域实际制定《石景山区经营性备案停车场考核评价工作方案(实行)》(石交字〔2023〕13号),按要求开展经营性备案停车场考核,提升区经营性备案停车场精细化管理水平和智慧化服务水平,做到"未诉先办"。

(崔玲霞)

水　务

【概况】 年内,区城市管理委发挥河长制统领作用,组织开展河长制和日常巡河检查3038人次,巡河3800余公里,发现并整改问题500余个,各级河长巡河率100%,问题整改率100%。开展"清河行动""清四乱"专项检查工作和小微水体日常检查,劝阻不文明行为500余人次,确保河湖生态环境整洁有序。加快建设智慧水务管理系统,提升节水管理能力,落实《北京市节水条例》,制定《石景山区非居民用水户计划用水与定额管理实施细则》,对904户非居民用水户下达用水指标,全区生产生活用水总量控制在7297万立方米以内。加快海绵城市建设,建成区41.75%的面积实现70%降雨就地消纳与利用,达标面积位列全市第一。落实最严格水资源管理制度,推进5个单位(小区)自备井置换工程,完成21户市管机井移交工作,做好水影响评价审批。面对"23·7"北京特大暴雨,启动防汛红色一级响应,统筹指挥调度及防汛应汛各项工作,实现不垮坝、不决堤、不倒闸,保障人民生命财产安全及北京中心城区安全。

(王　钰)

【移交自备井管理】 6月15日,石景山区组织召开市管自备井移交区级管理的工作推进会,移交工作涉及市管机井21户、45眼。在市、区级部门的合作下,区水务局对移交的机井逐个进行现场踏勘和信息采集,建立移交自备井"一井一档"。

(张　庆)

【应对暴雨供水保障】 8月5日,庐师山庄自备井因台风杜苏芮带来的暴雨影响,北京地区地下水位迅速上涨,突发"井喷",供水设施损坏,导致区域内停水问题。区水务局第一时间协调自来水集团紧急调用水车解决居民吃水问题,并紧急为居民协调洗澡用水。同时联合区卫健委对该自备井水质情况进行检测,协调自来水集团将一处自来水管线与小区内部临时管线接入,暂时为居民提供用水。同月14日,在进行冲管测试、水质检测后,该区域水质、水压、水量均正常,恢复供水。

(张　庆)

【建设地下水监测站】 年内,为实时掌握石景山区地下水变化情况,区水务局开展地下水资源管理保护,结合监测站网情况开展区地下水自动监测站网建立工作。项目一期工程共需建设地下水自动监测站5眼,均分布于辖区南部地区。区水务局克服恶劣天气及复杂环境影响,全部完成5眼监测井的建设工作。

(张　庆)

【水生植物优化提升】 年内,区水务局对高井沟广宁路桥下开展水生植物优化提升工作,进行好氧复合菌河道水体修复4200平方米;种植宝莲灯、秀江南、并蒂莲、红娘、白莲花、素牡丹6种观赏类荷花各5000株;玉龙草16万株,西伯利亚水生鸢尾2万株;覆植河道新土200立方米,设置鹅卵石12立方米,消纳河道垃圾18立方米,提升河道水环境。

(张　庆)

【完善河长制工作机制】 年内,为落实市、区两级总河长令任务部署,石景山区调整河长制组织体系,设立区总河长、区执行总河长、区级流域河长、街道级流域河长,明确河长制成员单位工作职责,完善河长制动态调整递补机制,并统一换装全市新标准河长制公示牌53块。推进"河长制、林长制"融合,实现河长、林长设置相统一,深化"河长+警长+检察长"三长联动,保障石景山区河湖安全。

(张　庆)

【定期治水管水】 年内,石景山区各级河长落实定期治水管水工作职责,全年累计巡河2601人次,巡河里程4917.9公里,累计发现并督促完成整改涉河问题392个。石景山区组织工作人员开展河湖巡查工作,全年累计巡河1261人次,巡河里程4993.02公里,累计发现并督促整改涉河问题204个。

(石　硕)

【汛期暑期防溺水专项行动】 年内,为防范化解河湖溺水风险,保障人民生命财产安全,石景山区开展汛期暑期防溺水专项行动,开展"河长+警长+检察长"多部门联合巡查,累计排查出9个溺水风险点位,生成风险点位台账,并在9个溺水风险点位处累计增设救生设备60余套,设置警示牌90余个,救生艇3艇,竹竿50根,报警系统44个,警戒线若干。在"23·7"大暴雨过后,加强河湖巡查力度,清劝钓鱼、亲水等社会行为人员,排查辖区内河道塌陷、淤泥等危险涉水区域,并在危险涉水区域加设隔离带、护栏、提示牌等设施,降低市民溺亡风险。

(石　硕)

【查处涉水违法行为】 年内，区水务局综合执法队规范行政执法行为，加强河湖水环境、水土保持、节排水、水资源与水务工程等执法检查，执法检查量2070件，行政处罚案件332件。

（刘祎凡）

【区“十四五”时期水务发展规划】 年内，为加快建设石景山区现代化水务基础设施体系，提高水务管理服务水平，区水务局按照市、区文件要求，落实市、区相关规划，编制完成《石景山区“十四五”时期水务发展规划》。在总结“十三五”水务发展成效基础上，分析石景山区水务发展存在的问题，依据石景山区功能定位、发展目标及经济社会发展、生态文明建设等对水务的要求，提出“十四五”时期水务发展目标和重点任务，作为石景山区“十四五”期间水务建设与管理的指导性文件。

（马 惠）

【法海寺沟修复治理工程(一期)】 年内，区水务工程管理所完成法海寺沟修复治理工程(一期)。法海寺沟位于金顶街街道，北起法海寺森林公园东侧，南至永定河引水渠，全长约350米，由浆砌石构成，主要承担法海寺区域汛期排洪。修复治理工程河道长度337米，包括管线工程、景观工程和河道修复工程3部分。管线工程分为截污和供水，在下游右岸沿线敷设截污管线129米，设置检查井17座、废水收集口3座、PE隔油池3座，同时新建供水管线132米。景观工程包括拆除和换新两岸围网193米，修复挡墙31米，提升蓄水池景观面积83平方米。河道修复工程包括沟道清理及修复337米和增设相应标识牌。

（马芳冰）

【区属河道水毁应急抢修】 年内，区水务工程管理所完成区属河道水毁应急抢修工程。7月29日至8月1日，全区平均降雨量342.9毫米，极端强降雨造成南马场水库、区属河道不同程度损坏。区水务所按照“科学统筹，突出重点，区分轻重，分步实施”的原则对区属河道及水库33处水毁问题进行梳理分类，累计出动270余人次，各类机械车辆8台，修复河道挡墙220余米，回填土方1100余立方米，完成黑石头沟、潭峪沟、隆恩寺沟及石府沟等4处挡墙坍塌受损严重的点位应急抢修任务，确保水利设施安全运行。

（马 超）

【海绵城市建设】 年内，区水务局共牵头推进完成248项海绵城市建设相关工程，海绵城市建设达标面积比例自评估为43.70%，在全市各城区中排名第一，提前完成“十四五”规定任务。

（程 刚）

【节水管理与宣传】 年内，区水务局严格用水，全年用水总量6882.35万立方米，生产生活用水总量为6000.43万立方米，新水用量4939.34万立方米，实现万元地区生产总值用水量(万元地区生产总值水耗)比上年降低13.8%左右。开展节水宣传，在2月28日《北京市节水条例》实施前夕，区水务局联合八角街道在八角街道文化广场举行宣传活动启动仪式，利用“世界水日 中国水周”“城市节水宣传周”时间节点契机，通过“七进”(即进机关、进部队、进企业、进学校、进社区、进村庄、进家庭)启动《条例》宣贯工作，共发放节水宣传海报2000余张、节水宣传品4000余份。

（程 刚）

【水旱灾害防御】 年内，区水务局推进城市防汛和水务防汛相关工作，组织宣传动员及培训演练，开展巡查抢险和工程治理。组织编制完成水旱灾害预案。完成2023年清管行动，共清理专用雨水管涵136公里(63.98方)、专用雨水箅子2974个(80方)、专用雨水检查井1028个(27.49方)，清理污染物171.47方，雨水管道疏通率100%，保障雨水排放通畅。

（程 刚）

【永定河石景山段安全度汛】 年内，受台风“杜苏芮”北上与冷空气交绥影响，海河流域发生流域性较大洪水，北京永定河等16条河流发生超警以上洪水，最大超警幅度0.07~4.33米，永定河等6条河流发生有实测记录以来最大洪水。区永定河管理所履行区永定河防汛分指挥部职责，全员以备战状态在岗待命九昼夜，按照防汛预案对水泥厂排水穿堤涵洞、京原公路闸等堵口进行封堵，请示启动麻峪村避险转移工作，保障永定河石景山段周边群众的生命财产安全。

（邢 超）

【北京冬奥公园环境整治提升】 年内，石景山区以“1412”工作理念，即“1个公园，4片区域，12处点位”，对北京冬奥公园东北部区域环境进行整治提升。作为“北京市疏解整治促提升专项行动”重点项目之一，北京冬奥公园东北部地区环境整治提升工程完工并投用，改善北京冬奥公园周边环境。

（邢 超）

市容环境

【概况】 石景山区环境卫生服务中心(简称区环卫中心)承担全区环境卫生方面的技术性、服务性和事务性工作，主要职能是：制定环境卫生工作发展规划和年度计划，并组织落实；根据区政府核定下达的环境卫生作业任务、指标和要求，组织专业单位作业并对其实施监督、检查和管理；负责环卫经费的管理和使用；负责全区环卫设施的管理和使用；负责全区环卫产权公厕的保洁、粪便清运与消纳；负责全区环卫产权垃圾楼的垃圾清运、处理与消纳；管理和使用现有国有资产；按核定标准和社会委托服务项目组织开展有偿服务；负责完成区政府交办的其他工作。年内，区环卫中心提高道路作业水平，降低道路积尘负荷，落实环境卫生重点任务，完成“创城”、“创卫复审”、服贸会等服务保障工作，提升接诉即办能力，完成全年工作任务。完成专业清扫保洁总面积542万平方米，可机械化作业面积354万平方米；生活垃圾日产日清，完成3019组果皮箱清理、48座清洁站、101个垃圾桶站、49个垃圾箱站及186座环卫产权公厕清运维护及服务保洁，清掏粪便12万吨，清运转运其他垃圾14万吨。做好全区厨余分类小区的垃圾密闭清运和6座分类清洁站收集管理。

（黄 芪）

【信息化平台建设】 9月,区环卫中心"信息化平台深化建设"项目通过区经信局、区财政局等相关评审,建立健全环卫信息化监督调度指挥平台运行管理体系,对72台新购电动车辆进行改造,推进作业车辆大数据管理和能耗管控。建设环卫场站设施视频集,加强对作业车辆及设施运行的安全管控。

(黄 芪)

【专业作业高标准完成】 年内,区环卫中心完成全区541.8万平方米道路城市清扫保洁,其中可机械化作业面积354.2万平方米,超额完成市级机扫率94%的目标,实现可实施机械化作业范围全覆盖。责任城市道路机械化作业全部执行一级作业标准,每日全部进行二次保洁,并以机械清洗方式代替机械保洁,降低尘土残存量。完成200座公厕、48座清洁站、101个垃圾桶站、49个垃圾箱站及3019组果皮箱的清运、保洁及维护工作,确保生活垃圾日产日清,粪便抽运规范处理,垃圾、粪便无害化处理率均为100%。全年共清掏粪便11.86万吨,清运转运其他垃圾14.11万吨。推进垃圾减量化,做好辖区厨余分类小区的垃圾密闭清运和6座分类清洁站收集管理工作,处理及清运厨余垃圾0.82万吨。

(黄 芪)

【极端天气环卫保障】 年内,区环卫中心完成1—3月扫雪铲冰工作,共出动作业人员6395人次,作业车辆488车次,使用融雪剂279吨。因遇有大雨以上级别预警,存在地质灾害可能性期间,关停环卫设施25座次,转移人员80人次。"23·7"暴雨期间,出动车辆35台次,突击队员93人次,对五里坨地区广宁路麻峪段、黑陈路、石门路、潭峪路、五里坨西街等断路进行清淤,共清淤近80吨;清理冬奥公园雨后淤积垃圾9000平方米。完成麻峪村转移人员安置工作,进行安置点内外卫生保洁和移动公厕设置,出动作业车辆2台次,作业人员60余名,清运生活垃圾5吨,抽运粪便6吨。支援广宁地区居民供水46台次598吨;支援莲石湖清淤作业人员20人次,洗路9台次,水车20台次。出动作业人员867人次和机械化作业车辆287台次,支援门头沟区、房山区灾后恢复工作,累计清理道路16万平方米、清淤1万余吨;调度289台次满载水车,为门头沟区潭柘寺镇、斋堂镇,房山区十渡镇13万余户居民提供生活用水4500余吨。

(黄 芪)

【重点服务保障】 年内,区环卫中心完成服贸会、中国科幻大会及北京科幻嘉年华、文化论坛、西山文化节、警用装备展、"一带一路"国家驻华使节自行车邀请赛(北京站)等活动和赛事保障工作。加强长安街沿线及重点区域周边巡回保洁频次和巡检力度,强化各作业单位工作调度,作业工序衔接顺畅,垃圾、粪便100%无害化处理,完成"创城"迎检保障。

(黄 芪)

【接诉即办能力提升】 年内,区环卫中心配合市、区两级信访部门做好重大节假日、重大活动的矛盾排查工作,全年共受理信访投诉7件,均按照信访工作要求进行答复。共办理12345工单1147件,其中夜间扰民和洒水作业等季节性投诉400余件,占总投诉量的40%,1名办件人员被评为"石景山区最美办件人"。

(黄 芪)

【设施设备更新升级】 年内,区环卫中心推进环卫车辆新能源化工作,更新新增新能源环卫作业车辆36台。按北京市违规电动三四轮综合治理工作要求,购置合规电动三轮车480台。衙门口综合场站环境整治提升工程及设备升级改造完工,试运行正常。西黄村临时绿荫停车场和晋元公园建设项目竣工并投入使用。八大处长安寺前广场公厕建设完成并投入使用。潭峪村公厕、景阳大街公厕等13座公厕及衙府居园密闭式清洁站验收移交完成并投入使用。

(黄 芪)

【安全生产检查与培训】 年内,区环卫中心制定下发《环卫中心动火作业审批及安全操作规程》及《环卫中心2023年春节烟花爆竹安全管理工作方案》《环卫中心2023年安全生产和火灾隐患大排查大整治工作实施方案》《环卫中心2023年服贸会期间火灾防控工作方案》等,每日开展各类安全综合检查,累计检查2.5万余处点位。聘请国检集团专家开展安全生产培训60余班次130余课时,培训人员3659余人次,科目涉及国家安全法律法规、安全生产相关政策、交通安全、极端天气、消防安全、特种作业、有限空间、用电安全、设备设施等10余项课程。

(黄 芪)

【推进重点工程建设】 年内,区环卫中心完成固定资产投资任务8230万元。首钢东南区1612-828地块密闭式清洁站建设项目基本竣工;衙门口1616-654地块密闭式清洁站建设项目完成主体结构建设;五里坨1601-691地块密闭式清洁站建设项目完成

"23·7"暴雨后,区环卫中心支援门头沟作业 (区环卫中心供图)

招标工作;北辛安1608-661地块密闭式清洁站建设项目完成可研审批,准备进行招投标工作。

(黄 芪)

园林绿化

【概况】 石景山区园林绿化局(简称区园林绿化局)挂北京市石景山区绿化委员会办公室(简称区绿化办)牌子,负责辖区园林绿化工作。主要承担城市园林绿化、林业行政管理职责和森林防火职责。下设3个全额拨款事业单位,分别为综合服务中心、森林防护中心、绿化养护中心。年内,石景山区完成衙门口城市森林公园建设,提升森林绿地生态和社会功能,完成净德寺公园绿化建设及保险产业园中心绿地改造提升并实现对外开放,金顶山公园建设一期工程基本完工。推进西山绿道(石景山段)建设工程,建成溪谷线8处节点及翠微山、青松岭、虎头山等3处观景平台。完成调色板城市公共空间改造提升项目西南侧3200平方米实土区域绿化建设。完善区域绿色生态体系建设,完成潭峪沟、隆恩寺沟等沟渠及秀府南路、杨庄东街等道路周边小微绿地建设,实施四批次裸地治理工作,推进京广、京石、丰沙线周边地块绿化提升工程,推进完成首钢东南区1.77公顷"留白增绿"地块绿化工作,完成10.13公顷苫盖地块"揭网见绿"。完成半月园公园、黄庄职业高中北侧绿地两处公园绿地全龄友好型公园改造以及气象局南侧路、长安街西延、古城南街3条林荫路建设,推进滑轮公园建设项目施工。完善林长制机制,推进林长制与河长制融合。开展公园绿地社会化养护,深化"每月一题"城市绿地建设管理与养护问题治理。提升林业执法力度,严厉打击野生动物非法贸易,开展"绿剑行动""打击整治鸟市非法交易专项执法行动"等专项行动。加强巡查,加大全区古树管护工作力度。强化森林防火队伍建设,做好森林高火险期、重点节假日、敏感时段和重点地区的森林防灭火工作,做好森林防火宣传月活动,集中力量组织风险隐患排查。完成创建花园式单位1个(天著春秋二期小区)、花园式社区1个(苹果园街道琅山村社区)。

(郑文靖 黄 乐)

【"世界湿地日"宣传活动】 2月2日,为迎接第27个"世界湿地日",区园林绿化局、区创森办、市永定河休闲森林公园管理处、市农业执法局、区检察院、公安分局在永定河休闲森林公园联合开展以"湿地修复"为主题的普法宣传活动,工作人员通过现场互动、答疑和向社会公众、游园群众发放宣传品、宣传册、宣传彩页等形式,为居民群众讲解常见的破坏湿地资源违法行为、湿地保护基本知识,普及"一法一条例"等法律法规。现场共展出宣传展板9块、悬挂横幅16条,为市民和游园群众发放宣传品、宣传册共3100余份。区公园管理中心及全区9个街道同步开展宣传活动。

(常 亮)

【"世界野生动植物日"宣传活动】 3月2日"世界野生动植物日",区园林绿化局、区检察院、公安分局、市农业执法局、中铁建发展集团北京生态环境建设有限公司等单位,采取悬挂横幅、张贴宣传海报、展板展示、案例讲解和向游园群众发放宣传彩页、宣传品的方法,在冬奥公园莲石湖主景区开展普法宣传活动。活动结束后,在中铁建发展集团北京生态环境建设有限公司人员陪同下,共同对冬奥公园莲石湖水域周边区域野生动植物、水环境保护等方面进行联合执法检查。活动共出动执法宣传、保障人员70余人,车辆10余台次,展示宣传展板13块、悬挂横幅10余条、张贴宣传海报10余张、为市民和游园群众发放野生动物植物保护宣传彩页、折页和宣传品等共4000余份。

(常 亮)

【区绿化委员会调整】 4月2日,区园林绿化局完成区绿化委员成员调整工作,区委副书记、区长李新任主任,区委常委、副区长李先侠,中部战区政治工作部办公室副主任段永锋,陆军政治工作部群工联络局副局长喻龙,首钢集团有限公司党委常委、副总经理胡雄光,区政协副主席、园林绿化局局长毛轩任副主任。区政府各委、办、局、处,各街道办事处,各人民团体,驻区有关单位主要领导为委员,共45人。同月12日,李先侠主持召开石景山区2023年绿化委员会全体会议。会议听取石景山区绿化美化工作汇报,讨论通过《石景山区2022年绿化美化工作完成情况及2023年工作计划》《石景山区绿化委员会工作规则》有关内容,并通报石景山区2022年度首都绿化美化先进集体、先进个人表彰情况。

(郑文靖)

【首都全民义务植树日活动】 4月3日,石景山区以第39个首都全民义务植树日为契机,在衙门口城市森林公园举办"尽植树义务 享绿化成果 共建美丽石景山"主题植树活动。区四套班子领导、区绿化委员会成员、驻区企事业单位及部队领导近600人参加,共栽植白皮松、银杏、元宝枫等树木共700余株。

(黄 乐)

【北京"爱鸟周"宣传活动】 4月21日,区园林绿化局、市农业执法局、区检察院、公安分局、中铁建发展集团北京生态环境建设有限公司等单位,采取悬挂横幅、张贴宣传海报、展板展示、案例讲解和向游园群众发放宣传彩页、宣传品的方法,在冬奥公园莲石湖主景区联合开展以"加强鸟类及栖息地保护,推动生物多样性之都建设"为主题的北京"爱鸟周"宣传活动。区公园管理中心和各街道办事处结合工作实际,在城区公园、街道属地同步开展宣传活动。活动共出动执法、宣传、保障人员60余人,车辆15台次,制作宣传展板16块、悬挂宣传条幅10余条,为市民和游园群众发放野生动植物保护宣传彩页、折页和宣传品等共4000余份,宣传社会群众2000余人次。

(常 亮)

【组织"每月一题"专家进社区活动】 5月17日,区园林绿化局组织开展"每月一题"——城市绿地养护管理提升"专家进社区"活动,邀请市园林绿化高级工程师姚士才、常广新进行现场调研指导。召开“专家进社区”专项技术咨询启动会,针对辖区接诉即办频发、高发的居住区树木长势杂乱遮光、树木安全等问题进行研讨。专家组实地察看玉泉北里二区、首钢模式口东区及保险产业园道路周边问题点位,现场调研首钢园区绿化养护情况。市园林绿化局领导对辖区城市绿地建设管理与养护问题“每月一题”工作开展情况给予肯定,从树木栽植、日常养护管理、树木修剪等方面提出指导意见和建议,为解决市民热线群众诉求和绿化养护管理中的疑难杂症提供技术支持。

(孙　昱)

【开展“北京湿地日”宣传活动】 9月15日,区园林绿化局联合市农业执法局、公安分局、区检察院等部门在永定河休闲森林公园内,以“修复退化湿地,提升湿地生态系统稳定性”为主题,组织开展第十一届“北京湿地日”主题普法宣传活动,向游园群众宣传讲解湿地基本常识及湿地、野生动物保护法知识,倡导社会群众为保护好、利用好湿地和维护生物多样性共同做出努力。活动共发放各类宣传彩页700余份,发放宣传品800余件。北京国际雕塑公园、老山城市休闲公园、法海寺森林公园以及各属地街道、社区同期或陆续进行湿地保护宣传活动。

(常　亮)

【生态文明宣传教育】 年内,石景山区聚焦“中国植树节”“首都全民义务植树日”及首个“全国生态日”等时间节点,开展义务植树宣传活动50余场。发挥“园艺驿站”平台优势,组织开展百场园艺体验活动,吸引近4000人参与,微信推广阅读量约1.7万人次,提交自然笔记作品180件。通过组织参与“生态元宇宙”大会、市民园艺风采大赛等活动,丰富群众园艺文化生活。

(黄　乐)

【义务植树尽责活动】 年内,石景山区依托“互联网+全民义务植树”基地,春季期间共开展18场社会义务植树和抚育管护活动,接待国家应对气候变化战略合作中心、中国人民大学中共党史党建学院、中国外文局中东欧与中南亚传播中心等近20家单位、团体和个人,共2500余人,栽植苗木约1.3万株、抚育绿地近1万平方米。推动义务植树工作从一季绿化向全年拓展,在9个街道开展“石景山区全民义务植树进街道活动”,发动30个社区就近就地开展“拥抱绿色　爱护家园”“守护家园　从我做起”“共建生态文明　共享绿色未来”等绿地抚育管护、义务植树、园艺体验活动,丰富义务植树尽责活动内容,提高群众参与义务植树积极性。全年共开展义务植树尽责活动300余场,尽责人数约36万余人。

(黄　乐)

【园艺驿站活动】 年内,石景山区7家园艺驿站组织开展盆景制作、非遗绒花制作、自然笔记、手工扎染、创意插花、国际森林日宣传、认识爬行动物等100场线下园艺文化活动,线下参与人数3951人次,微信推广阅读量约1.7万人次。活动在社区、学校、企业等相继开展,涵盖知识科普、园艺体验、生态文明等内容。组织园艺驿站参加“生态园宇宙”展示宣传活动,北京市黄庄职业高中园艺驿站参与现场园艺文化交流,进行非遗特色园艺文创产品和盆景作品展示。组织园艺驿站参与2023年首都市民园艺风采大赛,提交征集作品75件。开展自然笔记创作活动,提交征集作品180件。

(黄　乐)

【落实古树保护责任】 年内,石景山区落实属地管护责任,与9个街道、39家管护单位签订管护责任书。利用古树名木体检全覆盖成果,按照“一树一策”原则实施130株古树保护性复壮,使衰弱古树重新焕发生机。建立区级古树巡查队伍,开展日常巡查检查600余次,下达整改通知书13件,移交违法线索3件。联合公安、城管执法部门以“执法+宣传”的模式,开展多次保护专项行动,确保全区古树资源安全。

(郑文靖)

【完善林长制工作机制】 年内,石景山区签发总林长令4道,印发《石景山区林长制办公室工作规则(试行)》,完善“林长制+检察”协同工作机制。区总(副)林长、区级林长巡林30次,街道、社区级林长开展巡林万余次,累计巡林17万余公里,发现并解决问题4050个。推进林长制与河长制融合,基本实现“两长联动”“一巡两查”,推进林长制改革试点示范街道建设重点工作。开展林长制宣传,编发信息专刊11期。组织区园林绿化局、区公园管理中心团支部在老山城市休闲森林公园开展以宣传林长制工作为主题的园林绿化资源保护宣传活动,活动现场共发放宣传册、宣传品600余份。

(廉粟童)

【落实森林防火责任】 年内,石景山区落实防火责任,全年共召开森林防火工作会6次,重要时间节点制定下发专项行动方案6份,发布大风预警、可燃物清理等相关通知43份。联合公安分局、区检察院、区应急局等部门开展10余次督查检查;督查14家有林单位巡查巡护,全年共巡查215次,开具检查单80余份。组织制定《林下可燃物清理工作方案》,进山23处卡口实名配备手持火源检测仪,按照《林区输配电设施火灾隐患专项排查治理行动》推进有林单位火灾隐患排查。推进森林防火基础设施建设。

(廉粟童)

【救助野生动物89只】 年内,区园林绿化局开展野生动物救助73次,共89只。其中救助猫头鹰、红隼、雁隼等国家二级重点保护野生动物9只,救助凤头鸊鷉、小鸊鷉、戴胜、绿头鸭、大足鼠耳蝙蝠等地方重点保护野生动物14只,救助喜鹊、灰喜鹊、雪貂、斑鸠、棕黑锦蛇、刺猬、杜鹃、灰椋鸟、花龟、野鸽子、麻鸭等国家“三有”保护野生动物62只,救助白狐、野鸭子等其它动物4只。

(常　亮)

【野生动物疫源疫病监测】 年内,石景山区设有老山、法海寺、南大荒3处市级野生动物疫源疫病监测站。区园林绿化局指导各监测站点提前进入运行,各监测站每日在京津冀野生动物监测平台报送监测成果,确保对辖区留鸟等野生动物种群进行追踪监测。各监测站点结合当地实际，设置留鸟等野生动物观察点、巡查路线和监测样地，加强对重要野生动物集中分布地和鸟类主要繁殖地、停歇地、迁徙走廊带及相关环节的疫情监测。全年，各监测站共开展监测活动360天，累计出动监测人员1080余人次，监测野生动物96428只，未发现疑似异常情况。

（常　亮）

【野生动植物执法检查】 年内，石景山区累计出动行政执法检查人员、森林干警、第三方巡查人员3600余人次，出动车辆750余台次，巡逻检查里程9800余公里，检查野生动植物经营场所580次，对琅山“自发鸟市”、双峪“自发鸟市”和京西玉泉花卉市场等可能存在野生动植物非法交易的重点场所进行定点巡查设防。制定《北京市石景山区野生动物保护专项执法行动工作方案》，会同市农业局、公安分局、区市场监管局、区城市管理委、区卫健委、区网信办、区集监办和属地街道，按照各执法部门职责，对辖区内商铺、药店、饭店、市场等进行拉网式联合执法，严厉打击野生动植物违法交易和破坏野生动植物资源违法犯罪行为。

（常　亮）

【林草种苗联合执法检查】 年内，区园林绿化局根据2023绿剑行动安排部署，会同市农业综合执法总队，对北京市花木公司位于中海首钢长安云锦东侧的2023留白增绿绿化施工项目和北京艺苑风景园林公司位于古城南街南林荫路建设项目林草种苗、农药使用情况进行检查。10月，市园林绿化局林场种苗处、检疫处、北检中心、资源中心、执法大队联合检查组到石景山区调色板城市公共空间改造提升项目和西山绿道一标段检查林草种苗企业生产经营情况以及苗木质量情况。

（尹　赫）

【森林督查及森林资源管理】 年内，市园林绿化局共下发辖区森林督查图斑32个（一期图斑14个，二期图斑2个，四期图斑16个），面积16.9公顷。共核实细斑60个（变化原因为认定“前地类”为非林地21个，面积12.64公顷；永久使用林地8个，面积1.92公顷；临时使用林地8个，面积0.25公顷；直接为林业生产经营服务3个，面积0.13公顷；造林更新1个，面积0.1公顷；灾害因素3个，面积1.34公顷；无变化16个，面积0.52公顷）。年内下发的32个森林督查图斑中，不存在违法图斑。

（马艺文）

【林地资源日常巡查及管理】 年内，石景山区林地资源日常巡查主要通过聘请第三方8名保安协助区园林绿化局做好林业资源、野生动植物保护日常巡查、巡护工作。结合森林资源年度动态监测评价工作进行重点巡查。结合比对结果对部分疑似图斑协助进行外业调查。针对易发侵占林地行为的重点地区、点位（浅山区、集体林地和西山林场交接处、区界交汇处等）和农贸市场、自发市场易发生非法交易鸟类等野生动物违法犯罪行为的重点时段进行巡查巡护。协助执法人员开展联合专项执法活动。

（马艺文　常　亮）

【杨柳飞絮防治】 年内，区园林绿化局完善杨柳飞絮防治体系。专业应急防治服务队伍与社会化参与防治相结合，推进杨柳飞絮综合防治工作。春季飞絮高发期，采取湿化绿地、树木喷水、道路湿化清扫的方式对杨柳飞絮进行防治。全区各街道、环卫中心、消防支队共出动车辆6069辆次（其中出动高压喷水车752辆/台班、喷雾车501辆次、清扫车5176辆次）；处理雌株2.34万株，面积8.1万平方米；共洒水湿化面积10965.51万平方米（其中湿化绿地1577万平方米，道路湿滑9330.07万平方米，其它洒水面积58.44万平方米）；作业总人数1.4万人（其中清扫人员1.03万人，火患巡视人员3713人次）；巡查面积2570.09万平方米。

（陈胜男）

【松材线虫防控普查】 年内，区园林绿化局按照国家林业和草原局《全国松材线虫病疫情防控五年攻坚行动计划》、北京市园林绿化局制定的《全国松材线虫病疫情防控五年攻坚行动北京市实施方案（2021—2025年）》（京绿办发〔2021〕288号）有关文件要求及前期编制的《石景山区松材线虫病疫情防控五年攻坚行动实施方案（2021—2025）》，建立林木有害生物防治工作联席会议制度，明确责任，组织专业培训，成立专业普查队伍，开展松材线虫病春秋季普查工作。共出动普查人员360人次，巡查车辆180车次，巡查里程5180公里，监测松林面积0.31万亩，包括普查重点公园、主要交通干线绿化带、居民区等地点。共发现枯死木126株，其中全枯死木97株，半枯死木29株；共送检样本70株，经检测未发现松材线虫病。设置松墨天牛监测点10个、墨天牛属监测点5个，未监测到松墨天牛和墨天牛属昆虫。

（陈胜男）

【美国白蛾防控】 年内，区园林绿化局开展以美国白蛾为主的林木有害生物防控工作。以林长制为抓手，建立联防联控机制，成立防治工作组，形成“区主责、街道运行、社区落实”的工作机制。截至9月中旬，全区33个监测点监测捕捉到美国白蛾804头，剪除网幕约261株，巡查工作共出动2245人次，巡查公里数3.93万公里。美国白蛾防治面积共11.87万亩，其中物理防治面积2512亩（悬挂诱捕器、剪除网幕等）；生物防治面积1.61万亩，释放周氏啮小蜂3.23亿头；化学防治面积10万余亩，出动打药人员2245人次，车辆1575台次。全年未出现大规模虫情。

（陈胜男）

【推进汛期危死树审批】 年内，为确保全区园林绿化安全平稳度汛，区园林绿化局推进汛期紧急情况危死树审批工作。提前安排部署，组织区住建委、各街道办事处、街道综合执法队及相关物业单位召开专题工作会。组织各街道开展辖区内居住区以及人员密集场所等重点区域汛期危死树排查统计，提前摸清安全隐患底数。针对暴雨、雷电、大风等极端天气预警，电话通知和指导各街道办事处，以社区为单位及时核查、鉴定居住区存在高危隐患的树木，随发现，随报批，随处置，在极端恶劣天气来临前减少危树倒伏安全隐患。从保障群众生命财产安全出发，依据《北京市绿化条例》，针对排查出的树木高危隐患，优化危死树审批流程，开辟绿色通道，完成危死树应急备案程序，配合街道及时清除汛期危死树安全隐患。累计完成41个社区、332株汛期危死树应急备案工作。

（孙　昱）

公园管理

【概况】　石景山区公园管理中心（简称区公园管理中心）负责全区区属公园及其他所属机构规划、建设、管理、安保、服务、科技工作，管理北京国际雕塑公园、老山城市休闲公园、古城公园、石景山雕塑公园、法海寺森林公园5所公园。年内，区公园管理中心所属5所公园全年累计接待服务游客约430万人次。

（叶　萌　宋　超）

【优化公园生态环境】　年内，区公园管理中心保障重要会议、重点节日期间景观环境。开展“贯彻二十大，促公园高质量发展”行动和公园环境精细化专项治理，围绕裸地治理、设施修补、卫生清理等内容，查找管理弱项、补齐工作短板，启动实施北京国际雕塑公园西园湖西岸等景观服务设施改造项目，优化公园环境风貌。开展公园爱国卫生运动，除四害、禁烟火，做好垃圾分类示范公园创建和园林绿化废弃物科学处置利用。强化大气污染治理，深化“一微克”行动，开展扬尘污染防治专项行动，启动实施老山城市休闲公园年度扬尘治理项目，市控老山站$PM_{2.5}$年平均浓度30微克每立方米、PM_{10}年平均浓度64微克每立方米，两项指标在全区四个子站中排名第一。深化公园水环境治理，落实河长制，“碧水保卫战”取得新成效。巩固国家森林城市创建成果，丰富园林植物配置，扩大公园绿色空间和生态容量。

（叶　萌　宋　超）

【推进“品质公园”建设】　年内，区公园管理中心推进“品质公园”建设，推动公园智慧化建设和管理，启动实施石景山雕塑公园雕塑作品数字化信息建设项目（拍摄录制宣传视频、制作音频解说），制作北京国际雕塑公园智慧导览微信小程序，升级游园体验。创建全国文明城区，完成3个公园点位达标验收，完成2022年度中央测评迎检保障。推进“健康公园”建设，4个公园点位通过国家卫生区复审验收。

（叶　萌　宋　超）

【深化接诉即办工作机制】　年内，区公园管理中心深化公园未诉先办、主动治理三级联动工作机制，处置市民来信来访、12345市民服务热线诉求、网络舆情、政风行风热线等反映公园服务管理的问题，加大公园四季问题的研究，形成高频、共性问题治理路径，累计办理群众诉求220件，诉求量比上年下降4.76%。

（叶　萌　宋　超）

【推进平安公园建设】　年内，区公园管理中心强化公园安全规范管理，落实“两个至上、三个必须”责任，执行《北京市公园安全管理规范（试行）》相关要求，聚焦森林防火、消防安全、防汛等重点领域，组织全系统内部开展行业检查、交流。推进平安公园建设，防范化解风险，开展安全生产和火灾隐患大排查大整治专项行动，启动实施法海寺森林公园防火监控系统设备更新及防火瞭望塔改造维修、古城公园北侧围墙及花架墙重建、老山城市休闲公园配电室维修改造等隐患点位整治项目。建设韧性公园、海绵公园，强化基础设施和应急物资管理维护，提高公园公共安全水平。深化文明游园宣传引导机制，延续行业主导、部门联动、社会参与的共建共治机制，加强公园管理者、属地社区、志愿者力量合作，入园开展文明游园宣传引导。发挥部门联动应急保障机制，深化部门综合治理工作机制，加强与属地公安、交通、城管等部门联动执法，做好公园及周边区域客流疏导，协同保障假日期间游园秩序。

（叶　萌　宋　超）

【举办公园文化活动】　年内，区公园管理中心落实西山永定河文化带保护发展规划，筹备展示公园品牌活动，举办北京国际雕塑公园第二十届玉兰赏花季、第十一届非遗文化体验周，开通全景“慢直播”，活动线上线下汇聚游客60万余人次。实施全民健身国家战略，在具备条件公园内增设健身设施和场地，承办北京市第六届礼让斑马线广场舞比赛展演活动，助力市民“一刻钟健身圈”建设。开展主要公园文体活动形式、团体普查，探索“公园＋社会组织”文化共建机制，承办石景山区2023年敬老月主题活动。注重文明传承、文化延续，编纂制作《匠心风华——北京国际雕塑公园建园纪念（2002—2023）》书籍。

（叶　萌　宋　超）

城市管理指挥

【概况】　石景山区城市管理指挥中心（简称区城管指挥中心）负责网格化管理和“接诉即办”指导协调工作。2023年，区城管指挥中心贯彻《北京市接诉即办工作条例》，完善接诉即办工作体系。建立健全首接负责的协同办理工作机制，规范工单流转流程，出台80余项区级及区属街道部门配套制度。加强数智赋能，完善以“热线＋网格”综合数据分析为核心的7个专题48项指标模块，构建4种治理模型。完成12345接诉即办小程序“领导看版”升级改版。全年共受理群众诉求19.03万件，受理量比上年上升23.79个百分点，市级通报考核平均成绩95分，响应率99.48%、解决率93.54%、满意率94.56%，解决率比上年提升1.21个百分点，满意率比上年提升1.07个百分点，在十六区中位列第12名。诉求类别主要为住房、市场管理、城乡建设、社会培训机构、劳动和社会保障、物业管理、环境保护、公共安全、教育、交通管理。

（马　瑛）

【召开接诉即办会议】　1月31日，常卫主持召开2023年深化12345市民服务热线接诉即办工作领导小组会，刘海涛、张利军、李先侠、迟志禹、王其志、王智勇参加会议。10月12日，石景山区与市政务服务局领导工作座谈

11月22日，区城管指挥中心举办接诉即办“社区居民开放日”活动

（区城管指挥中心供图）

会召开。市政府副秘书长、市政务服务局党组书记、局长沈彬华，市市民热线服务中心主任张波，区领导常卫、李新、刘海涛、张利军、王其志、王智勇参加座谈。全年，区委区政府主要领导专题调度接诉即办工作会议共召开40次，接诉即办区级专班专题调度接诉即办工作会议185次。

（石　梦）

【区领导接诉即办调研活动】 2月21日，常卫带队赴市政务服务局就“接诉即办”工作开展专题交流研讨。3月22日，市委政法委基层社会治理处处长、副处长，密云区委政法委副书记到区城管指挥中心专题调研“接诉即办”工作。10月10日，常卫带队到市中心参加“热线连你我 诉求马上办”活动。区领导刘海涛、王其志、申键、王智勇参加活动。李新分别于10月24日、10月31日、11月25日带队，副区长王其志、申键、王智勇、尹圆陪同，到御景山小区调研电梯运行问题、到五里坨调研保障房项目入住和管理情况，到古城现代嘉园小区、北辛安枫香苑小区等地调研城市管理相关工作情况。12月20日上午，北京市委第四巡回督导组到区城管指挥中心专题调研“接诉即办”工作。

（顾　雪　石　梦）

【制定接诉即办考核办法】 年内，区城管指挥中心根据《2023年度北京市接诉即办考核实施办法》和《区深化12345市民服务热线接诉即办工作实施方案》等相关文件，结合全区工作实际，制定《区接诉即办工作考核办法》和《区接诉即办工作考核办法实施细则》。

（马　骉）

【工单核查与督办】 全年，区城管指挥中心核查工单2380件，其中核查区、街回访均为“双是”工单820件、调度会重点工单51件、应急处置专项资金台账点位工单73件、超六天未办结工单9件、其他领导交办工单189件。下发督办提示单34次，调度会重点事项163件；督办临期工单867件、市级反馈未解决工单1776件。

（马　骉）

【12345热线回访】 年内，区城管指挥中心开展12345热线回访工作，完成受理案件全回访目标，共对190272件热线工单完成回访，其中申请人工回访工单68952件，取得有效回访结果51898件，有效回访率75.27%，有效回访中市民表示已解决40725件，解决率78.47%，表示满意44186件，满意率85.14%。

（王志遥）

【完成12345热线考核】 年内，区城管指挥中心完成全年12345热线考核剔除、挂账等工作。共完成报送不纳入考核申请材料121151件，承诺申请挂账材料6311件；结合市中心反馈考核工单明细，完成12个月度的考核成绩和绩效成绩的测算。

（王志遥）

【城市管理问题采集和结案】 年内，区城管指挥中心全年网格管理共采集各类问题386355件，其中立案378941件，结案375703件，结案率99.15%。涉及创城案件42084件，结案40333件，结案率95.84%。

（刘秀杰）

【完成城市管理基础数据普查】 年内，区城管指挥中心完成全区城市管

10月12日，石景山区与市政务服务局领导工作座谈会

（区城管指挥中心供图）

理基础数据普查,累计核实三级社区网格160个、四级管理网格235个、五级精细化网格5030个,汇总部件数据5大类137小类45.6万个,测绘道路182条共144公里,采集兴趣点4572个,门址数据2425个。

(薛红民)

【社区“一码通”使用诉求办理】 年内,接诉即办系统受理“一码通”诉求3605件,办结3598件,办结率99.81%;“平行多派”诉求9756件,“双派双考”诉求48983件。全区诉求平均签收时间为19分钟,同比提升47.22%;更新系统字段14个,优化调整功能32次。

(薛红民)

城管执法

【概况】 石景山区城市管理综合行政执法局(简称区城管执法局)负责统筹指导和综合协调基层综合行政执法工作,以区城管执法局名义执法。街道综合行政执法队共9个,以街道名义执法。全区城管综合执法系统共履行行政执法职权20个领域694项,其中区局履行职权涉及6个领域166项,街道综合行政执法队履行职权涉及18个领域452项(城管执法部门下放职权414项,其他部门下放38项)。年内,区城管执法局聚焦全国“两会”、市“两会”以及元旦、春节、五一、国庆等节假日,开展环境综合治理,抓好安全生产,推进队伍规范化建设。全年共处罚案件6124起,罚款687.66万元,其中一般程序案卷4484起,罚款677.9万元;简易程序案卷1640起,罚款9.76万元。

(屈 帆 李 广)

【完成年度拆违腾地任务目标】 截至9月底,区城管执法局在市级专项平台销账建筑面积13976.7平方米,销账占地面积6599.95平方米,完成市级拆违任务目标的140%,完成市级腾地任务目的132%,超额完成全年“疏整促”拆违腾地任务目标。市专指办平台持续新生违法建设动态清零。

(闫 信)

【巩固占道经营整治成果】 年内,区城管执法局推进“并肩治乱”专项行动,完善与公安部门联合查处占道经营工作机制。坚持督促整改与立案处罚两手抓,压缩违法空间,遏制违法行为连片成势。调配执法力量,综合采用人盯车巡、人技同防、错峰执法等措施手段,加大对重点地区的管控力度。共处罚占道经营违法行为1064起,罚款237660元;处罚门前三包违法行为780起,罚款136440元。

(李 广)

【安全生产和火灾隐患排查整治】 年内,区城管执法局对全区燃气隐患集中领域进行“大起底”排查,加强对燃气非居民用户、燃气供应企业等重点对象执法检查力度,关注使用瓶装液化气用于违法行为的现象,做好辖区内非法液化石油气罐查处及线索移送。建立并完善辖区内安全隐患排查整治台账,对排查出的风险隐患实行清单管理。定期对已整改隐患进行“回头看”巡查,严防已整改隐患问题反弹。加大对违法户外广告设施和牌匾标识违法行为执法力度,加强对公共场所、背街小巷和居民小区等问题较突出的部位巡查管控。共开展燃气安全执法检查8469家次,发现并整改问题359起,处罚213起,罚款105200元;共检查电力安全11725起,发现并整改问题26起;检查石油天然气管道36起;检查生活垃圾设施134起;检查户外广告设施牌匾标识标语宣传品298起,发现并整改问题17起;检查居住小区其他公共部位堵塞、占用问题557起。

(李 广)

【推进生活垃圾精准执法】 年内,区城管执法局开展生活垃圾分类专项执法波次行动,聚焦“产生—运输—处理”全环节,打击违规收集、非法运输、非法倾倒、违规处理生活垃圾等违法违规行为。结合“城管进社区”活动,针对生活垃圾分类管理责任人、运输企业职责履行情况,开展全链条执法检查,强化对违法倾倒垃圾行为的追本溯源。共开展生活垃圾检查27764次,发现并整改问题2644个,处罚2077起,罚款688440元。其中个人生活垃圾检查7244次,发现并整改问题2459个,处罚1885起。

(李 广)

【推进违规电动三四轮车治理】 年内,区城管执法局依托“并肩行动”等机制,加强与公安、交管、市场监管等部门的联勤联动,坚持属地为主、多方联动原则,打破地域限制,对违规电动三四轮违法行为形成高压整治力度。坚持一查多效,指导属地执法队在辖区内开展市容环境秩序执法大检查,借力“门前三包”管理,对公共区域乱堆物料、废弃电动三四轮车占道、使用电动三四轮车从事无照经营活动等违法行为依法依规开展整治行动。结合“城管进社区”活动,开展违规电动三四轮车宣传普法活动,向居民群众普及涉及电动三四轮车的法规与政策。共摸排违规电动三四轮车376辆,督促自行处置260辆,依法清理116辆。

(李 广)

【加强渣土运输执法检查】 年内,区城管执法局依托“每周行动日”行动,加强与公安、住建、交管、生态环保等部门联动,加大“堵门+上路”行动力度,共同开展联合执法,强化施工现场源头管控和部门联动。重点查处施工现场内未采取防尘措施、道路遗撒、随意倾倒等违法行为,在石门南路、衙门口桥东过街天桥、北辛安路等建筑垃圾运输车辆重点途经路线设置执法点位,严查相关违法行为。共查处建筑垃圾相关违法行为394起,罚款140.66万元。

(李 广)

气 象

【概况】 石景山区气象局(简称区气象局)主要负责区域内气象防灾减灾、地面气象观测、天气预报、气象灾害预警、公共气象服务、专业气象服务、气象科普宣传、气象探测环境保护、气象行政执法等工作。年内,区气象局面向社会开展气象观测和天气预报、预警服务工作,向区委、区政府和相关部门发送决策气象信息;通过预警平台向区各级防汛部门、各街道气象协理员、各社区气象信息员和社会公众发送天气预报预警信息；通过手机短信、区电视台、电子显示屏、户外预警广播系统、官方微博、微信发布气象信息，提升预报准确率。

（王琳琳）

【气象科普宣传】 3月23日世界气象日，区气象局开展气象科普进校园、进社区系列活动，为人大附中石景山学校师生和金顶街第五社区居民讲解“气象灾害预警及防御”。5月12日防灾减灾日，区气象局联合区科技馆开展全国防灾减灾日专题科普讲座暨2023年度石景山区气象信息员培训大会，联合区应急局等部门在八大处公园开展专题宣传活动。同月21日，区气象局参加区科技宣传周活动，在活动现场设立气象与生活科普知识系列展板，向市民发放《北京市气象灾害预警信号及防御指南》《升放气球管理办法》等宣传材料，现场解答群众有关气象的问题。通过电子显示屏、微信公众号、新浪官方微博等新媒体渠道对公众进行气象科普宣传。全年累计开展气象科普宣传活动4次。8月21日，区气象局首次自主制作英文天气预报，正式向区外办、区各委办局和辖区内社会公众发布，并长期制作发布，系北京市首次面向公众发布非重大活动英文版公众天气预报。

（王琳琳）

【气象行政执法】 年内，区气象局开展气象行政执法122次，开展防雷执法检查50次，甲级资质单位3次，升放气球执法巡查62次，人工影响天气1次，涉外气象探测和资料管理1次，涉外气候可行性论证1次，气象信息传播1次，气象信息单位备案1次，探测环境保护2次，行政许可29件。

（果欣欣）

【气象服务保障】 年内，区气象局完成汛期及重大活动等气象服务保障。发布气象灾害预警信号171次，联合发布森林火险预警信号9次，联合发布地质灾害气象风险预警11次，累计向区政府及公众发送预警短信220余万条。完成元旦、春节、清明、劳动节、中秋、国庆及全国“两会”、中高考、马拉松、科幻大会、文化论坛、服贸会、世界科普日等节假日和重大活动气象服务保障。发布气象信息专报13期，重大活动气象专报163期，节日天气专报38期，雨（雪）情信息专报159期，微信、微博等公众天气预报3326期。“23·7”极端强降雨天气过程中，通过微信、政务邮件、政务平台发布未来五天天气预报4期，发布决策天气预报4期，天气快报2期，重要气象提示1次，雨情信息专报50期，雷达图实况39次，预警短信2.3万余条，决策服务材料5次。加强全区公共安全形势分析，完成石景山区季度气象灾害形势分析报告4期、月度形势分析报告12期。

（李　辉）

【气象科研】 年内，区气象局申报、开展科技项目3项。地方标准《气象灾害风险调查技术规范 第1部分：暴雨》经前期申报、研究，通过专家审查、北京市市场监督管理局审批，发布实施；申报地方标准《英文天气预报译写规范》1项；申报区局创新研发专项《2014—2022年石景山区局地突发强对流天气的漏报成因分析》1项。强化片区复盘机制，与丰台区、门头沟区、房山区联合组织开展西南片区极端天气过程复盘4次。

（李　辉）

【2023年气候评价】 2023年，石景山区全年平均气温为14.1℃，较常年平均值（13.2℃）偏高。年极端最高气温为40.4℃，出现在6月22日，年极端最低气温为－17.4℃，出现在1月25日。年总降水量为786.6毫米，较常年降水量（565.9毫米）偏多4成。降水主要集中在6—9月，降水量为692.9毫米，主汛期（6—8月）的降水量为568.7毫米，较常年（391.2毫米）偏多5成。一日最大降水量为140.7毫米，出现在7月30日。出现大风19次、霾77天、扬沙13天、浮尘9天、大雾11天、轻雾70天。

年度平均气温较常年偏高，时间分布特点为：1、4、5、11月接近常年；2、7—10月较常年偏高；12月较常年明显偏低；3、6月较常年明显偏高。年降水总量较常年偏多4成，时间分布特点为：2、4、5、8月接近常年，3、6月较常年明显偏少；1、10、11月较常年偏少；7、9、12月较常年明显偏多。

表7　石景山区2023年月平均气温与常年对比统计表　单位：℃

年度	1月	2月	3月	4月	5月	6月	7月	8月	9月	10月	11月	12月
2023年	－2.5	1.5	10.5	15.1	21.7	28.3	28.5	27.1	22.2	14.9	4.7	－3.2
常年	－2.7	0.6	7.5	15.3	21.4	25.2	27.0	25.9	20.8	13.4	5.0	－1.1

（魏　杰　许　明）

防震减灾

【概况】 石景山区地震局（简称区地震局）主要负责地震监测、防震减灾宣传培训等基础性、技术性工作。年内，区地震局完成重大活动和节日期间震情保障，做好地震监测设施检查维护。举办防震减灾科普宣传“四进”活动。推进1所防震减灾科普示范学校通过市级评审。开展地震灾害损失精细化预评估工作。

（孙殿成）

【防震减灾宣传“四进”活动】 “5·12”防灾减灾日，区地震局前往六合园北社区、西山枫林一区，同步开展防震减灾科普进社区活动；在区机关院内，开展线上答题活动；在“7·28”唐山大地震纪念日，进入光大银行；在全国科普日，进入黄庄职业高中开展科普宣传。联合区应急局、区教委在黄庄职业高中组织进行地震综合应急演练。制作《地震来了怎么办》系列漫画展板、《家庭防震六步走》宣传折页等宣传资料；根据宣传对象不同，定制地震防护头套、防震应急包等宣传品。通过“北京石景山”公众号，向社会公众发布“户外

10月9日,区地震局在黄庄职高开展地震应急演练　（区地震局供图）

避震、野外避震、家庭避震、学校避震、公共场所避震”内容,用视频讲解避震方法和要点,提高民众地震防御、震后自救意识和能力。累计发放宣传折页、宣传品1万余份。

(孙殿成)

【保障监测台站正常运行】　年内,区地震局保护地震监测设施和地震观测环境,对区属监测台站及市属强震台站进行检查,在重大活动、节假日前夕增加检查次数,由局领导带队开展台站设施专项安全检查工作,排查周边环境异常,做好地震台站观测室防雨措施和用电安全,签订安全责任书,强化风险排查,开展弱口令排查,完成EQIM震情速报系统口令更新。保障收集数据的连续性和可靠性,确保地震观测和信息网络运转正常。

(乔　怡)

【加强震情跟踪保障】　年内,区地震局按照北京市地震安全服务保障的系列工作要求,加强震情速报系统、信息传输系统专项安全隐患排查。检查监测台站监测环境和防火用电安全,加强值守人员安全教育,要求台站设点单位加强对台站和周边环境的维护,执行处级干部和值班员24小时在岗带班、值班制度,落实“宏、微观异常零报告制度”,密切关注震情,完成春节、“两会”、服贸会、一带一路等活动的震情保障任务。

(乔　怡)

【市级防震减灾示范学校通过评审】　年内,区地震局按照北京市地震局关于防震减灾示范学校创建标准,联合区教委组织编写申报材料,推选北京景山学校远洋分校为2023年度市级防震减灾示范校建设单位,展示学校概况、组织领导、硬件设施、科普工作、创新活动等情况。景山学校远洋分校通过市级专家评审,获得“北京市防震减灾科普示范学校”称号。

(孙殿成)

【地震灾害损失精细化预评估】　年内,区地震局按照《北京市2023年推进韧性城市建设重点工作方案》工作要求,与北京市地震局、北京市震灾风险防治中心协调,在石景山区银河商务区选择常遇地震和罕遇地震进行情景模拟,开展地震灾害损失精细化预评估调研工作,系统产出震后建筑设施震害情况、人员伤亡情况、次生灾害衍化和城市功能恢复等韧性指标,依据评估结果,针对韧性薄弱部位提供合理性建议,提升城市区域的地震安全韧性水平。

(孙殿成)

应急管理

综　述

【概况】　2023年，石景山区应急管理局（简称区应急局）推进安全生产和火灾隐患大排查大整治，防范各类安全生产事故，应急指挥体系融汇通达，综合应急救援能力提升，大应急管理格局初步显现。保持执法高压态势，全年检查生产经营单位2085家次，人均检查量186.06家次，位居全市第二名，行政处罚70件，处罚金额90.35万，督导企业落实安全生产主体责任。完成防汛任务，落实应急度汛措施，抓实应急值班值守，做好雨前预防行动，处置雨中城市内涝、积水断路、人员避险转移等紧急事件，实现“不死人，少伤人，城市不看海，财产少损失”的防汛工作目标。抓好森林防灭火各项工作，落实行政首长负责制，消除各类林区安全隐患。办理12345市民热线、12350投诉举报、电话投诉等39件，解决率100%，满意率100%，安全生产举报奖励2件。

（李伟伟）

综合管理

【概况】　2023年，区应急局推进全区应急预案体系规范化建设。建立区级京办应急指挥调度群，实现统一集中指挥调度。修订发布《石景山区突发事件救助应急预案》《石景山区突发地质灾害应急预案》和全区45个专项预案及9个街道的总体预案。编制印发《石景山区应急响应操作手册》，为开展具体工作提供规范指导。

（李伟伟）

【节假日安保和应急部署】　1月11日，在全国全市安全生产电视电话会议召开后，石景山区组织召开贯彻落实工作会，李新主持会议，安排部署开展年初安全生产隐患专项整治和加强春节期间安全监管工作。同月20日，常卫、李新到物美超市（太阳岛店）、区森林消防综合救援支队驻地，检查春节期间安全生产和市场供应工作。2月24日，全国“两会”安全生产保障工作部署会召开，李新主持会议并讲话，安排部署“两会”期间安全生产保障工作。4月25日，常卫到八大处公园、六工汇购物广场、银河商务区L地块建设项目检查重点场所“五一”假期服务保障及安全生产工作落实情况。同日，李新带队检查假期文旅保障和安全生产工作。9月21日，李新主持召开2023年中秋、国庆假期应急管理和安全防范工作部署会，要求抓好假期应急管理和安全防范工作，维护人民生命财产安全和辖区安全稳定。

（李伟伟）

【季度公共安全形势分析会议】　3月30日，石景山区召开2023年第二季度公共安全形势分析会。李新主持会议并讲话。会议听取第二季度公共安全总体形势分析情况，并对森林防灭火专项整改作出部署。6月29日，石景山区召开2023年第三季度公共安全形势分析会。李新主持会议。会议通报应急委领导成员调整情况，提示突发事件信息报送工作要点；分析研判第三季度公共安全总体情况，对极端天气防范、安全生产监管、重大活动保障、公共卫生事件等方面提出对策建议。9月27日，石景山区召开2023年第四季度公共安全形势分析会。李新主持会议。会议听取第四季度公共安全总体形势分析情况，对极端天气防范、安全生产监管、城市森林防火、流行病毒防控等方面提出对策建议。

（李伟伟）

【大排查大整治专项行动】　4月19日，常卫主持召开全区安全生产工作部署会，强调要迅速落实市委市政府工作部署要求，汲取教训、立即行动，开展安全隐患排查专项整治行动，坚决防范遏制重大事故发生，保障人民群众生命和财产安全，维护社会大局稳定。李新、田利跃参加会议。年内，区应急局推进安全生产和火灾隐患大排查大整治行动，制定落实排查整治行动实施方案、任务分工方案和“十条硬措施”，明确12个重点领域整治任务和26项具体工作举措。先后召开32次专班调度会和5次重点工作推进会，安排部署专项整治行动，排查整治各类问题隐患12357项，各项工作排名均居全市前列。

（李伟伟）

【自然灾害综合风险评估会议】　4月27日，北京市第一次全国自然灾害综合风险评估与区划成果片区对接会在石景山区召开。市普查办主任、市应急局一级巡视员阎军出席会议，市普查办副主任、市应急局减灾处副处长主持会议。会上，市普查办分别介绍东城区、西城区、石景山区自然灾害综合风险评估与区划成果，解读技术报告中自然灾害单灾种、综合减灾能力和区域风险评估与区划等数据成果。东城区、西城区和石景山区依次就技术报告内容提出意见建议，并进行交流研讨。

（李伟伟）

【配合市级安全生产督导督察】　6月14日，李新主持召开石景山区迎接市委市政府2023年安全生产督察动员部署会。会上，李先侠传达《国务院安委会办公室关于今年以来重特大事故有关情况的通报》的相关精神，安排部署迎接市委市政府安全生产督察工作。李新对迎接市委市政府安全生产督察和推进大排查大整治工作进行动员讲话。同月26日，市委市政府安全生产第五督察组在石景山区召开安全生产督察工作见面会。安全生产第五督察组组长谢延智主持并作动员讲话，第五督察组副组长田志斌通报安全生产督察工作安排。李新代表区委区政府就配合做好督察工作作表态发言，李先侠汇报安全生产工作情况。8月17日，市委市政府安全生产第五督察组对石景山区开展第二阶段常态化安全生产督察。督察组分为2个小组，对区体育局和区市场监管局开展实地督察，并随机检查部分生产经营单位安全生产情况。11月1日至3日，市委市政府安全生产第五督察组对石景山区开展第三阶段督察工作，并延伸督察区民政局、区园林绿化局、广宁街道和石泰公司安全生产工作。同月9日，王其志主持召开市、区两级安全生产督察反馈问题通报点评会。会上，区安委会办公室通报市、区两级安全生产督察反馈的问题，区城市管理委、区卫健委、区园林局、鲁谷街道、广宁街道安全生产工作主管负责同志进行表态发言;王其志逐一点评,并部署下一步工作。

(李伟伟)

【城市安全风险评估】 6月26日、27日,石景山区分两批次组织开展城市安全风险评估专题培训,来自燃气、热力、水务、工业、商务、园林、公园、交通、体育、文旅等10余个行业的各企业负责人和安全管理人员共360余人参加培训。10月24日,北京市应急局检查组到石景山区开展城市安全风险评估核查检查工作。汇报会上,区住建委、区卫健委、区教委、区商务局、区文旅局、区民政局、鲁谷街道、古城街道相关科室负责人和风险评估第三方服务机构项目负责人依次汇报各行业和属地的城市安全风险评估工作开展情况、工作中存在的问题以及工作意见建议。现场检查中,4个专家组先后赴体育场馆、工业企业、医疗机构、商场超市、物业公司、建筑公司、养老机构以及宾馆酒店等11家生产经营单位,对企业开展城市安全风险评估工作进行现场检查和服务指导。

(李伟伟)

【完成225家企业标准化达标创建】 年内,区应急局制定下发《石景山区2023年安全生产标准化建设工作方案》,启动2023年度标准化创建工作。全年完成225家企业标准化达标创建工作,其中三级达标企业23家、小微达标企业202家。

(李伟伟)

【获评年度优秀信息单位】 年内,区应急局结合应急管理、安全生产、防灾减灾救灾等工作实际,制定落实年度意识形态工作要点、管理制度和工作方案,撰写报送信息368篇,被各类平台刊登634条次。通过舆情信息途径认领编写舆情信息161条,其中6条被市情(舆情)信息栏目采用,在区政府办通报的2022年12月至2023年11月份区政府各单位信息考核情况通报中,区应急局排名第四,被评为“2023年度优秀信息单位”。

(李伟伟)

【生产安全事故调查处理】 年内,石景山区发生一般生产安全事故2起,亡2人。按照事故调查处理程序,开展事故现场勘查、调取有关证据材料、提取证物及证人证言、形成调查报告、召开事故小组会议、报批结案、责任追究和整改落实等工作。事故调查期间,调查询问生产经营单位3家,制作询问笔录17份,依法处理相关责任单位3家,安全生产约谈企业负责人3人,移送公安机关依法立案侦查1人,以区安委会办公室的名义在全区范围内通报3家单位,行政处罚4起,罚款金额92.88万元。

(李伟伟)

应急救援

【概况】 2023年,区应急局探索建立应急值守工作专班,强化日常和重大活动保障力量。推动实现统一集中指挥调度,建立区级京办应急指挥调度群,提升突发事件信息报送时效和应急响应效率,实现统一指挥、快速反应、协同高效处置突发事件。编制完成应急响应规范指导手册,推进应急管理全过程规范化建设,完成重大活动和重点节假日服务保障任务。

(李伟伟)

【森林灭火综合演练】 3月27日,石景山区森防办组织应急、森防、消防、公安、园林、气象、公园、属地街道及相关有林单位在老山城市郊野公园开展森林灭火综合演练。演练累计出动100余人、20余台各类车辆。李先侠、刘锋、王其志、毛轩等出席演练活动。演练模拟实战场景,演练中各级队伍坚持“练协同、增强快速高效应急能力;练配合、增强共同应急处置水平;练技能、增强队伍综合处置能力”,完成各项演习科目任务。9月6日,结合2023年度“野外化、实战化”大练兵行动,石景山区森林消防综合应急救援队在中国消防学院西峰山训练基地参加“野外化、实战化”大练兵实火训练。实火训练共包括研判火情想定作业、火场心理行为训练、班组灭火战术、水常结合灭火4个科目。训练现场利用草帘构建真火、真烟、真环境,组织专业森林消防综合应急救援队伍同步开展灭火战斗实火演练,每支队伍完成约150米火线扑打任务,增强队伍真实火场感知力,锻炼指战员火场心理素质,熟悉灭火战斗组织指挥流程和方法,提升灭火能力。

(李伟伟)

【应对极端强降雨】 7月29日至8月1日,石景山区遭遇极端强降雨天气过程,全区启动防汛红色(一级)预警响应,区委区政府主要领导在区防汛指挥部坐镇指挥,全区各防汛部门协同配

3月27日,区森防办组织相关单位在老山城市郊野公园开展森林灭火综合演练

(《石景山报》供图)

合,落实防汛工作措施。市防汛第七检查组、市防汛办先后调研、检查辖区防汛准备工作。区防汛办组织召开20余次防汛气象会商和降雨调度会,协调督导各单位抓好降雨应对。区领导先后10余次检查金安桥、水泥厂社区等重点防汛部位。区防汛指挥部及各主要防汛单位召开防汛工作动员部署会,明确任务、落实责任、制定措施。区防汛指挥部根据暴雨预警启动四级防汛应急响应5次,三级防汛应急响应3次,二级防汛应急响应1次,一级防汛应急响应1次。区委区政府主要领导先后50余次深入一线检查防汛和指挥调度工作,确保有效应对处置每次降雨。汛期累计发布微信、短信提示信息66万条,组织预警传播、抢险救援、居民自救互救、群众避险转移等演练30余场次,汛期全区准备防汛抢险队伍总人数3047人,各类物资17365万件。

(李伟伟)

【组织应急志愿服务活动】 9月3日,市应急局和区应急局联合指导,市应急志愿服务总队、京西大悦城、石景山区应急志愿服务支队和社会应急志愿者队伍联合组织开展应急志愿服务系列活动。活动现场由展览展示区、应急科普体验区、宣传品发放区三大区域组成。在应急科普体验区,应急志愿者带领商圈职工及参与者们体验各项应急科普宣教场景式教学内容,体验模拟灭火、模拟酒驾危害等应急趣味活动,学习气道异物梗阻应急处理、心肺复苏、消防结绳、止血包扎等安全应急知识和技能。

(李伟伟)

【应急志愿者能力提升培训】 9月7日、8日,区应急局联合市应急局宣传动员处、市应急志愿服务总队和市应急管理青年人才促进会共同开展应急志愿者能力提升专题培训,来自全区各街道应急志愿服务大队的骨干应急志愿者45人参加培训。来自市应急局、红十字会和市应急志愿服务总队的各位专家老师围绕应急志愿服务相关政策解读、“志愿北京”平台使用、医疗急救知识讲解、基层应急志愿服务项目分享与开发、常见意外伤害处置以及地震灾害现场处置和避险逃生等专题进行授课,并设置心肺复苏模拟教学等实操环节。

(李伟伟)

【应急响应拉练取得预期效果】 9月20日,区应急办按照市应急办工作部署要求,组织开展“现场应急响应无脚本实战化拉动演练活动”。拉练以高层建筑起火楼内有人员被困为背景,从接收指令、先期处置,到搭建区级现场指挥部,整个应急响应机制健全,“六必到”部门职责明确、处置有序,达到预期效果。

(李伟伟)

9月20日,区应急局联合市应急局宣传动员处在万达广场组织开展应急安全科普宣教实践服务活动 (区应急局供图)

【应急安全科普宣教活动】 9月20日,区应急局联合市应急局宣传动员处在万达广场组织开展应急安全科普宣教实践服务活动。活动以视听流动展示的方式开展,打造“视听科技+安全应急体验”的新形式,扩展宣传覆盖面,提高全民安全意识。活动中,参与体验的居民坐进VR太空舱,戴上虚拟现实VR头盔,感受包括地震、火灾等灾害的真实场景,让居民在多维度的环境中感受灾害危险的同时,学习如何采取正确的应对措施。

(李伟伟)

【基层安全员骨干轮训年活动】 年内,区应急局组织开展“基层安全员骨干轮训年”活动,通过4期共12个月的轮训,安全员骨干的业务能力得到提升。轮训课程注重实用性和操作性,涵盖思想政治理论、职业道德、廉政警示教育以及安全生产业务实务等方面内容。实践锻炼环节还包括安全生产执法程序、执法案卷制作、体能与队列训练等,提高街道安全员的实际工作水平,形成以点带面、以面带全的局面。

(李伟伟)

【突发事件应对】 年内,区应急指挥中心共接报突出情况451起,共亡47人,报市应急办48起。451起突出情况中,社会安全类167起(聚集讨薪等群体性事件106起、猝死13起、自杀9起、刑事案件3起、其他36起);自然灾害类26起(气象灾害26起);事故灾难类237起(道路突发情况108起、火灾事故53起、道路交通事故30起、地下管线突发事件10起、电力突发事件7起、供水突发事件5起、燃气事故2起、建设工程施工突发事件2起、通信网络突发事件1起、供热事故1起、铁路道路事故1起、其他17起);公共卫生类23起(群体性不明原因疾病7起、传染病疫情7起、食品安全事件2起、其他5起)。

(李伟伟)

防灾减灾救灾

【概况】 2023年,区应急局推进韧性

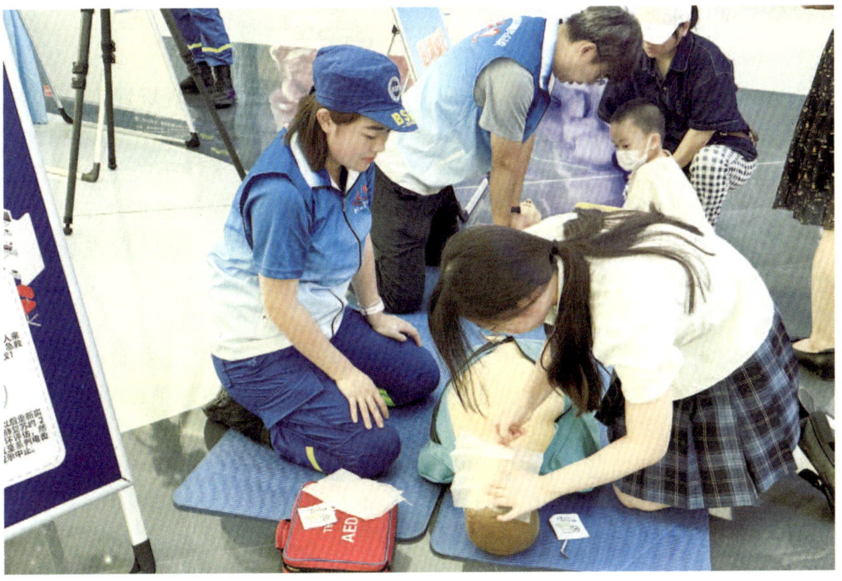

9月3日，应急志愿服务走进石景山区京西大悦城　　（区应急局供图）

城市建设，织密防灾减灾救灾“保障网”，完成年内防汛工作。开展防灾减灾宣传活动。落实森林防灭火工作职责，实现连续21个防火期未发生重特大森林火灾的成绩。

（李伟伟）

【森林防灭火工作检查】 1月19日，市森防办联合检查组对石景山区春节期间森林防灭火工作进行检查，联合检查组先后对区森林消防支队、八大处公园的森林防灭火工作措施落实情况进行检查，实地查看护林员上岗履职、林下可燃物清理以及重点林区防火管控等情况，并对石景山区在春节期间森林防灭火准备工作、责任制落实、宣传教育、火源管控措施落实、应急机制建设和物资储备等方面进行检查。3月20日，市应急局“四不两直”检查石景山区森林防灭火工作。检查组先后对区森防办、森林消防支队、八大处公园、西山林场福寿岭管理站进行督导检查，检查应急预案、巡查巡护、值班值守、防火物资准备等情况。同月26日，国家森林防灭火联合检查组在市应急局相关领导的陪同下，到石景山区开展森林防灭火检查工作。检查组一行先后前往老山城市郊野公园、西山林场黑石头分厂、八大处公园、五里坨街道集中安葬点开展检查工作，并现场听取各单位森林防灭火工作落实情况的汇报。同月29日，市应急局防火处、督查室到石景山区开展“四不两直”检查。针对石景山区森林防灭火工作，先后到区园林绿化局森林防火指挥中心、七三一二工厂林区开展检查工作。4月5日，李先俠带队深入老山公园督导检查清明节期间森林防火工作。同月7日，市森防办检查组“四不两直”到石景山区开展森林防灭火检查工作，检查组先后对永定河森林公园、首钢园区石经山、黑石头金石腾飞公司所属林地及慈善寺的森林防火工作各项措施落实情况进行检查，实地查看护林员上岗、林下可燃物清理以及重点林区防火管控等情况。同月27日，市森防办检查组到石景山开展“五一”节日前森林防灭火工作督导检查，检查组先后到老山郊野公园、八大处公园进行森林防灭火工作督导检查。5月15日，王其志带队到石景山区隆恩寺地区实地检查调研森林防灭火工作。

（李伟伟）

【防汛应急综合演练】 4月8日，石景山区组织开展2023年防汛应急综合演练，李新、市应急局领导和各街道党政主要领导观摩防汛演练。演练以发布暴雨黄色预警，全区启动三级防汛预警响应，辖区内发生多起防汛突发事件为背景，组织防汛应急预案演练桌面推演，演练内容设置预防行动、预警响应启动与结束、突发事件指挥处置与情况汇报等环节。各参演单位快速反应、各司其职，完成桌面推演流程。

（李伟伟）

【5·12防灾减灾日宣传活动】 5月12日为第15个全国防灾减灾日，区应急局围绕“防范灾害风险，护航高质量发展”主题，联合区城市管理委、区文旅局、区气象局、八大处公园、区森林消防救援支队等单位在八大处公园南门广场组织开展防灾减灾宣传活动。通

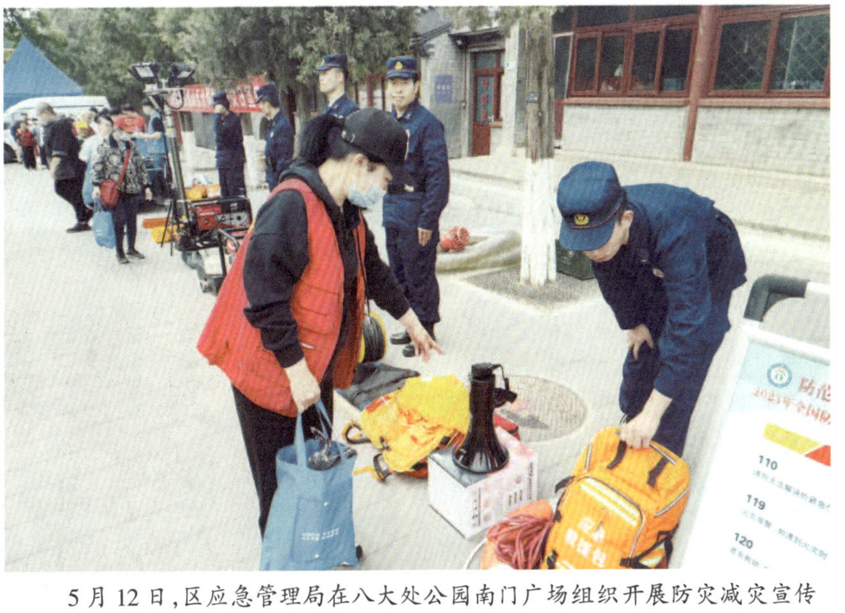

5月12日，区应急管理局在八大处公园南门广场组织开展防灾减灾宣传活动　　（区应急局供图）

过悬挂条幅、展板宣传、装备展示、宣传讲解、发放宣传材料等方式,向市民和游客普及防灾减灾知识,发放防灾减灾宣传折扇、急救包、宣传布袋、宣传折页、一封信等宣传材料12000余(件)份。

(李伟伟)

【迎接市级防汛准备工作检查】 5月25日,市防汛指挥部第七检查组组长、市城市管理委副主任闫剑峰带队到石景山区检查防汛准备工作。市检查组一行先后到水泥厂社区、古城液化气站、金安桥、双泉寺村口地灾隐患点和南马场水库等点位检查全区防汛工作落实情况,现场听取全区2023年汛前准备工作的汇报,随后检查组针对防汛责任制落实、防汛应急预案应用、重点防汛隐患台账建立、抢险队伍及物资准备、值班值守制度执行等内容查阅相关资料。市检查组领导对石景山区的防汛准备工作给予肯定,并就做好2023年防汛工作提出具体要求。

(李伟伟)

【防汛设备维护及使用培训】 5月29日、30日,石景山区防汛办委托技术单位在区永定河管理所院内对全区各防汛单位储备的燃油泵、发电机等设备进行全面检修保养,同时对各单位防汛抢险人员使用水泵、发电机进行现场培训。累计维修保养防汛设备器材43台,培训防汛抢险人员110余人。通过对防汛设备的维修保养,保障抢险设备器材处于良好使用状态,做到一旦有险情随时抢险。

(李伟伟)

【防汛动员部署会召开】 5月31日,石景山区召开2023年防汛动员部署会。会议总结2022年汛期降雨应对经验,分析梳理防汛薄弱环节,增强全区做好年内汛期防汛工作的责任感使命感。会上观看2022年防汛工作总结纪实片,区气象局介绍年内汛期期间天气预测情况,区应急局对全区2023年防汛工作进行安排部署。李新对做好年内防汛工作提出工作要求。

(李伟伟)

【区防汛工作检查与部署】 6月6日,李新实地查看金安桥雨水泵站建设、运行情况和雨水泵站二期建设情况,并实地检查梁公庵村防汛工作准备情况,重点检查防汛抢险设备使用、汛期应急抢险措施、抢险物资储备和人员避险转移等防汛准备工作。7月6日,石景山区召开防汛救灾工作部署会,贯彻落实全国及北京市防汛救灾工作电视电话会议精神。李新主持会议并讲话。同月17日上午,北京市防汛抗旱指挥部召开2023年主汛期防汛动员部署会。会后,区防汛办召开全区主汛期防汛动员部署会,对主汛期防汛重点工作进行再动员、再部署。同月20日,李新带队检查金安桥地铁站和金安桥雨水泵站降雨防范应对工作,王其志陪同检查。同月21日,李新深入古城街道滨和园小区雨水截流工程现场等防汛工作一线,检查指导雨后辖区防汛部分点位工作落实情况。同月28日,李新带队前往玉泉路11号院、人民渠等2处防汛风险点位检查防汛工作情况,王其志陪同检查。同月29日,石景山区召开应对7月29日至8月1日特大暴雨动员部署会,会议贯彻落实市领导在全市应对“杜苏芮”台风调度会议精神。同月31日,在全市强降雨应对调度会后,石景山区召开全区强降雨应对调度会,常卫、李新对全区强降雨应对工作进行再调度、再部署。9月8日,全市防汛工作调度会后,李新主持召开全区防汛工作调度会,部署8日至9日降雨应对工作。

(李伟伟)

【综合减灾示范社区现场评审】 7月14日,北京市综合减灾示范社区评审专家组到石景山区苹果园街道西山枫林第一社区和古城街道北辛安第一社区、北辛安天和街社区开展现场评审工作。专家组听取3个社区关于综合减灾示范社区创建工作的情况汇报,现场查阅相关工作台账,实地检查社区内应急物资储备场所、避难场所标识、防灾减灾宣传标语等点位情况。专家组对石景山区关于综合减灾示范社区创建工作给予肯定,同时对创建工作提出有关建议。

(李伟伟)

【森林火灾防治】 年内,区森防办组织区森防指成员单位、区有林单位召开森林防灭火工作调度会议21次,各指挥机构保持24小时全员到岗在位,坚持部署靠前驻防力量。全年开展野外火源管控专项宣传活动113次;各街道设置宣传点80余个,设置检查哨卡26个;各重点日有林单位派出护林员337人累计3万余次、巡护历程9000余公里;有林单位对辖区内散坟数量统计共2万余座,区森防办发挥指挥机构作用,建立森林防灭火联防联动机制,形成“1+5+16”森林防灭火指挥体系。推进森林防火网格化管理,按照“分级负责、属地管理”职责,全区划分“16+2”个网格管理责任区,细化

年内,区森防办加强森林防灭火安全巡护 (区应急局供图)

"92+20"个分网格管护员;打造防火网格责任"一张图",标注点位、边界、路线、责任单位和护林员,做到"区域定格、网格定人、人员定责、上图定位"。强化森林防火宣传,在进山入林关键卡口设置固定宣传点26个,开展流动宣传517次,提高宣传覆盖率。防火期内,全区共组成巡管队伍62支,巡管人员400余人,开展巡护1万余次,区森林消防综合救援队伍全年累计出动消防员1.1万余人次、出动各类消防车辆3000余台次、携行装备1.1万余套次。林区覆盖率95%的热成像视频监控系统24小时全方位、无死角巡检,确保火情火警快速有效监测。

(李伟伟)

【发布气象灾害预警】 年内,区气象灾害预警中心发布发布预警信号191期,其中发布气象灾害预警信号171期:大风60期(黄色6期,蓝色54期)、大雾5期(黄色)、沙尘(暴)13期(黄色2期,蓝色11期)、道路结冰11期(橙色2期,黄色9期)、寒潮5期(蓝色)、持续低温2期(黄色1期,蓝色1期)、高温23期(红色2期,橙色9期,黄色10期,蓝色2期)、雷电31期(黄色20期,蓝色11期)、冰雹5期(黄色)、暴雨14期(红色1期,橙色1期,黄色4期,蓝色8期)、暴雪2期(橙色1期,黄色1期);发布森林火险预警信号9期(橙色8期,黄色1期);发布地质灾害气象风险预警11期(红色2期、橙色1期、黄色3期、蓝色5期)。全年累计向区政府及公众发送预警短信220余万条。

(霍东晴)

安全监管

【概况】 2023年,区应急局推进安全生产和火灾隐患大排查大整治专项行动,部署开展安全生产专项整治深化年行动。制定印发《石景山区安全生产专项整治深化年行动工作方案》,确定2个专题、8个专项,38个方面83项重点整治任务。全年,系统挂账隐患数量511项、销账473项、整改率92.56%,其中一般隐患数量504项、整改数量466项、整改率92.46%;重大隐患数量7项、整改数量7项、整改率100%。

(李伟伟)

【加强矿山安全监管】 4月11日,市应急局局长张树森率领机关工作人员在李先侠陪同下,专程赴河北省迁安市对首钢集团矿业公司露天矿山、地采矿山、尾矿库及排土场等进行实地调研检查。李先侠表示,坚决落实属地监管责任,全面开展隐患排查治理,认真做好防范化解矿山安全风险防控工作。5月22日,李新组织召开专题会议,研究首钢矿山安全生产监管工作。会上,首钢集团矿业公司汇报矿山的基本情况,区应急局汇报矿山安全生产监管工作情况。会议要求,要提高政治站位,高度重视矿山安全生产工作,全面推进安全生产风险专项整治。5月30日,李先侠带队赴首钢矿业公司督导检查非煤矿山安全生产隐患排查整治和汛期安全工作落实情况。7月10日至11日,常卫带队赴首钢矿山迁安矿区检查调研安全生产和民生保障工作开展情况,刘海涛参加活动。在首钢矿业公司迁安矿区,常卫先后检查杏山铁矿、大石河铁矿孟家冲尾矿库,实地察看铲运机地表远程操控室主控室,自动化、智能化建设情况和生产流程,观看矿业公司宣传片,随后组织召开座谈会并提出工作要求。10月19日,市政府副秘书长、市应急局党委书记、局长李志杰带队赴河北省迁安市对首钢集团矿业公司露天矿山、地采矿山、尾矿库及排土场等重点部位安全生产工作进行现场调研检查,李新陪同调研检查。调研检查组一行实地调研检查水厂铁矿露天采矿场、西排排土场、新水村尾矿库安全管理情况,参观听取杏山铁矿智能化矿山建设情况,并召开矿山安全生产工作座谈会。

(李伟伟)

【医疗机构安全检查】 4月23日,刘海涛带队到五里坨医院进行安全检查。区领导葛强陪同检查。刘海涛强调医疗机构要贯彻落实市委市政府部署要求,汲取"4·18"火灾事故教训,提高认识,压实责任,坚持最高标准最严要求,抓好安全生产专项整治,抓实安全生产各项工作。

(李伟伟)

【开展安全生产月宣教活动】 6月1日,石景山区2023年"安全生产月"活动动员部署会召开,黄莺主持会议并讲话。会议围绕"人人讲安全、个个会应急"的主题,结合全市安全生产和火灾隐患大排查大整治工作,对"安全生产月"系列活动进行重点部署。同月8日,2023年石景山区建筑工地"安全生产月"启动仪式在石景山区从业人员体验式教育培训中心举行。李先侠出席并提出工作要求。同月16日,石景山区以"人人讲安全 个个会应急"为主

7月3日开始,区应急局组织人员赴首钢矿业公司持续开展汛期防汛安全生产检查 (区应急局供图)

6月16日,石景山区以"人人讲安全 个个会应急"为主题,在首钢三高炉南广场开展全国第22个安全生产月宣传咨询日活动 (区应急局供图)

题,在首钢三高炉南广场开展全国第22个安全生产月宣传咨询日活动。市应急局二级巡视员谢清顺,区委常委、常务副区长李先侠,副区长王其志出席活动并致辞。

(李伟伟)

【行政执法专业培训】 10月9日至10日,石景山区应急管理综合执法大队开展"树综合执法机构新风貌,展综合执法工作新作为,创标准化管理先进单位"活动,组织全体执法人员和安全员开展行政执法专业培训和军事训练,打造"作风硬、业务精、执法严"的新时代首都应急管理综合执法铁军。

(李伟伟)

【处级干部专题培训班】 11月8日至10日,区委组织部、区应急局、区委党校联合组织开展2023年度安全生产和应急管理处级干部专题培训班,区安委会相关成员单位分管安全生产和应急管理的处级领导干部近50人参加培训。通过专题培训,提高石景山区领导干部安全生产、应急管理和防灾减灾救灾领域的政策理解力,提升领导干部的应急处突能力,筑牢安全防线。

(李伟伟)

【重点领域专项整治】 年内,区应急局结合安全生产和火灾隐患大排查大整治,推动燃气安全、特种作业、动火作业、限额以下施工和电动自行车消防安全等专项整治行动,消除燃气占压隐患4项,查处特种作业无证假证6件,违规动火作业25件,行政处罚32起,行政拘留8人。

(李伟伟)

【重大活动安全保障】 年内,区应急局以全国"两会"、服贸会、科幻大会、高峰论坛等为重点,做好各项重大活动、重要会议保障工作。落实安全生产责任制,对全国"两会"驻地周边200米范围内的生产经营单位开展拉网式全覆盖安全检查;做好科幻大会临建设施搭建、运行、拆除阶段的安全监管;对首钢园区服贸会会场周边200米内生产经营单位进行摸底调查、建立台账,并进行全覆盖检查,出动执法人员102人次,检查生产经营单位86家次,整改并消除安全隐患45处。聚焦第三届"一带一路"国际合作高峰论坛活动,分析研判辖区安全生产风险和特点趋势,在全区范围内划片、分组、分时段开展重点单位全覆盖安全生产执法检查,消除安全生产隐患,预防安全生产事故。

(李伟伟)

【高效办理行政许可】 年内,区应急局整理权责清单和公共服务事项清单事项,将所有行政许可和其他许可事项办理时限压缩50%。完成3家危险化学品经营企业注销工作、6家危险化学品经营企业变更工作、5家延期工作,完成10家危化企业的应急预案备案工作,并按时限完成相应的材料审核、网上审查和现场勘验、制证发证等工作。按照区政务服务局要求,完成电子印章等政务服务工作14项。

(李伟伟)

消防救援

【概况】 石景山区消防救援支队(简称区消防救援支队)负责辖区防、灭火和综合救援。下设6个消防救援站、11个小型站,分别为古城、八大处、银河、高能所、石电、五里坨消防救援站,首钢冬奥、苹果园、广宁、水屯、北辛安、五芳园、陈家沟、老山、模式口、八角、玉泉园小型消防站。年内,区消防救援支队以重大安保任务为牵引,围绕全年工作目标任务,推动消防安全责任落实,筑牢火灾防控防线,提升应急状态,强化保障支撑,落实各项措施,完成全年重点任务。区消防救援支队共接报警情1354起、下降23.46%,其中火警490起、下降13.73%;抢险救援356起、下降13.38%;社会救助508起、下降38.04%;累计抢救和疏散群众242人。全区共发生火灾125起,同比增加1起,较年度火灾控制目标数下降26%,降幅程度排在全市16区首位。未发生较大及有影响火灾事故,累计抢救和疏散群众121人,抢救财产损失29.47万元,保护财产155.23万元。全年,共检查单位8308家,发现整改隐患24778处,下发责令改正通知书6595份,临时查封387处,三停244家,罚款475万元,行政拘留22人。全区消防安全形势持续保持稳定。支队两名指战员代表当选石景山区青联委员。

(尹成云)

【校园消防安全宣传活动】 2月13日,区消防救援支队联同区教委在北京九中开展"消防安全开学第一课,护航校园开学季"活动,并邀请媒体记者一同参与。消防安全第一课采取线上"云课堂"和线下"辅导班"形式进行。校内各单位消防安全员、义务消防员、食堂负责人及各年级学生干部等450余人参加活动。支队监督员结合实际案例，围绕如何预防火灾发生，扑救初期火灾，如何报火警和逃生自救等知识进行讲解，提升教职工消防安全意识，增强学生对初起火灾的认知与实践，提升校园消防安全工作的应急处置能力，为建设平安、和谐校园提供保障。直播线上观看人数累计超过129万人次。

（雷新胜）

【水域救援专业队伍拉动检查】 7月11日，区消防救援支队以“实兵、实装”的方式开展地震救援拉动。检查防汛器材装备配备、个人防护装备穿戴、防汛台账资料。随后，就近选取首钢群明湖水域开展实战救援拉动。针对抛绳救援、活饵救援、舟艇驾驶离岸靠岸、舟艇驾驶救援等实战技能科目进行拉动考核。支队完成各项考核科目，为随时应对防汛抢险及水域救援和应急响应工作做好准备。

（郑志伟）

【消防安全主体责任规定培训】 8月22日，区消防救援支队组织开展《北京市单位消防安全主体责任规定》宣贯培训会，区防火委成员单位主管领导，有关社区、消防安全重点单位及施工现场负责人共300余人参加培训。会上，普法宣讲团成员高级工程师余军保结合《北京市单位消防安全主体责任规定》，介绍立法背景、立法思路，对《规定》内容进行解读。结合《规定》内容，解读如何构建全员责任体系、落实日常管理、开展宣传教育和培训、加强应急处置等通用职责要求，以及住宅区消防安全管理、“高地大化”技术处置队建设、改造施工消防安全管理、多产权消防安全职责等特殊职责要求；针对电动自行车安全管理、住宅小区火灾防范、改造施工消防安全要求等消防安全管理热点问题，结合火灾案例和执法实践，从《规定》职责要求进行重点讲解；并就政府部门监管职责、监管形式等内容进行交流。

（余军保）

【“119”消防宣传月活动】 11月16日，区消防救援支队深入医院、养老院、校园开展“119”消防宣传月活动。其间，消防宣传员组织师生、医护人员及养老院的老人和工作人员进行授课，讲解消防安全相关理论知识与消防安全在日常生活中的重要性，提升全民消防安全意识和自防自救能力，营造人人了解消防、关注消防、参与消防的氛围。

（雷新胜）

【一体防控完成重大安保任务】 年内，区消防救援支队完成全国“两会”、服贸会、大跳台世界杯、“11·2”、“12·5”专项工作等活动及春节、清明、中秋等节日消防安保300余场次，累计部署消防执勤车辆1000余车次、指战员5400余人次。在重大安保期间，支队全员停休，启动“一办五组”“一总四分”指挥机制，班子成员分兵把口、一线指挥，设置18个车组前置备勤，发动2万余名网格力量群防群治，联动487个微型消防站、70辆洒水车等社会应急力量快速响应，推进“点、线、面”一体防控。

（赵静宇）

【服贸会消防安保任务】 年内，区消防救援支队完成服贸会消防安保工作。支队消防安保团队提前进驻现场值守。安保工作启动后先后召开党委会、办公会、专题调度会5次，班子成员带队深入一线实地检查指导20余次。前沿指挥部启动每日“早会商，午对接，晚复盘”工作机制，对场馆重点部位、消防设施、道路水源开展调研41次，修改完善方案预案10余次。采取“消防训骨干、骨干训全员”的方式，培训服贸会施工现场工作人员、一线工人、服务人员6500余人。对服贸会会场，共检查展位800余家次，发现整改隐患1700余处，约谈展台搭建商23家，罚款4.5万元。针对社会面，开展“三个波次”“大兵团”消防隐患清查攻坚行动，共检查单位285家，发现整改隐患553处，“三停”15家，查封8处，罚款18万元。同时支队机关人员最大化下沉街道，深入社区，与辖区群防群治力量做好巡查巡控工作，共劝导挪移占用消防车通道车辆120余辆，清理楼道堆物堆料60余吨，阻止飞线充电等行为40余处。

（赵静宇）

【提升群众消防安全意识】 年内，区消防救援支队建立健全消防宣传教育常态化工作机制，强化消防科普、警示教育和提示宣传，累计开展培训演练、志愿者活动500余场次，联合各大主流媒体宣传火灾隐患大排查大整治专项行动，向社会公布工作进展成效内容20余条，曝光火灾隐患和消防安全违法行为30余起；制作印发各类宣传海报5万张，发放宣传材料10万余份。加强与中央、市、区媒体的互动频率和合作力度，在央级媒体上稿26篇，在市级媒体发布信息373篇；在区融媒体中心开设固定消防宣传专栏，刊播消防公益宣传片5000余次、消防安全提示字幕10000余条次。完善官方微信、微博、抖音、快手等新媒体平台建设，打造石景山消防宣传品牌。依托全民消防安全学习云平台，强化“一警六员”培训，共考核18898人，超额完成年度任务目标。对全区弱势群体进行点对点入户宣传提示，深入居民家庭开展“敲门行动”，优化消防宣传效果。

（雷新胜）

【消防安全弱势群体送温暖活动】 年内，区消防救援支队联合各街道开展消防安全弱势群体送“温暖”活动，发动消防志愿者、网格员、“老街坊防消队”等群防群治力量共同参与消防宣传，突出“小火亡人”预防宣传，上门入户帮扶弱势群体，帮助老人排查家庭火灾隐患，结合发放的入户宣传登记表，手把手教授老人查找家庭火灾隐患，查看逃生面罩、感烟探测器等“七个一”措施落实情况，提示老人注意及时清理阳台堆放的可燃物，切勿在楼梯间、疏散通道堆放杂物影响应急逃生，留意家中电器设备、燃气用具，做好安全防火措施。同步开展可燃物清理、消防隐患排查等消防宣传活动，提升居民消防安全意识。

（雷新胜）

【加强社会群防群治能力】 年内，为加强石景山区社会群防群治能力建设，整合区域内消防力量，石景山区

492个社区、单位的义务消防队配发公网集群电台,并纳入消防调度指挥体系,发挥多种形式消防队伍区域位置优势和初战控火作用,社会单位抗御火灾和应急救援能力得到提升。

(李 君)

【提升实战化救援能力】 年内,区消防救援支队围绕地震、高空山岳、水域、有限空间四支专业救援队建设,制定印发《石景山支队防汛工作方案》。成立以双主官为组长的三级出动力量,组织水域救援业务理论授课3次、游泳培训6期、区防汛救援联勤联动会商会1次、对3个站水域专业队进行随机拉动考核6次,开展支队级防汛实战演练1次、队站级演练30次。邀请绿舟救援队开展水域技能专项培训,提升水域救援技能。支队10名指战员取得舟艇驾驶证,12人学会200米自由泳并达标。修订地震救援处置预案,完善人员作战编程。4月至7月先后参加总队地震视频拉动2次。累计开展支队级拉动3次,器材装备培训11次。依托古城、五里坨消防站组建高空山岳救援分队。联合"蓝天救援队"谋划高空山岳救援专业队发展,开展6期绳索救援培训,累计培训60余人。聘请专业机构开展绳索取证培训,共9人取得绳索一级证书。

(郑志伟)

【提升灭火救援实战能力】 全年,区消防救援支队共开展调研演练280次,修订完善方案预案378份。开展防汛演练4次,地震救援演练5次,无预案式反恐拉动演练36次,针对微型消防站开展拉动演练286家次。召开党委议战议训专题12次,开展支队级战评12次,撰写复盘报告6篇,业务理论系列授课18次,理论考试12次。开展全员普训、分岗专训、轮岗驻训、以赛促训、实战检训等"五训"工作。加强基层队站的训练指导、督查检查及比武考核频次,全年共开展比武考核2000余人次,支队级比武5次。利用各层级轮岗驻训契机,学习先进组训方法,汲取经验技巧,培养积极心态,树立鲜明导向,营造良好练兵氛围。

(郑志伟)

【加强装备配备和实战应用】 全年,区消防救援支队累计为全勤指挥部、所属各队站配发50类3650件套装备器材,并为新建小型消防站购置31类1071件套装备器材,在京原路三角地一号院处建成"真烟真火"模拟化训练装置,并投入使用。

(郑志伟)

【加强应急救援联勤联动】 年内,为发挥各单位的专业优势,强化全区应急状态建设,区消防救援支队组织召开2023年石景山区应急救援联勤联动工作协调会,14个单位主管领导参加会议。与会领导从信息沟通、资源共享、培训交流、职责分工等联勤联动方面进行交流探讨,并初步达成联勤联动共识,建立燃气、供电、供电、自来水、园林绿化、环卫等联调机制。

(郑志伟)

【夯实基础建设】 年内,区消防救援支队完成八角小型站、模式口小型站和玉泉园小型站3座小型站的建设任务。辖区投入执勤备防消防队站共17个,缩短接警到场平均用时,提升救援效果。推动首钢规划消防站和北辛安南消防站建设,推动北辛安小型站、苹果园小型站调整为规划消防站。

(果红滨)

【强化社会面火灾防控】 年内,区消防救援支队发挥区防火安全委员会议事协调机构作用,聚集老旧小区平房院落、自建出租房、"三合一""多合一"场所、旅游民宿等消防安全薄弱区域,紧盯用火、用电、用油、用气等方面存在的火灾风险隐患,推进各类专项整治工作措施落实,夯实火灾防控基础。截至年底,支队共检查单位10367家,发现隐患29869处,下发责令改正通知书8083份,临时查封451处,三停294家,罚款557.08万元,行政拘留22人。

(董 洋)

【电动自行车治理专项行动】 年内,区消防救援支队深化消防安全三年行动、消防安全大检查等大排查大整治工作专项成果,固化电动自行车全链条整治,推动区城市管理委加快充电设施建设进度,提高覆盖率,全区共新建集中充电接口约8000个。加强充电设施的维护管理,及时清理长期占用的"僵尸车",配齐灭火器材、视频监控等设施,加强日常巡查检查,提升充电桩使用率。加大电动自行车(电池)入户充电的劝阻、执法力度,联合区住建委、区城市管理委检查居民小区387次,处罚单位6家,罚款8万元,处罚个人12人,罚款6000元;推进电动自行车阻止系统的安装,全区共有电梯数3480部,安装阻车器电梯数2872部,覆盖率83%。加大对销售门店的检查力度,打击销售不合格以及经营性拼改装电动自行车违法行为,联合区市场监管局对全区32家销售门店开展3轮隐患摸排,整改隐患42处。

(董 洋)

【消防产品专项监督整治】 年内,区消防救援支队以市、区两级发布的《打击冒牌消防培训与制售假冒伪劣消防产品工作方案》为抓手,对接民政、人社、市场监管等职能部门,开展消防产品专项监督整治。检查组检查使用领域社会单位109家,督促并指导辖区社会单位完成580具灭火器、140具过滤式自救呼吸器和15条灭火毯等三类不合格消防产品的更换工作,同时将涉及不合格产品的生产厂家和经销商依法移交市场监管部门进行查处,消除辖区因产品质量造成的火灾隐患,为火灾隐患大排查大整治期间社会面火灾防控夯实基础。

(张永平)

【文物古建筑消防安全检查】 年内,区消防救援支队联合区文旅局、平安办、住建委、公安派出所等多部门力量开展文物古建筑消防安全专项检查。针对疏散通道、文物古建筑内配电设备、电气线路敷设等方面进行检查。共检查文物古建筑36家,博物馆4家,发现并督促整改火灾隐患69处,消除潜在的消防安全隐患,为辖区消防安全环境奠定基础。

(董 洋)

北京石景山年鉴

BEIJING SHIJINGSHAN NIANJIAN

2024

生态环境

综　　述

石景山区生态环境局(简称区生态环境局),是负责全区生态环境保护工作的区政府工作部门。内设办公室、生态监管科、政策与法规科、大气环境科、水生态环境科、土壤生态环境科。下属生态环境综合执法大队、监测站2个单位,在职员工80人。年内,区生态环境局深入贯彻落实党的二十大精神、习近平生态文明思想和习近平总书记对北京重要讲话精神,扎实开展学习贯彻习近平新时代中国特色社会主义思想主题教育,深入学习全国、全市生态环境保护大会精神,全面落实区委区政府、市生态环境局的各项决策部署,坚决打好污染防治攻坚战,推动生态环境质量持续改善。一是大气环境质量小幅反弹。2023年,$PM_{2.}5$年均浓度为33微克/立方米,同比上升10%,在城六区与丰台区并列排名第二。全年空气质量优良天数扣除沙尘影响后为288天,达标率78.9%,较上年减少6天;重污染以上天数为8天,扣除沙尘影响后为2天,同比减少1天。降尘量为3.7吨/平方公里·月(扣除外来沙尘影响),较2022年上升0.1吨/平方公里·月,在全市排名第十(并列),城六区排名第三。二是水环境质量保持稳定,2023年,国控永定河南大荒桥考核断面平均水质为Ⅲ类;市控新开渠玉泉路断面平均水质为Ⅱ类,市控高井沟麻峪村桥断面平均水质为Ⅲ类,市控永引上段亚疗桥断面平均水质为Ⅱ类;集中式饮用水水源地水质保持稳定达标;地下水水质总体稳定。三是土壤环境状况总体良好,土壤污染风险得到管控,危险废物环境安全得到保障,噪声环境管理水平得到提升,新污染物调查工作有序推进。

(宋晶晶)

环境质量

【概况】 年内,区生态环境局按照《石景山区2023年生态环境监测工作方案》需求,顺利完成水质、大气、噪声及土壤环境等各项监测工作和任务。全年进行地下水及地下饮用水水源地水质监测4次,共计16个点位;地表水水质监测12次,共计50个断面;10个街道跨界断面水质监测11次,共计110个断面;降尘监测12次,共计120个点位;土壤质量监测1次,共计3个点位;噪声环境质量监测1次,共计完成117个区域环境噪声及35条道路交通噪声监测。

(魏　铮)

【空气环境质量】 年内,石景山区空气质量指数类别为优、良的天数为275天,比上年减少19天;空气质量指数类别为重度污染、严重污染的天数为8天,比上年增加4天。石景山区细颗粒物($PM_{2.5}$)年均浓度值为33微克/立方米,达到国家大气环境质量二级标准,比上年上升10.0个百分点;可吸入颗粒物(PM_{10})年均浓度值为65微克/立方米,达到国家大气环境质量二级标准,比上年上升16.1个百分点;二氧化硫(SO_2)年均浓度值为3微克/立方米,达到国家大气环境质量二级标准,与上年持平;二氧化氮(NO_2)年均浓度值为30微克/立方米,达到国家大气环境质量二级标准,比上年上升11.1个百分点;一氧化碳(CO 95PER)日平均浓度值为1.0毫克/立方米,达到国家大气环境质量二级标准,与上年持平;臭氧(O_3－8H 90PER)日最大8小时滑动平均浓度值为174微克/立方米,未达到国家大气环境质量二级标准,比上年上升0.6个百分点。石景山区降尘量年均值为3.7吨/平方公里·月,比上年上升2.8个百分点。

(魏　铮)

【地表水环境质量】 年内,石景山区地表水各个断面水质稳定,无明显变化。其中高井沟麻峪村桥断面水质类别为Ⅲ类、永定河平原段南大荒桥断面水质类别为Ⅲ类、新开渠玉泉路断面水质类别为Ⅱ类、永定河引水渠上段亚疗桥断面水质类别为Ⅱ类、南马场水库水质类别为Ⅳ类、首钢园群明湖水质类别为Ⅳ类、首钢园秀池水质类别为Ⅳ类。

(魏　铮)

【地下水环境质量】 年内,石景山区只有杨庄水厂11号井4月份总硬度含量为534毫克/升,超过Ⅲ类标准,其他水井监测频次及所有监测项目均符合Ⅲ类标准。比上年,石景山区地下水环境质量保持稳定。

(魏　铮)

【声环境质量】 年内,石景山区建城区区域环境噪声昼间的平均值为52.1分贝(A),比上年下降0.2分贝(A),区域环境噪声总体水平二级,评价为较好,主要声源为社会生活噪声。石景山区道路交通噪声(手工监测)昼间平均值为70.5分贝(A),比上年下降0.1分贝(A);平均车流量为1548辆/小时,比上年减少288辆/小时。道路交通噪声总体水平为三级,评价为一般。

(魏　铮)

【生态环境质量】 年内,石景山区生态环境状况指数(EI)为61.4,生态环境状况分级为“良”,即植被覆盖度较高,生物多样性较丰富,适合人类生活。生态环境状况指数(EI)变化值(ΔEI)为0.4,石景山区生态环境质量状况稳定,无明显变化。年内,石景山区集中建设区生态环境状况指数(EI)为66.7,集中建设区生态环境状况良好。

(魏　铮)

【土壤环境质量】 年内,石景山区土壤监测点位永定河管理处(建设用地)、松林公园绿地(建设用地)、黑陈路双泉寺村(农用地)所有监测项目污染物含量均低于污染风险筛选值,对人体健康的风险可以忽略。

(魏　铮)

环境监管

【环境准入】 年内,区生态环境局审批各类建设项目7件,出具街区控规环境影响评价报告初审意见2件,企业自主备案88件。审批时限报告表、报告书分别为14和29个工作日;申请材料分别缩减为4项至5项。

(李君鹏)

【排污许可证核发】 年内,石景山区生态环境局对2023年度执行报告提交情况核查，办理排污许可证核发、变更、延续、注销等手续。全年辖区共有排污许可持证单位75家、登记单位149家。全年排污许可证执行报告应提交76家，提交76家，提交率100%。

（李君鹏）

【危险废物监管】 年内，区生态环境局加强对危险废物产生单位基本信息审核，规范系统填报。对辖区重点产废单位开展政策法规培训，解读《中华人民共和国固体废物污染环境防治法》《北京市危险废物污染环境防治条例》及技术规范，解析危险废物识别标志设置与贮存污染控制要点。顺利通过北京市生态环境局关于危险废物规范化管理督察考核工作。与区卫生和健康委员会不断完善石景山区小微医疗机构医废收运体系，推行“小箱进大箱”模式。有序开展汽修、医疗机构、科研院所、公共交通等行业危险废物专项检查力度。

（彭 萌）

【辐射环境安全监管】 年内，区生态环境局受理行政许可36件，核发许可证32件、放射源备案5件，新增放射工作单位17家。完成辖区17家新发证单位和10家许可证延续和重新申领辐射安全许可证单位“辐射安全规范单位”创建工作。

（李君鹏）

【空气重污染应急】 年内，区生态环境局印发《北京市石景山区空气重污染应急预案(2023年修订)》。按照差异化绩效分级管理思路，编制石景山区空气重污染应急减排清单，将全区39家重点企业、79个施工工地纳入空气重污染应急减排清单分级管理，并上报国家生态环境部和北京市生态环境局，同时指导重点工业企业完善“一厂一策”应急预案。启动空气重污染橙色预警1次、开展污染过程应对内部防控措施5次。全区各单位、各街道按照污染应对措施及应急减排清单，“抓早、抓小、抓细”采取应对措施，强化执法检查，最大程度“削峰降速”，减缓大气污染积累程度。

（张勤勤）

【固定源行政执法】 年内，区生态环境局依结合重点区域、重点行业、重点时期，落实全时执法、双随机和“点穴式”执法工作要求，全面完成年度生态环境保护执法计划。全年以大气为重点，以土壤为突破，组织完成VOCs专项、餐饮专项、汽修专项、扬尘专项、医疗专项、噪声专项、固废专项、验收专项、水和生态专项、锅炉专项、在线监测专项、信息公开专项、“散乱污”动态清零专项等30余个执法活动，通过高频次检查发现违法问题。全年累计出动执法人员10061人次，检查各类固定污染源单位4274家次，立案97起，处罚27起，处罚金额102.1万元，警告17起，不予处罚49起，撤案4起。

（刁 彬）

【移动源行政执法】 年内，区生态环境局共检查重型柴油车24795辆次，完成全年任务的115.32%。采用“公安处罚、环保检测”执法模式，路检、夜查重型柴油车18683辆次，完成全年任务的106.76%，环保检测超标512辆次，交警使用“6063”代码处罚排放超标车450辆次。环保入户检查重型柴油车6112辆次，完成全年任务的139.24%，处罚101辆次。检查非道路移动机械667台次，完成全年任务的102.62%，处罚17台次；发放非道路移动机械登记编码1271台。进行加油站常规监督检查194家次，抽测48家次，厂界浓度监测2家次，完成全年任务的100%。巡查检测场273次，检查车辆5826辆次。

（刁 彬）

【环境信访】 年内，区生态环境局按照“12345”市民服务热线和“12369”环境投诉举报办理工作要求，处理办结环境信访704件，案件办结率100%。其中“12345”市民服务热线685件，“12369”举报系统19件，按照环境类型主要分5类，包括大气环境类242件(其中餐饮油烟类196件)、声环境类404件(其中交通噪声类366件)、水环境类5件、辐射类8件、固体废物1件、其他44件。其中“12345”市民热线占信访件总数的97.3%。

（刁 彬）

节能减排

【污染物减排】 年内，区生态环境局通过推进老旧车淘汰退出、优化车辆结构、居民油烟治理、锅炉深度低氮改造、强化污染源执法等工作，石景山区氮氧化物减排和挥发性有机物减排工作得到扎实推进。

（詹发燕）

【减污降碳】 年内，区生态环境局推进碳排放权交易市场建设，组织大唐高井热电分公司、京西燃气热电有限公司2家发电企业参与国家碳市场交易工作，统筹首钢集团有限公司等22家重点碳排放单位、北京新石田储运有限责任公司等11家一般碳排放单位参与北京市碳市场交易工作；强化低碳试点示范，石景山区首钢园区东南区土地一级开发项目1612－774地块项目2号零碳办公楼主体完工，石景山氢能驱动空气源热泵供热示范项目完工，并间接性投用；加强宣传教育，引导全民参与，将减污降碳相关课程纳入干部培训体系，提升干部推动低碳发展的本领。

（詹发燕）

生态保护

【蓝天保卫战行动】 年内，区政府印发实施《石景山区深入打好污染防治攻坚战2023年行动计划》，调结构、抓治理、精管理，坚持精准治污、科学治污、依法治污，持续深化“一微克”行动，推动空气质量持续改善。开展挥发性有机物专项治理行动，以化工、工业涂装行业、汽修企业为重点，抽检涂料和胶粘剂产品12次，检查加油站194次；发现“自备罐”“流动加油车”等违法犯罪行为问题13件，破获危险作业案2起，收缴柴油800余公升；在老山西里、杨庄小区、古城地铁家园安装油烟净化治理设施74组，通过对油烟统一收集、净化处理，减少居民餐饮油烟排放对空气质量的影响。开展氮氧化物减排专项行动，全年推动机动车“油换电”，更新公务车、园林养护车、环卫作业车41台,更新新能源出租车1412辆,淘汰老旧公交车192辆,投入纯电动车辆231辆;检查重型柴油车24795辆、检查非道路移动机械667台、检测场277场次;完成10蒸吨锅炉低氮改造,建成全国首个氢能驱动空气源热泵供热示范项目。开展扬尘精细化管控工作,降尘量年均值3.7吨/月·平方公里(扣除沙尘影响);开展各类建筑垃圾治理联合执法474次,处罚建筑垃圾、施工现场、渣土运输及泄露遗撒类违法行为406起;开展区级道路积尘负荷走航监测,自测道路积尘负荷值为0.42克/平方米,同比下降2.3%;开展屋顶清扫试点工作,清扫屋顶12万余平方米。发挥大气污染综合管控平台作用,及时分析全区和各街道$PM_{2.5}$、TSP浓度变化,编写《石景山区空气质量周报》《石景山区空气质量月报》《石景山区空气质量年报》,对道路积尘负荷、街道细颗粒物浓度、粗颗粒物浓度进行排名通报。

(常　超)

【水污染防治】 年内,区政府印发《石景山区水污染防治2023行动计划》;组织召开石景山区水污染综合治理工作小组会商会,统筹全区水污染防治工作;按季度开展全区入河排污口水质检测工作,联合区水务局加强河道巡查力度,直排入河污染源动态"清零";组织开展2023年石景山区集中式饮用水水源地环境保护状况评估工作,每季度发布石景山区集中式生活饮用水水质状况,每季度开展地下水水质监测工作。根据《石景山区水环境街道跨界断面考核办法》,开展街道间跨界监测断面水质采样和监测;石景山区尚未出现黑臭水体,全年未发生突发水环境应急事件。年内辖区地下水持续保持稳定。编制《石景山区莲石湖水生态环境状况调查报告》,莲石湖水生态环境质量相对较好。

(田　涛)

【土壤污染防治】 年内,区政府印发《石景山区深入打好污染防治攻坚战2023年行动计划》,重点任务包括土壤污染防治目标、全面加强建设用地风险防控、持续推进农用地安全利用、拓展强化未利用地保护和提升现代化治理能力,五部分11项任务,涉及牵头单位9家,协办单位20家。区生态环境局完成各项重点任务,主要包括:更新土壤污染重点监管单位名录,完成土壤污染隐患排查"回头看";优化建设用地风险防控制度,完成5个建设用地项目土壤污染状况调查的质量监督检查,会同规自分局召开土壤污染状况调查报告专家评审会4次,评审7份土壤污染状况调查报告;公示关于2023年度建设用地土壤污染状况调查报告评审通过率;会同区经信局开展关停企业原址用地筛查,建立关停企业地块台账并与规自分局共享;建立并更新石景山区优先监管地块风险管控情况表,督促责任单位落实管控要求,完成11个地块基础信息、污染管控进展填报;对首钢主厂区、特钢厂区等区域内的污染地块开展专项检查、对后期管理的地块开展定期巡查工作34次。全区建设用地污染地块安全利用率达到考核要求。

(彭　萌)

【区委生态文明委】 年内,石景山区组织召开区委生态文明委2023年全体会议,专项工作小组从7个优化调整至5个。定期调度各专项小组工作进展情况,压紧压实生态环保工作责任。制定并印发《中共北京市石景山区委生态文明建设委员会2023年工作要点》,编制《石景山区关于构建现代环境治理体系2023年任务措施清单》,统筹推进环境治理体系与治理能力现代化。

(韩　坤)

【第二轮中央生态环境保护督察】 年内,区生态环境局持续推进第二轮中央生态环境保护督察任务整改和销号工作,17项任务完成整改,1项任务(矿山治理与修复)序时推进。承办督察期间信访件64件全部办结。全力保障第二轮北京市生态环境保护督察工作,完成8批176项644件调阅资料上报工作;市督察组下发督办件15件,全部办结,交办信访件38件,办结31件,阶段性办结7件,共责令整改177起,立案处罚32起,罚款109.85万元,约谈15人。

(夏显东)

【生态环境保护宣传】 年内,区生态环境局开展国际生物多样性日、世界环境日、全国低碳日主题宣传实践活动9场次,开展首个"生态日"进社区宣传活动。开展环保志愿服务活动12场次、"文明健康 绿色环保"主题进社区宣传活动2场次、环保热点问题政策解读进社区宣传活动4场次。开展"共享·绿色石景山"生态环保主题摄影比赛,联合区教委举办中小学生"我与自然的故事"生态环保主题演讲比赛。全年在北京电视台、北青网等市级以上媒体播发新闻44条;区融媒体"一台一网一报一端"播发新闻108篇;"绿色石景山"微博微信发布推文3000余篇,阅读量267万余次。

(韩　坤)

科　　技

综　述

【概况】 2023年,石景山区辖区内有382家高新企业、181家科技型中小企业、89家驻区央企,石景山区科学技术委员会(简称区科委)分梯度建立企业"培育库",整合辖区资源实施动态管理,加快科技创新主体培育。国家高新技术企业保有量达915家,在全市占比超3%。梳理推荐58家企业纳入北京市"小升规"企业清单,争取市级资金支持1160万元。用好《石景山区推进国际科技创新中心建设加快创新发展支持办法》专项政策,累计拨付专项资金5500万元,资金支持惠及科技企业400余家次。以评审权限下放为契机,建立《高新技术企业认定管理联席会议制度》,运行企业申报预审系统,完善具备区域特色的管理认定制度体系。石景山区通过整合优质资源一对一辅导、建立培育清单、释放政策红利等方式推动科技企业的创新发展,壮大高新技术企业群体规模,辖区国家高新技术企业数量占比全区企业数量2%,对区财政贡献度33%。组建特色科普志愿团队,截至年底,组织科普志愿者1350余人次,志愿服务时长3500小时,志愿培训时间约270小时。推出景智计划,实施全民科学素质行动计划。打造"曜阳美煜石景山志愿服务总站"、成立"景智科普志愿者联合会"、推出"志愿者成长计划"。

(耿　璐)

【推动科普志愿服务发展】 3月12日,石景山区科技馆志愿服务队在"志愿北京"小程序成立。截至年底,共吸纳专家、教师、医生、退休干部等81人,覆盖科普教育(包括数理化等学科)、应急救援、医疗等领域,志愿服务总时长458小时。年内,区科委做好日常志愿服务培训,强化专业知识培训,提升志愿服务队伍整体素质,助推科技馆志愿服务再升级。发挥专家智库资源,与中国科学院、北京交通大学、北方工业大学等科研院所及高校,中国邮政、中国出版集团、中国国家地理杂志等专业科普机构,达成战略合作协议,聘请专家担任科技馆科普专家,加强资源联动。打造新型一体化志愿服务体系。打造"曜阳美煜石景山志愿服务总站"、成立"景智科普志愿者联合会"、推出"志愿者成长计划",吸引全社会科技爱好者加入石景山科技馆志愿服务队伍。

(蔡真婷)

【多措并举促进政策惠企】 3月,为发挥政府支持资金的引领效用和惠企助企作用,帮助企业对政策应知尽知、应享尽享,区科委通过区政府官网、官方微信公众号对政策申报发布通知,通过区科技馆报告厅线下会场培训和腾讯会议线上直播同步开展"石科26条""科幻16条"等政策宣讲及兑现申报。线下50余人及线上科技创新主体人员500余人次参加,包括科技企业、科研机构、高校院所、创业机构等。与区工商联、首建投、科技孵化器、科技服务业产业联盟等相关平台服务机构建立协作关系,通过"幻聚首钢·元启未来"、惠企送温暖等活动,进行面对面政策宣讲,解答企业重点关注的"政策、市场、宣推、人才、场景"等诉求。企业服务群从3个群扩大到7个群,覆盖科技企业3000余人,向企业推送政策、高新认定知识、相关服务事项等内容,实现群内答疑全时响应,对企业各项政策提供讲解对接,畅通互动问答服务渠道。

(崔　欣)

【科普工作联席会议召开】 4月26日,石景山区2023年科普工作联席会议召开,区科委主任、区科协主席、区科普工作联席会议成员、区科素纲要实施办成员、区级科普基地等共60家单位的领导和有关负责同志参会。大会对2022年度科普、科素工作进行总结,部署2023年科普、科素工作要点,传达2023年北京市全民科学素质工作会议精神,为新认定5家石景山区科普基地进行授牌,区科普基地代表进行典型经验发言。

(蔡真婷)

【区科技馆获北京市科普基地称号】 5月,石景山区科学技术馆获由北京市科学技术委员会、中关村科技园区管理委员会、北京市科学技术协会联合授予的"2023年—2025年北京市科普基地"称号。评定经公开征集、形式审查、专家评审、实地踏勘等环节,历时5个月,最终全市18家单位入选。石景山区科技馆面向公众开展科普展览、科普讲座等科普教育活动,是一所以提高公众科学文化素质为目的的综合性公益科普场所。区科技馆作为区域科普主阵地,全年举办科技周、科普日、欢乐科普行系列活动等线上线下科普活动50余场。

(蔡真婷)

【中央文明办到区科技馆调研】 6月5日,中央文明办秘书局局长赵树杰,市委宣传部副部长、首都文明办主任滕盛萍一行到区新时代文明实践基地(科技馆)开展工作调研。常卫陪同。一行先后参观科普展区六角厅、文创厅以及报告厅,了解和体验展厅内容安排、互动展项设置以及4K-VR体验空间。赵树杰指出,石景山区科技馆内容设置丰富,以青少年认知的角度出发,从基础科学到石景山区特色科技,从科学知识到科学成果,感受科技魅力,体验科技创新,彰显石景山区精神文明力量。

(蔡真婷)

【重点企业研发费纳统培训会】 8月3日,区科委联合区统计局、区税务局举办2023年石景山区"大中型重点企业"研发费纳统培训会。培训会通过区科技馆报告厅线下会场培训和线上直播同步进行,线下70余人及线上各类科技创新主体人员337人次参加,包括百余家大中型重点企业和高新技术企业"培育库"企业。会上,区科委对《石景山区推进国际科技创新中心建设加快创新发展支持办法》中对企业新增研发费用奖励政策进行宣讲,区统计局针对2023年规上企业研发定报工作进行讲解,区税务局对企业研发费用加计扣除政策进行解读。参会企业表示培训会能帮助企业学好、悟透、用足政策,带动企业加大科技研发投入。10月31日,区科委联合区统计局组织召开区"大中型重点企业"研发费纳统培训会。培训会主要面向区发展改革委、园区管委会、区金融办、区经信局等部门，针对企业研发及相关统计知识进行讲解，对企业研发定报工作进行解读。

（王鹤乾）

【技术成果对接会举办】 8月4日，由区科委和北京科技成果转化服务中心联合组织的线上技术成果对接会举办。对接会精准对焦企业需求，围绕专业技术难题，为在区企业北京中铁建建筑科技有限公司与北京理工大学搭建技术交流平台。同月17日，线上技术成果转化对接会举办。对接会围绕“移动源污染排放分析与监管”及“集成式组合生物除臭处理”两项需求，为在区企业北京中铁建建筑科技有限公司与北京建筑大学搭建技术交流平台。为推进科技成果转化对接，畅通科技成果供需对接渠道，区科委通过制定对接计划、调研走访企业、挖掘企业需求、对接市级平台、导入优质资源等举措，为在区企业搭建技术成果对接平台，使“科技服务”与“科技需求”形成有效对接。

（胡 妍）

【区政协工作组到科技馆开展调研】 8月24日，区政协民主监督评议工作组一行到区科技馆开展调研，先后到科普展览区、文创厅以及报告厅，了解日常展教活动、志愿团队建设等情况，对科技馆开放运行取得的成效给予肯定。座谈会上，区科技馆馆长介绍科技馆升级改造情况、日常开放情况、科普工作机制以及亮点特色科普活动。区科委副主任总结科技馆如何助力科普事业发展以及促进科普与科幻产业融合发展。评议组表示科技馆硬件设施新、展项互动感强、志愿者服务特点突出，有助于激发培养科学探究的意识和能力。

（蔡真婷）

【修订科技计划项目管理办法】 年内，区科委修订完成《石景山区科技计划项目（课题）管理办法》（修订）。为确保修订内容与科技项目管理相关法规条例保持一致，区科委研究北京市关于科研管理改革的相关文件，明确修订方向与原则。9月，区科委组织召开《石景山区科技计划项目（课题）管理办法》修订专家研讨会，对《办法》修订的背景、目的和主要内容进行说明，并立足石景山区科技创新及产业特点以及工作实践，介绍近年来项目管理过程中出现的问题。参会专家就如何减轻创新主体负担、优化项目流程管理水平、提高项目管理水平、提升项目实施成效进行探讨并提出相关意见建议。经修订的管理办法紧跟科研管理改革精神，厘定项目（课题）相关主体责任职责，强化信用管理与监督；简化项目（课题）管理环节及流程，优化经费预算编制、结余资金管理等内容，为科研工作减负；突出以人为核心，取消项目负责人职称、年龄等限定条件，赋予科研人员更大自主权。区科委对年内立项支持的7个重点项目开展中期检查，实地查看项目的执行进度和经费使用进度，确保科技项目的规范化、程序化、动态化管理。

（胡 妍）

【市区联动促进技术市场发展】 年内，为激发创新主体活力和发展内生动力，区科委联合北京市技术市场办、北京技术市场协会针对重点企业开展落地转化重点技术项目系列联合调研，了解企业落地转化项目实施效果，精准服务科技企业需求。市区联动加强技术市场统计分析，开展石景山区技术市场研究。市技术市场办对辖区技术合同登记、科技成果转化等支持政策给予认可，共同探讨优化技术市场政策和服务，促进科技成果转化。

（赵楚然）

【恢复贝尔机器人编程中心运营】 年内，区科委落实市科委、区政府指示精神，会同相关部门，推进解决贝尔机器人编程中心石景山区公司停止经营服务的相关事宜。区科委向区市场监管局发函，实施限制登记变更和注销措施。对接贝尔公司、意向接盘公司、房东及物业公司，启动约谈工作。掌握校区学生基本情况，剩余课时、上课意向等，为后续恢复经营服务奠定基础。召开面对面推进会，研究制定解决方案。邀请律师介入程序合规，推进开展科技培训机构监管工作。成立委内工作专班，处理群众来访来电投诉近千件。通过群发短信等方式，与家长保持良好沟通。经过近5周时间，远洋校区于6月26号恢复运营服务工作，杨庄校区于7月10日恢复运营服务工作。

（蔡真婷）

【强化科技类校外培训机构管理】 年内，区科委推进科技类校外培训机构台账建设工作。发挥街道、商务楼宇工作站等力量，更新非学科科技类校外培训机构名单，梳理形成11家科技类校外培训机构新一轮台账。设计基本情况调查问卷，及时掌握每家机构情况，强化动态管理。开展暑期科技类校外培训机构专项检查。8月9日，区科委联合区市场监管局、区应急局、消防支队、属地街道等相关部门深入科技类校外培训机构进行实地全覆盖检查，并邀请市科委专家参加，对培训机构监管工作进行现场指导。检查中，对发现的问题和安全隐患，及时通报、逐一登记，对违规行为执法部门开具通知书，责令限期整改。要求各机构守法规范经营的同时，严格落实好资金监管政策，加强预付式消费监管和服务，严防“卷钱跑路”等问题发生。针对暑期专项治理行动，区科委建立“问题台账＋整改台账”闭环式监管模式。

（蔡真婷）

【科技创新资金全部拨付到位】 年内，区科委以科技创新为主导，发挥政策资金引导作用，依据《石景山区推进国际科技创新中心建设加快创新发展支持办法》（简称“石科26条”）开展年度政策兑现工作，2023年度超五千万元科技创新资金全部拨付到位，年度科技创新资金总量首次突破五千万，较上年同比提高48%，撬动社会资金投入超3500万元。聚焦科技创新主力军，高新技术企业总体支持数量占比超八成，带动全区高新技术企业数量首次突破880家，每万家企业高新占比全市排名第三，增速为历年之最。聚焦培育发展新动能，支持电科云、国家工信安全中心、当红齐天在人工智能平台、大数据风险安全、5G XR技术等前沿技术领域研发项目,助推政策资金在科技创新工作中聚力增效。助力营商环境优化,首次推行"免申即享"政策服务,针对高新技术企业奖励"小升规"条款,通过数据共享、大数据分析等手段对企业信息和政策要素进行快速精准匹配,符合条件的企业主体无需主动提出申请、无需提供佐证材料即可自动享受政策奖励,实现"政策找企、免申即享"。全程监管严把审核关,评审专家全部从市科委专家库中抽取,邀请纪检监察组、区财政局全程监督评审环节,确保标准统一、评审公正;多部门协同严把拨款关,联合财政、税务、市场监管局等多部门核查材料真实性和数据准确性,确保资金精准惠企。

(胡 妍)

科技活动

【举办未来科幻产业系列沙龙】 1月10日,2023年首期"未来科幻产业系列沙龙"暨青少年科幻科普产业论坛在区科技馆举办。线下42名和线上2300名高校院所、企事业单位负责人、科幻作家、行业领袖和科幻科普爱好者参与活动。论坛以"囊萤琼宇,智绘科普"为主题,现场嘉宾结合自身从业经验探讨"科幻与宇宙探索""智能社会视野下的想象思维培养""如何在中小学开展科普科幻教育实践""如何有效促进科普科幻教育的发展"等话题,助力科幻产业发展。论坛由区科委主办,区未来科幻产业发展中心承办,中国科学技术出版社有限公司、中国科普作协科幻创作研究基地、北京元宇科幻未来技术研究院联合协办。2月20日,第二期"未来科幻产业系列沙龙"暨科幻影视中的航空航天场景搭建在区科技馆举办。论坛以"科幻影视中的航空航天场景搭建"为主题,现场嘉宾探讨"科幻宇宙下的视觉特效新时代""在科幻电影视觉设计中航天技术知识点的把控""虚拟拍摄技术在影视制作中的应用""科幻电影中的科幻场景呈现"等话题。行业专家就"梦想照进现实——科学与影视的科幻融合互助之路"开展圆桌论坛,分别从政策、创作者、技术支持等方面探讨科技与影视的关系。论坛由区科委主办,区未来科幻产业发展中心承办。

(赵楚然)

【创业沙龙专场活动举办】 2月14日,"启迪之星·集智石景山创业沙龙博后工作站"专场活动由区科委、园区管委会、启迪之星(石景山)团队共同承办,旨在帮助区外创业创新企业了解石景山区营商环境、扶持政策及产业布局。来自清华大学等多家创业团队和科创企业受邀参加活动。区科委、园区管委会围绕"石科26条"等惠企政策进行介绍并答疑,邀请专家就"博士后工作站"申报主题进行分享,参会科创企业介绍发展规划和入区需求。

(王鹤乾)

【元宇宙科技概念展开幕】 2月15日,元宇宙科技概念展在首钢园区开幕。近百名科技工作者、科幻研究者、创作者和科幻产业链科技创新领军企业出席论坛并见证展览开幕。元宇宙科技概念展面向大众开放至3月19日,打造室内外2500平方米畅想体验空间,精选前沿科幻元宇宙技术前沿科技成果40余项,通过科技与艺术结合的方式,将信息传输、智能计算、新型显示、感知交互等领域前沿科技成果具象化,构建涵盖视听通感的元宇图景,使观众感受人类未来生活,获得沉浸式元宇宙漫游体验。同时,全球科幻开发者大会公共服务平台启动,围绕科幻产业生态的发展需求,启动建设10个公共技术服务平台(7个共性技术服务平台、2个影视拍摄服务平台和1个专利服务平台),致力于覆盖科幻制作的全产业链服务。中国科普研究所党委书记、所长、研究员,中国科普作家协会党委书记、常务副理事长,中国科幻研究中心主任王挺;北京市科学技术委员会、中关村管委会二级巡视员王建新;北京市石景山区副区长黄莺参加活动并致辞。

(赵楚然)

【探秘新"石"野研学活动开营】 2月25日,京津冀协同发展·探秘新"石"野研学活动开营,百余名青少年一起体验石景山区科技馆的特色展项,观看科学魔法秀,学习基础科学、宇宙航天、自然环境、人工智能的科学知识,了解中外科幻史的发展历程,亲历3DVR全景的元宇宙直播,感受石景山区特色的科技创新应用展示成果。区科技馆面向青少年推出特色科普系列活动,为小科技爱好者们提供交流和展示平台。活动的开展是石景山区科技馆落实京津冀协同发展,促进区域科普发展的举措。

(蔡真婷)

【特邀讲师走进科技讲堂直播间】 3月1日,2023年石景山区首场"国家高新技术企业培育加速训练营"专场培训会在区科技馆举办。200余家企业500余人参加培训。培训内容聚焦热点关注问题,区科委主任为企业介绍区科技发展情况和"石十条"惠企政策,来自石景山科技服务业产业联盟的3位特邀讲师围绕企业关注的高新申报注意事项、科技型中小企业入库评价、研发费用加计扣除等问题进行讲解,参会企业代表表示收获颇丰。培训会采用"腾讯会议+视频直播"相结合的模式进行,覆盖近千家科技企业,线上参会企业人员超1500人次。区科委链接社会组织、公共服务平台及专业服务机构等社会资源,搭起企业需求与优质服务之间的桥梁,推动专业高质量服务供需方对接。

(高嘉璐)

【曜阳美煜志愿服务总站揭牌】 3月5日,为弘扬和践行雷锋精神,由中国红十字会总会事业发展中心、北京市红十字会和北京市曜阳公益基金会主办的"曜阳美煜石景山志愿服务总站揭牌仪式"在石景山区科技馆举行。总站将以老山街道和八角街道为主要阵地,整合多方资源,重点关爱社区孤寡老人,组织开展义诊、巡诊、法律援助、安宁疗护等志愿服务。仪式上,中国红十字会总会事业发展中心向石景山区捐赠价值约60万元的AED一体机、活性蛋白粉、助浴设备等物资。中国社会主义文艺学会书画专业委员会主席王少跃、副主席宋伯军,著名书法家丁子同、韩国强向曜阳美煜石景山志愿服务总站捐赠4幅书法作品。活动当日，事业发展中心还组织专业志愿者为八角街道的老人及居民们提供脑梗早筛、眼底筛查和口腔检查、肺部健康检查和护理、健康义诊、心理与法律咨询、科学读书会、邮票文化科普等志愿服务活动。

（蔡真婷）

【文化科技融合论坛举办】 4月4日，“科技向美 传奇永存”文化科技融合与数字创意发展论坛在石景山区举办。论坛由区科委指导，中关村科幻产业创新中心、北京首钢建设投资有限公司、中央美术学院城市设计学院主办。论坛通过主题报告、设计分享和圆桌讨论等方式，与会嘉宾分析解读案例，畅想未来融合趋势，共同探讨文化科技融合的各类形式以及文化科技融合和数字创意如何助力城市发展等内容，为文化科技融合如何在城市中扮演角色献计献策。中国网、《中国日报》、北京新闻广播、《北京青年报》、《北京商报》、《北京日报》、《科技日报》、北京电视台等媒体刊发相关报道。

（赵楚然）

【开展科普大课堂活动】 4月10日，区科技馆组织开展主题为“问天讲堂——探索神秘月球”首次社会大课堂活动，石景山区实验小学100余名学生参加。科技馆社会大课堂于2022年正式获批资源单位，依托场馆优势，以趣味科普展览、互助讲解、科普课堂、互动活动等形式，推出面向中小学生特色科普系列活动展示。活动首先在报告厅集体观看科普影片《飞向月球》，影片围绕人类对于月球的探索历程、中国探月工程取得的成就等内容，展现中国航天人的科学家精神；随后由专业老师进行展项讲解，通过对宇宙、时空、环境、生命的探索，在认识万物的科学本质的过程中，培养中小学生们动手能力。

（蔡真婷）

【北京十中走进区科技馆】 4月12日至14日，北京市第十中学到石景山区科技馆开展社会实践活动。在工作人员的带领下，同学们参观展览，体验互动展项，通过科学知识讲解、动手体验等方式，学生们收获科学知识的同时，获得科学思维的启迪。石景山区科技馆邀请热爱科学的学生加入志愿者服务队伍，共同为科普贡献力量。

（蔡真婷）

【景智计划启动仪式举办】 4月22日，石景山区景智计划启动仪式暨景智科普大讲堂首期讲座在石景山区科技馆举办。石景山区有关单位、科普志愿者代表、社会公众、媒体等200余人参与石景山区景智计划启动仪式。仪式上，区科技馆与合作单位共同为“科普传播实践基地”揭牌，8位专家担任科技馆科普专家并为其颁发聘书。国际宇航科学院院士、中国工程院院士、中国载人航天工程空间站系统总设计师、中国空间技术研究院研究员、中共二十大代表杨宏院士应邀成为景智科普大讲堂首期嘉宾，作题为“我们的征途是星辰宇宙”讲座，展示航天人奋勇争先、努力拼搏、为国争光、惠及民生的事迹，辖区千余名师生通过3D全景VR直播参与。景智计划由区科委推出，以“景尚科技，智享未来”为理念，以“寻未来科技之光，造区域创新之才”为目标，以石景山区科技馆为依托，以科普讲座、科普课程、科技研学、科技培训等为内容，提升科普服务质量。

（蔡真婷）

【国家高新技术企业训练营举办】 5月10日，由区科委、区税务局主办，石景山区科技服务业产业联盟承办的2023年石景山区“国家高新技术企业培育加速训练营”第二期专场培训会在首钢园区六工汇举行。以线下培训和“线上直播”同步进行，吸引区内企业近900人参加。区科委联合区税务局围绕高新技术企业“提质增量”目标，讲解高新技术企业认定及区级政策支持、企业研发费用加计扣除、个人所得税汇算清缴等内容，帮助企业找到申报正确路径，学好用足相关政策。国家高新技术企业培育加速训练营以“专”聚企、为企服务，作为区科委主打品牌培训活动，助力科技企业实现高效创新发展。

（高嘉璐）

【科技活动周启动仪式举办】 5月21日，2023年(第29届)石景山区科技活动周在石景山区科学技术馆举办，活动以“热爱科学 崇尚科学”为主题，由区科委主办，区科技馆承办，圣和智诚(北京)实业发展有限公司协办。科技周活动为期11天，设置启动仪式、专家讲座、限时演出、科普文化市集、科学读书会、集卡游园、共绘画卷、3D科学课、科普研学、科技创新临展等十大内容板块，3DVR同步直播。仪式上，区科委联合来自中华志愿者协会、曜阳美煜志愿服务总站、石景山区科普志愿者服务队、中国邮政石景山分公司志愿服务队、北京童悦蔷薇志愿服务队等社会各界志愿服务代表队伍，共同成立“景智科普志愿者联盟”，以区科技馆为主阵地，将景智科普志愿者联盟打造成为志愿者提升科学素质、为志愿团体开展科普服务提供支持，培养青少年责任担当意识的平台。

（蔡真婷）

【举办中国科幻大会期间系列活动】 5月29日至6月4日中国科幻大会期间，石景山区邀请刘慈欣、王晋康等科幻文学、科幻影视和前沿科技等领域专家，策划发布“京西科幻之城”概念片。举办元宇宙产业峰会，发布元宇宙新赛道科技成果，为产业发展、人才引进和项目落地搭建平台。依托北京科幻嘉年华打造“全民级”科技科幻科普互动展，丰富科幻技术、科幻文学、科幻潮玩等方面的大众开放互动体验项目。打造科幻电影首发首映平台，推介即将上映的优秀科幻影片，举办北京科幻电影之夜和VR影片体验。5月30日晚，2023中国科幻大会开幕式在石景山首钢园区举行。中国科协主席万钢宣布大会开幕。开幕式前，与会领导和嘉宾参观科幻产业新技术新产品展。科幻大会围绕“科学梦想、创造未来”为主题，举办专题论坛、科幻展、科幻活动、科幻嘉年华等4个方面总计40余场活动。5月31日晚，2023中国科幻大会·科幻之夜暨科幻星球奖颁奖典礼在首钢园区举办。著名科幻作家、科幻星球奖荣誉主席王晋康进行嘉宾致辞，腾讯公司副总裁刘勇发表主题演讲，科幻星球奖评委会主席团成员梅宏院士作主题发言,中国科学技术协会专职副主席、书记处书记孟庆海,市政府副市长于英杰,梅宏院士分别为获得“科幻创作技术优胜奖、科幻体验技术优胜奖、科幻产品创新优胜奖”的9家企业颁奖。活动还为入围奖企业颁奖,举行2023科幻星球奖启动仪式和战略签约仪式。

(赵楚然　张玉红)

【“星创”前沿大师课举办】 6月21日,“星创”前沿大师课——异构集成和微系统技术自主可控发展趋势讲座在中关村科幻产业创新中心举办。区科委、中国电科智能科技研究院、北京中关村通力科技服务有限公司联合组织“星创”前沿大师课,邀请电子科技大学博士生导师,国务院政府津贴获得者,中国集成电路设计产业十周年“风云人物”李威教授作《异构集成和微系统技术自主可控发展趋势》主旨演讲,围绕异构集成和微系统技术进步路线、关键技术自主研发攻关需求、集成应用示范和产业化等相关内容进行研讨。

(赵楚然)

【中关村火花活动举办】 7月,由区科委协办的中关村火花活动——北京市科学技术研究院专场科技成果推介会在京举办。火花活动集中展示生态环境和新材料领域的优秀项目,科研人员分别从项目基本情况、项目团队、技术优势、成果应用场景、转化方式及需求等方面进行介绍。与会领导、专家学者和产业代表与科研人员就项目竞争优势、转化意愿和下一步拓展方向等问题进行互动交流。活动采用现场活动和线上直播两种方式进行,来自京津冀三地科研机构、金融机构、投资机构和专业服务机构的专家、学者和产业代表到会。

(胡　妍)

【推进科技孵化器高质量发展研讨会】 8月30日,“石景山区推进科技孵化器高质量发展研讨会”在石景山区举办。活动由区科委主办,邀请中关村通力、创业公社、启迪之星、侨创空间、华海基业等10余家区内重点科技孵化机构出席。座谈中,各单位分别就自身发展情况、发展中存在的问题及政策诉求等进行交流,随后就《石景山区科技孵化器高质量发展工作方案》(征求意见稿)开展研讨,并与3位特邀到会的北京市创业导师对政策内容及辖区科技孵化器发展路径交换意见建议。

(胡　妍)

【科普科幻创作培育活动举办】 11月24日,区科委、区科协、区教委共同主办“培育科幻萌芽,创作面向未来”暨2023石景山区科普科幻创作培育活动启动仪式在石景山区科技馆举行。石景山区首次举办面向全国的大、中、小学生开放征集科普科幻画、科普文章、科幻小说(短篇、中长篇)、科学童话等的创作培育活动。活动搭建青少年科幻创作与共享交流平台,用科学创作点燃科学梦想。

(蔡真婷)

科技成果

【银联金卡获优秀科技成果奖】 2月,石景山区高新技术企业北京银联金卡科技有限公司研发项目“隐私计算一体化测评方案与实践”“金融集成电路(IC)卡操作系统技术标准、检测能力及发卡试点验证”获2021年度中国银联优秀科技成果奖,“人工智能算法测评产业化试点及推广”项目获电子商务与电子支付国家工程研究中心2022年度优异成果,展现辖区企业在金融科技领域科技研发能力。

(赵楚然)

【获工信部制造业关键过程能力提升优秀案例】 2月,工信部发布2022年制造业关键过程能力提升优秀案例名单,石景山区高新技术企业融硅思创(北京)科技有限公司“应用大数据质量管控平台实现电子雷管模块PPM级质量交付”项目入选。融硅思创EDS电子模块大数据质量管控平台,以工业互联网为基础,融合大数据中心、赋码及监管、质量管控与质量追溯,通过生产制造过程控制建立质量管控模型,提升电子模块的数字化制造水平和质量管控水平,并实现电子模块全生命周期追溯,保障电子模块高品质交付水平。

(赵楚然)

【获北京文化创意大赛奖】 3月,科技企业北京云转播公司“5G+8K演播”项目从55318个参赛项目(作品)中脱颖而出,获第六届北京文化创意大赛文化创意赛道三等奖。项目融合数字媒体、5G应用、8K、VR增强现实等高新技术,将被动的方式转变为互动式的多感官观赏方式,为观众带来360°自由视角、多剧场全息场景的观演和“身临其境”的视听体验。

(耿　璐)

【创新中心亮相青岛影视周体验展】 4月6日,中关村科幻产业创新中心联合全景声、中国科幻研究中心、北京元宇科幻未来技术研究院等11家入驻科幻产业集聚区企业共同参展2023青岛影视周“科影未来”融合体验展,集中展出有关IP运营、虚拟拍摄、光学影像、交互、内容制作、专用芯片及传感器等科幻关键共性技术的十家公共技术服务平台。创新中心与企业的联合亮相,展示从硬科幻创作交流到硬科技创新孵化的成果,体现出创新中心强化区域经济优势互补,加强科技和文化交流的作用。

(岳继华)

【创新中心获北京新视听艺术园认定】 7月6日,经市广电局评审公示,中关村科幻产业创新中心认定为“北京新视听艺术园”。“北京新视听艺术园”是市广电局按照国家广播电视总局和北京市要求组织认定,中关村科幻产业创新中心建立IP运营、虚拟拍摄、光学影像、图形运算、人体工学、交互、内容制作、新型建模技术、计算成像技术、专用芯片及传感器等科幻关键共性技术的研发平台、检测技术平台和技术服务平台,建立联合开发、优势互补、成果共享、风险共担的协同创新机制,旨在促进完善“政—用—产—学—研”的科幻产业发展闭环,建设科幻视听技术研发中心、人才培养中心、标准研制中心、IP储备中心、5G+科幻中心和测试服务中心。

(李　欢)

【入选全国文化中心建设2022年度十件大事】 9月14日，由中共中央宣传部、北京市委、市政府共同主办的2023北京文化论坛在北京举办。开幕式现场发布“全国文化中心建设2022年度十件大事”，“全国首个科幻产业集聚区整体亮相”位列其中。首钢园科幻产业集聚区落户80余家企业，集聚区内金安科幻广场、数字艺术馆、元宇宙乐园、科幻产业创新中心等科幻产业项目和载体建成，促进首钢园区成为中国科幻产业发展的承接地和科幻产业创新展示的窗口。

(赵楚然)

【中国科幻大会成果在区落地】 年内，中国科幻大会成果在辖区落地。饭有引力(北京)科技有限公司在辖区完成注册登记，注册资金100万元。旗下薛定鹅IP科研级青少年科学实验室在2023中国科幻大会首次发布，受到与会青少年喜爱，获得科幻科普教育者关注。

(赵楚然)

【柔展公司获景贤杯一等奖】 年内，在启迪之星石景山孵化器团队对辖区政策及营商环境的宣传下，嘉兴极展科技下属全资子公司北京柔展科技有限公司落址入驻，并在2022“北京·景贤杯”创新创业大赛决赛获得一等奖。嘉兴极展科技是一家专注于柔性可拉伸电子器件设计与制造的高科技创新公司。开发柔性可拉伸的可充电电池，电量从50毫安时到20000毫安时，是世界上最大电量的柔性电池，也是唯一量产的可拉伸电池。通过定制化传感器芯片与无线通信技术进行特殊连接，应用到可穿戴医疗与健康电子产品、智能皮肤、智能服装等系列产品。

(崔　欣)

【获2022年度北京市科学技术奖】 年内，石景山区驻区单位北方工业大学、生态环境部环境规划院、中科院高能物理研究所、首钢集团、易华录、易用试点等企事业单位申报的10项科技成果获得奖励。其中北方工业大学的“新能源汽车用钢中大颗粒夹杂物控制关键技术”、生态环境部环境规划院的“地下水污染精准识别与系统防治关键技术及应用”、首都医科大学附属北京康复医院的“脑细胞外间隙成像探测技术与应用”3项科技成果获得科学技术进步奖一等奖。辖区获奖科技成果围绕国家战略需求，开展核心关键技术攻关，聚焦基础研发、新产业和民生落地应用，涵盖新一代信息技术、新能源、生物医药、人工智能等领域，展现辖区在关键核心技术突破、高精尖产业培育、驻区高校院所成果转化等方面的进展。

(王鹤乾　胡　妍)

【多角度助推科技成果转移转化】 年内，区科委支持重点孵化器，打造专业技术服务平台，为早期硬科技项目提供技术开发、小试中试、检验测试等专业服务。引导孵化器与高水平知识产权机构合作建设公共服务平台，为在孵企业提供知识产权服务。鼓励区属单位面向孵化器开放文旅消费、智慧城市等领域应用场景。鼓励优质孵化器联动区级母基金，推动设立早期硬科技投资种子基金等，深化概念验证、股权投资联动探索，带动社会资本投资前移。区科委以促进校企合作为发力点，通过实地调研走访、深挖技术需求、对接市级平台、导入优质资源等手段，搭建校企合作对接平台，为双方架起技术供需对接立交桥。促成中铁建建筑科技与北京理工大学化学与化工学院就“改性聚间苯二甲酰间苯二胺超滤膜及其制备方法的研究和应用”正式签署产学研合作框架协议，校企双方共同发力，凝练技术需求，攻克技术难点，加速推动科技成果转化落地。

(胡　妍)

中关村科技园区石景山园

【概况】 2023年，中关村科技园区石景山园(简称园区)推进46项市区折子工程及重点工作，办理45件市区人大建议和区政协提案及建议，办理接诉即办206件。园区中关村高新技术企业970家。1—11月，园区309家规上企业实现收入3470.9亿元，同比增长7.3%，位列“城六区分园和亦庄园”第六；劳均335万元/人，同比持平，位列“城六区分园和亦庄园”第三；地均262.9亿元/平方公里，同比增长7.3%，位列“城六区分园和亦庄园”第三。园区集聚一批涵盖行业硬件(终端与关键器件)、软件(内容生产系统)、分发渠道和内容应用等全产业链企业120余家，11家企业跻身“2023中国VR50强”，产业园入驻率近90%。中关村科幻产业创新中心获批北京市首批国际化引领型标杆孵化器、北京市科技企业孵化器、北京市版权服务中心称号，重点孵化和加速计算光学、感知交互、数字孪生等科幻产业核心技术，引进80家科幻及相关科技产业企业，成立科幻产业股权投资基金。区内集聚市级首批30家重点人工智能企业，数量位列全市第三；建设智能算力中心，规模610PFlops，获批并纳入北京市“城市超级算力中心建设工程”；建设全国首家“百度智能云千帆大模型产业(北京)创新基地”。引入北京航空航天大学“虚拟现实技术与系统”全国重点实验室；“中关村光场共性技术平台”推进大型光场采集系统、光场数据处理与存储系统等底层技术研制；引进华为生态伙伴寰宇信任(北京)技术有限公司，联合虚拟动点、渲光科技联合建设“3D云渲染引擎生态共性技术平台”；华为(北京)虚拟现实创新中心持续运营服务，解决虚拟现实产业技术密集、研发资金量大、技术门槛高等问题。辖区建成商务楼宇281处(含单体楼宇357栋)，建筑规模571.8万平方米，入驻企业约3.3万家。

(王淑慧)

【走访抖音集团】 2月7日，常卫走访抖音集团，参观企业展厅，了解企业发展有关情况，并与抖音集团进行交流。区领导李新、李先侠、王智勇，抖音集团领导张羽、陈俊炜、王伟参加活动。座谈会上，常卫感谢抖音集团为石景山区经济社会发展所作的贡献，并表示希望抖音集团与石景山区加强区企协同、紧密合作，实现互惠双赢。希望抖音集团聚焦虚拟现实、人工智能等石景山区重点发展产业领域，在区内谋划布局新业务版块；围绕智慧城市、数据集成和应用场景建设,与区内相关部门和企业形成合作,参与建设国家电子商务示范基地,推进石景山区高质量发展。抖音集团副总裁张羽对石景山区委区政府给予的支持和帮助表示感谢,介绍集团2022年营收情况,表示抖音集团2022年营收相比2021年增长49%,直播带货、电商等版块发展迅速。

(王淑慧)

【与北交所战略合作签约仪式举行】 2月10日,区政府与北京证券交易所、全国股转公司战略合作签约仪式暨"全国股转系统 北京证券交易所 石景山服务基地"揭牌仪式在园区党群服务中心举办。会上,区政府、全国股转公司、北京证券交易所共同签署《战略合作协议》,并为"全国股转系统 北京证券交易所 石景山服务基地"揭牌。年内,园区深化北交所石景山服务基地建设,与北交所、全国股转公司形成协同机制,在推动实体经济发展、培育后备上市企业、提高上市公司质量等方面合作,做好基地跟踪服务,服务区内企业创新发展。北交所石景山服务基地落户以来,提升优质企业挂牌上市积极性。截至年底,石景山区有27家企业登陆新三板,其中22家在基础层挂牌,5家在创新层挂牌,形成北交所上市梯次培育格局。

(王淑慧 李 丹)

【纳入北京市重点工作规划部署】 3月17日,北京市科委、中关村管委会联合北京市经济和信息化局印发《关于推动北京互联网3.0产业创新发展的工作方案(2023—2025年)》,石景山区纳入北京市重点工作规划部署和战略布局。方案在"互联网3.0+消费""产业集聚区"等内容中提出"推动在首钢园、法海寺、模式口等重点区域,建设一批具有区域特色的标杆场景,提升消费者的参与度和体验感,培育数字经济消费服务新业态""依托石景山区场景资源优势,在科幻、体育、文化、旅游等领域打造一批典型应用场景,带动国产软硬件创新发展,推动形成产业聚集"等具体工作部署。辖区联合市科委、中关村管委会、市经济和信息化局发布《关于推进石景山区互联网3.0产业发展工作方案(2023—2025年)》,衔接市级方案,落地建设"光场成像计算平台",提前谋划共建"3D渲染平台"和研究探索"数字资产流通",筑牢产业发展工作基础。

(园区管委会)

【新华社新媒体中心调研石景山区】 4月14日,新华社新媒体中心调研石景山区。新华社新媒体中心党委委员周宁一行先后实地调研首钢香格里拉酒店、元宇宙前沿科技创新应用体验中心、一高炉·SoReal元宇宙乐园、中关村科幻产业创新中心等项目,了解产业发展情况,并围绕项目改造、平台建设、产品创新和活动举办等方面开展交流讨论。副区长李文化陪同调研。

(杨 莉)

【入围知识产权服务管家项目】 4月24日,中关村知识产权促进中心公示2023年度中关村国家知识产权制度示范园区知识产权服务管家项目需求评审结果,中关村石景山园入围知识产权服务管家项目需求并给予支持,是2023年北京市入围此项目的5家园区之一。中关村知识产权服务管家项目是指搭建"中关村知识产权促进中心+园区管委会+优质服务机构"的创新服务模式,三方合力为园区提供知识产权现状调查分析、专题培训、企业走访帮扶等专业服务。园区连续4年入围该项目。

(李 丹)

【举办高质量发展政策培训会】 5月11日上午,区发展改革委、园区管委会联合举办高质量发展政策培训会,面向园区企业就两业融合发展、设备购置和更新贷款贴息等政策进行解读。培训会邀请政府部门负责人和北国咨、建银咨询等专业机构人士对申报条件、进度安排、注意事项逐一宣讲,并现场答疑解惑,动员优质企业、优质项目申报。国家无线电监测检测中心、中国电科(北京)智能科技园、北重电机厂、航天云网等14家企业参加培训。

(王 斌)

【首钢一高炉·SoReal元宇宙乐园亮相】 5月,全球首个XR技术与工业遗存相结合的国际文化科技乐园——首钢一高炉·SoReal元宇宙乐园亮相。该项目是国家高新技术企业当红齐天集团打造的国家级元宇宙项目,由首钢一高炉改造而成,利用5G+XR科技赋予首钢百年历史文化遗址重生。项目在最大限度保留高炉原有结构和外部工业建筑风貌的基础上,植入VR、AR、全息影像等前沿创新科技元素,囊括未来科技乐园、智能体育、主题秀场、艺术展览、体验式商业等业态,为游客提供零售、餐饮、文化、娱乐、服务融合的沉浸式"元宇宙空间",打造"科技+商业"的生态圈。5月30日,由北京市科协、区政府主办,中国科幻大会2023北京科幻嘉年华启动仪式暨"刘慈欣科幻作品《地球大炮》美学教育论坛"在首钢一高炉·SoReal元宇宙乐园33CLUB电竞综合大厅开幕。9月2日,2023年中国国际服务贸易交易会在首钢园区开幕,首钢一高炉·SoReal元宇宙乐园项目作为大会"创新服务特色展示体验区",凭借成果展示与体验服务形式,成为活动"相约服贸、共赴未来"的亮点之一。

(王淑慧 杨 莉)

【签署《深化战略合作框架协议》】 6月1日,区长李新与华为中国区政企副总裁宋保民代表双方签署《深化战略合作框架协议》。落实《北京市推动石景山区新首钢园互联网3.0应用场景建设2022—2025年工作方案》,在石景山区加快布局互联网3.0产业,推动底层核心技术攻关,打造多场景应用示范,集聚导入优质产业资源,推动区域经济高质量发展,围绕打造3D图像引擎共性技术服务平台、发展互联网3.0产业生态、运营(北京)虚拟现实创新中心、建设石景山区数字经济基础设施等领域深化合作,构建数字经济新引擎和产业发展新动能。

(杨 莉)

【举办毕业季园区招聘会】 6月16日,园区党工委、区委组织部、区人力社保局、团区委联合举办"园梦京西 直通we来"2023年毕业季中关村石景山园招聘会。活动现场共邀请中国司法大数据研究院有限公司、中航信移动科技有限公司、北京邦维高科新材料科技有限股份有限公司、北京青牛技术股份有限公司、北京科迅生物技术有限公司等28家企业，参会企业涵盖IT、制造业、医疗、新能源、电商等多个行业，提供包括IT工程师、研发工程师、大数据开发、短视频编导在内的280个岗位需求。北京大学、清华大学、北京航空航天大学、北京邮电大学、北京化工大学、北京交通大学、北方工业大学等20所高校335名大学生参加活动。据统计，现场学生投递简历837份，初步达成就业意向50余人。北京大学、北京化工大学、北京交通大学、北方工业大学相关领导到会，北京化工大学、北京交通大学、北方工业大学授牌中关村石景山园“大学生就业实训基地”。活动前期，园区与区相关委办局协同，强化与各高校沟通对接，制定《2023年毕业季中关村石景山园招聘会活动方案》，下发企业岗位招工和实习用工需求问卷调查表360份，收回企业有效问卷调查表222份，与高校组团到12家企业开展“一对一”宣讲活动，为举办招聘会提供数据支撑。

（梅传刚）

【5家企业上榜独角兽企业榜单】 6月20日，长城战略咨询（GEI）发布《中国独角兽企业研究报告2023》《中国潜在独角兽企业研究报告2023》，公布2022年中国独角兽企业与潜在独角兽企业榜单。石景山区驻区企业乐元素、航天云网、小猪短租3家企业入围独角兽企业榜单，分布于数字文娱、物联网平台、旅游体育赛道，总估值达55亿美元；易点云、代码乾坤2家企业入围潜在独角兽企业榜单。截至年底，按照北京市科委中关村管委会汇总发布的榜单为准，石景山区累计4家企业成长为独角兽企业，3家企业成长为潜在独角兽企业。

（马海涛）

【石景山区与华为公司座谈会】 8月2日，石景山区与华为公司座谈会在区政府召开，李新主持会议，区政府党组成员、副区长李文化，华为公司高级副总裁杨伟军等参加会议。华为公司围绕通用人工智能大模型、互联网3.0等领域，汇报自主核心技术研发、重大产业平台建设、数字新基建打造、创新中心运营、产业生态营造等工作情况。李新对政企双方前期合作成果表示认可，对未来深化合作前景充满信心，指出要提升技术赋能成效，依托华为公司核心技术底座与云平台创新能力，促进驻区企业发展。加强优势资源整合，技术叠加政策资源，吸引全国优质企业落地。聚焦科幻、虚拟现实领域，做好技术孵化、渠道搭建，打造特色标杆。联合开展人工智能布局，支持华为高端创新要素落地，谋划重大科技项目，打造通用人工智能大模型集聚区。区政府办、园区管委会、区经信局等相关单位参加会议。

（杨　莉）

【召开协同设计服务平台闭门研讨会】 8月11日，石景山区异构集成和微系统协同设计服务平台闭门研讨会在中关村科幻产业创新中心召开，李文化参加。会议邀请市科委中关村管委会信息科技、新能源和新材料科技发展中心专家，中国电科智能院、航天科工智能院等行业领军央企以及硅海武林、芯来科技、成都电子科技大学、北方工业大学等重点企业和科研高校代表参会。央企代表就异构集成和微系统提出建设需求，行业企业就参与建设的技术产品进行介绍。

（杨　莉）

【“AI向未来”创新前沿沙龙举办】 8月15日，由园区管委会主办，萨摩虚幻（北京）视觉科技有限公司承办，首程融石（北京）基金管理有限公司、北京首狮昌泰运营管理有限公司、宁波银行石景山支行支持的创新汇系列活动之“AI向未来”创新前沿沙龙举办。活动邀请华为、知乎、联通研究院、中图云创、六棱镜等30余家大数据模型领域龙头企业及AI相关企业代表参加活动。沙龙旨在讨论ChatGPT、GPT-4乃至AIGC等技术对产业发展的影响，促进企业间交流与合作，深化产业融合，赋能高质量发展。

（罗耀玲）

【石景山国际开放合作论坛举办】 9月3日，“2023中国国际服务贸易交易会石景山国际开放合作论坛”在石景山首钢园区举办。北京市委常委、常务副市长夏林茂，商务部服务贸易和商贸服务业司司长王东堂，石景山区委书记常卫出席论坛并致辞。石景山区委副书记、区长李新，北京市“两区”办专职副主任刘梅英，首钢集团党委常委、副总经理梁捷，博普乐思全球数字设计主管Jonathan Nelson，法国一带一路促进会会长陈泊锟作主题发言。区委常委、常务副区长李先侠，副区长李文化分别与重点企业进行项目合作签约，石景山区通用人工智能产业集聚区发布亮相。论坛举行石景山区通用人工智能大模型产业集聚区项目签约仪式。区政府与8家人工智能企业进行项目合作签约，共推石景山区人工智能大模型研发和创新应用。

（王　然）

【印发“一园一方案”】 9月7日，区政府印发《中关村科技园区石景山园改革提升工作方案》，系全市首个印发“一园一方案”的区域。方案围绕建设世界领先科技园区的总目标，对标市科委中关村管委会下发的《中关村石景山园发展问题诊断书》和2022年7月25日市政府专题会议精神，以首钢园区为核心，以元宇宙、科幻、工业互联网、人工智能产业为重点，优化产业空间布局；以关键技术突破和服务模式创新升级为方向，落地示范应用场景，完善创新生态，形成具有全球影响力的产业集群，建设高品质特色园区。

（杜　静）

【亚运史上首个开幕式“数字点火”仪式诞生】 9月23日，杭州亚运会开幕。园区企业虚拟动点的OptiTrack动捕技术助力亚运史上首个开幕式“数字点火”仪式。广州动天创意科技有限公司依托虚拟动点OptiTrack动捕技术保障实现数字火炬手与真实火炬手互动零秒误差，完成点火仪式。虚拟动点凭借自身OptiTrack光学动捕技术及数字人技术先后为湖南卫视、B站、《三体》、《封神》等项目提供数字驱动服务，服务行业覆盖影视、教育、工业、游戏、体育、文化艺术等众多领域。

(王淑慧)

【获两新组织党建品牌称号】 9月,中关村石景山园企业、两新党组织——北京创业公社产业运营管理股份有限公司党支部的“双创+三心”党建品牌,获“2023年北京市100个‘党建强、发展强’两新组织党建品牌”称号。“双创+三心”是北京创业公社产业运营管理股份有限公司特色党建品牌。通过建设“董玉风书记工作室”,发挥党员先锋模范作用,将党的思想方法体系、最新理论成果运用于“双创”孵化服务平台载体建设。建立“党建+”机制,推进“学习型”党组织建设,开展暖心、放心、同心“三心”工程,以高质量党建促进企业高质量发展。

(胡梓博)

【园区11家企业上榜VR50强】 10月19日,2023年世界VR产业大会在江西开幕,园区11家企业跻身“2023中国VR50强”榜单,区内中国VR50强企业数量累计16家(除2023榜单企业外,还包括2022榜单企业3家、2021榜单企业2家)。

(杨 莉)

【“深改19条”政策培训举办】 10月25日,园区管委会、区金融办,北交所石景山服务基地承办的金融日·北交所“深改19条”政策培训举办。活动邀请北京证监局、北交所、北京企业上市服务平台、北交所服务基地、金融办进行政策宣讲,同时邀请10余家金融机构高层与企业进行零接触对接,区内外50多家企业、100余人参会,为北交所拟上市企业实现精准服务。会上,北京证监局、北交所、北京企业上市服务平台、北交所石景山服务基地、区金融办,依次讲解北交所辅导验收工作情况及最新变化、“深改19条”政策、北京市支持企业上市服务政策、北交所服务基地基本情况、上市支持政策及服务措施。金融机构与企业进行面对面对接。

(王飞跃)

【外事服务进园区宣传活动举办】 10月27日,在京西国际商事与人才综合服务港,由区政府外办、园区管委会共同举办“外事服务进园区宣传活动”。活动通过腾讯会议进行线上同步直播,辖区60余家外向型企业国际部门负责人员线下线上参加活动。活动首先由区政府外办工作人员围绕APEC旅行卡政策规定、申办流程、管理服务等方面进行专题授课,并与企业代表就旅行卡申办过程中遇到的问题进行现场解答和互动交流,鼓励符合条件的企业申办,享受APEC商务旅行卡带来的政策红利。随后,由市政府外办领事保护专家库成员,来自中国人民公安大学的张杰教授,围绕海外企业及人员风险管控与危机应对主题,面向企业进行专题讲座,提升企业人员对领事保护工作的知晓率和认知度,提高企业维护自身合法权益的能力。

(刘子强)

【通用人工智能大模型产业集聚区揭牌】 11月7日,通用人工智能大模型产业发展论坛暨石景山区通用人工智能大模型产业集聚区揭牌仪式在石景山区举办。市科委中关村管委会二级巡视员刘航、市经济和信息化局副局长王磊,石景山区委副书记、区长李新,区委常委、常务副区长李先侠等领导出席活动,并共同为“石景山区通用人工智能大模型产业集聚区”揭牌。活动启动行业测评,石景山区与中国信息通信研究院依托“人工智能关键技术和评测”工业和信息化部重点实验室,启动“大模型平台评估”工作;石景山区与北京国际大数据交易所、百度、华为、猎户星空、智谱华章、面壁智能进行重点项目签约;石景山区与当红齐天、中航信、中视环亚、清博智能、识因智能、光年无限等企业签署“应用场景合作伙伴协议”;企商在线与华为、太极计算机、摩尔线程、锐捷网络、中科寒武纪、航天联志、武汉元石智算科技、南京佳力图签署“石景山区智能算力中心生态合作伙伴协议”,协同推动国产芯片制造、异构计算、通用AI大模型等方面的国产自主可控关键技术研发和应用。活动还邀请行业专家从大模型领域产业研究、医疗大模型领域研究和媒体大模型产业研究等方面,发表主题分享,交流产业发展态势。

(杨 莉)

【举办先行先试改革政策宣讲会】 11月28日,市科委中关村管委会、园区管委会、区市场监管局在园区联合举办中关村新一轮先行先试改革政策宣讲会,区内外60余家创新主体及金融机构参加培训。政策宣讲会形成市区上下联动,区内横向协同的宣讲模式。市科委中关村管委会相关处室组建北京科技政策宣讲团赴中关村石景山园围绕“企业创新能力提升资金管理办法”“高新认定”“三大工程”进行市级政策讲解;园区联动区市场监管局围绕“ISO 9000质量管理体系”进行知识普及。实现企业需求和政策服务匹配,通过前期主动服务下沉企业,研究企业发展情况,根据企业政策及融资需求进行宣讲。

(李 丹)

【易点云参加联合国气候变化大会】 12月5日,园区企业易点云参加第28届联合国气候变化大会。近200个缔约国的政府、企业、媒体及国际组织代表在迪拜参会,围绕300多个环境气候议题展开讨论。作为历史上规模最大的国际气候会议,参会人数突破8万人。易点云在中国角边会分享“再制造设备助力中国降碳实践”主题演讲。

(王淑慧)

【国际计算成像大会举办】 12月9日,2023中关村论坛系列活动——国际计算成像大会(CITA2023)在石景山区银保国际会议中心举办。大会由中国光学工程学会与区政府联合主办,中国工程院院士陈良惠、戴琼海、庄松林,石景山区委常委、副区长王其志,副区长吴凯萍,中国光学工程学会秘书长赵雪燕,俄罗斯自然科学院外籍院士晏磊,中国电子科技集团首席专家喻松林等院士专家、领导和企业代表近400人参会。区政府与中国光学工程学会签署合作框架协议,围绕促进光电智能产业与新一代信息技术开展融合创新与产业化示范,培养和引进技术人才,组织学会专家院士及项目资源落地等方面开展合作。报告环节,“中关村光场成像共性技术平台”

作为市级计算成像领域重大项目，进行研究成果展示与实践交流，并由波士顿大学、早稻田大学、国防科技大学等专家进行主旨报告分享。

（杨 莉）

【2 家企业获培育优秀硬科技企业项目支持】 12 月 11 日，市科委中关村管委会公示 2023 年中关村示范区创业服务机构培育优秀硬科技企业项目情况，辖区企业北京创业公社产业运营管理股份有限公司、北京易华录信息技术股份有限公司获项目资金支持。该项目是市科委中关村管委会致力于支持创业服务机构引入高水平硬科技人才和创业项目，项目资金用于创业服务机构承接科技成果转化和产业化项目落地孵化，加快培育优秀硬科技企业。

（李 丹）

【推动商务楼宇“信用＋”体系建设】 年内，园区管委会携手中关村企业信用促进会、区经信局围绕“信用领跑楼宇评价试点工作”开展创新性探索。通过“政府引导、社会组织牵头、楼宇共建、企业参与”的形式，组织推进商务楼宇“信用＋评价”“信用＋应用”和“信用＋监管”建设。建立楼宇企业信用评价、楼宇运营主体信用评价两个维度，下设 7 个一级指标，22 个二级指标、53 个测度变量，体现楼宇企业和运营主体的信用行为和信用能力，作为研究促进楼宇经济发展的数据支撑。组织开展“信用进企业”“信用进园区”主题宣贯活动，培育守信践诺的企业群体，探索建立信用修复关爱机制，助力楼宇企业提升抵抗信用风险能力。探索“信用评价＋绿色金融＋创新应用”落地，研究楼宇信用评价对建筑碳资产核算和绿色金融服务的支撑，增加楼宇企业服务产品，助力楼宇经济高质量发展。辖区北京侨梦苑大厦、大正创想广场、中关村工业互联网产业先导园、今鼎时代广场、北京金安中海财富中心等 5 家商务楼宇在区域经济贡献度和创新力、楼宇特色和服务能力、楼宇企业产业聚集度和企业活跃度方面表现良好，且信用服务意识和服务能力初显成效，获评“2022 年度信用领跑楼宇”。

（王淑慧）

【推动“科技＋产业＋金融”良性循环】 年内，园区完善“一个平台、四条路径”科技金融服务体系。发挥银行、保险、证券、资本等金融机构服务科技创新的作用，畅通企业融资路径；吸引一批“懂科技”的耐心资本和天使投资机构重点关注优质初创企业。引入资源、创新产品，浇灌实体经济。落地“全国股转系统 北京证券交易所 石景山服务基地”，推动区域多层次资本市场建设，打造服务科技创新型企业主阵地；中航信、中资网安等多家企业筹备上市，形成“储备一批、辅导一批、申报一批、上市一批”的局面。联合杭州银行发布石景山园专属金融产品“新石贷”，成立 6 个月以上的园区企业，仅需线上扫码申请，5 分钟即可反馈预审额度，最高贷款额度达 500 万元，面向中小科技企业加大服务力度；易华录、创业公社等多家企业和机构签约合作。携手专业机构共同举办企业高质量发展政策培训会，辅导企业关注的“多层次资本市场第一步”等内容；搭建“中关村知识产权促进中心＋园区管委会＋优质服务机构”管家服务模式，通过“上门服务”“单独咨询”等方式实地走访企业近 20 家，解决企业个性化金融需求。举办“科技金融日”系列活动，引导企业根据发展阶段选择适合的金融服务和成长路径，线上线下参会人数累计近千人。

（王淑慧）

【8 家企业获关键技术创新项目支持】 年内，石景山区 8 家企业获 2023 年度首批中关村科技型小微企业关键技术创新项目支持。项目是市科委、中关村管委会致力于引导硬科技领域的小微企业加大研发投入，开展关键技术创新攻关，提升企业创新实力和核心竞争力，项目资金用于企业加强创新能力建设。截至年底，辖区累计 345 家创新企业获得项目支持。

（王淑慧）

【上榜虚拟现实先锋应用案例】 年内，根据《工业和信息化部办公厅 教育部办公厅 文化和旅游部办公厅 国家广播电视总局办公厅 国家体育总局办公厅关于征集虚拟现实先锋应用案例的通知》，经地方推荐、专家评审，宣布公示入选 2023 年度虚拟现实先锋应用案例名单，园区 3 家企业落地全国的技术解决方案上榜，其中当红齐天的“5G XR 文化娱乐体验中心繁星计划”、达瓦未来的“虚拟拍摄系统内容制作全流程解决方案”入选“文化旅游领域”，燧光科技的“幼儿师范虚拟仿真培训中心建设应用”入选“教育培训领域”。榜单对于加速虚拟现实技术落地推广、推动虚拟现实与行业应用融合发展具有指导意义。

（杨 莉）

【25 家企业纳入首批人工智能领域重点企业】 年内，市科委中关村管委会统筹建设北京市首批人工智能领域重点企业名录，石景山区纳入名录企业共 25 家，位列全市第三。纳入企业以技术创新能力、营业收入、市值（估值）、承担重点项目等为评价标准，按照领军企业、独角兽企业、潜力型高成长企业类型划分，涵盖算力、算法、数据等多个产业链。

（付 航）

【联合发布专题研究报告】 年内，园区管委会联合高力国际，共同研究并发布“首都西大门，城市复兴新地标”的专题研究报告。报告分为中文及英文版，分别在高力国际官方自媒体号及官网向全球发布，内容从石景山区发展概况、石景山区高精尖产业体系、石景山区最新惠企政策等展开，对石景山区办公楼宇市场现状及未来发展趋势进行研究。报告包括发挥区位资源及政策优势，楼宇市场初具规模；产业不断聚集、市场去化效果显著；办公楼市场处于快速发展期，区域内在途产业载体工程规模约 200 万平方米等方面内容。

（王淑慧）

【燧光科技参与编制虚拟现实行业国标】 年内，由国家工信部主管，TC242（全国音频、视频及多媒体系统与设备标准化技术委员会）具体颁布执行的国家标准计划《虚拟现实设备接口定位设备》获得批准。相关标准的实施将推动虚拟现实产业的标准化进程。园区企业燧光科技参与制定该项国家标准,国标用于规范虚拟现实显示设备配套使用的定位设备,为虚拟现实厂商提供生产参考标准,并为用户提供虚拟现实产品的性能标准,提升用户在使用虚拟现实产品时的体验效果,促进虚拟现实行业的发展。

(王淑慧)

【数字人苏东坡登陆诗词大会】 年内,由园区文化科技企业谛听视界和中华书局联合打造的全国首位3D超写实数字人苏东坡登陆央视一套节目新一季《中国诗词大会》,打造出“文化+科技+艺术”的体验。诗词大会的现场,数字人苏东坡以“历史情景再现”的形式为选手出题,并和现场的主持、选手进行实时互动。数字人苏东坡是中华书局与谛听视界联合,基于古籍文献和数字技术在中华书局110年之际,推出的全国首位超写实数字历史名人,由谛听视界提供全部技术支持。数字人苏东坡登陆《中国诗词大会》,成为业内领先的元宇宙数字人应用场景的经典案例。

(王淑慧)

【推进园区改革提升】 年内,园区印发《中关村科技园区石景山园改革提升三年行动计划(2023年—2025年)》,部署重点任务84项,推进重大项目129项,总投资额近900亿元;落实“一园一方案”《中关村科技园区石景山园改革提升工作方案》,推动产业能级跃升。发展元宇宙、科幻、工业互联网、人工智能等四大特色产业,建设“光场成像”“3D云渲染引擎”中关村共性技术平台,支持中关村通力拓展建设首批北京国际化引领型标杆孵化器,揭牌人工智能大模型产业集聚区。1—10月,园区共招引高精尖企业1271家,形成区级一般公共预算收入4369.65万元。建设中关村知识产权服务管家项目、北交所石景山服务基地,定制“创新汇”品牌活动,绘制产业资源地图,建立健全资金保障,加大对重点企业走访力度。共为1000余家企业提供服务,协调解决问题2000余项。

(王淑慧)

【市区共建光场共性技术平台】 年内,光场共性技术平台在市科委、中关村管委会和石景山区政府的推动下,由凌云光技术股份有限公司与中关村科幻产业创新中心运营单位北京中关村通力科技服务有限责任公司合资注册设立北京元客方舟科技有限公司,作为光场共性技术平台的独立运营主体,联合咪咕文化科技有限公司提供示范场景共同建设,与石景山区冬奥遗产再利用、首钢工业遗存城市更新等战略工作相结合,平台一期落地首钢园区金安桥2号楼“中关村通力科幻元宇宙孵化器”,二期选址国家冬训中心冰壶馆,同步平台股东落地首钢园区金安桥9号楼,促进近2万平方米冬奥遗产与工业遗存可持续使用,首钢园区对场地提供租金优惠支持与定制化装修支持。

(王淑慧)

【石景山区获“企业服务之星”评价】 年内,北京市知识产权公共服务中心发布《2022年度北京市知识产权公共服务工作站评价结果》,由区市场监管局和园区管委会共同承建的石景山区中心获“企业服务之星”评价,创业公社知识产权工作站连续两年获“北京市知识产权公共服务优秀工作站”称号。

(园区管委会)

【获“一带一路”健康产业领军企业称号】 年内,第三届健康丝绸之路国际合作论坛暨“一带一路”健康产业高质量发展领军企业经典案例发布会在广州越秀国际会议中心举行,园区企业达尔文生物在论坛中被选入“2023年度‘一带一路’健康产业领军企业TOP10+”。北京达尔文细胞生物科技有限公司是一家聚焦于生物科技研发的国家高新技术企业,公司集产、学、研、用于一体,致力于推进医疗科学技术升级与转化。公司于2021年下半年完成临床转化的突破性验证,并取得多项国内外核心专利。公司在毛囊修复、关节修复、神经修复等3个重要生物医疗领域均有突破性进展,进入生物制药审批阶段。

(王飞跃)

【共性技术平台落地石景山区】 年内,中关村共性技术平台“3D云渲染引擎生态共性技术平台”落地石景山区。由园区企业寰宇信任(北京)技术有限公司牵头,北京虚拟动点科技有限公司、北京渲光科技有限公司等共同申报的“3D云渲染引擎生态共性技术平台”通过中关村国家自主创新示范区共性技术平台评审并获得市级政策资金支持。项目瞄准元宇宙产业核心技术、卡脖子技术,对标Unreal、Unity等国际主流引擎,开展国产3D渲染引擎云化转型技术攻关和3D资产平台建设,建成后可面向全国提供线上3D内容生产、自有资产云上管理、版权登记等服务,实现各行业生产上云、资产上云,促进云上生产能力及资产平台服务能力提升。项目是北京市首家3D引擎技术及生态平台。

(杨　莉)

教　育

综　述

【概况】 2023年,石景山区有各级各类幼儿园47所(教育部门办10所、部队办2所、集体办1所、地方企业办5所、民办29所),585个班;在园14876人,入园4832人,离园5568人;教职工2786人。全区有小学23所,全部为教育部门办学;小学阶段教学班828个;在校27562人,招生5568人,毕业3506人;教职工1305人。初级中学5所(全部为教育部门办学),完全中学2所(全部为教育部门办学),高级中学2所(全部为教育部门办学),九年一贯制学校6所(教育部门办5所、民办1所),十二年一贯制学校6所(教育部门办4所、地方企业办1所、民办1所);初中班数296个,高中班数156个;初中在校9173人,高中在校4987人;初中招生3185人,高中招生1812人;初中毕业2768人,高中毕业1394人;教职工3087人。职业高中2所,全部为教育部门办学,在校498人,教职工132人。特殊教育教育部门办1所,在校生91人。另有小学随班就读学生39人,初中随班就读学生27人,教职工38人。辖区有北方工业大学、中国科学院大学、北京工业职业技术学院、首钢工学院、国家检察官学院等高等院校。

年内,北京市石景山区教育委员会(简称区教委)建设优质教育资源,十一学校石景山实验中学和金顶街小学建成开学,增加中小学学位2940个。北大附中石景山学校新址完成总工程量的90%以上,首钢东南区配套学校和衙门口配套小学项目获批建设。投入1.15亿元,完成169处校舍维修、67处防汛抢修维修、7所学校操场改造、2所学校环境提升工程、7所学校专项改造等工程。提升基础教育各学段发展水平,推动学前普及普惠发展,普惠率达89%,公办率达56%,新开办5所公办普惠园,增加学位1320个。

(方　卫)

学前教育

【概况】 2023年,石景山区有各级各类幼儿园47所66址,其中教育部门办园10所13址,地方企业办园5所21址,部队办园2所,集体办园1所,民办园29所;其中普惠性幼儿园35所54址。教职工2786人,其中专任教师1323人。教学班583个。幼儿园占地面积3.07万平方米,校舍面积1.99万平方米。全区在园幼儿14907名,其中普惠性幼儿园在园幼儿13275名,普惠率达89%。年内,辖区贯彻扩大高质量学前学位供给和建设高质量师资保障体系的工作精神,以提高普惠率、提升办园品质为指引,构建广覆盖、保基本、有质量的学前教育公共服务体系。

(祁　矛)

【年度工作部署会】 2月27日,2023年石景山区学前教育工作部署会召开,部署年度学前重点任务、保育教育、规范管理等工作。会议在北京教育学院石景山分院(简称区教育分院)一层报告厅举行。全区各类型幼儿园举办者、园长、分管保教和继教工作的副园长参加会议。6月5日,2023年石景山区幼儿园招生工作部署会召开,会议在区教委四层会议室举行。全区各类型幼儿园园长及招生工作负责人参加会议。

(祁　矛)

【幼儿入学准备评价指标发布】 3月28日,区教委于区教育分院一层报告厅发布《石景山区幼儿入学准备发展水平评价指标》,试点实验园校及全区各类型幼儿园园长参加发布会。评价体系以《幼儿园指导要点》中发展目标下的具体表现内容为基础,以促进幼儿身心健康发展和终身发展为根本,参照《幼儿园指导要点》指标框架,设立4项一级评价指标、16项二级评价指标、51项详细拆解的三级评价指标。同时,为帮助学前教师运用评价工具开展入学准备实践工作,研究组编写《石景山区幼儿入学准备发展水平评价指导手册》,推进区域幼小衔接工作实施。

(祁　矛)

【幼儿园规范管理会议召开】 6月5日,石景山区2023年幼儿园规范管理工作会召开。全区各类型幼儿园园长参加会议。会议上对幼儿园办园质量督导评估、收费管理、接诉即办、卫生健康管理、安全管理等方面明确重点工作内容和工作要求,各幼儿园在现场签署《幼儿园规范管理承诺书》。同日,幼儿园规范收费管理工作会召开,会议在区教委四层会议室举行。全区各类型幼儿园园长和园所财务负责人参加会议。会议通报幼儿园收费检查情况及普惠性幼儿园专项资金审计情况。

(祁　矛)

【园本课程建设成果展示】 12月20日至26日,区教委组织开展以"推动学前教育内涵建设,促进幼儿园全面优质发展"为主题的幼儿园园本课程成果展示系列活动,活动在石景山区杨北幼儿园和石景山区京源学校幼儿部以现场观摩、研讨的形式开展。全区各类型幼儿园园长、骨干教师共100余人参加活动。

(祁　矛)

【加强学前教育督查】 年内,区教委共开展5轮针对全区各类型幼儿园的督查活动,2名专职督查员通过实地走访、线上督查、查阅档案、参与保育教育活动等形式督促幼儿园进行规范管理,提升幼儿在园一日生活质量。

(祁　矛)

基础教育

【概况】 2023年,石景山区有小学23所,初级中学5所,完全中学2所,高级中学2所,全部为教育部门办学;九年一贯制学校6所(教育部门办5所、民办1所),十二年一贯制学校6所(教育部门办4所、地方企业办1所、民办1所),特殊教育学校1所,中等职业学校2所,其他法人单位12个。招生15623人(幼儿园4832人、小学5568人、初中3185人、普通高中1812人、职业高中210人、特殊教育学校16人);毕业13320人(幼儿园5568人、小学3506人、初中2768人、普通高中1394人、职业高中73人、特殊教育学校11人);在校生57187人(幼儿园14876人、小学27562人、初中9173人、普通高中4987人、职业高中498人、特殊教育学校91人)。教职工总数7348人(幼儿园2786人、小学1305人、中学3087人、职业高中132人、特殊教育38人),其中正高级职称39人,高级职称1163人,中级职称1802人;北京市特级教师18人,北京市学科教学带头人12人,北京市骨干教师55人,北京市骨干班主任9人。全年教育总投入295.73万元。中小学固定资产总值319.47万元。新建小学1所、中学1所。设立学区4个。

(白 璐)

【义务教育高端论坛举办】 1月10日,为研训一体开展新课程标准和方案即"双新"落实工作,区教委、区教育分院开展主题为"全域落实素养培育 研修领航'双新'实践"的北京市石景山区研训一体落实义务教育新课程新课标高端论坛。区教育分院各部门从学科课程标准解读、教学设计与实践、科研引领、德育创新、干部与教师队伍培训、家校协同育人等维度开展改革探索与实践,取得初步成效。论坛旨在总结区域研训一体落实新课程方案和新课程标准的阶段性成果,通过论坛与区内外教育同行交流,提升研究水平,助力推进区域教育综合改革并提升基础教育质量。

(王贤鑫)

【期末考试质量分析会召开】 1月12日,2022—2023学年度第一学期高三年级期末考试质量分析会召开。区人大常委会副主任、区委教育工委书记石显富,区教委主任、副主任,区教育分院院长、副院长,全区各高中学校校长、教学副校长、教学主任及全区高中教研员共40余人参加会议。区教育分院基教研中心进行全区高三年级期末考试整体情况分析;语文、数学、英语等9个学科高三年级教研员从命题情况、成绩分析、教学建议等方面分析学科内期末监测情况;诊断各学校相关教学工作,明确优势与不足,建议各学校备考工作回归学科基础,做到精选真题、高效讲评、精准分析、一校一案、一生一策、重点培养、整体架构、提升能力。

(施 爽)

【开学视导】 2月1日至15日、9月5日至6日,区教委、区教育分院分别对实验小学、首师大附属苹果园中学及分校、红旗小学、北大附中石景山学校进行开学视导。区教委基础教育科、德育科,区教育分院基教研中心、德育中心、心理中心、课程室,区特殊教育支持中心等相关部门人员100余人参加视导。视导组成员通过随机听课、查阅档案材料、与学校干部教师交流等形式了解学校教育教学工作。同时,区教育分院中小学教研员对教师进行听评课,指导教师的课堂教学。最后,视导组成员就学校课程建设、德育、心理健康、教学、听评课、特殊教育等情况与学校领导进行逐一反馈。

(施 爽)

【教育教学工作联席会召开】 2月7日,为做好新学期开学和年度教育教学工作,区教委与区教育分院召开2023年春季开学教育教学工作联席会。会上,区教委基础教育科、德育科和区教育分院各部门负责人员汇报2023年工作目标、重点工作内容,介绍新学期德育、教学、课程和科研工作计划、预期的目标和效果。区教委副主任部署2023年教育教学工作,提出"六个全面"的工作要求,即全面统筹和了解学校的管理状况和师生状况,全面提升学校管理水平和教师教育教学水平,全面营造比学赶超的工作氛围,全面提高拔尖创新人才培养质量,全面提升育人工作水平和全面深化创新改革。

(王贤鑫)

【国家义务教育质量监测结果反馈】 3月16日,区教委对照国家义务教育质量监测结果组织区级反馈和各学校数据研读,经过分学段、分学科调研分析,形成石景山区国家义务教育质量监测结果整改方案并报送北京市人民政府教育督导室办公室。

(王贤鑫)

【融合教育评优课活动启动】 3月16日,为落实新课程方案和新课程标准,提升辖区融合教育教学质量,促进开展融合教育教研活动,推动教师专业发展,融合教育教研活动启动会暨赛前培训会召开。会上,区教委基础教育科介绍第五届融合教育评优课活动方案,并邀请朝阳区教科院特殊教育研究中心主任作《新课标下融合教育认知与实践》主题讲座。会议强调全体教师要学习新课程方案和课程标准,重视融合教育理论提升,关注学生整体,尊重学生差异,为学生全面可持续发展提供优质教育服务。

(王贤鑫)

【推动"双师课堂"项目建设】 3月30日,石景山区2023年"双师课堂"项目交流研讨会召开。会上,现代教育技术中心汇报项目建设情况,区教育分院和青少年活动中心进行案例分享和成果汇报。北京市第九中学等6所项目学校代表分别对"双师课堂"项目的建设和开展情况、取得成效以及存在问题进行交流和研讨。8月29日至31日,为总结"双师课堂"项目建设经验成果和凝练模式,总结存在的问题,探索未来发展方向路径,区教委基础教育科联合区现代教育技术中心调研辖区"双师课堂"实践情况。在所有高中学校和教育分院、青少年活动中心、黄庄职业高中、北京九中分校、石景山学校提交调研报告提纲的基础上,形成区级层面专门调研报告。报告内容主要包括组织方式、进展与成效、亮点与问题及下一步工作思路,突出区域特色实践与探索,突出"双师课堂"在促进优质资源均衡、提升教育质量和推动教学改革等方面的作用。年内,区教委基础教育科联合现代教育技术中心系统总结"双师课堂"实践成果,形成《石景山区教委打造"双师课堂"探索"互联网+"教学应用新场景》典型案例。

(王贤鑫)

【"手拉手"结对帮扶】 3月,区教委基础教育科制定《石景山区义务教育学校"手拉手"结对帮扶工作方案》,依据《方案》要求筛选,确定北京市石景山区外语实验小学等18所学校为“手拉手”项目学校,并与北京市门头沟区、顺义区、密云区及房山区的乡镇义务教育学校对接。“手拉手”结对帮扶发挥辖区义务教育学校的资源优势和辐射、示范、带动作用,促进义务教育城乡、区域和校际间优势互补。

(武艳平)

【“双减”“双新”落实情况调研】 3月起,根据石景山区“双减”“双新”教育工作调研及学校课程方案实施调研的工作部署,由区教委主管领导带队,基础教育科、德育科和区教育分院基教研中心(含课程室)对学校进行“双减”“双新”落实情况调研。通过听取汇报、查阅档案资料、进班听课、观摩课间操以及座谈访谈的方式,了解学校和集团“双减”“双新”落实情况,特别是经验做法、存在问题和思考对策等。通过调研促进集团和学校梳理教育教学和课程改革工作,总结经验成果,及时发现问题、立行立改、真改实改,调整和明确下一步工作思路,推动学校加快教育综合改革和教学质量提升。

(王贤鑫)

【指导建立8个劳动教育基地校】 3月起,区教委指导古城小学、京源学校莲石湖分校等8个劳动项目基地校,开发“日常生活劳动”“生产劳动”“服务性劳动”三大类的劳动课程,共34门。劳动项目基地校每周活动1—2次,时长一节课,共5000余名学生参与。劳动项目基地校的建立,使学生习得劳动知识与技能,感悟和体会劳动价值,提升劳动技能。

(武艳平)

【“星火计划”项目研讨会召开】 4月7日,为科学规范管理石景山区“星火计划”项目,优化项目校工作实施,区教委组织召开2023年石景山区“星火计划”项目研讨会。会议交流“星火计划”项目的基本实施情况,第一批项目校取得的成果、典型经验及第二批项目校的项目计划。与会市领导和专家肯定辖区“星火计划”工作,并提出建设性意见,为实施下一步工作提供思路。会议强调要瞄准“星火计划”项目建设关键点,推动“星火计划”与教育教学融合,促进辖区教育信息化水平整体提升。

(王贤鑫)

【调研中小学新课程实施】 4月至5月,为做好2022年版义务教育课程方案和课程标准的落实工作,促进学校理解新方案和新标准的精神和要求,区教委基础教育科协同区教育分院基教研中心课程室开展以集团为单位的全区中小学新课程实施方案设计与实施调研工作,了解学校课程的整体规划设计与实施情况,学校精品课程及特色校本课程建设情况,梳理总结区域课程建设工作中的典型和特色经验,发现学校课程建设工作中存在的问题与不足,促进学校提升课程建设工作水平。

(许仕琦)

【AI大数据作业教学研讨会召开】 5月11日,“探索‘AI大数据作业’教学,落实双减提质增效”教学研讨会召开。研讨会第一环节主题为“课堂探索——AI大数据作业融入课堂教学”,共7个学科7位老师进行课堂展示。第二环节“实践思考——数据助力教育的行动反思”,回顾和总结“AI大数据作业”教学在实验中学推进的过程以及学生、老师的经历、收获和体会。与会专家和领导肯定辖区“AI大数据作业”的成果,强调探索科技为教育赋能的路径,满足学生全面有个性的发展需求,打造高质量、高效率的学校育人体系。

(王贤鑫)

【第37届“四联展”启动】 5月中旬至6月中上旬,区教委和区教育分院组织的石景山区2023年中小幼师生第37届“四联展”启动。“四联展”围绕“学习二十大 童心向未来”主题展开,共展示“绘画、书法、工艺、劳动”四大领域的中小幼师生作品5955件,其中学生和幼儿作品4977件,教师作品978件,参展中小学、幼儿园101所。全区幼儿园和中小学校利用校园内橱窗展板布展、社区橱窗进行展览展示,全区100余个社区参与展示。各幼儿园和学校还利用校园公众号平台开展宣传活动,师生作品获得家长、学生、社区居民好评。

(荆 林)

【科研先进学校现场述评会召开】 5月29日,为推动基础教育科学研究发展,营造教育科研学术氛围,发挥教育科学研究对教育改革发展的支撑、驱动和引领作用,区教委基础教育科联合区教育分院科研中心在区教育分院举办“十四五”时期石景山区科研先进学校现场述评会。现场述评共有21所学校参加,分小学(学前)组、中学组两场同时进行,各学校汇报人结合科研先进学校评价指标,整理学校“十四五”期间的教育科研成果获奖情况与成果应用转化情况,介绍学校科研指导思想、组织架构与制度保障等内容。通过述评,有助于各校系统梳理教育科研工作,总结前期辖区科研工作推进情况,为科研工作开展奠定基础和提供策略依据。

(王贤鑫)

【课后服务审计】 6月16日,市教委委托第三方对区教委有关课后服务专项激励资金政策绩效进行专项审计,审计期间为2022年全年,项目审计按要求延伸至具体执行学校。同月19日,第三方对人大附中石景山学校、北大附小石景山学校、石景山区外语实验小学分校、北京市同文中学和首都师范大学附属苹果园中学分校5所学校进行课后服务绩效专项审计。8月初,反馈课后服务存在的问题,区教委组织学校进行整改。

(王贤鑫)

【教科书选用工作会召开】 7月14日,根据北京市教委下发的《〈北京市中小学教科书选用管理实施细则〉通知》和《石景山区中小学教科书选用操作办法》的要求,为规范教科书选用工作,区教委联合区教育分院召开2023—2024学年度教科书选用工作会。会上,分院领导传达市级相关会议精神,区教委基础教育科介绍中小学教科书选用操作的相关规定,区教育分院教材管理部门介绍分学科组教材推荐意见,选用委员会全体成员进行研讨和投票。纪委纪检组和教委财务科参加监督指导。

（王贤鑫）

【印发“十四五”特殊教育发展提升行动计划】 8月9日，由区教委牵头，区发展改革委、区民政局、区财政局、区人社局、区卫健委、区残联等7部门联合印发《石景山区“十四五”特殊教育发展提升行动计划》，旨在落实党的二十大提出的“强化特殊教育普惠发展”精神，落实教育部等部门印发的《“十四五”特殊教育发展提升行动计划》及北京市教委等部门印发的《北京市“十四五”特殊教育发展提升行动计划》要求，为辖区特殊教育发展明确目标和方向，促进特殊教育向更高质量发展。

（荆 林）

【研学旅行排查】 8月15日至16日，区教委基础教育科对全区中小学组织开展的境内外研学旅行活动进行排查，目的是规范研学管理，指导各中小学规范研学活动管理和安全保障，做到“活动有方案、行前有备案、应急有预案”。排查结束后，填写《暑期研学旅行活动情况统计表》，并针对研学旅行排查和管理工作有关情况形成专门报告。

（王贤鑫）

【基础教育管理服务平台案例分享】 9月14日至15日，为贯彻落实教育部办公厅《关于进一步做好全国基础教育管理服务平台应用工作的通知》的要求，教育部在安徽省合肥市召开全国试点应用培训。会上，区教委基础教育科科长代表北京市作平台应用案例分享，以“守正创新丰富供给，技术赋能提质增效”为主题，从区域统筹，有序开展、稳步推进，务求实效、加强评价，宣传提升3个方面介绍辖区课后服务落实情况，从高度重视；强化组织、宣传引导；家校协同、加强研究；确保有序、常态管理，提质增效4个方面介绍辖区“中小学管理服务平台—课后服务模块”使用情况，为课后服务工作开展和管理服务平台使用提供案例分享和经验借鉴。

（王贤鑫）

【首届青少年读书节召开】 9月18日，区教委、区教育分院召开2023—2024学年度石景山区经典阅读活动暨石景山区首届青少年读书节启动会，石景山区一线中小学语文教师代表相聚云端。会议邀请国家语委专家作专题讲座，区教育分院阅读项目负责人从活动目的、活动主题、活动内容、具体实施等方面对《石景山区首届青少年读书节活动方案》作解读与说明。

（王贤鑫）

【智慧校园建设调研】 9月26日至10月20日，区教委基础教育科联合区现代教育技术中心对全区中小学开展区智慧校园建设与应用成效调研。各学校总结梳理智慧校园建设与应用成效，按照相应评价指标做好学校自评，上交《石景山区智慧校园建设与应用成效自评表》。区教委主管领导及基础教育科和现代教育中心根据学校自评情况开展实地调研或座谈，根据区级发展方向和学校需求推动全区智慧校园建设。

（王贤鑫）

【教材、教辅和校园课外读物排查】 10月8日至11月8日，区教委面向全区中小学组织开展中小学教材、教辅和校园课外读物全面排查整改工作。各学校对照国家课程教材内容审核标准、课外读物负面清单和教材插图排查要点等，围绕教材选用使用情况、教辅材料选用使用情况、校园课外读物管理情况和其他进校园各类资源管理情况进行全面排查并形成排查报告。区教委通过梳理排查形成区级排查工作报告，内容包括排查情况、发现的主要问题和整改措施。

（蔡 冰）

【学区制管理和集团化办学调研】 10月9日至20日，为了解学区制管理和集团化办学推进情况，推进学区制管理和集团化办学改革，扩大优质教育资源供给总量和覆盖面、受益面，根据市教委通知，区教委基础教育科对全区4个学区和8个教育集团学区制管理和集团化办学情况进行专项调研。各相关科室和教育集团梳理学区制改革和集团化办学工作开展及改革推进情况，区教委形成区级专项调研报告，内容包括总体情况、工作成效、主要经验、存在问题和下一步考虑。

（王贤鑫）

【学校课后服务工作调研】 10月，区教委基础教育科设计线上调研问卷，组织开展石景山区学校课后服务工作情况调研。调研面向学生家长，聚焦学校课后服务开展的内容、时段时长、教师和学生参与度以及课后服务满意度进行线上问卷填写。依据学校课后服务工作调研情况和满意度的调查数据，为课后服务激励发放提供数据支撑，促进各学校完善课后服务工作，提升课后服务质量。

（许仕琦）

【教育教学培训展示活动】 10月，区教委完成第二十一届中小学教育教学培训与展示活动暨第四届“守正杯”思想政治学科教学和优秀课例评比活动。教育教学培训与展示活动包括教研组活动、德育、心理健康、校本课程、“守正杯”、体育与健康、团队活动课7类，共1230人次参加。最终评选出教学设计（教研组活动设计）一等奖76项，二等奖115项，三等奖113项；课堂教学（教研组活动）展示一等奖80项，二等奖120项，三等奖108项。

（施 爽）

【第九届“墨香书法”展示活动】 11月27日至12月11日，石景山区中小学师生第九届“墨香书法”展示活动在区文化馆八层美术展厅举办。展示活动共收到师生书法作品1269幅，评选出251幅优秀作品进行集中展示，展现出辖区书法教育教学的优秀成果，引导中小学师生树立“各美其美，美美与共”的品质。

（荆 林）

【劳动教育调研】 11月30日，区教委向市教委提交区级劳动教育工作调研报告和区劳动教育实践基地统计表。年内，区教委基础教育科组织学校开展2023年劳动教育工作调研，总结区域学校劳动教育成果，形成区级劳动教育调研工作报告。报告内容主要包括所做主要工作，取得的成效，特色亮点工作和下一步工作计划等，还包含劳动教育课程设置、劳动周实施、以校为单位的劳动教育清单制定等情况。

（王贤鑫）

【宏志奖学金申报评选】 年内，按照市教委统一部署，区教委完成石景山区普通高中宏志奖学金的申报、评选、审核、发放等工作，辖区共50名学生得到奖学金教育资助。

（施 爽）

高等教育

【概况】 2023年，石景山辖区内有北方工业大学、中国科学院大学、北京工业职业技术学院、首钢工学院、国家检察官学院等高等院校。北方工业大学（简称北方工大）设置13个院（系、部）。开设48个本科专业，覆盖7个学科门类；具有一级学科18个，一级学科硕士点18个，硕士专业学位授权类别10个。硕士生导师514人，博士、硕士导师44人。国家级一流本科专业建设点13个，北京市级一流本科专业建设点20个，北京高校重点建设一流专业2个，北京高校高精尖学科1个，有北京市重点实验室4个。学校在市教委2022年高校分类发展绩效考核中获评优秀，领导班子在全市考核中获评优秀，通过市教委分类发展项目调研和储能新兴交叉学科平台建设方案。1个项目和4个案例入选党建和思政工作培育项目和经验案例。1人获评北京高校优秀共产党员，1人获评北京高校优秀党务工作者，1个党支部获评北京高校先进基层党组织。北京工业职业技术学院（简称北工职院）设置7个院（系、部），开设27个专科专业；有"双师型"教师193人，聘请校外教师43人、行业导师11人；毕业生中取得职业类证书228人。

（王怀秀 闫大志 陈晓翔）

【北工职院师生获"北京大工匠"称号】 4月27日，北京市总工会公布第三届"北京大工匠"选树结果，北工职院机电工程学院老师杨晓雪获文物数字化工程师"北京大工匠"称号，这是学校首次获得该奖项，也是此次选树活动中唯一获奖的职业院校。在北京祥龙博瑞汽车服务（集团）有限公司就业的毕业生程旭东获汽车维修工"北京大工匠"，在SMC（中国）公司工作的毕业生李锦山获自动控制工程技术人员"北京大工匠"称号。

（闫大志 陈晓翔）

10月28日，北工职院与门头沟区政府合作签约 （北工职院供图）

【民建中央一行到北工职院调研】 6月7日，全国人大常委会委员、社会建设委员会副主任委员、民建中央副主席孙菊生一行到北工职院调研。党委副书记、院长安江英，党委常委、副院长冯海明，党委常委、副院长沈莹等陪同调研。孙菊生对学校整体发展情况和办学综合实力给予肯定。

（闫大志 陈晓翔）

【北工职院入选全国高校黄大年式教师团队】 9月，教育部发布关于第三批全国高校黄大年式教师团队创建示范活动入围名单，全国共有199所高校入选，北工职院由张春芝教授为负责人的智能设备技术教师团队入选，实现学校在教师队伍建设上的新突破。学校智能设备技术团队围绕智能设备技术应用领域，培养高素质复合型技术技能人才，开展课题研究和技术服务，产教融合、科教融汇，推进教学教育与科学研究协调发展。团队共有成员42名，专业结构、年龄结构合理，拥有国家"万人计划"教学名师2名，国务院特殊津贴专家1名，全国优秀教师1名，北京市高创计划领军人才1名，北京市教学名师6名、青拔人才2名，"北京大工匠"1名。

（闫大志 陈晓翔）

【178名首届毕业生获中赞职院毕业证书】 10月6日，中国—赞比亚职业技术学院首届毕业典礼在赞比亚卢安夏举行，178名首届毕业生获得中赞职院毕业证书。北工职院党委副书记、院长安江英代表学校向中赞职院北工院分院毕业生送上毕业祝福。

（闫大志 陈晓翔）

【全国通用人工智能行业产教融合共同体落地】 10月28日，全国通用人工智能行业产教融合共同体成立大会暨人工智能产业人才培养论坛在北京市门头沟区京西智谷举办，由北工职院与北京航空航天大学、北京市商汤科技开发有限公司共同发起成立。共有来自近20个省份的100余家科研机构、大学院校和人工智能产业重点企业参会，并共同探讨通用人工智能产业未来发展方向、产教融合实施路径以及多元协同人才培养新路径。大会当日，北工职院与门头沟区政府签署合作协议，并共同揭牌"京西智谷人工智能人才公共实训基地"。

（闫大志 陈晓翔）

【首批"中文工坊"项目在阿根廷揭牌】 10月31日上午，北工职院与教育部中外语言交流与合作中心、西藏珠峰资源股份有限公司三方共建的阿根廷锂钾中文工坊揭牌仪式在阿根廷萨尔塔省工程师协会举行。北工职院2022年与西藏珠峰资源股份有限公司子公司阿根廷锂钾有限公司联合申报“锂钾中文工坊”项目,获得中国教育部语合中心批复,入选2022年语合中心首批“中文工坊”项目,也是唯一在南美洲开办的“中文工坊”项目。

(闫大志 陈晓翔)

【京工微至“一站式”学生社区揭牌】 11月7日下午,京工微至“一站式”学生社区揭牌启动仪式在北工职院学生活动中心一层举行。学校本着“1+5+N”的理念,以“三四五六”综合管理模式,推动打造富有新时代特色、体现“大思政”要求、贴近学生实际的育人新场域,用最温暖的关爱、最细致的工作陪伴学生健康成长。

(闫大志 陈晓翔)

【北工职院理事会换届】 12月26日,北工职院召开北京工业职业技术学院理事会换届暨第二届理事会第一次会议。会议审议通过《北京工业职业技术学院第二届理事会成员名单》,选举产生理事长、副理事长和秘书长。党委副书记、院长安江英当选第二届理事会理事长。参会理事结合实际情况,围绕理事会作用发挥进行交流,从人才培养、产教融合、校企合作等方面为学校发展提出意见和建议。

(闫大志 陈晓翔)

【产教融合培养高素质应用型人才】 年内,北方工大深化人才培养模式改革,获评2022年国家级教学成果奖3项。数字产业学院获评首批市级产学研深度协同育人平台。新办市属高校第一个储能科学与工程本科专业,成立市属高校首家“储能科学与工程学院(筹)”。在第十八届“挑战杯”国赛中首次获得全国一等奖,在全国普通高校大学生竞赛排名中位居市属院校第二。

(王怀秀)

【科研工作】 年内,北方工大围绕国家战略和首都发展需求,召开“北方·扬帆”科研创新暨科技成果转化大会,成立“低碳技术研究院”。获得教育部技术发明奖一等奖、北京市科技进步奖一等奖、中国钢铁工业协会和中国金属学会冶金科学技术奖一等奖各1项和北京市科学技术奖励3项。1个项目入选国家能源局“十四五”第一批“赛马争先”创新平台,牵头成立雄安新区城市新兴风险研究中心。

(王怀秀)

【建设高水平师资队伍】 年内,北方工大引进国家级高层次人才3人,1人当选全国政协委员,1人获评“首都劳动奖章”,1人获评首批“北京市先进科技工作者”,4人入选“终身科学影响力榜单”,3人入选政府特贴,3人入选北京市战略科技人才,6人获评北京市教育系统“育人榜样(先锋)”,2人获评民盟北京市委思政工作先进个人。

(王怀秀)

【提高思政工作实效】 年内,北方工大推进“大思政课”综合改革,系统设计3大板块11个专题的师生暑期社会实践项目,组织398支实践团队近3000名师生同上一堂“行走的大思政课”。2个团队入选全国大学生暑期实践团队TOP100,1支团队被评为“三下乡”社会实践优秀团队,2个项目入选首都高校师生服务乡村振兴行动计划。入选1项教育部全国高校思想政治精品工作项目、1个北京高校思政工作创新示范工作室、2个北京高校思政工作创新示范案例。获评首都学生资助典型经验单位、北京高校心理素质教育工作先进集体。

(王怀秀)

5月18日,北方工业大学举办“北方·扬帆”科技创新暨科研成果转化大会

(北方工大供图)

成人教育

【概况】 2023年,北京市石景山区业余大学暨石景山社区学院(简称区业余大学)有八角和八大处2个校区。设有3个教学系,开设23个专业,覆盖9个学科。教职工84人,其中专任教师25人,行政人员44人,教辅人员15人;研究生学历41人、本科学历42人;正高级1人,副高级23人。毕业768人,其中专科生329人,本科生439人。招生467人,其中专科生157人,本科生310人。在校生2541人,其中专科生617人,本科生1924人。开展非学历继续教育培训项目117个,包括会计初级职称、养老服务人才等职业技能培训,舞蹈、美术、器乐等青少年教育以及老年普惠教育等;职工继续教育培训182场,包括时政党建、职业素养与领导力、法治与安全等,全年培训31348人次。信息化经费投入33.8万元,信息化设备资产7.8万元;教育经费投入3234.21万元,其中国家拨款3111.98万元,自筹经费122.23

万元。校刊《三石录》总期数326期、年内期数10期,编著《北京市石景山区成人教育学会学报》1期。58人次学生在“北京大学生文创设计大赛”、全国大学生数智化企业经营沙盘大赛、经济管理案例设计与分析大赛等比赛中获得佳绩。为43家驻区单位12937人开展182场继续教育培训,开展养老护理员、中式面点师、会计职称、消防中控员等职业资格和技能培训420人,组织完成33类共28万余人次的招录考试、面试及社会考试。开设青少年项目40个,培训班级359个,培训青少年学生2944人;开设老年项目71项,班级126个,2077名老年人参与学习。线上线下开展理论宣讲、法律服务等文明实践活动333场,参与市民2万余人。获“2022—2023学年度教育工作先进单位”“2023年度北京开放大学学历教育办学先进集体”等荣誉称号。

(向左霞　张　沫)

【推动校企合作】 3月8日,区业余大学与景秀教育校企合作大专班新生开学典礼举行,142名新同学开启学业新征程。年内,区业余大学深入到两所校企合作单位——北京公交技校、景秀教育,围绕校企合作的教育教学和管理,开展交流和研讨。为提高校企人才培养质量奠定基础,巩固双方的校企合作。

(赵明旭　张智鹏)

【举办厨艺风采大赛】 3月15日,“传承馔羞经典 弘扬京味文化”石景山区首届中医养生饮食文化节暨第十届厨艺风采大赛在区业余大学八大处校区百草珍馐馆举办。活动邀请石景山区各街道及企业、公司代表队共十组参赛队员参赛。中国烹饪大师、中式烹调高级技师丁海涛现场为选手们开展“百草珍馐饮食文化”讲座。11月23日,“舌尖盛宴拼厨艺 健康饮食话养生”石景山区第二届中医养生饮食文化节暨第十一届厨艺风采大赛在区业余大学举办。共有石景山区街道、企事业单位、学校及学习社团代表9组参赛队员参赛。丁海涛为参赛选手进行现场示范。通过现场比拼,9组选手分别获最佳口味奖、最佳创意奖和最佳人气奖,大赛评委及领导为获奖者颁奖。

(徐迎军)

【成人教育学会交流办学经验】 3月16日,北京市成人教育学会第七届八次理事会召开,区业余大学作为5个受邀单位之一在会上交流办学经验与成果。副院长戎梅代表学院以“凝心聚力,一起向未来”为主题在会议现场做分享交流。

(马　兰)

【大学生志愿服务队成立】 3月18日,区委宣传部、区业余大学举行石景山区新时代文明实践中心“大学生志愿服务队”成立授旗仪式。志愿服务队成员是区业余大学、北京开放大学石景山分校在籍的大学生,主要参与社会主义核心价值观理论宣讲、班级课堂助教、居住地社区治理等志愿服务活动。

(王亚飞)

【举办市民教育开放日活动】 3月23日至24日,区业余大学开展“展终身学习风采 创全国文明城区”市民教育开放日活动,来自全区9个街道130余名市民学习代表参加体验学习活动。活动涵盖理论宣讲、文化服务、康养健身、生态文明类教育活动共16门体验课程。9月25日,区业余大学开展“喜迎中秋 共贺华诞”——传统文化主题市民教育开放日活动,传统插花、葫芦工艺品、传统茶艺等学习内容烘托节日氛围,激发市民学习热情。来自全区各街道的40余名市民参与活动。

(徐迎军)

【举办科研专题培训】 5月23日,区业余大学举办“课题的选题和申报书撰写”科研培训。北京市教育科学研究院终身教育研究室副主任、副研究员沈欣忆博士主讲。全体专职教师、各类课题负责人和执笔人及部分行政处室工作人员共45人参加培训。培训从如何确定研究问题、如何拟出有吸引力的研究课题、如何获得高质量文献、如何撰写申报书等4个层面进行讲授。

(马　兰)

【老年艺术教育教学成果展演举办】 5月26日,区业余大学开展第四届艺术节暨老年艺术教育教学成果展演。艺术展演分为展览与表演两个部分。展览汇集区业余大学2021级至2023级表演艺术、美术、书画艺术3个专业以及老年大学工笔班学生的近百幅作品。2021、2022、2023级表演艺术专业、书画艺术专业、美术专业的学员及老年大学的同学们呈现古典舞蹈、少数民族舞蹈、表演唱、诗朗诵、合唱等表演节目。区业余大学的领导和嘉宾为获得优秀展演奖的学员们颁发荣誉证书。

(易　琳)

【开启智慧助老公益行培训项目】 5月30日,区业余大学与北京老年开放大学联合举办的“智慧助老”公益行培训项目开启,首批25名社区老人参加。培训开展5个主题的教学模块,涵盖就医、出行、视频制作等内容。6月27日,首批学员结业。培训项目是区业余大学作为石景山区市民学校总校及北京老年开放大学分校,联动社会力量共同开展的一次助老服务。

(徐迎军)

【中国传统文化研学】 7月14日,俄罗斯赤塔市第四中学汉语研学团结业仪式在区业余大学举行,为期5天的中国传统文化研学活动结束。区政府外办、区教委、区业余大学领导与俄罗斯赤塔市第四中学师生参加。俄罗斯赤塔市第四中学汉语研学团在区业余大学研学期间,了解石景山传说,体验和学习中国茶技艺、剪纸艺术、饺子制作、民族舞、串珠技艺、兔爷绘制等,参观法海寺壁画艺术馆,了解中华优秀文化,收获友谊。区政府外办主任、区教委副主任、区业余大学院长及研学团教师共同为学生颁发结业证书。

(向左霞)

【老年教育文化艺术节举办】 10月20日,由区教委、区业余大学主办,石景山老年大学、石景山老干部大学分校、石景山(幸福颐养)老年大学承办的“熠·京秋 石景山区第二届老年教育文化艺术节”在区业余大学举办。艺术节动态节目展演融合合唱、舞蹈、模特、器乐、武术等表演。静态作品展区展出摄影、书法、绘画、剪纸、手工等系列老年教育学习成果。

（徐迎军）

【“全市一堂课”示范课开讲】 10月29日，北京开放大学石景山分校赵秀艳老师，在北京开放大学的智慧教室，以《金融学》为课程内容，面向北京开放大学全体分校学生，讲授示范课。赵秀艳融合线下集中学习、线上集中学习和线上分散学习的多向互动的教学模式开展教学，呈现新形势下混合式教学的新进展。

（张智鹏）

【开放大学延伸评估】 11月10日，北京开放大学党委副书记、校长许晓革带领办学评估检查组一行，到北京开放大学石景山分校开展延伸评估。石景山分校党总支书记倪晓辉、校长于志勇等校领导、相关干部、教师参与活动。于志勇以“坚持党建统领 聚焦创优提质 强化以评促建”为题做专题汇报。评估检查组通过现场考察办学环境、校园文化建设，查阅档案材料，与教师、教务管理人员、班主任进行座谈等环节，对延伸评估进行总结和反馈。

（张 沫）

【举办大学生法律知识竞赛】 12月3日，来自区业余大学、北京开放大学石景山分校的11个专业的45名同学，组成15个参赛队，参加大学生法律知识竞赛现场比赛。经过小组必答、个人必答和抢答3个环节的角逐，最终决出一等奖1组，二等奖2组，三等奖3组。

（张智鹏）

【职业培训品质提升】 年内，区业余大学为区委组织部、区民政局、区文明办、区集体经济系统、区教育系统、各街道等43家单位开展182场在职人员的继续教育培训，参训人员包括区基层党组织书记、志愿者、新入职社会工作者、文明引导员、区教育工会干部、安保干部、语言文字工作者、直属单位及幼儿园老师、区集体经济系统干部和员工等，参训人数12937人。

（向左霞）

【职业资格培训与考试】 年内，区业余大学在做好养老护理员、会计初中级职称培训的基础上，开展中式面点师技能培训。全年共有272人经过培训取得相应资格证书，其中养老护理员232人，中式面点师28人，会计初中级职称12人。与京石消防学校合作，开展148人的消防中控员职业技能取证培训，为6家单位957人开展集团消防安全实操培训。完成普通话水平测试、会计初中级考试、国家统一法律职业资格考试等各类社会考试33场，考试人次28064人次。

（向左霞）

【志愿者送教进社区】 年内，区业余大学《2023年石景山区“志愿者送教进社区”大课表》共涵盖12大类，188门课程。开展“志愿者送教进社区”活动62次，共覆盖5个街道41个社区，服务市民2135人次，送教课程涵盖家庭教育、党史教育、法律时事、智能手机应用、形象礼仪、传统文化、保健养生等类别。

（向左霞）

职业教育

【概况】 2023年，北京市黄庄职业高中（简称黄庄职高）设有鲁谷、八角、玉泉路、十万平和新古城5个校区，设有5个专业群，开设幼儿保育、动漫与游戏制作、计算机网络技术、影像与影视技术、舞台艺术设计与制作、美发与形象设计、中餐烹饪、服装设计与工艺、旅游服务与管理、康养休闲旅游服务、园林技术（智慧园林）等11个专业及综合高中、西藏民族班，共31个教学班。学校有教室121间，包括网络多媒体教室119间。共有教职工138人，其中专任教师85人，“双师型”教师42人，聘请校外教师14人、行业导师1人。招生210人，其中京籍学生187人。毕业生73人，其中取得职业类证书38人。在校生493人，其中京籍学生438人。学校构建“校—区—市”三级课程思政示范课程培育机制，培育10门课程思政示范课程，组织开展“课程思政示范课”展示活动，推出9节示范课。《中职课程思政与思政课程在教学实施中同向同行实践研究》立项2022年北京市职业教育教学改革项目。依据区域产业升级及人才需求变化，学校新增康养休闲旅游服务、园林技术（智慧园林）两个新专业，“影音文献数字修复”新专业方向。新建“影音文献数字化修复基地”“数字动画技术创新中心”，构建“文化浸润 德技并修”文化创意产业人才培养育人模式。学生参加各级各类技能大赛，79人次获区级以上荣誉，考取职业技能等级证书、H3C网络工程师等证书199人次。面对辖区内4所中小学开展多期劳动技能培训5279人次，发挥石景山区园艺驿站、北京市非物质文化遗产传承培训基地作用，开展培训项目26项，培训学时2856学时、公益项目培训学时28学时。

（杨 洋）

【推进学生会改革试点】 1月，共青团中央办公厅、教育部办公厅、全国学联秘书处公布中等职业学校学生会改革试点院校名单，北京、河北等10省份共100个中职学校学生会开展试点工作，黄庄职高入选成为北京市改革试点学校之一。3月16日，为推进学校学生会改革工作进程，校团委在阶梯教室召开学生会改革培训及部署会。11月6日至10日，黄庄职高学生会开展为期一周的“全心‘权’益 我为同学做实事”主题活动，畅通线上线下意见建议反馈渠道。

（李晓铮）

【参与社会服务】 2月21日，黄庄职高“红帆”党员志愿者服务分队师生为八宝山街道鲁谷住宅社区居民提供理发服务。3月8日，黄庄职高承办石景山教育系统“巾帼心向党 奋进新征程”迎“三八”节体验活动，为女教师们提供美食制作、品质生活、传统技艺等体验课程。4月21日，石景山区实验小学1至3年级共800余名学生走进黄庄职高实训室进行《炸春卷》《团扇DIY》等体验课程。10月30日，黄庄职高未来轨道音视频工作室志愿服务队、计算机硬件工作室志愿服务队、“节俭养德 垃圾分类”志愿服务队项目获评2023年北京市中学生志愿服务示范项目、优秀项目。11月2日，黄庄职高作为石景山区首家园艺驿站挂牌单位开展“菊艺芳香”——菊花盆景创作培训及展示活动。活动集中展示70余件师生创作的小菊盆景优秀作品,展示《小型盆景设计与制作》公共选修课教学成果及园林技术专业师生专业技能水平。

(吴　懋　文昌敏　李晓铮)

【课程思政示范课程遴选展示】 2月,黄庄职高启动第一批课程思政区校级示范课程、教学名师和团队申报遴选工作。确定《幼儿园教育活动保育》《web前段基础》课程为学校第一批区级课程思政示范课程,魏巍等教师被评为区级课程思政示范课程教学名师和团队;《旗袍设计与制作》《影视后期综合实践》《中国旅游地理》《生物》4门课程为第一批校级课程思政课程,李洋等教师被评为校级课程思政示范课程教学名师和团队。5月,黄庄职高开展“课程思政示范课”展示活动,推出7节示范课,展示活动听课教师140余人次。其间,北京教育科学研究院职教所副所长吕良燕,副研究员梁燕、王宇波莅临并指导活动。

(尤凤娇　王　玥)

【团委学生会主题活动】 3月5日,黄庄职高团委学生会开展“学习二十大,做永远的追‘锋’人”学习雷锋月主题系列活动。4月3日,黄庄职高团员在八宝山革命公墓参加“学习党的二十大 我为英雄来站岗”——石景山区清明祭英烈主题教育活动暨少年先锋岗启动仪式。

(李晓铮)

【法治安全教育及应急演练】 4月17日,黄庄职高组织开展“青春与法同行”法治主题教育活动。特邀区法院法官助理、学校法治副校长谢亚琼到校,为学生开展“构建美好网络生态,助力青少年健康成长”为主题的法制安全讲座。6月19日,黄庄职高开展“青春与法同行——预防未成年人犯罪”法治安全主题教育活动。邀请北京鑫诺律师事务所律师黄旭,对学生进行“预防未成年人犯罪”法治宣传教育讲座。10月9日,区应急局联合区教委、区地震局、八宝山街道在黄庄职高组织开展地震综合应急演练。通过地震综合应急演练及互动式的宣传教育活动,强化师生员工的安全意识,提升应急自救能力。

(王瑞林)

【捐赠物资志愿公益活动】 4月19日,黄庄职高举办以“让爱流动起来”为主题的为西部欠发达地区捐赠物资志愿公益活动,共捐赠衣物207件、图书269本、文具用品53件、玩具9件,共打包物资21袋。

(张　培)

【读书月启动仪式】 4月21日,黄庄职高在图书馆大厅共同举办2023年“学习党的二十大,‘阅’燃青春,‘读’享未来”黄职读书月启动仪式。中国数字图书馆青少年事业中心副主任张宝霖等参加启动仪式。

(陈　虹)

【推动产教融合】 5月10日,黄庄职高开展“数字赋能文化传承 产教融合协同育人”中国数字文创工程师学院建设成果展示活动,区教工委、区教委领导、行业专家莅临指导,活动中为“数字动画技术创新中心”“影音文献数字化修复基地”揭牌,为中国数字文创学院理事单位企业代表及高职合作院校赠送锦旗,为合作企业代表、学校专业教师代表颁发聘书。活动后,与会嘉宾参观2个新落成实训基地。

(孙慧鸣)

【民族团结中秋节主题活动】 9月28日,由区委统战部、区教工委和八宝山街道办事处主办,黄庄职高、八宝山街道综合文化活动中心承办的“情满中秋节,京藏一家亲”中秋节主题活动在学校举办。活动以“输送文艺演出+体验节日文化”相结合的形式,让西藏班同学们在玩与乐中领略中国传统节日的文化魅力,共叙京藏情谊,共度中秋时光。演出结束后,西藏班学生还参与中秋民俗体验活动,自己动手制作中秋美食“冰皮月饼”。

(文昌敏　陈京燕)

【参与8K国风数字动画制作】 10月28日,黄庄职高数字媒体艺术专业群师生代表参与8K国风数字动画《门神》发布会。该片由北京电影学院副院长孙立军导演,北京盛世顺景文化传媒有限公司、北京市黄庄职业高中等联合摄制,是学校与北京盛世顺景文化传媒有限公司校企合作以来,师生深度参与企业项目实践、技术创新的成果。

(文昌敏)

【通过实训基地项目验收】 11月22日,北京市教育委员会、北京市财政局、北京市人力资源和社会保障局、北京市发展和改革委员会联合公布北京市特色高水平专业院校及第一批特色高水平骨干专业(群)和实训基地(工程师学院和技术技能大师工作室)项目验收结果,黄庄职高与中国数字文化集团有限公司共建的中国数字文创工程师学院,以优秀等级通过北京市第一批特色高水平实训基地项目验收。

(杨　洋)

民办教育

【概况】 2023年,石景山区各级各类民办教育学校、培训机构共84所,其中民办普通中学2所,民办幼儿园29所,培训机构53所(学科类校外培训机构18所)。各类培训机构全年培训人数5630人,民办幼儿园在校生7717人,民办中小学在校生1331人。各级各类学校(中、小、幼)教职工共1956人,其中专任教师801人。共办理行政许可事项7项,办理民办学校变更校长、决策机构成员等备案事项12项。

(白　璐)

【培训机构收费检查】 10月,新学期开始后区发展改革委联合区教委、区市场监管局对18家培训进行全覆盖检查,重点检查机构收费公示情况及指导价执行情况。检查中大部分机构能严格执行有关政策,制定符合规定的收费标准,公示信息清楚完整;对于存在问题的机构要求限期整改,相关问题全部完成落实。

(李志远)

【推进非学科类机构审批】 11月28日,市“双减”专班就非学科类校外培训机构审批工作召开专题会议。12月11日,石景山区“双减”专班组长、副区长申键召开专题会,区文旅、体育、科技部门分管领导参会。区“双减”专班办公室与文旅、体育、科技部门的负责人对接，传达市级文件精神和相关要求并汇总上报相关数据。截至年底，审批通过5家非学科类培训机构。

（戴东晓）

【民办中小学年检】 年内，石景山区研究出台《石景山区民办中小学年度检查指标体系》。成立年检联合检查组，通过听取学校工作汇报、查阅档案资料、实地查看等方式，对民办中小学党建、依法办学、办学条件、教育教学管理、安全卫生、财务管理等方面进行年检，健全民办教育工作检查评价长效机制，促进民办教育健康发展。

（白 璐）

【培训机构全部纳入监管平台】 年内，石景山区线下学科类培训的18址机构全部纳入全国校外教育培训监管与服务综合平台，依托平台做好机构教师、学生、教材、课程培训、资金等日常监管工作。

（戴东晓）

【违规培训查处】 年内，由区教委牵头，会同区市场监管局、公安分局、属地街道开展联合执法检查。先后出动检查人员746人次，"五必巡"常态化检查共开展277址次。重点检查违规举报线索的隐形变异情况，确保现存机构持续合规、已压减机构及无证机构不反弹，地下"一对一"、托管班等违规培训行为及时发现、严肃查处。对检查中发现的李某等违规行为通过"石景山教育"微信公众号进行通报。

（戴东晓）

【规范非学科类校外培训机构】 年内，石景山区按照教育部和市教委相关要求，联动文旅、体育、科技对非学科培训机构开展艺考培训、文化安全风险防范、消防安全等进行检查，确保各项工作达到规定要求。

（戴东晓）

教育管理

【概况】 2023年，区教委支持鼓励托育服务发展，全区幼儿园托班学位740个。编制完成《幼儿入学准备发展水平评价指导手册》，发布《石景山区幼儿入学准备发展水平评价指标》。推进国家义务教育优质均衡发展区创建，监测主要指标推进情况。推动义务教育新课程标准和方案落实，开展学校课程方案制定与实施调研，承办"北京市中小学课程建设优秀成果推广暨主题学习研讨会"。深化高中多样化特色发展项目研究和实践，征集特色创建案例，召开推进普通高中多样化特色发展研讨会。推进实施《石景山区"十四五"特殊教育发展提升行动计划》，开展第五届融合教育评优活动，推进十五年制特殊教育学校建设。增强职成教育、社区教育服务发展能力，推进五大专业群建设，申报获批康养休闲旅游服务专业和园林技术专业（智慧园林）。探索产教融合，加强校企联动，推进影音文献数字化修复产学研实践基地建设和中国数字文创工程师学院建设。10人次在世界技能大赛北京行业技能大赛中获奖，13人次在北京市中等职业学校技术技能大赛获奖。发展学历继续教育、非学历继续教育，完善《石景山管理分中心学分银行学习成果认定与转换管理办法》。加大社区教育微课建设，开发搭建石景山学网，为市民提供网上教学资源，打造网上智慧学习空间。引导民办教育规范健康发展，制定《石景山区民办学校收退费管理细则》，研制出台《石景山区民办中小学年度检查指标体系》，成立年检联合检查组，通过听取汇报、查阅档案、实地查看等方式，指导监督民办学校规范办学。将民办义务教育发展纳入接诉即办"每月一题"，向社会公布举报电话、一码通，严肃查处不规范办学行为。巩固校外培训治理成效，18家学科类校外培训机构纳入预付费式资金监管。开展"中小学生校外培训材料规范管理年"专项检查和"平安消费"专项行动。严防学科类培训隐形变异，开展21次联合执法检查，通报2起违规培训、违规宣传行为。开展"五必巡"常态化巡查，全年检查262个点位，参加巡查723人次。推进教育合作交流，加强京港教育交流，1所学校新缔结姊妹校关系，4所学校开展交流活动。2所学校纳入全市国宾礼仪学校项目库。召开外籍教师管理工作会，加强外籍教师聘用备案。组织参加国际友城俄罗斯赤塔市国际青少年创作竞赛，征集作品200余幅，促进中俄青少年文化艺术交流。推进教育支援合作，承接对口地区50名学生来京研学，资助内蒙古自治区宁城县100名困难家庭和残疾学生，选派22名优秀教师赴对口地区支教，承接各地348名干部教师跟岗研修，通过网络与实地送教形式培训教师5358人次。深化学校结对工作，45所学校开展手拉手交流活动。

（方 卫）

【获评首都劳动奖章】 1月14日，根据区总工会下发的《关于2023年全国五一劳动奖和全国工人先锋号推荐评选工作的通知》通知，经基层单位申报，区教育工会初审，区委教工委研究决定，推荐北大附中石景山学校崔岩参评首都劳动奖章。"五一"劳动节前，中华全国总工会、北京市总工会和北京市人力资源和社会保障局表彰先进集体和个人。北大附中石景山学校崔岩获评首都劳动奖章。

（黄 文）

【推动体教融合】 3月9日，区教委与全国体育运动学校联合会、区体育局战略合作签约仪式在北京景山学校远洋分校举行。国家体育总局青少司副司长王雷，区人大常委会副主任、区教工委书记石显富出席签约仪式。景山远洋教育集团、实验教育集团、人大附中石景山学校教育集团成为"体教融合"试点。

（金清苗）

【创城年度中央测评服务保障】 3月23日至24日，区教委启动区教育系统创城年度中央测评服务保障工作机制。区教委机关、直属单位向全区中小学校、幼儿园、心理辅导站、青少年活动中心、学科类培训机构派出包点负责人133名，包点负责人重点时段全天在点位值守，两委包片领导开展督导检查。银河小学、北京九中、未成年人心理辅导站、旗帜教育4个点位接受中央测评组检查。

（马 新）

【“育人先锋”推荐评选】 3月，根据北京市教育工会《关于开展“育人榜样（先锋）”推荐和宣传活动的通知》和石景山区教育工会《关于推荐评选2021—2022学年度“育人先锋”活动的通知》，各基层工会通过民主推荐、集体评议、教育工会委员会初审、报教工委同意推荐，刘永江获评北京教育系统“教书育人榜样”，高珊等3人获评北京教育系统“教书育人先锋”，王静等5人获评北京教育系统“服务育人先锋”，聂建辉等5人获评北京教育系统“管理育人先锋”。

（王宝军）

【获批全国100所中职学生会改革示范校】 3月，黄庄职高获批全国100所中职学生会改革示范校。学校贯彻职业教育高质量发展理念，适应区域产业升级和技术变革的新需求，以打造高质量专业群为目标，深化产教融合、校企合作，提高人才培养质量。6月28日，黄庄职高第一次学生代表大会开幕式召开，区委教育工委、团区委领导出席大会，区教委德育科、职成科、团队办科长，集团校党委书记，北京市学联驻会执行主席，学校党总支书记、校长以及学校党政工团负责人及70余名学生代表参加。

（汤塞力）

【获首都未成年人思想道德建设奖】 3月，区委教育团工委、区少工委“以青春之我 筑强国之梦 创新‘1+2+3+4+5’团队育人新模式启航未成年人思想道德建设新征程”获首都文明办2022年“首都未成年人思想道德建设创新案例”提名奖。以1个方案，即《石景山区教育系统庆祝共青团成立100周年主题教育活动方案》为统揽，重点涵盖2类主题课程、3类育人阵地、4组实践行动和5项浸入式教育活动，展现石景山区未成年人思想道德建设工作成果。

（汤塞力）

【获学习宣传贯彻党的二十大精神创新案例奖】 3月，北京市委教育工委组织开展北京教育系统学习宣传贯彻党的二十大精神创新案例评选工作。经各单位推荐、材料审核、专家初评、专家复评等程序，最终评选出50个创新案例。区委教育团工委、区少工委的“创新‘十学十做’团队育人模式，争当学习宣传贯彻党的二十大精神青春‘领航员’”获奖。此项模式收录于团市委组织出版的《青春铸魂》一书中。

（汤塞力）

【少先队员完成纪念碑站岗】 4月19日至24日，石景山区少先队员代表在天安门广场人民英雄纪念碑前，完成2023年首都少年先锋岗任务。北京市古城中学、北京景山学校远洋分校、北京市京源学校、石景山区实验中学、北京教科院附属石景山实验学校、首师大附属苹果园中学分校等6所学校的126名少先队员代表，完成6天轮换站岗。

（汤塞力）

【获全国优秀共青团干部称号】 4月底，共青团中央揭晓2022年度全国“两红两优”光荣榜，北京共青团共有4个团组织被授予全国五四红旗团委称号，8个团组织被授予全国五四红旗团支部称号，8名同志被授予全国优秀共青团员称号，6名同志被授予全国优秀共青团干部称号。石景山区教育系统汤塞力获“全国优秀共青团干部”称号。

（汤塞力）

【获市教育示范学校认定】 4月，根据《北京市教育委员会关于公布北京市中小学科技教育示范学校评审认定结果的通知》，石景山区8所学校被市教委认定为北京市中小学科技教育示范学校，分别为北京市京源学校、北京市第九中学、首都师范大学附属苹果园中学、北京大学附属小学石景山学校、北京市石景山区实验中学、北京市古城中学、北京景山学校远洋分校、北京大学附属中学石景山学校。根据《北京市教育委员会关于公布2022年北京市中小学艺术教育特色学校评审认定结果的通知》，石景山区10所学校被市教委认定为北京市中小学艺术教育特色学校，分别为北京市第九中学、北京市京源学校莲石湖分校、北京市京源学校、北京大学附属小学石景山学校、北京市石景山外语实验小学分校、北京景山学校远洋分校、北京大学附属中学石景山学校、北京市石景山外语实验小学、北京市石景山区实验中学、北京市石景山区古城第二小学。

（周晓敏）

【西部温暖计划公益项目】 5月9日，石景山区团教工委、少工委，联合团区委，组织号召中小学开展“西部温暖计划”公益项目。45所中小学、幼儿园报名参加“西部温暖计划”校园募集活动，完成征集、整理、打包和运输，累积捐赠爱心物资2126包，衣物3.23万件，图书2.57万册，文具5489套，玩具4937个。

（汤塞力）

【校外少先队实践教育基地授牌】 6月17日，第37个国际奥林匹克日到来之际，石景山区“动就一起”冬奥社区

5月9日，石景山区中小学开展“西部温暖计划”公益项目 （区教委供图）

国际奥林匹克日主题活动开幕式暨校外少先队实践教育基地授牌仪式在高井路冬奥社区文化健身广场举行。区委教育工委副书记为高井路社区“校外实践教育基地”揭牌。

（汤寒力）

【绘画作品获市级奖项】 6月，区委教育工委、区少工委根据市少办、市少年宫工作要求，组织开展“学习二十大 争做好队员”主题绘画作品征集活动，动员少年儿童通过绘画创作方式，展现新时代好少年的良好精神风貌。活动中石景山区共20幅作品获北京市奖项，其中包括3个金奖，4个银奖，6个铜奖，7个优秀奖。

（汤寒力）

【举办中小学生篮球联赛】 7月1日至10日，区教委和区体育局联合举办“奔跑吧·少年”石景山区青少年篮球比赛暨石景山区第六届中小学生篮球联赛。赛期共10天，设小学男子甲组、小学女子甲组、小学乙组（混合）、初中男子组、初中女子组、高中男子组、高中女子组7个组别，共有47支校园队伍参加，进行115场比赛。北京景山学校远洋分校、石景山区外语实验小学分校、人大附中石景山学校获得小学乙组（混合）前三名；北京景山学校远洋分校、北京大学附属小学石景山学校、人大附中石景山学校获得小学男子甲组前三名；北京景山学校远洋分校、石景山区外语实验小学分校、人大附中石景山学校获得小学女子甲组前三名；北京景山学校远洋分校、北京市京源学校、北京大学附属中学石景山学校获得初中女子组前三名；北京景山学校远洋分校、北京大学附属中学石景山学校、北京市京源学校获得高中女子组前三名。北京大学附属中学石景山学校、北京景山学校远洋分校、北京市京源学校获得初中男子组前三名；北京市第九中学、首都师范大学附属苹果园中学、北京景山学校远洋分校获得高中男子组前三名。

（金清苗）

【获全国红领巾中队命名】 7月，全国少工委下发《关于命名2023年度全国红领巾中队的决定》决定命名8870个创建中队为2023年度全国红领巾中队。石景山区获奖的有北京市石景山区青少年活动中心少先队朗诵社团中队、先锋小学六（2）中队、第九中学分校八（1）中队、外语实验小学分校明德中队、景山学校远洋分校四（2）中队、金顶街第二小学六（1）中队、古城小学阳光花房中队。

（汤寒力）

【十一学校石景山实验中学完工】 9月1日，北京市十一学校石景山实验中学完工投用，可提供中学学位1980个。学校位于石景山区北辛安地区，为北辛安地区棚改项目配套学校（建制为48班完中，包含36班初中和12班高中）。项目占地面积约38800平方米，新建总建筑面积44305平方米，其中地上建筑面积31015平方米，地下建筑面积13290平方米。项目建设初步设计概算批复投资31564万元，由市政府固定资产投资支持50%，剩余50%由区级财政承担。

（赵殿彪）

【金顶街小学完工投用】 9月1日，石景山区金顶街小学完工投用，可提供小学学位960个。学校位于铸造村地区，为铸造村地区开发配套学校（建制为24班小学）。项目占地面积约12000平方米，新建总建筑面积18261平方米，其中地上建筑面积9600平方米，地下建筑面积8661平方米。初步设计概算批复投资11685万元，由市政府固定资产投资支持50%，剩余50%由区级财政承担。

（赵殿彪）

【中小学、幼儿园聘任健康副校长】 自秋季学期起，为加强学校卫生工作，石景山区为各学校、幼儿园配备健康副校长。其职责是协助校长指导学校开展卫生与健康教育相关工作，指导学校依照法律法规落实学校卫生工作，提升公共卫生应急处置能力，开展健康宣教及促进学生健康管理工作。

（汪亦佳）

【中小学田径运动会举办】 10月10日至11日，2023年石景山区中小学生田径运动会在石景山区体育场举办。运动会为期2天，设有高中、初中、小学组，男子和女子6个竞赛组别以及100米、200米、4×100米接力、跳高、跳远、铅球等比赛项目。

（汪亦佳）

【上榜全国新时代好少年事迹】 10月11日，2023年度全国“新时代好少年”先进事迹发布仪式在湖南省长沙市举行。发布仪式通过视频播放、现场采访、嘉宾寄语等形式，重点推介8名好少年的事迹，并对其他42名好少年事迹进行集中发布，来自北方工业大学附属学校苗新悦同学（北京市仅2名）上榜。

（汤寒力）

【打造青少年社会调研实践项目】 11月，区委教育团工委、区少办打造“百年风华 青春报告”青少年社会调研实践特色品牌项目，成立176组红领巾调研小组，招募12800余名中小学少先队员，以“报告百年后新时代中国的青春风貌”为核心理念，以社会调研为载体，引导少年儿童走出校园、深入社会，选择“小切口”“微视角”开展社会调研，在红色基因传承、传统文化弘扬、生态环境保护、后冬奥时代建设、综合素养提升等方面进行分类梳理，主体多元，内容丰富。集结推广优秀报告成果，由中国青年出版社出版发行。

（汤寒力）

【获得首批“四星级”团校认定】 11月，团市委面向全市中学团校开展星级评定工作，经材料申报、区委团教工委推荐、团市委专家评审及现场答辩、北京共青团网站公示等环节，北京市京源学校团校被认定为北京市第一批“四星级”中学团校。

（汤寒力）

【在阳光少年艺术节展演中获奖】 12月6日，2023年北京阳光少年艺术节市级展演结束。石景山区获得艺术表演类7金1银，艺术作品类3金3银14铜，优秀节目创作奖2项，最佳指挥奖5项，校外教育成绩取得新突破。

（金清苗）

【第七次少代会召开】 12月21日，中国少年先锋队北京市石景山区第七次代表大会在区青少年活动中心召开。大会听取《中国少年先锋队北京市石

12月21日，中国少年先锋队北京市石景山区第七次代表大会召开

（区教委供图）

景山区第六届工作委员会工作报告》，选举产生中国少年先锋队石景山区第七届工作委员会，审议通过《关于工作报告的决议》及《提案工作报告》，成立石景山区红领巾新闻媒体实践联盟。区委常委、组织部部长张利军，团市委副书记、市少工委常务副主任王泰鹏，区人大常委会副主任、区委教育工委书记石显富出席大会并讲话。来自区教委、团区委、区委宣传部、区文旅局、各街道等部门少先队工作负责人员，中小学书记、校长，校外辅导员代表，各区少先队工作者以及社会各界关心少先队工作嘉宾等300余人参加大会开幕式。与会代表参观红领巾小社团风采展示、“争做好队员”作品展，在互动交流中沉浸式体验区级“红领巾特色章”争章活动，红领巾通讯社小记者们进行现场采访。

（汤蹇力）

【教育工会完成换届】 12月27日，教育工会召开第八届第一次代表大会，经无记名投票，民主选举产生由孟驰、王宝军、许红军、郝树萍、王楠、吴晓晔、刘晶、李彬、张兴元、任超、潘建强、翟路、方卫共13人组成的工会委员会。选举产生由王宝军、徐燕、刘颖、范红艳、田源共5人组成的经费审查委员会。经第八届工会委员会第一次全体会议民主选举孟驰为主席，王宝军为副主席。经第八届经费审查委员会第一次全体会议民主选举王宝军为经费审查委员会主任。经第八届女职工委员会第一次全体会议民主选举方卫为女职工委员会主任，任期五年。

（王宝军）

【获中学生志愿服务优秀示范项目】 12月27日，“青春志愿行 奉献新时代”首都优秀志愿服务项目主题展示活动举行，北京景山学校远洋分校、北京市京源学校、北京市黄庄职业学校5个志愿服务项目获2023年北京市中学生志愿服务优秀示范项目。

（汤蹇力）

【完成全年教职工困难帮扶】 年内，区教委坚持以职工为中心工作导向，完善常态化帮扶工作机制，加大困难帮扶工作力度，通过精准认定，把符合条件的困难职工及时纳入帮扶范围。针对不同致困原因、困难程度和帮扶需求，分类帮扶、精准施策，帮助困难职工家庭走出困境。截至12月底，帮扶因病致困17人、因灾致困教职工18人。

（许红军）

教育督导

【概况】 2023年，石景山区政府教育督导室（简称区教育督导室）依据《石景山区区委区政府有关部门教育职责》和《〈区政府履行教育职责督导评价指标体系〉责任分解》，完成政府有关部门履行教育职责自查考核和各部门党政领导干部考评；按区政府绩效办要求，完成政府相关部门年度教育重点任务梳理工作报政府绩效办备案；完成《区政府履行教育职责自查自评报告》及北京市对石景山区政府履行教育职责情况综合督导检查迎检工作。开展幼儿园办园质量督导评估，部署和指导相关幼儿园做好网上自评资料填报，组织专家实地督导评估6所幼儿园办园质量，督导随访36所幼儿园。开展中小学综合督导和集团办学绩效督导，完成对苹果园教育集团5所成员学校全面实施素质教育综合督导；制定辖区《普通中小学校发展素质教育督导评估工作实施方案（试行）》和评估指标细则，完成对北大附中附小教育集团4所成员学校发展素质教育综合督导，完成9所中小学校综合督导回访；完成对北大附中附小教育集团的集团办学绩效督导。完善责任督学挂牌督导工作机制，开展每月一主题的责任督学经常性督导和各类专项督导检查。统筹组织教育督导评估监测，按照北京市教委要求，组织2021年国家义务教育质量监测分析反馈工作，协调教委相关部门完成辖区整改方案制定；完成2023年国家义务教育质量监测、2023年区教育满意度测评，统计上报辖区2023年学前教育发展状况监测数据。加强督学培训和督导队伍建设，组织督学参加国家和市、区组织的培训，提升督学队伍专业素养和履职能力。参加北京市责任督学挂牌督导工作经验交流会，区教委督学科在会上作挂牌督导工作典型经验发言。组织开展区2023年“督实杯”教育督导论文、案例征集评选，评选区级督学之星。辖区8名督学在北京市第六届教育督导案例、论文评选中获奖；1人获北京市“督学之星”称号。截至年底，区教育督导室专职督学20人，兼职督学97人（其中含责任督学34人、特约督学30人）。

（王桂洋）

【履行教育职责自查自评】 1月至3月，区教育督导室开展政府有关部门履行教育职责自查自评考核，审核35

个相关责任部门2022年落实教育职责情况自查报告、74位党政正职和主管教育副职履行教育职责自查鉴定，并将领导干部个人自查表报区委组织部审核备案。12月，区教育督导室组织开展2023年区委区政府有关部门履行教育职责自查自评工作。依据《石景山区委区政府有关部门教育职责》《〈区政府履行教育职责督导评价指标体系〉责任分解》，各相关单位及领导干部自查自评2023年履行教育职责情况。

（朱志学　刘国峰）

【幼儿园办园质量督导评估】 3月7日至15日，区教育督导室依据《石景山区2021年幼儿园办园质量督导评估工作方案》，组织参评幼儿园依托"北京市幼儿园办园行为督导评估系统"进行网上自评；组织督评专家通过网上评阅资料、实地查看验证等方式，分别完成对北京市石景山区时代花园幼儿园、京娃娃幼儿园、乐知行小天使幼儿园、洛克艺术幼儿园、阳光雨露幼儿园、首钢矿山街道居民管理委员会第二幼儿园等6所幼儿园办园质量督导评估。

（张树升）

【中小学素质教育综合督导】 4月至11月，区教委督学科组织督导评价组，依据《石景山区普通中小学校全面实施素质教育综合督导评价指标体系》（试行），分别完成对苹果园教育集团成员学校的首师大附属苹果园中学、首师大附属苹果园中学分校、苹果园第二小学、海特花园小学和外语实验小学全面实施素质教育综合督导；依据《石景山区普通中小学校发展素质教育督导评估工作实施方案（试行）》和评估指标细则，完成对北大附中附小石景山教育集团成员学校的先锋小学、外语实验小学分校、北大附中石景山学校、北大附小石景山学校发展素质教育综合督导。督学通过听取学校汇报、查阅档案资料、巡视校园、查看教育教学设施设备与专业教室、访谈干部教师和听课等方式，对学校落实素质教育工作情况进行实地督导检查。

（张树升　王桂洋）

【教育督导工作会召开】 5月11日，石景山区2023年教育督导工作会召开。区教委二级调研员段新仓，清华大学素质教育评估中心主任于海峰，区教委督学科、区教育督导与教育质量评估监测中心，辖区全体督学以及各中小学校级领导、教办幼儿园园长参加会议。会上，中国教育学会研究员时俊卿教授反馈2022年石景山区教育工作满意度调查结果。段新仓通报反馈北京市2022年教育工作满意度调查中辖区调查结果和2021年国家义务教育质量监测区域整体情况，并部署义务教育优质均衡发展达标建设情况，要求各单位重视监测结果的分析和改进并加强应用。会议同时部署年度重点工作。

（张树升）

【教育工作满意度测评】 5月19日至20日，区教委、区政府教育督导室责成区教育督导与教育质量评估监测中心委托北京菲尔麦德咨询有限公司开展对全区中小学、幼儿园2023年区教育工作满意度调查。调查以无记名电子问卷方式，对辖区内幼儿园、中小学、特教学校及中职学校的学生、家长、干部教师进行抽样调查。调查对象为辖区内教办幼儿园家长和教职工，教办中小学（小学4—6年级和所有初中、高中年级）和职业高中学生、家长和教职工，区在职干部教职工，特殊教育学校家长和教职工。《调查问卷》根据《北京市普通中小学全面实施素质教育评价指标体系》共同研讨制定。北京菲尔麦德咨询有限公司采集数据后，整理、分析调查数据，撰写《石景山区学校教育工作满意度调查研究报告》。11月，北京菲尔麦德咨询有限公司通过对学校教育满意度调查所获数据进行整理与综合分析，完成调查结果并反馈至区教育督导与教育质量评估监测中心。参加调查的有幼儿园13所、小学32所、初高中25所、职业高中1所及特殊教育学校1所，共67190人，其中回收有效问卷66988份，有效回收率为99.7%。调查结果显示，各学段2023年教育工作总体满意度得分为：幼儿园99.29%，小学95.71%，中学94.19%，特殊教育学校87.76%，职业高中89.29%。2023年全区整体满意度得分95.63%，较上年有所提升。

（王桂洋）

【国家义务教育质量监测】 5月24日至25日，区教育督导室对辖区2023年义务教育质量进行抽样监控测试。抽取辖区20所中小学校作为样本校；监测内容为道德与法治、科学（八年级含物理、生物、地理，简称"科学"）、劳动教育；监测对象为四年级和八年级学生及其相关课程教师、班主任教师和学校领导。完成国家义务教育质量监测现场测试的数据采集。

（王桂洋）

【综合督导回访】 6月26日至29日，区教育督导室完成对九中教育集团的九中分校、金顶街二小、金顶街四小、石景山学校4所成员学校素质教育综合督导回访。12月19日至21日，完成对师范附属小学、银河小学、实验小学分校、同文中学、华奥学校素质教育综合督导回访。督学围绕干部规划、德育、教师与教学、体美卫生安全等4个方面，通过听取汇报、查阅资料、访谈干部教师和实地查看等方式，了解各学校综合督导中存在问题的整改情况并与学校进行交流反馈。

（张树升）

【综合督导意见反馈】 9月12日，区教育督导室召开对苹果园教育集团5所成员学校综合督导反馈会。督导评价组围绕干部规划、德育、教师与教学、体美卫生安全等4个方面就督导结果分别向学校进行反馈，肯定学校的办学成绩，同时提出督导过程中发现的问题。段新仓参会并要求各校正确对待督导反馈意见，针对问题加强研究与统筹，制定措施认真整改。各学校表示接受督导意见并进行整改。相关学校的校长和主管领导，区教育督导与教育质量评估监测中心和督导评价组督学参加会议。

（张树升）

【集团办学绩效督导】 11月3日，区教育督导室依据《石景山区教育集团办学绩效评估指标（试行）》对北大附中附小教育集团开展集团办学绩效督导评估。评价组通过听取集团工作汇报、查阅档案资料、访谈等方式了解集团成立以来的工作开展情况。

(张树升)

【市教育执法综合督导检查】 11月14日,北京市人民政府教育督导室由原市教委副主任、市督学巡视员罗杰带队,市教委处室、市级督学及部分督导专家14人组成教育督导组,对辖区政府履行教育职责情况进行综合督导实地检查。督导内容涵盖政府推进“双减”工作、思政工作、教师交流轮岗、劳动教育、义务教育课程实施等方面工作。督导组听取副区长申键代表区政府作题为《立足关键领域落实重点任务,促进教育高质量发展》的工作汇报。之后分别召开教育行政部门相关科室负责人座谈会、部分中小学校校长座谈会;查看相关档案材料;并分两组实地察看4所中小学,重点察看学校轮岗交流的教师、课程实施、“双减”、思政课、劳动教育等情况。

(刘国峰)

【教育满意度调查反馈会召开】 11月22日,石景山区2023年教育满意度调查工作反馈会召开。会议由区教育督导与教育质量评估监测中心主任主持。段新仓及全区中小学、幼儿园校(园)长和相关负责人以及全体督学参加会议。时俊卿教授就石景山区2023年教育满意度调查的整体情况及指标调研结果,从调查对象、调查目标、调查过程和结论与建议4个方面对学校教育工作满意度调查总报告进行分析解读,分析取得的成绩和存在的问题,并提出具体改进方向和建议。

(张树升)

【义务教育均衡评估监测】 12月,区教育督导室组织各相关学校结合给定的石景山区优质均衡学校账号和《北京市义务教育优质均衡数据平台填报操作工作手册》,填报“北京市义务教育均衡评估监测系统”,对学校填报内容解析答疑说明,完成辖区62所学校(含分校分址)的数据填报工作,并依据此数据完成《石景山区义务教育优质均衡状况总报告》。

(朱志学)

【组织督学培训】 年内,区教育督导室组织督学参加国家义务教育质量监测中心2023年国家义务教育质量监测工作相关培训以及区级统一和专项培训。邀请北京教育督导评估院院长赵学勤就教育强国与教育督导工作对全体督学做区级专题培训。组织督学参加4期北京市督学大讲堂学习培训。结合区教育督导工作需要,先后组织幼儿园办园质量督导评估、中小学校综合督导、责任督学挂牌督导检查等专题督导培训。通过培训,促进督学正确把握教育改革和教育督导方针政策,提高督学教育督导理论水平与工作能力。

(王桂洋)

【挂牌督导和专项督导】 年内,区教育督导室以每月一主题的形式,对辖区内中小学校和幼儿园开展经常性挂牌督导和专项督导。按照市、区教育督导室工作安排,组织责任督学分别开展对43所中小学及58所幼儿园开学准备、疫情防控、安全卫生等春季开学工作,对26所中小学(29所校址)和4所幼儿园校内交通安全,对43所中小学(55所校址)和59所幼儿园中小学德育、幼儿园保育教育、幼儿园校园安全管理及义务教育学校“双减”工作、体育与安全、幼儿园保育教育与安全,对45所中小学(57所校址)和59所幼儿园校园安全工作、开学准备、人员返校情况、中小学“双减”、假期活动等秋季开学工作,对45所中小学(57所校址)和65所幼儿园校园安全、中小学内部督导、幼儿园保育教育,对辖区初中学校开足开齐历史等学科课程、学校中考改革工作落实情况以及对所有幼儿园学位、师资、新增托班等,中小学生课间休息保障、幼儿园“小学化”专项治理、幼儿园安全管理等,食品安全与营养健康、单位消防安全主体责任、义务教育阶段学校课后服务等情况的督导检查。责任督学对在督导中发现的问题及时督促学校进行整改,并在完成实地检查后在北京市教育督导信息管理应用平台填写提交督导报告单,同时强化问题追踪整改、跟踪回访。

(王桂洋)

文　化

我们的中国梦——文化进万家活动
2023年首都市民系列文化活动
福满京城 春贺神州
戏聚石景山-正月十五唱大戏
京剧专场演唱会
大展宏兔

综 述

【概况】 2023年,石景山区文化和旅游局(简称区文旅局)把握城市更新和产业转型发展战略,以文化铸魂、旅游带动为着力点,做好示范区复核迎检,公共文化服务提质增效;推动产业转型,深化文旅资源融合发展;助力城市更新,推进文化遗产保护利用;压实主体责任,确保文旅市场健康安全有序。石景山区累计投入约3.09亿元支持带动文旅建设,完成14项重点文物保护修缮工程。

(刘 烨)

【入选公共文化服务高质量发展典型案例】 2月,区文旅局推选的“石景山区创新‘文化+’智慧社区管理系统助力构建社区治理新模式”入选文旅部基层公共文化服务高质量发展典型案例。5月23日,相关街道运营方受邀于甘肃省张掖市参加全国文化馆服务宣传周暨第十届全国地市级“百馆联动”活动期间举办的“现代公共文化服务体系与文化馆站建设”专题研讨活动,与参会人员共同探讨有关地市文化发展建设的相关问题,并分享成果与经验。

(齐家卉)

【瞭仓书房获全国最美乡村公共文化空间】 6月,文旅部全国公共文化发展中心发布2022年乡村公共文化空间设计展示活动终评结果,石景山区瞭仓书房获最美乡村公共文化空间(创新案例类)。活动由文化和旅游部全国公共文化发展中心联合中国群众文化学会、中国建筑装饰协会、成都市人民政府、新华网开展,并经过活动报名、资格审查、专家初评、各省推荐、网络投票、专家终评、公示等程序,最终全国共有30个公共文化空间获评最美乡村公共文化空间(创新案例类)。

(齐家卉)

【国家公共文化服务体系示范区复核】 9月20日,石景山区完成文化和旅游部组织的创新发展成果评审答辩工作,尹圆参加答辩。年内,李新、李先侠、尹圆等多次以全区动员部署会、实地督导检查、区长专题会等形式,针对国家公共文化服务体系示范区创新发展复核迎检工作做出部署和督导。区文旅局成立示范区建设专班,针对复核迎检工作开展一系列档案培训、公共文化服务效能反馈座谈、图书馆与文化馆总分馆制建设推进会、市级效能评估培训会和实地指导等,统筹三级公共文化设施做好示范区复核迎检工作。梳理完成公共文化服务绩效评价指标档案、过程管理档案2套档案材料,形成示范区创新发展报告、过程管理报告、创新发展案例集、宣传报道集等一系列成果。

(齐家卉)

【区图书馆获公共图书馆评估一级馆】 11月,石景山区图书馆参加首都图书馆阅读庆典大会,其中石景山区图书馆华夏书房分馆获得“十佳优读空间”,石景山区图书馆通过第七次公共图书馆评估获得一级馆。

(孙慧玲)

西山永定河文化带建设

【概况】 石景山区西部建设办公室(西山永定河文化带管理委员会,简称西建办)是负责石景山区西部地区和西山永定河文化带的规划、建设、管理等组织协调工作的区政府派出机构,下设事业单位西部地区和西山永定河文化带建设促进中心。年内,西建办推进地区产业招商,加快模式口文化历史街区更新改造,策划永定河文化节,设计制作文化带宣传产品——《山河永定 石景山的故事》主题绘本,全年在主流媒体推出推文6篇。

(吴 捷)

【产业招商】 年内,西建办加快推进五里坨地区053、055产业招商,053地块保租房签约完成。打造京西文旅运营项目,京西五里坨民俗陈列馆完成全面升级改造,引入“一尺花园”品牌并开业运营,半山花海项目落地,举办冬季冰雪乐园活动,开展户外露营活动运营工作,天泰山自然营地项目基础设施提升改造完成。

(吴 捷)

【2023北京西山永定河文化节】 年内,西建办会同北京广播电视台及相关单位召开研讨会,形成2023北京西山永定河文化节活动方案。6月25日,文化节开幕式在首钢三高炉开幕。开幕式宣传效果创历史新高,当晚直播《高炉音乐会—“山河永定 古都新韵”2023北京西山永定河文化节开幕式》在北京时间、百度、新浪新闻、新浪微博等26家网站平台同步直播,总观看量410余万次;“西山永定河集结令”在开幕式当天取得微博话题“总榜热搜”第七名,话题流量800余万次,较上年提升2.5倍;7月8日,开幕式晚会电视版在北京卫视黄金时段播出,18点至23点平均市场份额(占有率)达12.15%。

(吴 捷)

【设计制作永定河文化带宣传绘本】 年内,西建办挖掘利用西山永定河文化带石景山段历史文脉资源,以促进西山永定河文化带发展建设为落脚点,整体围绕西山永定河文化带石景山区“六张文化名片”,研究制作《山河永定 石景山的故事》主题宣传绘本。年末,《山河永定 石景山的故事》由化学工业出版社出版发行,全书由九个部分组成,分别是与马爷爷相遇、走进模式口、情系“八大处”、八宝山的故事、远古的痕迹、古河道记忆、今昔“河”处、又见“划十档”、首钢大变样,共15万字。

(吴 捷)

【推送永定河文化带宣传文章】 年内,西建办制定2023西山永定河文化带系列宣传推文计划表,并按计划撰写石景山西山永定河文化带重点文化资源系列宣传推文,全年推送《西山永定 魅力京城》《从山到海、从火到冰——百年首钢变迁》《探寻民俗记忆 京西五里坨民俗陈列馆》《数字技术唤醒沉睡的壁画——法海寺壁画艺术馆》《京西风景名胜之地——天泰山》《走近北京石景山,探寻京西古商道》6篇文章至《人民日报》、《中国新闻周刊》、《北京日报》、北京石景山、搜狐新闻、百度、今日头条等媒体刊发。

(吴 捷)

【模式口历史文化街区更新改造】 年内，西建办加快院落改造及搬迁腾退进程，8个重点院落中51号、71号、167号、183号、184号改造完成，38号、53号院改造任务完成80%以上，91号院、178号院完成结构加固、门窗安装及外装施工；16－1号等19个院落完成搬迁腾退签约。模式口历史文化街区完成市级旅游休闲街区评定相关工作，获得第二批“北京市旅游休闲街区”称号。修缮改造与环境整治项目获得国家开发银行北京市分行授信额度15亿元。公共空间改造项目取得市发改委实施方案批复，项目总投资5630万元。

（吴　捷）

群众文化

【概况】 年内，区文旅局统筹区文化馆、区图书馆、区非遗中心、区文化中心开展各项工作。在春节、元宵节、清明节等传统节日时间节点，开展文艺演出、亲子互动、公益电影等群众文化活动。开展“古城之春”、清明诗会等群众文化活动。落实《北京市公共文化服务保障条例》，开展文化馆月系列文化活动。区文化馆在北京市首届服务宣传月暨第五届全民艺术普及月活动中被评为“先进集体”，石景山区第40届“古城之春”艺术节被评为“典型示范项目”。区文化中心全年组织电影公益放映2221场，4.57万人次观影。全区开展各类群众文化活动11639场，直接惠及群众近400万人次。

（区文旅局）

【元旦、春节期间开展群众文化活动】 1月10日至13日，区文化馆文化志愿者开展“送福到家”系列活动，由区内书法家、文艺演出团队、文化志愿者等组成的文化服务小分队，走进全区9个街道，表演文艺节目并将“福”字和春联送给社区群众、特困家庭、残疾人、留京过年人员。1月21至27日春节期间，区文化馆举办《光影留声机》《乐器之王》等惠民演出、“京西叶又红”美术邀请展、迎新春灯谜有奖竞猜活动、艺术辅导及手工制作培训，共开展各种群众文化活动22场，线下数千人参与。同时举办线上“文化馆云课堂”等活动，受益者数十万人。2月3日至7日，举办“福满京城·春贺神州”戏聚石景山——正月十五唱大戏活动。采取“线下＋线上”的方式，通过国家公共文化云、北京数字文化馆直播平台，举办京剧专场、河北梆子专场、评剧折子戏专场、越剧折子戏专场、黄梅戏专场共5场演出，名家及全国和北京票友大赛获得佳绩的票友与区文化馆戏曲团队合作，为500余名现场观众及数万名线上观众表演经典剧目和精彩唱段。

（王春梅）

【“景”秀冰之舞新春音乐会举办】 2月19日，由区文旅局、区体育局主办，北京启迪冰雪体育文化有限公司承办的“景”秀冰之舞新春音乐会暨2023年石景山文旅体消费活动启动仪式在石景山市民冰雪体育中心举办。作为国家公共文化服务体系示范区创新发展的惠民活动，多名专业冰上舞者进行冰上演出，参加活动的领导和嘉宾共同启动2023年石景山文旅体消费活动。

（齐家卉）

【区文化馆举办第16届清明诗会】 3月30日，由区委宣传部、区文旅局主办，区文化馆承办的“忆满京城 情思华夏”——2023年石景山区第十六届“清明花草香 山水诗意浓”清明诗会暨2023年石景山区“诗意四季”主题文化活动启动仪式在北京国际雕塑公园举办。区委宣传部、区文旅局、各街道文化工作负责人及街道社会化运营方负责人等参加活动，街道老街坊、部分学生代表及社会各界游园群众500余人共同欣赏诗词吟诵、文艺演出等节目。

（王春梅）

【区曲艺团成立并举办专场演出】 4月18日，区文化馆曲艺团成立仪式暨专场演出在石景山区文化中心剧场举办。区文化馆曲艺团作为第13支馆办艺术团队，涵盖在职教师、退役军人、退休医生、机关干部、企事业职工等各行各业曲艺爱好者127人，主要开展快板、相声、山东快书、京东大鼓等形式的公益培训、文艺演出、艺术赛事和文化交流等业务活动，创作完成相声《5G时代》《瞧这一家子》《石景山之最》《真心英雄》，快板《腾飞的石景山》等曲艺作品。

（王春梅）

【建设特色阅读空间“心悦书房”】 4月23日，区图书馆联合地区文化教育机构共同打造“心悦书房”图书分馆。作为一家以少儿阅读及活动为主的新型特色阅读空间，“心悦书房”位于石景山区远洋山水南区，面积1200平方米，公共文化服务面积300平方米，馆内有藏书1万余册。场馆将公共阅读区、服务区、数字资源体验区、休闲区等功能区分隔管理。针对幼儿、成年人的不同需求设计书架，分类摆放畅销类图书。

（孙慧玲）

【非遗联动计划】 5月14日，新天龙八部十六周年庆见面会暨石景山文旅非遗X畅游合作启动仪式在区文化中心剧场举行。市文旅局、区政府以及中国台港电影研究会领导专家参加活动。活动是区文旅局与搜狐畅游《新天龙八部》端游开展“非遗＋数字”联动计划，围绕石景山区市级非遗代表性项目“京式旗袍传统制作技艺”开展的合作，在全市范围内率先尝试将非遗技艺与在线游戏融合，以“非遗＋数字”实现非遗文化传承。同时，在区文化中心一层大厅举办和香制作技艺等非遗项目展示体验、玩家互动及相关宣传推广活动，来自京津冀地区的200余名玩家及观众参与。

（闫　旭）

【2023年文化馆服务宣传周举办】 5月22日至28日，文化馆服务周期间，区文化馆以“新时代文化馆开放·融合·创新”为主题，推出交响音乐会、国家级院团文艺展演、讲座辅导、艺术赏析等主题文化活动共79场次，参与群众197440人次，其中线上活动46场，线上参与人数196144人次；线下活动33场，参与群众2296人次。“文化馆奇妙夜”活动作为全国文化馆服务宣

传周的收官活动,获得文旅部、全国公共文化发展中心、北京市文旅局等领导肯定。

(王春梅)

【非遗宣传展示活动举办】 6月10日,主题为"加强非遗系统性保护 促进可持续发展"的2023年石景山区"文化和自然遗产日"非遗宣传展示活动在区文化中心举办。石景山区政府、石景山区文化和旅游局、北京市文化和旅游局非遗处、北方工业大学、西城区文物保护管理中心、石景山区相关单位、石景山区非遗示范校领导、市区非遗专家以及区非遗传承人参加活动。活动以赏非遗盛宴、品非遗美食、淘非遗好物等形式,为群众提供"赏、品、购、逛"文化文物旅游融合新体验。活动当天举办"未来花"区非遗展演暨区"非遗进校园"启动仪式。全区10余所非遗示范校200余名师生参与展演活动,进行舞狮、太平鼓、抖空竹、武术、京剧、剪纸、曲艺表演。

(闫 旭)

【学习二十大理论微宣讲】 6月13日,区图书馆联合北京市学习二十大理论宣讲团在石景山区文化中心彩虹阶梯开展"学习二十大理论微宣讲"活动。5名宣讲员为地区党员和群众代表宣讲二十大理论及优秀实践案例。

(孙慧玲)

【第40届"古城之春"艺术节】 6月27日至11月23日,石景山区举办第40届"古城之春"艺术节。艺术节由区委宣传部、区文旅局主办,区文化馆承办,主题为"传承 开放 融合 创新"。涵盖文艺演出、比赛、展览、培训等文化活动,在全区范围内共组织开展各类文化活动500余场(次),直接参与人次10万余人(次)。艺术节期间,组织"戏韵传情"群众戏曲比赛、"传递梦想"群众朗诵比赛、"迈向未来"群众模特比赛、"舞动石景山"群众舞蹈比赛、"踏歌前行"群众合唱比赛,3600余名群众参赛。举办摄影、书画、音乐、诗歌等各门类文艺作品征集及展览活动;组织"山水一春色 风华四十年"——石景山区古城之春艺术节40年回顾展,数十块展板先后在全区9个街道分馆展出,2万余名居民观展。区文化馆总馆与各街道分馆联动,先后举办舞蹈、合唱、模特、戏曲等培训、展演上百场(次),开展国家级院团惠民演出近20场次。

(王春梅)

【全国广场舞大会启动】 6月29日晚,"舞起来!2023年全国广场舞大会"启动仪式在首钢冰球馆举办。文旅部党组成员、副部长饶权,北京市政协副主席王红,文旅部公共服务司司长陈彬斌,全国公共文化发展中心主任白雪华,市文旅局党组书记、局长杨烁,区委书记常卫,区委副书记、区长李新,中央广播电视总台视听新媒体中心副召集人许文广等领导出席。区文化馆金枫舞蹈团以《振兴乡村唱起来》广场舞表演为启动仪式暖场。启动仪式上,饶权、王红、李新3位领导致辞,区文化馆馆长带领30位广场舞队员共同向全国广场舞爱好者发起"文明广场舞倡议宣言"。饶权、王红、陈彬斌、白雪华、杨烁、常卫等领导上台共同启动"2023年全国广场舞大会"活动。开场舞《一起向未来》拉开启动仪式序幕。石景山区东西部协作地区内蒙古莫旗广场舞团队带来歌舞表演《母亲是中华》。在"七城之约"广场舞展演环节,来自湖南郴州、山东威海、山西大同、四川德阳、贵州贵阳、河南郑州、天津滨海新区7个片区的代表团队表演具有民族特点和地方特色的舞蹈节目。

(齐家卉)

【石宁两地举办文化交流演出活动】 9月12日,由区委统战部副部长、区文旅局副局长带队,区文化馆一行7人,赴内蒙古自治区宁城县参加宁城县"第40个民族团结进步活动月启动仪式暨'石宁两地手牵手 奋进团结花盛开'文化交流演出"活动。启动仪式在宁城县中京广场举行。启动仪式后,区文化馆与宁城县乌兰牧骑同台演出。下午,区文化馆与宁城县乌兰牧骑携手举办"石宁两地心连心 同心共筑中国梦"文化交流演出活动。宁城县乌兰牧骑表演舞蹈《美丽草原我的家》,区文化馆业务干部表演创作歌曲《一半山水一半城》和相声《欢声笑语》。

(王春梅)

【金秋舞蹈季展演启动】 10月11日,"氧气石景山 金秋舞蹈季"活动正式启动,在为期1个月的舞蹈季活动期间,石景山区引进优质文化活动资源,推出专业院团舞剧演出、街舞大师课、群众广场舞展演、舞蹈培训等活动,丰富群众文化生活,推动舞蹈艺术普及。同日上午,由中国舞蹈家协会与区政府共同举办的2023年环境舞蹈展演

6月27日,第40届"古城之春"艺术节启动仪式在文化中心剧场举办

(区文旅局供图)

(北京)在模式口历史文化街区上演,来自专业演出团体的舞蹈演员表演14个舞蹈作品,将模式口历史文化与现代舞蹈艺术相结合。

(齐家卉)

文化遗产保护

【概况】 年内,石景山区非物质文化遗产保护中心(简称区非遗中心)开展2021年度区非遗传承保护专项资金评审和拨付工作,审定金额247余万元。在原石刻文物园的基础上成立石景山区石刻博物馆,并于9月27日正式挂牌;慈善寺古香道文化陈列馆申报为区属博物馆。石景山区举办首届石刻文化节、"5·18国际博物馆日"活动、文化和自然遗产日活动、科普大篷车进军营等活动。实施区博物馆四层服务台部分区域改造提升工程,总造价24994.8元。

(李新志 郑 熙 邵梦莎)

【石景山古建群文物调研】 3月3日,常卫到石景山古建群,调研石景山古建群修缮改造情况。常卫在石景山古建群南天门,实地察看古建群保护利用等有关情况,随后登上功碑阁,俯瞰首钢园区和北京冬奥公园,听取相关规划建设情况的汇报。常卫强调,要做好历史古建修缮、古树名木保护等工作,科学安排、合力推进古建群保护利用工作。区领导迟志禹、尹圆、毛轩陪同调研。6月20日,市文旅局党组书记、局长杨烁,门头沟区常委、区政府副区长庆兆坤等到古建群调研文物古迹保护及打造文化旅游目的地相关工作,副区长尹圆陪同调研。10月18日,区政协开展"推动石景山历史文化遗产遗址活化利用、打造山水文化融合发展品牌"调研活动。实地调研雍正御制碑及碑亭,南山小院,石景山古建群元君庙、功碑阁,现场了解古建群文物修缮及功碑阁情况。田利跃指出,要发挥政协委员和专家的作用,在区政府及文旅局的支持下做好课题研究,提出合理化建议,推动调研工作走深走实。市委第四督导组成员全程参加调研。

(袁 丽)

【冰川馆改造完工并重新开馆】 4月17日,冰川馆闭馆,实施屋面治漏(含遗迹大厅)及外墙面砖改造工程和冬季供暖电加热热水锅炉及设备更换项目施工。6月15日,屋面治漏(含遗迹大厅)及外墙面砖改造工程竣工验收。9月7日,冬季供暖电加热热水锅炉及设备更换项目竣工验收。同月28日,启动"你好!冰川"重新开馆仪式,副区长尹圆,区文旅局局长唐铭,中国地质大学副校长王训练,中国地质科学院副院长、李四光地质科学奖基金会秘书长马岩,中国古动物博物馆副馆长葛旭,李四光纪念馆高级顾问李四光外孙女邹宗平,中国地质博物馆自然资源科普工作办公室处长李雯雯,国家自然博物馆公共服务部副研究馆员高源等嘉宾莅临开幕仪式现场,聘请葛旭、李雯雯、高源为冰川馆荣誉顾问。

(李新志)

【慈善寺改造修缮工程竣工】 4月19日,慈善寺安防升级改造工程竣工。工程主要对慈善寺院内安防系统进行升级改造,经修缮办工作人员验收合格。工程为跨年度工程,上年12月18日开工。工程争取市级资金397.56万元,委托第三方招标公司,按照程序选定北京益泰牡丹电子工程有限责任公司为施工单位。5月24日,慈善寺东路四进院正殿(吕祖殿)修缮工程竣工。工程主要对慈善寺东路四进院正殿(吕祖殿)瓦面、椽等进行修缮和补配,经修缮办工作人员验收合格。工程为跨年度工程,上年9月28日开工。工程争取区级资金27万元,委托第三方招标公司,按照程序选定确定中兴文建工程集团有限公司为施工单位。原定上年11月11日竣工,由于天气以及疫情防控等因素导致工程延期至年内。

(邵梦莎)

【慈善寺第三届"楸树文化节"活动举办】 4月28日至29日,慈善寺举办第三届"楸树文化节"活动,邀请石景山非遗武术传承表演队、五里坨高井高跷等石景山地域特色的非遗传承项目进行展演。同时开展非遗市集以及非遗互动体验活动,重现百年古香道盛会,打造"沉浸式古香道盛会文旅项目"。

(邵梦莎)

【石景山古建群建设修缮项目竣工】 5月6日,石景山古建群市政基础设施建设项目开工,争取市财政资金500万元,监理单位为北京华建项目管理有限公司,设计单位为北京首钢国际工程技术有限公司,通过公开招标的方式,确定金工建设集团股份有限公司为项目实施单位。8月15日,经建设、施工、监理、设计四方验收合格竣工。同月24日,石景山古建群元君庙修缮工程(二期)项目开工,争取市财政资金372.84万元,设计单位为北京北建大建筑设计研究院有限公司,监理单位为北京方亭工程监理有限公司,通过公开招投标的形式,确定北京首华建设经营有限公司为项目实施单位。项目于12月2日经四方验收合格竣工。10月8日,石景山古建群(含功碑阁)实施方案编制项目开工。项目争取区财政资金44万元,通过三方比价的形式,确定北京清华同衡规划设计研究院有限公司为项目实施单位。11月17日,项目竣工。

(袁 丽)

【首届区石刻文化节举办】 5月14日,首届石景山区石刻文化节在区石刻文物园举办,以"观石上文明,赏文化之美"为题,开展文化活动,吸引游客和石刻文化爱好者参与。活动中,区石刻博物馆与北京石刻艺术博物馆建立合作。

(张新荣)

【5·18国际博物馆日活动举办】 5月16日,区博物馆举办"5·18国际博物馆日"活动——今人续古往 文物美今朝活动,活动在区博物馆六层举行。现场举办石景山区博物馆馆标的启动仪式并演出博物馆自编自导迷你历史剧目《源·起》。通过演出,搭建博物馆与公众沟通交流互动的平台,加深公众对博物馆的了解,扩大区博物馆的影响力,参与人数150余人次。

(程 诺)

【举办文化和自然遗产日活动】 6月10日,慈善寺联合区图书馆、区非遗中心、区文化馆共同举办文化和自然遗产日活动。活动由太平鼓表演、非遗手工(毛猴)制作、京式旗袍传统制作、香文化体验、传拓体验与拓片制作、藏书大作战6部分组成。同日,“镌石墨韵”文化和自然遗产日活动在区文化中心举办,通过举办石刻文物讲座和拓片及白描巡展形式推广石刻文化。展览于6月至8月分别在区文化中心、区图书馆、苹果园街道活动中心展出。同月11日,“美满京西 魅力非遗”冰川馆2023年文化和自然遗产日宣传活动在模式口大街居委会门前举办。非遗项目展览展示展卖,发放北京市非遗条例宣传册,原创卡通人物剑齿虎、大角鹿、猛犸象与游客拍照打卡等。

(邵梦莎　张新荣　李新志)

【获评首批文物事业高质量发展十佳案例】 6月10日,在2023年文化和自然遗产日主场城市活动开幕式上,国家文物局公布文物事业高质量发展推介案例名单。由北京市文物局、区文旅局、首钢集团有限公司推介的“工业遗产活化利用 服务人民美好生活”项目获评十佳案例,成为北京市唯一一个十佳案例。

(于浩蕊)

【实施古建筑维护保养工程】 6月16日至12月30日,石景山龙王庙北围墙及环境整治工程实施,总造价3158801.57元。9月6日至11月1日,显应寺及龙王庙部分建筑维护保养工程实施,总造价84333.71元。10月16日至11月23日,贤良寺塔院安全防护工程实施,总造价53028.84元。

(程　诺)

【实施法海寺保护和鉴定项目】 7月24日开始,法海寺石碑科技保护前期研究项目由北京市文物建筑保护设计所实施。主要分析《法海禅寺记》(西石碑)、《敕赐法海禅寺碑记》(东石碑)两通石碑的现状及病害情况,探索石碑病害成因机理,评估保护干预措施的必要性和可行性。项目财政拨款87万元,于11月1日结项。8月9日开始,法海寺文物建筑结构安全性检测及鉴定项目由北京市考古研究院(北京市文化遗产研究院)实施,对法海寺藏经阁及东配殿、西配殿和药师殿4座文物建筑局部结构变形及破坏现象进行检测鉴定,主要为木材材性缺陷在长期受力过程导致的残损问题。探明损伤程度及成因,评估鉴定结构安全性,保障文物建筑安全使用。项目财政拨款24万元,于11月1日结项。8月24日,法海寺大雄宝殿室内柱及装修下架地仗油饰检测及保护研究项目开工,由中国文化遗产研究院实施,主要对大雄宝殿室内柱及装修下架油饰损坏及污染、霉菌、起翘进行实地调研及病害评估,现场实验并制定保护修复方案。项目财政拨款78万元,11月1日结项。同日,法海寺铁质文物保护修复前期研究项目开工,由中国文化遗产研究院实施,涉及铁质文物15件,包括4个香炉、9个花瓶、1个铁磬和1个云板,均为佛教文物。项目明确铁质文物病害程度与发展机理,评估验证各类保护干预材料与措施的安全性和可行性,制定保护修复方案。项目财政拨款59万元,于11月1日结项。9月1日,法海寺四进院及东跨院地面排水工程开工,财政拨款1146931.36元,方案设计单位北京北建大建筑设计研究院有限公司,工程监理单位北京方亭工程监理有限公司,实施单位北京市文物古建工程公司。主要对法海寺四进院地面及二进院东跨院地面残损进行修缮和维护,10月30日竣工验收。

(邢国严)

【西山文化讲坛活动】 8月18日,学习一“夏”区博物馆西山文化讲坛研学活动举办。在显应寺举办文物展览、手工制作,通过讲解了解显应寺历史,并聘请首都博物馆专家进行古建方面的专业讲解,激发各年龄层面对文物的兴趣,参与人数100余人次。

(程　诺)

【京西古香道文化国际交流会】 8月27日,由中国民俗学会香文化专业委员会、区慈善寺文保所、区法海寺文保所、区非遗中心主办,隆和恒泰(北京)文化旅游产业有限公司承办的“山河永定·香飘四海|第四届京西古香道文化交流活动”及第四届京西古香道文化交流研讨会在区天泰山慈善寺举办。中国民俗学会副会长、区政协常务副主席、北京市文旅局非遗处处长、日本著名香道教育家、汉语言文学研究者,韩国香道协会会长,香港中国香文化研究会主席及区外事办、五里坨街道办、区文旅局负责人参加活动。活动当天下午,来自韩国、阿联酋、越南,和中国香港等地香文化代表和与会嘉宾共同参加研讨会活动,来自中日韩三国香文化专家分别分享本国香文化发展历史,促进香文化研究领域的相互了解,为香文化的研究提供参考方向。

(闫　旭　邵梦莎)

【松风雅集文化活动】 9月2日至5日,区非遗中心联合中国民俗学会香文化专业委员会、区慈善寺文保所在首钢园区内南山小院举办“山河永定·香飘四海”松风雅集文化活动。侨梦苑嘉宾、服贸会展商、企业负责人以及对口支援代表近300余人受邀参加活动。活动现场通过赏花、闻香、品茶、听琴等沉浸式传统文化展示展演,体验石景山区历史文化底蕴,塑造文旅服务品牌。

(闫　旭　袁　丽)

【区博物馆中秋、国庆系列活动】 9月29日,“明月今时有 华服映中秋古风讲解”“文物衣橱—石景山区博物馆中秋‘衮、章、补’创意”活动在区博物馆举行,通过区博品牌古风讲解、亲手绘画文物元素等活动内容,让游客沉浸式感受石景山历史,参与人数60余人次。同月30日,“金戈铁马护华夏—石景山区博物馆国庆甲胄制作”活动在区博物馆四层举办,活动使游客对历史军事文化产生新的认识,参与人数50余人次。10月1日,“安得广厦—石景山区博物馆国庆古建筑构建搭建”活动在区博物馆四层举办,活动使孩子们了解古建筑榫卯结构知识,丰富假期生活,参与人数60余人次。

(程　诺)

【赴敦煌研究院开展实地调研】 10月7日至10日,由副区长尹圆带队,北京市文物局二级巡视员刘洪昌,区文旅局党组书记、局长唐铭,石景山区委宣传部副部长、融媒体中心主任王建强等一同前往敦煌研究院参加敦煌壁画保护专题研究会并开展实地调研工作，双方就敦煌壁画和法海寺壁画的保护研究和活化利用工作进行交流探讨。

（于浩蕊）

【慈善寺古香道文化陈列馆申报为区属博物馆】 11月29日，北京市文物局下发《博物馆备案通知书》（京文物备字〔2023〕108号）同意慈善寺古香道文化陈列馆设立备案博物馆。慈善寺以古香道文化陈列馆为基础，将文物保护与博物馆展陈有机结合，挖掘蕴含其中的文化精神。经统计，慈善寺存有馆藏品451件。

（邵梦莎）

【时光的标本展览活动】 12月8日，区博物馆“时光的标本”展览活动在区博物馆四层举行，展览分为“光阴不逝”“绿荫和美”“文物新生”3个单元，分别以照片、植物画、工艺品的形式体现石景山区的人文风采、生态环境和文化底蕴，参与人数1500余人次。

（程　诺）

【法海寺580周年活动】 12月21日，“法海寺：壁画技术、艺术与历史”主题论坛暨北京法海寺落成580周年纪念活动在法海寺壁画艺术馆举办，区文旅局与中国文化遗产研究院签署战略合作协议，北京法海寺博物馆、法海寺壁画艺术馆分别与山西省永乐宫壁画保护研究院和石家庄市毗卢寺博物院签署三方战略合作协议。

（郑　熙）

文化产业

【概况】 年内，石景山区文化及相关产业实现收入1319.23亿元，同比增长23.7%，总量位列全市第四，增速位列中心城区第一，收入规模约为5年前的3倍，文化产业收入占全市比重的6.3%，约占全区第三产业收入的27.2%。文化产业人均年收入达576万元/人，高于全市平均水平218万元/人。

（周佩姮）

【文化产业发展课题研究】 年内，石景山区分析辖区文化产业发展现状，科学谋划文化产业发展路径，开展文化产业发展课题研究工作，形成《以文化产业园建设为抓手，大力推进全国文化中心建设》，加快文化产业园区建设，推进园区点线面布局；形成《石景山区发展电竞产业可行性研究报告》，探索电竞产业未来在辖区的发展路径。

（周佩姮）

【加强政策支持】 年内，石景山区上线运营文化产业综合服务平台，服务区文化企业发展，助力文化产业数字化建设。加强市区政策联动，组织开展“投贷奖”“房租通”“石惠十条”等产业政策专项解读，提高企业申报效率和成功率，助力92家文化企业获得资金支持853.4万元，降低文化企业的融资成本，减轻文化企业的房租压力，坚定企业发展信心。

（周佩姮）

【打造文化精品】 年内，石景山区以“京西福地 山水文化融城”为主题组织服贸会文旅服务专题展，追光动画作品《长安三万里》展示盛唐的恢弘气象、诗人的群像风采；盛世顺景《门神》通过8K超高清视频技术融合动画创作，将京剧程式化表演与现代审美相结合，展现出东方文化艺术魅力。强化“石景山文创”微信公众号建设，全年累计发文528篇，阅读量3.6万余人次。

（周佩姮）

文化市场

【概况】 2023年，石景山区文化市场综合执法大队（简称执法大队）累计开展执法检查3092次，重点对文化娱乐、剧本娱乐和密室逃脱场所、艺术培训机构、电影放映单位等开展专项检查，累计检查企业6300余家次，立案调查违规经营74起，下达责令整改通知书55次，罚款6.22万元。涉刑案件2件，移送率、接收率100%。上报各类工作信息28篇，其中市文化执法总队采用15篇；落实“12345”便民电话7928件，其中网络游戏类投诉占80%，艺术培训机构、旅行社预付式消费纠纷占12%，其他市场纠纷占8%，均按时办结。

（乔　力）

【加强文化执法】 年内，执法大队加强校园周边整治，严查黑网吧、黑歌厅、黑游戏厅。检查出版物销售，严查非法书籍、问题日历台历等。规范石景山区网吧经营秩序，杜绝网吧接纳未成年人，开展网吧从业人员培训，强化依法文明经营意识。开展“防网络防沉迷”主题宣教活动，在2所学校3个社区组织“防网络沉迷 护青少年成长”主题活动，受众1200余人次。

（乔　力）

4月25日，区委宣传部联合区文化执法大队等单位开展保护版权预防未成年人沉迷网络主题宣传活动

（《石景山报》供图）

媒体传播

【概况】 2023年,石景山区融媒体中心(简称区融媒体中心)在区委宣传部直接指导下,履行党媒职责使命,坚持党建引领,深化媒体融合改革,围绕全区中心工作和重点任务,在全媒体平台累计刊发新闻30253篇,央、市级等媒体刊播涉区新闻18000余篇,总阅读量破2亿,实现连续安全播出15816小时。

(谷 雨)

【启动专项业务提升计划】 年内,区融媒体中心邀请《北京日报》编辑驻场指导,跟学跟训,增强中心记者编辑对新闻事件的洞察力、领悟力。加强学习培训,组织业务部门骨干参加北京市新闻战线、京津冀新视听媒体融合学院、融媒分站全媒体传播体系等线下培训10次,累计112学时,参加人员累计106人次,增强新闻工作者职业素养。

(谷 雨)

【宣传党的二十大精神】 年内,区融媒体中心全媒体平台开设《掀起学习宣传贯彻党的二十大精神热潮》《学习宣传贯彻党的二十大精神》《强国复兴有我》等30余个专题专栏,发布2000余条新闻,宣传党的二十大精神,发出主流媒体的声音。刊播《习近平新时代中国特色社会主义思想每日金句系列》《踔厉奋发迎蝶变 奋楫扬帆再出发》《学与思》系列新闻报道400余篇,《每日金句》系列节目受到市广电局的表扬。刊播《红色电波 薪火相传》《强国复兴有我—可爱的中国》等作品,同步开展"深入学习宣传贯彻党的二十大精神,'智勇大冲关'H5闯关答题活动",展现网络宣传新作为。

(谷 雨)

【做好重大专题报道】 年内,区融媒体中心突出对新闻事件的敏感反应,利用现场直播等形式,派出采编小组,进驻活动现场,针对重大活动进行即时宣传。2023中国科幻大会期间,建立科幻大会新闻中心,服务中央、市级媒体。聚焦"京西崛起科幻之城"IP,围绕科幻电影之夜、星球奖颁奖、元宇宙产业峰会等活动,利用视频号、央视频、抖音、快手等短视频平台,进行"北京科幻电影之夜"等系列直播32场。直播"打卡2023中国科幻大会全景式玩转科幻世界"等活动,1个小时累计观看量破1000万。区"两会"期间,派驻宣传报道小组针对民众关心的话题及涉及民生的提案,现场采访两会代表,即时进行全媒体发布。石景山区推进经济高质量发展大会期间,围绕产业转型发展成效、推介优质招商引智项目等专题进行即时报道,邀请嘉宾对大会热点直播解读,约50万人次在线观看。利用现有媒体矩阵和央级、市级等媒体传播渠道,将同一新闻素材进行针对性编辑,短时间内形成规模化宣传效应,扩大传播效能。2023年服贸会期间,与央级、市级媒体和北京云、抖音等商业平台联动,进行全媒体、全流程、全方位的新闻宣传报道。组织、参与4次新闻发布和集体采访活动,接待媒体记者600余人次,在《北京日报》推出专版《石景山区精彩亮相服贸会》,央、市级媒体累计刊发原创新闻稿数量近5000条。中心在自有平台和商业平台号上累计播发原创稿件、视频1000余条次,阅读量达300万。抖音和头条相关话题播放量、阅读量5585.8万。2023永定河马拉松期间,选派中心骨干记者30人成立报道团队,对全程21公里10个点位进行跟踪拍摄,相关新闻素材被中央市级媒体采用,当日各级媒体累计刊发新闻360余篇。借势2023北京文化论坛、冬博会,在全媒体平台开设专题,以直播、专题等形式,在央、市级媒体集中推播系列报道,一体化联动宣传。聚焦百姓身边变化,挖掘新闻典型,深入支援协作地,围绕乡村振兴重点任务,对支援协作地进行重点报道,开设专栏《携手支援协作地 全面推进乡村振兴》,刊播《打通蔬菜销售制约瓶颈 净菜加工为乡村振兴铺路》等新闻。融媒体中心援助门头沟灾后重建专职宣传报道小组深入门头沟区潭柘寺镇、雁翅镇援助一线,开展现场实地采访,累计推送新闻30余条,挖掘全区各单位帮扶对接灾区灾后重建的感人事迹。全媒体平台累计刊播身边新春故事、身边劳模故事、身边好人、身边先进模范系列新闻200余条。

(谷 雨)

【塑造文化品牌形象】 年内,区融媒体中心树立京西文化品牌,加强与央视北京总站合作,在央视新闻直播探访京西古街模式口,中心拍摄的新闻素材多次在中央电视台《新闻联播》《新闻直播间》栏目刊播。推出"小石探访"系列,对法海寺、承恩寺以及商业街区进行沉浸式、体验式采访。对法海寺壁画真迹首次开放夜场、石景山文旅嘉年华和模式口重要时间节点各类国潮活动等相关活动跟进报道。推出京西文化、光影石景山系列专版,开设"尖尖角""翠微山下文化人""人世间"等栏目,展现区域文化内涵。推广首钢园区后工业文化及冬奥文化品牌,全媒体品牌栏目"食光里",聚焦首钢园内的"首店""热店",推出"首钢园的湖畔咖啡""京西首店开在首钢园"等商业打卡视频以及"首钢园游船开航了""40米高空观景平台""首钢园无人驾驶真体验"等群众关注度高的体验式融媒产品,同步做好对首钢大跳台、六工汇、瞭仓、群明湖等首钢园区一批标志性点位及各类展会活动的报道。培塑永定河生态文化品牌,做好永定河古河道文化展览、"西山永定河文化带"主题文艺创作、高端论坛、特色观摩线路、名家美术展等活动的延伸报道,呈现西山永定河文化带的历史与发展之脉,2023年西山永定河文化节相关报道在央视频、《人民日报》等24家网站总观看量255.4万次,新浪微博"高炉音乐会"话题阅读量664.6万。策划打造的《打卡美好石光》《氧气石景山》系列融媒产品,推出15期优质短视频,阅读量累计超600万。挖掘红色文化品牌,做好清明诗会、百姓宣讲等主题活动以及八宝山革命公墓、八大处红色电波等爱国主义教育基地的新闻宣传。探寻红色基因的信仰与精神之源,制作"传承红色基因 讲好革命故事"系列6期,"追寻红

色记忆 讲好红色故事”系列6期。

（谷　雨）

【注重民生服务保障】 年内，区融媒体中心发挥“12345”网上新闻舆论监督平台作用，接入新时代文明实践中心“点单派单”系统、区政务服务中心网上办事平台和各级各类便民服务网上平台，对接42个政务部门1120余项政务咨询查询服务和650项政务服务。做优接诉即办《在身边》《石事实办》等品牌栏目，《快递有新“家”实事暖民心》《企呼政应接诉即办 解决人才安居问题》等200余篇接诉即办报道，推动居民问题解决，刊发《‘党建一条街’凝心聚力赋能基层治理》等新闻。通过群众喜闻乐道的形式宣传政府的决策和惠民举措，满足人民群众的信息需要。7月北京汛情期间，派出7组20人新闻应急分队在抗洪一线和防汛办，及时发布权威信息，报道政府举措，回应突发事件，在中央、市级和中心客户端媒体号发布、推送、刊播防汛新闻300余条。

（谷　雨）

【深化融媒机制体制改革】 年内，区融媒体中心建立新闻内容“北京石景山”APP首发机制，遵循“内容为王、移动优先、快发快转”原则，对采集素材第一时间在APP客户端进行编辑发布，打破部门、平台限制，形成多部门联运的自主平台；各运营平台根据自身特点进行编辑转发，实现内部宣传资源即时性的精准分配；深度“挖潜”，成立全媒体采编团队，用大量内容资源和“一手新闻”，增强自主可控平台的信息权重。“北京石景山”APP累计发布稿件8708篇，总安装数超10万人。以构建“一端多平台多集群”媒体生态为抓手，结合传统媒体的优势和特点，对两微一端、媒体号、网站、短视频等新媒体分发渠道进行重新调整。理论杂志负责“学习强国号”的稿件上传与内容更新，报纸负责“北京号”的稿件刊发与日常维护，电视负责“央视频”及“北京时间”的短视频产品制作，从调整内容生产和渠道流程入手，完成传统媒体到全媒体的生态转化。3月，9家街道级“融媒分站”成立。自首批9家街道级“融媒分站”挂牌成立以来，通过运行派驻机制、联动机制、培养机制等保障工作，实现新闻触角全域覆盖，构建起“内外宣联动、区街社融通”大宣传格局。通过中央和市级媒体优秀记者“请进来”讲，融媒记者“走出去”讲，加强对各街道社区通讯员的业务培训。在2023年西山永定河文化节报道中，除北京石景山视频号对开幕式进行直播外，与石景山9个街道级融媒分站联动，调动各街道社区文化广场大屏对市民群众进行实况转播，观看量达55万人次。

（谷　雨）

档　案

【概况】 截至2023年底，石景山区档案馆（简称区档案馆）共保存有全宗126个，档案103488卷，192342件。其中文书档案30110卷，科技档案545卷，声像档案941卷，专业档案29911卷8788件，实物档案2207件，照片档案63054张，光盘34张。馆藏档案起止年代为清同治十三年（1874年—2013年）。档案内容涵盖区政治、经济、社会生活的各方面。珍贵特色档案包括清同治十三年（1874年）刊印的反映孔子生平事迹的《圣迹图》、反映100年前老北京建筑、民俗和市井风情的影像资料，1949年石景山钢铁厂职工参加开国大典的照片，2003年温家宝看望石景山区玉泉路小学师生时亲笔题词，国民党荣誉主席连战出席石景山区台湾街开街仪式照片，北京市非物质文化遗产项目——具有600年历史的石景山区古城村秉心圣会实物等。年内，区档案馆接收进馆5家单位，文书档案28169件，会计档案12卷；接收重大活动档案，其中北京冬奥会、冬残奥会档案文书档案843件，实物档案17件；疫情防控文书档案381件；中国共产党建党百年活动文书档案82件。全年接待社会各界群众2011人次，提供档案2274卷次，开具证明2449份，复印档案资料11116页。

（靳晓蕾）

【档案馆新馆和数字档案馆建设】 5月31日，数字档案馆建设项目启动会召开，完成合同书签字仪式，标志着数字档案馆项目正式启动。9月27日，区档案馆新馆建设项目竣工并完成各项验收。

（靳晓蕾）

【启动新馆固定展陈项目】 8月，区档案馆新馆固定展陈项目完成招标工作。同月，项目正式启动，并于12月进场施工。项目以馆藏档案为基础，挖掘和展示石景山区的历史文化资源、红色革命斗争、战略转型探索，经济社会发展等内容，运用现代化布展手段，展现石景山区在各条战线取得的优异成绩及未来愿景。

（靳晓蕾）

【到期档案开放鉴定】 年内，区档案馆完成对馆藏1993年至1996年档案的鉴定和开放，共涉及84个全宗83903件到期档案，经批准向社会开放6222件，延期开放77681件。在北京市档案信息网和石景山区政府网上传1989—1992年开放目录，供利用者自行搜索。

（靳晓蕾）

【编辑出版系列丛书《八宝山》】 年内，区档案馆编辑出版“档案历史文化系列丛书”之七——《八宝山》。全书通过21万余字，近200张图片及档案资料，展现石景山区八宝山区域的古朴风貌和勃勃生机。

（靳晓蕾）

【编印书籍《石景山区石刻》】 年内，区档案馆依托石景山区石刻资源，编辑印刷《石景山区石刻》一书。全书通过19万余字、170余张图片，记录石景山地区自秦汉时期以来历代的摩崖、碑谒、经幢、墓志、塔铭等石刻。书中包含碑志石刻内容，并配以相关背景解说。

（靳晓蕾）

【档案征集】 年内，区档案馆围绕新时代首都城市复兴新地标、西山永定河文化带、绿色生态城建设、经济发展、民生工程方面开展征集活动。截至年底，征集到反映区情区貌等各类照片1400余张；征集具有石景山区地域民俗文化特色的“八宝山传说”“模式口传说”“京西民谣”等的非遗传承宣传视频36段；征集到包括东方红牌缝纫机、“北京市市镇居民粮食供应证”、飞利浦音响等实物共90余件，填补档案馆上世纪八九十年代居民生活老物件的空白。

（靳晓蕾）

【档案数字化工作取得成效】 年内，区档案馆对婚姻档案目录录入20210条，图像扫描194403页，2013年以前进馆的婚姻档案全部实现数字化，完成年度数字化任务。

（靳晓蕾）

地 方 志

【概况】 石景山区委党史研究室、区地方志办公室（简称区史志办）是负责地方志书编纂和地方志资源保护开发利用的区委、区政府工作部门。年内，区史志办完成《北京石景山年鉴（2022）》的出版发行工作；完成《北京石景山年鉴（2023）》的编纂工作。完成《中国地方志年鉴（2023）》《北京年鉴（2023）》供稿任务。完成《北京市石景山区地名志》的出版发行。完成北京市史志办地情资料收集、整理、上报相关工作。持续志鉴进机关、进校园、进企业、进社区、进军营、进网站、进爱国主义教育基地“七进”活动。开启京津冀优秀地方志书、地方年鉴互学互鉴活动。为西山永定河文化带管委会挖掘历史文化、区规自分局筹备石景山区规划展览馆等提供史料以及相关资料的审核。回复区人大、区直机关工委、石泰公司等相关内容咨询。12月，《北京石景山年鉴（2022）》在北京市第四届年鉴综合质量评比中，获区级一等奖。

（杨 旭）

【《北京石景山年鉴（2022）》获市年鉴综合质量评比一等奖】 11月，《北京石景山年鉴（2022）》在北京市第四届年鉴综合质量评比中，获区级一等奖。该卷全面记述石景山区自然、政治、经济、文化、社会、生态方面的基本情况。卷首图片设庆祝建党百年与党史学习教育、冬奥服务保障、政治建设、经济建设、文化建设、社会建设等8个板块，通过50张照片展示；正文设区情概览、特载、专文、大事记、中共石景山区委员会、石景山区人民代表大会、石景山区人民政府、政治协商会议石景山区委员会、纪检监察、民主党派、人民团体、法治、军事、应急管理、新首钢高端产业综合服务区与首钢集团、经济管理、商业、旅游、城市规划与建设、城市管理、生态环境、科学技术、教育、文化、卫生、体育、社会事业、社会生活、街道、人物荣誉、统计资料、附录等32个类目，下设179个分目、1826个条目，收录151幅图片、11张表格；卷末附索引。该卷在突出石景山地域特色的同时，编写规范，归类合理，年度特点突出。

（杨 旭）

【《北京石景山年鉴（2023）》出版】 12月，由石景山区政府主办、石景山区地方志办公室承编的《北京石景山年鉴（2023）》由中华书局出版发行。该卷设：区情概览、特载、专文、大事记、中共石景山区委员会、石景山区人民代表大会、石景山区人民政府、政治协商会议石景山区委员会、纪检监察、民主党派、人民团体、法治、军事、应急管理、新首钢高端产业综合服务区与首钢集团、经济管理、商贸服务业、旅游、城市规划与建设、城市管理、生态环境、科技、教育、文化、卫生健康、体育、社会事业、社会生活、人物荣誉、街道、统计资料、附录等32个类目，下设177个分目、1968个条目，收录152幅图片、10张表格。卷首专题图片设8个板块、通过38张照片展示，卷末附索引。为进一步提升品质，本卷将框架进行部分微调，将原“石景山人民政府”类目下的“退役军人事务”“双拥工作”两个分目调至“社会生活”类目下；将原“体育”类目下的“冬奥”分目前置到“石景山人民政府”类目下等。调整后的年鉴在年度重点、特色、个性化上更加突显，在业态归属上更加合理，在规范编排上更加到位。全书共104万字。

（杨 旭）

【2022年度全区地方志资料收集】 年内，区史志办做好地方志资料收（征）集、整理和报送工作。4月，发布全区地方志资料收集通知，集中收（征）集、整理全区各部门、街道2022年度地方志资料。7月，整理报送地方志资料清单，共收集报送全区25家单位包括书刊、文件资料、音像资料等在内的119项地方志资料。

（杨 旭）

文联活动

【概况】 截至2023年底，石景山区文学艺术界联合会（简称区文联）有区属文学艺术家协会15个，登记在册会员2100余人。区文联围绕团结引导、联络协调、服务管理、自律维权的基本职能，组织、推动地区开展文学艺术创作、展览展示等活动。围绕学习宣传贯彻党的二十大精神开展主题文艺创作，选收优秀文学作品出版《石景山文艺——二十大专刊》；开展文艺创作和文艺活动，举办2023年“山河永定”文化艺术作品展、全球华人华侨“石景山”词牌词作书法作品展、“春华秋实”石景山书法名家作品邀请展；举办京津冀优秀民间技艺作品联展、“夕阳正红”京津冀老年书画交流展；推进文艺志愿服务基地建设，创新文艺惠民活动，举办“新春送福送联”活动，在区总工会、金顶街、苹果园地区新建文艺志愿服务基地3个，举办文艺志愿服务演出、李正书法系列教学、“光影石景山”摄影讲座、送书法进校园进社区等活动。

（张婷婷）

【京津冀优秀民间技艺作品联展举办】 1月16日，由北京民间文艺家协会、中国乡土艺术协会支持，区文联、区文旅局主办，区文化中心、区民间文艺家协会、天津市非物质文化遗产保护协会、天津市河西区文化馆和张家口市非物质文化遗产保护协会共同承办的京津冀优秀民间技艺作品联展在区文化中心二层展厅开幕。展览时间为1月16日至2月21日，展出作品包括传统美术作品、手工技艺作品和文创作品三大类别，涉及30余种材质，共300

余件作品。

(张婷婷)

【苹果园地区“文艺志愿服务基地”揭牌】 2月3日，由区文联、苹果园街道办事处主办，北京泰柯林文化科技有限公司、区民间文艺家协会、区摄影家协会承办的“文艺志愿服务基地”揭牌仪式暨“党的声音进万家”文艺演出在苹果园街道金苹果文化小院举办。提供培训、讲座、展览展示等文艺活动，满足苹果园地区百姓的文化需求，打造“一街一品”的文化品质社区。文艺演出包括刘娘府太平鼓、魔术、古琴、舞蹈等文艺节目，展出民间文艺家协会的艺术作品及摄影家协会的摄影展览，吸引居民参与。

(张婷婷)

【“光影石景山”主题摄影活动举办】 4月9日，由区文联、苹果园街道办事处主办，区摄影家协会承办，金苹果文化小院协办的“光影石景山”主题摄影系列活动在金苹果文化小院开启。“光影石景山”主题摄影系列活动为市文联2023年度“区(局)、产(行)业文联品牌活动引导项目”，包含摄影采风、名家讲座、线上展播和线下摄影巡展等活动，《石景山报》刊登8期“光影石景山”主题摄影专版。全年共举办4次摄影采风、5次线下摄影名家讲座、3次线上摄影展和12月“大美石景山”线下巡展，展示区摄协100余名会员的500余幅摄影作品。

(张婷婷)

【金顶街地区“文艺志愿服务基地”揭牌】 4月23日，由区文联、石景山区金顶街街道办事处主办，金顶街街道综合文化中心承办的“文艺志愿服务基地”“石景山区音乐家协会”“石景山区影视家协会”揭牌仪式暨古道韶华文艺志愿演出在模式口古道斯存举行。活动中，区音乐家协会表演歌曲《春风十万里》，中国古彩戏法“穆派”第四代传人李阳表演魔术表演《幻彩》，中国东方乐团古筝合奏《我的祖国》等。

(张婷婷)

【《李正书法系列教学》启动】 5月23日，由区委老干部局、区文联、区老年书画研究会主办的《李正书法系列教学》启动仪式在京举行。李正历任中国民主建国会北京市文化委员会委员、中国人民对外友好协会全国理事会理事、中国语文报刊协会规范汉字书写专业委员会理事、教育部语用司特聘首届全国书法教师培训授课教授、北京书法家协会会员、石景山区老研会顾问。书法教学讲座是石景山区书画家弘扬中华优秀传统文化的具体实践，通过书法系统教学提升区书法爱好者的学习和作品质量。

(张婷婷)

【职工端午文化体验活动举办】 6月21日，“和满京城 奋进九州”石景山区职工端午文化艺术体验活动在区总工会举办。活动由区总工会和区文联共同主办，基层工会职工代表40余人参加。端午文化艺术体验作为职工文化艺术活动中心成立后的首次活动，通过主题词牌讲座、茶道互动、插花体验、书法体验等方式，介绍中华优秀传统文化，激发职工学习了解中华文化的热情。

(张婷婷)

【文化艺术作品展举办】 6月25日，由区委宣传部、区文联主办的“山河永定”文化艺术作品展在石景山区首钢园三高炉二层展厅举办。展览是“山河永定，古都新韵”2023西山永定河文化节开幕式系列活动之一，分为4个展区：多元融合文艺IP衍生展区、民间手工艺作品展区、影视音乐展区、书籍绘画作品展区。展览时间6月25日至27日，常卫、李新、田利跃等区领导参观展览。

(张婷婷)

【区文学艺术界委员会成立】 7月11日，中共北京市石景山区文学艺术界委员会成立大会在区图书馆四层会议室举行。区委常委、区委组织部部长张利军，区委宣传部副部长白晓，区委组织部部务委员、区委两新工委副书记左泽东，区委社会工委、区民政局二级调研员张琳娜，区文联二级调研员黄丽君等领导及石景山区文学艺术界党员代表100余人出席会议，区文联主席董聪慧主持会议。会议中，左泽东宣读《关于同意成立中共北京市石景山区文学艺术界委员会的批复》，黄丽君宣读《中共北京市石景山区文学艺术界委员会职责任务》，委员代表区作家协会主席李金明、区对外交流促进会会长朱龙斌分别发言，区文联主席、区文学艺术界党委书记董聪慧为党员文艺志愿服务队授旗，党员文艺志愿服务队代表、区美术家协会主席孙开桐宣读《倡议书》。

(张婷婷)

【“石景山”词牌词作书法作品展开幕】 9月1日，由北京市海外联谊会、北京市归国华侨联合会、北京市欧美同学会、北京市黄埔同学会指导，区委统战部、区委宣传部、区文旅局、区侨联、区文联主办，区对外文化交流促进会、香港传统文化协会、区新联会、区戏剧家协会、区书法家协会、区音乐家协会承办，北京戏曲评论学会、《日本中文导报》《日本华侨报》、澳洲华文文学网、德国京剧协会、中美京剧艺术交流协会支持的“以文铸魂 同心圆梦”——全球华人华侨“石景山”词牌词作书法作品展在区文化中心开幕。区委常委、区委宣传部部长李金克，区委统战部分管日常工作的副部长、二级巡视员高竹，区文旅局副局长白建其，区文联二级调研员黄丽君及来自北京大学等社会各界知名人士百余人出席开幕式。

(张婷婷)

【祥隶书法名家进校园活动举办】 9月8日，区文联、区祥隶书法艺术研究会走进石景山区北京景山学校远洋分校，开展“筑梦书香”祥隶书法交流活动，与师生共庆教师节。当代著名书法家“祥隶”书体创始人王祥之现场讲授《汉字起源与文化传承》并向学校赠送书法作品。

(张婷婷)

【百姓书场中秋慰问演出举行】 9月23日，由区五里坨街道办事处、区文联、中交城市更新有限公司联合主办，区曲艺家协会、五里坨街道隆恩颐园社区文化活动室承办的“坨里有戏”——百姓书场中秋慰问演出在京西五里坨民俗陈列馆举行。区曲协的多名演员通过表演相声、快板等曲艺节目讲党史、学党性、扬党风、颂党恩，把党和政府惠民政策带到居民身边，促进优秀传统文化在民间传承。

（张婷婷）

【区书法名家作品邀请展举办】 9月26日，“春华秋实”石景山区书法名家作品邀请展在区文化中心八层美术馆开幕。展览由区文联主办，区书法家协会、区文化中心、区文化馆承办，汇集19位石景山书法事业的开路先锋和领导者的书法作品。仪式上，区文联领导向参展艺术家颁发荣誉证书。

（张婷婷）

【祥隶书法名家进社区活动举办】 9月27日，区祥隶书法艺术研究会书法家走进北京市石景山区瑞达和电子情报所社区，开展“墨舞初心”祥隶书法名家笔会交流活动。活动由区文联、区八宝山街道主办，区祥隶书法艺术研究会、八宝山街道综合文化活动中心、情报所社区承办，八宝山街道、社区领导和40余名居民群众参加活动。

（张婷婷）

【区政协书画院创作基地授牌】 10月10日，由区政协、区文联联合主办的区政协书画院创作基地授牌暨“凝心铸魂强根基 团结奋进新征程”主题书画笔会活动在五里坨民俗陈列馆三号院（区文联书画创作室）举行。区政协、区文联、区西建办、五里坨街道、中国书法家协会等相关领导及部分政协委员、书画名家参加活动。

（张婷婷）

【京津冀老年书画作品交流展举办】 10月13日，由中国老年书画研究会、区委老干部局、区文联主办，区老年书画研究会承办的“夕阳正红——京津冀老年书画作品交流展”在区文化中心美术馆开幕。中国老年书画研究会书记王吉，副会长张玉田、赵海明，北京市委老干部局副局长栗晋春，区委常委、区委宣传部部长李金克，区委常委、组织部部长张利军，河北省委宣传部原副部长、省老年书画研究会副会长相金科，河北省廊坊市老年书画研究会会长郭振一出席活动，来自京津冀老年书画界150余人参加展览开幕式。展览收到来自京津冀三地中国老年书画研究会的书法绘画作品906幅，线下入展作品136幅，线上入展作品252幅。出席开幕式的领导为文艺家代表颁发入展证书和《夕阳正红》作品集。

（张婷婷）

【情景喜剧《生活多美好》开机】 10月20日，由区委宣传部、区创城办指导，鲁谷街道支持，区文联、北京七彩华夏文化发展有限公司联合出品的系列情景喜剧《生活多美好》在鲁谷街道开机。《生活多美好》是一部以社区一线为背景，以鲁谷街道“城市主理人”共同打造共建、共治、共享的社会治理格局为创作背景的影片。故事围绕主人公“大龙”一家人与邻里之间的故事展开，展现石景山区“创城工作”新亮点、社区治理新成果，记录百姓生活的新变化。影片的主创团队来自区文联所属区戏剧家协会，由原战友文工团国家一级演员于海伦领衔出演，戏剧家协会秘书长郭利文担任导演，李经堂、赵云桥联合编剧。

（张婷婷）

【出版《石景山文艺——二十大专刊》】 11月，区文联选收优秀文学作品出版《石景山文艺——二十大专刊》。刊物收录各文艺家协会围绕学习宣传贯彻党的二十大精神，开展主题文艺创作的文学、书画、摄影、音乐、曲艺等优秀文艺作品，包含文学作品55篇、摄影作品20幅、书法作品21幅、美术作品21幅、邮票展品3件、曲艺作品1部、歌曲5首。

（张婷婷）

【文艺人才培训举办】 12月25日，区文联、区文化馆主办，区音乐家协会承办“石景山文艺新乐章”文艺人才培训，邀请中国音乐文学学会副会长、著名词作家宋青松，国家一级作曲伍嘉冀，中国音乐家协会会员、石景山区音乐家协会副秘书长岳欣作为讲师，分别从作词、作曲和演唱角度对区音协会员进行培训。

（张婷婷）

卫生健康

综　述

【概况】 2023 年,石景山区卫生健康委(简称区卫健委)以服务保障辖区居民健康和经济社会发展为核心,以医药卫生体制改革为主线,健全公共卫生体系,提升医疗服务质量,夯实安全发展根基,开拓全区卫生健康事业发展新局面。预估辖区人均期望寿命 82.51 岁;甲、乙类传染病报告发病率 1616.58/10 万,孕产妇死亡率 0,婴儿死亡率 0.53‰,5 岁以下儿童死亡率 1.05‰。全区户籍人口出生上报 1913 人。全区共有医疗卫生机构 237 家。每千常住人口实有病床数、执业(助理)医师和注册护士分别为 10.05 张、6.9 人、8.07 人。全年基建总投资 23160 万元,其中财政投资 21160 万元,单位自筹 2000 万元。全年新建、扩建医疗卫生用房约 5.77 万平方米,启动五里坨精神卫生专科医院新建工程、中国医学科学院整形外科医院改扩建工程二期工程、五里坨社区卫生服务中心建设项目和苹果园社区卫生服务中心建设项目。

(王　磊　刘　喆　李　勇)

【第五次通过国家卫生区复审】 2月,区卫健委以区政府名义印发《石景山区 2022—2024 年国家卫生区复审工作方案》,成立一办八组,明确各工作组的工作职责和复审任务。区爱卫办组织各街道和成员单位开展国家卫生区复审满意率调查,共组织发动 1.7 万余人参与线上答题,群众满意率 96.67%;组织相关单位开展新版标准实施后的首次复审工作线上指标申报工作,对涉及全区的 56 项指标数据、申报说明和 10 项重点申报资料进行审核把关,确保申报数据和材料准确可靠;区政府组织召开复审工作全区动员部署会,区领导多次召开调度会,对全区 9 个街道和复审涉及的 8 个专业开展地毯式实地督导检查和问题反馈督促整改。3 月 19 日至 23 日,全国爱卫办组织复审评估组通过明察暗访的形式对辖区进行现场评估,辖区以首轮复审全国城市第三、总分 880 分的成绩通过复审,是复审中北京市率先通过的行政区。4 月 7 日,在全市推进国家卫生区复审工作会上,石景山区作复审工作经验介绍,受到北京市爱卫办的表扬。

(焦彩红)

4 月 28 日,石景山医院获 2023 年首都劳动奖状　　(石景山医院供图)

【石景山医院获首都劳动奖状】 4 月 28 日,石景山区 2023 年庆祝“五一”国际劳动节表彰大会在区文化中心礼堂召开。石景山医院获 2023 年首都劳动奖状;石景山医院急诊科获 2023 年全国五一巾帼标兵岗;王子红创新工作室获 2022 年石景山区级职工创新工作室,院长刘鹏、急诊科主任张红、放疗科副主任医师王子红作为代表上台领奖。

(海　蒂)

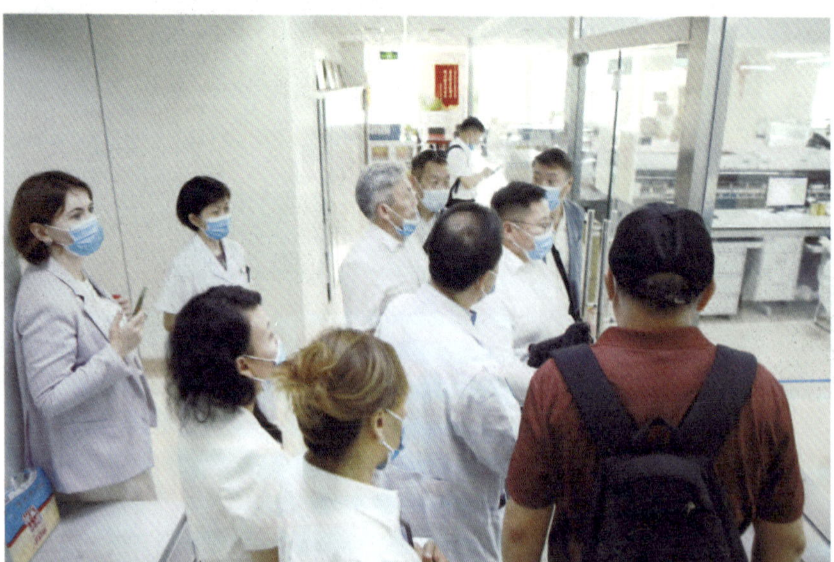

7 月 24 日,俄罗斯萨哈共和国(雅库特)专家到石景山医院开展学术交流活动　　(石景山医院供图)

【石景山医院接待俄罗斯医疗机构来访】 7 月 24 日,俄罗斯(萨哈共和国)第一共和国医院、雅库特共和国肿瘤医院等专家代表团一行 10 人,到石景山医院开展学术交流。院领导、相关职能科室以及心内科、检验科、影像科、放疗科主任参加交流。首先,俄罗斯(萨哈共和国)第一共和国医院 Stanislav Zhirkov 院长对石景山医院的接待表示感谢,并介绍己方情况,主要包括来访医院所处地区情况,医疗机构在地区的功能定位、专业特点等。随后,石景山医院院长刘鹏欢迎俄罗斯专家一行,希望通过交流,密切中俄医学交流,搭建友好交流的桥梁,分享经验和见解,交流成果。刘鹏介绍石景山医院整体情况、学科进展等。现场交流后,俄罗斯专家一行参访CCU、导管室、心内科病房、检验科、妇产科病房等。

(海　蒂)

【北京西山中医药文化季启动】 10月21日,2023年第五届“北京·西山中医药文化季”在石景山区首钢园区启动。国家中医药管理局中西医结合与少数民族医药司司长邴媛媛,清华大学校务委员会副主任史宗恺,北京市卫生健康委员会党委委员、北京市中医管理局局长屠志涛,石景山区委副书记、区长李新致辞。石景山区搭建中医药服务高地,整合清华大学玉泉医院、中国中医科学院眼科医院、石景山区中医医院、模式口历史文化街区、中关村科技园石景山园等中医专科医院和地方力量。同时,依托北京中西医结合学会治未病专业委员会,石景山成立石景山区治未病专科联盟,并向首都名中医“上工治未病”指导老师代表颁发证书。

(朱学群　边凌云)

【迎接全国基层中医药工作示范区创建评审】 12月21日,北京市中医管理局副局长罗增刚带队,医政处副处长岳松涛、原北京中医药管理局局长赵静等10名专家到石景山区开展全国基层中医药工作示范区评审。区政府副区长申键,区卫健委、区委编办、区财政局、人保局、医保局、发改委、文旅局、教委、各街道办事处主管领导,区属医疗机构和社区卫生服务中心主要领导参加迎检。区委区政府高度重视中医药传承创新发展,在原有全国基层中医药工作先进单位的基础上申报第一批全国基层中医药工作示范区,开展准备工作以迎接国家评审组检查。

(朱学群　边凌云)

【中医传承工作室建设】 年内,区卫健委开展第二期名中医传承工作室建设项目,31个名中医传承工作室均设置名中医临床经验示诊室、示教室。举办学习交流活动237次,对口支援社区卫生服务机构325次;继承人跟师笔记6324篇、整理总结名中医专家医案923篇、中医经典学习体会132篇。

(朱学群　边凌云)

【中医文化进校园】 年内,区卫健委利用中国中医科学院眼科医院优质中医专家资源,为辖区中小学生制作简单易懂的中医药科普视频宣教片及中医近视防控宣教片,内容涵盖中医药人物故事、采药种植、自我保健、近视防控举措等方面,提高石景山区中小学生中医药健康文化知识普及率、近视防控意识和健康素养。

(朱学群　边凌云)

【提升基层中医药服务水平】 年内,区卫健委制定《2023年石景山区社区卫生服务机构中医药健康管理服务实施方案》,要求社区卫生服务机构规范开展中医药健康管理服务工作,提升65岁及以上老年人、0—36个月儿童中医药健康管理水平。培养社区中医药人才,组织16名社区卫生服务中心中医师参加北京市2023年中医馆骨干人才培训;102名社区卫生服务机构家医团队中医师、全科医师及护理人员参加石景山区中医药家医能力提升项目培训,开展名中医身边工程、高层次人才扎根基层五联动工程,提高基层中医药服务水平。

(朱学群　边凌云)

【老龄健康】 年内,石景山区常住人口中60周岁及以上老年人口数量约14.3万人,占比约25.4%。户籍人口中60周岁及以上老年人口数量为141712人,占比约36%,户籍人口中80周岁级以上老年人口数量为22267人,占比约5.6%,百岁以上老年人32人。截至年底,石景山区有养老服务机构62家(含机构、照料中心、驿站),其中养老照料中心10家,养老驿站45家。发放高龄津贴244627人次,共3851.43万元;发放失能补贴108355人次,发放失能护理补贴共5334.82万元。老山街道老山东里北社区和金顶街街道金顶街三区创建2023年度“全国示范性老年友好型社区”。开展2023年度石景山区“孝顺之星”命名活动及北京市“孝顺榜样”推荐活动,60人被命名为年度“孝顺之星”,5名候选人进入市“月榜人物”,1名被评为市孝顺榜样。开展“为群众办实事,智慧助老进社区”活动12场,受益老年人600余名。

(乔艳云　邓　峰)

【落实《北京市控制吸烟条例》】 年内,石景山区组织开展以“无烟　为成长护航”为主题的第36个世界无烟日宣传活动。以普及烟草对健康的危害和控烟法规为主要内容,开展控烟宣传。组织全区开展控烟征文活动,提高群众对烟草危害的认识。开展控烟示范街区试点建设,健全基层控烟工作管理模式,制定《石景山区控烟示范街区试点建设工作方案》,通过组织召开现场工作会、联合检查指导等方式,推动老山街道郎园Park申创北京市第一批控烟示范街区。启动冬季控烟工作,联合区市场监管局、区城管执法局、区烟草专卖局印发《关于进一步做好冬季控烟工作的通知》,组织控烟示范单位、无烟党政机关等单位开展无烟环境建设回头看和自评价工作,协调卫生健康、市场监管、住建、文旅、烟草专卖等部门开展控烟联合执法检查。

(焦彩红)

【病媒生物控制】 年内,区卫健委组织发动以市政地下管线、公共绿地、居民社区、农贸市场、社区菜市场、中小餐饮、宾馆(饭店)、垃圾中转站为重点的集中灭鼠专项行动。冬季做好灭鼠投药查遗补漏,降低全区鼠类密度,预防媒介疾病发生。6月至9月,为降低蚊、蝇密度,预防乙脑、登革热等蚊媒传染病和肠道传染病的发生,在全区范围内开展5轮统一灭蚊蝇活动,印发《关于开展2023年夏季统一灭蚊蝇活动的通知》至全区各相关单位,组织召开2023年夏季统一灭蚊蝇活动工作部署培训会,开展强降雨后的统一病媒消杀专项行动,消杀工作人员填补鼠洞,对捕蝇袋和毒饵站内鼠药进行更换,同时通过喷洒药物等方式,对社区下水道、排水沟、绿化带、公厕、垃圾站、卫生死角等场所进行重点清理消杀。根据两级监测通报结果,辖区病媒防制密度监测结果达到国家标准C级以上。

(焦彩红)

【爱国卫生专项行动】 年内,区卫健委开展冬春季爱国卫生专项行动。按照《北京市爱卫会关于开展全区爱国卫生专项行动的通知》精神,区爱卫办在全区组织开展爱国卫生专项行动,以环境卫生治理、国家卫生区复审、健康石景山建设、病媒生物防制等工作为重点,开展爱国卫生运动,组织实施健康石景山行动,开展爱国卫生和健康教育宣传。区爱卫办以“清洁环境、共享健康”为主题,以改善卫生环境,完善基础卫生设施管理,倡导文明健康绿色环保的生活方式,预防夏秋季传染病为目的,动员爱卫会各成员单位、各社区公共卫生委员会、各行各业和辖区居民,从清洁家园、除害防病入手,改善、提高辖区环境卫生面貌和居民健康素养水平。7月31日强降雨后,区爱卫办根据区领导要求和辖区部分地区洪涝情况、病媒生物监测情况,部署汛后爱国卫生工作,开展以“清洁环境、共享健康”为主题的夏秋季爱国卫生运动和汛后社区清淤、食品安全、饮用水安全、健康宣教、除四害、环境提升等6类爱国卫生专项行动。启动洪涝灾害后的环境清理整治,普及卫生健康知识,发布《洪涝灾害后健康宣教核心信息》,开展洪灾后的防疫消杀和病媒生物控制消杀。以国家卫生区复审和文明城区创建为契机,发动市民参与爱国卫生运动,通过开展以“宜居靓家园 健康新生活——巩固国家卫生区成果 共建共享健康石景山”为主题的第35个爱国卫生月和“周末卫生日”活动,推进环境卫生整治,清理垃圾、淤泥、蚊蝇孳生地。线上线下宣传推广《首都市民卫生健康公约》,倡导垃圾分类,宣传各类防疫知识,提高居民健康素养。年内,共开展周末卫生日活动14次,清理卫生死角16370处,清理垃圾196吨,发放宣传品57000余份,参与人数达5.6万余人。

(焦彩红)

【健康石景山建设】 年内,区卫健委结合市级工作安排、区政府折子工程和民生实事,制定并下发《健康石景山行动2023年工作要点》至全区相关单位。组织召开2023年度健康石景山建设工作会议,将健康北京行动纳入区政府绩效考核。开展健康北京行动区级监测评估。组织全区相关委办局从58项主要指标、18项专项行动进展、2022年度工作完成情况等方面对辖区2022年度落实健康北京行动情况进行监测评估,形成《健康北京行动2022年度石景山区监测反馈报告》。组织开展健康城市评价工作,全国爱卫办从健康环境、健康人群、健康服务等角度选取42项主要指标对各申报城市进行综合评价,2023年首次启动填报“全国爱国卫生信息管理系统”,组织全区相关委办局围绕42项指标完成2022年度健康城市评价。开展健康科普活动,联合区体育局、区退役军人局、区总工会、区妇联开展2023年健康科普“五进”(进社区、进机关、进企业、进学校、进军营)活动55场。组织区疾控中心开展辖区相关医疗卫生机构“健康提素——新媒体健康科普创新大赛”作品征集活动。联合区教委,组织区疾控中心,开展2023年北京市健康小达人评选少儿健康作品传播大赛。启动健康影响评价试点工作,制定印发《石景山区健康影响评价评估工作方案(试行)》,经各相关委办局推荐,组建“石景山区健康影响评价评估工作专家委员会”。组织召开石景山区健康影响评价工作部署会暨培训会,并邀请市级专家进行专项培训。完成区商务局《石景山区一刻钟便民生活圈建设实施方案(2023年—2025年)》的政策文件和五里坨社区卫生服务中心新址建设项目的初评。开展健康素养监测工作,组织区疾控中心相继完成北京市和国家的健康素养监测任务,并启动区级健康素养监测工作。

(焦彩红)

【血液管理】 全年,石景山区自愿无偿献血11157.5单位,比上年增加26.0%。其中街头献血6834.5单位,比上年增加34.6%;团体献血4323单位,比上年增加14.5%。采血点2个。全年医疗用血12644单位,比上年增加5.8%,成分输血率100%。

(张宇新)

医疗服务管理

【概况】 截至2023年底,全区医疗机构门急诊845.43万人次,同比增长15.7%;基层诊疗人次占比54%,较上年增加3.86个百分点。全区医疗机构出院人数15.05万,同比增长32.89%;住院患者手术6.58万例,同比增长30.46%。团体无偿献血4323单位,团体无偿献血完成率103.2%。

(王磊 刘喆)

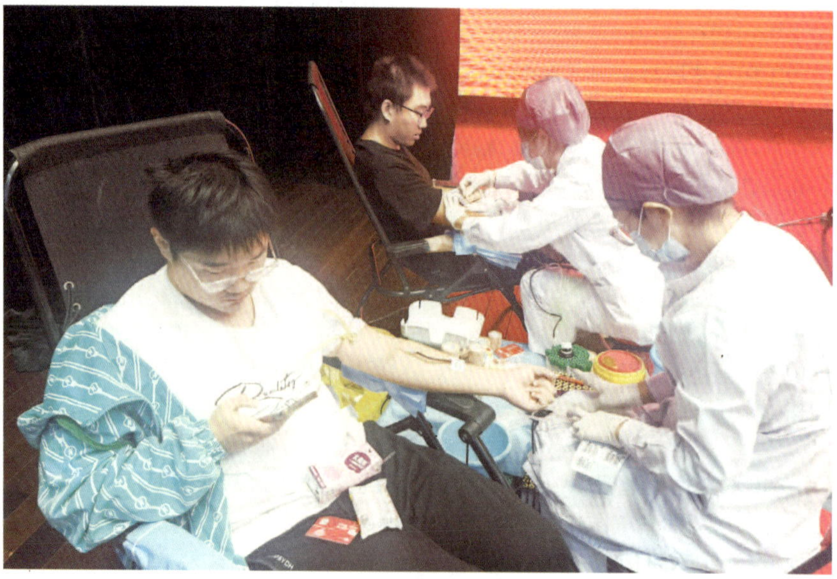

年内,区卫健委联合北方工大共同开展无偿献血活动(《石景山报》供图)

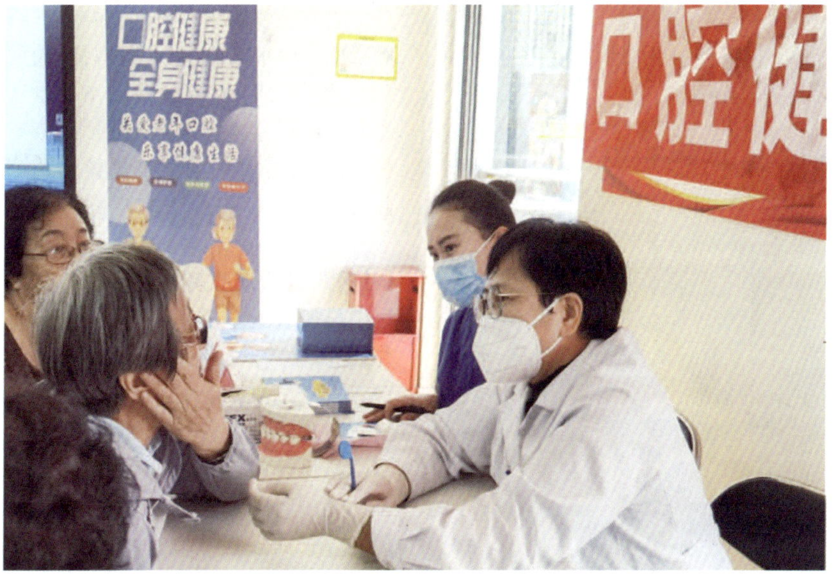

年内，医联体专家进社区科普健康　　　　（《石景山报》供图）

【医联体建设】 年内，石景山区入选全国81家紧密型城市医疗集团建设试点，在北京市卫健委组织开展的全市医联体综合评价工作中，石景山区排名第一。辖区推进医联体建设，巩固基层首诊、双向转诊、急慢分治、上下联动的分级诊疗模式。辖区共有3个医联体，核心医院分别为：北京大学首钢医院、首都医科大学附属北京朝阳医院（石景山院区）及北京市石景山医院。医联体成员单位涵盖辖区全部二三级医院、社区卫生服务机构及部分一级医院。全年，医联体内累计上转患者26649人次，下转患者63899人次，核心医院累计派出下基层的副主任及以上职称医师3283人次。

（李小方　魏天铸）

【对口支援】 年内，区卫健委按照“组团式三年帮扶规划”中制定的中期工作计划，派出的帮扶团队梳理称多县医院的规章制度和各类本册，完善急症和重症医学的学科建设（硬件及人次梯队培养），开展8项新技术，补足2项短板。2月，称多县医院通过二级甲等医院的评审。全年共为医院开展新技术、新项目20余项。组织北京大学首钢医院，北京康复医院派出皮肤科、神经内科、胸外科、呼吸与危重症医学科、消化内科、急诊科和医学影像科、血管医学科、骨科和产科等科室专家，共20位医师到宁城县中心医院、莫旗人民医院对口帮扶，开展教学查房307人次、手术394台、疑难病例讨论244次、专题讲座150次、义诊患者2441人，开展新技术新业务20项。共接收9名宁城县医师和14位莫旗人民医院医师到辖区进修学习。6月，按照北京市人民政府、山西省人民政府《北京市与长治市对口合作实施方案（2022—2026年）》的通知要求，区卫健委与黎城县卫生健康局签订医疗领域对口合作框架协议，确定石景山医院作为与黎城县医院医联体合作签约单位。全年，石景山医院、区疾控中心和区社区卫生管理中心共接收黎城县医疗卫生技术人员21人，进修专业涵盖心内科、妇科、儿科、医学检验、B超、疾病预防、社区卫生管理等专业。

（李小方　李　卓）

【卫生健康系统安全生产】 年内，石景山区贯彻落实习近平总书记关于安全生产工作的重要论述和指示要求，强化底线思维和红线意识，年初召开安全生产工作会，与医疗卫生机构签订《安全生产和消防安全责任书》，印发《2023年度卫生健康系统安全生产工作要点》，并与辖区医疗卫生机构签订年度安全生产和消防安全责任书，明确主体责任。丰台长峰医院火灾事故发生后，推进安全生产和火灾隐患大排查大整治，先后组织开展实验室危险化学品、燃气使用、建筑工地、限额以下工程、有限空间、电动自行车、动火作业等专项整治行动。加强警医联动，严格落实安检制度。组织开展第22个全国安全生产宣传月系列活动、“119”消防安全宣传月活动。保障医务人员的人身安全，维护医疗卫生机构正常的诊疗秩序。全年，区卫健委共检查医疗卫生机构402家次，出动检查人员890人次，发现隐患147处，隐患全部整改到位，整改率100%。

（李　勇）

社区卫生服务

【概况】 2023年，石景山区实际运行10家社区卫生服务中心、39家社区卫生服务站。区卫健委牵头组织辖区各责任部门补充修订《北京市石景山区2023年度基本公共卫生服务项目实施方案》，填报《国家基本公共卫生服务项目管理信息系统》区级数据，完成2023年度国家基本公共卫生服务项目绩效评价自评。

（郝伶敏　李　宁　薛　坤）

【家庭医生签约服务】 年内，石景山区发挥家庭医生团队探头及主动服务作用，组织开展全区“五个一”宣传活动，提高家医签约服务知晓性；建立统计人员和专项工作人员双审核机制，周通报、月回访、季度督导、半年度考核常态化。结合日常督导和半年绩效考核、满意度，加强考核评价力度；建立“对接双联”机制，对接街道、养老机构和学校等部门，联合经信、民政等单位，实施“点对点”方式，确保重点人群应签尽签。组织家医团队成员线上线下同步一体化培训、岗位练兵等活动方式，提升服务能力；利用“智慧家医—智能外呼”平台，发送短信273811人次、电话104412人次，提升签约居民服务感受度和满意度。截至12月底，家庭医生签约率42.13%，重点人群签约率98.23%。

（李　宁　马　欣）

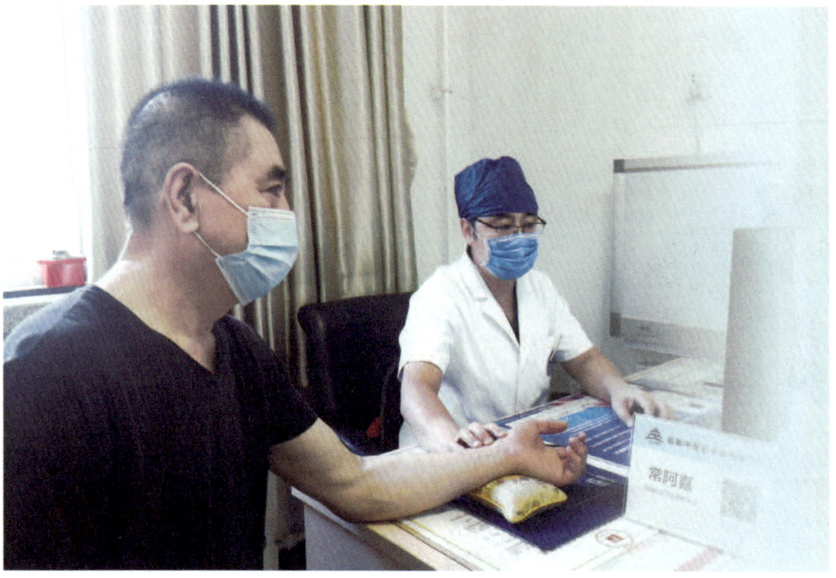

年内，石景山区社区家庭医生为患者提供家庭医生签约服务

（《石景山报》供图）

【社区慢性病患者健康管理】 年内，石景山区印发《关于做好2023年石景山区社区卫生服务机构慢性病患者健康管理工作的通知》，组织召开区级专项工作布置会暨培训会，明确年度绩效目标和要求，实行工作进展周监测、周通报、周督导推进任务落实。将慢病管理与健康档案相结合，通过推进《国家基层糖尿病防治管理指南（2022）》在线培训工作、采取“练、融、联”的机制，落实慢病管理工作与家医签约、特色科室、疫苗接种、中医适宜技术服务项目相互融合，提升慢病患者健康管理成效，强化居民建档理念和认知度。开展重复电子健康档案合并，完善信息，提高健康档案质量。落实电子健康档案向居民开放，10家社区卫生服务中心和3家社区卫生服务站实现电子健康档案向居民开放。截至12月底，高血压患者规范管理率80.96%，2型糖尿病患者规范管理率83.06%；电子健康档案建档率为81.9%。

（曾玉香 李 宁 郭星华 李卓然）

【老年人健康管理】 年内，石景山区通过宣传培训、督导考核，做实中医药和老年人健康管理；及时反馈体检结果并提供个性化的健康管理和中医药保健指导，为老年人提供健康管理服务。截至年底，老年人社区规范健康管理率68.6%；老年人中医药健康管理率77.1%。

（曾玉香 郭星华 张鹏飞）

【社区常态化疫情防控】 年内，各社区卫生服务机构落实“乙类乙管”新阶段后各项措施，应对甲流、新冠病毒感染第二轮、儿童支原体肺炎等呼吸道感染性疾病防治工作，发挥社区前哨和分流作用，发热门诊（诊室）应开尽开，10家社区卫生服务中心为出现发热等11类症状患者提供诊疗和转诊服务；发挥家庭医生作用，做好重点人群健康管理，建立台账并动态更新。截至12月底，在管红码重点人群6075人，定期开展主动随访，提供上门巡诊、血氧饱和度监测、吸氧等服务，发现问题及时干预，为符合条件的在管红码重点人群累计开出免费小分子新冠治疗药物31盒。

（曾玉香 郭星华 郭 旭 成 明）

【社区专病特色科室建设】 年内，石景山区打造社区专病特色新名片，区级给予专项经费推进社区专病特色科室建设，统筹医联体核心三级医院或专科专病资源，与社区卫生服务中心“一对一”结对开展专科帮扶共建，实现社区专病特色科室N发展，提升专科服务能力。辖区4家社区卫生服务中心建成糖尿病、慢阻肺、康复等4个专病特色科室建设；组织社区卫生服务中心与医联体核心医院或专科三级医院联合申报高血压、中医痹症、糖尿病等社区专病特色科室建设，6个社区专病特色科室经过机构自评、区级审核、北京市专家现场评审复核均达到建设标准。

（曾玉香 郭 旭）

【社区儿科诊疗服务】 年内，石景山区引导患者就近就医，发挥社区分流作用，盯紧“看、检、输、药”诊疗关键环节，采取“八加强、一建立、一优化、一提升”（加强统筹协调部署、加强儿科诊疗科目设置、加强医务人员培训、加强儿童用药保障、加强家庭医生“守门人”作用、加强督导检查、加强宣传引导、加强重点数据监测；建立儿科转诊长效机制；优化诊疗服务；提升社区儿童呼吸道病原体检测能力）。发挥全科、中医师作用，坚持中西医结合，为发热等症状儿童患者提供诊疗服务，截至12月31日，接诊患儿4976人次，儿童输液服务238人次（其中外带留置针输液21人次），提供转诊服务9人次。

（曾玉香 成 明 郭 旭）

【提升社区中医药服务水平】 年内，石景山区配合做好全国基层中医药工作评审工作，准备相关查阅材料，并对五里坨社区卫生服务中心，广宁、西山、雍景四季社区卫生服务站实地检查，抽取患者和医务人员进行现场访谈，同时以此为契机，加强社区中医人员服务能力建设，拓展中医适宜技术服务项目，提升社区卫生中医药服务水平。加强中药饮片处方管理，定期开展中药饮片处方点评，抽取社区卫生服务机构中药饮片处方2700张开展集中点评，并及时通报存在问题督促整改，处方点评结果纳入社区卫生绩效考核，促进合理用药水平。截至年底，老年人中医药健康管理率77.1%，0—36个月儿童中医药健康管理服务率82.6%。

（曾玉香 张鹏飞）

【社区人员培训和继续教育】 年内，石景山区通过采取线上、线下结合的方式开展社区卫生技术人员医防融合岗位练兵活动，对全科医生等6类卫生技术人员开展线上集中培训、考试,组织开展区级理论考试、医护团队技能选拔比赛,累计700余人参加,选拔推荐卫技人员10人、医护团队2人、全科等6人团队分别参加北京市统一理论考试、技能考核、知识竞答决赛;利用区级实训室开展技能操练、考核,开展卫技人员继续医学教育培训,开展社区常见病、慢性病、儿童呼吸道感染性疾病诊治急救技能等内容培训,提高社区卫生人员的理论和技能水平。

(曾玉香 汪 磊)

【优质服务基层行活动】 年内,石景山区开展“优质服务基层行”活动,各中心对照2022年新版服务能力标准开展自评,对达到推荐标准和基本标准的社区卫生服务中心开展“回头看”复核。以创促提升、以评促发展为目标,针对短板整改提升,各社区卫生服务中心改善就诊环境、健全科室设置,服务质量提档升级,提升社区医疗服务水平。截至12月底,辖区所有社区卫生服务中心达到基本标准比例100%,达到推荐标准比例70%。

(曾玉香 郭 旭)

【规范返聘退休医务人员管理】 年内,石景山区加强返聘退休医务人员规范管理,严格审核考勤工作量报表,每月对社区卫生服务机构上报的返聘退休医务人员考勤情况和工作量情况进行严格审核,每季度现场抽查返聘退休医务人员原始出勤工作量记录。强化返聘退休医务人员传帮带作用,开展线上线下宣教工作,做好辖区居民的健康教育工作。截至12月底,全区共有返聘退休医务人员63名,其中高级职称17名,中级职称46名,共拨付经费2977774元。返聘退休医务人员共出诊15691天,门诊329909人次、咨询178486人次、带教1795人次、宣教28801人次、会诊620人次、查房4557人次、培训494人次。

(郝伶敏 薛 坤)

【家庭保健员】 年内,区卫健委印发《关于做好2023年石景山区家庭保健员培养工作的通知》,做好家庭保健员培养工作,丰富授课内涵,普及健康素养,所有家庭保健员均考核合格并颁发证书,并纳入家庭保健员信息库。完成300名家保员的强化培养任务,引导居民开展自我健康管理。

(李 宁 李卓然)

疾病预防与控制

【概况】 石景山区疾病预防控制中心(简称区疾控中心)下辖结核病防治所、性病防治所、健康教育所及慢病防治所,流行病科(免疫预防、地方病防治、消毒科)、环境与职业食品卫生科、放射卫生科、理化检验科、微生物检验科、质控科、美沙酮门诊等10个专业科所。承担疾病预防与控制、应急事件预警与处置、疫情收集与报告、监测检验与评价、健康教育与促进、应用研究与指导、技术管理与服务等公共卫生职责,具有国家计量认证合格证书以及职业健康检查和职业病危害因素检测与评价的资质。年内,区疾控中心加强传染病疫情防控,做好重点地区、重点人群的监测和防控,强化疫情监测和报告,及时对疫情进行分析及趋势研判;加大卫生防病知识宣教,提高群众的防病意识。

(苑 昊)

【传染病防治】 年内,石景山区以发病日期统计报告法定传染病16种27644例,报告发病率4910.32/10万;死亡7例(艾滋病5例、乙肝2例),死亡率1.24/10万,病死率0.03%。甲类报告1种2例(霍乱),报告发病率0.36/10万。乙类报告10种8817例,报告发病率1566.13/10万,其中新型冠状病毒感染8298例、梅毒118例、肺结核113例、病毒性肝炎111例、痢疾110例、猩红热20例、淋病18例、艾滋病14例、百日咳14例、布病1例。丙类报告5种18825例,报告发病率为3343.83/10万,其中流行性感冒17726例、手足口病670例、其他感染性腹泻病389例、流行性腮腺炎39例、急性出血性结膜炎1例。流感样病例监测累计监测门急诊就诊病例2234216人次,其中流感样病例数为49038人次,流感样病例数占就诊总数的比例为2.19%。全年接报187例水痘病例,无脊灰野病毒病例、麻疹、风疹、狂犬病、白喉、新生儿破伤风、流脑、乙脑病例发生。

(任丽君)

【计划免疫】 年内,全区21家免疫预防门诊均达到A级以上标准。全年召开专业会议和专业培训23期,参加人次数1200余人次。常规免疫接种率保持在99%以上;入托入学接种证查验工作完成115家学校/托幼园所共13978名儿童,查验率100%。需要补种人数696人,实际补种人数619人。补接种证儿童7人。补种免疫规划疫苗9种,应补种465剂次,实际补种464剂次,补种率为99.78%。水痘应补种333剂次,实际补种256剂次,补种率为76.88%。疑似预防接种异常反应监测覆盖率、调查及时率及个案调查完整率等均达到100%。共完成169家外来务工人员用人单位的摸底和接种工作,接种麻腮风疫苗89人,接种率8.49%;接种流脑A+C疫苗84人,接种率8.02%。完成学龄前儿童查漏补种工作,全区共调查街道36次,覆盖率100%;调查居委会564次,覆盖率100%;应调查总户次数为874748,实际调查户次数874748,户调查覆盖率100%。累计调查北京市学龄前儿童48134人,流动学龄前儿童24578人。漏种疫苗23人,补种率10%。全区累计接种流感疫苗56420支,其中免费疫苗45965支,自费疫苗10455支。免费疫苗中,学生接种19964支,60岁以上老人接种23420支,其他保障人员接种473支,医务人员接种1397支,中小学校教师接种711支。全区共接种老年人23价肺炎疫苗2911人。儿童免疫接种率抽样调查共调查本市儿童152名,外省市儿童58名,儿童免疫接种建卡率、建证率、卡证符合率均为100%,儿童基础免疫合格接种率均在99.52%以上,加强免疫合格接种率均在98.51%以上,儿童各种疫苗及时接种率均达到90%以上,五苗全程及时接种率为87.14%,均达到北京市免疫预防工作的要求。按照国务院联防联控机制综合组《关于抓紧做好重点人群新型冠状病毒疫苗接种工作的通知》要求,根据北京市总体安排和工作要求,辖区自2021年1月1日开始进行大规模新型冠状病毒疫苗接种工作。2023年共接种新冠疫苗4867剂,其中接种第一针206剂,第二针399剂,第三针701剂,第四针3409剂,第五针152剂。

(李艳辉)

【艾滋病防控】 全年,石景山区新报告HIV感染者/AIDS病人35例,其中AIDS病人8例。全区现存活HIV感染者/AIDS病人752例。筛查检测HIV抗体216236人份,检出HIV抗体阳性者62人,HIV抗体阳性率0.03%;艾滋病哨点监测调查各类人群763人,检出HIV抗体阳性者2人,HIV抗体阳性率0.3%。艾滋病高危人群干预26708人次,HIV抗体检测15212人份,检出HIV抗体阳性者26人,HIV抗体阳性率0.2%,HIV感染者/AIDS病人抗病毒治疗率为96.1%。3个艾滋病自愿咨询检测门诊共接待艾滋病咨询检测者1054人,检出HIV抗体阳性者12人,HIV抗体阳性率1.1%。社区药物维持治疗门诊累计治疗人数588人,在治人数60人,治疗保持率100%,日均服药人数54人。组织社区参与艾滋病防治基金项目以及国家艾滋病综合防治示范区等工作,开展艾滋病尿液匿名传递检测工作,健全性病艾滋病防治网络,落实全区"三位一体"艾滋病防治工作模式,加强艾滋病实验室网络建设及质量控制,开展艾滋病确证检测以及CD4淋巴细胞检测,完成辖区社区卫生服务中心及监管场所HIV和梅毒快速筛查点的督导培训及质控考核等工作。对辖区医疗机构性病艾滋病防治工作进行督导检查以及业务培训。开展性病艾滋病防治宣传活动,采取线上线下多种形式,面向各类人群开展防艾宣传活动。全年发放性病艾滋病宣传资料10余种6.7万份,免费发放安全套7.3万只、润滑油4000支。

(张国磊)

【美沙酮门诊】 截至2023年底,美沙酮门诊累计治疗人数563人,在治69人,保持率99.5%,日均服药人数59人。门诊服药人员HIV检测率为100%(阳性率为0)、梅毒检测率为100%(阳性率为0)、HCV检测率为100%(阳性率为77.36%),每月对服药人员进行尿检,随访吗啡尿检阳性率为1%,全年门诊量16881人次。6月26日和12月1日,门诊举办以"远离毒品,珍爱生命"为主题的活动,活动中展出关于毒品的危害、艾滋病防治以及相关法律法规等禁毒知识展板,发放安全套及宣传折页2000余份,利用门诊大厅电视屏幕滚动播出禁毒防艾相关视频,并为全体服药人员发放禁毒宣传品。全年共开展健康教育及心理干预活动16次,发放安全套及健康宣传材料1万份,累计发放奖励款18000元。

(姜 影)

【结核病防治】 年内,结核门诊共接诊患者764人次,化验室共做检查2374人次,其中痰涂片335份,涂阳23份;培养189份,培阳10份。X-pert检查67份,其中阳性11份。全区登记管理肺结核患者107例,其中本市96例,外省市11例。按照《北京市结核病防治工作规范》工作要求,对辖区各级医疗机构及社区卫生服务中心的结核病防治工作进行业务指导和督导检查。根据《北京市学校结核病防控工作规范(2018版)》处理学校预警应急事件15起,发放停课/停工通知10人,密切接触者筛查942人次,处理学校肺结核聚集性疫情1起,完成病例管理、个案调查、密切接触者筛查等工作,无新发病例。辖区按照《北京市结核病防治工作规范》相关工作要求,加大对人员培训力度,提高肺结核管理水平,全年对2型糖尿病及65岁以上老年人进行肺结核症状筛查175813人次,未发现肺结核患者。全年辖区登记肺结核病人107例,实际管理105例,登记管理率为98.1%;首次访视率100%;规则服药率100%;结案评估率100%。结核病防治所及志愿者全年累计组织现场宣传活动34次,知识普及覆盖5000余人,发放各类宣传品1万余份,组织开展线上微博、微信、短信、网站等宣传150余次,阅读量3万余人次。

(姜 影)

【公共卫生监测与评价】 年内,区防控中心每日登陆国家职业病报告网,共审核11份用人单位信息和10215份有毒有害作业工人健康监护个案体检信息,审核并访视9例尘肺病病例、9例无职业病病例、1例疑似职业病病例和3例农药中毒病例。对部分医院开展职业病网络直报绩效考核。开展152例职业性尘肺病的随访与回顾性调查。开展食品安全风险监测工作,化学污染物检测165件,2件蔬菜样品及1件淡水鱼样品检测结果异常(2件菜豆噻虫胺超标,1件淡水鱼恩诺沙星残留超标),撰写1份隐患报告。食品微生物监测180件,在2件预包装冷藏即食食品样品中检出肺炎克雷伯菌,撰写1份隐患报告。开展食源性疾病监测工作,共采集390件患者粪便标本,检测出阳性样本数为45株,致病菌阳性率为11.54%。检测病毒样本223份,检出阳性样本数33株,病毒阳性率14.80%。组织辖区15个医疗机构和35所中小学校开展全民营养周宣传,组织开展6次科普及公益落地活动。在全区中小学校开展"营在校园""科学食养——这是我的菜"家庭健康餐征集活动,共31所学校参与,上交作品172件。经过区级评选,共评出区级优秀作品49件,其中一等奖7件,二等奖15件,三等奖27件。参与北京市疾控系统"营养与食品卫生专业技术练兵",练兵分为科普大赛和食物中毒流行病学调查演练2部分,辖区科普大赛和食物中毒演练均获二等奖。日常监测辖区宾馆饭店、商场超市、美容美发店、医院等7类公共场所58户共212件;评估开放式冷却塔风险10户,监测尿抗原嗜肺军团菌100件;开展服贸会保障工作,共采集37件样本。日常监测生活饮用水,共检测水样212件,合格212件,合格率100%。监测放射工作人员外照射个人剂量47户528人1820人次,完成大剂量核查4人次。放射性本底监测完成水体总放射性采样2次,土壤放射性分析采样1次和空气γ射线外照射剂量监测4次。监测职业性放射性疾病,对辖区70家放射诊疗机构进行基本信息及放射工作人员职业健康管理信息调查。完成核医学基本信息调查2户。监测介入人员剂量15人次。医学随访过量受照人员6例。对70家医疗机构进行基本情况及放射诊疗频度调查,完成辖区5家医疗机构15台放射诊疗设备监测任务。开展非医疗机构放射性危害因素监测,完成用人单位基本情况调查18户、职业卫生管理自查2户。配合市疾控中心完成中国科学院高能物理研究所X射线安检仪、北京建筑材料科学研究总院有限公司X射线衍射仪防护监测。购置六通道低本底α/β测量仪、马弗炉、口腔CT剂量面积乘积仪、口腔CT模体、乳腺CT模体、CT水模、DR检测板、环境辐射剂量仪、表面污染仪、个人剂量报警仪等设备,提升辖区医用辐射、环境放射性、放射性污染及非医用辐射的监测能力。建成总放射性测量实验室。参加北京市放射工作人员个人剂量监测、总α总β放射性测量能力比对,结果合格。

(孟庆晨　王明良)

【感染防治】 年内,石景山区有纳入消毒卫生监测工作范围的医疗机构160家,其中二级及以上的12家,二级以下的52家,61家个体医务室,26家学校医务室,9家其他医务室。纳入监测的托幼机构50家。全年消毒效果监测采样2031件,合格1952件,合格率96.11%。医疗机构消毒效果监测135户次,采样1414件,其中物表及工作人员手涂抹采样946件,空气采样134件,高压锅监测采样16件,其他318件。托幼机构消毒效果监测42户次,采样617件,其中物表及手采样260件,空气采样213件,其他144件。消毒工作检查医疗机构135家次,托幼机构42次。参加辖区疫情处置工作,其中病家或疫点消毒8次,进行物表消毒面积18100平方米,消毒效果评价2家。传染病疫情病家及密切接触者居家消毒技术指导4家次,检查社区服务站(中心)42家次。传染病防控督导检查,肠道门诊传染病防控检查4家次。进行托幼机构、医疗机构预防保健人员消毒技术培训和个别指导人数220人。根据全市统一部署,辖区制定《石景山区病媒生物密度监测工作方案》,在全区范围内设置监测点开展蚊、蝇、鼠、蟑等病媒生物密度监测,累计开展蝇监测21次,6类环境每次设点7个,布放蝇笼144个;蚊监测18次,其中成蚊监测3类环境每次设点5个,布放诱蚊灯216套,幼蚊监测4类环境每次设点6个,检查容器48个,取水样300勺;蟑监测12次,每次设点8个,布放粘蟑板4800张;鼠监测12次,每次设点4个,布放鼠夹2100夹次;开展辖区蜱虫及臭虫等非常见病媒生物的调查监测及技术咨询工作。按要求完成服贸会、洪涝后病媒生物防控及安全保障工作。

(赵　晓)

【慢性非传染性疾病防治与管理】 年内,石景山区开展北京市成人慢性病及其危险因素监测项目,完成市级监测1440人,区级现场督导18次,个人问卷录音质控86份。截至12月31日,累计完成心血管病高危人群初筛6019人,初筛调查完成率100%;高危干预人数693人,高危干预率46%;短期随访人数224人,短期随访完成率14%;长期随访人数10人。监测中国居民心脑血管事件,医疗机构病例报卡477张,死亡监测补发报卡1张,报告卡审核487张,完成对辖区医疗机构和社区卫生服务中心线上或线下督导各2次。开展国家脑卒中高危人群筛查和综合干预,石景山医院累计筛查上报院内脑卒中病人926例,社区累计筛查上报社区人群632例,共1558例,完成率103.8%。完成城市癌症早诊早治问卷调查2176人,筛查出各类高危人群1398人,开展各类临床检查571人次,其中肺癌171人次、乳腺癌203人次、肝癌25人次、上消化道癌80人次、结直肠癌92人次,临床检查率115.35%。监测特定健康问题哨点,完成调查1687人。开展老年人健康素养项目,完成400人调查工作,录音质控40份,现场督导8次。完成北京市脑卒中高危人群随访236人,随访率91.8%。组建9个老年人预防跌倒干预小组,完成7次防跌倒健康讲座、社区宣传活动,开展老年人防跌倒宣传活动2次。对新创建的2家健康单位(国信证券和民族养老院)进行慢性病高风险人群健康管理工作。开展“万步有约”健走激励大赛,参赛队员514人,赛期100天。新开展糖尿病小组12组,共120人,新开展高血压小组5组,新增人数50人。开展全民健康生活方式行动,包括健康主题日及“三减三健”宣传活动、专项行动等。新招募健康生活方式指导员136名,区级活跃指导员120人;完成11家健康示范机构的市级验收工作。全年累计发放慢病相关宣传折页3万余份,海报1000余份。

(安欣华　赵一扬)

【学校卫生】 年内,石景山区在64所幼儿园、48所中小学聘任由卫生健康系统安排的卫生健康兼职副校长,共聘任33名,通过卫生健康兼职副校长指导学校开展健康教育活动(包括口腔、近视、肥胖和营养不良等学生常见病),引导学校推广营养与健康学校建设工作,提高师生卫生健康意识,提倡健康生活方式。共开展对全区中小学校相关人员的学校卫生工作专项培训3场次,培训人员200余人次。内容涉及学校卫生工作部署、学生常见病的预防、视力不良和肥胖预防、学生健康饮食及青少年控烟知识等学校卫生相关专业知识。利用健康月、爱牙日、爱眼日、无烟日、高血压日、健康月及宣教活动机会开展学校卫生和疫情防控主题宣传,面向全区中小学生发放常见病防控宣传折页、家庭视力自测图、健康画报、身高坐高贴、疫情防控宣传海报、控烟宣传海报等宣传品,开展各类宣传活动30余场。石景山区开展中小学物质环境监测,全年完成96间教室的监测任务,辖区中小学校覆盖率超60%。监测辖区中小学常见病及健康危险因素,选取银河小学、石景山区石景山学校(小学部)、北京大学附属中学石景山学校、古城中学、首都师范大学附属苹果园中学、北京市第九中学、黄庄职业高中、北京工业职业技术学院、北师大石景山附属幼儿园和军区机关幼儿园等12所学校及幼儿园的3014余名学生开展体检。开展《2023年学生常见病和健康危险因素监测与干预》工作,包括环境监测、学生体质监测、学校卫生基本情况监测和学生常见病监测等。

(刘力勇)

【健康教育与健康促进】 年内,石景山区建立健全以社区、学校、机关、企事业单位为基础的健康教育工作网络,对医疗机构开展基本公共卫生服务培训1次,对街道开展培训4次,开展社区卫生服务机构基本公共卫生督导考核2次,开展医院公共卫生服务督导考核1次。发挥健康科普专家库作用,开展健康大讲堂暨健康科普"五进"活动,共17场。联合多部门开展世界防治结核病日、世界无烟日及全国爱牙日3场现场宣传活动。创建健康促进幼儿园,启动健康小达人评选系列健康干预活动。开展职业人群健康体重行动,打卡学习健康科普知识,推广八段锦和健康操学习,在北京市健康体重行动活动技能大赛中获二等奖。调查医疗机构新媒体健康传播情况、石景山区戒烟门诊现况,推选辖区优秀健康科普师资参加市级新媒体健康科普创新大赛。开展北京市第五次成人烟草监测,央补健康素养监测、青少年烟草流行监测和石景山区居民健康素养监测,科学评估辖区居民烟草使用情况和健康素养水平。全年发送微信259条,订阅人数37557人。石景山健康教育官方原创微博297条,粉丝数43640人。按时上报辖区戒烟服务月报表、基层健康教育报表、健康大课堂报表、健康教育工作情况年报表。配合区卫健委爱国卫生办公室,完成全国卫生区复审工作、无烟示范街区创建、健康影响评价等工作。

(安欣华)

【区疾控中心实验室建设】 年内,按照《北京市市、区两级疾控中心仪器装备配备标准(试行)》,A类设备配备标准为132种259台,区疾控中心具备119种334台。根据北京市《2021年度区政府绩效管理日常履职考核事项评分标准》中疾控机构标准化建设指标计算,中心仪器设备种类和数量综合达标率达95%以上。12月开始,为提高实验室工作效率与管理效率,区疾控中心开发建设新版公共卫生检验检测管理系统,新系统以"整合资源、优化结构、简化应用、强化实战"为目标,通过一体化平台设计、基于移动互联网思想,实现公共卫生检验检测业务流程系统化管理,同时具备资源管理、质量管理、对外服务管理、移动端采样及检测、统计分析等功能,为智慧疾控建设提供支撑。

(吴 劲)

【精神卫生】 年内,全区在册严重精神障碍患者2682人,报告患病率4.7‰,其中6类重性精神障碍总人数2661人,监护人申领率89.35%,在册规范管理率95.08%,规律服药率90.68%,免费服药率77.68%。

(曲圆圆)

【口腔卫生】 年内,区疾控中心推进"儿童乳牙口腔保健与健康促进项目"等口腔公共卫生服务项目。辖区窝沟封闭预防龋齿项目覆盖33所学校,21742名儿童,牙齿4096颗;氟化泡沫全年服务幼儿园60所,21214人次。

(宋子琦)

【全区实验室生物安全】 年内,全区备案病原微生物实验室的机构31家,其中疾控机构1家、医疗机构22家,其他企业或者政府机构8家。病原微生物实验室94个,其中一级实验室28个,二级实验室66个,无三级实验室。组织辖区生物安全二级实验室填报骨干人员信息参加全市线上摸底能力考核,组织北京康复医院、石景山医院等5家三级医院共18人参加2023年生物安全二级实验室骨干人员培训,其中2人获得优秀学员称号。加强区级督查专家队伍建设,组织开展实验室生物安全区级专家遴选工作,共遴选11名实验室生物安全、公共卫生领域专家,参与实验室生物安全现场监督检查。在全国"两会"等活动和春节、五一、国庆、中秋等节日期间辖区所有实验室备案机构严格落实日报告制度。定期组织辖区实验室备案机构开展实验室生物安全自查,联合区卫生健康监督所和生物安全专家对辖区9家重点涉源单位开展现场督查,对于督查中发现的问题,要求实验室设立单位限期整改,形成监督检查闭环。

(戎伟仁)

【公共卫生应急管理体系建设】 年内,区疾控中心制定《加强石景山区公共卫生应急管理体系建设三年行动计划(2023—2025年)》,通过政府常务会、区委常委会审议,根据会议意见对方案进行完善修改。8月22日,由区委办、区政府办印发。文件推进医防协同、平急结合的疾控体系改革和以强化基层为重点的公共卫生体系建设。按照疾控体系建设改革要求,成立区疾病预防控制局,完善统一指挥、分级负责、精准高效的应急指挥体系。

(刘丽娜)

【卫生应急】 年内,石景山区共接到突发公共卫生事件报告2起,均为霍乱疫情。区疾控中心举办继续教育区级培训、单位自管项目培训和其他专业技术培训,开展应急培训演练35次,

年内,石景山区中心代表队在全市疾控系统流行病学职业技能竞赛中取得优异成绩

(《石景山报》供图)

参与1610人次。完成全国“两会”和区“两会”、服贸会、科幻大会、马拉松、高考、中考等活动和会议保障任务和洪涝灾害应急处置工作。开展医防融合,全年培训带教学员25人。提升应急队伍现场流行病学调查和应急处置能力,送出1人参加医防融合培训,组织4名青年骨干人员参加北京市流调队伍标准化建设项目系列培训,1名骨干参加全市卫生应急综合演练,完成2名国家应急队员换届。中心代表队在全市疾控系统流行病学职业技能竞赛中取得优异成绩(团体二等奖、个人一等奖、二等奖)。自主建设传染病监测预警系统,于4月投入使用,系统为北京市首个建成并发挥成效的信息化系统,经市级推荐并作为区域经验亮点报送至国家疾控局。撰写各类传染病与突发公共卫生事件监测月报12期,年报2期,公共卫生安全形势分析4期,风险评估报告22篇。按时向市疾控中心上报《卫生应急工作动态》相关信息资料,2023年共上报信息13篇。

(吴劲 任丽君)

卫生监督

【概况】 年内,辖区内公共场所数936户,量化分级860户,量化占比91.88%。经常性监督检查数量2170户次,覆盖率100%,合格率97.4%,处罚数量55起,罚款金额20000元。

(钟锐)

【医疗卫生监督】 年内,区卫健委开展监督检查数量2921户次,覆盖率100%,合格率99.64%,作出行政处罚11件,罚没款金额192920.18元。打击非法行医情况:作出行政处罚2件,罚没款金额0元。

(钟锐)

生育服务管理

【概况】 年内,区卫健委优化办事流程,加强政策衔接,全年办理户籍人口生育登记2038例,非京籍常住人口生育登记1525例,办理《独生子女父母光荣证》88例。参加全国人口动态监测调查,作为全国人口监测点,完成340份产前检查成本监测任务。

(田孟云)

【妇幼健康】 年内,石景山区孕产妇建档2942人、死亡人数0、死亡率0(0/10万),初产剖宫产率26.76%,活产2301人(常住人口)。新生儿死亡0人、死亡率0‰,婴儿死亡1人、死亡率0.52‰,5岁以下儿童死亡2人、死亡率1.04‰(户籍人口)。围产儿出生缺陷率为24.33‰;出生缺陷顺位前5位为:外耳其他畸形18例,多指(趾)并指(趾)9例,肾脏类畸形7例,尿道下裂3例,隐睾2例。

(乔艳云 邓峰 孙霄)

【生育服务与家庭发展】 年内,石景山区婚检人数为4528人,其中初婚婚检人数为4493人,初婚婚检率为87.37%。疾病检出率为1.65%,其中初婚疾病检出率为1.67%。辖区免费孕前检查定点单位为石景山区妇幼保健院。区妇幼保健院在区婚姻登记处设置婚前保健服务中心。全年,辖区免费孕前检查1607对。

(乔艳云 邓峰 孙霄)

【落实奖励扶助政策】 年内,区卫健委确认死亡特扶对象894人、伤残特扶对象1097人,发放特别扶助金1939.66万元,一次性经济帮助款246万元,独生子女父母奖励费24.75万元,一次性奖励266.20万元。做实计生特殊家庭扶助关怀,将失独家庭帮扶纳入区“济困工程”,实施关怀扶助“暖心项目”,落实“双岗”联系人、家庭医生签约服务、优先便利医疗服务“三个全覆盖”,开展“温暖国策百里行”行动,为失独家庭发放节日慰问金、慰问品96万元,生日慰问金17.8万元,60岁以上老年帮扶补助78.8万元,大病死亡帮扶25人,免费体检339人次,京郊游754人次,安排入住养老机构5人。拓展养老帮扶内涵,为计生特殊家庭投保住院护理补贴保险,解决住院无人照护的现实困难。

(田孟云)

【完善托育服务体系】 年内,区卫健委将托育服务纳入区政府折子工程,印发《石景山区托育服务体系建设三年行动实施方案(2023年—2025年)》,建立托育服务工作联席会议制度。为4家机构备案,2家机构创建北京市托育服务示范单位,8人取得卫生保健培训合格证,9人取得北京市保育师职业技能大赛等级书。加强托育综合监管,压实托育机构主体责任,指导机构完善应急预案,加强应急演练,以火灾隐患防范为重点,联合开展一体化综合监管。推进普惠托育试点,成立普惠工作推进小组,完成试点机构定价、评估、公示、认定等环节,确定首批普惠试点托育机构5家,幼儿园托班7家,拨付首批财政补助资金。全区提供托育服务的机构28家,托位总数1635个,千人口托位数2.9个。

(田孟云)

药品安全监督

【概况】 2023年,石景山区有药品零售企业109家、医疗器械经营企业1660家、医疗器械网络销售主体170家。年内,区市场监管局推动药品零售企业“6+4”一体化综合监管体系改革,提升药品监管市场效能。严查药品领域安全问题,落实“四个最严”要求,排除药品领域风险隐患。开展“安全用药·健康为民”为主题的“全国安全用药月”活动,加强药品法律法规的宣传力度。对药品零售企业监督检查覆盖率100%。完成国家级药品抽检任务及区级药品抽检任务,分别对药品使用环节抽检3批次和164批次,合格率100%。

(邵敏)

【药械流通环节质量监管】 年内,区市场监管局聚焦儿童用药、疫情防控、集采中选、彩色隐形眼镜、定制式义齿、无菌和植入性医疗器械及可用于医疗美容的医疗器械等产品,加强重点品种质量监管。聚焦新开办、新迁建、既往发现问题较多、带量采购中选品种配送企业、器械三方物流贮存配送等企业开展针对性监督检查,做好药械质量安全监管。石景山区有药品零售企业109家,检查主体109家、225家次,监督检查覆盖率100%;有医疗器械经营企业1660家,检查772家、882家次,监督检查覆盖率46.51%;医疗器械网络销售主体170家,检查主体83家、83家次,监督检查覆盖率48.82%。

(邵　敏)

【优化药械流通领域营商环境】 年内,区市场监管局推动药品零售企业"6+4"一体化综合监管体系改革,按照"信用+风险"评价评级体系,协同各相关单位开展联合检查,提升市场监管效能;在药店和眼镜店行业实施一业一证,颁发《综合许可》,缩减企业提交材料和跑动次数;根据企业需求,探索开展医疗器械经营企业"一证多址"改革。加强普法,通过线上线下药械法规宣贯、风险提示等方式对药械企业进行全覆盖培训,增强企业的法律法规意识。打通"全程网办"流程,提升企业办事便利性,药械流通领域行政许可全程网办数量总数和全程网办占总业务量占比,两项数据均在全市相关领域名列首位。新增医药企业数量稳步增长,医疗器械经营主体新增354家,同比增长27.1%;药品经营主体新增15家,同比增长15.9%。

(邵　敏)

【药品经营和使用检查】 年内,区市场监管局牵头开展药品全巩固提升行动工作。严查药品领域安全问题,落实"四个最严"要求,排除风险隐患。通过巩固提升行动,规范辖区内药品领域经营使用秩序,消除药品安全隐患。牵头开展2023年药品经营和使用专项检查。检查药品购进渠道、储存管理和使用质量安全管理等情况。检查互联网诊疗配套的医疗机构药房药品使用质量管理情况。牵头开展辖区药品领域经营主体严重违法失信行为专项治理工作。打击经营主体严重违法失信行为,强化信用约束和联合惩戒,深化经营主体信用体系建设。

(常向平)

【药品使用环节监管】 年内,区市场监管局对辖区一级以上医疗机构、社区卫生服务中心等单位开展日常监督检查,结合药品经营和使用专项、药品安全巩固提升行动、市场监管系统专项治理工作等专项任务要求,加强药品使用环节监管。在甲型流感、乙型流感、支原体肺炎等呼吸道传染病感染患者数量呈高位时期,关注辖区医疗机构中阿奇霉素等大环内酯类抗生素与喹诺酮类抗生素等药品的储备情况与流感疫苗等相关疫苗质量管理情况。完成国家级药品抽检任务及区级药品抽检任务,分别对药品使用环节抽检3批次和164批次,合格率100%。

(常向平)

【特殊药品使用安全】 年内,区市场监管局加强特殊药品日常监管,对使用麻醉药品和精神药品的医疗机构开展现场检查,重点检查药品进购渠道、储存管理、出入库台账等内容,确保特药库双人双锁管理、账物相符并且领取和使用情况记录准确,确保麻醉药品和精神药品使用安全。定期对区戒毒药物维持治疗门诊进行现场检查,并接受市级戒毒药物维持治疗工作督导组督导。

(常向平)

【疫苗质量安全监管】 年内,区市场监管局对疫苗接种单位进行日常监督检查,重点检查疫苗购进渠道、储存运输、冷链管理和领取与使用情况。会同区疾病预防控制中心等相关部门对过期疫苗进行统一销毁。

(常向平)

【药品法律法规宣贯】 年内,区市场监管局召开药品安全监管工作会。辖区一级及以上医疗机构和各社区卫生服务中心相关负责人参加。在区电视台制作一期"视点"节目,通过电视扩大宣传面。走进老山东里、苹果园一区、海特第三社区等社区,对"一老一小"重点人群开展安全用药知识讲座。开展"安全用药·健康为民"为主题的"全国安全用药月"活动。在各医疗机构公共区域循环播放国家药监局"安全用药月"宣传片,扩大受众。在区市场监管局微信公众号上转载国家药监局"2023年公众十大用药提示"。关注儿童用药安全,走进区幼儿园宣传儿童安全用药理念,受到老师和家长们的好评和欢迎。

(常向平)

【医疗器械生产监管】 年内,区市场监管局对第一类医疗器械生产和产品备案,对产品变更企业3个月内进行全覆盖、全项目检查。辖区内3家第一类医疗器械生产企业实现GMP检查各1次。完成第一类医疗器械产品新备案12件,一类备案变更0件,一类产品注销9件;新办生产备案0件,变更生产备案0件,注销生产备案0件。

(游道毅)

【应急处置建设】 年内,区市场监管局分析研判节假日期间活动,开展重点区域市场监管领域应急管理工作形势分析评估。节前召开重点工作部署,统筹全局执法力量,明确职责分工,落实应急值守,做好节假日期间街道属地日常监管执法、重点区域巡查执法以及突发事件应急处置执法。结合辖区实际,编制《石景山区疫苗质量安全应急预案》《石景山区药品安全事件应急预案》。

(郝　宁　俞为之)

体　育

综　述

【概况】 年内,石景山区体育局(简称区体育局)学习贯彻党的二十大精神,落实区委十三届五次全会部署要求,围绕年度折子工程、民生实事任务目标,紧抓后冬奥机遇、推动"双奥之区"建设,服务保障滑雪大跳台世界杯赛事、备战参赛北京市第二届冬季运动会、举办"金秋体育盛会"、试点"体教融合"等,推进群众体育、青少年体育、体育产业高质量发展,区域体育各项工作取得成效。

(郭　琳)

【"国球进社区 国球进公园"启动】 6月16日下午,由住建部、国家体育总局联合主办的"国球进社区 国球进公园"活动在石景山区老山街道老山东里社区健身园举行启动仪式。樊振东、陈梦、王曼昱、王楚钦、孙颖莎5位乒乓球世界冠军向老山街道赠送乒乓球、乒乓球拍以及乒乓球网等体育器械,老山街道的老街坊志愿者向乒乓球世界冠军们送上街道乒乓球爱好者绘制的书画作品。启动仪式后,乒乓球世界冠军与辖区乒乓球爱好者挥拍互动。

(王飞飞)

【第三十八届金秋体育盛会开幕】 9月26日,石景山区第三十八届金秋体育盛会在石景山体育场开幕,国家体育总局青少司、北京市体育局领导出席,来自全区机关企事业单位、街道社区、中小学生1100余人参加。开幕式分入场式、广播操评比、大型表演3部分。全区47家机关企事业单位代表队参加入场式,各街道、社区的健身爱好者以及徐水舞龙舞狮队参加广播操评比和大型表演。

(闫福林)

【服务保障滑雪大跳台世界杯】 11月30日至12月2日,2023—2024赛季国际雪联单板及自由式滑雪大跳台世界杯在首钢滑雪大跳台举办,吸引来自24个国家和地区的166名运动员参加,超万人次到场观赛,百余家国内外媒体报道,辖区"双奥之区"的城市形象和国际影响力得到提升。赛事筹备举办期间,区体育局作为石景山区办赛和保障工作领导小组办公室单位,牵头制定工作方案,组建专班实体化办公,协调17家部门保障、配合组委会做好安保交通、住宿餐饮、志愿服务、媒体宣传等工作,完成赛事服务保障各项任务。

(闫福林)

【服务保障全国大众冰雪季活动】 12月23日,第十届全国大众冰雪季启动仪式主会场活动在首钢滑雪大跳台举行,"跟奥运冠军学滑冰"公开课、京津冀花样滑冰自由滑邀请赛、全国大众冰雪季10年成果展等活动也在首钢园区同步展开。区体育局对接国家体育总局、北京市体育局和首钢集团,服务保障第十届全国大众冰雪季启动仪式主会场系列活动。

(闫福林)

体育产业

【概况】 年内,区体育局畅通政企沟通渠道,借助服贸会、体博会、冬博会等平台进行招商引资、宣传推介,共吸引华兴国传等17家体育企业入驻辖区。与全国体育运动学校联合会、国家体育总局自行车击剑运动管理中心签署合作协议,建立战略合作伙伴关系。

(施　涛)

【与全国体校联合会签约合作】 3月9日,全国体育运动学校联合会与区教委、区体育局战略合作签约仪式在北京景山学校远洋分校举行,探索和创新"体教融合"模式,加强学校体育,健青全少年竞赛体系和人才培养体系,开创青少年体育工作新局面。

(贺琼瑶)

【区领导到射运中心走访调研】 5月12日,李新、尹圆带队赴国家体育总局射击射箭运动管理中心走访调研,射运中心党委书记、主任梁纯及其他领导陪同。李新一行参观冠军榜、五环广场、飞碟射击训练场地、荣誉室,并围绕双方相互支持、合作事宜进行座谈交流。

(施　涛)

【与自剑中心签约合作】 7月3日,为加快建设体育强国,推动区域体育事业发展,区长李新和自剑中心主任季道明共同签署《北京市石景山区人民政府 国家体育总局自行车击剑运动管理中心战略合作框架协议》,尹圆和相关部门领导、自剑中心领导以及国家队部分教练员、运动员出席签约仪式。《框架协议》的签署,标志着辖区与自剑中心正式建立可持续发展的战略合作伙伴关系。协议强调,双方围绕开展体育赛事活动、提高竞技体育水平、推动群众体育发展、加强体育产业培育、强化体育人文交流和培养专业体育人才等6个重点,共同开展合作。

(施　涛)

【举办北京数智体育公开赛】 8月6日,由北京市体育局、北京市发展改革委、北京市科委、中关村园区管委会、北京市经信局、区政府和首钢集团主办,区体育局、中国移动咪咕与北京博睿体育承办的北京数智体育公开赛在北京市北投奥园1314广场开赛,这是北京市首个依托元宇宙等数智科技的数字体育赛事,作为第四届北京体育消费节活动之一,以"竞无止境"为主题,涵盖比特骑行、数智划船、全民高尔夫三大运动项目。同月19日,北京数智体育公开赛的全民健身数智大篷车活动启动。服贸会期间,举办北京数智体育公开赛服贸会专题赛,共吸引约5000人次参赛和体验,网络平台及现场观赛人员累计超400万人次。

(施　涛)

【推动招商引资】 9月3日至4日,区体育局参加服贸会期间的"投资石景山会客厅",陪同区领导与法国WAVE-LANDES公司等4家体育企业进行座谈,借助展会和座谈活动,宣传辖区优势和良好投资环境,与有意向企业建立联系,并陪同企业对辖区场地进行实地考察,提高优质体育企业和体育品牌对辖区的关注度。11月30日,参加"加拿大冰雪运动品牌与石景山区对接洽谈会",并组织区内重点冰雪企业代表参与洽谈,与加拿大使馆代表以及加方重点冰雪运动品牌代表进行沟通交流。

(施　涛)

【参展冬博会】 9月15日至17日，在2023国际冬季运动(北京)博览会上，区体育局牵头围绕“后冬奥时代发展冰雪体育事业”主题搭建石景山区展台，设置石景山区体育和文旅展示、冰球冰壶体验、VR滑雪模拟体验、冰雪装备及企业展示等内容，宣传推介辖区冰雪体育产业。

(施　涛)

【体育行业安全生产工作会召开】 11月1日，区体育局组织召开2023年度石景山区体育行业安全生产工作会，区体育局主要领导、相关负责人和全区200余家体育经营单位的负责人参加。会议通报北京丰台长峰医院“4·18”重大火灾事故调查报告，传达上级会议精神，结合《石景山区体育局安全生产和火灾隐患大排查大整治“回查检视、系统整改”阶段强化措施实施方案》进行动员部署。

(施　涛)

竞技体育

【概况】 年内，区体育局深化体教融合，以足球篮球等集体球类项目、田径游泳等基础项目，射箭等特色项目为重点，以中小学校、体校为参与主体，联合区教委组织“奔跑吧·少年”区青少年足球比赛、区青少年篮球比赛暨区第六届中小学生篮球联赛、区青少年射箭比赛、区青少年橄榄球比赛等青少年体育赛事活动。辖区输送运动员程文涛与搭档石浩玙夺得中国队在世界游泳锦标赛的首枚金牌。辖区参加北京市青少年赛事取得佳绩，参加北京市青少年U系列比赛共获得21金、27银、38铜，参加锦标赛获得19金、19银、21铜。

7月10日，石景山青少年篮球比赛决赛现场　　(区体育局供图)

(贺琼瑶　刘晓丹)

【全国花样滑冰冠军赛获奖】 4月12至13日，2022—2023赛季全国花样滑冰冠军赛在山东省青岛市国信体育中心举行。辖区输送运动员王一涵代表北京队参加女子单人滑比赛，以176.20分的总成绩获得第二名。

(刘晓丹)

【世界游泳锦标赛夺金】 7月22日，在日本福冈结束的2023年世界游泳锦标赛花样游泳混双自由自选决赛中，辖区输送运动员程文涛与搭档石浩玙夺得冠军，这是中国队该项目的首枚世锦赛金牌。

(刘晓丹)

【参加市冬运会短道速滑比赛】 9月9日，“中国银行杯”北京市第二届冬季运动会短道速滑比赛(青少年竞技组)结束。辖区共派出18名选手参加此次比赛，在为期3天的比赛中，取得6枚金牌。

(刘晓丹)

【参加亚运会取得佳绩】 9月，在杭州第19届亚运会上，辖区体校输送的运动员朱雪莹夺得蹦床女子个人金牌，实现奥运会、世锦赛、世界杯、亚运会“大满贯”；运动员程文涛获得花样游泳技巧自选团体冠军；运动员李佳蔓获得射箭女子反曲弓个人第三名、团体第二名。

(刘晓丹)

5月22日，石景山区青少年足球比赛决赛现场　　(区体育局供图)

群众体育

【概况】 年内，区体育局以后冬奥契机，依托冬奥公园场地，开展全民健身活动，提升群众参与感、幸福感。启动石景山区第十届市民快乐冰雪季，举办“冰耀永定河”活动、徒步大会、全民健身日主题系列活动。辖区金顶街街道、广宁街道获得“全民健身示范街道”命名。

（闫福林　王飞飞）

【举办“冰耀永定河”活动】 1月16日，区体育局在冬奥公园缦野冰雪乐园举办“冰耀永定河”活动，设置50米冰爬犁竞速赛、50米冰面漂移车竞速赛2个比赛环节和冰面活动自由体验环节，近200名市民参与活动。活动为石景山区第九届市民快乐冰雪季系列活动之一，旨在通过开展冰雪活动，营造冰雪运动氛围，带动更多群众乐享冰雪运动。

（闫福林）

【举办区2023徒步大会】 5月26日，由区体育局、区体育总会、区工商联主办的“魅力双奥城 精彩双奥区”石景山区2023徒步大会在北京冬奥公园举办，来自石景山区、门头沟区的驻区企业员工、全民健身徒步爱好者近800余人参与活动。

（闫福林）

【首钢男篮进校园活动】 6月12日，北京首钢篮球俱乐部队员范子铭、张卓以及首钢男篮青年队的成员到实验中学，为孩子们示范投篮、传球、运球、持球突破等篮球运动技巧，组织三分球、罚球比拼，并分组进行3vs3对抗赛。为深化体教融合协同发展，区体育局与首钢体育对接，联合区教委、辖区学校组织首钢篮球俱乐部进校园公益活动，活动共持续一周。

（贺琼瑶）

【全民健身日系列活动】 8月，在第15个全民健身日之际，区体育局举办全民健身日主题系列活动。同月19日，在石景山万达广场举办“活力京西，运动同行”活动，共200余人参与互动。同月26日，在首钢园区群明湖举办石景山区首届全民水上运动超级日活动，全市150余位水上运动爱好者参与。同月30日，在李宁蓝羽正道体育馆举办首届北京掼牌（掼蛋）公开赛石景山站比赛，来自全区60支队伍的120人报名参与。

（闫福林）

【“一带一路”国家驻华使节自行车赛】 10月14日，由国家体育总局自行车击剑运动管理中心、区政府、中国自行车运动协会共同主办的2023“一带一路”国家驻华使节自行车系列赛北京老山站举办，赛事分为使领馆组、男子精英组、男子公开组、女子公开组、家庭亲子组和混合接力组，同时还设置儿童平衡车赛和虚拟骑行挑战赛，共800余人参赛。赛前开展“双奥之区”荣誉骑行活动，骑行线路总长度8公里，途径首钢园区、石景山路。

（闫福林）

【第十届市民快乐冰雪季启动】 12月27日，石景山区第十届市民快乐冰雪季在石景山体育场冰雪嘉年华“石景山冰雪世界”启动，来自全区机关、企事业单位、冰雪团队、周边社区的300余名市民参加启动仪式。“石景山冰雪世界”利用体育场地设施搭建冰雪运动场所，为群众参与冰雪全民健身运动提供条件和场所。仪式后，市民参与拔河比赛和大跳绳比赛，现场还有十余项冰雪体验活动。

（闫福林）

【全民健康大讲堂】 年内，区体育局与区卫健委联合开展“石景山区体卫融合健康大讲堂活动”，以医疗、体育、体育＋医疗的课程内容设置，“点餐式”的授课方式，面向全区的机关单位、企业、学校、部队、社区开展体医融合的健康科普活动。课程菜单共汇集医学及体育课程近200种，全年为21家机关事业单位、学校、企业、部队，62个社区授课343节，直接参与人数1万余人次。

（王飞飞）

【全民健身示范街道创建】 年内，区体育局指导金顶街街道、广宁街道创建北京市全民健身街道，经申报、准备、资料整理、验收等环节，金顶街街道、广宁街道通过北京市体育局评审，获得“全民健身示范街道”命名。

（王飞飞）

【经常锻炼体育人口调查分析】 年内，为了解石景山区全民健身工作情况，摸清经常参加体育锻炼人数比例，区体育局开展石景山区经常锻炼体育人口调查和分析工作，为改善石景山区居民健身状况和发展基层体育工作提供数据参考。经调查，石景山区经常参加体育锻炼人数比例为53.58%，群众对辖区体育设施整体情况满意度较高。

（王飞飞）

【参加市二冬会（群众组）】 年内，辖区派出141人的群众组代表团参加北京市第二届冬季运动会短道速滑等大众竞技类别和雪地足球等大众参与类别的9个项目比赛。北京市第二届冬季运动会是北京2022年冬奥会和冬残奥会之后北京市举办的最高级别的大型冬季项目综合性运动会。石景山区共获得3金1银3铜。

（闫福林）

社会事业

综　述

【概况】 年内,中共北京市石景山区委社会工作委员会、北京市石景山区民政局(简称区委社会工委、区民政局)坚持以习近平新时代中国特色社会主义思想为指导,全面贯彻落实党的二十大精神,坚持以党建引领为主线,统揽全局抓协调、多措并举提服务、尽心竭力办实事,牢牢守住政治纪律和安全管理底线,基层治理能力不断提升,养老服务供给提质升级,兜底保障网络持续织密,民政专项事务守正创新,全区社会建设和民政领域各项工作取得新成效。

(杨　洋)

【"品质社区"建设】 年内,区委社会工委、区民政局聚焦"五大品质"持续开展四个季度社区全覆盖季走访评估,《以"品质社区"点亮品质之城》入选"2023年全国城乡社区高质量发展典型案例"。召开2023年度品质社区推进会,为2022年度27个五星"品质社区"、41个四星"品质社区"授牌。2023年第四季度"品质社区"建设综合评分首次"破百"达到100.67分,较第一轮涨幅近30%,创下2022年第三季度以来"五连涨";居民群众对居住在石景山区社区的获得感、幸福感、安全感的评分达到89.66分,较第一轮提高5.07分,居民满意度持续攀升;"五大品质"明显改善,社区"两委"规范化建设、社区社会组织培育发展、社区管理服务场地配备、社区公共设施管理维护等指标基本实现全域达标。

(宣　言)

【养老服务机构管理】 年内,区委社会工委、区民政局执行《北京市困境家庭服务对象入住养老机构补助实施办法》,发放2022年第4季度至2023年第3季度补助资金312.81万元,涉及1486人次。审核发放2022年下半年至2023年上半年养老机构运营补贴1365.84万元,发放津冀收住京籍老年人养老机构运营补贴24.65万元。落实《北京市社区养老服务驿站运营扶持办法》,组织辖区内社区养老服务驿站开展政策培训会,推进基本养老服务对象签约,截至年底,共为2943名基本养老服务对象提供基本养老服务126796人次。审核发放石景山区2022年下半年度、2023年上半年度社区养老服务驿站运营补贴721.285万元。为35家养老服务机构拨付2022年7月、11月疫情床位补贴142.09万元。

(孙　敏　奚博晨　田　颖)

社区建设与管理

【概况】 年内,区委社会工委、区民政局持续推进社会治理中心下移,推进31项新时代街道工作重点任务落地落实。持续深化"品质社区"建设,认定2022年度五星"品质社区"27个、四星"品质社区"41个。完成9个社区服务空间开放式建设示范点、3家"社区之家"示范点、2个生活垃圾分类社区动员示范点、5个"老街坊"社区议事厅、5个楼门治理示范点、1个街道级协商试点等市级重点项目建设任务。撤销社区5个、新建社区7个,全区社区总数达156个。举办第五届"老街坊"社区邻里节活动。

(金　超)

【第五届社区邻里节举办】 5月20日,区委社会工委、区民政局在首钢园区超体空间广场举办第五届石景山区"老街坊"社区邻里节启动仪式及现场嘉年华活动。为期一周的邻里节在全区展开。各街道、社区集中开展文艺汇演、知识竞赛、社区大课堂、趣味运动会、跳蚤市场、厨艺擂台、全民健步走、农副产品展销等400余场线上、线下"社区邻里节"活动,直接参与居民2万余人。

(潘晶晶)

【新时代街道工作】 年内,石景山区街道工作专班坚决贯彻北京市新时代街道工作意见和街道办事处条例,认真落实中央、市委关于加强基层治理体系和治理能力现代化建设意见精神,结合区域实际和特色亮点,制定区街道工作重点任务清单,细化任务内容和目标,确定任务31项(市级任务落实28项、区级任务创新3项),各项任务推进平稳有序、目标基本完成。

(宣　言)

【行政区划】 年内,区委社会工委、区民政局牵头八角街道、古城街道就首钢东南区涉跨界管理区域进行协商、明确管辖,签订《八角街道、古城街道关于首钢东南区行政管理界线的临时管理协议书》。严格按照界桩更换程序和规格,将丰石线3号、丰石线4号、石海线1号、石海线2号、石海线3号和石海线4号共6颗界桩更换为新型界桩。定期对丰石线、石海线进行巡查,确保界线界桩完好。配合街道及相关委办局做好确界工作,协助区公安分局、城管指挥中心等部门及各街道办事处实地确界20余次。

(王秀君)

【垃圾分类社区动员】 年内,区委社会工委、区民政局在全区9个街道156个社区开展生活垃圾分类社区宣传动员。在苹果园街道西黄新村东里社区、琅山社区建成市级生活垃圾分类社区动员示范点2个,通过更新升级垃圾分类硬件设施,动员社区居民、辖区单位、社会组织等广泛参与,社区建立积分兑换机制,落实提醒处罚措施,组织开展评比表扬,发挥示范引领作用。

(金　超)

【社区规范化建设】 年内,区委社会工委、区民政局推动社区管辖范围及规模不断优化,通过增加服务用房面积和配强社区工作者队伍的方式做好3000户以上社区的服务管理。做好新建居住区的服务管理,撤销拆迁社区、合并规模过小社区5个,新建社区7个,截至年末全区共有社区156个。

(潘晶晶)

【社区民主协商】 年内,区委社会工委、区民政局持续推进社区民主协商,推进156个社区"老街坊"议事会、议事厅建设,并向楼门院延伸,通过协商解决社区停车管理、环境改造提升等热点、难点问题。持续开展示范创建,打造5个"老街坊"社区议事厅及5个楼门治理示范点,继续推进古城街道级协商试点。发挥示范引领作用,通过推介、培训、观摩、总结经典案例等形式加强对社区楼门院治理示范点及

“老街坊”议事厅示范点的推广，议事厅及楼门院推广率均达到50%以上。

（潘晶晶）

【社区服务改革】　年内，区委社会工委、区民政局严格落实社区准入制度、社区工作首问责任制、社区全响应服务制及社区工作者包片入户制度，推进“走动式”工作，推广“综合窗口”“全能社工”模式，通过服务站硬件改造推动社区服务水平提升，开展9个市级社区服务空间开放式建设示范点建设，打造“有颜值、有文化、有温度、有认同”的社区服务空间。

（金　超）

【社区“共建共治”】　年内，区委社会工委、区民政局按照“清理一批、规范一批、有出有进”的标准，继续开展辖区建成的51家老街坊“社区之家”的规范化建设，对正常运营的社会单位进行服务规范提升，按照约定为居民提供相应服务。按照市级标准完成八宝山街道电科院“社区之家”示范点、八角街道北京实兴商务管理有限公司“社区之家”示范点、古城街道石景山消防支队古城中队“社区之家”示范点规范化建设。

（金　超）

【社区减负】　年内，区委社会工委、区民政局落实《北京市社区工作准入管理办法（试行）》相关要求，指导社区严格按照年度任务计划清单依法依规开展工作。重新梳理社区填报的表格（系统）清单，向41家区社会建设领导小组成员单位、9个街道和随机抽取的18个社区开展摸排调查，最终确定区级保留的表格（系统）1个。依托“品质社区”季度走访机制，加强对社区挂牌情况、工作开展情况的实地走访及日常指导。

（潘晶晶）

社会领域党建

【概况】　年内，区委社会工委、区民政局推进全区社会组织“两个覆盖”集中攻坚行动，开展4轮拉网摸排，推动社会组织党组织覆盖率从61.8%提升到100%。

（范虎虎）

【社会组织党组织书记示范培训】　11月6日至8日，区委社会工委、区民政局组织开展以“强基固本筑堡垒，凝心聚力担使命”为主题的社会组织党组织书记示范培训班。市委社会工委市民政局社会组织工作处处长陈谊围绕“加强党建引领，推动社会组织健康发展”作辅导，国家信息中心“中经视频”特聘教授，市委社会工委民政局社区党建专家库成员郑珍平围绕“基层党务工作者必须具备的能力与素质”作辅导，市委社会工委市民政局基层政权和社区党建处处长魏朝阳围绕“发挥社区社会组织作用，推动基层治理创新和减负增能”作辅导，海润天睿律师事务所执委会委员、高级合伙人包华围绕“从法律角度入手，深刻解读社会治理”作辅导，全国党建人才数据库专家涂清华围绕“社会组织党组织书记的道与术”作辅导，市委党校（北京行政学院）公共管理教研部主任、教授、政府研究中心主任董晓宇围绕“习近平总书记关于全面深化改革的重要论述”作辅导。参加培训人员24人。

（范虎虎）

【监督执纪落细落实】　年内，区委社会工委、区民政局运用监督执纪“四种形态”，结合谈心谈话制度，每月层层开展廉政谈话，抓早抓小、咬耳扯袖、红脸出汗。针对区监委关于进一步加强困难群众救助工作强化履职尽责的监察建议，坚持问题导向，坚持真抓实改，坚持标本兼治，坚持系统提升，举一反三查问题抓整改、查隐患抓治理、查疏漏抓规范，达到问题整改见底见效、制度机制健全完善、工作质量全面提升的整改目标。

（范虎虎）

社会工作队伍建设

【概况】　年内，区委社会工委、区民政局实施社区人才队伍陪伴成长赋能行动，开展156名骨干社区工作者培训，增强破解社区治理难题和创新社区治理的能力。同时，对新招录的416名社区工作者进行初任培训。协同完成面向优秀社区党组织书记和优秀社区工作者定向招聘42名事业编制人员工作，进一步健全完善社区工作者职业激励保障体系。开展2023年“群众最满意社工”评选活动，对李美红等10名“群众最满意社工”和李峥等20名“魅力社工”予以表扬，全面提升社区工作者服务群众能力和水平。鼓励社区工作者通过国家社会工作者职业资格考试，社区“两委一站”持证人员824人，持证率36.16%，其中3人被评为高级社会工作师。

（周玉坤）

【补充社区工作者】　3月，区委社会工委、区民政局发布公告启动2023年公开招聘425名社区工作者工作，吸引近3000人报考，2634人通过网上报名初审。公开招聘采用线下笔试，经面试、资格复审、政审联审、体检等环节，严把社区工作者入口关。416人被录用，7月正式上岗。

（周玉坤）

【关爱社区工作者】　年内，区委社会工委、区民政局组建石景山区“景燃合唱团”并筹备社区工作者新春团拜会，丰富社区工作者文化生活，展现社区工作者风采。开展对社区工作者节假日慰问，春节期间深入社区慰问在岗值守社区工作者。推动社区工作者加入基层工会组织工作，保障社区工作者合法权益。关注社区工作者身心健康，区政府投入208.8万元专项资金，为2457名社区工作者进行健康体检，保障社区工作者的身体健康。同时，为每个街道建立心理咨询微信群，专业人员随时为社区工作者提供心理咨询服务，充分体现区委区政府对广大社区工作者的关心关爱。

（周玉坤）

【志愿服务管理】　年内，区委社会工委、区民政局落实“创建全国文明城区”指标中有关志愿服务目标任务，助力文明城区创建、社区治理、垃圾分类等中心工作。引导各街道、各社区、各志愿服务队组织各类志愿服务，广泛动员“老街坊”志愿者参与社区治理、便民服务、养老助残、扶危济困、平安建设、矛盾调解、环境卫生整治、垃圾分类、消防宣传等各类志愿服务活动，推动志愿服务制度化、常态化。石景山区本年度志愿服务项目总时长达2547546小时。

(张 运)

【志愿服务规范化发展】 年内,区委社会工委、区民政局宣传贯彻《北京市志愿服务促进条例》《北京市志愿者服务管理办法》,加强对街道社区志愿服务活动的规范指引。推动社区志愿服务体系建设,依托社区服务站、社会工作站、新时代文明实践站等社区综合服务设施建设社区志愿服务阵地。截至年末,辖区有社区志愿服务站点149个。履行志愿服务行政管理职责,制定《石景山区志愿服务记录与证明抽查工作实施方案》,全年对志愿服务领域行政执法检查101件次,对11家志愿服务组织进行志愿服务记录与证明抽查。

(张 运)

【志愿服务人才培训】 年内,区委社会工委、区民政局大力培育和发展社区志愿服务人才队伍,组织9个街道志愿专干参加市级志愿培训;举办2023年度区级志愿服务骨干培训,培训设置6大志愿专题课程,全区9个街道、156个社区的志愿骨干和法人组织志愿团队志愿者共200人参与。截至年底,石景山区实名认证志愿者总数达到172260人,志愿服务项目总数达到22734个,志愿团队总数达到2182个,区民政局系统推荐的255人获得北京市五星志愿者称号。

(张 运)

【志愿服务宣传和品牌建设】 年内,区委社会工委、区民政局以学雷锋纪念日、国际志愿者日为契机,加大志愿服务宣传力度,大力弘扬雷锋精神和志愿精神,充分发挥志愿服务在基层社会治理中的重要作用。挖掘石景山区志愿服务亮点,打造红纽扣、红五星、景夕阳、木铎、银铃卫士等"老街坊"志愿服务品牌,引导各街道培育社区志愿服务品牌,持续擦亮"老街坊"志愿服务名片。

(张 运)

【社会工作队伍培养】 年内,石景山区第三批北京市优秀社区社会工作专业人才培养试点(简称"优才计划")项目顺利通过各阶段评审,获评"优秀实训项目""优秀服务案例"等市级荣誉。开展实施第四批"优才计划"培养试点项目,通过脱产训练、岗位实训、专业督导等方式对苹果园、金顶街等两个试点街道9名优才学员进行系统培训,推动优才学员在价值理念、工作方法、服务能力等方面的专业水平提升。动员社会工作从业人员参加社会工作职业水平考试、评审、继续教育。全年通过职业水平考试及评审取证人员582人,其中初级493人,中级87人,高级2人。依托各级社会工作服务平台开展专业能力提升培训,全年开展社会工作培训活动32次,培训社工1439人次。

(罗 兰)

【基层社会工作服务体系和能力建设】 年内,石景山区投入资金167.48万元,建成广宁、五里坨等3个街道社会工作服务中心,14个社区社工站。持续建设1个区级社会工作指导中心、5个街道社会工作服务中心、28个社区社工站,初步建成区—街—社区三级社会工作服务体系。统筹社会建设领域基层站点建设,印发《石景山区关于统筹社会建设领域服务站点的工作方案》,推动社会工作服务、社会心理服务、社会组织培育孵化等服务站点共建联动,实现相关工作在基层的站点聚合、资金整合、服务融合。

(罗 兰)

【社会工作主题宣传】 年内,区委社会工委、区民政局围绕"推进五社联动,关爱一小一老"主题,举办石景山区第八届"北京社工宣传周"系列宣传活动,全区9个街道、154个社区、39家社会工作服务机构参与线上线下各类活动,充分展示石景山区社会工作发展成果,营造良好社会工作发展环境。

(罗 兰)

【协管员队伍管理常态化】 年内,区委社会工委、区民政局落实区联席会议办公室职责,修订《石景山区协管员队伍规范管理工作联席会议制度》,指导街道制定完善街道级协管员管理办法等配套政策。加强协管员队伍管理,全区协管员实行编号管理、统一工作标识、戴牌上岗,使用城市协管员信息管理系统对协管员信息数据进行规范管理。完成年度全区协管员队伍基本情况统计工作,截至年底,全区协管员共计1023人,其中专职人员1005人,兼职人员18人,公益性岗位766人,全年经费投入6911.59万元。

(罗 兰)

民政工作

【概况】 年内,区委社会工委、区民政局动态保障在册低保对象3848户7014人、低收入对象128户270人。全年发放低保金12166.63万元,为700人次符合条件的低收入人员发放生活补助金24.87万元;为47199户次低保、分散供养特困家庭发放电价补贴34.55万元;为7329人次低保、低收入对象发放1月份价格临时补贴29.32万元;为2338户低保、低收入及分散供养特困对象发放2022—2023供暖季集中供暖等采暖补贴310.46万元,为1063户低保、低收入及分散供养特困对象发放2023—2024供暖季清洁能源分户自采暖和燃煤自采暖补贴156.034万元;为36名符合条件的困难家庭高等教育入学新生发放教育救助金15.92万元;全年共对544人次困难群众实施临时救助,发放资金147.68万元。

(冯 栋 齐浩凯)

【走访慰问】 1月18日,区委社会工委、区民政局联合市、区两级社工委民政局、退役军人局和残联等单位,在市委社会工委副书记、市民政局副局长、一级巡视员富大鹏和副区长王其志等领导的带领下对区社会福利院儿童部、鲁谷和悦会养老照料中心和5户优抚对象及12户低保、特困对象进行重点走访慰问。同时,组织各街道对全区3904户低保家庭和106名特困供养人员进行普遍走访慰问,发放慰问金302.7万元。协助区民宗侨办为112人次少数民族低保对象发放牛羊肉价格补贴4.5万元。

(李文辉 艾钰清)

【3人获"感动社会·民政榜样"人物】 2月,在北京市第四届"感动社会·民政

榜样”宣传教育活动中，永定河勇救落水儿童的周宏勃、李瀑、周思维3人获“感动社会·民政榜样”人物。

（贾小雷）

【社会救助专项治理行动】 4月，区委社会工委、区民政局开展为期3个月的社会救助专项治理巩固提升行动，制定《石景山区2023年社会救助领域群众身边腐败和作风问题综合治理实施方案》，对连续三年社会救助专项治理工作成效进行巩固拓展。本次社会救助专项治理巩固提升行动在坚持救助区域全覆盖、救助类型全覆盖“两个覆盖”基础上，主要围绕确保困难群众救助力度、社会救助政策规定执行、日常基础工作、社会救助资金监管、经办能力工作作风建设五个方面开展专项巩固提升工作。本次行动在总结三年专项治理工作推进落实体制机制的基础上组建社会救助专项治理巩固提升行动领导小组，并通过电话、信访等方式畅通投诉举报渠道、加大巩固提升行动宣传力度，确保群众诉求及时处理、工作成效不打折扣，不断增强群众的获得感、幸福感、安全感。

（王小函）

【见义勇为工作】 6月，区委社会工委、区民政局在全区开展第五届北京市见义勇为宣传月活动，线上线下相结合，覆盖9个街道153个社区，进机关、企业、学校、商圈、社区、公园等开展活动。张贴宣传海报900余张，发放宣传册3000份，发放宣传袋、宣传品约8000个。春节前，走访慰问见义勇为人员，为38人发放“两节”慰问金3.80万元，发放慰问品3.04万元。

（贾小雷）

【殡仪领域侵害群众利益专项整治】 6月至12月，区委社会工委、区民政局从设置组织机构、制定专项方案、建立工作台账、开展联合执法等方面落实市专班各项工作任务，进一步规范殡仪服务行业秩序。会同区市场监管、区卫健委等部门加强联合执法，对全区3家医院太平间和各殡仪服务机构进行全覆盖、高频次的执法检查。专项整治期间，共开展联合检查和专项抽查23次，累计派出执法人员78人次，共检查点位81处(次)。

（王 刚）

【政策培训宣传】 8月31日，区委社会工委、区民政局在石景山业余大学礼堂组织举办2023年全区社会救助政策及业务培训，全区各街道民生保障办、市民服务中心负责社会救助工作的领导和专干及困难群众救助服务所和辖区社区居委会负责社会救助的工作人员共210余人参加培训。同时，组织编印社会救助政策汇编及宣传折页3万余页(册)下发各街道社区，组织开展社会救助政策宣传活动。通过利用街道社区电子屏、板报展板、宣传折页、社区活动、公众号短视频等多渠道、多方式拓展社会救助政策宣传覆盖面，提升救助政策社会知晓率。

（李文辉 张建涛）

【第八个“中华慈善日”】 9月4日，石景山区举办“携手做慈善，共创文明城”——石景山区“中华慈善日”主题宣传活动。区慈善协会60家会员单位、9个街道办事处慈善工作负责人及居民代表共200人参加活动。活动通过宣传片展播、宣传成果展览、慈善故事宣讲、爱心企业捐赠、文艺演出等，全面展示石景山区近年来的慈善发展历程、特色活动、品牌项目、重要成果。同时开展慈善宣传进机关、进企业、进公园、进社区、进学校、进商场、进社区“邻里节”的“七进”活动。

（高 炜）

【专项治理】 年内，区委社会工委、区民政局按照市民政局的统一部署，制定《石景山区民政局关于开展社会救助领域困难群众救助补助资金专项治理“回头看”活动的通知》，在组织各街道自查自纠基础上，于5月下旬围绕政策执行、资金使用、日常管理、经办能力和工作作风等方面，到各街道社区，采取“听、看、查、访”等方式，开展社会救助专项治理“回头看”集中督查，重点针对困难群众救助补助资金审计发现问题和2022年专项治理排查发现的问题整改及推动《北京市最低生活保障和低收入家庭救助审核确认办法》落实情况逐项开展认真核查，督促指导各街道社区坚持以问题为导向，对查找出来的问题逐一实行台账式对账整改销号和动态式跟进，防止错保、漏保、人情保问题发生。

（张建涛）

【信息核对】 年内，区委社会工委、区民政局围绕“两低一特＋两项补贴”等业务开展工作。按照市局“8.10”核对工作联席会的指示要求推进“跨省核对”工作在辖区高效落地。坚持应救尽救原则，研究出台《石景山区核对预警处理办法的通知》，首次将查实非本人购买和使用的车辆、财产预警边缘群体、重残重病支出型贫困家庭的处理方式制度化，杜绝执行政策一刀切的行为。分街道建立全区核查预警处理台账，对街道在开展预警处理工作进行全盘统筹监督，做到核对预警处理无死角。进一步强化定期核查与动态管理，全年除严把新申请核对门槛外，分两次对在册救助家庭开展集中核查12461户次，累计核查超标家庭391户次，清退179户次，有效杜绝救助对象识别不精准、动态调整不及时和违规领取、重复领取、虚报骗取社会救助资金等问题发生。

（张建涛）

【低保调标】 年内，区委社会工委、区民政局依据北京市民政局《关于调整本市社会救助相关标准的通知》等文件要求，按时完成低保低收入调标工作任务，自7月起，最低生活保障标准由家庭月人均1320元调整为1395元。

（冯 冻 齐浩凯）

【精准救助】 年内，区委社会工委、区民政局制定下达《2023年街道社会救助重点工作任务书》，对各街道本年度精准救助工作任务指标进行具体明确，并实行周报告制度跟踪督导，确保在时限内超额完成全年精准帮扶任务。截至12月，共建立新申请救助对象基础信息台账396户，定期回访15687户次，开展个案服务391户1404次，资源链接300户551次。

（李文辉 艾钰清）

【济困工程】 年内，区委社会工委、区民政局济困工程各成员单位利用市、区政府和社会捐赠资金，开展救助项目68项，救助对象65.63万人(户)次，投入资金3.85亿元。

(王小函)

【成年孤儿安置政策落实】 年内,区委社会工委、区民政局为2名已落户在辖区的成年孤儿依申请发放补贴资金15万元,用于安置人员的住房补贴、生活必需品、生活费、学费等支出。

(刘 青)

【统筹未成年人保护委员会】 年内,区委社会工委、区民政局统筹区未成年人保护委员会,落实完善区未成年人保护委员会工作规则、办公室工作规则、成员单位职责任务分工,制定2023年工作要点,进一步理顺未成年人保护工作协调机制;4家单位被评为北京市未成年人保护工作先进集体,8名工作人员被评为先进个人。

(刘 青)

【超转人员服务管理】 年内,石景山区共有超转人员816人,年度累计发放生活费3504.92元;落实征地超转人员医疗待遇和管理工作,方便群众就医。受理更改定点医院和去世人员社保业务等136件,做好征地超转综合管理平台数据更新、走访慰问、人员信息核实等工作。

(刘莎莉)

【地退人员服务管理工作】 年内,石景山区共有地退人员65人。年度累计发放退休金554.29万元;做好地退人员丧葬抚恤金的申领发放工作,为17名去世地退人员发放丧葬抚恤金253.32万元;开展走访慰问活动,在元旦、春节、五一、十一期间慰问地退人员278人次,发放慰问金35.4万元。开展咨询接访、报纸订阅、档案查询等相关服务管理工作。

(刘莎莉)

【收养工作】 年内,区委社会工委、区民政局办理完结收养业务0宗,受理收养意向13件,其中待匹配1件;接待群众来电来访,宣传《民法典》关于收养行为的规定,提高公民依法收养送养意识。

(刘莎莉)

【流浪乞讨人员救助】 年内,区委社会工委、区民政局出动工作人员和外展救助巡视人员1200余人次、救助车辆180余台次,街面救助劝导94人次,开展“寒冬送温暖”和“夏季送清凉”救助活动,有效地维护流浪乞讨人员的生存权益,维护“两会”“创城”“两节”及其他重要时期社会秩序稳定。站内救助流浪乞讨人员118人次,其中救助老年人14人次、未成年人2人次、残疾人21人次。提供医疗救助12人次,跨省护送返乡7人次。

(赵 君)

【残疾人两项补贴】 年内,石景山累计发放残疾人两项补贴58985人次、1673.86万元,其中护理补贴累计发放34353人次、484.04万元,生活补贴24632人次、1189.82万元。截至年底,全区共有4782人享受残疾人两项补贴,其中享受护理补贴残疾人2730人,享受生活补贴残疾人2052人。

(王 涛)

【清明祭扫服务】 年内,区委社会工委、区民政局发挥协调、督导、报告、宣传等职能作用,实现“安全无事故、服务零投诉”工作目标。辖区内3家公墓(含骨灰堂)共接待祭扫群众336192人、社会车辆60649台,代为祭扫650人。与去年同期相比,祭扫人数增加24.8%、社会车辆下降18.4%、代为祭扫下降51.4%。其中5个高峰日接待祭扫群众134342人、社会车辆24766台,4月5日清明节当日接待祭扫群众44796人。

(王 刚)

【建成4家街道慈善工作站】 年内,区委社会工委、区民政局开展基层慈善工作站试点建设,按照党建基础好、驻区单位多、慈善氛围浓的标准,在原有鲁谷和五里坨2个街道慈善工作站基础上,新建苹果园和金顶街2个街道慈善工作站并挂牌。同时拟制《石景山区慈善工作站实施细则》,对工作站试点建设标准、运行机制、资金和物资管理进行规范,制定慈善工作站接收捐赠流程和救助工作流程,确保各项工作在规范流程下运行。协调慈善工作对接辖区内的慈善资源,利用辖区内户外大屏、街道LED信息栏、文化广场电子屏等多种渠道,持续面向居民宣传慈善工作站和慈善文化。全年开展慈善活动35次,8000余人参与,接收捐赠物资1000余件,接受捐赠资金13万元,助力慈善事业高质量发展。

(高 炜)

【慈善救助拓展】 年内,区委社会工委、区民政局动员辖区内社会力量参与慈善救助,9个街道设置慈善救助专项基金90万元;开展“共产党员献爱心”捐赠活动,全区20个党工委,31132名党员和2768名入党积极分子、共青团员、民主人士、社会群众参与,共捐款236.09万元。中华慈善日开展以“携手做慈善,共创文明城”为主题大型宣传活动。推进实施救助项目,联合慈善协会打造“助老、助残、助困、助医、助学”的“五助”品牌,开展包括慈善进军营、真情救助贫困母亲、救助困难党员、关爱福利院孤残儿童、关爱福利院孤寡老人、大病应急临时救助、爱心成就未来救助低保高中生等17个慈善救助项目。全年支出善款313.08万元、救助1233人。

(王 涛)

【养老服务补贴津贴】 年内,区委社会工委、区民政局为全区老年人养老服务补贴津贴累计发放9650.31万元,涉及377771人次。其中发放困难老年人养老服务补贴370.76万元,涉及24130人次;发放护理补贴5334.82万元,涉及108355人次;发放高龄津贴3851.43万元,涉及244627人次;发放特殊老年人补贴3.295万元,涉及659人次。通过春节、重阳节慰问活动为区内户籍百岁及高龄困难老年人发放慰问金78000元,涉及130人次。

(罗 巍 王小雪)

【老年人综合能力评估】 年内,区委社会工委、区民政局落实《北京市老年人能力评估实施办法(试行)》,组织首钢医院、石景山医院、北京首特泰康医院、北京路安康中医医院、北京市石景山区八宝山社区卫生服务中心、五里坨社区卫生服务中心、鲁谷社区卫生服务中心、北京首颐矿山医院有限公司,共8家医疗机构的执业医师、专业护士建立辖区老年人能力评估人员库。通过现场检查、复查抽评等方式对老年人能力评估结论的准确性进行监管管理，全年共对734名在石景山区内居住的老年人评估结果进行抽查复评。

（罗　巍　王小雪）

【养老机构呼吸道疾病防控】 年内，区委社会工委、区民政局指导养老服务机构按照“乙类乙管”工作方案及养老机构疫情防控工作指引相关要求，持续强化疫情防控日常管理，落实“三握手”运行机制，及时传达各级最新要求，推动在院人员流感等疫苗接种工作。冬春季，通过每日报送呼吸道疾病就医情况，及时掌握养老服务机构整体状况，确保养老服务机构平稳有序运行。落实《关于应对疫情影响促进养老服务机构持续健康发展的通知》要求，为全区养老服务机构发放防疫物资N95口罩12000只、防护服1000套、抗原试剂14000支。

（马丽丽　毛丽敏）

【养老服务人才培养】 年内，区委社会工委、区民政局组织辖区养老服务机构养老护理员和家庭照护人员开展2023年度养老服务人才职业技能培训，通过线上、线下结合方式，共培训467人次，其中养老护理员232人、家庭照护人员235人，均通过结业考核。组织各养老服务机构管理人员、社会工作者参加市级示范班培训。落实《北京市养老服务人才培养培训实施办法》，为区内15家养老机构一线护理人员按月发放岗位津贴，共计发放101.81万元，涉及1928人次。联合区人力资源社会保障局组织开展第三届石景山职业技能大赛养老护理员竞赛，组织辖区养老机构优秀护理人员参加四季青杯北京市养老护理职业技能大赛，7名选手入围复赛，以赛促学提升石景山区养老照护水平。

（孙　敏　朱　桐）

【老年餐桌建设与管理】 年内，区委社会工委、区民政局结合辖区“疏解整治促提升”专项行动，开展落实发展老年餐桌任务，严格以《北京市养老助餐点管理规范》为标准开展督查检查，全年发展备案养老助餐服务单位18家。截至年底，共备案养老助餐点61家，其中养老机构8家、社区养老服务驿站43家和社会化餐饮10家。根据《北京市石景山区养老助餐服务实施细则》发放2023年上半年养老助餐补助资金5.24万元。

（奚博晨　尹　珺）

【养老服务机构安全管理】 年内，区委社会工委、区民政局加强对区内养老服务机构消防等安全排查督导，通过行业自查、部门联合检查等形式，累计检查养老服务机构371次，累计出动检查人员455人次，累计发现安全隐患380项，均完成落实整改。为深刻汲取北京长峰医院火灾事故教训，重点开展彩钢板、电动车电动轮椅、有限空间、外包外租、燃气等专项安全整治工作，持续加大社会面宣传教育警示力度，推进“一警六员”实操实训，紧盯养老服务机构中重点部位和薄弱环节，提升养老服务机构安全生产特别是消防安全管理水平。根据市政府要求全区养老服务机构通过京通小程序的“企安安”模块定期进行安全检查和动火作业网上申报，按照相关文件要求定期专人进行检查并上报检查记录，指导养老服务机构用好北京养老服务网安全管理模块等工作。组织辖区内17家养老机构和44家社区养老服务驿站完成综合责任险投保。

（郝洪玉　李　杰）

【养老综合信息平台运维】 年内，区委社会工委、区民政局依托“养老综合信息平台”整合养老服务资源，开展养老服务运营监管，累计汇集涉老数据750余万条，其中全年汇集19.71万条服务过程数据，37.71万条养老补贴充值数据。

（张　军）

【居家养老精准化服务】 年内，区委社会工委、区民政局依托“养老综合信息平台”开展居家养老精准化服务，在为区内1.4万户75岁以上“三失一独”及80岁以上老年人家庭配备“居家养老服务信息机”的基础上，通过政府购买服务形式引入第三方单位承接，进行专业化、社会化运营，完善专属服务体系。整合120急救中心、居委会、卫生站、养老驿站、养老照料中心、物业、居家护理等养老服务资源。全年提供420人次的120紧急救助服务；累计为老人推送养老广播信息2.1万余次，累计收听1.9万余次，收听率90.5%；累计为老年人提供呼叫、咨询等各类服务49.5万余次。

（张　军）

【养老机构监控信息融合】 年内，区委社会工委、区民政局延续开展养老服务机构视频监控信息融合项目，持续整合48家养老服务机构、313个视频监控点位视频资源并进行统一管理，对养老服务机构进行有效的风险监管，保护老年人的权益。在疫情和防汛期间，通过视频融合监控平台开展线上巡检8875次，对养老服务机构存在的防疫防汛安全隐患进行检查督导。

（张　军）

【新建小区配套养老设施移交】 年内，区委社会工委、区民政局新开工老古城综合改造1608－626地块和衙门口棚户区改造1615－713F1地块配套养老设施；接收并投用西府海棠小区、衙府业园小区和刘娘府西山奥园D小区3处配套养老设施。

（李　黎）

【无障碍设施建设和适老化改造】 年内，区委社会工委、区民政局根据《石景山区2023—2024年度创建全国无障碍建设示范城市实施方案》的责任分工，对全区63家养老服务机构无障碍设施情况进行摸排，重点对苹果园街道、金顶街街道内各选取一家养老服务机构，打造成为“无障碍建设精品工程”。依托养老家庭照护床位建设项目，完成200户失能老年人家庭的适老化改造工作。

（翟頔婧）

【“养防救”智慧养老】 年内，石景山区完成2022年石景山区“养防救”智慧养老安全应急服务试点项目结项，为4000余户基本养老服务对象安装智能安全监测设备，提供电话咨询及各类上门救助服务近500次。新建并备案社区养老服务驿站3家。累计建成社区养老服务驿站45家。

（吴飞飞）

【养老机构服务管理】 年内，区委社会工委、区民政局持续开展养老机构服务质量专项行动，按照《北京市养老机构服务质量星级评定管理办法(试行)》《北京市社区养老服务驿站服务质量星级评定管理办法(试行)》《北京市养老机构服务质量星级评定委员会工作规则》等文件,制定石景山区养老服务机构服务质量星级评定工作实施方案,有序开展星级评定工作,评审出一星级养老机构1家,二星级养老机构8家,三星级养老机构3家;评审出一星级社区养老服务驿站5家,二星级社区养老服务驿站7家,三星级社区养老服务驿站1家。

(石文婷)

【"京彩时光"养老志愿服务】 年内,区委社会工委、区民政局根据《北京市养老志愿服务"京彩时光"工作规范(试行)》,对全区所有正式运营的养老服务机构进行养老志愿服务"京彩时光"工作部署及工作指导。共招募志愿者130人,指导发布志愿活动68次,志愿服务总时长达169.1小时。

(翟頔婧)

【社会组织登记】 年内,石景山区有社会组织331家,其中社会团体86家,民办非企业单位245家,社区备案社会组织2631家。办理社会组织行政许可事项77项,成立登记12项,变更登记51项,注销登记14项,更换社会组织登记证书141个,章程备案30个。252家社会组织完成年检审批和网上发布,其中社会团体74家,民办非企业单位178家。

(李　韦)

【社会组织监督管理】 年内,区委社会工委、区民政局按照"以评促建"的原则,举办社会组织等级评估工作动员暨指标培训会,引导社会组织完善组织机构设置、财务管理和信息公开等内部管理制度,提高内部建设水平,完成27家社会组织等级评估、50家组织规范化建设指导工作。年度等级评估结果为5A级6家、4A级17家、3A级4家。全年督促指导全区23家行业协会商会就收费行为开展自查自纠工作,针对5家收费的行业协会商会要求第三方会计师事务所进行专业审计,对行业协会商会的收费标准及诚信承诺书进行公开公示,鼓励全区行业协会商会积极服务高质量发展。开展行政检查281件,处理举报5起,约谈社会组织或相关责任人2人次。开展打击整治非法社会组织专项行动,制发《关于开展石景山区打击整治非法社会组织专项行动的通知》,会同区委统战部、区委政法委(安全站)、园区管委会、各街道办事处等共19家单位成立专项行动协调小组,对全区349处点位、90家挂有类似社会组织牌匾机构的组织进行全面排查,依托"北京石景山""石景山老街坊"等微信公众号开展宣传工作,未发现存在疑似非法社会组织线索。

(李　韦)

【社会心理服务体系建设】 年内,区委社会工委、区民政局打造"景心"社会心理服务品牌,全区15个社会心理服务站点累计开展"景心"社会心理宣教活动393场,其中进行个案辅导56个,开展心理服务讲座95场、心理团体活动181场,结合线上直播、读书会等多种形式开展其他活动61场,活动累计受益34.7万余人次。

(李　韦)

【社会组织参与扶贫】 年内,石景山区共有18家社会组织与内蒙古莫旗、宁城县和青海省称多县的18个贫困村开展结对帮扶,带领社会组织代表赴莫旗开展调研交流,引导社会组织发挥自身优势和专长,紧密结合支援协作地区实际,每个村子制定3项针对性扶助计划,利用资金帮扶、消费帮扶、技术辅导、心理援助、线上义诊、来京访学等多种形式推动项目做实做细;帮扶总额为91000余元,共资助贫困学生39名,困难家庭23户。动员社会组织,参与门头沟区救灾援助,石景山区红十字蓝天救援队于7月31日至次日清晨在潭柘寺镇共转移受困群众48人,石景山区慈善协会等多家社会组织为受灾地区捐款捐物。

(李　韦)

【社区社会组织培育孵化】 年内,区委社会工委、区民政局推动9个街道实现社区社会组织联合会全覆盖,深化"1+9+N"社会组织发展服务体系,强化区街联动,进一步培育发展社区社会组织,开展石景山区社区社会组织"一社两品""一街多品"及"一区十品"示范品牌及领军人物选树活动。全年备案社区社会组织2631家,实现平均每个社区16.87个社区社会组织,涉及教育、医疗、养老、文体、科技、社会工作、志愿服务等多个服务领域。培育出"一社两品"社区社会组织297个,"一街多品"社区社会组织43个,27个品牌社区社会组织、3名社区社会组织领军人物、3家社会组织孵化机构入选北京市"十百千"示范品牌名单。

(李　韦)

【婚姻登记】 年内,石景山区完成办理结婚登记3595件、离婚登记1500件、离婚申请2019件、补发婚姻证件839件,出具证明9件,为行动不便的当事人上门办理补领婚姻登记证15件,出具婚姻档案1500余件。小客车家庭摇号核验、离婚析产和夫妻更名3519人次。

(谢　曼)

【特困人员供养】 截至年底,石景山区共有特困人员123人,其中集中供养40人,参照集中供养12人,分散供养71人。全年累计支出特困人员供养资金425.92万元,发放特困人员电价补3974.76元。调整特困人员供养生活费标准,由原先的1980元调整为2092.5元。调整特困人员供养照料费标准,具备自理生活能力人员由464元调整至484元,部分丧失生活自理能力人员由928调整至968元,完全丧失生活自理能力人员由1392元调整至1452元。

(王小函)

【儿童福利】 截至年底,石景山区共有困境儿童53人,其中散居儿童47人,福利院集中养育儿童6人。累计发放散居困境儿童生活费85.87万元,为1名孤儿和2名散居困境儿童进行医疗报销0.78万元。实施"福彩圆梦·助学工程"项目,向5名正在接受高等教育的孤儿和事实无人抚养儿童发放助学金4万元。按时、准确完成低保调标后低保家庭困境儿童生活费调整工作。

(高　湲)

北京石景山年鉴

BEIJING SHIJINGSHAN NIANJIAN

2024

社会生活

居民生活

【概况】 2023年,石景山区贯彻党中央和北京市各项决策部署,坚持以新时代首都发展为统领,深入实施“两大战略”,统筹做好“四个融合”文章,经济运行稳中有进、整体向好。随着全区经济回升向好,各项促增收提振消费政策发力显效,居民收入稳步增长,消费支出加快恢复,民生福祉持续改善。全区居民人均可支配收入91354元,同比增长5.0%;人均消费支出49699元,同比增长10.8%。

(王 娟)

【居民收入】 全年居民人均可支配收入91354元,同比增长5.0%。四项收入呈现“三升一降”特点,其中工资性收入比重最大,财产净收入增速最高。

表8 2023年石景山区居民人均可支配收入情况表

收入项目	金额(元)	同比(%)	构成(%)
可支配收入	91354	5.0	100
工资性收入	58321	7.2	63.8
经营净收入	293	-	0.3
财产净收入	10370	10.3	11.4
转移净收入	22370	-3.6	24.5

(王 娟)

【消费支出】 全年居民人均消费支出49699元,同比增长10.8%,其中八大类消费支出呈现“七升一降”态势。

表9 2023年石景山区居民消费支出增长及构成

消费项目	金额(元)	同比(%)	构成(%)
消费支出	49699	10.8	100
食品烟酒	10662	2.1	21.5
衣着	2509	-2.8	5.0
居住	18468	10.9	37.2
生活用品及服务	2320	2.2	4.7
交通和通信	4657	12.3	9.4
教育、文化和娱乐	3963	33.4	8.0
医疗保健	5262	18.7	10.6
其他用品及服务	1858	39.1	3.6

(王 娟)

【百户耐用消费品拥有量】 年内,全区居民家庭每百户耐用消费品拥有量最高为移动电话,拥有量为211.7部;最低为摩托车,拥有量为2.2辆。

表10 2023年每百户耐用消费品拥有量

项 目	单位	数量
家用汽车	辆	55.1
其中:新能源汽车	辆	5.5
摩托车	辆	2.2
助力车	台	5.3
洗衣机	台	99.7
电冰箱(柜)	台	99.1
微波炉	台	78.8
彩色电视机	台	99.8
空调	台	203.5
热水器	台	101.7
烤箱	台	17
洗碗机	台	3.6
排油烟机	台	97.9
固定电话	线	9.6
移动电话	部	211.7
计算机	台	80.6
照相机	台	19
乐器	架	9.8
健身器材	台	6
空气净化器(含新风系统)	台	27.6
地面清洁电器	台	33.9

(王 娟)

人力资源

【概况】 石景山区人力资源和社会保障局(简称区人力资源社会保障局)是负责全区人力资源和社会保障工作的区政府职能部门。内设13个行政科室和9个事业单位。年内,全区城镇登记失业率为3.71%,登记失业人员就业率67.23%,创三年来最优水平;社保领域实现新系统上线运营,本年各项社会保险基金运行平稳,确保按时足额发放;养老保险、失业保险、工伤保险三项社会保险基金累计收支195.51亿元,同比增长3.81%;做好人才服务工作,本年为驻区单位人才4152人办理北京市工作居住证,管理博士后科研工作站18家,实现年度连续建站“六连冠”,加强事业单位人事管理,完成各类专技类考试;持续开展根治“欠薪”专项行动,主动检查1775家企业,做出行政处罚7件,处罚金额20.62万元,向社会公布重大违法行为3件;不断提高调解仲裁工作效能,优化仲裁办案程序,本年立案4656件,同比增长35%,推动源头处理,保障石景山区劳动关系和谐稳定。

(张 倩)

【举办职业技能大赛】 4月17日,由石景山区人力资源和社会保障局和石景山区总工会联合举办的石景山区第三届职业技能大赛启动仪式在首钢技师学院北京市职业技能公共实训基地举行。大赛以“技能人才展风采,凝心聚力促发展”为主题,围绕区域功能定位、石景山区“十四五”规划、2035年远景目标和“两区”建设方案设置“传统项目”“新业态”“文化创意”三大板块九个比赛项目。其中云计算、电子商务师、西餐烹饪、中餐摆台为新增项目。参赛选手400余名。

(张 倩)

【京津冀协同发展】 7月11日,常卫赴首钢唐山迁安地区服务大厅走访调研,察看首钢唐山迁安地区服务大厅相关配套服务设施建设及运行情况,并为新建的就业创业服务工作站揭牌,首钢唐山地区就业创业服务工作站挂牌成立;6月和10月,石景山社保中心两次赴河北迁安开展以“全心社保伴企行 联通京冀送春风”和“社保服务进万家 联通京冀暖金秋”为主题的经办打包服务活动,利用社保大讲堂首钢学堂开展培训3场,为迁安矿区的20余家单位130名社保经办人员“面对面”讲解北京市智能一体化平台新社保系统解读、工伤医疗手工报销业务等内容;将业务办理权限设备带至迁安地区,现场办理业务工伤一次性待遇支付、退休补支、信息变更等业务共计107笔;深入矿区现场开展社保政策宣传,发放宣传折页和海报,宣传解读工伤保险政策、热点业务流程等,解答企业和个人参保缴费疑惑,并打包带回首钢矿区历史遗留问题5

条;实地检查工伤定点医疗机构北京首颐矿山医院,现场抽查治疗单10份、处方60张,住院病历10份,并对于大处方、中草药使用不合理等情况进行现场规范。区人力资源社会保障局形成“一庭、两站、两中心、一学堂”(“一庭”即石景山区劳动人事争议仲裁院首钢唐山地区巡回仲裁庭;“两站”即石景山区劳动能力鉴定中心首钢唐山地区工作站、首钢唐山地区就业创业服务工作站;“两中心”即石景山区首钢唐山地区社会保障事务服务中心、石景山区人力资源和社会保障局驻首钢迁安地区退休人员社会化管理服务中心;“一学堂”即社保大讲堂—首钢学堂)的服务格局,为3万余名首钢矿山地区职工提供仲裁、社保、就业、劳鉴、退休人员社会化管理等全方位服务,全面推进京津冀协同发展。

(张 倩)

【举办创业创新大赛】 7月20日,第六届“创业北京”创业创新大赛暨石景山区第四届创业创新大赛在北京保险产业园举行。来自石景山区各部门、优秀企业、创客项目、市区级孵化示范基地、创业投融资机构的200多人参加活动。本次大赛以“创业北京 创赢未来”为主题,征集来自不同领域的128个参赛项目,报名总数位列全市第四名,其中青年创意项目87个,为全市第一。“软硬一体化数智安防产品”“人工智能口腔影像设备系统自主研制与产业化”“推动工业科技全行业飞速发展的基石——国产化时钟SOC芯片”3个项目获一等奖,“数链科技”“启辰科技”“北斗三期四模十一频卫星导航SOC芯片产业化”等6个项目获二等奖,“冠军一号·运动中心(首钢篮球中心店)”“磨刀大师”“眼动跟踪与AR远像光近视控制技术”等9个项目获三等奖。根据报名项目在全市占比情况,石景山区15个优质项目获参市级比赛资格,1个项目获优秀奖,区人力资源社会保障局获优秀组织奖,2家企业通过大赛落户辖区。

(张 倩)

【就业指标完成】 年内,区人力资源社会保障局坚持就业优先战略,从政策引导、资金带动、技能培训、搭建平台、跟踪服务等就业“全链条”协同发力,确保全区就业形势整体平稳有序。全区城镇登记失业率为3.71%,控制在指标4%以内;帮助7051名就业困难人员实现就业,登记失业人员就业率67.23%,创三年来最优水平;发放创业担保贷款47笔、1亿余元,创业新增参保单位完成1689家,带动就业6575人;举办第三届职业技能大赛和第四届创业创新大赛,15个项目纳入市级竞赛;开展特困行业以工代训,为68家企业提供培训资金82.55万元,培训1651人次;多渠道挖掘岗位,举办直播带岗、民企服务月等各类招聘活动184场,服务用人单位1794家次,提供岗位3.92万个,达成就业意向5800人;持续开展局处级领导与困难毕业生群体“一对一”就业帮扶行动,全年石景山区户籍困难毕业生就业率达97.9%,排名全市第二名,超额完成95%的目标任务。

(张 倩)

【就业服务】 年内,区人力资源社会保障局主动对接重大项目,在京西大悦城筹备期,联手属地街道举办专场招聘,吸引40余家入驻商户提供超200个就业岗位。举办春风行动、民企服务月、就业圆桌派等就业促进活动,通过直播带岗等方式打通云端服务路径,举办线上招聘活动92场,参加单位1018家,发布岗位需求2.5万个,达成就业意向3900余人。对“创业担保贷款、一次性创业补贴、社会保险补贴、岗位补贴”等优惠政策打包汇总,进企业进基地,提高政策知晓落实率。发挥创业联动机制,开展政策宣传、大赛举办、成果转化、基地扶持及典型案例报道。全年开展创业政策培训解答17场、案例宣传9篇,直接惠及650余家企业、570余名大学生。累计申请促进就业资金2.47亿元(失业保险基金20227.66万元,区再就业资金4511.69万元),共惠及17716人次。开通服务包企业绿色办理通道,通过“告知承诺”为中融汇智办理人力资源服务许可续期业务,提速9个工作日。

(张 倩)

【促进青年就业创业】 年内,区人力资源社会保障局支持鼓励企业招用高校毕业生,为352家招用高校毕业生的单位给予一次性扩岗补助,发放补助190.05万元;稳定机关事业单位招录,在社工招聘中拿出40个岗位专项招聘应届毕业生,占招聘总数近10%;开展多种形式的招聘服务,组织石景山区32家优质企业到中国人民大学、北京工商大学等开展“进校园”专场招聘会7场;依托“北京市毕业生就业创业服务平台”发布毕业生专场招聘会16场;联合园区、组织部、团委举办中关村石景山园招聘会,特别邀请北京大学、清华大学等20所高校335名大学生参加活动,28家企业提供280个热门岗位需求,招聘会现场收到简历837份;开展就业指导,举办高校大学生线上就业指导直播课5场,发布毕业生就业指导“微课堂”3节,1224人次线上学习。

(张 倩)

【困难群体帮扶】 年内,区人力资源社会保障局对就业困难群体坚持“一对一”动态帮扶,形成帮扶台账,保证“一张台账管到底”,有针对性地提供职业指导、职业介绍、岗位推荐,直至实现就业,累计促进4131名登记失业人员就业,其中困难人员3140名;强化托底安置,出台《石景山区社会公益性就业组织管理试行办法》,梳理工作规范、优化经办流程,通过公益性岗位安置742名就业特困人员就业;抓好兜底帮扶,对无法继续享受公益性岗位补贴人员,在对全区公益性人员使用情况开展多次调研的基础上,设立区级阶段性就业帮扶政策。截至12月,帮扶人数168人,发放资金383.19万元。举办春风行动、民企服务月、就业圆桌派等就业促进活动,通过直播带岗等方式打通云端服务路径;深化协作助力受援地及来京务工人员就业,为受援协作地输送就业岗位信息1000余条,开展技能培训班两期,培训61人;利用石景山区务工之家,通过政策咨询、生活救助、医疗救助、就业服务等形式,对求职人员进行“一条龙、一站式”服务和帮扶。

(张 倩)

【就业帮扶服务】 年内，区人力资源社会保障局利用“一对一”服务机制，优化政策宣传、需求调研、交流评估、专人服务等工作模式，力求在服务企业上最大程度地提质显效，在保障民生上最大可能地促进就业；加大政策引导，加强重点群体税收相关政策申报帮扶工作，持续强化市区两级政策的宣传解读和申请引导，深入了解拟符合政策的企业状况和办理需求，主动开展指导服务，帮助其解决申办困难；全年发放岗位补贴和社会保险补贴资金累计837.20万元（其中招用失业人员享受社会保险补贴652人次，补贴金额715.08万元；招用就业困难人员173人，用人单位享受岗位补贴金额122.12万元）；在区级政策方面，申请享受外区就业交通补贴人数为33人次，补贴金额为3.52万元；9家次用人单位招用本区户籍登记失业人员申请阶段性岗位补贴40人次，享受补贴27万元；申请享受登记失业人员单位就业奖励22人次，涉及金额2.2万元。

（张 倩）

【社区就业服务队伍】 年内，区人力资源社会保障局强化街道促就业“一把手”工程，出台《石景山区就业服务人员管理办法》，将社区工作者纳入就业服务专员队伍，全区150余个社区均落实专职社工，并在年度完成对社工队伍的业务培训，在全区基本形成“社工主责、协管员协办”的社区就业服务体系。

（张 倩）

【退休人员社会化管理】 年内，石景山区劳动服务管理中心（简称区劳服中心）接收各类档案4263份，完成档案数字化加工共计938份，审核并移交电子档案16613份；档案库房整理入库档案2036份，完成库房重名档案拍照14329张；全区实行社会化管理退休人员118248人，审理通过实行社会化申请企业188家，涉及退休人员512人；向716人次拨付社会化管理退休人员清洁能源自采暖补贴60.39万元。社会化系列主题活动有序推进，开展“京颐颂真情·共讲中国梦”石景山区社会化管理退休人员主题宣讲活动、“京颐汇红歌·时代最强音”石景山区社会化管理退休人员合唱比赛、“京颐永向党·逐梦新时代”石景山区社会化管理退休人员诗歌朗诵比赛、“翰墨绘京颐·奋进新征程”第八届石景山区社会化管理退休人员书法绘画摄影活动展、“活力会京颐·快乐健康行”第二届石景山区社会化管理退休人员京颐舞蹈大赛、“京颐寄温暖·致敬奉献人”主题慰问等活动，社会化管理退休人员参与人次达3000余次；组织退休人员合唱队、舞蹈队等业务骨干开展相关培训，开设2个培训班24期课程；完成社会化管理退休人员休养活动，涉及石景山区10个街道（含矿山街委）400名退休人员，全程平稳安全。

（张 倩）

【人事档案管理】 年内，石景山区人力资源公共服务中心（简称区公服中心）现存人事档案数77074份，年度接转人事档案10602份，数字化扫描档案6799本；开具各类证明2479件；累计办理社保增减员6449件，为7723人次代理缴纳社会保险费。通过推广“互联网+档案服务”，实现档案服务线上办、跨省办。本年，完成外网业务2368笔，通过邮件及网络办理街道业务11124件。线上“不见面”办理保险增减员业务6498人次，占保险增减员业务总量的50.5%。

（张 倩）

【职业技能鉴定】 年内，区公服中心职业技能鉴定部门做好职业技能鉴定工作，组织辖区内技能评价机构开展职业技能等级认定考试125批次，累计考试人数7309人次。对全区42家相关机构开展职业技能评价专项整治工作，其中32家机构为虚拟地址，查处历史问题2条，2家需整改企业完成整改。

（张 倩）

【职业技能培训】 年内，石景山区职业能力建设中心（简称区职建中心）制定《石景山区一次性以工代训培训补贴申领方案》，支持特困行业企业开展以工代训，实现稳就业保民生、助企纾困的目的。全年培训1651人次，累计拨付补贴资金82.55万元，惠企68家。民办机构陆续恢复日常培训，职建中心加强培训工作的指导检查，全石景山区民办职业技能培训机构完成培训2492人次，完成区折子工程民生实事的任务目标。5月，与区残疾人联合会签订《重点群体职业技能培训合作方案》，为辖区残疾人提供优质职业技能培训课程，促进残疾人高质量就业。做好职业技能培训和评价专项整治，确保基金安全，对2019年至2021年享受技能提升补贴的2291家次企业完成全面核查，对核查中出现的问题彻底整改，追回技能提升专项资金326.15万元并及时上缴市社保中心。全面推进职业技能培训机构“6+4”一体化综合监管工作，制定《北京市石景山区职业技能培训机构综合监管实施方案方案》。成立由区人力资源和社会保障局等11个委办局主管领导组成的综合监管专班，推进辖区“职业技能培训机构一体化综合监管”的体系创新及工作内容的推进与落实。7月10至12日，区人力资源和社会保障局会同区消防救援支队，对辖区11家民办培训机构进行现场联合专项检查，督促各培训机构签订《北京市培训机构安全生产责任书》，对排查中发现的问题建立《石景山区民办职业技能培训机构安全隐患台账》，并下发《安全隐患整改通知书》责令限期整改并上报整改情况，同时协同市场监管局等9个委办局对11家机构的相关风险等级和信用等级进行评估打分，完成北京市职业技能培训机构综合监管分级评估工作。

（张 倩）

【事业单位人事管理】 年内，区人力资源社会保障局做好事业单位流动调配工作，完善区事业单位选人用人机制，畅通人才流动渠道，全年办理事业单位人员调动236人次（含公开招聘）；在全市率先开展2023年上、下半年事业单位招聘，完成7000多名考生资格审核，为全区67家单位招录137人；会同相关部门完成33名优秀社区党组织书记和9名优秀社区工作者事业编定向招聘工作；做好拥军优属工作，提供面向退役大学生士兵招聘岗位12人，聘用10人；安置退役士兵5

人，提供随军家属招聘岗位10个。

（张　倩）

【专业技术人员管理】　年内，区人力资源社会保障局开展幼儿园教师职称委托评审工作，受12家单位委托评审64人（初级），结合石景山区工作实际，符合职称申报要求，同意委托评审；完成卫教系统2022年职称备案，完成石景山区卫教系统正高、副高、中级专业技术人员2022年新评人员备案，涉及教育系统共465人（含高中初级），卫生系统27人（不含中初级）；完成石景山区中小学教师系列职称评审，下达副高级指标131个，中级指标159个；完成社会公益服务研究专业技术职称申报，石景山区申报8人，其中申报公益服务研究专业副高级6人，中级2人；开展专技类培训退费专项检查工作，自2023年2月20日至4月10日联合局综合执法队开展专业技术类职业资格考试培训机构单用途预付卡管理专项检查，对辖区内培训机构实地走访，对照检查事项，整理问题清单，提出整改要求，在“石景山人力社保”微信公众号上发布高风险培训机构警示名单，切实保护消费者合法权益和培训机构正当利益。

（张　倩）

【人才服务】　年内，区人力资源社会保障局走访中融汇智、抖音集团、中电科、英仕互联等企业，现场解读落实各项惠企政策；为驻区单位办理北京市工作居住证4152人，非京生源毕业生落户450名，落户132人；管理博士后科研工作站18家，实现年度连续建站“六连冠”；3月30日，北京博士后成果转化基地沙龙活动在中关村石景山园党群服务中心举办。活动对进一步激发博士后科研创新的积极性、营造良好创新创业氛围、加快促进科研成果转化及产业化步伐具有积极的推动作用。

（张　倩）

【工资福利】　年内，区人力资源社会保障局完成区济困工程项目要求，在春节元旦“两节”期间、“七一”前夕，开展集中走访慰问活动，其中使用区级福利费慰问30家单位的困难人员49人，发放慰问金24.5万元；慰问区属机关事业单位中因特殊疾病导致生活困难工作人员153人，发放慰问金30.6万元；组织开展区属机关事业单位患特殊疾病退休人员的慰问活动，切实解决退休人员的实际困难，共慰问30家主管单位430名退休人员，发放慰问金43万元；加强事业单位工资规范管理，在统一全区绩效工资项目和标准的基础上，根据本市县以下事业单位管理岗位职员等级晋升工作的实施方案要求，点对点指导各事业单位主管部门完善绩效工资分配办法；加强全区机关事业单位工资统发管理，涉及全区机关单位主管部门75家，总人数4336人，事业单位主管部门52家，总人数8055人，确保12000多名工作人员月工资按时足额发放到位；开展石景山区第八届退休人员美术书法摄影赛活动，动员退休人员通过作品抒发爱党情怀、增强文化自信、共享文化成果，全区20家主管单位退休人员参加活动，收集作品208件。

（张　倩）

【人事考试】　年内，区人事考试中心承接各项考试任务场24次，设置考点63个、考场1112个，区人力资源社会保障局500余人次参与考务工作，接待考生91673人次，其中承接专业技术人员资格考试16场次，承接中央及北京市公务员录用考试4场，承接石景山区事业单位公开招聘考试2场次，承接面向社区书记、工作者招聘考试1场；承接区委组织部公务员面试3场，设置考点3个、考场10个，接待考生670人次。

（张　倩）

【人力资源管理】　年内，区人力资源社会保障局协助用人单位申报引进，及时审核相关材料并上报市人力资源社会保障局审批，共审核上报毕业生329人，其中博士学位21人，世界大学综合排名前200位的国内高校本科以上学历毕业生，或“双一流”建设学科硕士研究生95人；开展特殊人群培训定点机构认定，认定首钢技师学院、业余大学职校2家机构为石景山区2023年至2025年定点培训机构，共设养老护理员、茶艺师、保育师等16个培训职业，有效整合全区优质培训资源，调动特殊人群培训主体积极性，更好地发挥培训促进就业、稳定就业的作用；编制《关于组建石景山区职业技能培训机构评审专家库》，明确专家条件、管理办法、工作规则等内容，设立由副高级及以上职称组成的专家库，对需要评审的学校从库中抽取专家，对培训基础、设备设施、教学实训场地和师资配备等情况进行现场综合评审，力求专业、公平、公正；为强化行业监管，组织辖区人力资源服务机构开展安全现场培训及自查工作，并在机构内开展宣传《北京市单位消防安全主体责任规定》活动，进一步强化机构消防安全责任意识和应急水平；持续推进辖区人力资源服务行业高质量发展，辖区领军机构北京中融汇智人力资源有限公司获评北京市“4A”级人力资源服务机构，12家机构获评“A”级人力资源服务机构，现有“A”级人力资源服务机构28家；截至年底，石景山区共有人力资源服务机构96家，其中经营性机构84家，公共机构12家。

（张　倩）

【劳动关系风险防控】　年内，区人力资源社会保障局制定印发《石景山区推进新时代和谐劳动关系创建活动实施方案》，明确2027年底前石景山区各类企业、园区和街道劳动关系创建标准和路径，推动区三方协作联动，为加强和提升石景山区劳动关系治理体系和治理能力奠定坚实基础；推动成立并运行石景山区第一家协调劳动关系三方委员会基层服务站点——古城街道京西商务中心工作站，重点开展企业规范用工指导、法治体检、调研培训、企业文化建设等工作，着力提升基层劳动关系公共服务水平；组织推荐参加第一届全国和谐劳动关系创建工作先进集体和先进个人评选表彰活动，石景山区组织推荐的先进个人——米现军获得“第一届全国和谐劳动关系创建工作先进个人”称号；主动预防化解区域劳动关系用工风险，发挥劳动用工风险监测预警平台功能，紧盯重点单位风险单位，全年监测风险预警企业20家；全力管控劳务派遣企业安全生产风险,扎实开展大排查大整治工作,组织安全教育培训和消防演练,督导企业完善安全管理制度,开展消防安全、动火作业、外包外租、涉外劳务等自查整改;充分利用“企安安”系统,深入企业一线进行安全抽查,全面压实劳务派遣企业主体责任,确保在端午、“五一”、国庆、元旦、服贸会、“一带一路”高峰论坛、夏季高温防汛、冬季严寒冰雪等不同时期,石景山区劳务派遣企业职工的人身安全和合法权益;全年共办理劳务派遣许可相关业务23项,办理年检44家,监管有效期内劳务派遣企业42家,涉及职工4837人;办理综合计算工时和不定时工作制审批业务18项,涉及职工8892人;监控石景山区企业489户次,个人劳动合同年平均签订率98.9%、年平均续订率90.91%;办理综合和专项集体合同备案272家,覆盖职工51082人。

(张　倩)

【劳动监察】 年内,区人力资源社会保障局聚焦重点行业、重点企业,妥善处理接诉即办、国务院欠薪平台等案件,有计划按步骤开展根治欠薪、专项执法检查等工作,依法保障劳动者合法权益;综合执法队共检查企业1775家,涉及劳动者26738人次,超额完成市局下达指标任务(1695家);共收到欠薪线索和诉求工单11686件(接诉即办诉求8473件、国务院欠薪平台1643件、二维码1404件、窗口举报投诉88件、信访转办件69件、市局转办等其他线索9件),与上年同期(6231件)相比上涨88%,接诉即办“欠薪”工单中建筑领域4575件、占比54%,非建筑领域3898件、占比46%,本年解决拖欠工资案件388件,涉及金额241.19万元,实现案结事了;对2891人因工程款和班组承包费纠纷造成的诉求,涉及金额1699.23万元,主动靠前协调化解矛盾,实现人走账清,其中处置突发事件53件,涉及劳务费414.6万元,涉及农民工368人;执法过程中发放宣传材料3000余份;作出7件行政处罚案件(其中1件为简易警告处罚),罚金20.62万元。

(张　倩)

【“根治欠薪”专项行动】 年内,区人力资源社会保障局联合区住建委、公安分局等成员单位开展欠薪隐患排查处置专项行动,对90个工程项目进行抽查检查,对诉求比较集中的建设项目和企业,跟进做好纠治规范,为解决欠薪问题奠定有效工作基础;突出监管制度规范落实,依托北京市农民工工资支付监控预警平台系统,对农民工工资支付、实名制管理、农民工工资专用账户和农民工工资保证金账户等情况实施动态监测,逐一逐项做好信息核实登记,完善重点领域项目工作台账;对全区80处重点工程项目落实监察员联系点制度,实时掌握7项核心制度落实情况,实行动态跟管理;突出重点领域管控约束,针对工程建设领域问题多发频发,突出抓监管、抓约束,初步建立投诉企业和工程项目管理台账、工单台账、诉求台账,对无故拖欠农民工工资违法行为,保持从严从重高压态势;突出标准化规范管理,下大力对工程项目进行标准化建设,执行《保障农民工工资支付条例》,按照北京市根欠治理要求,细化工程项目工资支付标准,召开工程项目工作现场会,掌握国务院根治欠薪考核标准。提升石景山区根治欠薪工作上台阶做好准备;结合专项执法检查,巡查组牵头开展联合检查7次,共检查用人单位505户次,涉及劳动者7344人次,先后下发130份调查询问书,约谈38家单位,对3家建筑施工企业违法行为作出行政处罚,罚金19.1万元。

(张　倩)

【劳动争议仲裁】 年内,区劳动人事争议仲裁院优化为民服务,解决群众切身诉求,完善农民工案件绿色通道,协调工会、法律援助等部门,快立快调快审快结案件,保障农民工合法权益;全年受理农民工案件815件,审结787件,结案率96.33%,涉及金额1405万元,提供法律援助664人次;完善速裁庭建设,运用“调解+速裁”程序,对案件先行调解,需要开庭审理的案件,实行容缺受理、优先处理,将案件处理周期缩减至30日之内,全年30日内审结案件995件,占结案总数的23%;对重大集体案件健全预警和督办机制,加强对案件的统筹,快速处理矛盾纠纷,集体案件审结2490件,结案率75%;提升仲裁工作效能,优化仲裁办案程序,全年受理案件5831件,其中案外调解1175件,立案4656件,人均办案364件,立案数比去年同期增加1215件,同比增长35.31%,立案中3人以上集体劳动争议314起,涉及案件1764件,占立案总案件的37.89%,比去年同期增加97起,同比增长42.73%,30人以上重大集体劳动争议5起(家乐福旗下公司、国美集团集体案件、大唐财富投资管理有限公司、德润鑫丰〈北京〉劳务派遣有限公司、山海数科〈北京〉科技有限公司),涉及案件1558件(其中家乐福案件75件,已0结案75件;国美案件1354件,结案1073件;大唐财富案件58件,结案55件;德润鑫丰案件41件,结案40件;山海数科案件30件,结案30件),占总案件的33.46%;年内审结4440件,结案率95.36%,终结率62%,调解率57.45%。其中裁决2455件,占已结案件的55.29%;调解1877件,占已结案件的42.27%,个人未到庭按撤诉处理108件,占已结案件的2.44%。

(张　倩)

【劳动争议调解】 年内,区劳动人事争议仲裁院推进街道、科技园区、商务区等基层调解组织建设,分别在北京喜隆多购物中心有限公司时尚奥莱分公司、北京跳跳虎网络科技有限公司成立劳动争议调解组织,提前预防、就地化解矛盾争议;推广街道“互联网+调解”服务平台,全年共处理互联网+调解案件248件,受理148件,调解成功65件,调解率43.92%;发挥区工会调解组织功能,引导当事人调解争议案件,调解组织调解案件395件,置换调解书395件,涉及金额2300余万元。

(张　倩)

社会保障

【概况】 石景山区社会保险事业管理中心(简称区社保中心)拓展服务渠

道，优化服务流程，提高服务质量，各项社会保险基金平稳运行。年内，石景山区三项社会保险基金累计收支195.51亿元，同比增长3.81%。其中三项社会保险基金累计收缴96.94亿元，同比增长11.75%；累计98.57亿元，同比减少2.97%。全区企业职工参保缴费单位2.18万户，同比增长8.45%；参保人数50.4万人(其中缴费人员26.67万人，同比下降1.94%)，同比增长1.82%；机关事业养老保险参保缴费单位359户，在编缴费人员1.76万人，享受待遇人员1.23万人；截至年末，城乡居民基本养老保险参保人员927人，按月享受待遇人员4642人，同比下降6.3%。

(张　倩)

【社保新系统上线】 10月20日，“智慧人社”一体化公共服务平台正式上线运行，区社保中心确保系统切换平稳过渡，未发生严重的行风投诉类问题。关注疏通系统堵点，参与全市新系统的测试攻坚工作，提前着手新系统模拟训练等工作，逐步摸索适应，为新系统上线做足准备工作；关注基层工作盲点，走访全区9个街道便民服务大厅，宣传系统切换和经办模式改革的重大意义，统一全区新系统切换的答复口径，做好群众解释工作；关注基础设施弱点，全面排查全区社保经办相关政务大厅的硬件配备和网络环境，采购和储备高拍仪和读卡器等必须设施，为社保业务的高效办理奠定基础；关注安全预案节点，提前出台系统切换期间大厅应急处置方案，提前演练新系统上线后大厅人员聚集、系统不畅等特殊情况出现的应急工作，确保系统切换后大厅秩序平稳。

(张　倩)

【社保待遇足额支付】 年内，石景山区企业职工基本养老保险定期待遇累计支付85.1亿元(其中遗属待遇支付3.8亿元)，比去年同期增长5.96%；本年累计养老保险待遇回收843.84万元，比去年同期增长9.55%；1至10月(10月下旬社保新系统上线后暂时无法统计数据)工伤保险累计支付2.93亿元，比去年同期降低18.12%；1至12月，职业伤害保险累计支付158.04万元。

(张　倩)

【基金安全】 年内，区社保中心着眼源头预防、长效监管，开展各类疑点数据排查，针对已接收疑点数据的23类9202人，做好已核实的疑似数据台账的更新整理，加强疑点数据核实的跟踪督导，严格按时间节点完成工作任务；积极整改，涉及违规领待问题的192人中已追回77人、金额347.25万元；结合《关于围绕两起社会保险基金重大案件开展风险自查》《关于开展社保基金安全风险自查》等工作要求，区社保中心针对风险点位、风险事项进行全面梳理核查，不断加强社保基金风险防控管理；持续加强内控监督，全年检查各类社保经办业务约21.86万笔，处置基金监督系统中各类预警问题289笔，处置各类风险预警业务106个(其中高风险类8个，中风险类60个，低风险类38个)。

(张　倩)

【劳动能力鉴定】 年内，区人力资源社会保障局完成鉴定1064人次，其中职工工伤、职业病鉴定945人次，因病丧失劳动能力鉴定119人次；根据市局下达“劳动能力再次鉴定结论改变率控制在鉴定总数1%以内”的指标，石景山区再次鉴定申报7例，结论改变为零，完成工作指标。

(张　倩)

【退休核准】 年内，区人力资源社会保障局实行线上线下通办的提前预审制度，争取做到有问题早发现、早解决，消除排解复杂疑难问题；先后分两批次对已办理特殊工种和因病提前退休退职的480份人事档案和审批材料开展自查、互查、全市集中审查工作；加大企业年金宣传力度强化企业年金相关知识及政策法规推广宣传，深入落实“年金政策进企业”，通过精简申报材料等措施为区参保企业营造便利条件、提供优质服务，首钢集团有限公司实现全员参加企业年金；全年核准企业退休人员7320人，同比上升37个百分点，其中正常退休5826人，占比79.59%，同比上升33.65个百分点，特殊工种提前退休人员1291人，占比17.64%，同比上升52.24个百分点，因病退休(职)182人，占比2.49%，同比上升44.44个百分点，其他情况21人。

(张　倩)

【工伤认定】 年内，区人力资源社会保障局重塑工作流程，建立“逢卷三人审、难案集体议、认定透明出”的工作模式，实现制度约束权力过渡到流程约束权力；探索、建立视频调查取证方式，优化受伤职工办事体验，通过腾讯视频会议、微信视频通话形式对京外职工和证人开展调查工作，免去伤者路途奔波，提升管理效能，节约行政成本；全年受理工伤认定申请938件，同比增长16%，经调查取证认定工伤864件，不予认定工伤25件，办结补证90件、工伤增补变更受伤部位41件，办理工伤行政复议、行政诉讼40件，复议11件，行政诉讼29件(全局占比53%)；自2022年7月试点以来，石景山区共处理新业态职业伤害待遇给付申请150件，作出确认结论120件。

(张　倩)

【接诉即办】 年内，区人力资源社会保障局坚持问题导向和目标导向，在日常工单办理及行业考评工作量激增的情况下，坚持做实做细考核工作，通过找亮点、查不足、析症结、提策略，努力提升工作质量，实现考核成绩稳中有升；全年办理量再创新高，同比增长122.27%(工单量居全区委办局第二位)，月均办理量从2022年的746件增长到1719件，办理压力日益突出；区级考核三率平均综合成绩96.17分，高于全区委办局平均综合成绩2.26分；群众诉求平均解决率95.31%、平均满意率96.29%。与上年相比解决率上升10.84个百分点，满意率上升6.45个百分点，综合成绩提高7.32分(其中4月、6月、8月、10月考核取得满分成绩)；行业考评整体响应率100%、解决率99.36%、满意率100%，与2022年相比解决率上升2.63个百分点，满意率上升1.71个百分点，综合成绩提高1.9分(除11月外，其他月份均为满分)。

(张　倩)

医疗保障

【概况】 2023年,石景山区医疗保障局(简称区医保局)全面落实深化医疗保障制度改革要求,推动医疗保障事业高质量发展,各项工作取得积极成效。石景山区基本医疗保险参保缴费单位1.94万家,城镇职工医保参保45.56万人,城乡居民保险参保7.78万人。医疗保险基金总收入50.63亿元,审核支付定点医疗机构费用46.46亿元。共有医保定点医药机构112家(其中定点医疗机构81家,定点零售药店31家),长护险经办机构2家,失能评估机构8家,护理服务机构78家。获"全国医疗保障系统先进集体"称号。

(王 燕 张新果 鲁 斌)

【医疗保障制度改革】 年内,区医保局完成医疗保障信息平台系统切换工作,保障全区医保业务顺利开展。推进医保支付方式改革,全区二级及以上定点医疗机构推行住院费用疾病诊断相关分组(DRG)实际付费,全面落实国家药品和耗材集中带量采购,基本医保、大病保险、医疗救助实现"一站式"即时结算,减轻群众就医负担;全区31家定点零售药店实现脱卡验收、7家三级医院实现医保移动支付,医保服务场景拓宽,群众就医购药更加便捷。为基本医保相关困难群体近7000人购买北京普惠健康保,北京普惠健康保推广扩面工作居全市第二,全区12.62万人投保,满足群众多层次医疗保障需求。

(姜 伟 田雨晴 张迎春)

【长护险制度试点】 年内,区医保局强化经办全流程、全要素管理,组织护理技能比赛、演讲比赛、调研评比,不断提升服务能力。开展失能评估培训,持续加强市区联动及研讨交流,进一步完善试点政策。开展长护险工作专项审计,切实保障基金安全。在中央、市区主要媒体开展长护险全方位宣传,营造良好社会氛围。全年石景山区长护险参保人数42.79万人,实时享受待遇2509人,累计享受待遇4503人,长护险基金收入7700余万元,支出6000余万元。

(李 强)

【基金监管】 年内,区医保局健全医保基金监管联席会制度,建立"三医联动"工作机制,合力打击欺诈骗保。组织开展医保领域打击欺诈骗保专项整治,开展定点医疗机构全覆盖自查自纠、审计检查、专项检查、现场核查、抽查复查等,全年查处违规费用近1600万元;强化特约监督员社会监督作用,曝光石景山区医保基金违法违规典型案例39例,形成有力震慑氛围,协办北京市医保基金监管集中宣传月活动启动仪式,营造基金安全社会共识。

(王 平)

【行政给付】 年内,区医保局全面落实医疗救助等待遇保障工作。审批社会救助对象事后医疗救助3303人次、救助资金338.43万元,审批灾难性医疗救助339户、救助资金112.31万元,审批退返知青门诊帮扶157人次、帮扶资金39.56万元。按时拨付12家在京中央单位6188人公费医疗补助3094万元,支付辖区21名区属医照人员2022、2023年度医疗费99.38万元。

(胡艳霞)

【基金费用审核】 年内,区医保局及时完成医疗保险费用审核及基金支付工作,其中实时审核结算1428.96万人次,支付金额46.02亿元。手工审核结算基本医疗费用10054笔,支付金额3116.42万元。手工审核结算生育费用3865笔,支付金额1252.65万元。生育津贴审核结算4330笔,支付金额2.07亿元。城乡居民大病医疗保险方面,完成2022年度审核结算465人次,支付金额614万元。城镇职工大病医疗保险方面,完成2022年度审核结算1407人次,支付金额491.04万元,完成率67.87%。

(张迎春 徐世堂)

【异地就医结算】 年内,区医保局落实京津冀区域异地就医视同备案,京津冀医保协同发展有序推进。推动医保关系转移接续、异地就医直接结算、异地门诊慢特病试点等工作,开展个人账户异地使用宣传,参保人权益得到维护。辖区110家定点医药机构全部实现异地费用直接结算,审核结算37.69万人次,医保基金支付6.28亿元,14家门诊慢特病试点医院开通,群众异地就医便利性大幅提升。

(张迎春)

【医保稽核业务】 年内,区医保局在全市率先独立承担医保稽核业务,编制《石景山区参保缴费单位医疗(含生育)保险投诉稽核工作规范(试行)》,受理稽核投诉案399件,办结369件。沟通对接,实现需强制执行的稽核案件顺利移交法院。实施"应急预案控制事态、搭建平台共享信息、压缩时限快速办理"等"靶向"举措,分批次解决巴威职工缴费不规范问题,惠及270余人,切实维护群众参保权益。

(张新果)

【医保政务服务】 年内,区医保局立足医保业务职能,围绕医保难点、堵点问题,开展"局处长走流程"10余次,打通政策落地的"最后一公里"。通过"职责分离—业务联动—经办创新"方式,实现医疗(生育)保险登记、转移接续等经办业务顺利划转。登记征缴创新实施"4+1窗口"协同服务模式,实现一方叫号双方"联动服务"。梳理业务工作流程、制定工作规范,推动经办业务更加高效,全年线上线下办理各类业务1400余万次。以"六进"形式对企业、街道、定点医药机构开展医保政策业务培训119次,医保系统整体服务能力不断提升。第三方调查显示,超九成参保人及参保单位对医保政务服务工作表示满意。

(张新果 胡艳霞 田雨晴)

【接诉即办】 年内,区医保局严格落实"七有""五性"要求,主要领导督办。实施"接办一件,排查一类"专项治理,开展未诉先办治理行动,协调解决大中电器欠缴医保费990余人次,涉及金额85万余元。召开信访及接诉即办专题会3次,总结经验做法,源头治理未诉先办,持续提升应急处置和服务能力,承办接诉即办工单914件,受理信访案件5件,办理派驻纪检组督办单11件,办结率100%,有效防范化解医保领域各项矛盾。

(王 燕)

【政策法规宣传】　年内，区医保局做好微信公众号自媒体建设和运营，搭建长护险政务专栏，用好医保主题广场开展全方面宣传，及时传播医保好声音，全年督导发布微信公众号“每天一分钟 医保真轻松”医保政策小问答247条，发布政务专栏工作信息171条，举办医保政策线上有奖知识竞答活动8次，累计参加近5万人次；开展“白桦林”政策宣讲120场，围绕长护险、个人账户等惠民政策深入基层宣传医保知识。第三方调查医保政策宣传工作满意度显著提升。

（王　燕　田雨晴）

民族　宗教

【概况】　石景山区常住人口由51个民族组成，常住少数民族人口2.29万人，占全区总人口的4%，人数较多的少数民族分别是满族、回族、蒙古族。全区共有市级铸牢中华民族共同体意识教育实践基地2处、民族团结教育示范校2所、民族团结进步创建示范单位2处、民族团结教育基地1处，民族养老院1所，北京市第九中学承办新疆内高班，北京市黄庄职业高中承办拉萨内高班。辖区内有区佛教协会、区伊斯兰教协会、区天主教爱国会、区基督教三自爱国运动委员会4个宗教团体，宗教活动场所6处，即佛教北京灵光寺、北京大悲寺、北京双泉寺，伊斯兰教石景山清真寺，天主教北京教区老山弥撒点和基督教古城聚会点。信教公民约2.02万余人，其中佛教信徒11000余人，伊斯兰教信徒5500余人，天主教信徒1500余人，基督教信徒2200余人。2023年，石景山区牢牢把握住铸牢中华民族共同体意识这条民族工作主线，以“石榴花开石景山”品牌为抓手，开展各类民族团结进步创建活动100余场，石景山区3个单位、6名个人获得第九届首都民族团结进步奖评选表彰。坚持宗教中国化方向，深入开展“三爱四史五进”主题教育活动，打造北京灵光寺、石景山清真寺、北京双泉寺宗教中国化实践创新线路，北京灵光寺、石景山清真寺获评北京市“四进”宗教活动场所活动示范场所。

（包赛依娜）

【“石榴花开石景山”系列活动】　1月18日，在金顶街街道模式口中里社区开展“石榴花开石景山”民族团结进步创建进社区活动，向广大居民宣传铸牢中华民族共同体意识相关内容，加强“互嵌式”社区构建。4月24日，在北京市黄庄职业高中开展“石榴花开石景山”社会主义核心价值观进校园主题活动，邀请拉萨内高班30余名师生共同学习社会主义核心价值观内容，并通过“京剧脸谱制作”感受中华传统文化魅力。8月1日，在八一建军节之际，联合石景山区退役军人事务局以“中华民族一家亲　军民共建鱼水情”为主题，组织“石榴花开石景山”民族团结进步创建进军营活动，邀请北京市第九中学新疆班部分师生体验军营生活，增强国防意识。10月18日，与古城街道联合开展“石榴花开石景山”民族团结进步创建进企业宣传活动，两新企业30余人参加。11月27日，联合金顶街街道在模式口历史文化街区举办“石榴花开石景山”铸牢中华民族共同体意识实践日活动，现场为“模式口石榴籽工作站”揭牌，并开展“中华民族文化体验展示活动”，相关区领导、北京市第九中学各民族师生代表和街区居民约150人参加活动。12月5日，与鲁谷街道联合开展“石榴花开石景山”铸牢中华民族共同体意识主题宣讲活动，40余名社区干部参加宣讲。

（包赛依娜）

【公益慈善活动】　2月7日，石景山区佛教界开展慰问一线医护人员活动，向区红十字会捐赠善款50万元，全部用于慰问一线医护人员，以实际行动践行佛教界的社会责任和担当。2月24日，区佛教协会举办2023年“我们和你在一起”爱心帮扶活动，对广宁街道乐龄养老服务中心开展慰问帮扶，并捐赠10万元善款用于支持中心开展养老服务事业。3月31日，区伊斯兰教协会在石景山清真寺举办2023年“斋月善行·尊老敬老”主题活动，现场募集善款2000余元，用于慰问辖区孤寡老人、困难家庭等群体。8月6日，北京灵光寺通过中国佛教协会向洪涝灾害严重地区捐款100万元，用于救灾及灾后重建等工作。9月22日，石景山区佛教协会2023年“慈悲情怀·利乐众生”中秋慈善活动在老山街道举行，活动筹集善款10万元，用于慰问老山街道50户困难家庭。12月，石景山区宗教界向甘肃地震灾区捐赠善款45万余元，用于支持抗震救灾和家园重建工作。

（包赛依娜）

【理论研究】　2月20日，在藏历新年到来之际，区委统战部在北京市黄庄职业高中拉萨班组织召开“石榴花开石景山”铸牢中华民族共同体意识座谈会，区委统战部、区委教工委主管领导慰问拉萨班全体师生，并与学校领导和拉萨班师生代表就深入开展民族团结进步创建，提升铸牢中华民族共同体意识工作水平进行深入交流。3月31日，中央民族大学党委常委、副校长石亚洲带队到石景山区调研铸牢中华民族共同体意识工作，先后到法海寺及法海寺壁画数字艺术馆、模式口历史文化街区、北京燕京八绝博物馆并进行座谈交流。双方就打造石景山区铸牢中华民族共同体意识体验示范街区情况交换意见，中央民族大学专家团队对构筑中华民族共有精神家园、建设铸牢中华民族共同体意识示范之区等方面工作提出指导性意见。

（包赛依娜）

【民族宗教人才队伍建设】　3月30日，区委统战部在区委党校举办石景山区宗教界2023年第一次时事政治与政策法规大讲堂，以“推动新时代民族工作高质量发展，建设铸牢中华民族共同体意识的示范之区”为题，对中央民族工作会议精神丰富内涵进行分析和解读，全区60余名宗教界人士参加学习。6月20日，在区委党校举办全区宗教界2023年第二次时事政治与政策法规大讲堂暨宗教领域反恐安全防范培训演练，讲解防恐防暴相关知识，并对参训人员防暴器械正确使用进行现场实操演练，全区50余名宗教界人士参加学习。8月,组织全区民族宗教干部、民族宗教界代表人士代表到北京民族文化宫参观学习铸牢中华民族共同体意识文物古籍展,学习铸牢中华民族共同体意识相关历史和理论知识。10月31日,举办全区宗教界2023年第三次时事政治与政策法规大讲堂,以“坚持宗教中国化方向”为主题,深入讲解宗教中国化的深刻内涵和任务要求,全区50余名宗教界人士参加学习。12月22日,举办石景山区民族宗教工作培训会,区民族宗教工作联席会35家成员单位主管领导、科室负责人及民族宗教工作干部70余人通过“线上+线下”方式参加培训。

(包赛依娜)

【宣传月系列活动】 5月6日,区委统战部在京西五里坨民俗陈列馆举办2023年石景山区民族团结宣传月启动仪式,区四套班子主管领导出席活动,民族团结进步示范单位代表、民族工作相关单位负责人及各领域代表人士90余人参加活动。5月,石景山区教育系统各中小学幼陆续开展以“中华民族一家亲 同心共筑中国梦”为主题的活动,覆盖1000余名师生。

(包赛依娜)

【民族健身操舞大赛】 6月15日,以“舞动民族团结主旋律 共建民族和睦石景山”为主题的北京市第十八届民族健身操舞大赛石景山分赛区暨石景山区第十五届“石榴花开石景山”民族健身操舞大赛在石景山区体育馆举行,来自全区街道系统、教育系统、社会组织的24支队伍400余人参赛,推选出5支优秀队伍参加北京市决赛。

(包赛依娜)

【“三爱四史五进”主题活动】 6月27日至28日,石景山区基督教三自爱国运动委员会组织38人赴西柏坡,开展“学习西柏坡精神 促进教会和谐发展”爱国主义教育活动。6月30日,石景山区伊斯兰教协会开展“高举党的旗帜 传承红色基因”爱国主义教育活动,赴房山区“没有共产党就没有新中国”纪念馆开展学习教育。7月25日,区委统战部召开专题会议传达学习石景山区委十三届六次全会精神,全区各宗教活动场所负责人、教职人员参加。9月29日,石景山区基督教古城聚会点开展“月满中秋 喜迎国庆”庆祝活动,弘扬中华优秀传统文化。10月22日至26日,石景山区基督教古城聚会点开展基督教中国化爱国主义教育活动,组织堂委委员、义工骨干16人赴南京参观雨花台烈士陵园、南京总统府等爱国教育基地。12月27日,区委统战部召开党外人士通报会暨石景山区统一战线学习贯彻落实全会精神动员部署会,传达学习区委十三届七次全会精神,全区各宗教活动场所负责人、教职人员共60余人参加。

(包赛依娜)

【参加市第十一届民族体育运动会】 8月21日至25日,北京市第十一届民族传统体育运动会在延庆区举办。石景山区代表团参与。代表团由223人组成,包含22名工作人员、26名领队和教练员、175名运动员,共参加珍珠球、蹴球、板鞋竞速、武术套路、民族健身操、夹包、短道速滑7大项竞赛项目和太极拳、健身气功、空竹、花棍、自选项目5大项表演项目。石景山区代表团获得3个一等奖、21个二等奖、24个三等奖、6个道德风尚奖和优秀组织奖。赵楠楠、单如玉、孙凤香、刘静云、王钱芊5位教练获优秀教练员荣誉称号。

(包赛依娜)

【3单位6个人获民族团结进步奖】 12月5日,第九届首都民族团结进步表彰大会在北京会议中心举行。石景山区3个单位获首都民族团结进步先进集体称号,6名同志获首都民族团结进步先进个人称号。先进集体分别为金顶街街道办事处、北京市第九中学、石景山区人民检察院第六检察部;先进个人分别为北京市公安局石景山分局一支队一级警长王涛、石景山区委统战部工作二科三级主任科员高翔、鲁谷街道办事处党群工作办公室一级主任科员谢奕、北京市黄庄职业高中校长闫利民、石景山区对外文化交流促进会会长朱龙斌,北京燕京八绝博物馆馆长、北京燕京八绝文化发展有限公司董事长柏群。

(包赛依娜)

【宗教活动平稳有序】 年内,区委统战部通过强化应急值守、督导检查、部门联动等举措,确保各类宗教重大节日和宗教活动期间宗教领域和谐稳定。春节期间,全区宗教活动场所累计接待游客信众14万人次。4月22日是伊斯兰教“开斋节”,380余名各族穆斯林群众到石景山清真寺参加开斋节庆祝活动。5月26日是佛教重要节日佛诞节,共有1万余名信众在北京灵光寺、北京大悲寺、北京双泉寺参加庆祝活动。6月29日是伊斯兰教“古尔邦节”,320余名各族穆斯林群众在石景山清真寺参加节日会礼活动。平安夜、圣诞节,1000余人次信教群众到天主教老山弥撒点和基督教古城聚会点欢度节日。2023年中国佛教协会佛牙舍利瞻礼活动分别于4月11日至30日和9月9日至24日在北京灵光寺举办,活动期间累计接待游客信众21.7万余人次。8月28日,北京双泉寺举办重光十周年纪念活动,市民族宗教委领导、区四套班子领导及市佛教协会等各界嘉宾、高僧大德80余人参加活动。9月27日,区委统战部完成在北京灵光寺举办的中国佛教协会“中秋赏月——中华传统文化艺术展演”服务保障工作。

(包赛依娜)

红十字事业

【概况】 石景山区红十字会(简称区红十字会)成立于2005年3月,是从事人道主义工作的社会救助团体,是党和政府在人道领域联系群众的桥梁和纽带。主要职责是开展救援、救灾,在自然灾害、事故灾难、公共卫生事件等突发事件中,为伤病人员和其他受害者提供紧急救助和人道救助。开展应急救护培训,普及应急救护、防灾避险和卫生健康知识。参与、推动无偿献血、遗体和人体器官捐献工作。参与开展造血干细胞捐献的宣传、发动、组织工作。组织开展红十字志愿服务、红十字青少年工作等。年内,区红十字会编制9名,其中常务副会长1名(正处级),副会长1名,正科级领导职数2

名,内设办公室(加挂主体责任办牌子)、业务科(加挂造血干细胞工作站牌子)。红十字基层组织12个,包括区直机关工委、教委、中关村科技园区在内的3个红十字工作委员会和9个街道办事处红十字工作委员会。开展"线上+线下"募捐。开展"博爱石景山"线下募捐,共接收捐款2384598.30元。开展"人道关怀"项目线上募捐,募集资金1081219.51元。门头沟区水灾定向捐款184030元。接收"石景山区扶贫协作和支援合作社会帮扶资金"22726838元。9家爱心企业被授予中国红十字奉献奖章,8家爱心企业被授予北京市红十字荣誉证书。

(柴　阳)

【人道救助项目】 年内,区红十字会持续开展七大人道救助项目。市、区两级红十字会开展元旦、春节"两节"送温暖活动,为90户生活困难家庭发放救助款物15万元。开展对遭遇突发事件、意外伤害、重大疾病或其他特殊原因导致基本生活出现严重困难的家庭或个人的救助工作,救助6人(户),发放救助款4万元。开展"七一"慰问困难党员活动,慰问困难党员30人,发放救助款6万元。开展"扶残助残"项目,资助15名困难残疾家庭学生,发放救助款5万元。开展博爱助学项目287人,发放救助款28.7万元。新增两癌妇女关爱项目110人,发放救助款11万元。开展"石景山区太阳花听力言语康复中心残障儿童帮扶""太阳花言语听力言语康复中心加餐计划""北方工业大学附属学校科技提升"项目,发放救助款20万元。

(柴　阳)

【支援协作】 年内,区红十字会开展与河北称多县、内蒙古宁城县、内蒙古莫旗三地的对口帮扶,投入19万元,为生活困难群众、学生购买生活、学习用品,累计救助500余人。其中连续16年支援宁城县"博爱家园"建设,投入资金139万元,资助96名困难学生完成学业,《人民日报》给予报道,点击量达4.5万次。

(柴　阳)

【应急救护培训和普及】 年内,区红十字会结合"学雷锋日""世界红十字日""世界急救日"等重要节点,针对商务楼宇、消防、公安、邮政快递员、环卫工人、高一新生等重点行业、重点领域、重点人群开展应急救护培训和知识普及系列宣传活动,技能取证培训65期5039人,应急救护知识普及48期7429人。在《石景山报》、石景山APP等,定期开展线上"跟着红十字会学急救——市民急救知识普及专家讲堂"等宣传。与区消防支队、应急局共同组队参加北京市红十字应急救护大赛,获得最佳组织奖。

(柴　阳)

【造血干细胞知识普及】 年内,区红十字会开展无偿献血、人体器官和遗体、造血干细胞捐献知识宣传普及,发放宣传彩页3000余张,采集造血干细胞血样137份,3名志愿者配型成功实现捐献。全年接待器官、遗体捐献者咨询42人。新组建成立应急无偿献血志愿者队伍1支。

(柴　阳)

【培育红十字会青少年】 年内,区红十字会对全区14所中小学进行健康促进学校星级申报现场评定,最终结果4个三星、10个四星。全区20余所学校通过校园广播、国旗下讲话、主题班会等多种形式普及红十字知识。组织23所学校10000名学生参与红十字生命教育应急救护知识竞赛答题,区红十字会获单位组织一等奖。5名学生获北京市优秀红十字会员。

(柴　阳)

残疾人事业

【概述】 石景山区残疾人联合会(简称区残联),是国家法律确认、由残疾人及其亲友和残疾人工作者组成的人民团体,是全区各类残疾人的统一组织。主要职能是履行"代表、服务、管理"职能,承担政府委托任务,代表残疾人共同利益,维护残疾人合法权益,团结帮助残疾人,开展各项业务和活动,为残疾人服务。管理和发展残疾人事业,归口区委管理,业务上接受北京市残联指导。下属残疾人劳动就业服务中心、活动中心两个事业单位,在9个街道设街道残联,148个社区成立残疾人协会,形成区、街道、社区三级工作网络。2023年,在区委区政府的领导下,全面贯彻党的二十大精神,强化残联党的建设,坚持稳中求进工作总基调,以促进残疾人全面发展和共同富裕为主线,促进残疾人事业全面发展,切实增强残疾人的获得感、幸福感、安全感,推动残疾人事业全面发展。

(张　晨)

【第八次代表大会召开】 年内,区残联召开第八次代表大会,全面回顾第七次代表大会以来石景山区残疾人事业发展和工作历程,谋划部署今后五年残疾人事业发展目标及重点任务。会议审议通过石景山区残联第七届主席团工作报告;选举产生区残联第八届主席团委员,主席、副主席,以及石景山区出席市残联第八次代表大会的代表人选;推举产生执行理事会理事长、通过副理事长及理事;选举各专门协会主席、副主席,全面完成大会确定的各项任务。

(张　晨)

【无障碍环境建设专项行动】 年内,区残联继续推进"一刻钟无障碍便民服务圈"建设,巩固无障碍环境建设三年专项行动成果,在2022年"一刻钟无障碍便民服务圈"建设的基础上,进一步优化完善,整改提升。贯彻落实住建部、中残联相关文件精神,制定《石景山区2023—2024年度创建全国无障碍建设示范城市实施方案》,明确工作任务,制定相应保障措施。区专班办组织无障碍监督员对辖区内公共场所开展监督体验,并将发现的问题及时反馈至相关单位加以提升整改,为创建全国无障碍建设示范城市做好前期准备。

(袁东升)

【帮扶工作】 年内,区残联严格落实各项保障政策,做好残疾人的保险补贴、养老助残券发放等救助工作。全年审核符合享受助残券的残疾人508名,发放资金50.78万元;为867名发放自主创业就业保险补贴1185.78万元;为全区900余户困难残疾人提供保洁、洗衣和送餐等居家服务;在元旦、春节、助残日、中秋、国庆期间,走访慰问残疾人家庭4896户,发放慰问金348.14万元;向9名因病导致生活困难的残疾人发放一次性救助金1.8万元。

(车 驰)

【残疾人就业】 年内,区残联坚持就业优先战略,贯彻落实市残联促进残疾人就业三年行动计划,创新就业模式,拓宽就业渠道,举办就业援助系列活动,进行"一对一"就业推荐,介绍53名残疾人新签或续签劳动合同。为应届高校残疾人毕业生建立"一生一策"动态服务管理,7名毕业生实现100%就业。支持残疾人创业,为2名残疾人发放创业补贴7万元。开设石景山区残疾人就业服务微信视频号,推进残疾人就业政策宣传。

(车 驰)

【技能培训】 年内,区残联以提高残疾人就业能力为目标,组织多场技能培训活动。组织茶艺、网络直播和手工艺品制作等培训,160余人参加培训,通过培训提高残疾人的动手能力,获取多样职业技能,拓宽就业意愿及渠道。其中茶艺课程两期共14天,残疾人可以独立完成茶艺表演展示;网络直播课程举办两期,残疾人能够使用掌握直播的工具并进行实操;手工艺品制作涉及奶油胶饰品、手工皂、手工装饰画和手工蜡烛等,其中奶油胶和手工蜡烛课程成果显著,职康站残疾人制作的产品得到广泛好评。

(车 驰)

【安排就业审核】 年内,区残联安排残疾人就业审核工作入驻区政务服务大厅办理,继续与地税部门保持联络机制,采取短信提醒、快递宣传册、政务网发布公告通知、建立企业微信群,解答用人单位疑问,方便用人单位下载须知、表格等审核文件,推动网上审核。严格操作规范,开展业务培训,签订廉政和保密承诺书,按政策规定对全区用人单位开展审核。为鼓励用人单位安置本市残疾人就业,向395家用人单位发放岗位补贴和社会保险补贴共计2645.98万元。

(车 驰)

【康复服务】 年内,区残联开展残疾人辅具适配评估与网上申购辅具进社区入家庭宣传活动,实行辅助器具网上申购制度,使残疾人足不出户,便可享受辅具补贴申请购买所需辅具,真正做到"保基本、全覆盖",对有需求的残疾人辅助器具适配率100%,审批申请辅具5428件,发放辅具补贴金额430万元;为参加康复训练的150名残疾儿童发放康复训练补贴342万元;为553名参加成人康复服务的残疾人发放康复补贴198万元。

(吴文敏)

【残疾人证办理】 年内,区残联按照办证流程,开展残疾人证办理和一卡通管理工作。截至12月底,石景山区共有持证残疾人23051人,其中视力残疾人2611人、听力残疾人1720人、言语残疾人122人、肢体残疾人14759人、智力残疾人1065人、精神残疾人1706人,多重残疾人1032人。全年辖区申请办理残疾人证860人。

(王子楠)

【信访与维权】 年内,区残联坚持"属地管理、分级负责、谁主管、谁负责"的原则,引导残疾人逐级上访,建立精准服务档案,对残疾人反应的问题及时进行答复和转办。以解决问题、化解矛盾、维护残疾人合法权益为目标,持续做好"12345"市民服务热线接诉即办工作。共接待来访、来电残疾人116人次,其中来访50人次、来电66人次,受理"12345"市民服务热线工单63件。

(毕征玲)

【残疾人事业宣传】 年内,区残联在区残疾人职业康复中心举办第三十三次全国助残日活动,紧扣宣传主题,着力提升宣传"含金量",把镜头和笔触对准残疾人朋友身边可感可及的小事实事,大力宣传残疾人的先进事迹及社会扶残助先进典型,弘扬先进、树立榜样,有效传播正能量、弘扬主旋律。在融媒体中心开设残疾人事业新闻专栏、《石景山报》开设残疾人工作专版,全方位、多角度讲好自强与助残故事,树立理解、尊重、关心、帮助残疾人的良好氛围。

(张 晨)

【体育工作】 年内,区残联为进一步带动更多的残疾人参与大众冰雪活动,提高冰雪运动水平,组织25名残疾人到北京世园公园参与冰雪运动季活动,鼓励和引导残疾人积极参与冬季康复健身体育活动。组织优秀残疾人运动员参加北京市第四届"健康杯"残疾人群众体育大会,共收获21个奖项,区残联获优秀组织奖。做好"后冬奥文章",组织残疾人参加"魅力双奥城 精彩双奥区"徒步大会,推动全民健身"体育+",让残疾人走出家门、融入社会,促进全民健身体育生活化的健康发展。

(曹 笛)

【文化工作】 年内,区残联组织残疾人参加"纪念北京2022年冬残奥会成功举办一周年系列活动",围绕回顾北京冬残奥会取得成果,讲好首都残疾人故事,举办文化展征稿活动,共征集到57件绘画、摄影、书法作品,其中37件作品入选参加2023年北京市残疾人文化展,3件作品被北京市残联永久收录。参与市残联文化周活动,上报声乐类、器乐类、曲艺类节目各3个,舞蹈类节目1个参加市级评选,为残疾人搭建互学互鉴、互评互荐平台。

(曹 笛)

【残疾人动态更新】 年内,区残联开展残疾人需求采集和服务状况常态化工作,对1935名新办证残疾人开展信息采集和需求登记,完成对21112名持证残疾人入户访视工作,创新服务模式,健全"零距离"联系服务残疾人工作体系,做好政策宣传、需求核实和服务落实。

(袁东升)

人物 荣誉

全国先进集体

全国工人先锋号

北京流金岁月传媒科技股份有限公司技术部

全国三八红旗集体

北京市石景山区广宁街道 高井路社区居民委员会

全国五一巾帼标兵岗

北京市石景山医院急诊科

全国先进个人

全国五一劳动奖章

王彦博　龙盈智达(北京)科技有限公司首席数据科学家

全国五一巾帼标兵

徐　杰　北京万商如一酒店管理有限公司

全国维护妇女儿童权益先进个人

张　帆　北京市石景山区妇女联合会

北京市先进集体

首都劳动奖状

北京市石景山医院

北京市工人先锋号

北京石泰集团有限公司模式口项目部

北京京石建业建设工程有限公司第三分公司

北京市先进个人

首都劳动奖章

孙　苗　北京市石景山区金顶街街道模式口西里南区社区

吴佳洁　北京市公安局石景山分局内部单位保卫大队

崔　岩　北京大学附属中学石景山学校

赵秀红　北京市沃尔玛百货有限公司

张春景　北京盛世顺景文化传媒有限公司

李彩菊　首都医科大学附属北京康复医院胃肠康复中心

李国庆　首都医科大学附属北京康复医院老年康复中心

北京市未成年保护先进

宿凯霞　北京市石景山区妇女联合会

首都市民学习之星

赵　星　北京市石景山区小飞象训练发展中心

越　艳　北京鼎创环保有限公司

首都最美巾帼奋斗者

越　艳　北京鼎创环保有限公司

赫立云　北京中盛瑞通物流科技有限责任公司

北京市最美妇联执委

于　洁　北京市石景山区老山街道东里北社区

王　辉　北京市石景山区电厂路小学

牛　梅　北京市石景山区苹果园街道西井社区

孙小平　北京市石景山区鲁谷街道六合园南社区

董慧凝　北方工业大学

街　道

八宝山街道

【概况】 八宝山街道位于石景山区东南部。东至玉泉路,西至鲁谷大街,南至吴家庄路,北至石景山路。区划面积4.32平方千米,实际管辖面积5.24平方千米。辖区常住居民5万余人。辖区内有中央广播电视总台(鲁谷办公区)、中国瑞达系统装备总公司、北京市第一中级人民法院、市人民检察院第一分院等单位。下辖15个社区居委会,3个楼宇工作站,有社工261人。八宝山街道党工委下设17个基层党组织,其中15个社区党组织(13个党委,1个党总支,1个党支部),1个机关党委(下设8个党支部),1个非公企业和社会组织党总支(下设10个支部)。街道直管党员3877名。年内,八宝山街道党工委、办事处围绕"永远聚心促发展,智慧共建新八宝"工作思路,充分发挥党建引领作用,全力以赴抓好各项工作落实,实现全面从严治党持续深化,基层现代化治理能力稳步提升,辖区各项事业发展取得新成效。

(王炯烁)

【社区共同体建设】 年内,八宝山街道依托智慧平台和"掌中八宝"建立公共文化活动资源平台,整合区社区学院、区红十字会等18家单位优质资源,形成辐射3个楼宇和15个社区的22大类1062项活动数据库,举办活动1500余场,累计参与40000余人次;全面推进品质社区建设,街道15个社区中,6个社区被认定为五星级"品质社区",8个社区被认定为四星级"品质社区",年度综合评分位列全区前列。

(王炯烁)

【智慧街区建设】 年内,八宝山街道充分利用智能手段,大力提升治理效能。建设门前三包问题三级治理平台,整合地区视频监控、小巷管家、综合执法等资源,将12条大街500余家经营门店纳入智能监管;依托城市噪音智能监测和数据分析系统,对高频投诉公共区域实时监测;建立背街小巷智能监管平台,实现环卫保洁作业的信息化监管;建立社区电梯智能监管平台,在11个社区安装40部智慧电梯监测终端,安装电动车进电梯智能阻止系统365部;建立充电设施智能监测平台,将沁山水北社区3处停车棚充电桩接入监测平台,实现充电车辆监管;在沁山水北社区开展"一车一池一码"试点,为电动自行车电池加装智能RFID标签,在小区3个出入口和47个单元门加装识别智能设备,防止电池进楼充电;在辖区9个社区新建设电动自行车充电设施23个点位,共计598个充电接口。开发推广居家养老智能服务平台,为辖区48户独居老人发放智能设备"四件套",实现独居老人24小时健康监测全覆盖。

(王炯烁)

【"疏整促"工作】 年内,八宝山街道开展"疏整促"提升专项行动,协助区征收中心顺利完成黄庄村43号院北侧地块征收工作,助拆5000余平方米,疏解企业职工200余人,全程零信访、零投诉;推进中关村虚拟现实产业园——北重文创园周边环境综合提升工程和玉泉休闲园环境综合整治提升项目;加强群租房治理,拆除620平方米,劝退疏解79人,实现新生违法建设、群租房整治等7项任务指标动态清零。

(王炯烁)

【城市更新】 年内,八宝山街道全面推进老旧小区综合更新改造,推进3个老旧小区管线统筹项目、7个老旧小区综合整治项目和1个便民工程;以点带面推动老楼加装电梯,开工1部电梯;完成永乐东小区楼内线缆整治;创新"政府牵头、企业捐赠、居民养护、社区监管"模式,多元共治打造社区"口袋花园"。

(王炯烁)

【生态环保】 年内,八宝山街道落实环保督察各项工作要求,办理信访交办件5件、督办件7件;加强生态环保治理,整改裸地扬尘,修复及覆盖斑秃裸地120处,开展专项执法检查500余次;全面落实"河长制",累计巡河708人次,里程912公里;强化林长制日常巡查,全年巡林1966人次,排险危死树220余棵;常态化推进"街巷长制",累计处理问题5696件;狠抓"门前三包",累计检查6532余次,沿街环境秩序持续向好。

(王炯烁)

【接诉即办】 年内,八宝山街道坚持问题导向,以解决人民群众急难愁盼为立足点,受理工单5200件,解决率66.41%,满意率76.79%。纳入市级考核工单834件,接诉即办工作平均综合成绩98.38分,在全市343个街乡镇中市直派年度平均排名第36位,环比2022年度上升211名,全区排名第1。年度区分派排名全区第9,年度综合绩效全区排名第4,万人诉求比68.85,为全区最低。

(王炯烁)

【平安建设】 年内,八宝山街道汲取

8月30日,上海市杨浦区城运中心到八宝山街道调研数智赋能接诉即办改革基层治理工作 (八宝山街道供图)

北京丰台长峰医院“4·18”重大火灾事故教训，常态化开展安全生产和火灾隐患大排查大整治工作，共计检查626家3898人次，发现隐患1020处，开具责改单988份，隐患消核率100%；对辖区374户弱势群体家庭实现智能烟感全覆盖；有序推动违规电动三四轮车回收工作，累计淘汰1037辆；建成八宝山街道小型消防站，提升辖区消防救援能力；加强重点人员管理，圆满完成重大会议和活动服务保障任务，全年妥善接待信访群众10批次，办结各类信访案件11件次，参与调解案件32件，成功率100%。

（王炯烁）

【民生保障】 年内，八宝山街道坚持以人民为中心，推进养老联合体建设工作，建成1家养老照料中心，发放养老服务补贴、失能护理补贴、高龄老人补贴27291人次，合计634万余元；完成石景山区2023年国家卫生区复审工作，整改问题点位100余处；聚焦为民惠民，扎实开展全国文明城区创建，整改市区两级反馈问题4500余个，专项清理点位21500余处，增设集中晾晒杆134个，发放宣传品60000余份，完成2轮全覆盖入户问卷调查抽查工作；举办4场线下招聘会，提供岗位534个，帮助338人达成就业意向。

（王炯烁）

鲁谷街道

【概况】 鲁谷街道位于石景山区东部，长安街西延长线南侧。东起鲁谷大街，西至京原路，北起石景山路，南至丰沙铁路和卢沟桥北路一线与丰台区交界。辖区面积5.57平方公里，户籍人口43200人，流动人口15000余人。下辖22个社区居委会，在职社区工作者452人(含退休返聘3人)。鲁谷街道党工委下设党委21个，党总支4个，党支部总数196个，共计221个基层党组织，党员总数5548人。辖区有新华社第二办公区、中铁建设有限公司、万商投资有限公司等中央、市属、区属单位40家；农工商公司2个；老街坊治安志愿者2089人；老街坊文明劝导队20支200人；文体队伍112支2139人。学雷锋志愿服务站19个，注册实名认证志愿者2325人，占常住人口的35%；有志愿服务时长的志愿者1753人，占志愿者总数的75%；志愿团队13个，志愿服务项目79个，累计服务时长193万小时。年内，鲁谷街道推动党的建设贯穿基层治理全过程，筑牢安全屏障，保障地区总体形势安全稳定有序。落实产业转型和城市更新发展战略，推动地区发展成果惠及民生。围绕中心，服务大局，推动基层治理稳步提升。街道获评2023年度应急值守工作先进基层单位，依翠园南社区、依翠园北社区、五芳园社区、六合园南社区、六合园北社区、七星园南社区、新岚大厦社区、西厂社区获评石景山区精神文明创建2021—2023年度首都文明单位提名。

（王颖军）

【党建引领基层社会治理】 年内，鲁谷街道坚持社区书记例会、党务工作者“双周”培训交流，推动党务工作者互促共进。街道社区、楼宇勤学“云课堂”，每日分享学习内容，为党员教育培训注入“云动力”。与中国领导科学研究会签署战略合作协议，挂牌成立“中国领导科学研究会鲁谷调研基地”，推进党建引领基层社会治理深度融合。

（王颖军）

【意识形态建设】 年内，鲁谷街道发挥政务新媒体网上宣传阵地作用，加强网络舆情监测与回应，妥善处置网络舆情31条。坚持弘扬正能量，加强主流意识形态建设，做好重大活动及政策宣传，在中央、市级、区级媒体刊登新闻稿件1169篇。成立石景山区融媒体中心鲁谷街道分站。

（王颖军）

【新时代文明实践阵地】 年内，鲁谷街道打造“1+4+20+N”新时代文明实践阵地(1即街道新时代文明实践所；4即南部、北部、中部、西部4活动场所；20即20个社区新时代实践站；N即打造N个服务平台和基地)，开展各类文明实践活动2257场，参与人数2.2万余人次，完成2023年石景山区新时代文明实践示范点位申报工作。

（王颖军）

【“扫黄打非”工作】 年内，鲁谷街道完成北京市“扫黄打非”进基层示范点申报工作，挂牌成立1个街道“扫黄打非”工作站和20个社区及8个楼宇“扫黄打非”联络点，打造4个街道级“扫黄打非”基地(五芳健身苑、新时代文明实践所、南部文化馆、中部文化馆)，推出含有“扫黄打非”工作内容的动漫IP形象“鲁娃”，在微信公众号“鲁谷e家”上线“我要学”“我要报”两大板块，组织制作微电影《归途》，加大“扫黄打非”工作推进力度，成功获评2023年度国家级和市政“扫黄打非”进基层示范点。

（王颖军）

6月16日，鲁谷街道党建引领楼宇治理推进会暨楼宇党组织、楼委会授牌仪式在石景山区鲁谷街道服务中心举办 （鲁谷街道供图）

【党群服务中心体系建设】 年内,鲁谷街道构建“区－街道(商圈)－社区(楼宇)”三级党群服务中心体系。完成新岚社区党群服务中心建设,加速谋划衙门口地区党群服务中心建设。“鲁谷理想＋”党群服务中心获评市级首批“北京市党群服务中心示范点”。毛颖芳书记工作室完成硬件升级与制度上墙,发挥工作室示范、引领、培育作用。依托“品质先锋”工程,打造鲁谷“城市主理人”党建品牌,成立城市主理人联盟,推动辖区社会单位参与属地共建共治。“城市主理人”案例入选市级新时代文明实践优秀创新案例。

(王颖军)

【党建引领楼宇治理】 年内,鲁谷街道成立社会组织党组织6个,新建两新党组织16个,有效凝聚团结“两新”组织和新就业群体,夯实党在楼宇的执政根基。“三有”非公有制经济组织党组织覆盖率、社会组织党组织覆盖率均达100%。完善楼宇党组织、楼委会、楼宇工作站“三驾马车”的楼宇治理运行机制。建成8个商务楼宇工作站、11个楼宇党组织、11个楼委会,实现楼宇“两新”组织党的组织、党的工作全覆盖,率先实现“三驾马车”“811”工作机制全覆盖。全区首家楼宇党群服务中心——万达商务楼宇党群服务中心建成并投入使用。建立商务楼宇党群服务驿站、党群服务角,依托“党群阵地@你”“聚蜂行动”等活动,打造党建品牌矩阵,夯实楼宇党建。7月份运营以来,万达商务楼宇党群服务中心共开展各类活动230余场,服务企业近310家,惠及两新党员、群众4600余人次。将企业资源转化为发展成果,与大唐电商合作共建的“数字展厅”等10余个合作项目顺利落地。

(王颖军)

【司法工作】 年内,鲁谷街道加强两类人员管理。及时对刑满释放人员精准对接管控,落实安置帮教措施,本年度衔接总人数12人,在册48人。加强社区矫正监管,接收社区矫正人员234人,解除社区矫正人员220名,对社区对象实施监控管理核查5668人次。利用公共法律服务平台为群众提供法律援助、法律咨询服务,共计解答150余件,接待80余人,满意率100%。组织普法讲师团到各社区开展法治宣传活动10场,受众800余人。

(王颖军)

【政企联动机制】 年内,鲁谷街道建立政企联动机制,巩固“两新”党建和解决企业诉求为抓手,开展政策宣讲、法治讲堂、人才招聘等公益活动。建立入户走访机制,对辖区重点企业、商会企业完成两轮走访,涉及企业500余家。建立服务包企业、商会小微企业,新引入企业、企业需求清单4本台账,动态了解企业经营现状,完成服务包企业需求7件。完成大唐二级子公司注册登记手续办理,引入企业110.3家。

(王颖军)

【行政执法】 年内,鲁谷街道出动执法力量4300余人次,办理各类督办问题110起,开展行政处罚240起、罚款1356220元,整改各类违法行为并出具不予处罚决定462起。开展市级下发卫片图斑、平安铁路涉及图斑的现场勘察及相关建筑督促拆除、清理工作,年度拆除违法建设3处、888平方米。针对占道经营问题管控制定专项方案,加大重点时段巡查盯守,加强执法力度,查处占道经营行为135起。

(王颖军)

【接诉即办】 年内,鲁谷街道严格落实一把手办工单机制,党政主要负责人双调度,坚持每单签批、每单研判,重点诉求由班子成员亲自带队解决,将接诉即办排名与社区年度考核、优秀分配比例相挂钩,层层传导压力。强化“接诉即办”应急资金使用,通过申请应急资金,解决紫御国际电梯维修、永乐西4号楼地下管道更换、七星园1号楼供电主缆改造、七星园8号楼西侧路面塌陷维修、诗景长安1号楼消防安全隐患等一批群众急难愁盼问题,共申请应急资金109单,申请金额479.97万元。

(王颖军)

【文明城区创建】 年内,鲁谷街道建立9大类问题台账,问题点位动态整改率95%以上。持续开展创城实地问题整治复查抽查专项工作,参照最新指标要求,开展共涉及20个社区、254个楼栋、1253个单元,问题点位整改率达97.01%,82%的社区抽查合格率达100%。持续开展无(临)牌电动车和废旧自行车置换回收活动,置换118辆电动车,366辆废旧自行车。制作发放创城应知应会“口袋书”19600本,吸纳小小志愿者200余名,带动家庭提高创城知晓率。细化社区“两图一台账”,开展7轮实战模拟演练,回收有效问卷3221份,进一步强化业务水平和应变能力。在22个社区开展19场问卷调查沙龙活动;融合创城、品质社区、基层党建等内容组织完成18场主题文艺巡演。拓展新闻宣传渠道,在首都之窗、“文明北京”公众号等市级媒体平台刊登转发11篇,在“文明石景山”公众号区级媒体平台刊登转发120篇,发布27期创城工作动态。完成2022年度中央年度测评,落实包街包巷包点责任制,统筹安排力量608人,突出关注“双万”周边、3家市场、10处学校周边等重点点位,完成中央测评组16类28个点位实地测评,以及4个社区100户问卷调查测评。

(王颖军)

【建立基层社会工作体系】 年内,鲁谷街道推进社工人才梯队建设,利用“优才计划”培养机会,深化与中国劳动关系学院社会工作学院的战略合作,建立以街道社会工作服务中心、督导站、社区社会工作服务站为架构的“一中心双站点”基层社会工作服务体系。依托“老街坊议事厅”议事协商平台积极开展“微议事”“微协商”,培育“今晚七点聊天室”等一批新协商议事品牌项目。依托“鲁谷义工协会”品牌,探索建立“社工＋义工”联动机制,进一步动员辖区群众参与基层治理。加强物管会、业委会规范指导,持续推进物管会向业委会转化,依法推进物管会换届工作。稳步推进解决诗景长安物业服务企业确权、CRD楼宇物业撤场及选聘、京汉旭城物业管理区域合并、泰禾长安物管会等工作。

(王颖军)

【衙门口回迁地区建设】 年内,鲁谷街道将衙门口地区纳入接诉即办主动治理事项，持续开展“群众接待日”活动，解决衙门口地区工单258件。坚持“远近结合”，扎实完成4处公交港湾等基础设施建设，汇集职能部门、公交集团合力，前期推动“巡游定制”短期内缓解出行难问题，公交线路正式通行。协调落地便民商超，实现“买菜走路半小时”到“楼下商超送到家”的转变，加速推动社区办公用房建设，衙门口养老照料中心12月投入试运营。

（王颖军）

【平安鲁谷建设】 年内，鲁谷街道以首钢园区服贸会、第三届“一带一路”发展合作高峰论坛等敏感时段为重点，组织2530多名群防群治力量参与社会面安保防控工作。落实“两个通道”专项治理，制作社区消防通道示意图并划线，发动老街坊、志愿者等1360人次开展清理行动。完成安装高层住宅楼安装电梯电动自行车阻车器114部。依法依规受理与回复群众来信来访91件178人次，组织开展5次社会矛盾纠纷排查工作。

（王颖军）

【消除安全隐患】 年内，鲁谷街道开展安全生产和火灾隐患排查整治，出动检查人员7520人次，排查2505项安全隐患。严格施工安全管理，加强限额以下工程的安全监管，严查企事业单位的动火审批手续等。在账1098家企业全部使用京通企安安开展隐患自查，隐患全部整改完毕。加强城市运行安全执法，检查燃气非居民用户2980家次，整改隐患问题46起。

（王颖军）

【老旧小区改造】 年内，鲁谷街道推动永乐西区1至8号楼等4个施工项目，推动七星园等8个老旧小区改造前期工作，服务新华社央产老旧小区改造项目。做通老楼加装电梯居民工作，完工3部电梯，确认待实施17部。

（王颖军）

【垃圾分类】 年内，鲁谷街道完成14个小区的市级垃圾分类“示范小区”创建和24个“达标小区”验收工作，组织社区完成每月不低于30次垃圾分类入户宣传。完成生活垃圾分类基层赋讲师筛选和宣教工作，入选市级先进讲师1名。加强生活垃圾分类执法，督促垃圾分类管理责任人落实责任，全年查处相关问题161起。以“物业责任一体化”为目标，支持物业企业对小区垃圾分类进行统筹统管，垃圾分类月综合考评成绩始终位列全区街道前列，桶站值守工作保持街道系统第一，住宅小区垃圾分类诉求量长期保持低位。

（王颖军）

【生态环境保护】 年内，鲁谷街道加大施工工地扬尘及噪声等违法行为整治力度，开展工地检查355次。严格落实巡查职责，街道级河长制APP记录巡河516人次，总里程897.82公里；林长制巡林总时长1624小时，巡护里程5120公里；集中开展社区绿地养护、垃圾捡拾、绿化宣传等各类活动13场次。

（王颖军）

【交通综合治理】 年内，鲁谷街道开展违规电动三四轮车回收活动，宣传电动三四轮车置换政策，开展零距离政策咨询，多措并举推动个人违规电动三四轮车辆有序退出，回收整治报废个人违规三四轮电动车1418台，行业用车回收处置率达100%。充分挖潜衙门口地区停车资源，在衙门口路北侧、衙门口东路外公共（临时）停车场打造有偿错时共享停车场，缓解周边多个小区的停车难问题。

（王颖军）

【民生保障】 年内，鲁谷街道完善“15分钟生活圈”，完成区级生活圈自评申报4个（七星东街生活圈、五芳园—永乐西生活圈、重聚园—聚兴园生活圈、碣石坪—依翠园生活圈），惠及17个社区（六合园北、六合园南、七星园北、七星园南、新华社、永乐西南、永乐西北、五芳园、重聚园、聚兴园、北重西厂、重兴园、京汉旭城、碣石坪、依翠园北、依翠园南、新岚大厦社区），覆盖辖区面积1.77平方公里，服务7.1万人口，圈内涉及基础保障类、品质提升类业态374个商业网点，满足群众多样化需求。构筑鲁谷特色养老服务体系，打造鲁谷老年人协会为主的辖区养老服务队伍，设立养联体服务热线，接电解答服务150余次。完成养老服务津贴审批809.71万元，追缴养老服务津贴、失能护理补贴4.89万元。兜牢民生保障底线，立足“七有五性”，扎实开展民生保障，累计发放社会救助557.81万元，各类住房保障补贴26万元，残疾人补贴234.85万元。启动全区首批试验慈善工作站点，吸纳辖区爱心企业百余家参与慈善救助，开展慈善活动7场，募集善款近3万余元。

（王颖军）

【退役军人服务保障】 年内，鲁谷街道以“1+3+N”服务模式（即竖起一面旗帜，把牢三个阵地，建设多支队伍），形成街道党工委组织领导、相关科室配合、全社会广泛参与的工作格局，打通退役军人服务保障工作“最后一公里”，实现退役军人服务保障全覆盖、零距离。全年核发各项经费5.62万元，全年累计办理优待证387件。中央主题教育第29指导组和市退役军人局来街道现场调研，太原等多地退役军人事务部门到街道学习交流。

（王颖军）

【文教体科服务】 年内，鲁谷街道统筹用好综合文化中心3处活动场馆、1处图书分馆资源，服务7万余人次。加强对10支街道级群众文艺团队和69支社区级群众业余文艺团队的扶持，面向文艺团队开展培训200余次，其中6个团队分别被评定为5A级、4A级、3A级2023年北京市新时代老年学习共同体，“京韵大鼓‘少白派’”为全区唯一被评定为2023年京韵特色社区教育示范项目。以线上线下相结合的形式，举办文化活动496场次，参与人数2.8万余人次，通过《北京日报》《人民日报》等媒体宣传报道50余次。发挥街道教育联盟作用，面向未成年人开展活动240场次、7200余人次参与，启动非遗进校园系列活动，完成4场演出。开设针对不同年龄段人群体育课程，取得“石景山区第三十八届金秋体育盛会”2023年石景山区第九套广播体操展示一等奖、石景山区第三十八届金秋体育盛会突出贡献奖。依托全国科普日，联合区科协举办“科普共筑智慧共享 社区科学之旅科普日”分会场活动，成功将科学知识和健康理念融入社区生活，获得“2023年全国科普日主场活动暨第十三届北京科学嘉年华”优秀组织单位、优秀活动荣誉。

（王颖军）

【就业服务】 年内，鲁谷街道优化就业服务，一人一策促进失业人员多形式实现就业。820人实现就业，失业人员就业率达67.27%，超额完成年度全市63%指标要求，失业人员就业率始终保持全区前列，并高于全市平均水平。

（王颖军）

老山街道

【概况】 老山街道辖区面积6.1平方千米，下辖12个社区，常住人口40335人，其中户籍人口26373人、流动人口13962人。辖区有中央、市属、区属企事业单位18家。年内，老山街道大力开展全国文明城区、全国示范性老年友好社区、北京市控烟示范街区、石景山区“品质社区”等创建工作；老旧小区综合改造工作持续推进；韧性城市建设不断加强，平房区消防自救能力和防汛排水能力持续提升。圆满完成全国“两会”、“一带一路”高峰论坛等安保任务；街道获2020至2023年度北京市体育事业先进集体称号，“国球进社区国球进公园”活动启动仪式在老山东里社区成功举办；在2023年度石景山区职工职业技能大赛政务服务综合窗口办事员竞赛活动中获优秀组织奖，1人被授予“石景山区政务服务技能标兵”荣誉称号。

（许 雪）

【国球进社区启动仪式】 6月16日，“国球进社区 国球进公园”活动在老山东里社区健身园举行启动仪式。乒乓球世界冠军马龙和石景山区代表赵雅莉共同宣读倡议书。此次活动由住房和城乡建设部、国家体育总局联合举办，住房和城乡建设部党组书记、部长倪虹，国家体育总局党组书记、局长高志丹，北京市副市长谈绪祥参加活动。樊振东、陈梦、王曼昱、王楚钦、孙颖莎5位乒乓球世界冠军向老山街道赠送乒乓球、乒乓球拍以及乒乓球网等体育器械，老山街道的老街坊志愿者向乒乓球世界冠军们送上街道乒乓球爱好者亲手绘制的书画作品。启动仪式后，乒乓球世界冠军在现场挥拍，与乒乓球爱好者热情互动，分享全民健身带来的快乐。

（许 雪）

【基层党组织建设】 年内，老山街道基层党组织累计开展集中学习275次，交流研讨142次、主题党日活动95次，支部书记讲专题党课111次，推动理论学习入脑入心。建立了一批党的创新理论宣讲现场教学点，举办“永远跟党走 建功新时代”情景党课，开展“名师课堂进基层”活动，切实加强党员教育。持续深化“和美老山”社区工作法，2个社区入选区级基层思想政治工作优秀案例。

（许 雪）

6月16日，老山街道东里社区开展“国球进社区国球进公园”活动

（老山街道供图）

【“品质先锋”工程】 年内，老山街道打造“老山融治理”区域化党建品牌，建立9个党建工作协调委员会年度合作项目，深化“首开经验 老山模式”，建立“首华同心议事厅”物业服务未诉先办平台，高效处理居民诉求。充分发挥社区“第一书记”桥梁作用，建立社区“第一书记”接待站、“普法驿站”，打造信访公益服务队伍，切实将派出单位优势转化为基层治理优势。服务中心大局，成立5个防汛先锋临时党支部，组建“红色堤坝”联盟，织密辖区防汛网。擦亮老山“社区党校”品牌，深化“同心共治”党建项目，规范“校委会”运行模式，建立小巷总理等社区治理带头人队伍，老山东里北社区“四个一”工作法入选第二批全国先进典型社区案例；京源路社区获评全国学雷锋志愿服务“四个100”“最佳志愿服务社区”。

（许 雪）

【“两新”组织党建】 年内，老山街道实施以“引领企业党建提升、引领企业健康发展”为目标的两新组织党建“双引工程”，派驻13名“驻企党建联络员”到暂无党员的企业进行党建工作指导，实现两新领域党组织和工作全覆盖。以楼宇治理“三驾马车”为抓手，有力解决房屋漏雨、暖气管破裂等企业急难诉求，未诉先办治理成效显著提升。组建22支两新组织党员先锋队、志愿服务队，成立3个党员先锋岗，激活两新组织党员参与基层治理力量。成立新就业群体党支部，开展首届“最美先锋”评选表彰，吸纳快递小哥进入社区网格治理队伍，引导新就业群体积极参与社区治理。

（许 雪）

【意识形态工作】 年内，老山街道严格执行意识形态工作责任制，指导社区制定《社区意识形态工作责任制清单》和《社区舆情应对预案》，妥善处置舆情34条。强化舆论引导，全年围绕中心工作在主流报刊、新媒体客户端刊登文章343篇，播出新闻67条，在“和美老山”微信公众平台上刊发文章1158篇。加强新时代文明实践所、站、基地建设，累计参与理论宣讲、志愿服务等各类活动6312人次。1个社区入选全国文明实践巾帼志愿阳光站。

（许　雪）

【共青团工作】　年内，老山街道落实团十九大各项工作部署，构建“1＋12＋N”团的组织覆盖体系，新建非公企业和社会组织领域团组织5个、楼宇团组织1个，推动团的工作触角在“两新”组织有效延伸。扎实开展学习教育，以“主题团课”“专题学习”等形式积极带领党员、团员青年开展学习活动116场，参学率100%。以社区青年汇为依托，全年开展学习培训、手工制作、智慧科普等活动55场，覆盖1567人次；以需求为导向，精准帮扶困境青少年31人，个案帮扶4人，报请市级帮扶3人，申请希望之星助学金8人，助力青少年健康成长。推进“社区青春行动”，“美丽青春行动”项目获“北京市社区青春行动优秀项目”，街道团工委获“示范性基层团组织”称号，1人获“石景山区青年榜样”称号。

（许　雪）

【妇联工作】　年内，老山街道完成执委及主席补选工作，增选老山街道非公有制经济组织和社会组织妇女委员至15名，组织开展“妇女之家”培训班，强化妇联队伍建设。加强妇女权益保护，组织送法到家活动，全年召开妇女议事会48场，参与377人，讨论并完成议题20余个。深入推进“最美家庭”建设，9个家庭被评为2023年度石景山区“最美家庭”，1个社区获区级“学习型家庭”。深化“汇知堂”家长学校品牌建设，开展12场“伴童心共成长”系列活动，覆盖237人，以儿童之家为载体，全面开展活动144场。

（许　雪）

【统战工作】　年内，老山街道打造“同心老山”统战工作品牌，全年专题学习统战理论政策、研究统战工作4次，构建上下联动、齐抓共管的大统战工作格局。以铸牢中华民族共同体意识为主线，联合区委统战部开展民族团结进步创建进社区活动4次；组织开展“5·6”民族团结日主题实践活动，承办区佛协中秋慈善活动，帮扶困难家庭50户。压紧压实宗教工作三级网络和两级责任制，建立常态化检查机制和走访沟通机制，协调解决教堂门前安全反光镜安装、路口减速带铺设等问题；协调多部门做好宗教节日期间的安全保障工作；妥善处理涉宗教“12345”工单，解决满意率100%。认真落实民主党派与街道“9对9”工作机制，与致公党区工委携手组建“同心服务团”，组织开展关心社区残疾人爱心帮扶活动，邀请协和、北大人民医院等致公党医疗专家进楼宇、进社区义诊服务，打造“同心老山健康驿站”，活动信息在《人民政协报》刊登。

（许　雪）

【接诉即办】　年内，老山街道坚持首善标准，优化“三派三考”机制，依据“部门职责清单”“诉求人社区归属”“处级领导包片”，不分主办协办，向包片领导、部室、社区同步派发工单，实现“一级带一级、层层抓解决”。优化考核激励机制。修订《老山街道“接诉即办”工作考评办法》，增加原始解决率奖励加分、宣传信息加分、失分工单扣分等量化考核指标，形成“日通报、月排名、季总结”工作机制，激励办单部门进位争先。以“服务保障”为方向点，实现“属地＋辖区单位”互联互动。以《接诉即办挖潜停车资源保障市民顺畅出行安心祭扫》为题，完成接诉即办专栏拍摄任务并在北京电视台播出。将接诉即办作为提升辖区群众幸福感、获得感的重要抓手，提高诉求办理质效，全年办理“12345”市民热线转办单4447件。

（许　雪）

【创建市级控烟示范街区】　年内，老山街道参与北京市控烟示范街区创建工作，通过专家讲座、义诊、联合执法等多角度多形式的控烟宣传，将健康控烟理念传递至老山地区每个角落；通过为郎园Park安装立式灭烟柱、布设控烟标识牌、配置商户控烟劝阻记录本等途径，为园区营造良好的控烟环境。6月6日，郎园Park街区顺利通过市爱卫办评估，成为石景山区首家市级控烟示范街区。

（许　雪）

【创建全国示范性老年友好社区】　年内，老山街道对接区卫健委、辖区养老服务机构、社区卫生服务中心，按照创建标准分条块分得分点准备创建材料并完成网上申报工作。按照区老龄委专家意见修改创建材料，深度挖掘社区服务特色亮点。东里北社区被国家卫健委、全国老龄办评选为全国示范老年友好型社区。

（许　雪）

【“全能社工”社区政务窗口建设】　年内，老山街道印制《老山街道社区全能社工政务服务一本通》，创新社区全能社工窗口建设。重点突出两个“全”：“全员培训”，实现“人员到位”；服务“全程监督”，实现“意识到位”。四个“一”：一体化社区规范建设，实现“布设到位”；一套完善制度体系，实现“管理到位”；一本专业指导手册，实现“技能到位”；一张告知留痕文书，实现“细节到位”。工作法得到区政务局高度认可，在全区范围推广。

（许　雪）

【稳就业保就业】　年内，老山街道新增登记失业人员452人，全年实现就业417人，就业率68.51%，比2022年就业人数增加45人。享受灵活就业补贴647人。采取多种方式宣传就业政策，提供招聘信息。通过举办招聘会和线上参加区公服中心组织的直播带岗，帮助失业人员实现就业。被区人社局评定为充分就业街道，12个社区为充分就业社区。

（许　雪）

【领取社保待遇人员资格认证】　年内，老山街道开展政策培训和操作讲解，通过组织3场政策宣讲会、利用社区公众号及社区微信群发布通知等方式广泛宣传推广。对于需要自主认证的人员以电话告知和上门入户等方式，向辖区退休居民讲解社保待遇领取资格认证的意义以及认证方法，加强退休人员对于待遇领取资格认证工作的认识。通过大数据获取共享信息、线上自助认证等方式，完成9367

人次认证工作。

(许　雪)

【安全生产】　年内,老山街道组织开展安全生产和火灾隐患大排查大整治等各类专项整治。开展安全生产检查3035家次,1635项安全隐患全部整改完毕。开展消防安全检查,检查单位958家,发现火灾隐患2603处,下发责令改正通知书678份,临时查封38家,三停36家,罚款32万元。为玉泉西路社区、十一号院社区平房区配备推车式灭火器18个、消防柜6个、水带20条,增强平房区自救能力,为其他10个社区补充更新灭火战斗服、消防手套等消防器材。为十一号院平房区进行原回路消防管道的查漏和修缮,为玉泉西路社区梁公村铺设5条消防管道共计949米,做到全区域消防用水全覆盖。保持"无重大安全生产事故、无重大安全生产责任事故、无人员伤亡",地区安全生产形势平稳。

(许　雪)

八角街道

【概况】　八角街道位于石景山区中部。东至老山街道、鲁谷街道,西至古城街道,南至京原路,北至苹果园街道。辖区面积5.48平方千米。常住人口11万余人,其中本市户籍人口约8万人、流动人口约3万人。辖区有23个社区、24座商务楼宇、8个工作站,设25个党委、2个党总支,193个党支部(其中192个二级党支部),共有党员9445名。年内,八角街道以新时代首都发展为统领,认真落实区委区政府部署要求,大力实施"两大战略",统筹做好"四个融合"文章,街道上下瞄定目标、凝心聚力、奋勇争先。八角中里社区党建引领基层治理做法入选第一批全国先进典型社区案例,老干部"三团"做法入选《文明实践在北京》典型案例。2023年度城管综合执法考评、$PM_{2.5}$、TSP全区排名第一,市直派工单成绩全区排名第三、万人诉求比全区排名第二。

(朱　丽)

【老旧区域更新改造】　年内,八角街道成立街道综合整治与长效管理前线指挥部,稳步分批推进老旧小区综合整治项目。针对辖区多小区集中施工、多阶段推进的工作实际,全面深入开展政策宣传、进行实地考察,召开协调会,优化方案设计,盘活闲置空间。成立综合整治项目临时党支部,全面回应群众关切的具体事项。完成2021年两批老旧小区改造,一体推进"综合整治+管线统筹"项目"接续改造",实现"综合改一次"。完成2022年5个项目的设计招标,完成2023年8个小区73栋楼老旧小区改造申报。推进老楼加梯,完成8部电梯建设,统筹推进21部电梯加装立项。完成黄南苑、景三西引力社区环境改造提升工程。

(朱　丽)

【文明城区创建攻坚】　年内,八角街道建立"主要领导—包片领导—社区专员"三级包保机制,紧盯薄弱环节和突出问题,每周督办巡检,推进问题全面整改。建立完善创城年度测评服务保障指挥体系,制定"数据采集—情况分析—整体研判—快速应对"的常态化创建及应急保障应对机制。持续开展楼内线缆专项整治,完成9个社区120栋、388个单元的整理;常态化开展社区环境秩序、打通生命通道、门前三包责任落实、小广告治理、文明养犬等9项综合整治攻坚行动,有力提升地区环境面貌。建立"1+6+1"督察巡查体系,各社区建立"日转三巡"工作机制,进行多轮次全覆盖检查,清理楼道堆积物7532处,疏散消防通道63次,新安装车充电口132个,集中解决873余处线缆杂乱和500余处墙面破损问题。常态化推进创城问卷入户宣传,每周抽取社区开展全流程模拟测评,"以干代训"加强实战演练。

(朱　丽)

【稳企招商服务】　年内,八角街道成立稳企招商服务工作专班,实施联动化管理服务,对28家"服务包"企业完成3轮次走访服务,集中开展座谈交流5次;对69家地方级收入20万元以上企业开展3轮次走访,共收集政策兑现、法律咨询、基础设施等问题需求58条,分类汇总、逐项制定解决措施,成功协调解决跨省招工、提供外卖车辆统一停车区等问题40余条,持续提升稳企服务实效。开展"政策大集""政企直通车进楼宇""普惠政策进楼宇"系列活动,为楼宇企业提供产业政策、人力招聘等8类服务。举办"重点企业进校园双选会",推进高校与企业需求精准对接。加强招商引资能力,统筹好商会、楼宇、物业、专业招商机构力量,建立"引、落、服"一体化保障机制,全年引入企业89.5家。全力开展第五次全国经济普查工作,清查登记单位3891家、个体户363家,配合完成市、区两级清查阶段数据质量抽查。

(朱　丽)

【接诉即办聚力增效】　年内,八角街道压实首单负责制,每日通报工作日报,每日调度解决高频疑难问题,每周提示督办重点工单社区,高效促进诉求办理和问题解决。用好"吹哨报到"机制和应急处置专项资金,全年先后"吹哨"区相关部门73次,使用应急资金及时处置问题工单167件。推广"一码通"和便民服务电话,着力做好诉求吸附降量,做好季节性、规律性问题预判,有效吸附漏雨工单1923件,完成187处汛期点位修缮。修订街道考核评价办法,加强考核规则培训,集中学习培训工作人员8次,提升整体业务能力。全年共处置工单11417件。

(朱　丽)

【社会保障服务】　年内,八角街道推动"六个无忧"目标建设,推出"乐享八角 养老无忧"养老服务项目,打造"1+11+X"模式的养老生活圈("1"是建立起八角街道养老联合体,整合辖区各类为老服务资源。"11"是先后建成11家社区级养老驿站,大力发展社区中、短期照料与上门服务,聘请专业人员为辖区老年人提供助餐、助洁、助急、助行、助浴、助医的"六助服务"。"X"是在辖区构建多个"一刻钟服务商圈",建立爱心商户联盟,为老年人提供无偿、低偿、有偿专属服务),将养老资源向社区延伸,推动构建"一刻钟服务商圈",组建"为老服务商户联盟",为老年人提供无偿、低偿、有偿专属服务。建立医养结合联席会制度,划分为7个医养结合服务片区,将医养工作与基本公共卫生服务、长期护理保险、家庭医生签约服务相结合,实现27支家庭医生团队与24个社区精准对接,辖区重点人群家庭医生签约率达到95%以上。与11家社区养老驿站统一签署运营服务协议。新增申请长护险49人,为734户低保家庭发放低保金1467.9万元,为849名残疾人发放补贴208.62万元,完成236个点位的无障碍改造提升。

(朱 丽)

【两个"关键小事"】 年内,八角街道完成八角北里社区物业服务企业选聘,完成八角南路社区车位施划和设备安装,并实施停车收费管理。指导石房物业加强对八角北路、公园北、古城南路三个社区系统管理,规范物业服务范围,提升物业服务质量,物业费收缴率达50%,并作为有效探索在北京卫视《向前一步》栏目播出。推进物管会向业委会过渡,完成地铁家园社区、时代花园社区业委会换届选举及备案工作。完成4座垃圾分类驿站建设,辖区驿站覆盖率提升至67%,更新替换分类垃圾桶330只,3个社区创建可回收物和大件垃圾回收体系,推进实施4个居住小区装修垃圾"收运处"一体化规范治理。坚持每日桶站值守,组织开展垃圾分类宣传活动20余次,有效提升垃圾分类投放率和正确率。

(朱 丽)

【全区首家楼宇母婴关爱室】 年内,八角街道在融科创意中心成立石景山区首家楼宇母婴关爱室。融科创意中心员工近3500人,其中女职工占比接近45%,根据前期需求收集,"背奶"妈妈对私密空间需求强烈。经过布局规划和功能设计,约15平方米的楼宇母婴关爱室投入使用,提供相对独立的哺乳、挤奶、休息交流场所,满足怀孕期和哺乳期女职工的需求。

(朱 丽)

【全市首笔数字人民币物业缴费】 10月28日,八角街道联合区金融办、区住建委、工商银行石景山支行和国家电网石景山公司,在西引力社区和御景山社区以"乐享社区新生活,数字人民币进万家"为主题开展数字人民币专题推广活动,在工作人员的指导下,多位居民朋友开通数字人民币个人钱包,通过现场扫描"二维码"支付物业费、供暖费、停车费、电费,标志着全市首笔数字人民币物业缴纳场景顺利落地,北京市数字人民币在民生保障领域试点推广拓展新场景。

(朱 丽)

【全区首家商务楼宇治理委员会】 年内,八角街道在今鼎大厦商务楼宇成立全区首家商务楼宇治理委员会。楼宇治理委员会由楼宇工作站、楼宇产权单位、企业单位、物业公司和楼宇党员群众等主体组成,围绕楼内公共事务、大型活动等共商共议,调动企业、物业、员工等参与楼宇治理的主动性和积极性,实现楼事楼议、楼事楼办、楼事楼管。

(朱 丽)

【安全生产】 年内,八角街道每月召开安全消防形势分析会,每周刊发《八角街道安全生产和火灾隐患大排查大整治工作简报》,全年检查生产经营单位7259家次,下达责改文书1592份,检查覆盖率100%;发现隐患4669项,隐患核销率100%。全面指导推广"安全生产和火灾隐患排查治理信息系统"应用,实现小微企业隐患动态清单化管理。加强消防宣传教育培训演练,组织开展"一警六员"消防实战演练、社区消防演练13场,持续清理打通消防通道,安装电梯智能阻车器193部。完成违规电动三四轮车综合治理,回收车辆2055辆,实现目标清零。有力应对"23·7"极端强降雨,备足抢险物资,及时响应处理,严守安全红线底线。

(朱 丽)

【公共文化服务】 年内,八角街道举行全民健身科普进社区活动,更新96件室外健身器材。成功举办"八角杯"全民健身趣味运动会,打造"忆满京城,情思华夏"首届国潮文化节和"八角街道少儿诗词大会"等街道特色文化品牌。街道综合文化中心共举办文化活动384场,线上线下参与人数2.5万余人次。组建文化志愿服务联盟,打造八角文化志愿服务品牌,组建童心童悦俱乐部、团总支文化志愿服务队、群众文化志愿服务队以及老街坊共建者等4支文化志愿服务队伍,不断丰富文化产品和公共文化服务供给,提升居民精神文化生活品质。

(朱 丽)

【第一届职业技能系列竞赛】 年内,八角街道举办社区工作者职业技能竞赛,通过现场情景模拟的形式,让参赛选手临场应对、高效解决实际工作遇到的邻里纠纷、停车困难、老旧小区改造等民生热点问题,进一步提高社工队伍业务能力和服务水平,此次竞赛通过"北京石景山"视频号同步直播,共有1500余人次在线观看。联合区总工会、区应急局、区住建委、区消防救援支队专业人员举办物业管理服务技能竞赛大赛,对20家物业单位有针对性地开展理论笔试、情景模拟和消防安全实操比武。联合首钢工学院、区人力资源和社会保障局,举办辖区养老护理专业技能竞赛,辖区100名护理员开展"理论+实操"同台竞技,其中28人通过竞赛取得护理员职业资格证书,进一步提升辖区护理员的综合职业能力,为辖区老年人享受专业优质服务提供助力。

(朱 丽)

古城街道

【概况】 古城街道位于石景山区中部地区,地跨长安街西延长线,毗邻永定河。东至古城东街与八角街道相邻,南部和西部到达永定河分别与丰台区、门头沟区交界,北至阜石路沿线以北分别与苹果园、金顶街和广宁街道相邻,总面积15.41平方千米,占全区总面积的17.97%。"长安金轴"贯穿古城,新首钢高端产业综合服务区、首钢大跳台、冬奥组委、大悦城均在辖区内。辖区常住人口6.8万余人,社区居委会21个、社区筹备组1个。街道现有基层党组织192个,党员5196名。机关设"六室一队三中心",机关行政编制77人、政法专项编制4人,事业编制52人,工勤编制2人。年内,古城街道牢牢把握党建引领基层治理这条主线，深入实施“品质先锋”工程，探索形成“3545”工作机制，京西治理案例被市委深改委列为北京市街乡镇改革优秀案例，古城街道被评为北京市改革街乡镇。全力做好防汛防寒、安全排查、矛盾调处等工作，各类安全问题降量20%，获评2023年度北京市安全社区。

（田宵函）

【楼宇治理】 年内，古城街道深化楼宇治理“三驾马车”，形成楼宇治理“3545”工作机制。推动“三委联动”（即楼宇党组织、片区治理委员会和自治楼委员会）。建立片区治理委员会和自治楼委员会，收集“三项清单”（即需求清单、资源清单、项目清单），动员企业、居民积极参与楼宇治理，协商解决相关诉求，实现“楼事楼办、楼事楼议、楼事楼管”。实现“五站合一”。将党建工作站、社会工作站、企业服务站、群众服务站、综治服务站功能合一，实现多个部门一处办公，减少企业、居民业务办理跑腿次数，提升业务办理效率。整合“四个机制”。建立日常管理机制、定期议事协商机制、常态化联系服务群众机制，推进楼宇吹哨报到机制，动态掌握商务楼宇情况，及时吸附接诉企业、居民相关诉求，助力破解治理难题。做好“五进楼宇”。整合营商环境、社会服务等资源，推进党建服务、公共服务、文化活动、惠民政策、法律援助进楼宇，为片区“两新”组织、党员群众提供政策咨询、资源链接等精准服务，满足企业群众需求。

（田宵函）

【意识形态】 年内，古城街道定期分析研判地区意识形态，持续做好宣传舆论引导，累计在中央级媒体刊发226条，市级媒体刊发389条、区级媒体刊发940条，融媒宣传指数连续3个月排全区街道第一名，“西望古城”公众号推送文章1989篇，其中原创文章894篇，有力营造风清气正的网络环境。深入推进“扫黄打非”进基层活动，开展“扫黄打非”联合检查，利用首钢园区网红打卡地优势，策划“护苗”彩虹跑、“护苗”一起来等特色亮点活动和主题成果展，挂牌“护苗”工作站，成功获评北京市2023年度“扫黄打非”进基层示范点。

（田宵函）

【规范组织建设】 年内，古城街道完善党的组织体系，规范社区党组织设置，新建改建古城西路社区等社区党组织5个，拆分整合社区党支部6个；新建楼宇工作站10个、“两新”实体党支部13个，整建制接转“两新”党支部15个，建好首钢园区、金安桥等重点商圈党群服务阵地。

（田宵函）

【“五经普”清查】 年内，古城街道坚持全面谋划、精心部署，以事前动员、事中调度、事后复盘，推动辖区企业单位、个体工商户主动配合“五经普”清查工作，确保清查工作有序推进。截至清查阶段工作结束，清查单位7073家，清查率为86%，高于全区平均水平13.3个百分点；清查个体户735家，清查率为62.8%，高于全区平均水平8.4个百分点。清查率位列10个部门（9个街道及园区）的第5位，且位列5个大体量部门（古城、八角、鲁谷、苹果园、园区）的第1位。

（田宵函）

【安全生产】 年内，古城街道制定《古城街道党政领导干部安全生产职责清单》和《古城街道2023年安全生产和火灾隐患大排查大整治工作实施方案》，层层压实安全生产领域领导职责，持续开展安全生产和火灾隐患大排查大整治。全年检查企业1253家、6224家次，下达隐患责令改正通知书1515份，治理各类安全隐患1649项，投保363家安全生产责任保险。开展消防“一警六员”的消防安全培训，入户安装180个联网型烟感报警器和544个电梯间阻车器，清理可燃物80余吨，清理电动车违规停放、充电130余处，打通消防通道63条，打通疏塞通道58处，及时排查安全隐患。

（田宵函）

【防汛工作】 年内，古城街道全力做好防汛工作，汛期保持应急响应状态，建立街道防汛工作信息台账，强化信息反馈机制，确保遇有险情第一时间报送并处置。主要领导靠前指挥，全员在岗在责，针对险点险位险户，强化防汛措施，在防汛重点点位水泥厂社区布置多尺寸排污泵、膨胀沙袋等物资设备，有序转移151名平房区居民。及时修补路面塌陷、处置树木倒伏，减少汛期对居民正常生活的影响。

（田宵函）

【现代嘉园综合整治】 年内，古城街道推进现代嘉园综合整治。依托接访下访、“双报到”等体制机制，区领导多次实地调研，主持召开专题调度会，协调商讨解决办法。街道领导班子强化统筹，将现代嘉园小区综合整治纳入街道主动治理项目，并列入集体调研课题和检视整改专项问题，推进同题

4月27日，古城街道首家商住楼宇工作站正式成立　（古城街道供图）

共答。现代嘉园小区成功引进区属国企物业，开展65部电梯检修，完成地砖修补、垃圾桶换新等工作，申报古城现代嘉园环境提升便民工程，推进古城小学周边“最美上学路”改造，逐步推动小区由“乱”到“治”。

（田宵函）

【社会福利保障】 年内，古城街道落实各项民生保障政策，建立规范有序、便捷高效的运行机制，稳步推进低保、双拥优抚、特扶人员等工作，确保各项社会保障政策落实到位。全年为1381名低保人员、67名低收入人员、21名特困人员、240余名特扶人员、256名精神障碍监护人、126名临时救助人员以及军工、优抚人员，发放工资、各类救助费、护理费以及各项补贴共计562.3万元。

（田宵函）

【矛盾纠纷多元化解】 年内，古城街道坚持和发展新时代“枫桥经验”。针对重点地区、重点领域、重点人群、重点时段，开展矛盾风险排查预警工作，共排查1500余次，有效将矛盾纠纷化解在萌芽状态。认真贯彻落实北京市“八五”普法规划，在街道微信公众号开辟“法治古城”专栏，推进民主法治示范社区建设并加强动态管理，营造良好的法治氛围。发挥街道社区两级调解委员会职能，共接待群众210次，调解案件203件，调解成功199件，出具书面调解协议66份，调解成功率达98%。擦亮“李大姐调解室”品牌，专职调解员李淑玲荣获“全国模范人民调解员”荣誉。

（田宵函）

【文化活动】 年内，古城街道持续加强街道综合文化中心引导、管理和服务，巩固壮大文体活动队伍建设，大力推进古城文化复兴全面实施，着力打造“古‘YUN’新城多彩文化”品牌，开展文化惠民系列活动。配合区文旅局做好国家公共文化服务体系示范区复核工作，完成综合文化中心效能评估工作。指导帮助老古城秉心圣会参加妙峰山第30届民俗庙会，协助非遗进校园工作。参加市区举办的各项比赛，2023年获得石景山区金秋第三十八届金秋体育盛会暨石景山区第九套广播体操展示二等奖。

（田宵函）

【老旧区域更新改造】 年内，古城街道坚持把城市更新作为战略重点，加快老旧小区综合改造，京原路68号院上下水改造项目截至冬歇停工前改造率达到81.44%，16个项目约28万平方米改造立项申报工作全部完成。推进老楼加梯，完成古城北路26号楼2部电梯加装工作。优化停车管理，滨和园地区停车管理方案经居民投票通过。

（田宵函）

【两个“关键小事”】 年内，古城街道升级改造全部232组垃圾分类桶站，更换便利性拉手和桶标识，加强桶清洁，桶站达标率近100%。深化“两网融合”，新增老古城南社区和水屯村2处垃圾分类驿站，有序推进建兴街社区2座驿站建设。推进物业管理全覆盖，探索实施多产权无物业老旧小区统一物业管理，完成天翔社区圣德物业引进工作。建立并更新党建引领物业管理“三率”台账，分批次推进到期物管会重组工作及物管会转化业委会工作，物业“三率”均达到100%。

（田宵函）

【创建全国文明城区】 年内，古城街道开展“最美小院”“最美楼门”等古城街道“最美+”系列评选活动，动员引导居民主动参与社区环境治理，2261户居民成功创建“最美楼门”，辖区居民3700余人参与。落实常态化检查问题整改，对标对表创建指标体系，组建专项检查组，做细实地检查和日常拉练，社区全面开展堆物堆料清理、电动自行车规范化管理、飞线治理等工作，专项整治辖区重点路段和苹东市场、京西大悦城等重点点位周边“门前三包”情况。完善专项督办机制，定期召开创城工作推进会，通报社区排名，优秀社区进行经验介绍，排名靠后社区进行表态发言。包片处级领导深入落后社区抓指导、抓协调、抓落实，约谈社区党委书记和物业负责人，进一步提高创城工作质效。

（田宵函）

【残疾人事业】 年内，古城街道打造残疾人帮扶性就业基地，加强职业技能培训，拓宽残疾人就业渠道，11名重度残疾人实现就业。完善残疾人需求采集和服务响应常态化工作机制，为319位残疾人申请轮椅、助行器等辅助器具，残疾人辅助器具适配率达100%。创建“一刻钟无障碍便民服务圈”，对古城小街、古城路等点位的无障碍设施进行维修改造，持续推进无障碍示范社区和公共服务场所无障碍环境建设，改善残疾人生活质量。

（田宵函）

【稳企招商】 年内，古城街道建立“1+1+1+N”街道稳企招商工作体系（成立一个专班、组建一个联盟、设立一个中心、联系N家机构协同服务），构建“一办四组两分队”的组织架构，建立季度走访，周报送、月反馈、企业迁出预警等工作机制。梳理形成稳企招商五项清单（企业信息清单、商务楼宇载体清单、企业需求清单、服务清单，认定企业清单），并及时更新。全年走访企业344家次，收集解决企业需求95条。组织服务企业专场活动，先后开展“共话银税”“法律护航”“校园双选”等活动4场，参与企业100余家、400余人。深挖古城资源禀赋，确定“京西福地 共赢古城”宣传主题，制作街道招商引资宣传片。成功引进企业125家（包含1家央企三级公司），引进企业数量和区级综合经济贡献位居9个街道前列。

（田宵函）

【养老工作】 年内，古城街道推进养老体系建设，充分考虑老年人助餐需求，考察沟通辖区有意向、有资质的餐饮企业，新增1处养老助餐点位，覆盖特钢、环铁、天翔和八千平等4个社区。加强关心关爱，慰问高龄、困难和失能老人并及时发放补贴，对120名老人开展健康素养调查，及时掌握辖区老人健康水平，组织开展形式多样的爱老敬老活动，弘扬爱老社会风尚，辖区7名居民被评为区级“孝顺之星”。

（田宵函）

【接诉即办】 年内，古城街道健全体

制机制,围绕提升办件质量、完善保障制度、加强监督督促等三方面,制定具体可行的"十条措施",形成全程跟踪、全员办件、全面问责的工作格局。优化物业考核机制,将接诉即办工作参与配合程度纳入"老旧小区政府奖励资金使用"等工作中,激发物业主动作为积极性。梳理辖区高频高发诉求,针对建兴街物业管理、老古城东和老古城西社区综合治理等难题,开展攻坚化解行动,街道领导班子成员包案到人,强化主动治理,通过重点突破带动接诉即办整体工作提质增效。引入接诉即办信息平台,充分利用信息技术手段,提升办件效率。

(田宵函)

【综合行政执法】 年内,古城街道强化街面环境秩序管控,组织开展无照游商、店外经营、"门前三包"整治等专项行动,严格督促责任落实;持续开展安全生产和火灾隐患大排查大整治工作,重点聚焦燃气安全领域,累计检查天然气非居民用户300余家次,全年未发现燃气安全领域重大隐患、未发生燃气安全领域事故;持续保持新生违建动态清零,完成卫片查违工作,共拆除违法建设12处,总建筑面积6719.98平方米。获2023年石景山区城管综合执法考评第二名。全年作出各类行政处罚806起、罚款1151210元。

(田宵函)

【公共服务】 年内,古城街道建立健全政务服务事项实施清单标准化和动态管理机制,实现124项业务"一窗通办",全面实行"早晚弹性办""午间不间断"和"周六不休息"的延时服务,确保办事时间无"断档"。科学谋划就业工作,通过"线上云聘+线下直聘"方式,实现登记失业就业人员1408人,失业人员就业率达67.05%,"零就业家庭"保持动态消零。做好企业退休人员社会化管理服务和退役军人管理服务保障,组织开展"京颐"品牌系列退休人员演讲、困难退役军人就创业扶持等活动20余次,完成2063名退役军人优待证的办理,提高综合服务水平。

(田宵函)

苹果园街道

【概况】 苹果园街道地处石景山区北部,东经新四平台与海淀区搭界,南抵京门铁路,西起首钢福寿岭疗养院、礼王坟、金顶山一线,与金顶街街道连接,北依京西翠微、青龙诸峰与五里坨街道隔界,永引渠从中部贯穿而过。辖区面积13.13平方千米。街道下辖社区22个,常住人口9.75万人。辖区内有中部战区机关、全国宣传干部学院、国家检察官学院、国家体育总局射击射箭运动管理中心、中国医学科学院整形外科医院、首都医科大学附属北京康复医院等中央、市属机关企事业单位;有八大处灵光寺、显应寺等名胜古迹;有中关村互联网工业产业园、银行保险产业园和中电科智能科技园等重点园区;地区共有注册企业2.5万余家。年内,苹果园街道坚持以习近平新时代中国特色社会主义思想为指导,以全面贯彻落实党的二十大精神为主线,高标准开展学习贯彻新时代中国特色社会主义思想主题教育,老旧小区改造"苹果园样本"实现城市品质焕然一新,主动治理用心用情解决居民诉求1.2万件,"三亲工作法"等党建品牌越擦越亮,大力推进活力、美丽、和谐、幸福苹果园建设,实现地区各项事业稳步发展。

(张雪晴)

【老旧小区综合改造"苹果园样本"】 年内,苹果园街道坚持党建引领老旧小区综合整治,设立综改临时党支部,建立"一周一接待""一事一协商"和多方共建机制,"四个抓手"多管齐下,形成老旧小区综合改造经验做法——"苹果园样本"。23个老旧小区、129.37万平方米改造项目完成确认,12个小区105.69万平方米项目实现开工,项目数、开工数居全区前列,5个小区上下水改造同意率达100%。老楼加梯新开工17部,完工8部,提前完成年度任务。

(张雪晴)

【稳企招商】 年内,苹果园街道立足"属地管家"职能,建立三支稳企招商服务团队和三处企业服务中心,定期走访了解企业难点及诉求,收集解决企业诉求164件;举办"亲商""安商"惠企活动6场,参与企业230余家次,提供百余个优质岗位。立足优化营商环境吸引企业落地,全年引进企业103家,注册资金近12亿元。

(张雪晴)

【接诉即办】 年内,苹果园街道坚持主要领导日调度和主管领导负责制,优化街道应急处置流程,建立应急队伍,简化审批流程,切实做到"接诉即办""快事快办"。用好"微信群+一码通"问题吸附解决机制,落实落细"双是"工单实地复查和问题反弹的二次督办。挖掘八大处公园家属院污水管

7月13日,常卫到苹果园街道接访 (苹果园街道供图)

线整修、清明期间保障、汛期供水服务保障等典型案例，录制播出北京卫视《接诉即办专栏》4次。全年受理12345市民热线工单1.2万件。

（张雪晴）

【创建全国文明城区】 年内，苹果园街道坚持测评期与常态化创建相结合，对照测评指标全面摸排梳理突出问题并逐一整改。抓好新时代文明实践站所建设，开展学习教育、"四史"教育、新时代文明实践等各类活动1000余场。紧抓未成年人文化服务，开展非遗体验、红色主题研学等未成年人活动210余场次，受众4600余人次。持续开展街巷治理和居住环境整治，维修破损背街小巷32条，开展道路修补、施划车位、增设路标、安装阻车桩等整治项目522个，完成68栋楼、339个单元内线缆治理。

（张雪晴）

【生态环境建设】 年内，苹果园街道严格执法紧盯扬尘治理，整改施工裸地苫盖不全、道路积尘、道路遗撒等问题219个，执行处罚95起，兜底苫盖裸地23088平方米。小区裸地补种绿植60万株、覆盖面积19967平方米，苹果园南路南侧裸地变身"街心花园"。整改两级河长办巡查问题90个，巡河里程1032.56公里。美化西山奥园H区小区绿地景观，在琅山社区创建石景山区第一家社村级"互联网+义务植树"基地。

（张雪晴）

【商务楼宇"三驾马车"机制】 年内，苹果园街道坚持常态化摸排、动态化组建、规范化提升，建成商务楼宇工作站11个，服务覆盖52栋楼宇，实现党组织、楼委会、工作站"三驾马车"治理机制全覆盖。记好"商务楼宇三本日志"：党员活动记录日志、走动式温暖服务日志、工作站记录日志，整理形成需求清单74项，资源清单90项，项目清单72项，以"三个清单"推进楼事楼议、楼事楼办、楼事楼管。创建"阳光共享·午间半小时""书香通景"等11个党建品牌，组织开展线下活动百余场，服务企业职工千余人次，推动楼宇党建工作提质增效。

（张雪晴）

【品质社区建设】 年内，苹果园街道聚焦社区运行、服务、文化、环境、安全"五大品质"，调整细化工作任务，"对标细化""对标执行""对标建账"全面提升社区建设和社区治理水平。2个社区获评2022年度五星品质社区，4个社区获评2022年度四星品质社区。

（张雪晴）

【保就业工作】 年内，苹果园街道开展促就业活动7场，发布招聘信息1500余条，提供就业岗位350个；办理失业登记1571人次，就业登记1423人次，地区就业率64.5%，基本完成年度目标任务。

（张雪晴）

【社会保障服务】 年内，苹果园街道为5万余人次提供各项社保服务，发放各类政策性补贴超4855万元。推进养老事业发展，全年提供居家养老四项基本服务52126人次，设置老年助餐点10个，按期完成琅山社区养老驿站建设。在颐和宜林养老照料中心挂牌成立苹果园街道养老服务联合体。

（张雪晴）

【安全生产】 年内，苹果园街道持续开展安全生产和火灾隐患大排查大整治。检查社会单位8354家次，签订安全责任书2065份，1983家企业企安安注册检查全覆盖。安装电梯智能阻车器724台，居民小区基本实现全覆盖；回收淘汰违规电动三四轮车2292辆。3月获评"北京市安全社区"称号。

（张雪晴）

【矛盾纠纷排查】 年内，苹果园街道妥善办理各类信访案件314件、涉及415人次，国家局及市区交（转）办件200件次，信访案件化解完成率100%。23个人民调解组织成功调解89件各类纠纷案件，地区信访形势总体平稳可控。

（张雪晴）

【第五次全国经济普查】 年内，苹果园街道稳步推进第五次全国经济普查工作。组建街道"五经普"领导小组和普查员队伍，广泛开展宣传，核定"五经普"普查社区21个，普查小区57个，建筑物411座，入户发放"五经普"宣传告知书2800余张；完成法人单位核查7350家，综合查找率50.7%；个体户完成核查399家，综合查找率31.5%。

（张雪晴）

金顶街街道

【概况】 金顶街街道位于石景山区西北部，翠微山南麓，区划面积6.9平方千米。东以金顶山为界与苹果园街道毗邻，南以京门铁路为界与古城街道相接，西以黑头山为界与广宁街道接壤，北至蟠龙山与五里坨街道相连。有国家级文物保护单位法海寺、承恩寺，市级文物保护单位冰川馆、田义墓，另有1处伊斯兰教活动场所清真寺。有11所学校，其中高中1所、初中2所、小学4所、幼儿园4所。下辖17个社区，有居民31213户86040人，有144个二级党支部，党员8841人。年内，金顶街街道全面加强党的基层组织建设，创新实施"品质先锋"工程，强化干部队伍建设，稳步推进统战群团工作。以持续推进老旧小区改造为抓手深入实施城市更新行动，扎实做好生态环境保护工作，做细做实两件"关键小事"。大力推动基层治理创新，落实落细民生保障政策，不断优化养老助残服务供给，持续推动文教体各项事业发展。金顶街街道获第九届首都民族团结进步奖先进集体、2022年度首都城市环境建设管理样板街道、北京市体育事业突出贡献奖先进集体，创新"文化+"智慧社区管理系统助力推进社区文化治理体系和治理能力现代化，《新闻联播》播出"新时代新征程新伟业 北京石景山：打造百姓满意的幸福街区"专题报道模式口历史文化街区修缮整治经验成果。

（陶怡朴）

【基层党建】 年内，金顶街街道深化"品质先锋"工程实施，促进党建工作与中心工作同谋划、同部署、同落实。持续推进党支部标准化、规范化建设，完成机关7个党支部及3个"两新"组织党支部换届工作。开设"奋斗者说""强国复兴有我""二十大精神在基层""十佳社区书记""主题教育"专栏，加强网上学习阵地建设,宣传先进典型,形成正向引导。深化“头雁培育”工程,依托书记工作室开展“书记有约”“书记有范”“书记会谈”等活动9场,金三区社区书记工作室建成北京市市级社区书记工作室,模式口西里南社区获评第十六届北京市思想政治工作优秀单位。持续挖掘“红家底 别样红”品牌深度,做好品牌内涵拓展,更好融入和彰显社区特色。推进模式口党员现场教学点建设,6月1日正式获批为北京市党员教育培训现场教学点,配合市区开展相关调研20余次。打造金顶街街道统战微型博物馆,讲好“家门口”统战故事,启动“模式口石榴籽工作站”,发挥阵地作用,促进各民族交往交流交融,街道获评第九届首都民族团结进步奖先进集体。

(陶怡朴)

【老旧小区综合整治】 年内,金顶街街道加快推进老旧小区综合整治、老楼加梯、管线统筹等民生工程,完善基础设施,补齐功能短板,不断提升居民居住品质。12个小区实现开工建设,其中9个小区实现“外立面改造、上下水改造和老楼加梯”一体推进。上下水管改造总串数1695串,同意改造1504串,同意改造率达88.7%,完成改造1459串。44部老楼加梯取得确认书。

(陶怡朴)

【疏解整治促提升】 年内,金顶街街道聚焦居住品质提升,推进便民工程建设,金二区小区环境改造提升工程完成竣工验收。3月,金顶街街道办事处被评为2022年度首都城市环境建设管理样板单位。围绕赵山小区护坡加梯民生问题完成录制1期《向前一步》节目,7月在北京电视台播出。11月,金顶街街道乐涛超市周边微空间改造提升项目获建党百年·服务百姓·营造属于您的百个公共空间“设计创意范例”奖项。运用“吹哨报到”工作机制统筹协调解决金四区、金五区等小区低层住户家中水压低问题取得实效,北京电视台“我为群众办实事”栏目专题报道,12月26日节目播出。

(陶怡朴)

【模式口历史文化街区修缮整治】 年内,金顶街街道履行属地责任,在控人口、清业态、治脏乱、保安全、疏交通等方面持续发力,推动模式口历史文化街区品质提升。1月10日,《新闻联播》以“新时代新征程新伟业北京石景山:打造百姓满意的幸福街区”为题,专题报道模式口历史文化街区修缮整治经验成果。履行重大行政决策法定程序,推动模式口大街步行街项目落地,促进街区实现长效管理。节假日期间服务保障街区安全运行,“邂逅京西·遇见美好——模式口国潮体验季”、模式口城市更新周和文旅消费季等特色文化活动成功举办,街区环境品质与新兴业态发展态势持续向好,文旅特色更加鲜明。模式口历史文化街区获评北京市旅游休闲街区、2023北京消费季“夜京城”特色消费地标和融合消费打卡地,入选2023年度“月光下的北京”夜游推荐指南,法海寺壁画艺术数字展获2023年文化和旅游数字化创新示范优秀案例。

(陶怡朴)

5月16日,金顶街街道开展以“科学垃圾分类 文明你我同行”为主题的垃圾分类宣传日活动 (金顶街街道供图)

【生态环境保护】 年内,金顶街街道严格落实生态环保、节能减排有关工作要求,加大执法检查和环保网格员巡查力度,开展各类检查2000余次,精准打击环境违法行为。持续深化“一微克”行动,结合季节特点和空气质量监测预警,开展环保降尘洒水作业4862车次。严格落实河长制,巩固法海寺沟改造提升成果,完成春季辖区河道及河岸沿线专项整治行动,河长、巡河员巡河456人次,巡河里程达974公里。发挥林长制作用,落实“一长两员”工作要求,围绕古树保护、森林防火、绿化养护等方面常态化开展巡林工作,切实保护好森林资源。

(陶怡朴)

【防汛安全保障】 年内,金顶街街道立足于防大汛、抢大险、救大灾,积极应对“23·7”极端强降雨,从模式口监测站的降雨数据来看,累计降雨量达534.5毫米。“区—街道—社区”三级指挥调度体系高效运转、协同配合,有序开展监测预警、值班值守、转移避险、应急处置、灾后恢复等各项工作。各社区,永引渠河道、法海寺沟、地质灾害隐患点、重点平房区等防汛重点部位全部针对调度、抢险、避险转移等环节制定应急预案,基本实现“一点一策一预案”。防汛期间出动抢险人员600余人次,抢险车辆120辆次,有序转移群众225户345人。汛后按照政策文件精神,加快辖区环境恢复工作,指导金顶阳光小区在房屋漏雨应急情况下使用住宅专项维修资金开展维修工程,保障地区人民群众生命财产安全和城市运行安全。

(陶怡朴)

【行政执法】 年内,金顶街街道开展生活垃圾专项检查4345次、街面环境秩序专项检查8567次、电力专项检查1345次、燃气专项检查653次、控烟专项检查458次，整治安全隐患点位539处。全年制作执法卷宗704件。推进查违控违工作，拆除违法建设42处，拆除面积3593.04平方米。开展“城管开放日”社区宣传活动36次，向群众广泛普及生态环保、物业管理等领域法律法规。金顶街街道综合行政执法队获评北京市2023年度最美执法队、北京市第一批队伍规范化建设示范执法队。

（陶怡朴）

【两件“关键小事”】 年内，金顶街街道新建街道级大件垃圾中转站1处、再生资源分拣中转站1处、民生实事分类驿站2座。围绕提高垃圾分类居民参与率，推进垃圾分类“执法进社区”，开展相关宣传活动204场，全年“桶前值守”累计参与11万人次。金一区、金二区等11个小区获评“北京市垃圾分类示范小区”称号。统筹推进业委会(物管会)组建和履职能力提升，举办业委会(物管会)履职系列讲座5场。完成金一区、金五区、模式口村教工楼小区等6个业委会组建，完成12个小区物管会到期重建工作。指导业委会、物管会围绕小区重要民生事项有效发挥职能作用，推进金顶阳光小区电梯维修改造等民生问题共商共治，切实解决群众“急难愁盼”。

（陶怡朴）

【社会治安综合治理】 年内，金顶街街道开展校园周边环境整治、社会治安重点地区整治、扫黄打非等专项工作，加强联合执法检查，出动执法力量200余人次，获评2023年度北京市“扫黄打非”进基层示范点，成功创建1个街道级“扫黄打非”基层工作站、17个社区级联络站。成立街道“扫黄打非”金雁清浊队，加强涉“黄”涉“非”问题线索的搜集和上报。全方位开展禁毒铲毒工作，开展各类宣传活动25次，联合北京市第九中学高中部举办“禁毒第一课”。

（陶怡朴）

【安全生产】 年内，金顶街街道压紧压实安全生产主体责任，开展安全生产和火灾隐患大排查大整治，按照“三管三必须”要求，严格落实“十条硬措施”，完善工作台账，狠抓问题整改，推动辖区各领域安全生产监管责任落实到位。全年累计出动检查人员11817人次、检查企业5542家次，排查治理隐患1938处，列入区级隐患台账580处，全部完成整改。756家辖区企业全部上线使用“企安安”系统，形成企业自查台账和部门检查台账。安责险参保企业达225家，年度任务完成率112%。

（陶怡朴）

【民生保障】 年内，金顶街街道严格落实社会救助和便民惠民政策，切实履行好城市低保、住房保障、健康卫生等各项工作职责。强化主动发现机制，以满足困难群众个性化、多元化需求为核心，打造“金天办”24小时困难群众健康救助、“护未成长”困境儿童帮扶等社会救助品牌。进一步做好社会救助工作，全年实施临时救助45户，发放救助金额14余万元。完成受理公租房、市场租房补贴新申请家庭310户。完成残疾人证新申请331个，办理残疾人个体保险补贴1996人次。办理生育服务单410份，办理独生子女费一次性奖励591人。发放精神看护补贴379人85万余元。

（陶怡朴）

【养老助残】 年内，金顶街街道统筹做好辖区老年群体安全保障和助老服务。规范驿站养老助餐点管理，深化金三区社区养老服务驿站“物业服务+养老服务”模式，金三区社区成功创建全国示范性老年友好型社区。结合创新居家养老服务模式“揭榜挂帅”工作，积极引入社会化餐饮企业，设立8家养老助餐点，推动金五区居家养老服务综合示范中心项目实施，辖区养老服务供给优化提升。持续做好残疾人群体服务保障工作，不断丰富残疾人精神文化生活，组织海燕艺术团参加北京电视台节目录制，金顶街街道温馨家园获评“北京市五星级温馨家园”。

（陶怡朴）

【文教体工作】 年内，金顶街街道全面推动文教体各项事业发展，综合文化中心及17个社区举办公益培训、传统文化体验等特色主题活动800余场，完成国家级公共文化服务体系示范区复检工作。创新“文化+”智慧社区管理模式，获评全国基层公共文化服务高质量发展典型案例。履行好教育职责督导，按照北京市“双减”专班工作要求，对辖区17所注册公司开展校外培训监管数据稽核专项行动。参与市、区体育局组织的金秋体育盛会等各项体育赛事，获2023年北京市民体质促进项目挑战赛二等奖，获评2023年“北京市全民健身示范街道”称号。

（陶怡朴）

广宁街道

【概况】 广宁街道地处石景山区西部，永定河畔，境内东部是四平山、红光山连麓形成的山地，与金顶街街道接壤；西部是永定河及麻峪工贸公司企业用地，与门头沟区相邻；北部是大唐国际北京高井热电厂的工业区及住宅区，与五里坨街道相接；南部为永定河大堤，与古城街道为邻。辖区面积6.11平方千米，常住人口6756户、14684人，其中外来人口7026人。广宁村、麻峪村、柳林庄、电务三段及高井路两侧是境内5个主要居民住宅区域，并以此为主形成麻峪、麻峪北、高井路、新立街、东山5个社区。辖区设有1所中学、1所小学。社区卫生服务中心1个。广宁地区是北京市电力和供热主要生产基地之一，西北热电中心由6台35万千瓦级燃气热电机组组成，是北京市最大的燃气热电中心。寿山福海养老服务中心是由恒坤投资集团有限公司与麻峪工贸中心合资兴建的北京市五星级养老服务机构。年内，广宁街道以首善标准扎实开展主题教育，围绕做好“四个融合”文章，以高质量发展为主题，以党建引领基层治理，共建共享十美广宁为主线，以创建全国文明城区为牵引，推动全面从严治党向纵深发展，实现地区各项事业稳步发展。广宁街道被评为北京市全民健身示范街道，获北京市红十字基金会“优秀红十字团体”称号。高井路社区《党建凝聚融合力量 共建共享冬奥社区》入选第二批全国先进典型社区案例。

(王 虹)

【党建引领基层治理】 年内,广宁街道构建"社区党委-网格党支部-党员楼门长/胡同长"网格管理体系,推动党建网格和基层治理网格"双网"融合,划分3个一级网格片区、5个社区二级网格和44个居民三级网格,设置网格党支部25个、党员楼门长/胡同长94名,实现基层党组织设置和基层治理单元高度契合。打造"党群服务一条街"红色名片,扩展成员单位至26家,为居民提供9大类45项公益服务,开展各类党群活动500余批次,服务党员群众4万余人次。开展"两新"组织"两个覆盖"集中攻坚行动,绘制红色成长路线图,覆盖率达100%,推进"两新"组织功能型党支部转实体型党支部工作,成立"两新"组织实体党支部1个。建强用好楼宇党组织、楼宇委员会、楼宇工作站"三驾马车"的楼宇治理新模式,开展"我为群众办实事"实践活动20余场,解决群众困难问题30余件,服务群众500余人。高井路社区《党建凝聚融合力量 共建共享冬奥社区》入选第二批全国先进典型社区案例。

(王 虹)

【全国文明城区创建】 年内,广宁街道落实创城三年行动计划,坚持把创城工作与其他工作统筹谋划,以创城抓基础设施、推街巷管理、促环境整治。坚持问题导向,坚决打通两个通道,清理堆物堆料、小广告、卫生死角450处,清运各类垃圾380余吨。坚持"创城为民、创城惠民",创城考核成绩始终位于全区前列。

(王 虹)

【冬奥社区建设】 年内,广宁街道制定实施《后冬奥时期冬奥社区发展三年行动计划(2023—2025年)》,以冬奥社区带动广宁实现全域发展。巩固提升"冰雪社区"建设成果,完成"冬奥社区·汇客厅"展厅改造。对冬奥步道进行提升改造,整体修整塑胶步道和全部座椅,安装步道河岸总图、步道距离标识、安全警示标识等各类标识系统60个、安装健身知识标识、冬季运动项目标识等50个,通过三星级步道验收。

(王 虹)

【品质社区建设】 年内,广宁街道深化品质社区建设,围绕五大运行标准梳理统一社区组织结构图。开展60学时的社区工作者培训,提升社区工作者综合能力。成立东山塔楼小区业委会,按期完成高井路电厂小区和新立街新立楼小区物管会换届。高井路社区获评"五星"品质社区,麻峪社区、麻峪北社区获评"四星"品质社区。

(王 虹)

【棚户区改造】 年内,广宁街道坚持规划引领,协调相关单位推进棚户区改造项目开工。加强在建施工工地监管力度,协调安装24小时噪音监测设备3个,并通过约谈施工单位、处罚违规行为、普法宣传、落实降噪措施等,最大程度降低施工对居民正常生产生活影响。补齐民生短板,以蔬菜直通车、早餐车等下沉式服务缩短便民惠民半径,解决棚改期间居民买菜难、吃饭难等急难愁盼。

(王 虹)

【城市更新】 年内,广宁街道开展麻峪村停车治理,形成"主街单向行驶,支路单循环"动态交通线路,疏解长期未动车辆156辆,建成共享停车场3个,固定停车场2个,施划停车位783个,将麻峪东街监控信号纳入市交通系统,麻峪地区内长期停放车辆和无关车辆大幅减少,夜间停车数量同比减少50.15%,提升地区环境品质。系统开展麻峪村供水管网改造,村内公共区域管网全部完成铺设,户内超过90%勾头更换完毕,解决麻峪村水微水小的历史问题。

(王 虹)

【安全生产】 年内,广宁街道召开地区安全生产大会、各项工作部署会15次,开展安全生产大排查大整治,累计出动检查人员3282人次,累计检查单位1641家次,下达责改文书529份,清除隐患1400处,企业检查覆盖率100%,隐患核销率98%。开展安全宣讲"四进"行动50余次,发放宣传材料宣传品万余份。

(王 虹)

【汛期安全】 年内,广宁街道组建防汛抢险队伍,编制地区防汛遇险迁移预案,汛前清理专用雨水管涵7.81公里、专用雨箅子178处,专用雨水检查井58处,清理污染物27.5立方米;主汛期开展防汛隐患排查48次,发放膨胀麻袋8000余个,"23·7"特大暴雨期间迅速有序转移、妥善安置麻峪地区群众6000余人至首钢会展中心集中安置;全力做好清淤除障、消毒消杀、堆物堆料清理等环境及生活秩序恢复工作,共出动人员1200余人次,协调安排供水车辆22台次。

(王 虹)

【违规电动三四轮车综合整治】 年内,广宁街道形成处级领导包社区、部室包行业企业、社区干部包网格、党员干部包车到户到人的四级攻坚机制,淘汰回收个人违规车辆840余台,辖区两家第三方保洁公司共计60辆车全部更换为合规电动三轮车,7家快递单位车辆全部更换为合规电动车,实现辖区违规电动三四轮车全部清零。

(王 虹)

【民生保障】 年内,广宁街道全年发放失业金、低保各类救助、丧葬费、养老账户一次性清算、交通补贴、区灵活就业保险收缴等900余万元。融合吸纳辖区内外60余家涉老服务单打造区域养老服务联合体,建立完成1006份老年人档案,"23·7"强降雨期间完成友情养老院37位老人转移避险工作。"两节""全国助残日"期间走访慰问地区残疾人1179人次。

(王 虹)

【生态环境保护】 年内,广宁街道完成首环办销账整改问题259件。裸地治理3092.95平方米,洒水降湿56万平方米。全年河长累计巡河550人次,巡河里程1187公里,封堵、修复水毁等污水管线问题48处。林长累计巡林323公里,修剪树木329棵。

(王 虹)

【文体活动】 年内,广宁街道打造十美广宁文化季,覆盖4万余人次,开展活动1530余场。成立"十美同心"宣讲

12 月 29 日,“十美广宁·欢乐冰雪季”开幕　　　　（广宁街道供图）

团,通过“百姓 + 理论 + 文艺”创新方式广泛开展接地气、分众化、互动式的理论宣讲 200 余场。推进“护苗”专项行动,组织未成年人开展活动 30 余场,覆盖 400 余人次,成立“广小言”儿童议事会。组建、精心培育文艺体育、志愿服务等团队,开展基础提升培训 745 场,覆盖人群超 1.5 万人次,“广宁艺枫”舞蹈队先后参加北京市第十八届民族健身操舞蹈大赛、石景山区第十五届民族健身操舞蹈大赛,分别获得金奖和第一名。

（王　虹）

【接诉即办】 年内,广宁街道深化“未诉先办”工作机制,实行 24 小时接单、30 分钟响应,民生问题 10 分钟拿出解决方案、4 支应急服务队伍随时待命,建立微信工作群 110 余个,覆盖人群 1.6 万人。全年实际受理工单共 1760 件,其中市派工单 981 件,区派工单 779 件,全年五次市排名并列第一,全年综合成绩位列全区第一。

（王　虹）

五里坨街道

【概况】 五里坨街道位于石景山区西北部,与海淀、门头沟接壤,因境内小青山距模式口、麻峪、三家店均为五里路程而得名五里坨。成立于 1963 年,总面积 21.5 平方千米(山区、浅山区、平原各占 1/3),常住人口约 6 万,其中户籍人口约 3 万。驻军团级以上部队 16 个,驻辖区企事业单位 431 家,其中级别较高、规模较大的驻军和单位有陆军总部机关、北京工业职业技术学院等。内设机构“六室一队三中心”,行政编制 52 个,政法专项编制 4 个,实有 55 人;行政执法编制 20 个,实有 17 人;事业编制 37 个,实有 29 人。街道下辖 17 个社区,社区干部 210 人。党工委下辖 20 个基层党组织,党员 3148 名。其中社区党委 10 个、党总支 4 个、党支部 3 个。年内,五里坨街道围绕区委对街道工作要求,坚持党建引领基层治理,实施城市更新行动,加强工作统筹调度,不断推进全面从严治党向纵深发展,实现城市治理提档升级、民生福祉持续改善、社会大局安定有序、社区发展稳步推进、机关自身建设全面过硬,推动地区各项事业取得新进展新成效。

（吴晓涵）

【群团工作】 年内,五里坨街道完善京西民俗陈列馆、“五颖荟·同心坊”、“五颖荟·同心坊”小青山分站 3 个实践创新基地。制定《五里坨街道关于建立宗教工作“三级网络和两级责任制”工作制度的实施方案》。严格落实宗教领域定期排查制度,落实双泉寺、慈善寺佛诞节期间 2 个基督教私设聚会点常态化管理措施。完成街道非公有制经济组织和社会组织第一次妇女代表大会选举工作。成立“户外劳动者暖心驿站”“职工之家”各 2 家。深入实施社区青春行动,开展非遗文化传承、垃圾分类桶前执守等主题团日活动,不断激发基层团组织活力。

（吴晓涵）

【基层党组织】 年内,五里坨街道多措并举做好纪念中国共产党成立 102 周年工作,举行“光荣在党 50 年”纪念章颁发仪式;组织“共产党员献爱心”活动,地区 1783 名党员共捐款 108516.1 元;走访慰问地区 309 名困难党员。完成 5 个社区党组织补选委员、2 个社区党组织调整建制工作,发展党员 6 名。深化特色党建品牌建设,召开“实施‘品质先锋’工程 开展‘京西红翡翠’行动”主题项目推进会,集中攻坚基层党建薄弱短板,全面提升地区基层党建水平。持续深化“品质先锋”工程,召开党建引领基层治理工作推进会。强化区域化党建,召开 2 次党建工作协调委员会全体会议。建强用好 13 家“暖蜂驿站”,通过举办花艺、青团制作等活动,增强新就业群体与属地亲密联系。创新楼宇党组织、楼宇委员会、楼宇工作站“三驾马车”党建引领楼宇治理机制,针对企业对楼宇环境、安全、物业服务等需求开展调研,帮助企业协调解决困难。

（吴晓涵）

【城市精细化管理】 年内,五里坨街道推进全域环境整治,夯实垃圾分类硬件基础,新建再生资源中转站 1 座,垃圾分类驿站 2 座,大件和装修垃圾暂存点 7 个,提升垃圾分类基础设施建设管理水平。开展垃圾分类专项执法检查,重点检查小区垃圾分类桶站值守情况,检查 1600 余次,处罚 94 起。常态化开展桶前值守、知识宣传,大幅提高居民自主投放意识。企业化运作 93 条背街小巷道路,平均每日出动作业人员 52 人次,作业车辆 102 车次。构建河长、林长、街巷长“三长”联动机制,年内累计发现并处理问题 170 余起,清理河道垃圾 100 余方,处理翡翠山晓、西府海棠非法排污 2 处,实施高井沟引流管线改造工程,有效改善地区水域的环境质量。强化裸地、道路积尘、空中扬尘日常巡控,对辖区内道路和周边树木进行冲洗降尘,督促责任单位及时做好清理、苫盖、整治工作,全年治理裸地372处。严格落实“七个百分百”工作方案,做好施工扬尘、渣土遗撒和夜施扰民执法检查,截至年末检查40轮次,施工现场类处罚案卷28起,罚款574000元。有序推进增绿护绿工程,提高裸露地、边角地绿植覆盖率,以点带面提升生态环境品质。进一步巩固地区“煤改电”成果,更新和新增户数23户。

(吴晓涵)

【品质城区建设】 年内,五里坨街道强化基础设施改造维修。围绕基础设施建设、公共空间改造、承载能力提升等,用足用好财政各项经费,科学谋划治理项目。投资555.65万元改造站前楼小区和西山峻景小区环境的2项便民工程完工投用。强化项目推进,实施西小街七号院供水管线改造工程,天翠阳光A、B、C社区及炮厂小区入户栏杆和座椅安装工程等事关民生的重点项目,补齐城市基础设施短板。开展老旧区域更新改造。持续推进老旧小区改造和老楼加装电梯项目,完成黑石头现代生活厂外小区改造项目,楼内4部电梯加装竣工。坚持建管一体,组建14个物管会和4个业委会,推进落点落图及物业服务合同备案。完善“街道住宅小区物业考评工作方案”,动态更新物业管理“三率”台账,规范物管会运行。开展自建房安全专项整治行动,经排查辖区共有自建房数量2770栋,对47栋存在严重安全隐患的房屋开展鉴定,统筹做好疏散群众、封闭处置、排险加固等,全面消除自建房安全隐患。推动违规电动三四轮车综合治理。成立综合治理工作专班,组建街道和社区两级整治队伍。落实“一车一档”,组织科所站队、17个社区和第三方单位全面摸底,核实信息,动态更新违规车辆台账。广泛开展违规电动三四轮车普法宣传活动。联系有资质的回收企业举办“回收专场”,方便市民淘汰处置。联合公安、市场监管、城管执法等部门,对僵尸车、车辆销售维修单位、车辆占道经营等开展执法检查,逐户逐车对接,严格车辆销账审核上报。截至年末,在账385辆、销账214辆,处置率为55.58%。

(吴晓涵)

【助推企业发展】 年内,五里坨街道政企联动“招商”。落实石景山区招商引资工作三年行动计划,结合辖区产业布局特色和商业载体建设情况,开展“走出去”招商,引进40家企业。结合地区产业发展现状,就金海洋、053地块、055地块等载体资源开展广泛调研,系统梳理资源台账,探索优质招商项目,提出载体招商以及发展新型产业建议,形成《五里坨区域产业发展调研报告》。精准服务“稳商”。通过走访中交城市更新、北京银建投资等企业,了解企业经营现状和实际需求,协助科佳信注册分公司(北京顺兰汽车销售有限公司)解决工商注册等困难。建立企业用工台账,开展用工缺口精细填补和劳动力资源储备,向重点企业推荐劳动力13人,成功协助3家企业解决用工难题。主动搭桥“惠商”。聚焦中小微企业融资难题,引进“北京企业融资综合信用服务平台”,为企业提供便捷可靠的金融服务。邀请区税务局、投资促进中心等举办招商引资及税收政策专题培训会,向企业宣传惠企政策。

(吴晓涵)

11月22日,五里坨街道召开“品质先锋”推进会　　(五里坨街道供图)

【民生服务保障】 年内,五里坨街道落实低保、残疾、独生子女等各项社会救助政策,为129户226人低保家庭发放补贴320万余元,低收入生活补贴1万余元。发放两项残疾补助2365名88万余元,高龄津贴、养老护理、失能护理补贴发放368万余元,发放独生子女一次性奖励9.1万元,发放丧葬抚恤金73人603.7万余元、租赁性住房补贴50.36万元。为军队伤残、遗属等优抚对象申请集中供暖补贴2万余元。继续落实“乙类乙管”各项防疫措施,做好重点人群管理服务与健康监测工作。优化养老服务供给。加大养老服务覆盖面,街道养老服务联合体于5月31日面向社会开始试运营,5家养老服务驿站和养老照料中心为60岁以上老人提供价格实惠的养老助餐服务。妥善办理26名无保障老人丧葬费领取手续,发放丧葬费130000元。加强养老服务机构的安全检查,对地区8家养老服务机构不定期开展联合执法检查,压实安全管理责任,实现地区养老服务机构零安全事故发生。加大就业帮扶力度。建立健全政企协商对接机制,整合地区资源,加大岗位供给,签订日常服务协议用工单位90家,登记招聘单位55家,举办招聘会4场,邀请企业36家,提供岗位82类520余个,成功入职56人。组织10名失业人员参加区职业技能培训,开展充分就业集体培训2次、线下“一对一”培训7次。为创业者提供咨询指导、税收优惠、创业补贴、融资支持等服务，激发创新创业活力。深化支援协助。在内蒙古宁城大双庙镇引进“老街坊议事厅”，助力“马上办”议事厅特色品牌在南马架子村创新推广，通过明确议事制度、规范议事流程、完善监督问效等措施，充分调动村民参与乡村治理积极性，激发乡村振兴内生动力。

（吴晓涵）

【社区治理】 年内，五里坨街道夯实社区治理根基。加强社工队伍建设，成功招录社工35名，分级开展社工培训，组织第三届“最美社工”“我与创城的故事”演讲比赛，做好“群众最满意社工”评选工作，全面提升社工服务能力和水平。落实社区服务管理体制改革，优化居民公共活动空间，明确“社区服务空间开放式建设”示范点和“老街坊议事厅”示范点、楼门院示范点。完善社区学雷锋志愿服务站设施设备，指导新成立社区完成2支志愿服务队伍组建注册，开展志愿活动400余次。稳步推进第五次全国经济普查工作。深入推进品质社区建设。把解决问题作为提升品质社区创建的关键，将“品质社区”建设与创城、接诉即办等工作有机结合，实时更新“品质社区”评价体系、评价指标和评价标准，对17个社区实地走访和台账检查指导，建立问题清单，加强问题整改，让居民真正感受到社区服务和品质改善。第一、二季度“品质社区”建设评估工作中分别获得区第5名和第3名。丰富群众文化生活。发挥街道综合文化中心、街道图书分馆及街道社会心理服务中心阵地优势，开展党史宣讲、科学普及、民俗文化传承等各类活动1675场，参与群众约8.8万人次。举办第五届邻里节，打造“坨里有戏”“坨里有书”“坨里有香”“坨里＋”系列公共文化服务品牌。配合完成国家公共文化示范区复核迎检，街道综合文化中心服务效能测评进入全市前100名。

（吴晓涵）

【文明城区创建】 年内，五里坨街道完成测评服务保障任务。召开创城调度会，划定重点区域，安排实地检查分组，细化责任到人，统筹安排机关干部、社区、安保等力量，有序有力保障中央测评迎检保障工作。开展集中清理整治行动，倡导“居民自清、社区＋物业帮清、街道兜底清理”三级整治体系，清理垃圾1668立方，出动外运车278次，出动勾机5台次。推进问题整改。围绕区创城办对社区开展静态指标专项检查通报，联合责任科室、社区、物业等部门，协同推进各类问题整改。落实日常巡检制度，发现问题，针对环境秩序、基础设施破损等各类问题建立台账，逐一销账整改到位。截至年末，集中整治各类问题台账5300个，清理垃圾2898立方，完成首都文明办督办件10件。营造创城浓厚氛围。发挥基层优势，引导在职党员、志愿者发挥先锋模范作用，引导广大居民参与创建。街道主要领导带队，处级领导班子分小组全员出动，深入社区（小区）了解创城难点，多次前往老旧小区、涉军小区及背街小巷开展实地督导，现场协调解决重难点问题。开展“社区吹哨我报到、文明创建我先行”10次集中活动，约4400余人次参与。

（吴晓涵）

【重要节日、活动保障】 年内，五里坨街道紧盯全国“两会”、警博会、中国科幻大会、服贸会等重要时间节点，加强会商调度，强化早巡夜查，累计启动社会面防控70余天，出动群防群治力量56000余人次，维护社会治安大局稳定。梳理各类重点人128名，坚持“一人一策”，分级分类加强管理。对浅山区、平房区、出租大院等重点领域进行摸排，出动检查人员400余人，开展联合检查40次，实现重要服务保障期间社会面整体平稳。

（吴晓涵）

【安全生产】 年内，五里坨街道压紧压实安全生产主体责任，及时传达学习习近平总书记重要批示指示精神以及市区两级对街道安全生产工作部署要求。研究制定《五里坨街道2023年安全生产重点工作任务》《五里坨街道安全生产专项整治深化年行动工作方案》，重点围绕深化安全生产责任体系建设、深化安全生产执法检查效能2个专题，消防安全、交通安全等8方面开展专项整治。聚焦辖区企业、养老机构、学校、人员密集场所等领域开展安全生产大排查大整治专项行动，严格施工现场动火作业安全管理，强化限额以下工程安全监管，严格查处违法外租外包行为，开展燃气领域、“两个通道”、电动自行车安全隐患排查整治行动。累计检查生产经营单位4808家次，959项隐患全部整改。安责险投保企业128家，京通“企安安”企业使用率100%。登记限额工程19项，集中清理可燃物43.7吨。完成市域社会治理现代化试点验收迎检自评工作。围绕深化消防安全“责任落实、综合治理、基础建设”3个重点任务，开展消防安全整治深化年行动。紧盯消防弱势群体，配发747套消防设施，完成49部联网式独立感烟报警器更换安装。实施高井村消防水源设施建设，社区微型消防站实现全覆盖。配齐配强消防力量和装备，对微型消防站106名队员开展“一警六员”消防基本技能实操实训，有效保障地区火灾防控和灭火救援能力。

（吴晓涵）

【人民调解】 年内，五里坨街道坚持排查、稳控、化解联动推进，持续推动信访积案化解，共受理信访案件65批82人次。强化矫正管理和帮教管控，利用智能化手段加强各类人员管理，有效杜绝矫正人员脱管漏管。辖区社区矫正24人，在册社区服刑人员34名。统筹社区开展矛盾隐患排查1970次，涉恶涉恶情况排查18次，社区矫正专题教育12次，帮扶救助特困人员12人。围绕民法典、消防法、婚姻法、电信诈骗等深入开展普法宣传，提升全民法治意识。发挥司法平台服务，提供法律援助、法律咨询等服务，就公共法律服务平台接收的1210案件提供针对性建议。履行法治监督责任，完善《五里坨街道办事处重大案件集体审议决定办法》，审核案件及行政处罚公示286件。强化人民调解职能，组织开展人民调解234例，调解成功117例，调解满意率100%。

（吴晓涵）

【接诉即办】 年内,五里坨街道深化高度调度机制。坚持把“接诉即办”作为一把手工程,街道主要领导通过每日审阅批示、常态调度分析、疑难案件吹哨会商、下沉一线见面议事等形式,着力推进群众诉求得到有效解决、合理解释。优化日常办单机制。制定“接诉即办十二条”具体措施,调整接诉即办内部考核制度,强化“接、派、督、审、访、报”等环节管理,严控工单办理时限、环节、标准,将压力有效传导下去。针对普遍性问题及突出问题开展靶向监督,抓住问题关键点,与主责部门、包片领导及时沟通对接,对重难点问题进行跟进督办。吹哨报到集中攻坚。聚焦住房、物业、停车、环境等主题,分类建立工作台账:遗留问题诉求台账、反复诉求问题台账、职业诉求人台账。坚持“每月一主题”集中攻坚,通过“吹哨报到”机制联动职能部门、社会单位、行业主管等,形成各司其职、整体联动的攻坚格局,切实推动老旧小区日常管理、违法建设整治、路面修缮等同类问题解决。

(吴晓涵)

【防汛和灾后重建】 年内,五里坨街道面对强降雨天气预警,立即启动防汛应急预案,紧急召开调度会,街道主要领导深入一线、靠前指挥,机关全体人员下沉社区,做好积水点位巡逻、人口转移安置等工作。实时监测地质灾害点位,全面排查社区小区及周边隐患,采取机器抽水、人工推水作业、清理雨箅子、设置警戒线等全力疏通路面小区积水,快速处置炮厂小区道路坍塌、南宫嘉园墙体脱落、潭峪村护栏冲塌、黑石头和石门路道路积水等多处险情。设立7312工厂、西山会友、民族养老院、五里坨小学4个临时安置点,有序转移受困居民410余人。针对灾后重建工作,及时安排专业力量就地质灾害等次生灾害隐患排查,联系环卫等部门开展淤泥清理、恢复居民正常通行。

(吴晓涵)

石景山区街道工委、办事处负责人

八宝山街道
　　工委书记　冯雅男
　　办事处主任　赵　阳
老山街道
　　工委书记　郝显军(蒙古族)
　　办事处主任　杨育忠
鲁谷街道
　　工委书记　苏文颖(2月免)
　　　　　　　靳　晶(女,2月任)
　　办事处主任　靳　晶(女,3月免)
　　　　　　　梁　汉(3月任)
古城街道
　　工委书记　刘吉新
　　办事处主任　李　晨
八角街道
　　工委书记　崔　乐
　　办事处主任　岳　赞(12月免)
　　　　　　　段京涛(12月任)
苹果园街道
　　工委书记　梁学刚
　　办事处主任　王　悫
金顶街街道
　　工委书记　马　斌
　　办事处主任　李　宁(女)
广宁街道
　　工委书记　王亚迅
　　办事处主任　杨纪锋
五里坨街道
　　工委书记　王国利
　　办事处主任　齐　升

统计资料

表 11

石景山区主要经济指标完成情况

（2019—2023 年）

项　　目	单　位	2019 年	2020 年	2021 年	2022 年	2023 年
一、地区生产总值						
地区生产总值	亿元	808.0	862.6	980.4	1000.0	1074.8
第二产业	亿元	133.1	140.1	153.8	130.8	117.0
第三产业	亿元	674.8	722.4	826.6	869.2	957.8
第三产业增加值占地区生产总值比重	%	83.5	83.8	84.3	86.9	89.1
二、土地与人口						
土地面积	平方公里	85.7	85.7	85.7	85.7	85.7
常住人口	万人	57.0	56.8	56.6	56.3	56.4
户籍人口	万人	39.0	38.9	39.0	39.3	39.3
人口密度（常住人口/土地面积）	人/平方公里	6648.0	6625.0	6601.0	6566.4	6581.1
三、全社会固定资产投资						
全社会固定资产投资增速	%	6.1	20.8	17.0	7.3	4.6
#房地产开发投资增速	%	57.2	36.6	6.7	3.0	12.1
房屋建筑施工面积	万平方米	382.3	46.7	540.5	532.6	582.2
房屋建筑竣工面积	万平方米	24.3	229.2	66.1	55.3	33.8
#住宅面积	万平方米			23.6	27.7	23.6
四、社会消费品零售总额						
社会消费品零售总额	亿元	435.7	399.5	439.9	393.0	325.1
五、财政						
财政收入总计	亿元	113.0	185.8	187.4	207.2	180.7
财政支出总计	亿元	206.7	267.6	253.8	282.4	272.0
六、劳动工资						
非私营法人单位从业人员期末人数	人	207861	206404	202696	193824	191316
非私营法人单位在岗职工平均工资	元	182472	196796	210095	222967	263322

续表

项　　目	单　位	2019年	2020年	2021年	2022年	2023年
七、文化、卫生、体育						
图书馆藏书	万册	107.5	109.4	117.9	122.5	127.4
文物保护单位	个	36	36	36	36	36.0
卫生技术人员	人	9371	9466	9564	9653	10034
医疗病床	张	5363	5373	5320	5554	5656
每千常住人口拥有医生	人	6.0	6.0	6.3	6.5	6.9
每千常住人口拥有床位	张	9.4	9.5	9.4	9.9	10.0
中小学在校学生	人	35038	36398	38022	39361	41722
八、居民生活						
居民人均可支配收入	元	76990	78656	84666	86994	91354
居民人均消费支出	元	45904	40096	44789	44837	49699

注：医疗病床为实有床位。

附　录

中共北京市石景山区委主要文件目录

中共北京市石景山区委文件

京石发〔2023〕5 号　中共北京市石景山区委北京市石景山区人民政府 关于印发《石景山区安全生产工作职责分工规定》的通知

京石发〔2023〕7 号　中共北京市石景山区委 北京市石景山区人民政府 中共首钢集团有限公司委员会 首钢集团有限公司 关于印发《贯彻落实〈深入打造新时代首都城市复兴新地标 加快推动京西地区 转型发展行动计划(2022—2025 年)〉2023 年工作方案》的通知

京石发〔2023〕9 号　中共北京市石景山区委印发《关于在全区深入开展学习贯彻习近平新时代中国特色社会主义思想主题教育的实施方案》的通知

中共北京市石景山区委办公室文件

京石办发〔2023〕1 号　中共北京市石景山区委办公室关于印发《区委全会报告 2023 年主要工作任务分解》的通知

京石办发〔2023〕2 号　中共北京市石景山区委办公室印发《关于健全完善党建引领楼宇治理工作机制的意见》的通知

京石办发〔2023〕3 号　中共北京市石景山区委办公室印发《石景山区关于落实〈北京市领导干部治理能力提升三年行动计划(2022—2024 年)〉工作方案》的通知

京石办发〔2023〕4 号　中共北京市石景山区委办公室 北京市石景山区人民政府办公室关于转发区委区政府研究室《石景山区 2023 年调研工作计划》和《石景山区 2023 年重点协作调研课题安排》的通知

京石办发〔2023〕5 号　中共北京市石景山区委办公室关于印发《区委常委会 2023 年议题计划》的通知

京石办发〔2023〕9 号　中共北京市石景山区委办公室印发《关于在全区大兴调查研究的实施方案》的通知

京石办发〔2023〕10 号　中共北京市石景山区委办公室印发《中共北京市石景山区委常委会关于进一步加强调查研究工作的实施意见》的通知

京石办发〔2023〕11 号　中共北京市石景山区委办公室关于印发《石景山区加强新时代廉洁文化建设的工作措施》的通知

京石办发〔2023〕13 号　中共北京市石景山区委办公室　北京市石景山区人民政府办公室转发《区双拥办关于认真做好 2023 年“八一”期间拥军优属拥政爱民工作的通知》的通知

京石办发〔2023〕14 号　中共北京市石景山区委办公室　北京市石景山区人民政府办公室关于印发《加强石景山区公共卫生应急管理体系建设三年行动计划(2023—2025 年)》的通知

京石办发〔2023〕15 号　中共北京市石景山区委办公室 北京市石景山区人民政府办公室关于印发《石景山区创建国家食品安全示范城市工作方案》的通知

京石办发〔2023〕16 号　中共北京市石景山区委办公室 北京市石景山区人民政府办公室印发《关于进一步推动石景山区高质量发展取得新突破的行动方案(2023—2025 年)》的通知

北京市石景山区人民政府主要文件目录

北京市石景山区人民政府文件

石政发〔2023〕1号	北京市石景山区人民政府关于印发2023年折子工程的通知
石政发〔2023〕2号	北京市石景山区人民政府关于开展第五次全国经济普查的通知
石政发〔2023〕5号	北京市石景山区人民政府关于印发《石景山区关于加快推进气象事业高质量发展的实施方案》的通知
石政发〔2023〕6号	北京市石景山区人民政府关于印发《中关村科技园区石景山园改革提升工作方案》的通知
石政发〔2023〕7号	北京市石景山区人民政府关于印发《石景山区政府投资管理办法》的通知
石政发〔2023〕8号	北京市石景山区人民政府关于印发《北京市石景山区空气重污染应急预案(2023年修订)》的通知

北京市石景山区人民政府办公室文件

石政办发〔2023〕1号	北京市石景山区人民政府办公室关于印发《石景山区2023年重要民生实事分工方案》的通知
石政办发〔2023〕2号	北京市石景山区人民政府办公室关于印发《石景山区深入打好污染防治攻坚战2023年 行动计划》的通知
石政办发〔2023〕3号	北京市石景山区人民政府办公室关于成立石景山区第五次全国经济普查领导小组的通知
石政办发〔2023〕4号	北京市石景山区人民政府办公室关于印发《石景山区全面优化营商环境助力 企业高质量发展实施方案》的通知
石政办发〔2023〕5号	北京市石景山区人民政府办公室关于印发《石景山区通用人工智能大模型产业集聚区工作方案》的通知
石政办发〔2023〕6号	北京市石景山区人民政府办公室关于印发《石景山区推进中关村国家自主创新示范区建设科创金融改革试验区工作方案》的通知
石政办发〔2023〕7号	北京市石景山区人民政府办公室关于印发《石景山区行政许可事项清单(2023年版)》的通知
石政办发〔2023〕8号	北京市石景山区人民政府办公室关于印发《石景山区托育服务体系建设三年行动实施方案(2023年—2025年)》的通知

区域文化设施名录

全国重点文物保护单位名录

单位名称	地址	电话
法海寺	模式口大街48号	88749279－809
承恩寺	模式口大街20号	88750788
八宝山革命公墓	石景山路9号	88259709

北京市文物保护单位名录

单位名称	地址	电话
长安寺	八大处路3号	88964661
灵光寺	八大处路3号	88964661
三山庵	八大处路3号	88964661
大悲寺	八大处路3号	88964661
龙泉庵	八大处路3号	88964661
香界寺	八大处路3号平坡山	88964661
宝珠洞	八大处路3号平坡山山顶	88964661
证果寺	八大处路3号卢师山	88964661
慈善寺	五里坨街道潭峪路天泰山	88905988

冰川擦痕	模式口大街 28 号	88722585
田义墓	模式口大街 80 号	88724148
老山汉墓	老山驾校教练场东南侧	64033516－8038
显应寺	西黄村	88701190
北惠济庙雍正御制碑及碑亭	石景山路 68 号首钢园区内	88292204

石景山区文物保护单位名录

单位名称	地址	电话
崇兴庵	鲁谷路南远洋小区内	88724148
龙泉寺	模式口大街北法海寺西 100 米	88749279－809
双泉寺	双泉寺村	88960590
礼王府	金顶山路 33 号	51028600
万善桥	黑陈路南	88701190
隆恩寺第四纪冰川擦痕	五里坨街道隆恩寺路工程兵部队	88902466
福田公墓	田村路福田寺 113 号	88962197
贤良寺塔院	八大处长安寺南 500 米	88701190
石景山古井	石景山南侧	88292204
石景山古建群元君庙	石景山南侧	88292204
八大处冰川漂砾	八大处公园五处龙泉庵	88964661
四柏一孔桥	模式口大街中路北 300 米	88749279－809
瑞王坟碑亭	西山枫林 14 号楼东南 200 米	68872844
兴隆寺	五里坨街道石门路小青山	88902166
翠云庵	高井村 100 号	88902166
崇国寺塔	老山街道上庄大街 18 号	88701190
龙王庙	五里坨街道黑石头路上石府村	88701190
模式口 76 号院	金顶街街道模式口大街 76 号	88711860
五里坨民居	五里坨街道五里坨后街 3－7 号	88795053

公证服务机构

公证处名录

单位名称	地址	电话
北京市燕京公证处	杨庄东路 66 号	88915322　68834410　68875084

法律服务所名录

单位名称	地址	电话
北京市石景山区八宝山街道法律服务所	八角西街 61 号院 222 室	13911506990
北京市石景山区八角街道法律服务所	中关村科技园 5 号楼 6 层	13501293959
北京市石景山区古城街道法律服务所	杨庄大街 69 号 1212 号	13321191098

公安分局派出所

单位名称	地址	电话
八宝山派出所	永乐小区甲 66 号	68668751
鲁谷派出所	依翠园甲 16 号	88682186

老山派出所	老山西里甲35号		88971590
八角派出所	石景山路42号		68875652
新古城派出所	古安路10号		68872373
苹果园派出所	实兴大街甲1号	68836781	68872303
金顶街派出所	金顶街五区3栋		88732328
模式口派出所	模式口南里甲1号		68875574
广宁派出所	广宁路3号		88992177
五里坨派出所	五里坨黑石头路1号		88952410
石景山路派出所	古城东街12号		68875350
八大处派出所	八大处公园内		88964250
高井派出所	高井甲32号		66384471
四平台派出所	八大处甲1号		88963060

街道社区居委会

八宝山街道

街道名称	地址	电话
三山园社区	永乐东区84楼东侧平房	68657086
四季园社区	永乐东区57楼前白楼	68681076
永东南社区	永乐东区32楼南平房	68684695
永东北社区	永乐东小区7号楼前平房院	68658546
鲁谷住宅社区	鲁谷村7号楼1层东侧	68636654
瑞达社区	瑞达社区院北11号楼北侧一层	68689014
情报所社区	鲁谷74号院北院26号楼北侧二层	88686047
玉泉路西社区	玉泉路甲65号院平房	88682712
中铁建社区	八宝山南路29号院食堂一层 二通厂东门外青年楼2号楼东侧	51885679
玉泉西里西社区	玉泉西里二区7-3-106	88685338
玉泉西里中社区	玉泉西里二区29号楼一层	88609638
玉泉西里北社区	玉泉西里二区1号楼一层	88680676
玉泉西里南社区	玉泉西里二区30号楼3单元	88608457
沁山水南社区	玉泉西里一区26号楼三层302	68645680
沁山水北社区	玉泉西里一区2号楼一层106	88687020

鲁谷街道

街道名称	地址	电话
依翠园南社区	鲁谷依翠园13号楼底商	68624224
依翠园北社区	鲁谷路市运八场3号楼南平房	68663737
双锦园社区	鲁谷永乐西区3楼东侧	68636674
五芳园社区	鲁谷南路5号	68620956
六合园南社区	鲁谷六合园20号楼南平房	68625271
六合园北社区	鲁谷六合园12号楼北侧平房	68626880
七星园南社区	鲁谷七星园10号楼13门101号	68627417
七星园北社区	鲁谷七星园7号楼对面平房	68627418
久筑社区	鲁谷双锦园16号楼底商1-9	68658542

永乐西南社区	鲁谷永乐西区 20 号楼北侧平房院	88681799
永乐西北社区	鲁谷永乐西区 20 号楼北侧平房院	68686532
新岚大厦社区	鲁谷依翠园乙 16 号一层	68641236
新华社社区	京原路 8 号新华社第二工作区西配楼 101 号	63077172
碣石坪社区	碣石坪 12 号 1 层;碣石坪小区 3 号楼西侧	88690992
重聚园社区	重聚园 18 号楼西侧综合办公楼 4 层	68686316
聚兴园社区	重聚路 40 号院 1－10－101;聚兴园 7 号楼	53666011
西厂社区	北京重型机电厂西厂宿舍 5 号楼西侧平房	68683321
重兴园社区	鲁谷重兴嘉园 1 号楼(燕都医院)6 层	68655994
京汉旭城社区	京汉旭城 18 号楼 1 单元 101	68659780
衙门口东社区	西富港写字楼南楼 206 室	88681730
衙门口南社区	西富港写字楼南楼 201 室	52885175
衙门口西社区	西富港写字楼南楼 307 室	68636683

老山街道

街道名称	地址	电话
老山西里社区	老山西里 4 栋南侧平房老山西里社区居委会	88970474
老山东里社区	老山东里临甲 5 号健身园内老山东里社区居委会	88975996
老山东里南社区	老山东里临甲 28－1 东侧平房老山东里南社区居委会	88973339
老山东里北社区	老山东里 49 栋北侧老山东里北社区居委会	88973470
何家坟社区	梁公庵临 35 号何家坟社区居委会	57411001
玉泉西路社区	玉泉西街 1 号院 5 号楼下玉泉西路社区居委会	88255501
中国科学院大学社区	玉泉路 19 号丙 12 号楼 101 号	88256456
高能所社区	玉泉路 19 号乙高能所社区居委会	88233098
翠谷玉景苑社区	翠谷玉景苑 1 栋 6 门 103 号	58974113
十一号院社区	玉泉路十一号院社区居委会	68289034
京源路社区	石景山路 23 号院内西侧京源路社区居委会	68810401
玉泉北里二区第一社区	田村山南路玉泉北里二区 21 号楼 2 单元 102	88620097

八角街道

街道名称	地址	电话
八角北里社区	八角北里 45 号楼前	68883787
八角中里社区	八角中里 21 栋东侧	68879231
八角南里社区	八角南里 17 栋东侧	88910810
八角北路社区	八角北路 44 栋对面	88717540
八角路社区	八角路社区 10 栋东侧	68875732
八角南路社区	八角南路 12 号楼东侧	68879213
杨庄南区社区	杨庄小区 35 栋西侧	68873013
杨庄中区社区	杨庄中区 1 号楼西侧	68872903
杨庄北区社区	杨庄北区奈伦熙府 49 号楼西侧平房	52651532
杨庄北区第二社区	杨庄北区 12 号楼北侧和 13 号楼南侧之间	88996645
公园北社区	古城路甲 61 号	68879259
古城南路社区	古城南路 50 栋院内	68873023
古城南里社区	古城南里 5 号楼西南侧	88917921
建钢南里社区	八角南里 1 号楼南侧平房	58419189
北路特钢社区	八角北路 9 栋北侧平房	88915047
地铁家园社区	八角北路 59 号地铁家园社区 5 号楼南侧	68879223
黄南苑社区	黄南苑小区 2 号楼北侧平房	88995817

时代花园社区	时代花园南路 23 号院 15 号楼 1 层	88937453
景阳东街第一社区	景阳东街 69 号院 1 号楼 1 层	68648819
景阳东街第二社区	景阳东街 65 号院 3 号楼 2 单元 1 层	88605660
景阳东街第三社区	景阳东街 58 号院燕保京原家园底商	88602430
体育场南路社区	体育场南街 7 号院 5 号楼	68803012
体育场西街社区	体育场西街 20 号院 10 号楼 1 层 88930782	
景颂街社区	衙府居园 2 号楼	68813274
古城南里东街社区	古城南里东街 28 号院北侧	59227007

古城街道

街道名称	地址	电话
八千平社区	古城北路 3 栋平房处	68849291
古城路社区	古城路 16 栋西侧	68836120
南路东社区	古城南路 28 栋前	68835582
南路西社区	古城南路 16 栋北侧	68827934
十万平社区	古城大楼市场街西侧	88783942
北小区社区	古城北路 14 栋前平房	88929746
环铁社区	杨庄大街地铁车辆一公司门口	68835233
特钢社区	特钢东门大楼一栋平房	68810165
天翔社区	古城北路 21 栋后院	68882488
老古城东社区	古城现代嘉园 66 号院 1 号楼 1 单元 102 室	68819071
老古城西社区	古城现代嘉园 68 号院 1 号楼 2 单元 102 室	68819073
老古城南社区	古城村中街 33 号院 1 号楼底商	88908168
水泥厂社区	京原路 68 号	88957201
燕堤西街社区	燕堤西街 7 号院 1 号楼二层	53023228
燕堤中街社区	燕堤中街 6 号院 3 号楼二层	53023963
燕堤南路社区	燕堤南路 1 号院 8 号楼三层	53023516
建兴街社区	建兴街 5 号院(西侧地库出口旁)7 号楼一层	13141161670
古城西路社区	古城西路 8 栋对面	68882076
天和街社区	河街熙山府 11 号院 s5 底商	68826137
北辛安第一社区	同聚街 5 号院 6 号楼底商	68826703
北辛安第二社区	悦兴街 8 号院 5 号楼底商	68876114

苹果园街道

街道名称	地址	电话
苹一区社区	苹果园一区社区服务站 8 栋北侧	68877460
苹二区社区	苹果园二区居委会(苹二社区服务站)	68861882
苹三区社区	苹果园三区 19 栋西侧平房	88719085
苹四区社区	苹果园中路 15 号院 2 号楼二层苹四社区居委会	56454125
海特花园第一社区	海特花园小区 15 号楼后平房	88790239
海特花园第二社区	海特花园小区 41 号楼北侧平房海二社区服务站	88790874
海特花园第三社区	苹果园街道,西井四区 1 号楼前,海三社区服务站	88791077
西黄村社区	西黄村叠翠庭苑二区二号楼底商(西黄村社区居委会)	88705057
西黄新村社区	西黄新村北里大门东侧(平房)居委会	68834311
西井社区	苹果园街道西井二区甲 1 号西井社区居委会	88931244
琅山村社区	苹果园街道西山奥园 D 区 8 号院 9 号楼底商(琅山社区居委会)	88728914
边府社区	刘娘府路西山奥园 9 号院 8 号楼底商	68814302

军区装备部大院社区	绍家坡 1 号居委会	66397061
八大处社区	石景山八大处路 6 号	88962791
西山枫林第一社区	香山南路 168 号院 8 号楼 9 单元 101 室	88782445
西山枫林第二社区	香山南路 166 号院 8－6－102 室居委会	88774971
军区大院第一社区	八大处甲一号 58－1－101	66398257
西黄新村东里社区	西黄新村南里 5 号楼南侧黄楼 1 层居委会	88701800
西黄新村西里社区	西黄新村西里 12 号楼居委会	88701646
下庄社区	西山枫林四区 2 号楼北侧下庄居委会	88960745
东下庄社区	东下庄路西山芳苑 3 号楼一层	88728158
西黄新村中里社区	西黄村北路 9 号院 17 号楼	68817375

金顶街街道

街道名称	地址	电话
金顶街一区	金顶北路 20 号院 18 号楼底商	88775047
金顶街二区	金顶北路 18 号院 13 号楼底商	88778664
金顶街三区	金顶街临甲 6 号 6 栋南侧居委会	88758200
金顶街四区	金顶北街 68 号	88748026
金顶街五区	金五区甲 9 号	88749971
模东社区	模东 1 号楼北侧	88807010
模南社区	模南 9 栋北侧	88722187
模中社区	模南里临甲 26 号	88739668
模北社区	模北里 44 栋南侧	88730004
模西北社区	模式口西里 39 栋东侧	88755746
模西中社区	模西 20 栋北侧居委会	88722602
模西南社区	模西 33 栋北侧居委会	88720481
西福村社区	金顶北路 168 号院 9 栋旁	88710004
赵山社区	赵山社区 9 号楼前居委会	68883912
铸造村社区	铸造村 14 栋南侧	88748033
模式口村社区	模式口村 76 号	88741910
铸造村二区社区	铸造村中路 2 号院 1 号楼	88751375

广宁街道

街道名称	地址	电话
东山社区	广宁复兴街 75 号	88991398
麻峪北社区	麻峪新街 8 号往北 10 米	88991272
麻峪社区	麻峪南沟 14 号南侧	88991640
新立街社区	广宁新立街 3 号楼对面	88991868
高井路社区	广宁街道高井路 21 号	88991292

五里坨街道

街道名称	地址	电话
天翠阳光第一社区	石门南路一号院 9 号楼	88755221
天翠阳光第二社区	五里坨西街 9 号院 11 号楼一层	88796850
天翠阳光第三社区	五里坨西街 12 号院五号楼一层	88920530
东街社区	西小街 7 号院 4 号楼	50842445
高井社区	五里坨南街与石门路交叉口东 150 米，五里坨派出所对面	88902446
南宫社区	石门路 368 号	51511273
西山机械厂社区	炮厂路西 50 米，西山机械厂社区居委会	88906201

黑石头社区	黑石头南街 49 号		88952941
隆恩寺社区	隆恩寺村礼堂		88902905
红卫路社区	隆恩寺路 99 号院		51512279
陆军机关军营社区	高井甲 32 号院		66384479
隆恩寺新区社区	秀府南路 19 号金谷香郡小区 1 号楼 4 单元		68845300
隆恩颐园社区	隆恩寺路汇众仁和综合楼 2 层		61818616
南宫嘉园社区	五里坨隆恩寺路 18 号院 10 号楼一层		88900611
京西景园社区	五里坨中街 40 号院 2 号楼北侧		88938610
石府路第一社区	石府路 3 号院 15 号楼	82750190	67667050
石府路第二社区	青石西街 10 号院 34 号楼	68816813	68815227

索　引

使用说明

一、本索引采用主题索引法编制，除大事记外，年鉴中有实质检索意义的内容均予以标引，以便检索使用。

二、本索引基本上按汉语拼音音序排列，具体排列方法如下：以数字开头的，排在最前面；以英文字母开头的，列于其次；汉字索引词则按首字的音序、音调依次排列，首字相同时则以第二个字排序，依此类推。

三、索引词后的数字，表示检索内容所在的正文页码；数字后面的英文字母 a、b、c，表示正文栏别，合在一起即指该页码及内容所在的版面区域。年鉴中用表格、图片反映的内容，则在索引词后面用括号注明(表)(图)字，以示区别。

四、为反映索引词的隶属关系，对于二级索引词，采取在上一级索引词下缩二格的形式编排，之下再按汉语拼音音序、音调排列。

0～9(数字)

A～Z(英文)

A

B

C

D

E～F

G

M

N

P

Q

R

S

T

W

Y

Z